龙山年鉴

LONGSHANYEARBOOK

（2018）

中共龙山县委员会
龙山县人民政府 主办

龙山县委党史方志办公室 编

方志出版社
PublishingHouseofLocalRecords

图书在版编目(CIP)数据

龙山年鉴:2018/龙山县史志办公室
—北京:方志出版社,2018.12
ISBN 978—7—5144—3608—2

Ⅰ.①龙… Ⅱ.①龙… Ⅲ.①龙山县—2018—年鉴
Ⅳ.①Z526.34

中国版本图书馆 CIP 数据核字〔2019〕第 023974 号

龙山年鉴(2018)

编　　者:龙山年鉴编纂委员会
责任编辑:冯　松

出 版 人:冀祥德
出 版 者:方 志 出 版 社
　　　　地址　北京市朝阳区潘家园东里 9 号(国家方志馆 4 层)
　　　　邮编　100021
　　　　网址　http://www.fzph.org
发　　行:方志出版社发行中心
　　　　(010)67110500
经　　销:各地新华书店
印　　刷:武汉兢佳印刷有限公司

开　　本:889×1194　1/16
印　　张:27
字　　数:698 千字
版　　次:2018 年 12 月第 1 版　2018 年 12 月第 1 次印刷
印　　数:001~500 册

ISBN 978—7—5144—3608—2　定价:280.00 元

《龙山年鉴(2018)》编纂委员会

向　刚　华塘街道办事处主任
段海春　兴隆街道办事处主任
向多龙　石羔街道办事处主任
张明祥　洗洛镇镇长
田良平　石牌镇镇长
田纪奎　茨岩塘镇镇长
余宇航　水田坝镇镇长
向大龙　红岩溪镇镇长
刘　戈　农车镇镇长
田海平　靛房镇镇长
贾美亮　洗车河镇镇长
田　鹏　苗儿滩镇镇长
夏海涛　里耶镇镇长
田　洋　召市镇镇长
谭宏贵　桂塘镇镇长
向继红　大安乡乡长
侯　琼　茅坪乡乡长
田小波　洛塔乡乡长
马　涛　咱果乡乡长
田家让　内溪乡乡长

《龙山年鉴(2018)》编辑部

主　编　田向阳
副主编　杨　波　郭春海
编　辑　向秀菊　瞿宏伟　王　勇　彭英子
田志慧　邓德荣　贺胜美

编 辑 说 明

一、《龙山年鉴》以马克思列宁主义、毛泽东思想、邓小平理论、“三个代表”重要思想、科学发展观和习近平新时代中国特色社会主义思想为指导，坚持辩证唯物主义和历史唯物主义的立场、观点和方法，坚持秉笔直书、存真求实原则，坚持志者记也、寓褒贬于记述之中的志鉴笔法，力求全面、准确、科学地反映龙山县自然、政治、经济、文化和社会发展情况，为领导提供决策参考，为宣传、研究和建设龙山服务。

二、《龙山年鉴》的基本内容是系统记述龙山县内各地、各方面的基本情况；重点记载龙山县政治、经济、文化、社会各方面大事、特事、要事和新事；主要反映各乡镇、各部门、各单位在改革开放和社会主义现代化建设中所取得的成就；强调特事特写，突出地方特色、民族特色、时代特色及各部门、各行业的专业特色；及时总结经验教训，尽可能地揭示各项事业在龙山县发展变化的特殊规律性。

三、《龙山年鉴》是由中共龙山县委、县人民政府主办，县委党史研究室、县地方志办公室承编的地方综合性年鉴。2018 年卷是龙山县首部年鉴，包括图照和文存。文存所记事物时限主要为 2017 年 1 月至 2017 年 12 月，图照主要记载重大事件、先进典型、有史料价值和特殊作用方面的工作，图照与文存中的特载等史料略有上溯或下延至出版时。

四、《龙山年鉴》所载稿件，均由各部门、各单位提供，并经供稿单位领导审校。

五、文稿以类目、分目、条目组成阶梯式结构。类目、分目用不同字号、字体区别，均居中排列。条目字号用黑体加【 】表示，起排于该条目首行。类目、分目的设置与标题既遵循社会科学分类原则，又体现党政部门分工管理现行体制。

六、类目中工作纪要、概述、概况等内容记全局性、整体性基本情况，包括涵属的各项工作与事业的基本情况，明确反映整体工作与事业全年的发展变化。

七、凡全县性数据或各乡镇的数据，均由县统计局提供。各单位稿件的数据，均以县统计局公布的一致。

八、特载、附录基本按原文照登。

《龙山年鉴(2018)》撰稿人

（撰稿人先后按篇目顺序排列）

单　位	撰 稿 人	单　位	撰 稿 人	单　位	撰 稿 人
县委办	彭云峰	长沙对口办	梁　仪	美丽办	张茗铭
组织部	周元洪　杨　杰	宣传部	熊　军	统战部	卢卉君
编　委	黄海毅	党　校	饶伟林	对台办	石志香
史志办	杨　波	档案局	符亚萍	老干局	覃家健
纪委监察	田智平	人　大	唐荣沛	政府办	彭　鹏
信访局	彭　军　江邦宇	民宗局	张　钰	政务中心	莫　晏
驻长办	田　金	信息中心	魏开旗	网格中心	杜俊霖
接待中心	谭宗兴	政　协	陈友军	里耶管委会	黄祖刚　田　超
工商联	邓德荣	总工会	周林郁　彭召敏	共青团	黄宜超
妇　联	彭漩池	侨　联	廖　华	人武部	毛绪军
人防办	田　甜	政法委	白　成	公安局	李　耕
交警大队	周川夫	消防队	李　霞　谢　海	检察院	聂　华
法　院	彭　华	司法局	田　兵	禁毒办	严　涵
发改局	彭小波	国土局	游鸿艳　潘　磊 徐文浩	安监局	彭道诠　陈　进 肖　奇
食药局	彭治铭	审计局	吴　夏　陈夏悦	统计局	黄　帆
农业局	向环红	扶贫办	彭世富	林业局	李应祥　熊　澧 包丁红
水利局	穆　俐　陈大鹏	农机局	张宗生	畜牧局	姚华清　张　勇 段天权
移民局	向明海　刘　宏	外资办	张　海	农经站	刘玲玲
气象局	钟　军　申雪婷	经信局	张　青	工业园区	俞　辉
国网供电	田良东	湘源电力	向玉培	住建局	向安业　彭南松
规划局	甘宇滔	城管局	向　芳	房管局	陈明秋
环保局	黄有福	交通局	向红艳	公路局	李娥晖
邮政公司	张　波	电信公司	陈　棋	商务局	向　田

单　　位	撰　稿　人	单　　位	撰　稿　人	单　　位	撰　稿　人
供销联社	田曙光　向昌佳	烟草局	刘昌阳	商企办	向本恒　杨　猛
财政局	曾元春　向小军 黄小燕	国税局	刘　韬	地税局	彭晗芝　刘龙明 李代学
人　行	曾　敢	工　行	谭庆忠	邮政储蓄银行	胡昌金
农商行	伍平波　瞿文静	财险公司	方　崙	住房公积金	沈碧菊
文旅局	陈祖建	电视台	向　波	文物局	田紫贵
文　联	陈新祥	新华书店	彭晓东	文化执法局	吴才江
里耶博物馆	隆海银	乌龙山景区	徐　虎	惹巴拉公司	贾美树
科　协	文　钊	教体局	田明智	一　小	易游珍
五　小	刘光亮	一　中	黄世珍	二　中	田　辉
高级中学	彭　嵘	职　中	向　超	教师进修学校	李　阳
卫计局	刘晓平　彭　舒	计生协会	肖东海　雷　迅	人民医院	李　钊
中医院	张　桃	疾控中心	张孝明	红十字会	石光旭
人社局	杨云华　梁　艳 彭继恕　罗胜舟 胡傲东　尚晓峰 向　文　贾高峰	民政局	杨志富	残　联	王春兰
民安街道	杨咏多	华塘街道	田志大　刘培斌	兴隆街道	向　玲　钟昌成 朱安祥
石羔街道	包海平　瞿　杨	洗洛镇	彭世敏	石牌镇	龙发兴　向春雷
茨岩塘镇	杨　发	水田坝镇	汤竞明	红岩溪镇	邓文曦
农车镇	梁贺荣	靛房镇	伍艳华	洗车河镇	彭海兰
苗儿滩镇	姚丽云	里耶镇	彭南觉	召市镇	向昌成
桂塘镇	涂灵芝	大安乡	田佳鑫　周梅庆 田世超	茅坪乡	陈　豪
洛塔乡	田　艳	咱果乡	戴　点　向畋腓	内溪乡	张珍荣

目　　录

特　　载

大 事 记

概　　况

政　　治

军　　事

法　　治

经济管理

农村农业

工　业

城乡建设·环境保护

交通·邮政·通信

商贸·服务

财政·税务

金　　融

文化·旅游

科技·教育·体育

卫生・计育・医疗

社会民生

乡镇(街道)

附 录

彩 页 索 引

第一部分 综 合

第二部分 社会民俗

第三部分 企事业风采

湘西土家族苗族自治州龙山县城市总体规划（2016—2030）

中心城区用地布局规划图

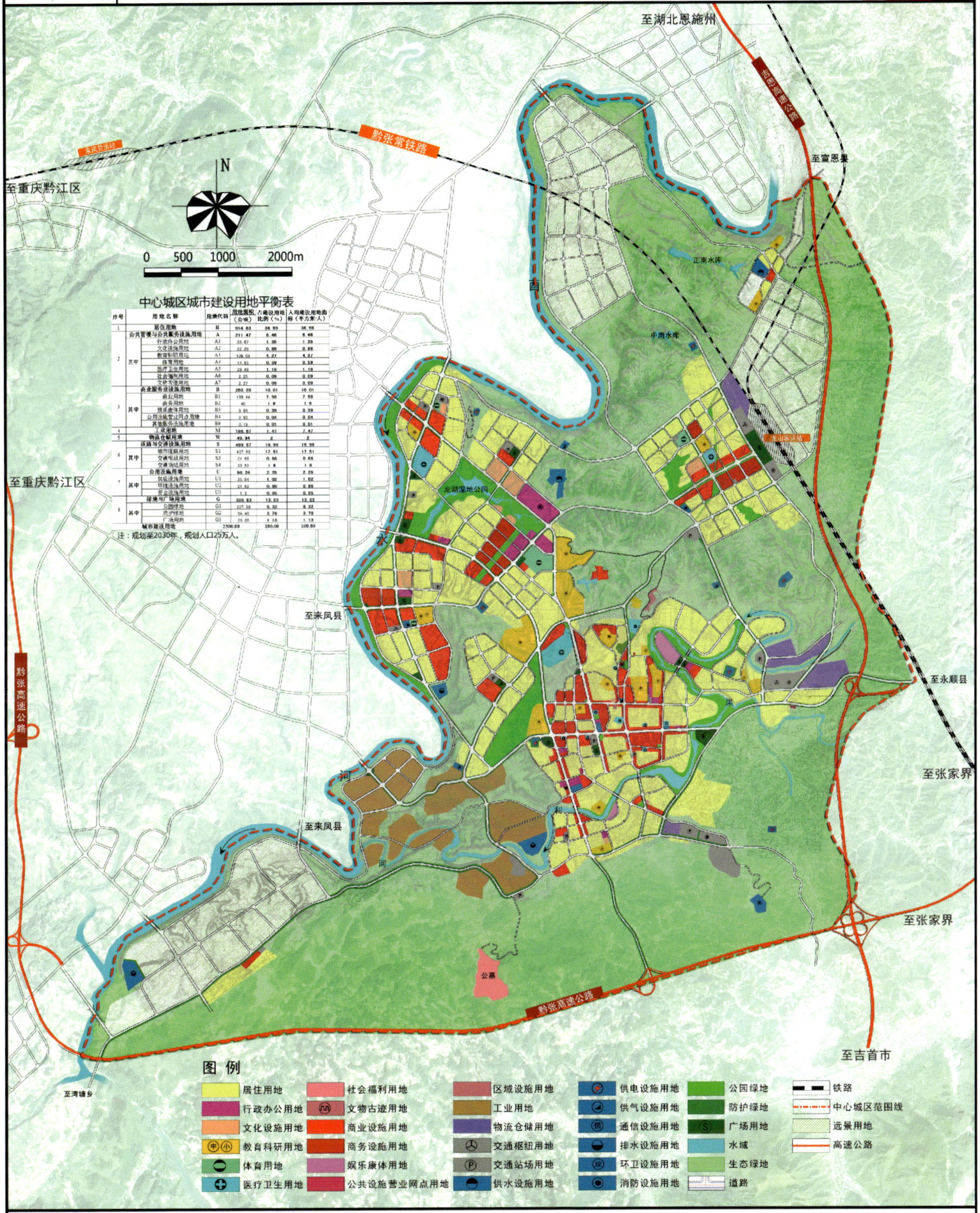

中心城区城市建设用地平衡表

序号	用地名称		用地代码	用地面积（公顷）	占建设用地比例（%）	人均建设用地指标（平方米/人）
1	居住用地		R	914.63	36.59	36.59
2	公共管理与公共服务设施用地		A	211.47	8.46	8.46
	其中	行政办公用地	A1	33.67	1.35	1.35
		文化设施用地	A2	22.29	0.89	0.89
		教育科研用地	A3	106.69	4.27	4.27
		体育用地	A4	14.85	0.59	0.59
		医疗卫生用地	A5	29.49	1.18	1.18
		社会福利用地	A6	2.25	0.09	0.09
		文物古迹用地	A7	2.27	0.09	0.09
3	商业服务业设施用地		B	250.25	10.01	10.01
	其中	商业用地	B1	199.44	7.98	7.98
		商务用地	B2	40	1.6	1.6
		娱乐康体用地	B3	9.69	0.39	0.39
		公用设施营业网点用地	B4	0.93	0.04	0.04
		其他服务设施用地	B9	0.19	0.01	0.01
4	工业用地		M	186.87	7.47	7.47
5	物流仓储用地		W	49.94	2	2
6	道路与交通设施用地		S	499.57	19.99	19.99
	其中	城市道路用地	S1	437.68	17.51	17.51
		交通枢纽用地	S3	21.66	0.88	0.88
		交通场站用地	S4	39.93	1.6	1.6
7	公用设施用地		U	56.24	2.25	2.25
	其中	供应设施用地	U1	25.54	1.02	1.02
		环境设施用地	U2	21.62	0.86	0.86
		安全设施用地	U3	1.3	0.05	0.05
8	绿地与广场用地		G	330.83	13.23	13.23
	其中	公园绿地	G1	207.99	8.32	8.32
		防护绿地	G2	94.48	3.78	3.78
		广场用地	G3	28.36	1.13	1.13
城市建设用地				2500.00	100.00	100.00

注：规划至2030年，规划人口25万人。

龙山县人民政府　　　　重庆仁豪城市规划设计有限公司

数字龙山

2017年年末，全县5个乡、12个镇、4个街道、320个村委会、77个社区居委会。版土总面积3131平方千米，耕地面积349.8平方千米，森林覆盖率70.15%。户籍人口60.53万人，常住人口49.28万人，其中城镇人口19.73万人。少数民族49.13万人，其中苗族8.95万人，土家族39.6万人。人口自然增长率7.04‰。城镇登记失业率4.21%。

生产总值786620万元，增长8.5%。其中，第一产业179380万元；第二产业164625万元；第三产业442615万元。三次产业比22.8:20.9:56.3。人均GDP15910元。粮食总产量18.12万吨。工业增加值94066万元，增长11.5%；其中规模工业增加值57431万元。

（图片 曾祥辉摄）

2017

财政总收入81155万元，增长15.2%；财政总支出375066万元，增长1.5%。全年固定资产投资666128万元，增长7.4%。社会消费品零售总额426656万元，增长10.8%。接待国内外游客323万人次，旅游收入18亿元。

各项存款余额157.61亿元，增长15.6%；贷款余额88亿元，增长19.5%。城镇居民人均可支配收入20054元，农村居民人均可支配收入8494元。全县城镇化率40.04%。邮电业务总量60280万元，通车公路里程2521.7千米。

省州领导考察

湖南省委书记、省人大常委会主任杜家毫（前排右二）到龙山县考察项目建设，州委书记叶红专（右一）陪同　　　　（胡域　摄）

2017年11月23日，湖南省委副书记、省人民政府省长许达哲（前排右二）到里耶镇比耳村柑橘生产基地考察

（彭晓东 摄）

2017年5月8日，时任湖南省委常委、长沙市委书记易炼红（前排左二）检查浏阳经开区对口帮扶苗儿滩镇项目建设，州委书记叶红专（前排右二）陪同

（田辉 摄）

2017年11月14日，湖南省委常委、省委政法委书记黄关春（左二）在县委书记周云（右二）和县委常委、县委政法委书记印道其（左一）的陪同下查看县公安局矛盾纠纷调处台账

（田辉 摄）

2017年10月14日，湖南省委常委、长沙市委书记胡衡华（右三）深入农车镇花桥村与贫困户亲切交谈

（彭晓东 摄）

2017年4月27日，湖南省军区司令员黄跃进（左四）在县委副书记贺代贵（左二）、县委常委、县人武部政委邓炜（右二），县委常委、县委宣传部部长刘昌顺（左一）陪同下考察龙山县党管武装工作

（毛绪军 摄）

2017年6月21日，湖南省人大常委会副主任王柯敏（前排）在州委常委、州委宣传部部长、龙山县委书记周云（二排右一）、县人民政府县长刘冬生（二排左一）陪同下，到惹巴拉考察少数民族特色村镇建设

（梁涛 摄）

2017年2月5日，湘西自治州州委书记叶红专（右二）在州委常委、州委宣传部部长、龙山县委书记周云（左二）陪同下到兴隆街道白岩洞村走访慰问贫困户

（梁涛 摄）

2017年3月15日，湘西自治州州委副书记、州长龙晓华（右二）到茨岩塘镇兴溪村烤烟单元育苗工场调研　　（彭杰　摄）

县委领导活动

2017年9月22日，州委常委、州委宣传部部长、龙山县委书记周云（右一）深入太平山森林公园调研旅游配套设施建设情况　　（彭晓东 摄）

2017年9月19日，县委副书记、县人民政府县长刘冬生（右二）查看土家织锦产品

（彭杰 摄）

2017年12月6日，县委副书记陈忠耀（左一）参加县委办直属机关党委在县烈士陵园开展贯彻党的十九大精神、重温入党誓词活动 （彭杰 摄）

2017年2月27日，县人大常委会主任余佳祥（前排）到农车镇舍龙村调研精准扶贫工作 （刘成 摄）

2017年5月5日，县政协主席吴少叶（前排右二）到杨家溪村综合服务平台活动中心建设现场指导工作

（曾凡勇 摄）

2017年4月22日，县委常委、常务副县长蔡龙（左二）到洗车河镇调研易地搬迁工作

（田辉 摄）

2017年8月8日，县委常委、县委宣传部部长刘昌顺（右一）到兴隆街道太平山村第五村民小组韩家坪现场指导拆迁安置工作

（彭晓东 摄）

2017年5月10日，县委常委、县委组织部部长石红梅（左三）深入茨岩塘镇茄佗村检查村道建设进展情况　　（彭杰　摄）

2017年9月4日，县委常委、县委办公室主任符家波（左一）深入茨岩塘镇细车村慰问大病患者何孝政　　（彭杰　摄）

2017年1月24日，县委常委、县委政法委书记印道其（左二）现场调度县城交通秩序综合整治工作（蔡芬 摄）

2017年10月19日，县委常委、县委统战部部长黄勇（右一）到红星美凯龙龙山分公司与企业负责人讨论党的十九大报告，宣讲党的十九大精神（田志波 摄）

2017年7月28日，县委常委、纪委书记、监察委主任龙儒文（右三）深入咱果乡检查项目建设情况　　（胡域　摄）

特　　载

在县委经济工作会议上的讲话

州委常委、州委宣传部部长、龙山县委书记　周　云

2017年2月6日

一、2016年工作稳中向好

2016年，是"十三五"开局之年，是龙山发展承前启后、继往开来的重要一年。一年来，在州委、州政府的坚强领导下，全县上下凝心聚力，主动适应发展新常态，扎实开展"三年活动"，[①]全力推动"六个发展"[②]，着力稳增长、调结构、促改革、惠民生，圆满完成县乡两级集中换届工作，经济社会发展呈现出总体平稳、稳中有进、进中向好的态势，经受住了经济下行和特大洪灾的考验，实现了"十三五"良好开局。

（一）经济实力有了新提升。全县国内生产总值（GDP）达到74.05亿元，同比增长7.5%；财政总收入达到7.04亿元，同比增长15.2%；固定资产投资达到63.14亿元，其中县本级投资达到48.01亿元，同比增长11.9%；规模工业增加值达到4.5亿元，同比增长13%；社会消费品零售总额达到38.49亿元，同比增长11.6%；城镇居民人均可支配收入达到18297元，同比增长8.5%；农村居民人均可支配收入达到7632元，同比增长11.1%。生产总值、财政总收入、规模工业增加值、社会消费品零售总额4项指标增速位于全州前列。

（二）项目建设实现新突破。启动了概算总投资516.6亿元的"十百千"工程[③]，完成投资59.2亿元。全年获批土地3636亩、新增储备土地1914亩，为全县重点项目建设提供了有力的土地保障，一大批重大工程相继开工和建成，发展基础不断夯实。交通体系不断完善，龙永高速全线通车，黔张常铁路建设快速推进，张花高速里耶连接线开工建设，洗洛至里耶二级公路、龙永高速农车至洗车河和狮子头至县城连接线建成通车；水利能源保障能力不断增强，石羔水厂集中供水工程主体竣工，落水洞电站建设加快，"五小水利"[④]、农网改造完成年度目标。特别是随着龙永高速的竣工通车，龙山结束了没有高速路的历史，迎来了经济高速发展时代。

（三）精准脱贫取得新成效。统筹整合涉农资金5.46亿元，累计投入资金23.86亿元，深入推进精准脱贫"十一项工程"[⑤]。发展生产脱贫工程投入资金1.3亿元，对19373户71714名贫困对象进行了产业帮扶；转移就业脱贫工程投入资金4400

万元，为36078名外出务工贫困对象发放了交通和稳定就业岗位补助；易地搬迁脱贫工程完成投资2.51亿元，集中安置423户1577人、分散安置622户2609人；教育发展脱贫工程投入资金6200万元，为51824名贫困及低保家庭子女发放了学费、生活费补助；医疗救助帮扶工程投入资金2200万元，为所有贫困及低保家庭代缴了城乡医疗保险个人缴费部分，同时按照住院总费用85%的比例为9176名贫困及低保家庭对象报销医疗费用2880万元；生态补偿脱贫工程从贫困对象中选聘护林员1133名，带动4839人脱贫；农村住房保障工程开工3000户，竣工2557户。2016年，全县减少贫困人口2.7万人、退出贫困村35个。

（四）产业结构得到新优化。传统农业稳中有升，全县粮食播种面积达到62.5万亩，农林牧渔业总产值增加到16.8亿元。优势农业巩固发展，百合、柑橘、烤烟、中药材、蔬菜等特色产业种植面积达到42.6万亩，逐步向规模化、标准化、品牌化发展，“龙山百合”标准化生产示范园、“里耶脐橙”标准化生产示范园等现代农业示范园建设初步形成，“龙山七姊妹辣椒”获国家地理标志产品认证，龙山被认定为首批湖南省中药材种植基地示范县。新型工业来势看好，累计完成工业总投资6.87亿元，全县规模工业企业发展到29家，工业集中区标准厂房一期完成投资1.5亿元，土家巧手、元宝硅业、恒龙中药等高成长企业产销两旺。旅游产业加快发展，全年接待游客283.5万人次，实现旅游总收入15.1亿元，同比增长13.88%，里耶古镇南游客服务中心和里耶古城区道路改造工程、惹巴拉影视基地和民宿酒店等项目建设完成投资8.2亿元，里耶、惹巴拉成功纳入大湘西两条旅游精品线路，乌龙山大峡谷景区恢复开放。商贸物流逐步壮大，湖湘商贸广场、亿利购物广场等商贸综合体基本建成并投入运营，红星·美凯龙e家天下等项目成功招商并落地。

（五）城镇建设凸显新理念。新一轮城市总规、新老城区控制性详规、传统村落发展保护规划等基本编制完成。华塘商居城、龙领国际等项目基本建成，土城坝保障性安居工程等项目相继开工，洗车河镇老洞村、苗儿滩镇树比村和里耶镇巴沙湖村、街上村成功申报国家级传统村落。重点加快了城区教育布局调整和城市休闲慢行系统建设，投资13.4亿元的教体中心项目进展顺利，投资13亿元的“山水龙城”两河休闲风光带项目开工建设，投资3700余万元的皇仓坪绿道一期工程竣工，凸显了“以人为本”的城市建设理念，让人民充分共享发展成果。

（六）社会民生开创新局面。全年财政用于民生支出达到26.86亿元，同比增长11%；全年共征缴各类社会基金6.95亿元、发放8.45亿元；新增城镇就业4266人、农村转移就业6312人；高考本一、本二上线率居全州第一，10人被清华大学、北京大学、中国科学院大学录取；成功举办全州第十三届运动会并斩获92枚金牌，高居全州八县市之首；龙山籍运动员龙清泉荣获里约奥运会举重冠军并打破世界纪录。教体、卫计、文化、科技等各项事业大幅提升，民宗、工会、共青团、妇女儿童、老龄、残联等各项工作全面进步，公检法司、信访维稳、救灾应急、安全生产等防控处置能力明显增强，城乡居保、低保、医保等社会保障标准不断提高。龙山社会大局和谐稳定，群众获得感幸福感全面增强，荣获“湖南省综治先进县”“湖南省安全生产示范县”“湖南省计划生育工作良好县”等众多荣誉。

（七）深化改革迈出新步伐。48项上级统筹改革事项稳步推进，10项自主改革事项亮点纷呈，改革成效不断巩固。财税、金融、投融资等要素市场改革继续深化，PPP投融资模式全年累计引进社会资本23亿元。司法、公安、医药、教育等领域改革迈出实质步伐，行政体制、生态文明体制、文化体制、党的建设制度、纪律检查体制等改革取得重大进展，龙山作为全省林业碳汇改革试点，林业碳汇工程已正式签约，计划开发8.1万亩碳汇林。干部绩效考核管理改革实现了精准化、信息化、动态化考核。

（八）党风政风呈现新气象。全面从严治党，“两学一做”⑥学习教育深入开展，党风廉政建设深入推进，广大党员干部的政治担当、发展担当、为民担当更加自觉，全县上下风清气正、团结和谐、干事创业的政治生态基本形成。特别是"6·20"特大洪灾发生后，广大党员干部敢于担当，困难面前不推脱、挑战面前不畏惧，关键时刻站得出、危急关头豁得出，很好地诠释了"共产党员"的光荣称号，涌现出了一大批先进典型。

成绩的取得，是州委、州政府坚强领导的结果，是县几大家班子齐心干事的结果，是广大干群艰苦奋斗的结果。在此，我代表县委、县政府，向所有关心和支持龙山经济社会发展稳定的们、朋友们，表示衷心的感谢并致以崇高的敬意！

回顾2016年，付出很多，成绩不易，但是仍然存在经济总量小、发展速度慢、信访维稳压力大、项目建设征拆难、部门服务经济发展能力弱、干部工作不务实等问题，我们必须高度重视，不回避矛盾，不遮掩问题，在以后工作中切实加以解决。

二、2017年工作重点

2017年是党的十九大召开之年，是实施"十三五"规划的重要一年。根据中央、省委、州委决策部署，结合县情实际，2017年，全县经济工作总体要求是：全面贯彻党的十八大和十八届三中、四中、五中、六中全会，中央、省委、州委经济工作会议及省、州党代会精神，坚持州委"542"发展思路⑦，继续以精准脱贫攻坚统领经济社会发展全局，紧紧围绕扶贫脱贫、基础设施、新型城镇、现代农业、特色工业、商贸物流、生态文化旅游、基层基础等重点领域，深入开展脱贫攻坚年、项目推进年、综治创新年"三年活动"，继续推进"十百千"工程建设，全面做好稳增长、促改革、调结构、惠民生、防风险等各项工作，以优异的成绩迎接建州60周年和党的十九大胜利召开！

主要预期目标是：**生产总值增长10%以上；财政总收入增长20%以上；固定资产投资增长20%以上；规模工业增加值增长10%以上；社会消费品零售总额增长13%以上；城镇居民人均可支配收入增长10%以上；农村居民人均可支配收入增长12%以上。**

要想实现预期目标，必须切实把握以下重点：

（一）必须强力推进精准脱贫。要坚持以精准脱贫攻坚为统领，紧紧抓住长沙市和济南市市中区对口扶持的大好机遇，按照"两年攻坚、三年巩固、应兜全兜、稳定脱贫"的总体部署，加大项目推进力度，全力以赴抓好精准脱贫工作，力争通过验收。一要精准推进"十一项工程"。围绕实现贫困人口"一超过、两不愁、三保障"⑧，实施好发展生产脱贫、乡村旅游脱贫、转移就业脱贫、易地搬迁脱贫、教育发展脱贫、生态补偿脱贫、医疗救助帮扶、农村住房保障工程，着力改善居住条件，保增收促就业，减轻群众就医就学负担；紧紧围绕实现贫困村"两个确保、两个完善"⑨，实施好社会保障兜底、基础设施配套、公共服务保障工程，为贫困村退出提供坚实保障。二要完善扶贫推进机制。继续实行县级领导联乡包村、单位驻村扶持、干部结对帮扶精准脱贫"三项帮扶机制"，确保"所有乡镇都有县级领导包挂、所有贫困村都有联村单位和第一书记、所有贫困户都有结对帮扶干部"。强化精准识别、精准帮扶、日常管理、减贫成效等具体措施，围绕"十一项工程"推进情况，抓好督查落实和考核问效。三要做实贫困退出工作。要严格按照贫困退出程序和标准，扎实做好贫困人口和贫困村退出工作，任何一个环节都不能省，任何一个步骤都不能少，严防数字脱贫、虚假摘帽等现象发生，确保贫困退出工作落到实处。四要切实抓好对口扶持工作。2017年1月，长沙市出台了《长沙市对口帮扶龙山县精准脱贫攻坚专项行动计划（2017年—2020年）》，明确提出了"七大工程"和"三大机制"⑩。同时，在市级层面整体帮扶全县的基础上，长沙市的湘江新区、国家级园区、部分省级园区和区县（市）对口支持全县的17个乡镇及重点帮扶每个乡镇3个村（社区），在每个乡镇每年投入帮扶资金不少于1000万元，未来4年总体投入全县的帮扶资金不少于8亿元。同时，要抓住济南市市中区对口扶持的机遇，全面深化交流合作。县对口办、相关县直单位和各乡(镇、街道)要加快研究,主动对接,切实做好环境优化和项目推进等工作。

(二)必须扎实推进县域经济快速提质。要以龙凤经济协作示范区为平台,加大产业结构调整力度,突出生态文化旅游业的龙头带动效应,科学推动一二三产业融合发展,力争进入国家产城融合示范区。一要深度开发生态文化旅游产业。要加快推进里耶古城、惹巴拉、乌龙山、太平山和印家界等景区建设,进一步加强与北京首旅、北京消费宝、中青旅、重庆中旅等集团公司的深度合作,抓好里耶风情小镇、惹巴拉影视基地、惹巴拉汽车(房车)露营基地、乌龙山大峡谷客运索道、印家界汝池河漂流等项目建设,开拍30集《惹巴拉》电视连续剧,支持湖南湘西旅游股份有限公司做大做强并上市,里耶古城、惹巴拉争创4A级景区。要紧抓湘西州创建全域旅游示范区机遇,加快编制龙山县全域旅游发展规划,策划打造"秦文化之旅""土家探源之旅""红色文化之旅"等旅游精品线路。二要巩固提质优势农业。巩固发展百合、柑橘、烤烟、蔬菜、中药材等优势产业,重点加快武陵·龙凤现代农业产业示范园、省级出口农产品标准示范园等园区建设。积极培育壮大农产品生产经营主体,重点引进辐射带动能力强的农业企业(合作社)1至2家,打造省州农业龙头企业1至2家。拓展农产品外销渠道,搭建多种农产品销售对接平台,加快建设"农超对接""农网对接""农市对接"等新兴流通模式。着力延长农业产业链,做好农业和农产品精深加工、生态文化旅游深度融合文章,推动传统农业向园区规模化、生态环保化、旅游服务化的现代农业转变。三要培育壮大特色工业。要加快工业集中区建设,全面完成一期标准厂房并投入使用,二期标准厂房要在上半年开工建设。要充分利用龙山原材料、劳动力、市场等优势,积极承接发达地区产业转移,突出专项招商,重点引进生物制药、特色食品、土家旅游文化、新能源等方面的战略投资者入园或设立分公司、生产基地。要加大企业帮扶力度,强化电力、金融、土地等要素保障,优化企业发展环境,降低企业生产成本。四要大力发展商贸物流业。要抓住高速经济到来的历史机遇,围绕"五个一"工程[11],加快推进红星·美凯龙e家天下、龙凤边区农产品批发市场、华塘新区农贸市场等项目建设,做好电子商务进农村等工作。

(三)必须加快推动城乡一体化建设。要按照州委提出的"把龙山打造成湘鄂渝边区商贸物流中心和武陵山区重要窗口城市,培育形成州域北部重点经济区"的总体定位,坚持走具有龙山特色的城镇化发展道路,打造"宜居、宜业、宜游、宜养"的"山水龙城"。一要推动县城扩容提质。要重点围绕"五大片区"[12],加快推进朝阳东路延伸工程、长沙路西拓工程、皇仓至唯一市政道路工程、民族路北延工程、龙山大道工程、城区入城口道路改造工程等项目建设,拉开城市骨架;加快推进果利河两厢特色民居改造、华塘特色安置区、城东新区商住小区、华塘污水处理厂、城市停车场等项目建设,完善城市功能;加快推进"山水龙城"两河休闲风光带、皇仓森林公园绿道山体休闲区、龙凤湿地公园等项目建设,改善人居环境,提升城市品位。二要推动乡镇改造升级。重点抓好里耶镇省级新型城镇化试点建设,加快推进红岩溪、苗儿滩、茨岩塘、召市、洗车河、石牌、洗洛、桂塘等中心乡镇建设,加快实施乡镇道路改造、桂塘口子镇、重点镇污水处理等项目建设,因地制宜打造一批商贸重镇、旅游名镇和特色乡镇,形成县乡互动、以城带乡、城乡一体的城镇发展体系。三要推动公共服务向下延伸。大力开展城乡同建同治、美丽乡村、网格化服务管理等工作,全面完成总投资2.6亿元的367个集村部、便民服务中心、卫生室、电商室、警务室、图书室、文体广场等于一体的农村综合服务平台建设,打通公共服务"最后一公里",推动公共服务向基层延伸。

(四)必须强化保障和改善民生。要坚持"共享发展"的理念,大力发展民生事业,全力增进民生福祉,努力建设幸福龙山,让全县人民生活更舒心,工作更称心,办事更顺心,全社会更有爱心。一要大力发展社会事业。要巩固扩大教育优势,加快推进教育资源布局调整,抓好龙山一中、第三中学、第五中学、第一幼儿园、职教中心迁建等总投资达15亿元的12所学校项目建设，打造龙山教育品牌；要抓好体育中心建设，抓紧筹备省第九届民运会，举办好“全民健身日”等赛事活动，形成全民健身休闲常态；要深入推进县级公立医院改革，加快完成人民医院迁建工程建设并投入使用，加强乡镇卫生院、村卫生室等基层医疗机构能力建设，提升基层医疗水平；要加大全国科普示范县创建力度，进一步提高全民科学素质；要做好土家文化展示展演、送戏下乡、公益电影放映，推进文化馆、图书馆和乡镇综合文化站免费开放，不断丰富群众文化生活。要加快殡葬制度改革步伐，全面完成县城殡仪馆及一期公墓区建设，加快启动二期公墓区建设。二要健全社会保障体系。要认真抓好城乡低保、城乡医疗救助、养老服务、五保供养、灾民救助、被征地农民社会保障等工作，重点保障低收入群众的基本生活，健全困难群众基本保障体系；要切实解决好就业问题，建立经济发展和扩大就业的联动机制，落实好就业创业优惠政策，完善城乡均等的公共就业创业服务体系；要大力发展社会福利和慈善事业，稳步推进基本养老、基本医疗、失业、工伤等社会保险制度改革，健全社会救助体系，提高特殊困难群体帮扶的精准度和有效性，给留守儿童创造美好的明天，给孤寡老人营造幸福的晚年，让全县人民生活得更有质量更有尊严！

（五）必须深入推进全面深化改革。坚持将深化改革作为加快发展的驱动力，扎实推进重要领域、关键环节改革，全面激发发展活力。一要大力推进供给侧结构性改革。要准确把握全县实际，大力推进“三去一降一补”[13]，积极兼并重组靠政府补贴和银行续贷维持经营的“僵尸企业”，鼓励外来人口及农民工进城落户，严禁中介服务机构和各类行业协会搭车收费，严格落实工业用电优惠等各类减免扶持政策。二要深化经济体制改革。要切实抓好国有公司管理，加快筹建国有资产监督管理委员会；要创新投融资体制，大力推行PPP融资模式，积极引导社会资本进入基础设施和公共服务项目建设；要稳步推进财税体制改革，加强财政预算和支出管理；要加快金融创新发展，加强金融信用体系和小微企业信用体系建设，缓解企业融资难问题；要大力实施大众创业、万众创新，加大对新兴创业主体的帮扶支持，特别是各金融机构要为全民创业提供资金支持。三要深化行政管理体制改革。要以行政审批制度改革为突破口，推动“放、管、服”改革向纵深发展，继续清理和调整政府权力清单和责任清单，精简行政审批服务事项，进一步下放政府职能权责，处理好政府与市场的关系，充分发挥市场在资源配置中的决定性作用。要严格落实重点项目、重点企业行政审批及服务“全程代办”制度，优化县域经济发展环境。四要深化农村改革。大力推进农村集体产权制度改革，以农村承包土地“三权分置”[14]为重点，加快全县农村集体土地确权颁证步伐，积极稳妥推动农村土地流转，促进土地规模化经营。要健全农业支持保护机制，强化政策性农业保险工作，保障农业资产安全，最大限度释放农村发展活力。

三、全面强化保障落实

目标已经制定，任务已经明确，关键在于保障落实。

（一）强化干部作风保障。干事创业、推动发展的核心在人，关键在干部。一要提倡务实担当作风。要进一步加强求真务实、敢于担当的责任意识，对本区域、本单位的职责分工，要有一个总体把握、部署和安排；对中央、省、州、县的工作特别是重点工作，要不折不扣地加以落实；对群众的诉求要有回应、有处理；对该担当的责任，领导干部要起到带头作用，带动、引导基层干部主动履职、主动化解、主动承担责任。要坚决摒弃“不求有功但求无过”的错误思想和遇事“拖、推、躲”的消极做法，以敢于担当的勇气、求真务实的作风，一件一件抓落实、一项一项去推动，以实干求发展，以实干惠民生。二要鲜明选人用人导向。要树立“注重品德、崇尚实干、重视基层、鼓励创新、群众公认”的选人用人导向，突出在精准脱贫、全面小康、深化改革、招商引资、项目推进、产业发展、信访维稳等重点工作中发现、培养、使用干部，真正把愿干、敢干、能干的干部选拔到领导岗位上来。要坚持常态化培养、合理化配备、制度化运行，努力形成人才辈出、人尽其才、才尽其用的全新局面。三要强化监督问责。要加大督查巡查和责任追究力度，制定完善相关规定和行政问责办法，严肃处理不作为、慢作为、不负责任、懒政怠政的干部，切实解决“干与不干一个样”的问题。去年11月，在省第十一次党代会上，杜家毫书记提出，“严格落实‘三个区分开来’[15]，建立容错纠错机制，宽容干部在工作中特别是改革创新中的失误，旗帜鲜明地为敢于担当的干部担当，为敢于负责的干部负责！”

（二）强化基层组织保障。坚持以基层党组织全面进步、基层政权全面稳固为目标，着力强化基层组织保障。一要抓好基层队伍建设。重点抓好2017年村支“两委”换届工作，要严格按照相关规定和程序，引导党员、群众把政治素质好、带富能力强、有奉献精神、公道正派、廉洁自律、群众公认的人选为村“两委”成员，特别要把党性强、能力强、改革意识强、服务意识强的党员选为村党支部书记。既要做到严格把关，又要打破地域、身份、职业限制，在更大的范围内选好人、用好人。要严肃换届纪律，依法严厉打击拉票贿选、利用家族势力威胁操纵等干扰破坏选举工作的违纪违法行为。同时，要切实解决农村党员、村（社区）干部老龄化的问题，进一步优化结构、提高质量。二要加强基层干部管理。要严格落实村（社区）干部轮流坐班制，每个村（社区）每天必须保证有1名干部坐班值班，开展便民服务工作。要全面推行村（社区）干部民主评议制和年度考核制，严格执行退出机制，对符合相关情形的，严格按照有关规定予以免职或罢免。三要激发基层干部活力。要建立村（社区）干部待遇正常增长机制，持续提高村（社区）干部待遇，加大绩效奖励力度，创造条件逐步解决村（社区）干部最期盼的养老保险问题。特别是要定期从优秀村（社区）党组织书记、村（居）民委员会主任中考录一批乡镇副科级领导、公务员和事业单位工作人员，打通村（社区）干部的晋升通道，从源头上激活村（社区）干部，吸引更多的优秀人才进入村（社区）干部队伍。四要打造服务型基层党组织。要以创建“五个好”党支部[16]为载体，加强高标准基层党建示范点建设，持续整顿软弱涣散党组织，深入开展党建带工建、带团建、带妇建活动，切实增强基层党组织的凝聚力、号召力和战斗力。要围绕发展抓党建，创新方法发展村集体经济，积极培育党员创业致富示范户，以抓实党建引领脱贫、促进发展。

（三）强化社会环境保障。良好的社会环境，是人民安居乐业、经济社会健康发展的重要保障。一要强化安全生产。要高度重视和进一步抓好安全生产工作，树立安全才有生产力、安全才出生产力的安全发展理念，不能以任何借口忽视安全生产。要继续落实领导带队检查制度，大力开展“大排查大管控大整治”专项行动，切实加强执法检查及业务培训，全面提升安全监管执法水平。二要强化信访维稳。要着力化解信访积案，继续推行领导包案和坐班接访制度，聚焦突出问题，综合利用法律、经济、行政、媒体等手段，切实把矛盾纠纷化解在基层、解决在源头，实现信访从“管理”向“治理”转变、从“堵访”向“疏访”转变、从“应急式”向“常态化”转变。三要强化社会治理。要统筹抓好打击违法犯罪、优化发展环境、强化治安防控、规范执法行为、食药品安全和消防安全隐患排查整治、“两违”治理等工作，打造社会治理人人有责、人人尽责的命运共同体，构建全民共建共享的社会治理格局。

（四）强化党风廉政保障。坚持以建设廉洁龙山为目标，构建“不敢腐、不能腐、不想腐”的长效机制，以优良的党风促政风、带民风。一要抓牢主体责任。各级党组织要切实履行管党治党的主体责任，在党的建设各领域、各环节、各方面都要贯彻落实全面从严治党的要求。党组织书记要当好第一责任人，对党负责，对本级、本部门、本单位的政治生态负责，对干部健康成长负责。班子成员要认真履行“一岗双责”，业务、党建一起抓，做到对党忠诚，为党尽责、对岗负责。二要层层传导压力。领导干部要坚持率先垂范，层层推动落实，严格执行述职述廉述责制度、重大事项报告制度、约谈制度，逐级敲警钟、逐人交责任，把责任压力传导给每一级党组织负责，传递给每一名班子成员，确保县委各项决策部署畅通无阻、落地生根。三要强化执纪问责。坚持问题导向，突出监督重点，把握运用监督执纪“四种形态”⑰，推动全面从严治党取得新成效。要把问责作为全面从严治党的重要抓手，坚持“一案双查”，对执行党的路线方针政策不力，管党治党主体责任及监督责任缺位的单位和个人严肃追究责任，既追究主体责任、监督责任，又追究领导责任、党组织的责任，以问责倒逼全面从严治党主体责任落实。

注释：

①**“三年活动”**：精准脱贫攻坚年、重点项目推进年、发展环境优化年。

②**“六个发展”**：加快发展、创新发展、协调发展、绿色发展、开放发展、共享发展。

③**“十百千”工程**：10个投资上亿元的重大工程、100个投资在1000万元以上的重点项目、覆盖全县所有村(社区)的1000件民生实事。

④**“五小水利”**：小水窖、小水池、小沟渠、小坝塘、小排灌站。

⑤**精准脱贫“十一项工程”**：发展生产脱贫工程、乡村旅游脱贫工程、转移就业脱贫工程、易地搬迁脱贫工程、教育发展脱贫工程、医疗救助帮扶工程、生态补偿脱贫工程、社会保障兜底工程、基础设施配套工程、公共服务保障工程、农村住房保障工程。

⑥**“两学一做”**：学党章党规、学系列讲话，做合格党员。

⑦**州委“542”发展思路**：大力实施优势产业、基础设施、新型城镇、

生态文明、民生事业“五大建设”，着力建设绿色、文化、开放、和谐“四个湘西”，努力实现在武陵山区率先发展、率先脱贫。

⑧**“一超过、两不愁、三保障”**：“一超过”指家庭当年农民人均纯收入稳定超过国家扶贫标准(按2010年农民人均纯收入2300元的不变价)；“两不愁”指不愁吃、不愁穿；“三保障”指基本医疗保障、义务教育保障、住房安全保障。

⑨**“两个确保、两个完善”**：“两个确保”指确保贫困发生率降至2%以下，确保村集体经济收入(不包括转移性支付收入)退出当年达到4万元以上；“两个完善”指基础设施基本完善、公共服务基本完善。

⑩**“七大工程”和“三大机制”**：“七大工程”指产业帮扶工程、劳务协作工程、人才帮扶工程、民生改善工程、基础设施帮扶工程、农产品对接工程、招商引资帮扶工程；“三大机制”指拓宽资金投入机制、构建多级帮扶机制、建立帮扶评估机制。

⑪**“五个一”工程**：一座高端家居城、一片仓储物流园、一个市场流通综合体、一批商贸购物综合体、一张农产品流通服务网。

⑫**“五大片区”**：老城区、城东新区、华塘新区、高铁新区和工业集中区。

⑬**“三去一降一补”**：去产能、去库存、去杠杆；降成本；补短板。

⑭**“三权分置”**：指在坚持农村土地集体所有的前提下，促使承包权和经营权分离，形成所有权、承包权、经营权三权分置，经营权流转的格局。

⑮**“三个区分开来”**：把干部在推进改革中因缺乏经验、先行先试出现的失误和错误，同明知故犯的违纪违法行为区分开来；把上级尚无明确限制的探索性实验中的失误和错误，同上级明令禁止后依然我行我素的违纪违法行为区分开来；把为推动改革的无意过失与为谋取私利的故意行为区分开来。

⑯**“五个好”党支部**：支部班子好、党员队伍好、活动开展好、制度建设好、作用发挥好。

⑰**“四种形态”**：党内关系要正常化，批评和自我批评要经常开展，让咬耳扯袖、红脸出汗成为常态；党纪轻处分和组织处理要成为大多数；对严重违纪的重处分、作出重大职务调整应当是少数；严重违纪涉嫌违法立案审查的只能是极少数。

龙山县第十七届人民代表大会常务委员会工作报告

——在龙山县第十七届人民代表大会第二次会议上

龙山县人大常委会主任　余佳祥

2017年12月28日

一、2017年工作回顾

十七届人大一次会议以来，县人大常委会在县委的正确领导下，坚持以邓小平理论、“三个代表”重要思想、科学发展观为指导，认真贯彻党的十八大、十八届三中、四中、五中、六中全会和习近平总书记系列重要讲话精神，深入学习党的十九大精神，紧紧围绕县委总体工作部署和工作要求，认真履行宪法和法律赋予的各项职责，充分发挥地方国家权力机关和各级人大代表的作用，积极推进全县民主法治建设，为保障和促进全县经济社会发展，开展较有成效的工作。

（一）坚持人大工作的正确方向，确保党的领导贯穿工作始终

坚持党的领导是做好人大工作的根本保证和行动准则。县人大常委会在开展工作过程中，牢牢把握这一政治准则，始终把讲政治、讲纪律、讲规矩放在首位，确保党的领导、人民当家作主、依法治国有机统一，牢牢地保证了人大工作正确的政治方向。

一是认真执行县委的决策决定。县人大常委会在开展工作过程中，始终坚定不移地执行县委决策决定，坚持每年人大的总体工作安排向县委常委会专题汇报，然后由县委批转工作安排和要点，全年人大工作按照要点开展和实施，确保人大各项工作与全县总体部署相统一。同时，坚持把人大审议的各种重大决议决定，开展的监督审查、代表培训和履职等工作与县委总体工作安排相结合，确保县委重大决策部署的贯彻落实。认真落实请示报告制度，对人大工作中的重大问题、重要事项，县人大常委会党组坚持及时向县委请示报告，严格按照县委要求组织实施。

二是认真做好县委交办事项。按照县委统一安排，县人大常委会认真落实县级领导联系乡（镇、街道）制度，指导乡（镇、街道）抓好产业发展、基础设施建设、社会事业发展和精准扶贫等工作，切实为基层和群众办实事、解难题。积极参与全县的重点工作和重点项目建设，认真抓协调、抓进度、抓落实，所负责的各项工作取得较好成效。龙永高速扫尾工作接近尾声；桑龙高速项目通过积极向省厅汇报，工可报告编制工作基本完成，目前正在进行初设工作；县慈爱园建设项目已于10月全面开工，目前进展顺利；G353狮子社区至湘鄂情大桥公路建设扎实推进；石牌—洗洛公路年底有望建成通车；乌龙山大峡谷和太平山景区升级改造、县工业集中区和高铁新区建设等重点项目正全面有序推进。所有这些工作按照年初既定目标基本得以完成，为全县经济建设和社会事业发展作出了应有贡献。

三是认真完成县里的中心工作。围绕县委中心工作，县人大常委会坚持统筹兼顾，协调推进各项工作开展。认真做好精准扶贫。2017 年，共派出两个扶贫工作组进驻农车镇舍龙村、石羔街道苦竹社区开展精准扶贫工作，扎实推进联系村（社区）道路、村级服务平台、电网改造、饮水工程等基础设施建设，目前均已完工，当地群众生产生活条件明显改善；积极推进产业发展，加大了大头菜种植、畜禽养殖等产业扶持力度，积极发展集体经济和劳务经济，群众收入不断提高；积极开展结对帮扶活动，帮助联系对象制定脱贫方案、脱贫措施，宣传扶贫政策、指导生产经营，帮扶成效显著，干群关系进一步融洽密切。积极推进深化改革工作。按照县全面深化改革工作领导小组的要求，县人大常委会认真完成由县人大承担的县国有资产管理情况报告的改革工作，组织专人深入到县内及周边地区进行考察调研，撰写了《＜县人民政府向县人大常委会报告国有资产管理情况的制度＞的调研报告》，起草了《县人民政府向县人大常委会报告国有资产管理情况的制度》（草案）。认真做好信访工作。按照县委安排，积极参与驻京接访和县里信访案件化解工作；认真落实县级领导在县信访局坐班接访制度，了解信访群众诉求，积极协助化解信访问题；修订完善了人大信访制度，实现了由机关信访办总管，职能委室对口督办，职能部门办理的机制，信访渠道进一步畅通，信访群众合法权益得到保障。认真完成常规工作。按要求认真开展依法治县、党风廉政、基层党建、综治民调、干部作风、美丽湘西、计划生育、民族团结、政工人事、老干部等工作，各项工作取得了较好成效。

（二）坚持依法行权，推进监督工作深入开展

开展监督是人大工作的重点。县人大常委会始终坚持围绕监督这一职能，依法行权，强化监督，努力推进重大事项决定、监督审查、人事任免工作落实。

一是依法决定好重大事项。根据《龙山县人大常委会讨论决定重大事项的规定》，县人大常委会按照“抓重点、议大事、推发展”的原则，认真审议全县经济社会发展中的重大事项和人民群众普遍关注的热点、难点问题，及时作出决议决定。助推精准扶贫工作。根据全县精准脱贫工程需要，县人大常委会第二次会议上，专题审议了全县“十百千”项目工程规划和建设工作进展情况，及时作出了《关于同意县人民政府“十百千”项目工程等融资计划的决议》；努力推进依法治县。县人大常委会第三次会议上，作出了《关于认真开展“七五”普法工作的决议》。为做好立法基础性工作，县人大常委会第七次会议上，审议通过了《龙山县立法建议项目收集办法》，法治龙山建设加快推进。积极支持重点工程建设。针对目前重点工程建设项目资金瓶颈问题，县人大常委会先后对环城公路、城市停车场、惹巴拉旅游开发、里耶古城开发、城中棚户区改造、县城区中小学及幼儿园、乌龙山大峡谷景区建设等 PPP 项目政府付费资金列入县财政预算管理的议案作出了相应决议。一年来，共作出决议决定25 项，有力地促进了县域经济社会发展过程中一些问题的解决。

二是切实加强监督审查。县人大常委会认真贯彻实施《监督法》，牢牢依靠法定监督手段，加大监督力度，有力推动了“一府两院”依法行政、公正司法。做好工作审议审查。一年来，共召开人大常委会会议 8 次、主任会议 21 次，听取和审议审查了县人民政府关于全县城乡规划实施、医疗机构规划布局、城区教育布局调整、土地流转、劳动就业保障、2017 年 1—8 月财政预算执行及预算调整、2017 年 1—9 月国民经济和社会发展计划执行等 7 项专项工作，作出审议意见 3 项。为使县人大常委会作出的审议意见落到实处，县人大常委会建立了跟踪监督制度，改变过去“一审了之”的情况，在县人大常委会第 21 次主任会议上，专题听取了县人民政府关于 2017 年上半年县人大常委会审议意见落实情况的报告。做好执法检查。为了推进法律法规在全县贯彻实施，在县人大常委会第五次会议上，听取和审议了县人民政府关于贯彻落实《湘西土家族苗族自治州河道管理条例》情况的报告；在

县人大常委会第12次主任会议上，听取了县人民政府关于贯彻实施《中华人民共和国劳动合同法》工作情况的报告。按照州人大的统一安排部署，县人大常委会开展《预算法》执法检查，配合省、州人大对《禁毒法》、《著作权法》、《种子法》、《湖南省农村扶贫开发条例》等10余部法律法规进行了执法检查。做好工作评议。为了进一步加强对“一府两院”的监督，在县人大常委会第7次会议上，根据《龙山县人大常委会工作评议暂行办法》，首次对县商务局、县国土资源局、县水利局、县教育和体育局、县司法局五个单位开展工作评议，通过投票测评，五个单位均为“满意单位”。做好其他方面的监督。继续牵头组织开展“环保世纪行”、“农产品质量安全行”、“三湘农民健康行”、“民族团结进步行”、“司法公正湘西行”和“民保文保法制月”等活动。对法院、检察院、公安局、司法局四家部分公职人员进行了法律法规闭卷考试。依法开展规范性文件备案审查工作，坚持做到了有件必备，有件必审，有错必纠。一年来，对报备的33件规范性文件中发现的问题，及时进行协调衔接，有力地维护了国家法制统一。

三是规范人事任免。在人事任免过程中，县人大常委会按照党管干部与人大依法任免的有机统一原则，修订了《龙山县人大常委会人事任免办法》，坚持严把任前调查、任前法律考试和任前发言等关键环节，坚持向宪法宣誓制度，切实增强了被任命人员的法律意识、使命意识和责任意识。一次会议以来，共任免国家机关工作人员43人，其中决定任命县人民政府副县长及县人民政府工作部门负责人7人，决定任命人大常委会工作机构负责人4人，任命县人民法院审判委员会委员、庭长、副庭长8人，任命县人民检察院检察员、检察委员会委员、副检察长5人；同意接受11名县第十七届人民代表大会代表和1名州第十四届人民代表大会代表辞去代表职务，免去相应职务20人。同时还根据有关法律的规定，依法补选了9名县人大代表和1名州人大代表，停止了1名县人大代表执行代表职务。全年所有任免完全确保了组织意图的实现。

（三）坚持代表主体地位，支持和保障代表充分履职

人大代表是人大工作的基础和主体，保障代表依法履职就是保障人民当家作主。县人大常委会坚持依靠代表，服务代表，切实加强代表工作，充分发挥了代表应有作用。

一是努力提升代表履职能力。加强了学习培训。4月中旬，组织全县21名乡镇人大主席（街道人大工委主任）、部分代表参加了全州人大干部、代表履职学习。9月上旬在县委党校组织开展一期乡镇人大主席（街道人大工委主任）培训班，系统学习乡（镇、街道）人大工作和地方性法律法规等知识，提高了基层人大干部对根本政治制度的认识。12月下旬，对县人大代表开展履职专题培训。同时，还继续免费为代表征订了《中国人大》、《人民之友》等人大杂志，坚持适时为代表寄送人大常委会公报等资料，通过多种方式方法，不断提高代表履职能力和水平。开展履职考察。9月6日至8日，组织县人大常委会委员及乡镇人大主席（街道人大工委主任）到重庆武隆、涪陵、湖北利川等周边区县进行履职考察，学习外地先进经验，开阔了眼界、增长了见识、拓宽了履职思路。强化了履职责任。出台了《龙山县县乡两级人大代表报告履职情况工作实施方案》，在茨岩塘镇启动了县乡人大代表报告履职情况试点工作，随后在全县逐步推进，每个乡（镇、街道）组织4—6名县乡人大代表向选民报告履职情况，接受选区选民现场询问，以投票方式进行满意度测评，被询问代表现场进行表态发言，通过活动的开展，代表履职意识明显得到增强。

二是积极搭建代表履职平台。认真开展“双联”工作，加强“代表联系群众工作室”和“代表之家”建设，完善代表定期联系选民制度，坚持县人大常委会组成人员联系代表制度，人大代表走访制度，听取群众意见建议，畅通民意渠道。坚持组织代表集中视察制度。9月下旬，组织州县两级人大代表共40余人，对县法院检察院公安局司法局工作进行了集中视察，形成了专题视察报告，交由相

关部门办理。切实加强对基层人大工作的指导，出台了《龙山县乡（镇、街道）人大和县人大代表开展“创先争优”活动考评办法》，对乡镇人大工作和代表工作年初实行目标管理，年底检查验收评比。坚持邀请人大代表列席人大常委会议和参与县里重大活动，2017年以来，共邀请27名县人大代表列席人大常委会议，推荐15名县人大代表担任烤烟收购监督员，推荐12名州、县人大代表参加了听证会。同时，还组织所有代表参观了县内重点项目建设情况，较好地拓展了代表的知情知政和履职渠道。

三是认真督办代表议案建议。县第十七届人民代表大会第一次会议期间，共收到代表议案、建议100件，县人大常委会进行归纳分类后，及时转交给了县人民政府及相关单位，明确了办理要求和办理时限，并将代表建议办理纳入了常规工作考核内容。在议案建议督办过程中，县人大常委会实行领导牵头，邀请提出建议的县人大代表直接参与建议督办，与承办单位主要负责人一起深入现场、问情况、查进度，做到面对面沟通，面对面办理。督办之后，县人大常委会还组织所有承办单位与所提建议的领衔代表进行了见面回访，力促建议办理落实。2017年9月，县人大常委会第五次会议上专题听取和审议了县人民政府关于县第十七届人大一次会议代表议案、建议办理情况的报告，截至目前，100件议案、建议中，已经解决或正在解决的共49件，列入工作计划逐步解决的共18件，因国家政策或目前条件限制暂时不能解决的共32件，22个承办单位均以文件形式答复了相关代表，在收到的38份反馈意见中代表满意的有37份，基本满意的有1份，满意率97%以上，满意率明显提高。

（四）严格要求，切实加强人大常委会的自身建设

人大常委会作为人民代表大会的常设机构，负责人民代表大会闭会期间相关工作，县人大常委会始终把自身建设放在首位，狠抓各方面工作的落实。

一是扎实开展学习教育。年初制定了《龙山县人大常委会机关中心组学习计划》，全年共组织了6次集中学习，学习了《关于新形势下党内政治生活的若干准则》、《中国共产党党内监督条例》、《中华人民共和国网络安全法》、《中华人民共和国民族区域自治法》、习近平总书记系列重要讲话精神等相关内容。观看了《把法制湘西建设引向深入》、《榜样》、《论语修身篇之修身正德》等专题宣传教育片。为了学习贯彻十九大精神，县人大常委会机关组织全体干部职工观看了十九大现场直播，组织所有副科级以上干部参加了“全州领导干部学习贯彻党的十九大精神培训班”，并按要求进行了研讨发言，召开了县人大常委会机关学习贯彻党的十九大精神专题培训会议，邀请了县委宣讲团成员对机关全体干部职工进行十九大精神专题辅导。认真开展“两学一做”专题学习教育总结，严格按照相关文件精神，开展专题民主生活会，给机关全体党员干部在思想上“补了钙”、“加了油”。积极组织机关干部参加了上级人大和其他组织举办的各类培训和学习，人大机关干部的政治理论素质和业务素质有了明显提高。

二是不断完善机关管理。修订了《龙山县人大常委会工作规则》，明确规定了县人大及其常委会相关会议要求，制定了《龙山县人大常委会机关工作制度》，对干部考勤、机关财务、公务用车、环境卫生等实行了制度化管理，确保有章可循，有规可依；对机关工作人员的岗位责任实行严格管理，进一步明确了工作职责，确保了机关工作的有序开展。

三是着力抓好作风建设。认真执行中央、省、州、县作风建设相关规定。坚持深入基层，认真开展“双联”工作，33名人大常委会组成人员共联系139名基层县人大代表，以走访座谈、电话沟通等方式经常性地与代表保持联系，及时向有关部门反映代表反映的问题。严格考勤，认真执行上下班签到、上班时间工作去向报告制度，实行开门办公，挂牌上班。出台了机关干部绩效考核办法，坚持对各委室工作按季度进行考核和年终考评，直接挂钩绩效工资发放和评先评优。开展创建州级文明标兵单位活动，把创建工作作为加强机关管理、提升工

作效能、树立良好形象的重要举措来抓，以创促建、以创促管、以创促变。通过加强一系列的管理，较好地提升了机关干部整体形象和机关服务保障水平。

四是努力拓宽人大制度宣传。加强了县人大常委会信息中心、县人大网站等阵地建设，及时发布人大常委会会议、执法检查、代表视察、调查研究等工作动态，及时宣传人大特色工作和亮点工作。修订完善了《县人大制度宣传奖励办法》，表彰奖励一批人大制度宣传工作先进单位和先进个人。一年来，广大人大制度宣传工作者在《人民代表报》、《人民之友》、《团结报》、《湘西人大工作》、《湖南人大网》、《湘西人大网》等报刊网络媒体发表文章400余篇，较好展示了全县人大工作水平和人大代表良好形象。

各位代表，十七届人大一次会议来，县人大常委会所开展的这些工作，离不开你们的努力与参与，离不开你们的关心与支持，离不开你们的辛劳和付出，在此，我谨代表县人大常委会向你们表示诚挚的谢意。同时，也借此机会，向长期以来关心支持人大工作的县委、县政府、县政协、县人武部几大家领导、离退休老领导老以及社会各界人士表示衷心的感谢！一年来，人大常委会工作虽然取得了一些成绩，但同时也还存在很多不足，主要表现在：监督工作的针对性、实效性、刚性还不够强，监督的形式还比较单一；代表履职意识、履职能力还不够高；常委会自身建设还存在着诸多不足。这些问题，我们将在今后的工作中高度关注、认真研究，着力加以解决。

二、2018年主要工作安排

各位代表，2018年是全面贯彻落实党的十九大精神的第一年，是"十三五"规划深入推进之年，是全县加大精准脱贫工作的重要一年，县人大常委会将以邓小平理论、"三个代表"重要思想、科学发展观和习近平新时代中国特色社会主义思想为指导，认真学习好、宣传好、贯彻好党的十九大精神，以更加奋发有为的精神状态、更加求真务实的工作作风、更加扎实有效的工作措施，努力使县人大及其常委会成为全面担负起宪法法律赋予的各项职责的工作机关，成为同人民群众保持密切联系的代表机关，为推动法治龙山和县域经济社会新发展作出应有的贡献。

一是坚持党的领导，牢牢把握人大工作方向。党政军民学，东西南北中，党是领导一切的。县人大常委会将始终把坚持党的领导、人民当家作主、依法治国有机统一，坚决维护党中央集中统一领导，坚决维护习近平总书记的核心地位，自觉在思想上政治上行动上与党中央保持高度一致，紧紧围绕县委的决策，安排部署县人大及其常委会各项工作。坚持重大事项向县委请示报告制度，自觉把县委领导贯穿于人大工作全过程。坚持凡是人大及其常委会的重点工作、重大活动，及时请示县委，听取县委意见，服从县委决定，贯彻县委主张，实现县委意图，切实做到思想上同心，目标上同向，行动上同步，工作上同力，确保县委的主张通过法定程序成为国家意志、人民意志。

二是紧紧围绕依法行权，努力增强监督实效。强化监督是党的十九大对人大工作的要求。县人大常委会将认真按照这一要求，扎实做好监督工作，第一，做好重大事项的决议决定。围绕县里的重大事项、重大项目，切实加强调研，坚持以人民为核心，以经济社会发展为目标，寓支持于监督之中，及时作出决议决定，做好发展过程中的法律保障。第二，扎实开展监督工作。充分运用听取和审议审查专项工作报告的监督方式，加大对县里的重点工作、重大工作的重点部位和重要接点的审查审议，增强监督实效，促进"一府两院"工作改进和推进。充分运用专题询问、工作评议、跟踪督办等其他监督形式，加大监督力度，增强监督刚性。第三，积极推进依法治县。继续加大执法检查力度，确保相关法律法规在本区域内贯彻实施，认真对"一府两院"制定的规范性文件进行备案审查，强化"一府两院"依法行政、公正司法，确保国家法制的统一，为全县经济社会发展营造良好的法治环境。第四，依法规范人事任免。严格按照人事任免办法要求，做好任前调查，任前法律法规考试，任前发言等程序，全面落实向宪法宣誓制度，严格按照党管干部与依法任免相统一原则，确保组织意图实现。

*三是强化代表履职，充分发挥人大代表作用。*代表工作是人大工作的主体，代表履职是做好人大工作的关键。县人大常委会将充分尊重代表主体地位，努力为代表依法履职搭建平台、搞好服务。加强对代表的履职培训。继续举办代表培训班，采取集中培训与分散培训、专家辅导与发放资料自学相结合的方式，让代表掌握开展工作的程序、方法和要求，明确职责，增强执行职务、做好工作的责任，不断提高履行职责的能力水平。坚持人大常委会组成人员联系人大代表、人大代表联系人民群众的"双联"工作机制，加强"代表联系群众工作室"和"代表之家"建设，组织州、县人大代表开展内容丰富的代表活动，充分调动代表履职积极性和责任感，激励代表在贴近民生、服务民生中发挥作用。继续为代表征订《人民之友》、《人民代表报》等杂志报刊，继续邀请代表列席县人大常委会会议，参加人大重要重大活动。继续组织代表集中视察调研和参与执法检查等，让代表随时了解县人大及其常委会工作动态，充分保障代表知情、知政的权利。完善建议督办机制，采取跟踪督办、视察促办等方式，以"群众满意、代表满意"为标准，着力提高议案、建议办理的质量和水平。继续开展好代表履职报告工作。

*四是狠抓中心工作，努力服务县域经济社会发展。*完成县里的中心工作是每个单位、每个机关、每个团体的共同责任。县人大常委会将认真按照县里的统一安排，积极参与和做好县里的中心工作。一是做好精准扶贫。派出强有力的工作组和工作人员，深入开展驻村扶贫工作，做好村里的基础设施、产业发展等工作。二是做好信访工作。进一步规范常委会机关信访办理、信访问题解决的机制，积极参与县里的重大信访问题的处理和化解。三是做好改革工作。认真按照要求规定，落实好各项改革措施，完成承担的改革任务。四是做好常规工作。落实责任、落实措施，确保党风廉政、基层党建、计划生育、安全生产、老干等工作取得成效。

*五是加强自身建设，努力提升人大工作水平。*党的十九大报告用"两个机关"对人大常委会建设提出了更高要求，县人大常委会将严格按照这一要求，把加强自身建设摆在重要位置来抓。一要强化政治站位。认真抓好机关党性教育，牢固树立四种意识，始终讲政治、讲纪律、讲规矩，始终与党中央、省委州委县委保持高度一致。二要强化学习培训。通过邀请专家授课、集中学习、在线学习、普法学习、异地培训等形式，加强对人大干部法律和业务知识培训，深入学习贯彻十九大精神，切实提升履职能力和水平。三要加强制度建设。紧扣形势发展，完善人代会、人大常委会会议和主任会议议事规则，完善重大事项决定权、监督权和人事任免权行使程序等相关制度，推动人大工作民主化、规范化、法制化。四要强化人大制度宣传。通过宣传，深化全社会对人民代表大会制度的认识，增强制度自信，营造支持人大依法履职的良好氛围。五要强化作风建设。严格执行中央、省、州、县作风建设的相关规定，严格考勤纪律，严格工作责任，严格绩效考核。坚持深入基层，加强调查研究，倾听群众呼声，畅通民意渠道。要通过上述工作，树立新时代人大常委会奋发有为、作风过硬、履职为民、工作高效的良好机关形象。

政府工作报告

——在龙山县第十七届人民代表大会第二次会议上

龙山县人民政府县长　刘冬生

2017年12月27日

一、2017年工作回顾

一年来，在县委的坚强领导下，在县人大、县政协的监督支持下，全县上下全面贯彻落实习近平总书记系列重要讲话和党的十九大精神，攻坚克难，奋力拼搏，有力推动了县域经济社会发展，较好地完成县十七届人民代表大会第一次会议审定的各项任务。

（一）经济指标稳中有升。2017年全县完成地区生产总值(GDP)81.43亿元（预计数，下同），同比增长8.2%；财政总收入8.45亿元，增长20%；固定资产投资55亿元，增长3.2%；规模工业增加值5.56亿元，增长11%；社会消费品零售总额43.11亿元，增长12%；城镇居民人均可支配收入20052元，增长9.6%；农村居民人均可支配收入8532元，增长11.8%。金融机构各项存款余额152.4亿元，比年初增长11.8%。

（二）脱贫攻坚成效明显。经省州验收，年内32个贫困村退出，预计减少贫困人口28453人。一是“十一项工程”快速推进。发展生产脱贫工程：落实发展产业资金1.45亿元，建成农业产业基地49.39万亩，建成万亩精品园3个、千亩标准园34个、百亩示范园454个，一二三产业融合发展示范区2个。探索资产投资发展集体经济，投资1.49亿元建设7个光伏发电站，已竣工并网4000千瓦；投资4420万元进行三元电站改造；目前，村级集体经济收入20万元以上的达45个，10万元以上的达68个。乡村旅游脱贫工程：启动了乡村旅游精品线路建设规划，完善了乡村旅游脱贫扶持机制，组织参加国家、省级旅游展销博览会3次。开展乡村旅游从业培训6期，参训人员2500余人。转移就业脱贫工程：建立了8万余名贫困劳动力资源信息数据库，与长沙市、济南市市中区达成劳务协作协议，先后举办现场招聘活动10场，171家企业参加并提供岗位4万余个，转移就业4.84万人，为外出务工贫困劳动力发放交通、稳岗补贴2145万元。易地搬迁脱贫工程：累计投资5.39亿元，完成入住安置2184户8990人，完成全县“十三五”易地扶贫搬迁总任务的74.4%。教育发展脱贫工程：实行建档立卡贫困学生学前至高中阶段15年免费教育，发放补助资金5800万元，救助学生7.56万人次，为791名贫困大学新生发放一次性救助金350万元，实现贫困学生资助全覆盖。医疗救助帮扶工程：取消农村贫困对象乡镇及以下医疗机构住院报销起付线，县级及以上医疗机构住院报销起付线减半。推行“四类人员”① 大病集中救治、重度疾病兜底救治、特殊慢性病分类救治和先诊疗后付费的救治模式，全年支出救助帮扶资金2.43亿元。生态补偿脱贫工程：新发展脐橙、猕猴桃、油茶等特色产业6700余亩，发放退耕还林工程补助、生态公益林补偿资金4908万元；贫困人口转岗护林员达1200名，发放工资1200万元。社会保障兜底工程：全面实施城乡最低生活保障和社会保障兜底脱贫对象认定清理整顿工作，规范认定兜底对象，全面实现农村低保标准和国家扶贫标准“两线合一”，标准由每人每月220元提高到270元。基础设施配套工程：同步推进所有贫困村水、电、路、通讯网络等基础设施建设。投资9.6亿元的715个村组道路项目已完成形象进度的75%。投资1.2亿元的237个安全饮水项目完成形象进度的85%。总投资3600万元的茨岩塘镇、水田坝镇、召市镇、苗儿滩镇(隆头社区)等4个集镇覆盖2万余人的安全饮水工程开工建设。完成76个农网改造项目,基本实现城乡同网同价。投资5740万元,全面完成164个光网宽带项目建设。公共服务保障工程:投资3.6亿元,新建改建农村综合服务平台366个、完成"村村响"广播点1715个、户户通4000户,金融扶贫服务站240个,农产品网销额达3亿元。农村住房保障工程:完成危房改造3767户,发放补助资金1.48亿元。二是集中整改成效较好。全面开展精准识别"回头看",夯实精准识别工作基础,整户清退4529户15993人,清退单个贫困人口2692人,5318户19135人已脱贫对象"稳定脱贫",贫困户精准识别做到了"应纳尽纳""应剔尽剔""应返尽返"。三是驻村帮扶落实有力。省州县乡选派驻村队员1399人驻村帮扶391个村(社区);选派328名近三年新录(聘)用机关事业单位工作人员、招募215名大学生志愿者驻村开展精准扶贫工作,实现驻村帮扶全覆盖。组织7400余名党员干部结对帮扶建档立卡贫困户,238名政协委员结对帮扶贫困户,扎实开展"百企帮百村、千商扶千户"活动,112家非公企业结对帮扶105个贫困村,实现结对帮扶全覆盖。四是对口帮扶成效明显。农业部出台了定点帮扶方案,明确在重点产业、农业实用人才培训等方面对全县予以支持。长沙市19家单位对口帮扶全县17个乡镇51个贫困村,到2020年将落实帮扶资金8亿元,2017年启动帮扶项目170个,到位资金1.78亿元。济南市市中区与全县签订了在基层党建、人才队伍、商务商贸、工业和信息化、儿童福利院等方面的扶贫协作协议,到2020年,市中区将安排扶贫协作专项资金3000万元以上,目前已到位855万元。

(三)项目建设加速推进。全县"十百千"项目共完成投资69.48亿元。其中,十项重大工程完成投资29.35亿元,两项单列工程完成投资8.5亿元,103个重点项目完成投资30.68亿元,千件民生实事完成投资9500万元。新引进投资1亿元以上项目8个、10亿元以上项目1个。全年新建、续建招商引资项目43个,到位资金31.08亿元。一是城镇建设项目推进有力。县体育中心项目累计完成投资3.25亿元,"一场两馆"[②]主体工程全部完工。行政大道完成投资1600万元,民族北路(学府路)延伸工程开工建设。"山水龙城"两河休闲风光带(一期)累计完成投资3.3亿元,完成园林整修和8.3公里电瓶车道水稳层建设。城区入城口人行道改造完成路基硬化。总投资4.9亿元的高铁新区项目开工建设。智慧城市市民之家大楼基础工程进展顺利。皇仓坪公园一期绿道已投入使用。华塘新区完成教体中心安置区建设。土城坝片区综合开发累计完成投资2.9亿元,3栋商住楼建至20层。老城棚户区改造工作扎实推进,全县2016年棚改项目完成征收补偿707户,拆除旧房面积1万平方米。推进步步高、回龙花苑等7个老旧小区改造,改造面积29.84万平方米,受益群众2659户。二是交通项目建设成效明显。黔张常铁路(龙山段)完成投资8.45亿元。龙山至桑植高速公路正在进行环评、工可评审和初设。张花高速里耶连接线完成路基工程量的70%。G353狮子村至湘鄂情大桥公路等干线公路进展顺利。洗车至里耶二级路建成通车,石牌至洗洛二级路基本完工。三是水利能源项目进展顺利。落水洞电站完成投资1.2亿元,完成一期工程。石羔水厂完成投资7800万元,完成主体工程及应急水源工程。里耶堤防工程完成投资5400万元。大湘西天然气长输管网工程建设项目(龙山段)基础已完工,正进行管道焊接。220千伏输变电工程正抓紧实施。同时,县城殡仪馆及公墓山项目一期墓区工程进入竣工结算阶段,二期项目开工建设。832个民生实事项目全部完工。四是PPP项目强力推进。全县落地PPP项目19个,总投资约140亿元,12个项目已入库。其中,已开工建设项目4个,总投资约18亿元,进入项目采购阶段8个,投资约61亿元。通过向政策银行贷款、商业银行贷款、基金申报等融资方式落实政府类项目建设融资33.86亿元，完成基金收入5.6亿元，依法追缴历年欠缴税费、基金共2.8亿元。完成土地报批4500亩、新增储备土地1210亩、控制储备土地1043亩。

（四）产业建设卓有成效。一是工业经济加快发展。启动实施工业投资额1000万元以上重点项目10个，累计完成工业投资2.6亿元。工业集中区一期项目完成投资1.2亿元，建成8栋标准厂房8.42万平方米，总投资4.5亿元的标准厂房二期项目开工建设，完成投资6000万元。成功引进湖南欣梦瑶寝具、上海允蒂实业、深圳泰成达电子、上海星珂环保、湖南蓝天阳工程等一批实力雄厚的大企业入驻园区。昶光农业、土家巧手、洗洛矿泉水等重点企业搬迁扩能项目有力推进。二是农业产业稳中有升。全县粮食播种面积稳定在62万亩，粮食总产量达20万吨。烤烟种植面积6.3万亩，产值2亿元，烟税创收3800万元；百合8.7万亩，产值10亿元；蔬菜9万亩，产值2亿元；中药材5万亩，产值5亿元；柑橘14.3万亩，完成低改、品改1.1万亩。发放55项惠民补贴3亿元，投入农业小额贴息贷款8700万元。新增"百万农机合作社"9家。土地确权颁证工作基本完成，规模流转土地4.6万亩。全县农特产品在长沙通程超市设立销售专柜，在济南市市中区设立免费展销窗口。龙山百合国家地理标志产品保护申报成功，"佳湘源"百合干片获十五届中国国际农产品交易会金奖，成功举办了首届百合文化旅游节。三是生态文化旅游业建设推进有力。里耶—乌龙山风景名胜区获评国家级风景名胜区。里耶景区累计投入3亿元，基本完成古城区街道改造、地下停车场及秦简博物馆整修等工程。惹巴拉景区综合开发累计完成投资近3亿元，民族影视基地已完成主体建设，民宿酒店可对外营业，总投资10亿元的田园综合体PPP项目正在进行招投标，景区建设进入快车道。乌龙山大峡谷景区全面完成鲢鱼洞、惹迷洞灯光改造，基本完成慢行车道、森林绿道、高端木屋等工程，全年接待游客50万人次，实现旅游收入2000万元。四是商贸物流业稳步发展。红星美凯龙累计完成投资2.4亿元，基本完成主体工程。总投资10亿元的万汇国际商品博览城一期项目开工建设。新增长兴商贸、世纪百年酒店2家限上流通企业。成立了县级电商公共服务中心，建成农村电商服务站30个。实际利用外资30万美元。商事制度改革进一步深化，各类市场主体发展到1.59万户。

（五）城乡建设统筹推进。一是规划体系不断健全。完成《龙山县城市总体规划（2016—2030）》修编工作，完成全县美丽乡村总体规划、61个美丽乡村村庄规划、新老城区控制性详细规划、教体新区和城东片区修建性详细规划。严格按程序调整太平山公园规划，并编制完善了皇仓坪公园详规。二是城镇建设大力推进。按照"宜居、宜业、宜游、宜养"的要求，统筹推进城东新区、华塘新区、高铁新区、工业集中区和老城区改造建设，"山水龙城"建设成效明显。里耶镇获中国特色小镇和湖南省新型城镇化试点，兴隆、石牌、洗洛、桂塘、咱果、内溪等乡（镇、街道）集镇道路改造工程扎实推进。三是美丽乡村建设成效明显。全省首批林业碳汇③（龙山县试点）项目顺利订购签约。桂塘镇成功入选湖南省"第三届最美少数民族特色村镇"名录。全面推进河长制工作，完善了"一河一策、一库一策"治理方案。完成65个农村环境综合整治项目。投资6000余万元，推进16个精品村、45个示范村建设，美丽乡村建设经验在全州推介。四是城市管理水平不断提升。重拳整治占道经营、出店经营、乱搭乱建等行为，规范管理临街店面900余家、洗车场30家，取缔流动摊点1200余个，拆除主次干道广告牌4057块，城区主街道基本无出店经营、占道经营情况。狠抓"两违"整治、"三抢"④〗治理等工作，开展拆违行动25次，"三抢"打击行动30次，拆除违章建筑40处，处置抢栽抢种树苗5万余株，恢复耕地110亩，有力维护了征地拆迁工作的正常秩序。

（六）民计民生保障有力。全县民生资金支出23.89亿元。一是教育事业快速发展。总投资16.5亿元的城区教育布局调整项目开工建设，三年内新建学校11所，改建5所，扩建2所，新增学位

2.5万个。投资1200余万元实施了9所农村薄弱学校改造、农村保育式学校建设。引进、培养高学历教师324人，2017年高考本科上线1527人，7名考生被清华北大录取。二是卫计事业不断进步。完成大安、农车、咱果等3所乡镇中医馆建设，全县中医馆达19所。投资2000万元实施466所卫生室建设，靛房、石牌、洗洛、里耶、红岩、兴隆等7个乡(镇、街道)卫生院改建、扩建项目启动建设。实施农村妇女“两癌”免费检查8500例，落实产前免费筛查5400例，基本药物制度累计为群众减轻医药负担1992万元。人口计生利益导向机制进一步完善，计划生育奖补标准进一步提高。三是文化科技工作成果丰硕。全面完成建州60周年系列庆祝活动，土家织锦《甲子顺锦》60米长卷成功申报吉尼斯纪录。文艺创演精彩纷呈，靛房镇毛古斯情景剧《石梯乐土》创作完成，创作各类优秀文艺作品400余件，获国家级奖励4项、省级奖励20项，参加国际性活动2次、全国性活动5次，举行“湖湘文化进万家”等活动200余场。投资2800万元，完成175个乡村文化广场建设。投资1200万元，完成里耶麦茶古墓群发掘展示及安防工程。投资1300万元，完成湘鄂川黔革命根据地3处旧址维修工程。科技创新再创新高，申请专利77件，授权专利43件，承担省州科技计划项目11项，培育高新技术企业2家。四是社会保障体系不断健全。筹集城乡居民医保基金3.35亿元，发放城乡居民医保补助2.62亿元，累计发放医疗救助、残疾人“两项补贴”[5]等资金1.02亿元，城乡低保、特困供养人员生活救助标准进一步提高。深化医疗卫生体制改革，通过取消药品加成、调整部分医疗服务价格、完善医保支付方式和增加财政专项补助，基本破除了“以药补医”机制。累计投资7亿元推进保障性住房建设，已建成4776套，基本解决群众住房难问题。开展就业创业技能培训5000余人，新增就业再就业6200余人，发放创业贴息贷款1805万元，带动社会投资3000万元，创业就业成效明显。五是社会治理水平不断提升。开展“打非治违”[6]行动，排查整治安全隐患6000余处，整改重大隐患20处，整合采石场19家，关闭退出煤矿1家、烟花爆竹生产企业3家，责令25家违规企业停产停业。科学划定2017—2021年畜禽养殖禁养区、限养区和适养区，扎实推进畜禽养殖“三退一进”[7]工作，实现湘健牧业有限公司生猪养殖场稳定退养。加强市场监管，市场执法和消费维权有序开展，未发生重大食品药品安全事故和特种设备安全责任事故。建立健全信访案件三级责任体系和非访治理分类处置长效机制，建立16个行业性专业性调解组织，调处社会矛盾纠纷2268起，承办省州交办重点信访积案17件，化解16件，全年无到州赴省进京集体访，未发生群体性非访事件，党政主要领导接访下访和信访积案化解工作在全州推介。深入推进综治创新，启动“一村一警”工作，建设县乡村三级综治中心161个。乡(镇、街道)网格化分指挥中心21个、村(社区)网格站252个，实现综治视联网、网格化信息平台、电子监控平台和综治信息平台“四网合一”，综治中心规范化建设经验在全省推介。严厉打击各类违法犯罪活动，破获刑事案件584起，查处治安案件1123件。

(七)自身建设不断加强。一是民主法治建设水平不断提升。出台了《政府投资项目管理办法》《政府投资工程建设项目合同审查备案管理暂行办法》《行政企事业单位国有资产管理办法》《财政性资金存放银行管理办法》《征地拆迁补偿安置管理办法》等一系列管理制度，修订了《县政府工作规则》，健全了决策科学、执行合理、运作规范、监管严格、公开透明的行政管理体制。深入推进依法行政，落实重大事项决策风险评估、专家咨询、公示、听证、合法性审查制度。积极推进政府目标管理，行政执行力不断增强。自觉接受县人大及其常委会的法律监督和工作监督，认真执行其决议、决定。主动接受县政协的民主监督，广泛听取民主党派、工商联、无党派人士的意见建议。办结人大代表建议97件、政协提案158件，有效解决了一大批群众关心关注的热点难点问题。二是政务服务不断完善。政府服务热线、县长热线、网格化服务热线、非警务报警平台实现“四合一”，受理事件2万余件，办复率100%。推行重点项目行政审批及服务全程代办[8]，建立健全行政审批绿色通道制度，网上政务服务和电子监察系统广泛应用，办理各类行政审批及服务事项38万余件。三是廉政建设不断加强。进一步加强审计监督职能，深化作风建设，强化纪律审查，深入开展违规操办人情宴请、违规征订教辅材料、国家公职人员参与涉矿及其他经营性活动等专项整治，积极搭建"互联网+监督"平台，加强扶贫领域精准监督，对违反作风建设规定的11个单位和56名工作人员通报批评或诫勉谈话，全年共立案查处154件，党纪政纪处分143人，移送司法机关4人。

2017年，全县获得了全省综治先进县、安全生产先进县、粮食生产先进县、禁毒工作先进县、家庭农场示范县、农村土地确权登记颁证工作先进单位、"平安公路"创建先进单位，获得了全州信访工作先进县、维稳工作先进县、综治工作先进县、网格化工作先进县等荣誉。这些成绩的取得，给予了全县各族人民极大鼓舞，增强了民族自豪感、自信心，凝聚了脱贫发展、全面小康的强大正能量。同时，民宗、气象、禁毒、档案、修志、保险、邮政、应急、处非、内外宣、红十字会、外事侨务、社区矫正、住房公积金、农调、文化市场综合执法等工作有序推进；人武部、消防、武警大力支持地方各项工作；工商联、侨联、工青妇、老干、科协等组织和部门在全县文明建设中发挥了积极作用。

各位代表，回顾一年来的工作，我们深刻体会到，做好政府工作，有几条经验必须坚持和发扬：一是必须坚持党的领导，认真贯彻落实党的基本路线和基本纲领，落实中央省州的决策和部署；二是必须团结各族干部群众，凝聚全社会力量，共谋龙山建设发展；三是必须坚持突出重点和难点，把精准扶贫脱贫、重点项目推进、特色产业发展、生态环境和安全维稳摆在十分突出的位置；四是必须坚持民生优先，切实解决事关人民群众切身利益的问题和难题，不断提升民生保障水平；五是必须加强作风建设，强化服务意识，狠抓工作落实，提升行政效能。

在充分肯定成绩的同时，我们也清醒地认识到还存在一些问题和不足：一是受跨地区投资、房地产投资萎缩等影响，生产总值、固定资产投资、社会消费品零售总额等经济指标未达到预期目标，部分重点项目进展较为缓慢。二是缺乏大产业、大企业支撑，实体经济发展不够，特别是工业基础仍然薄弱，新兴产业发展不足，企业带动辐射作用不够明显，经济下行压力大、总量小，财政收支矛盾突出。三是脱贫攻坚任务重，社会事业短板较多，公共服务和保障水平不高，实现脱贫摘帽有压力。四是资金、交通、能源等瓶颈制约没有完全破解。特别是国家实施地方融资紧缩政策后，基础设施建设金融融资受到较大影响，转型发展困难较多。五是社会风险防范压力较大，县域经济社会发展呈现新的阶段性特征，各类矛盾风险叠加，维护社会大局稳定面临新的挑战。

二、2018年工作安排

2018年是全面贯彻党的十九大精神的第一年，也是全县脱贫攻坚、全面小康、加快发展的关键之年。必须学懂弄通新政策、新要求，准确把握新定位、新方向，谋求发展新举措、新作为。全年工作的总体思路是：贯彻落实党的十九大精神，以习近平新时代中国特色社会主义思想为指引，按照国家、省、州和县委的安排部署，紧紧围绕精准脱贫攻坚、县域经济发展、保障改善民生三大重点，抓紧抓实基础设施建设、优势产业建设、民生事业建设、政府自身建设，坚决打赢脱贫攻坚战，努力赢取新一轮大发展、大突破，着力建设州域北部经济中心和"宜居、宜业、宜游、宜养"的"山水龙城"。主要目标任务是：生产总值增长8%以上；财政总收入增长15%以上；固定资产投资增长13%以上；规模工业增加值增长8%以上；社会消费品零售总额增长11%以上；城镇居民人均可支配收入增长9%以上；农村居民人均可支配收入增长12%以上；城镇登记失业率控制在4.5%以内。为实现上述目标，我们将着力抓好以下工作：

（一）以产业帮扶为重点抓好精准脱贫攻坚。通过全县同努力，力争2.8万建档立卡贫困人口成功脱贫，除深度贫困村外的贫困村全部退出。一是抓好产业帮扶。按照“四跟四走”[9]产业扶贫要求，突出抓好贫困人口与新型经营主体利益联结工作，不断完善联结机制，确保种植专业合作社在贫困村的覆盖率达70%以上，州级以上龙头企业产业基地在贫困村覆盖率达50%以上，贫困人口与新型主体利益联结率达70%以上。加快推进电子商务扶贫服务站建设，实现贫困村电子商务服务网点全覆盖，打通“农产品进城”和“工业品下乡”通道。推进10个乡村旅游精品线路节点村、8个乡村旅游示范村、9个国家乡村旅游扶贫重点村建设。确保2.5万人通过发展生产、转移就业、乡村旅游实现稳定脱贫。二是大力推进基础设施配套、易地扶贫搬迁、住房安全保障和公共服务保障四大工程。完成3092人的易地搬迁和6877户农村危房改造任务。同步推进所有贫困村交通、饮水、电力、通讯、网络建设，完成新建或提质农村公路356公里，完善81个村（社区）覆盖6.5万人的人饮工程项目，完成309个村（社区）综合服务平台新建和57个村（社区）综合服务平台改造项目，确保所有贫困村年内实现水电路通信网络“五网覆盖”并达到脱贫标准。三是落实惠民政策。重点落实好教育脱贫、医疗救助、转移就业、生态补偿、社保兜底等惠民补贴发放工作，确保不迟发、不漏发、不错发。教育帮扶方面：重点做好补助落实工作，确保教育补助覆盖所有贫困户、低保户家庭，做到应补尽补，确保无一人因贫失学。医疗救助帮扶方面：贫困人口大病救助率达100%，建档立卡贫困人口住院总费用报销比例达85%以上。转移就业帮扶方面：完成劳动技能培训3500人次以上，及时落实贫困劳动力务工交通费用补贴。生态补偿工作方面：重点做好全县首批86.28万亩天然商品林管护补助兑现和退耕还林、生态公益林、三年禁伐等生态补偿工作，加强贫困人口转岗护林员动态管理。社会保障兜底方面：将兜底对象标准提标至330元/月·人，确保无法依靠产业扶持和就业帮扶脱贫的贫困户应兜尽兜、应扶尽扶。四是抓实驻村帮扶。继续深化“领导联乡、单位联村、干部联户”帮扶机制，加强驻村工作督查，确保干部驻村、结对联系帮扶工作落到实处。同时，强力抓好对非扶贫村贫困户的帮扶工作，不断优化“三率一度”[10]。五是抓好对口扶持承接。全面抓实农业部、长沙市和济南市市中区在产业、项目、资金、人才等方面对全县的扶持工作，确保对口帮扶发挥更大成效。六是抓好社会帮扶。扎实抓好“中国社会扶贫网”上线工作，积极组织政协委员、统战人士、企业家及其他社会力量加入精准扶贫帮扶工作，确保帮扶工作取得实效。

（二）以发展新兴特色产业为重点抓好农业转型升级。一是抓好新兴特色产业。重点发展油茶、中药材、中蜂等新兴产业。2018年突出抓好油茶产业建设，及时研究出台补贴奖励措施，力争年内新建茶林5万亩，建成千亩示范基地5个，高标准良种基地1个。新增中药材种植面积2万亩，新发展专业合作社5个。创建中蜂养殖示范乡镇5个，示范场10家。二是突出抓好农业产业园区建设。坚持实施示范引领战略，围绕农村一二三产业融合发展，加快推进百合、油茶、柑橘、蔬菜等规模农业专业园区建设，抓好新型经营主体培育，支持龙头企业、农民专业合作社、家庭农场建设，力争年内建成农业产业标准园区3个以上，申报州级以上农业产业化龙头企业和星级休闲农庄5家以上。三是稳定传统优势产业。粮油方面：大力推广水稻、油菜全程机械化生产，继续实施超级稻高产攻关项目，确保粮油面积稳定在62万亩以上。百合方面：加强与科研院校的合作，加快启动百合良种繁育工程，高标准建设百合标准化种植千亩示范片和百合产业园项目建设，着力推进标准化生产、无害化加工、品牌化宣传、网络化销售，切实化解产业发展中存在的风险，确保建设百合轮作示范基地5000亩以上，种植面积稳定在8万亩以上，产值10亿元以上。柑橘方面：加快万亩柑橘示范园配套设施和贮藏加工洗选中心建设，新建百亩柑橘新品种推广展示示范园1个，推广优质柑橘品种2000亩，品改低改1000亩，种植面积稳定在14.5万亩以上。加强与电商企业合作，拓宽销售渠道，实现线上线下有效衔接，促进产业提质升级。烤烟方面：抓好湖南中烟高端原料示范基地和烟草援建项目——龙潭河水库建设，加快现代化烟草农业步伐，种植面积稳定在6万亩以上，产量13.5万担以上，努力打造全县"山地高香"特色品牌。蔬菜方面：蔬菜种植面积确保稳定在9万亩以上。畜牧水产方面：重点抓好黑猪、黄牛、山羊等本土养殖业，培育引进优良新品种，鼓励引导农户向规模化、现代化畜牧养殖转型发展，突出做好大中城市销售市场拓展工作，实现优质畜牧品牌走出龙山，牧渔业总产值6亿元以上。四是突出品牌创建推介。深入推进"质量强县"工程，加大品牌创建支持力度，以品牌创建促进产业提质，抓好省级出口食品农产品质量安全示范创建工作，积极组织农业企业参加农博会、农交会，做大做强全县农业区域公用品牌，力争年内获得"三品一标"[11]品牌认证2个、农博会金奖2个。五是做好为农服务工作。加强农产品质量监管，定期开展种子、农药、肥料等农业投入品专项检查，确保农产品质量安全。实施好防洪、灌溉等工程建设，不断完善农田水利基础设施体系，助推农业产业稳定发展。完成农村土地确权登记颁证，加快推进农村集体产权制度改革试点工作，实现农村土地所有权、承包权、经营权"三权"分置，规范农村土地流转体系建设，大力发展新型农业经营主体，鼓励适度规模经营，发展壮大农村集体经济。

（三）以园区建设为重点加快工业发展步伐。一是突出抓好工业集中区标准厂房建设。年内工业集中区一期8万平方米标准厂房全面建成投用，二期14万平方米标准厂房建设完成主体，标准厂房总面积达到22万平方米。加快推进高铁工业园建设，不断提升园区的综合承载能力。二是抓好企业招商入园。充分发挥全县原材料、劳动力、水利能源等资源优势，抢抓长沙市、济南市市中区对口扶持龙山的良好机遇，进一步解放思想，大力开展招商引资，瞄准世界500强、中国民营500强企业，加大新一轮产业转移承接力度，力争引进10亿元以上项目1个，1亿元以上项目8个，招商入驻工业集中区大型企业6家以上。三是推进企业转型升级。突出抓好元宝硅业年产1万吨工业硅、昶光农业年产1000吨牛肉食品、土家巧手年产2000万双鞋垫和恒龙中药年产1万吨药材生产线建设，支持成美水泥、红日锅炉、现代中药进行技术改造，培育昶光农业、众泰中药、吉程农机、华宇电化、惹巴妹织品等企业，力争年内达到规模企业标准。

（四）以文化旅游和商贸物流业为重点加快发展第三产业。随着高速高铁时代的到来，文化旅游和商贸物流业毋庸置疑将成为全县新的经济增长极，我们必须创造和迎接全县的旅游和商贸"井喷期"，把文化旅游和商贸物流业作为脱贫攻坚和全面小康建设的重头戏抓紧抓实。一是抓好生态文化旅游产业。大力推进里耶、惹巴拉、乌龙山大峡谷、太平山等景区建设。里耶景区重点抓好南游客服务中心、麦茶大道、里耶旅游文化小镇等8个续建项目，开工建设古城遗址本体保护、秦文化广场、里耶绕镇线等11个新建项目。力争里耶景区创建国家4A级景区。惹巴拉景区影视基地一二期工程尽快完工，确保专题影视片顺利开拍。大力推进汽（房）车露营基地、游客服务中心、千亩农业观光园、民宿酒店、景区传统村落提质改造、电瓶车道及沿河风光带建设，确保9月1日前对外开放，启动4A级景区创建工作。乌龙山大峡谷景区以创建4A级景区和省级文明景区为目标，重点推进游客服务中心、停车场、客运索道及景区配套设施建设，完成乌龙山国家地质公园地质遗迹保护项目，进一步提升景区服务水平。太平山景区重点抓好果利河河谷绿道、太平山牌坊至韩家坪公路拓宽改造、游客接待中心等6大项目建设，力争5月1日前对外开放。同时，加快旅游公路和慢行系统建设，年内建成旅游公路30公里以上，建成慢行系统100公里以上。二是加快发展商贸物流业。加快推进黔张常铁路、龙桑高速等大通道建设，黔张常铁路完成线下主体工程，启动高铁广场建设。抓好限上企业培育，新增限上商贸流通企业1家以上。加快推进农产品批发市场、出口食品农产品质量安全示范区建设，新增外贸进出口企业1家以上，力争全年外贸进出口50万美元以上。支持发展娱乐休闲、餐饮服务、物流配送等服务产业，统筹城乡商贸物流业发展。

(五)以“山水龙城”两河休闲风光带为重点推进城乡建设。按照将“龙山打造成为湘鄂渝边区商贸物流中心和武陵山区重要窗口城市”的总体定位，坚持高品位，抢占制高点，突出抓好城东新区、华塘新区、工业园区、高铁新区建设，统筹推进老城棚户区改造，着力把龙山打造成为湖南西北桥头堡和州域北部经济区。一是全面加快县城区建设。体育中心、建国饭店等省民运会竞赛主场馆和接待主宾馆7月底前全面建成投用。民族北路全面开工建设。华塘中心商贸城一期开工建设。高铁新区站前广场、站前大道基本成型。城东新区汽车客运总站、汽配物流园完成主体，新城大道、G353道路、红星美凯龙家居建材城、果利河综合整治(一期)工程全面完工。大力推进老城棚户区改造工作，完成危旧房屋拆除15栋，城中片区完成征拆补偿7696户，力争一期商住小区开工建设。粮食储备库迁建、高端特色安置区等项目开工建设。完成石羔水厂、大湘西天然气管道支干线(龙山段)建设工程。开工建设华塘集贸市场、农产品批发市场，城南集贸市场完成征地拆迁工作。开工建设城区污水处理工程、220千伏输变电工程、龙凤湿地公园、酉水河休闲风光带、皇仓坪公园(二期)山顶景观、城区停车场(一期)等项目。二是积极推进中心集镇建设。加快里耶镇国家级特色小镇和省级新型城镇化试点建设，持续推进红岩、苗儿滩、茨岩等8个中心乡镇建设，继续实施乡镇道路改造。大力推进城乡安全饮水工程，新建18个乡镇自来水厂，铺设供水管网81.2公里；大力推进城乡污水治理工程，新建改建县城污水处理厂3个，乡镇污水处理厂20个，新建污水处理管网250.75公里；大力推进城乡环卫一体化，新建21个乡镇垃圾中转站和人口集中区垃圾处理设施。同步实施客运站场、安保工程、危桥改造、渡口码头建设，因地制宜打造一批商贸重镇、旅游名镇和特色乡镇。三是大力实施乡村振兴战略。以产业建设为核心，以基础设施建设、农村综合整治为重点，全力推进道路通达通畅、安全饮水、农村电网改造、高标准农田、石漠化治理等工程，全面改善乡村基础条件。大力实施“厕所革命”，加快推进县城区、乡镇人口集中区域和旅游景区公共厕所建设，因地制宜做好农村厕所改造、厕所下水道管网建设和农村污水处理工作，启动改厕试点村(社区)60个以上，新建或改扩建城镇公厕20座以上、旅游厕所10座以上、农户厕所10000座以上。四是切实提高城市管理水平。加快“智慧城市”建设步伐，完成龙山市民之家、档案馆和信息化建设。持续加强城区环境秩序整治工作，重点整治次干道、背街小巷、废旧厂房和老旧小区占道经营、乱停乱摆等行为，实行常态化管理，确保整治成效不反弹。逐步取消城区主干道停车位，着力整治环境卫生，有效提升城市形象。继续加大“两违”治理工作力度，全面落实村(社区)、网格、乡(镇、街道)和职能部门巡查监管处置责任，杜绝新增“两违”；坚持分批分类处置，稳妥消除存量“两违”；坚持实事求是严格问责，严肃查处党员干部涉及“两违”问题。

(六)以永葆绿水青山为重点抓好生态文明建设。一是坚持绿色可持续发展。严格控制污染物排放和高能耗、高污染行业项目准入。实施清洁能源战略，不断扩大清洁能源覆盖率。大力推进绿色经济，积极探索市场化补偿模式，建好7.6万亩碳汇试点示范林。持续深化集体林权制度改革，推进集体林权有序流转，促进林业适度规模经营。二是加强生态建设保护。大力实施人工造林、退耕还林、长防林、森林抚育等项目建设，深入推进森林城市创建工作，完成造林6万亩、封山育林3300亩、森林抚育2000亩、通道绿化60公里。严厉打击乱砍滥伐、私采滥挖、非法捕猎捕鱼等毁坏生态行为。强化森林防火手段和应急扑火队伍建设，全县森林火灾受害率控制在1‰以下，加强林业有害生物监测、防治和检疫工作，林业有害生物成灾率控制在3‰以下。三是加大环境整治力度。严格落实“河长制”，有序推进河长常态化巡查，开展重点流域水环境综合整治，加大酉水河、卧龙水库、贾坝水库等水源区域的保护力度，不断改善饮用水水源环境，加大涉水案件处理力度，确保“一河一策”“一库一策”治理深入推进。开展土壤环境污染现状调查，建立土壤环境质量监测网络，实现土壤环境质量监测点全覆盖。开展农村污染治理，推进农村畜禽养殖废弃物处理和资源化利用。推进乡镇垃圾收运一体化建设，建立农村环境治理长效机制。加大黄标车淘汰、焚烧炉规范运营、噪音污染整治等工作力度，确保空气优良率达90%以上。

（七）以改善和保障民生为重点推进社会事业建设和社会治理。2018年，全县将承办全省第九届民族运动会，这是我省第一次在县级城市举办大型赛事活动，机遇与挑战并存，我们一定以此为契机，扎实推进社会事业建设，创新社会治理，全面检验全县的社会服务、社会保障和社会治理的能力。一是突出抓好省民运会承办工作。切实抓好场馆建设、参赛队伍组织、后勤接待、赛事安保等筹备工作，确保将本届省民运会办成一次展示传统优秀民族文化、促进民族团结进步、推动民族体育发展的盛会，充分展示在党和国家民族政策的关怀下，龙山的民族特色发展风貌。二是着力抓好社会事业建设。教育方面：突出抓好城区学校布局调整项目建设，第五中学、第八小学两所学校建成投用，完成第一中学、第四幼儿园、第五幼儿园3所学校主体工程，开工建设第三中学、第七小学、华塘小学、第一幼儿园、第六幼儿园5所学校，增加城区学位5400个，有效化解城区学校66人以上“超大班额”问题。积极发展学前教育，学前三年毛入园率达81%以上。全力实施职教攻坚计划，职教中心完成主体工程的80%以上。加强教师队伍建设，全面落实“乡村教师国培项目县”工作，培养省州定向师范生40名以上。严厉打击违规征订教辅资料、收费补课等行为。卫计方面：突出抓好医药卫生体制改革，推行分级诊疗就医模式，开展家庭医生签约服务，重点人群签约服务覆盖率达到60%以上；健全药品供应保障制度，加入药品耗材联合限价采购“三明联盟”⑫，降低药品耗材成本。巩固传染病监测预警和联防联控，严防急性传染病疫情发生。启动妇幼保健计划生育服务中心、里耶镇中心卫生院迁建工程，人民医院迁建项目上半年投入使用。完成靛房、石羔、石牌、水田、红岩等乡镇卫生院建设。做好“两癌”免费筛查服务，开展出生缺陷防治行动，有效落实三级防治措施，积极推进人口均衡发展。文化科技方面：重点实施好文化惠民工程，加快文化广场建设，突出地方特色文艺精品打造，继续举办土家舍巴日、三棒鼓大赛等大型活动。进一步规范农村广播“村村响”管理和文化市场监管，强化文物和非物质文化遗产保护。开展好全国科普日、科技活动周等科普活动，发挥好科技特派员“智囊团”作用。三是不断完善社会保障体系。完善养老、医疗、工伤、失业、生育基本保险制度，不断提高社会保障水平。加快创业孵化基地建设，多渠道开发就业岗位，落实创业金融扶持政策，支持高校毕业生、农民工、复退军人创业就业。加快养老设施建设，确保县慈爱园和水田、茨岩敬老院年内竣工投用，全县范围内建成10个农村养老服务示范点。加快推进殡葬制度改革，全面推进城市公墓山和殡仪馆建设，确保6月底前投入使用。加强对未成年人、困境儿童、留守儿童的关爱保护。落实残疾人“两项补贴”政策，完成残疾人托养中心建设。继续实施城乡低保动态管理制度，做到“应保尽保”。加大法律援助力度，对困难群众、弱势群体的法律服务需求，做到“应援尽援”。四是全力抓好安全生产。继续巩固省级安全生产先进县创建成果，落实安全生产责任制，严格按照“党政同责、一岗双责⑬、齐抓共管、失职追责”的要求，推进重大安全隐患“一单四制”⑭，强化消防、道路交通、非煤矿山、建筑施工、烟花爆竹、危险化学品等重点领域和学校、超市、商场等人员密集场所的安全监管，严厉打击各类非法违法生产经营行为，坚决杜绝较大以上安全生产事故发生。健全食品药品、特种设备质量安全监管和保障体系，推进多部门协同监管平台建设，保障人民群众饮食用药安全。五是全力抓好信访维稳。进一步规范行政决策和具体行政行为，从源头预防信访矛盾。加强矛盾纠纷排查工作，充分发挥行业性专业性人民调解组织的作用，确保矛盾纠纷排查准确、化解到位，将矛盾纠纷解决在萌芽状态。继续推行信访积案化解领导责任制，加大信访积案的处置化解力度，有效化解信访积案。积极引导群众依法信访，依法打击非访、缠访、闹访等不法行为，切实维护信访秩序。六是全力抓好社会治理。扎实推进“法治龙山”“平安龙山”建设，争创“湖南省平安县”。完善社会稳定风险评估机制，有效推进矛盾纠纷预防化解工作，着力提升社会风险防范能力。加强各级综治中心实战化运用，加快推进“雪亮工程”⑮和“一村一警”工作，完善网格化服务管理平台，拓宽服务管理范围，提升服务管理水平。加强防范和打击非法集资，严防区域性、系统性金融风险。进一步加强应急救援能力建设，积极开展各种应急演练，有效防范和应对各种自然灾害、突发事件。深入推进“禁毒三年大行动”，加快构建城乡一体化社会治安防控体系，严厉打击各类违法犯罪行为，切实提升群众安全感。同时，支持武警、消防、法院、检察院工作，做好关工委、老龄、档案、史志、气象、人防、工青妇、外事侨务等工作。

（八）以法治政府和廉政建设为重点加强和改进政府工作。勇于创新思维，解放思想，全力推进政府自身改革，改进工作方法，努力提高政府公信力和执行力，着力建设法治、服务、效能、廉洁政府。一是创新思维强化要素保障。准确把握国家宏观经济政策走向，用足用活国家和省深度贫困县扶持政策，突出预算内资金和专项资金的争取，力争年度争资上项同比增长5%以上。加快组建龙山城市发展集团公司，有序开展债券发行及平台融资工作，确保年内成功申报发行企业债券10亿元以上。重点梳理中央预算内项目用地，加大土地报批力度，实施好城乡建设用地增减挂钩工程，完成增减挂钩3600亩，报批土地4000亩、征收土地3000亩以上。二是坚持依法行政、规范行政决策和行政执法。全面贯彻落实《法治政府建设实施纲要（2015—2020年）》，严格落实重大行政决策专家咨询论证、风险评估、合法性审查、集体讨论等制度，进一步提升依法决策水平。全面推进“七五”普法宣传教育，建立健全政府法律顾问制度，进一步提升依法行政意识。坚持公正文明执法，完善行政执法程序，严格加强执法监督，进一步规范行政执法行为。自觉接受人大的法律监督和政协的民主监督，认真办好人大建议和政协提案，主动加强与各民主党派、工商联、无党派人士和各人民团体的沟通协商。三是强化政务服务优化发展环境。继续深化“放管服”⑯改革，持续推进简政放权，不断提高行政效能。深入推进“互联网＋政务服务”改革，积极探索“最多跑一次”和行政许可相对集中工作机制，全面推行“全程代办”，严格规范中介服务，设立“中介服务超市”，切实提升服务水平。进一步完善县级领导联系服务机制，定期召开项目联席会议和工作推进会，经常性深入建设现场，及时解决推进过程中出现的矛盾和问题。严厉打击阻挠重点工程建设、敲诈勒索和侵害国家、集体、群众利益的不法行为，特别是从严查处公职人员、村组干部强揽工程等行为，发现一起、查处一起、打击一起。四是强化目标考核推动工作落实。继续实行政府目标管理考核制度，细化省州目标管理内容，强化政府目标管理，推行重点工作项目化清单化管理。建立健全督查跟踪、通报制度和督查成果运用机制，提高督查的权威性，真正通过督查督办，把各项工作落到实处。五是加强作风建设树立政府形象。将政治纪律和政治规矩放在首位，严格遵守各项党纪，落实主体责任，继续推进“两学一做”学习教育制度化、常态化，不断加强政府党风廉政建设。全面落实“一岗双责”，严守中央“八项规定”、省委“九项规定”和州委“七条规定”，重点抓好“四风”问题，特别是加大“新四风”整治力度，严惩奢靡享乐歪风出现的新动向新表现，以及形式主义、官僚主义10种突出表现，以作风建设推动工作落实。加强行政监管，健全约谈、追责机制，重点加大项目建设、土地出让、政府采购、民生项目等领域的监管，强化效能监察和审计监督，严肃查处各类违法违纪行为，切实做到干部清正、政府清廉、政治清明。

各位代表，新时代孕育新希望，新一年开启新征程。让我们在县委的坚强领导下，以习近平新时代中国特色社会主义思想为指引，不忘初心、牢记使命，凝心聚力、真抓实干，为将龙山建设成为州域北部经济区和宜居、宜业、宜游、宜养的“山水龙城”，为决战脱贫攻坚、决胜全面小康而努力奋斗！

十一项工程：发展生产脱贫工程、乡村旅游脱贫工程、转移就业脱贫工程、易地搬迁脱贫工程、教育发展脱贫工程、医疗救助帮扶工程、生态补偿脱贫工程、社会保障兜底工程、基础设施配套工程、公共服务保障工程、住房安全保障工程。

注释：

1. **四类人员**：农村建档立卡户、特困人员、城乡低保户、贫困残疾人。

2. **一场两馆**：指体育中心体育场、篮球馆、游泳馆。

3. **碳汇**：指通过植树造林、森林管理、植被恢复等措施，利用植物光合作用吸收大气中的二氧化碳，并将其固定在植被和土壤中，从而减少温室气体在大气中浓度的过程、活动或机制。

4. **三抢**：为骗取征地拆迁补偿而进行的抢种、抢栽、抢建行为。

5. **两项补贴**：指困难残疾人生活补贴和重度残疾人护理补贴。

6. **打非治违**：打击非法、违法生产；治理违规、违章作业。

7. **三退一进**：畜禽养殖退出村居、退出散养、退出庭院，进入限养区和适养区进行养殖。

8. **全程代办**：是指政府职能部门依法依职，无偿代替群众全过程办理其所申请办理的审批和服务事项的工作机制。

9. **四跟四走**：湖南省创新的产业扶贫新路子：资金跟着贫困户走，贫困户跟着能人走，能人跟着产业项目走，产业项目跟着市场走。

10. **三率一度**：指脱贫户错退率、漏评率、综合贫困发生率和群众认可度。

11. **三品一标**：是指无公害农产品、绿色食品、有机农产品和农产品地理标志。

12. **三明联盟**：以联盟的形式，扩大市场容量，以量换价、量价挂钩，优势互补、互惠互利，切实减轻联盟城市人民群众的看病负担，有力推进新一轮药品、耗材联合限价采购的高效开展，不断把医改工作引向深入。

13. **一岗双责**：“一岗”是指领导干部职务对应的岗位，“双责”是指领导干部既要履行岗位业务工作职责，又要履行党风廉政建设工作职责。

14. **一单四制**：一单是指建立重大事故隐患清单，对列入清单的每项重大事故隐患治理任务实行交办制、台账制、销号制、通报制。

15. **雪亮工程**：是以县、乡、村三级综治中心为指挥平台、以综治信息化为支撑、以网格化管理为基础、以公共安全视频监控联网应用为重点的“群众性治安防控工程”。

16. **放管服**：推进简政放权、放管结合、优化服务改革，使市场在资源配置中起决定性作用和更好发挥政府作用，降低交易成本，优化营商环境，激发市场活力和社会创造力。

中国人民政治协商会议龙山县第九届委员会常务委员会工作报告

——在政协龙山县第九届委员会第二次会议上

龙山县政协主席　吴少叶

2017年12月26日

2017年工作回顾

即将过去的一年，是九届县政协换届以来的第一年。一年来，在县委的正确领导和县政府的大力支持下，县政协常委会牢牢把握团结和民主两大主题，紧紧围绕全县重点工作，积极履职尽责，为推进全县经济社会发展作出了积极贡献。

一、始终坚持党的领导，全力维护县委权威

“党政军民学，东西南北中，党是领导一切的。”我们始终坚持把县委领导贯穿于政协工作的全过程，努力增强“四个意识”，积极助推发展。

*始终强化县委领导意识。*我们在县政协党组（扩大）会议上认真学习了党代会、县委全会和县委经济工作会议精神，主动增强政治意识、大局意识、核心意识、看齐意识，自觉维护县委权威，在思想上政治上行动上同县委保持高度一致。确立了“宽松不放松、到位不越位、帮忙不添乱、建言有质量”的工作定位，始终坚持县委的决策坚决执行、县委的要求坚决落实，政府的工作坚决支持，围绕政协职能把调研、视察、协商、提案、文史、联谊、社情民意等常规性工作做细、做深、做实，为党委政府建有用之言、献务实之策，把履职成果转化为党委政府的决策、政策和举措。

*切实完成县委交办工作。*我们认为，完成好县委交办的工作，就是维护县委权威的具体体现。按照县委、县政府的安排，县政协牵头主抓了几个重点项目。其中，国家重点工程黔张常铁路（龙山段）建设项目土建工程基本完工，累计完成投资26.3亿元。省重点工程落水洞电站建设项目累计完成投资3.5亿元，第一台机组即将投产发电。两个重点项目连续三年被州委、州政府和县委、县政府表彰为一类优秀项目。大湘西天然气管道支干线（龙山段）建设工程自2017年8月开工以来，已完成工程形象进度的75%，实现投资1.2亿元。同时，还做好了龙里二级公路扫尾工作。

*充分发挥政协党组作用。*县委的领导是龙山各项事业发展的坚强保障，是引导全县干部群众建设美丽开放幸福新龙山的根本前提。知其要义，重在执行。我们始终坚持县政协党组在政协工作中的领导作用，按照县委决策部署，瞅准县委重点工作的“指针方向”，主动作为，认真履职，创造性地开展工作，积极助推县委精准扶贫、现代农业、商贸物流、生态文化旅游等重点领域重大决策部署落地生根、开花结果，为全面建成小康社会凝心聚力、加油鼓劲。

二、主动服务发展大局，切实注重协商实效

一年来，我们围绕全县重大工作，开展多种形式的协商活动，有效发挥了协商民主的渠道作用，推动了相关工作，也进一步提升了政协委员“参与实践”的积极性。

全体会议协商成效明显。全会期间，委员与县领导就全县经济社会发展大局、重点工作、社会事业等进行了面对面协商。在联组讨论中，委员们提出的脱贫攻坚、商贸物流、乡镇工作、火车站经济圈建设等方面的意见建议50余条，多条意见建议得到县委、县政府的采纳，并在相关决策中得到体现，部分建议在部门工作中得到落实。

常委会议协商有序开展。对“一府两院”、国民经济和社会发展计划、财政预算等工作报告，坚持在全县“两会”召开前组织协商。开展人事任免协商，对拟任20余名政府部门班子成员人选进行了协商表决。对《龙山县2017年1至8月财政预算执行和2017年财政预算调整方案》和《龙山县2017年财政预算执行情况和2018年财政预算（草案）》进行了协商讨论，提出了“进一步做好财政收入与支出工作”、“严格预算执行，更好地服务县域经济社会发展”等建议，有力地推动了财政工作的科学性、制度化。

专题工作协商有序推进。精心选择了协商议题，并根据议题组织协商讨论，提出意见建议，取得了积极效果。召开重点提案办理专题协商会议，提出了“提案办理不能以文对文，要落到实处”、“将提案办理与绩效挂钩，确保取得实效”等建议，承办单位高度重视并积极办理提案相关工作，效果较好，答复满意率再创新高。就教育扶贫情况开展专题协商，提出了“整合资金，聚焦教育扶贫”等建议。围绕全域旅游开展专题协商，建议相关单位“加快开发力度”、“注重非物质文化遗产保护”，目前全县旅游开发快速推进，成绩喜人。就非公经济开展专题协商，提出了“解决好资金与需求、投资与效益问题”等建议。各委员组根据本地本行业的实际情况积极开展协商活动，一些合理化建议被相关部门采纳，推动了协商成果的转化落实。

三、倾力关注民情民生，持续加大监督力度

一年来，我们倡导在监督中提升服务水平、在履职中落实自身责任，关注民情民生，积极开展协商式监督活动，不断提高监督密度和实效。

扎实开展民主监督。出台了《龙山县政协民主监督员管理办法》。甄选22名委员和7名特邀民主监督员，对县住建局、县扶贫办、县政务服务中心开展定向监督。一年来，各监督小组召开专题监督会议10余次，开展调研视察活动8次，参加走访320余人次，收集意见建议200余条，撰写了《民主监督意见书》3篇，提出了“进一步加强廉政建设”、“水、气价格偏高，城镇建设水平有待加强”、“进一步发挥资源优势，推动产业发展”、“进一步推进政务服务体系建设”等建议。相关单位高度重视监督小组提出的建议，积极整改，并将部分建议纳入2018年度工作计划，有效促进了被监督单位的作风建设和履职成效。

全面狠抓提案办理。健全县委办、县政府办、县政协办提案协商制度。继续将政协提案办理工作纳入县绩效考核。2017年的158件提案均办复结束，满意率达98.7%。对《关于加强城区停车场、点建设》提案进行了重点督办，县人民政府召开了县长办公会议，成立了由县长任指挥长的城市停车场项目建设领导协调指挥部。目前，工可编制已经完成，九把锁、原氮肥厂、城中加油站等8个停车场正在规划，这个全县关注的“老大难”问题将逐步得到解决，从群众反馈的意见来看均比较满意。对“整合县城供水资源、建设城区集贸市场、建设中药材交易中心、建设洗洛至县城二级公路、加强对贫困村主干的帮扶救助”等重点提案进行了督办，促进了提案落实和相关工作改进。

积极参与行风评议。推荐了44名县政协委员担任行风评议员和人民陪审员。14名政协委员进

驻烟站，对烟叶收购过程进行了全程监督。内溪委员组就通村公路硬化进行了视察，对该乡政府各部门进行了民主评议，提升了依法行政水平。兴隆委员组围绕留守儿童、街道文化活动等问题反复论证评议，并开展视察活动。石羔、石牌、靛房、洛塔等委员组围绕道路建设、百合生产、全域旅游、土家文化传承等工作进行了视察和评议，提出了建议，相关单位高度重视，逐一逐项进行了落实整改。

四、充分发挥政协优势，积极主动参政议政

我们始终把加快发展作为履职任务，积极鼓励委员“参与实践”，助推发展，为推动龙山赶超跨越贡献能量。

深入开展调查研究。2017年，我们根据年初确定的课题，积极深入开展调研活动。就全县民族政策落实情况深入靛房、洗车河等乡镇进行了调研，在宁夏中宁县、泾源县进行了考察，撰写了调研报告。围绕政协委员工作室建设，在山东东平县进行了考察，结合实际，出台了《关于加强政协委员工作室建设的意见》。围绕全县农村专业合作社发展情况，深入羽丰养鸡、祥胜农机等5个专业合作社进行了调研，并到安徽金寨县、凤阳县等地进行了学习，提出了“积极扶持，优化环境”、“整合政策，培养人才”的建议。政府系统委员组到黔东南学习了易地搬迁工作先进经验，为全县的易地搬迁工作提出了建议。工商委员组到洞口、衡阳等地考察了柑橘加工和承接沿海产业转移，委员履职能力得到进一步提高。茅坪委员组调研了县内蓝莓种植产业，形成了调研报告。宣传、卫计、住建、经信、咱果、洗洛等委员组积极调研，撰写了10余份调研报告，围绕相关工作建言献策。

积极拓展文史联谊。突出“亲历、亲见、亲闻”特色，广征博采，编审出版了近27万字的第三十一辑《龙山文史》，精心编纂了6万余字的《龙山文史总目录》，认真做好了近700万字的《龙山文史》电子资料录入工作，圆满完成龙山知青史料征集汇总上报任务，继续开展为中小学校和农家书屋赠阅《龙山文史》活动，充分发挥了文史资料“存史、资政、团结、育人”的作用，进一步扩大了人民政协的联系面和团结面。联谊方面，我们接待了中国国际经济技术合作促进会政府与社会资本合作委员会，湖北省长阳县政协，云南省通海县政协，河南省临颍县政协，湖南省外事侨务办、娄底市政协、东安县政协、澧县政协、保靖县政协、泸溪县政协、古丈县政协等10多个单位来县学习考察。11月份，州政协组织近40名离退休老领导来县考察城市建设和旅游产业，对县委、县政府的决策和龙山的发展赞不绝口。我们也结合调研视察课题，组织了一系列的调研考察活动。同时，应邀到湖北长阳土家族自治县、湖南武陵源区参加了湘鄂黔渝边区县（市区）政协工作联系会第34次、第35次会议，加强了对外交流，展示了龙山的良好形象。

注重反映社情民意。编印了5期《社情民意》内参资料，其中，《关于加速推进全县工业经济发展的建议》得到相关部门的重视，目前，县工业园区一期标准厂房建设已完成形象进度的80%，二期标准厂房已开工建设，与6家企业签订了入园框架协议。《推动全县电子商务快速持续发展》的建议刊发后，相关单位积极作为，建成农村电子商务服务网点82个，农产品进城网上交易额突破3亿元。红岩委员组建言加强社区综合服务平台和停车场建设，有效规范了集镇停车秩序。召市委员组提出多条建议，推进了该镇扶贫攻坚、安全饮水等工作。华塘、兴隆、洗车河等委员组积极反映社情民意，为县域经济社会发展发挥了促进作用。

同时，我们还加强了政协云平台建设，请来了省政协云平台管理中心负责人培训指导了政协云APP应用操作，目前全县222名用户已全部安装完毕。政协工作资讯可通过政协云APP及时发布，让委员们第一时间了解政协工作动态。

五、积极投身扶贫攻坚，激情助力小康建设

一年来，我们狠抓联系扶贫村的基层基础建设，积极开展走访、慰问、帮扶、献爱心活动，全力帮扶弱势群体，全面发力，纵深推进，吹响了脱贫攻坚的“冲锋号”。

积极开展精准扶贫工作。县政协机关驻村扶贫工作队狠抓基础设施建设，为扶贫村脱贫攻坚提供了保障。其中，驻雷音社区工作队抓好了安全饮水、村道加宽、新建村部、危房改造等工程，成立了四个产业合作社，吸纳了31户建档立卡贫困户。经协调对接，长沙商贸旅游职业技术学院到该社区开展三下乡扶贫活动，捐资1.4万元、学习用品30套，并将雷音社区确定为该校三下乡实践基地。目前该社区22户94人已脱贫摘帽，县政协机关驻村扶贫干部贾阳升被评为全州“精准扶贫帮扶成效突出干部”。帮扶的杨家溪村已于2016年脱贫摘帽，但县政协驻村工作队没有丝毫松懈，继续精准发力巩固脱贫成果。2017年来，实施了硬化道路、安装路灯、新建村部、新修垃圾池等工程，开通了电商平台，成立了“惠民合作社”。全国政协在龙山进行监督性调研时，对县政协在杨家溪村的精准扶贫工作给予了高度评价，省、州检查组进村检查，均对该村的精准扶贫工作表示肯定。

努力抓好“三个一”扶贫行动。积极贯彻落实省政协关于“三个一”扶贫行动的要求，全县208名县政协委员和29名驻县省、州政协委员与360户贫困家庭完成结对，参与率达100%。举办了龙山县政协委员“三个一”扶贫行动暨庆祝建州60周年演讲比赛，召开了“三个一”扶贫行动经验交流现场会，委员们的扶贫行动得到了宣传，扩大了影响。工商委员组走访帮扶对象90余次，捐资40余万元，为贫困户提供就业岗位100余个；张靖域委员、彭先菊委员为红岩溪镇比沙社区、洛塔乡泡木村建档立卡户捐款捐物达6万元，受到群众好评；周瑞委员带动吸纳贫困户发展中药材种植产业，为34名贫困户就业人员增加劳务收入30余万元；黎秋梅委员发动工商界人士为贫困户捐款捐物3万余元。农业委员组将洗车河镇老洞村四组作为结对帮扶联系点，结合该组实际，实施了乡村旅游开发、农家乐项目，协调投入资金200余万元。郑慧侠委员在联系户房屋烧毁后，捐赠、协调资金共计5.5万元；彭大学委员帮助贫困户销售农产品2万多元；苏有发委员为吸纳的72名贫困户就业人员增加劳务收入86.4万元。一年来，县政协委员和驻县省、州政协委员为贫困户提供就业岗位450多个，资助贫困学生140余名，捐款捐物、协调生产资金140余万元。目前，委员结对帮扶的建档立卡贫困户中共83户317人实现脱贫摘帽。8月9日，全县政协在全省政协助力脱贫攻坚再动员大会上作了典型发言。

倾注真情帮扶弱势群体。组织委员广泛开展教育资助、医疗救助和送温暖等活动。加强与长沙景鹏集团联系，为全县15名贫困大学生争取到助学金7.5万元；加强与长沙市芙蓉区民宗局的联系，协调中法服装实业协会为8名贫困大学新生捐资4万元，并承诺资助到大学毕业；联系澳大利亚魏基成夫妇，为全县捐赠蓝牙助听器560台、棉衣300件；县政协常委会发动全体委员奉献爱心，共捐款8万元，资助了40名贫困大学新生。经靛房委员组联系，长沙市芙蓉区政协为靛房镇22位贫困学生提供了8.4万元助学金。召市委员组积极寻求召市籍在外成功人士、召市商会爱心人士的支持，筹措到助学资金23.5万元；在长沙经开区争取到每年结对帮扶100名贫困儿童的指标，2017年共捐赠了35万元，为500人提供了就业岗位，同时还设立了11万元的教育助学基金。政府系统委员组协调帮扶资金物资共计6万余元；曾飞跃委员协调项目资金帮助残疾人家庭发展产业取得成效。县委系统、农业、商务、农车、民安、里耶、红岩、苗儿滩、水田坝、茨岩塘等委员组也积极帮扶弱势群体，唱响了一曲曲奉献之歌。

六、努力创建文明机关，着力推进自身建设

学习和宣传工作取得突破。6月21日至23日，举办了委员培训班，省州政协领导、县长、县政

协主席亲自授课辅导，有力地提升了委员的履职水平。培训期间，组织委员到城东片区、教体中心、工业园区等进行了视察，为委员明情知政、参政议政奠定了基础。自编了五期《学习内参》，在县政协常委(扩大)会议上集中学习了习近平总书记7·26重要讲话精神、党的十九大精神，对十九大报告作了详细解读，要求所有县政协常委、委员组长在会后要及时将党的十九大精神传达给所有委员，并努力贯彻落实好。县政协领导、各委办主任在政协机关、联系乡镇、扶贫村，围绕党的十九大精神上了党课，确保党的十九大精神学习传达全覆盖、贯彻落实全方位。积极参加州政协组织的新任州政协委员暨政协业务知识培训班，委员和机关干部的综合素质得到较大提高。宣传方面，我们召开了政协宣传信息工作会议，一年来，在各级媒体发表政协类稿件260多篇，其中省级以上40余篇。

委员和小组作用充分发挥。广大委员积极参加小组活动，充分发挥主体作用，在各自岗位上勤奋工作，争当表率。宣传委员组发挥自身优势，开展新闻宣传、非遗保护、全域旅游等工作；黎代华委员为中央电视台撰写了《探秘乌龙山》拍摄脚本，编撰了中宣部为十九大献礼文献《湘鄂川黔革命根据地纪念馆巡礼》；康祖耀委员协助中央电视台拍摄了《神秘湘西》专题片；舒畅委员主创的广播剧《拦门酒》荣获州广播电视奖一等奖。教体委员组认真思考教体中心建设、农村学校标准化等工作，埋首教坛，高考再创佳绩，7名同学考上北大、清华。卫计委员组开展防病知识讲座、送医药下乡等活动，为1000多名百姓进行了免费诊疗。农业委员组积极扶持种植大户，在25个贫困村举办了农业技术培训班，发放农技资料1万余份。工商委员组委员受行业部门表彰6人。大安委员组为贫困户送去了饲养书籍，发展了土鸡产业。桂塘委员组为100多户村民开展养殖种植技术培训。

创建和创新工作稳步推进。一是积极推进机关建设。出台完善了《争先创优活动评选办法》《龙山县政协机关管理制度》等文件。通过检查验收，县政协机关被评为“州级文明单位”。组队参加了“最炫民族风”第三届土家摆手节暨摆手舞大赛。同时，我们积极开展党建活动、“争先创优”活动，涌现了一大批先进委员组、先进委办和优秀个人。二是强化基层基础建设。经县委常委会议研究，同意在县政协机关增设委员联络中心、云平台管理中心，增加全额事业编6个。强化乡(镇、街道)和县直政协委员工作室建设，统一制作了意见箱、工作台账、工作制度牌等，统一配置了电脑、打印机、传真机、饮水机和办公桌椅，目前，全县32个政协委员组都有了自己的工作室，为委员履职提供了平台。三是全心做好老干工作。退休老干奉献余热，积极为养殖大户提供科技服务，为雷音社区送去了鸭苗。老们主动参与老年大学的学习和活动。组织政协机关干部子女在永顺县塔卧革命根据地开展关心下一代教育活动，县政协关心下一代工作荣获“全州民族团结进步五好关工委”称号。原政协副主席向长龙负责的土家织锦协会在全国少数民族用品博览会上获五金七银荣誉的好成绩；原政协副主席田隆信被光明日报、光明网联合推荐为“中国非遗年度人物”候选人。在老年节期间，我们组织了“敬老惠老系列活动”，开展机关退休老“歌颂党的十九大”诗歌创作朗诵比赛，进一步丰富了机关退休老干们的生活。

各位委员，一年来，县政协获得了全州民族团结进步“五好”关工委，县民族团结进步先进单位、综治工作先进单位、招商引资工作合格单位等荣誉。同时，经州政协主席会议研究，确定明年上半年在龙山召开全州政协工作经验交流现场会，并要在全州和全省宣传推介龙山政协工作经验。这些成绩的取得，主要是县委正确领导，县人大、县政府大力支持，各乡(镇、街道)、县直各部门积极协作和社会各界鼎力相助的结果，是政协各参加单位、广大政协委员和机关全体共同努力的结果。在此，我谨代表县政协常委会，向所有关心和支持政协工作的们、朋友们，致以崇高的敬意和衷心的感谢!

一年来的履职实践，让我们清醒的认识到，我们的工作离县委要求和群众期盼还有一定差距，主要表现在：委员主体作用、政协知识学习还需进一步加强，部分委员组活动还需进一步丰富，专委会的基础性作用还要进一步强化，政协理论研究与实践的结合有待进一步深化。这些都需要我们在以后的工作中不断总结研究，切实加以改进。

2018 年工作安排

各位委员，2018 年是贯彻落实党的十九大精神的第一年，是全县实施精准扶贫、全面建成小康社会的决胜期，县政协常委会在县委的坚强领导下，坚持团结和民主两大主题，全面贯彻党的十九大精神和全国、省、州政协会议精神，以习近平新时代中国特色社会主义思想为指引，不忘初心，牢记使命，切实履行政治协商、民主监督、参政议政职能，为建设美丽开放幸福新龙山献计出力。

一、围绕全县工作大局，为跨越发展建良言

一是在政治协商上有拓展。党的十九大明确指出，协商民主是实现党的领导的重要方式，是我国社会主义民主政治的特有形式和独特优势。人民政协是具有中国特色的制度安排，是社会主义协商民主的重要渠道和专门协商机构。要推动协商民主广泛、多层、制度化发展。2018 年，我们将把协商民主贯穿于政治协商、民主监督、参政议政全过程，进一步健全协商制度、完善协商内容、改进协商形式、创新协商载体，切实抓好全会协商、常委会协商、专题协商、对口协商和提案办理协商，围绕事关全县发展大局的重要决定、重大项目、人事任免、重大民生问题、“一府两院”工作报告、国民经济和社会发展计划、财政预算及财政预算执行情况等深入开展协商活动，增加协商密度，提高协商实效。充分发挥专委会、委员组的基础作用，围绕协商内容，积极开展调研活动，不断夯实协商基础。

二是在民主监督上有实效。党的十九大指出，改进自下而上的民主监督，发挥同级相互监督作用。实现政协民主监督与党内监督、司法监督、群众监督、舆论监督的贯通统一。明年，我们将继续开展统一委派民主监督员工作，遴选优秀委员，扎实开展监督活动，督促相关单位转变作风、提升效能。继续做好委员提案网上办理，积极开展提案督办活动，特别是抓好重点提案办理工作，提高提案的落实率和满意率。继续开展评议活动，加大对政府组成部门、执法部门贯彻落实县委、县政府重大方针决策的落实情况进行评议和监督。认真搞好社情民意收集报送工作，及时反映社情动态、百姓呼声和重要意见。

三是在参政议政上有作为。继续抓好相关重点项目，其中，黔张常铁路（龙山段）建设项目将启动龙山火车站站房等建设，协调处理好涉及民生的各种遗留问题；落水洞电站完成项目建设，实现投产发电；大湘西天然气管道支干线（龙山段）建设实现工程竣工，同时启动桂塘至县城及沿线乡镇天然气管道建设前期工作。围绕县委、县政府工作目标，就精准扶贫、生态文明、产业发展、招商引资、电子商务、全域旅游等重点工作深入调研考察，提出有针对性的意见建议。加强与乡镇和县直部门的联系，把握村情民意，切实抓好精准扶贫工作。

二、围绕营造良好环境，为和谐发展聚能量

一是切实抓好文史征编。抢救性挖掘和整理具有龙山地方特色的文史资料，加强文史资料的研究、编审、出版和交流推广工作。创新征集思路，年内征编出版第三十二辑《龙山文史》。继续开展为农家书屋和中小学校赠阅《龙山文史》活动，继续做好《龙山文史》电子资料录入工作，积极配合做好州政协组织的“全州政协文史资料大征集专项活动”。

二是全面拓展联谊交往。加强与周边县市政协的联系交往，组团参加好湘鄂黔渝边区县（市区）政协工作联系会第 36 次、第 37 次会议。加强与龙山籍在外工作人员的联系，为宣传推介龙山、扩大对外交流、招商引资、回乡创业等工作发挥积极作用。注重与各人民团体、工商联、社会各届人士的

联系，广泛开展民族团结进步创建活动，协助县委、县政府做好统一思想、增进团结、协调关系、化解矛盾工作，努力形成建设和谐龙山的强大合力。

三是充分发挥委员优势。发挥委员界别优势，组织委员开展送医药送科技送电影下乡、捐资助学、"三个一"扶贫等活动，引导委员在扶危济困上各尽所能，服务社会。积极探索发挥界别作用的方法和途径，以"界别活动月"为载体，依托乡镇委员工作室等平台，定期开展民情调查，听取、收集辖区内的社情民意，协助化解矛盾，增进社会和谐。

四是积极助力民生事业。主动适应新常态，切实增强责任感和使命感。围绕特困群体救助体系建设，就饮水、医疗、教育、扶贫、交通、房地产等民生事业搞好调研视察。把为民服务作为重要责任，深入开展送服务下基层活动，鼓励委员积极参与各种公益活动，真心实意地为群众办实事、解难事、做好事。

三、围绕提升自身素质，为科学发展强服务

一是不断增强核心意识。党的十九大报告明确指出，坚持党对一切工作的领导。我们应自觉维护县委权威，积极支持政府工作。坚持在县委的领导下开展政协工作，与县委同心同德、同心同向、同心同行。政协履职始终坚持按县委的要求坚决落实，要求广大政协委员围绕县里的重大工作，积极开展政治协商、调研视察、反映社情民意等工作，积极为党委政府建言献策，为助推全县经济社会发展贡献智慧和力量。

二是努力提升委员素质。十九大报告强调，"增强人民政协界别的代表性，加强委员队伍建设"。规范委员履职行为，完善委员管理制度，开展创先争优活动，增强委员参政议政的积极性。充分利用集中培训、专题讲座、调研视察、政协云网络课堂等方式，帮助委员知情明政，掌握政协理论和业务知识，切实做到懂政协、会协商、善议政。将党的十九大精神贯穿政协工作始终，积极开展"党的十九大精神知识竞赛"活动，以新时代新思想加强委员政治引领，以新时代新变化标定委员履职方向，以新时代新作为激励委员勤勉工作。对十九大报告要认真研读，特别是深入学习十九大对政协工作的新论述新部署，不断提高委员的政治把握能力、调查研究能力、合作共事能力和联系群众能力。

三是积极夯实基层基础。加强专委会建设，不断提高专委会工作水平，充分发挥专委会的基础作用。组建好委员联络中心、云平台管理中心。不断完善政协委员工作室建设，进一步完善委员组工作机制，鼓励各委员组开展形式多样、内容丰富的履职活动。

四是继续强化机关党建。抓实党建工作主体责任，切实履行好党组书记第一责任人职责，严明政治纪律和政治规矩，以党章为根本遵循，全面落实党风廉政建设"一岗双责"和"三会一课"、民主评议党员、谈心谈话、组织生活会等制度。扎实推进"两学一做"学习教育常态化制度化。认真贯彻执行中央、省委、州委、县委关于改进工作作风、密切联系群众的有关规定，巩固落实中央八项规定精神成果，严控"四风"问题，强化廉洁纪律，让县政协机关干部和广大委员知敬畏、存戒惧、守底线。进一步建立健全各项工作制度，狠抓相关问题的整改落实。

保持政治定力　全面从严治党
为精准脱贫攻坚决战决胜保驾护航

——在中共龙山县第十二届纪律检查委员会第二次全体会议上的工作报告

县委常委、县纪委书记　向义付

2017年2月23日

这次会议的主要任务是:学习贯彻党的十八届六中全会、中纪委七次和十一届省、州纪委二次全会精神,总结2016年全县纪律检查工作,部署2017年工作任务。刚才,周云书记作了重要讲话,对全县党风廉政建设和反腐败工作提出了明确要求,指明了方向。我们要认真学习领会,坚决抓好贯彻落实。

2016年,在县委、县政府和州纪委、州监察局的正确领导下,全县各级纪检监察机构坚守职责定位,强化责任担当,着力正风反腐,党风廉政建设和反腐败工作取得新进展、新成效。

——突出政治责任落实,干部遵纪守责更加自觉。县委坚持把党风廉政建设纳入领导班子建设和党政主要工作目标管理,着力压实管党治党政治责任。各级党委(党组)从自身管辖范围、工作性质、业务特点出发,狠抓责任压力传导,促进了全面从严治党向基层延伸。各级纪委(纪检组)切实加强监督问责,注重廉政考评、纪律审查结果的综合运用。全年共对15名落实"两个责任"不力的党员领导干部进行了责任追究,其中精准扶贫领域问责3人。狠抓党员干部廉洁教育,举行"党纪法规在我心中"警示教育,组织31名"一把手"电视亮相公开"诺廉",在21个乡(镇、街道)开展"雁过拔毛"式腐败问题专题警示教育巡讲,对十八大以来受处分的214名党员和国家公职人员进行回访教育。全县党员干部纪律意识、责任意识明显增强。

——突出纪律审查效力,惩贪治腐形成强大震慑。坚持快查快结,全年全县纪检监察机构接受群众信访举报457件,办结455件。全县立案121件,办结113件,给予党纪政纪处分121人,移送司法机关9人,收缴违纪资金151万元,为国家挽回经济损失1100余万元。县检察机关立案查办职务犯罪案件14件14人;县法院审结贪污贿赂、渎职犯罪案件9件11人。坚持抓早抓小,践行"四种形态",加强对领导干部日常教育、监督,对13名党员干部进行了函询,对39人进行了诫勉谈话,澄清信访问题52件。

——突出精准扶贫监督,群众利益得到有效维护。立足"廉洁扶贫",开展精准扶贫专项监督和"雁过拔毛"式腐败问题专项整治。通过信访线索大起底、进村入户大走访、县直部门大排查、涉农项目资金汇总分析大比对等方式,深挖发生在群众身边的腐败问题。严肃查处基层干部利用手中权力贪污挪用、截留私分、虚报冒领、盘剥克扣扶贫资金等违纪违法问题,此项工作3次受到州纪委通报表扬。全年共立案查处"雁过拔毛"式腐败问题69件,党纪政纪处分67人,移送司法5人,清退违纪资金39万元,人民群众的"获得感"不断增强。

——突出纠治"四风"陋习,作风建设取得明显成效。始终保持反"四风"寸土不让、动辄则咎的高压态势,扎实开展"纠'四风'治陋习"专项整治工作,重点对违规公款吃喝、违规发放津补贴、违规操办婚丧喜庆事宜等八个方面的陋习进行整治，常态化推进作风治理。全年共组织明察暗访9次，开展专项检查3次，函询27家单位，责令7个单位一把手和纪检组长作出书面检讨，通报18个单位26人，党纪政纪处分75人，9名领导干部主动缴存无法拒收的红包礼金6.91万元。

——突出换届风气监督，政治生态环境风清气正。把换届风气监督作为重大政治任务来抓，坚持教育在先、挺纪在前，扣紧压实换届监督责任，从严从实巡查督导。全年共组织换届风气巡查60余次，发放“八不准”、“九严禁”等换届纪律宣传资料9000余份，集中组织观看警示教育片80余场次，广大党员干部自觉严守换届纪律，县乡换届选举实行零差错、零落选、零举报、零违纪目标。湖南卫视《新闻联播》对全县“两会”期间的换届风气督查工作进行了宣传报道。

——突出自身教育监管，队伍履职能力再上台阶。扎实开展“两学一做”学习教育，纪检干部的党性修养、政治素养明显增强。狠抓干部队伍培训，先后选派23人(次)参加中央、省、州纪委组织的业务培训或跟班学习，190人(次)参加县级纪检监察业务培训，干部的综合素质和执纪审查能力不断提升。县纪委监察局荣获湖南省纪检监察信息工作先进单位，纪律审查、宣传、党风政风监督、研究、法规等8项业务工作获州纪委表彰，并荣获全州纪检监察工作目标管理考核第一名。全年共在《中国纪检监察报》《湖南日报》《中央纪委监察部网》《三湘风纪网》等省以上主流媒体刊发新闻、理论稿件182篇。切实强化自我监督，严防“灯下黑”。全年共立案查处纪检监察干部2人，党纪政纪处分2人。

一年的辛勤付出，展示了龙山纪检监察工作的新风貌，这些成绩的取得，主要得益于县委、县政府和上级纪委的坚强领导，得益于全县各级党组织和党员干部的支持配合，得益于广大人民群众的积极参与，得益于全体纪检监察干部的担当作为。在此，我谨代表县第十二届纪律检查委员会向大家表示衷心的感谢！

在肯定成绩的同时，我们更清醒看到全县党风廉政建设和反腐败工作还存在诸多不足。有的党组织和党员领导干部对全面从严治党的认识不深刻，存在落实主体责任缺位现象，对党员干部的日常教育管理不到位，党内监督不深入，党内政治生活随意化、形式化、庸俗化。发生在群众身边的不正之风和腐败问题仍较突出，“雁过拔毛”、小官贪腐现象时有发生。“四风”问题虽有遏制，但仍有人顶风违纪，不收敛不收手，而且花样翻新，特别是违规人情宴请呈抬头之势，违规补课问题屡禁不止。有的纪委(纪检组)和纪检监察干部落实监督责任不力，不敢担当，存在全年不办案、长期不办案的问题，“探头”作用发挥不充分。对于这些问题，我们必须高度重视，认真加以解决。

2017年是贯彻落实党的十八届六中全会精神、开启全面从严治党新征程的关键之年，也是全县决战脱贫攻坚同步全面建成小康社会的关键之年，做好2017年的党风廉政建设和反腐败工作意义重大。2017年工作的总体要求是：**全面贯彻落实十一届州纪委二次全会精神，按照县第十二次党代会和县委经济工作会议要求，紧扣全面从严治党这一主题，围绕建设廉洁龙山这一主线，突出决战脱贫攻坚这一重点，强化“四个意识”，践行“四种形态”，着力抓好“教育引导、党内监督、纪律审查、扶贫监督、作风治理、自身建设”六大重点工作，为精准脱贫攻坚决战决胜保驾护航，以优异的成绩迎接建州60周年和党的十九大召开。**

一、着力抓好教育引导，营造全面从严治党向纵深发展的浓厚氛围

*一要深入贯彻落实十八届六中全会精神。*督促各级党组织抓好十八届六中全会精神的学习贯彻，加强对廉洁自律准则、纪律处分条例、问责条例等党内法规执行情况的监督检查，引导党员干部进

一步提高政治站位，增强“四个意识”，切实把思想和行动统一到党中央全面从严治党的决策部署上来。坚持以党内政治生活准则和党内监督条例为尺子，加强对遵守政治纪律情况的监督检查，坚决纠正上有政策、下有对策，有令不行、有禁不止行为，严肃查处团团伙伙、结党营私，政治利益和经济利益相互勾连问题，保障县委、县政府决策落实、政令畅通。

二要严肃党内政治生活。全面从严治党首先要从党内政治生活严起，全县各级党组织要深入贯彻落实《县以上党和国家机关党员领导干部民主生活会若干规定》，教育引导党员干部特别是领导干部拿起批评和自我批评这个武器，直面问题，敢于亮剑。各级纪检监察机构要建立函询问题清单制度，把函询的内容和掌握的情况及时告知下级党委书记，下级党委书记要督促当事人在民主生活会上说明情况，把问题说清楚、谈透彻，接受组织监督。要重点加强对党委（党组）民主生活会召开及其提出问题整改情况的监督，坚决纠正走过场、搞变通等问题，着力增强党内政治生活的政治性、时代性、原则性和战斗性。

三要深化廉政教育。各级党委（党组）要加强党章党纪党规的学习，促使党员干部将纪律规矩真正内化于心、外化于行。深刻剖析党员干部违纪违法典型案件，以身边人身边事为镜鉴，警示教育党员干部。抓好党课辅导、警示教育巡讲、岗前廉政谈话、任职廉政培训教育、“一把手”廉政承诺工作。深入挖掘龙山红色文化、民族文化和历史文化资源，吸取家规家风、乡规民约、传统习俗中的精华，打造一批廉洁文化精品。进一步建好用好里耶秦简博物馆廉政教育基地，办好龙山纪检监察网，开设廉政微信公众号，用好党管主流媒体，在县电视台、龙山新闻网开设“廉政之声”专栏，深入宣传党纪党规、宣传纪检监察工作。通过宣传教育，让党员干部知敬畏、明底线，自觉修身慎行、怀德自重、清廉自守。

二、着力抓好党内监督，推动管党治党责任落细落实

一要突出监督重点。聚焦“关键少数”，加强对领导干部特别是一把手的监督。强化上级组织对下级组织特别是领导干部行使权力的监督，建立完善党内谈话、约谈函询、请示报告、述廉测评、考核评价等监督机制，压实党内监督主体责任。认真履行党内监督专责机关职责，加强对同级党委特别是常委会委员、党的工作部门和直接领导的党组织、党的领导干部履行职责、行使权力情况的监督。县纪委书记每年要同县委常委会委员及乡（镇、街道）、县直单位主要负责人、下级纪检监察机构负责人开展1次党内谈话，县纪委常委每年至少要同联系的乡（镇、街道）党政主要领导班子成员开展1次党内谈话，发现苗头性问题及时提醒，督促整改。强化上级纪委对下级纪委的领导，乡（镇、街道）纪（工）委、县直纪检组每半年要向县纪委报告同级党委领导班子特别是一把手落实全面从严治党责任、执行民主集中制、廉洁自律等情况。各乡（镇、街道）纪（工）委书记、县直单位纪检组长年底要向县纪委集中述职。纪委书记（纪检组长）发现同级领导干部存在问题的，要及时报告，隐瞒不报的，严肃追责。

二要改进监督方式。切实推动党委（党组）全面监督、纪委专责监督、党的工作部门职能监督、党的基层组织日常监督、党员民主监督等各项要求不折不扣落实到位。重点加强对各级党组织和党员领导干部遵守党章党规党纪、贯彻执行党的路线方针政策情况的监督检查。建立县级巡察机构，全面推进县级巡察监督，聚焦尊崇党章、党的领导、党的建设、履职履责、执行纪律、选人用人等情况开展巡察监督，保证县委政府重大决策部署在各级党组织得到贯彻落实。加强对领导干部遵守党章党纪情况的摸底排查，完善领导干部廉政档案。按照“纪

检监察机关意见必听，线索具体的信访举报必查”的要求，严把干部任用党风廉政审核意见回复关，严防干部“带病提拔”“带病上岗”。

三要加大问责力度。严格贯彻执行《中国共产党问责条例》，制定出台《执纪监督问责清单》，对党的领导弱化、党的建设缺失、从严治党责任落实不到位、维护党的六大纪律不力、推进党风廉政建设和反腐败工作不坚决不扎实、巡察发现问题拒不整改或整改不到位的，坚决问责。实行“一案三查”，既追究主体责任、监督责任，又追究领导责任，让失责必问、问责必严成为常态，推动管党治党从宽松软走向严紧硬。

三、着力抓好精准监督，凝聚脱贫攻坚决战决胜强大合力

一要加大扶贫领域信访举报查处。强化精准扶贫问题线索排查，开通扶贫领域信访举报“绿色通道”，构建“及时受理、优质办理、迅速回复”工作机制，确保群众信访举报的问题快办快结，做到“件件有回音，事事有着落”。对纪检监察业务范围的积信积访，建立县纪委常委联片包案、乡镇纪委委员联村包案、村级纪检监察专干联户包案化解机制，层层传导压力，层层分解责任，切实将信访积案化解处置到位。强化信访举报处置挂牌督办，加强办理过程跟踪监督，对处理不及时、落实不到位甚至拖延不办的严肃问责。

二要加强精准扶贫工作监督检查。开展精准扶贫领域专项巡察，对信访问题突出、违纪违法多发、群众反映强烈的涉农涉扶行业进行“阵地式”治理。推进廉洁龙山“互联网＋监督”平台建设，强化民生资金投入过程监督，督促职能部门履行好监管职责。加大对村务公开的监督检查力度，凡是涉及扶贫政策、项目、资金的必须按规定及时全面公开。通过多种监督方式，发现和解决精准扶贫工作中存在的突出问题，压紧压实精准扶贫、廉洁扶贫责任，为全县打赢脱贫攻坚战提供坚强的组织保障。

三要深化“雁过拔毛”式腐败问题治理。继续把查处精准扶贫领域“雁过拔毛”式腐败问题作为主要任务，严肃查处贪污挪用、截留私分、虚报冒领、优亲厚友等突出问题；查处在“三资”管理、民生惠民、土地征收等领域搞“雁过拔毛”、吃拿卡要、强占掠夺的基层干部；加大对查处的典型案例的通报曝光力度，通过查处一批重点案件，曝光一批典型案例，达到杀一儆百、惩前毖后的效果。对“拔了的毛”要还回去，让群众感受到实实在在的效果。

四要强化精准扶贫监督执纪问责。立足服务保障“扶贫攻坚年、项目建设年、综治创新年”，组织开展“精准扶贫监督执纪问责”专项行动。以县定“十一项工程”为重点，突出“谁得、应得、实得”三个环节，统筹监管部门力量，对职能部门落实上级扶贫政策、扶贫项目、扶贫资金情况和驻村帮扶单位及干部驻村扶贫情况开展全方位监督检查，不定期组织明察暗访，对责任落实不力、执行政策走样、工作作风不实、资金监管缺位、虚报冒领驻村补贴的，坚决严肃查处。

四、着力抓好纪律审查，始终保持惩贪治腐的高压态势

一要突出纪律审查重点。坚持有腐必反、有贪必肃，以零容忍的态度严查党员干部违纪违法行为。重点查处十八大后不收敛不收手，问题线索反映集中、群众反映强烈，现在重要岗位且可能还要提拔使用的领导干部；查处领导干部贪污贿赂、以权谋私、徇私枉法、失职渎职等案件；查处公共资源交易、工程建设、PPP项目管理等领域利用职权插手项目招投标、土地资源出让、物资采购，以及“提篮子”“白手套”等违纪违法行为；严肃查处盘剥克扣、截留私分等发生在群众身边的不正之风和腐败问题，切实维护百姓利益。

二要转变纪律审查理念。纪律审查工作要由

过去“盯违法”转向“盯违纪”，对违纪行为发现一起查处一起，不以批评教育、诫勉谈话等代替纪律处分，也绝不等问题积累严重后再处理。案件查办工作要由“深挖查透”向“快查快结”转变，在确保质量的前提下缩短时间，快查快结、快进快出，把违反纪律的主要问题查清后，涉嫌犯罪的及时移送司法机关依法查处；需要进行党纪政纪处分的，及时审理作出相应处分；情节轻微的，及时约谈提醒，防止小毛病变成大问题。

三要完善纪律审查机制。严格执行《中国共产党纪律检查机关监督执纪工作规则（试行）》，规范线索处置、谈话函询、初步核实、立案审查、案件审理、处置执行工作，做到纪律审查工作制度化、程序化、规范化。充分发挥反腐败协调小组作用，增强查办腐败案件合力。完善巡察制度，发挥巡察作用，让巡察成为纪律审查的“侦察兵”；发挥派驻机构“探头”作用，开启党内监督的全天候“探照灯”，凝聚监督执纪工作合力。严格办案纪律，从严落实安全文明办案责任。传导纪律审查压力，压紧压实各级纪检监察机关办案责任，形成全县纪检监察系统一体化全员办案工作格局。

四要准确运用“四种形态”。贯彻“惩前毖后、治病救人”方针，合理运用监督执纪“四种形态”，改变过去单一的审查方式，综合运用信访监督、组织处理、纪律处分等方式开展纪律审查工作，处理好常态、大多数、少数和极少数的关系。坚持纪在法前、抓早抓小，用好、用准、用足第一种形态，让咬耳扯袖、红脸出汗成为常态，使党员干部感受到组织的关心、监督的存在、纪律的严明。

五、着力抓好作风建设，优化县域经济社会发展环境

一要整治“四风”不放松。紧盯“四风”老问题，关注“四风”新动向，以“钉钉子”的精神把纠治“四风”往深里抓、实里做，继续整治违规公款吃喝、违规发放津补贴等“四风”顽疾，以及“四风”变种、“为官不为”等问题。督促相关职能部门加大对教育乱收费、违规补课问题的治理。紧盯重要时间节点开展监督检查，对顶风违纪的严惩不贷，对隐形变异问题要深挖细查，对典型问题一律点名道姓通报曝光，对执纪审查对象存在“四风”问题的，先于其他问题查处，越往后越严，严防“四风”反弹回潮。

二要重点整治违规人情宴请。开展违规操办人情宴请专项整治行动，组建巡查队伍，对违规操办人情宴请事宜进行定期或不定期巡查，开设举报电话，实行有奖举报。对党员干部及国家公职人员违规操办人情宴请的，按照干部管理权限，一律严肃问责。把整治违规操办人情宴请事宜纳入各级各单位党风廉政建设责任制考核内容，年度内单位乡科级（实职）领导干部发现一例，党员、国家工作人员和村干部累计发现两例违规操办人情宴请的，对单位通报批评一次，并扣单位党风廉政建设责任制考核分。村（社区、居委会）村民违规操办人情宴请的，由所在乡（镇、街道）根据“村规民约”予以处理。对辖区内违规操办人情宴请屡禁不止的村（社区、居委会），扣减相关村主干和村级纪检监察专干的绩效考核工资，同时，对乡（镇、街道）纪（工）委书记、驻村干部、村主干进行严肃问责。

三要建立健全长效机制。作风建设永远在路上。抓作风必须持之以恒、常抓常新，必须健全完善职能部门联动治理机制、监督机关定期沟通协作机制，公安“天眼”系统和税务票据系统以及大数据系统倒查问责机制，拓展监督深度广度。坚持纠建并举、堵疏结合，督促有关职能部门进一步完善制度规定，扎紧制度笼子，形成抓常、抓细、抓长的有效机制。严格按照“三个区分开来”的要求，建立健全容错免责机制，最大限度激励干部主动作为、干事创业，为敢于担当者担当，为敢于负责者负责，营造干事创业宽松环境。

六、着力抓好自身建设，树立执纪监督的铁军形象

一要深化体制机制改革。继续深化纪委内部机构改革，探索将执纪监督、执纪审查部分职责分开，使执纪监督、执纪审查、案件审理各环节相互协调、相互制约。按照省、州要求，深入推进县纪委派驻监督全覆盖改革，实现对县本级党和国家机关的全面派驻。大力推进县乡纪检监察工作一体化管理，对乡（镇、街道）和派驻机构的纪检干部实行单列考核，全面提升监督执纪工作整体水平。制定出台村级纪检监察专干管理办法，加强对村级纪检监察专干的动态监管，促进有效履职，其年报酬要与履职尽责挂钩。落实纪律审查和纪委书记、副书记提名考察“两为主”规定。

二要强化能力素质提升。以全州纪检监察系统开展“素质提升年”活动和巩固州级文明标兵单位为契机，以培养写作能手和办案能手为目标，继续深化“铸忠诚、尽职守、转作风、做表率”主题教育实践，通过跟班学习、选派参训、集中培训、交叉办案等方式，切实提升干部的思想政治素养和综合分析、形势研判、纪律审查等方面的能力水平。建立健全工作考评奖励机制，对工作突出、表现优秀的纪检监察集体和个人予以表彰奖励，激励干部“撸起袖子加油干”。

三要从严自我监督管理。严格落实《湘西自治州纪检监察自我监督办法（试行）》，修订完善县纪委机关内部管理制度，坚持以制度管人，用制度管事，推动各项工作高效开展。坚持刀刃向内，采取跟踪督查、专项巡察、内部审计、明察暗访、民主评议等多种形式，对纪检监察机关自身落实管党治党责任、严肃党内政治生活、开展纪律检查等情况开展监督。对纪检监察机构在落实全面从严治党责任中不认真履责或履责不力的，按相关规定对其主要负责人或相关责任人进行问责；对违反“十不准”规定的纪检干部，绝不护短，该查处的查处、该调岗的调岗、该问责的问责，严防“灯下黑”。

龙山县2017年国民经济和社会发展计划执行情况及2018年国民经济和社会发展计划

2017年12月27日

一、2017年国民经济和社会发展计划执行情况

2017年，面对复杂的宏观经济环境，在县委、县政府的坚强领导下，在县人大、县政协的监督指导下，全县上下认真落实县委经济工作会议精神，以精准脱贫攻坚统领经济社会发展全局，扎实开展各项工作，较好的完成县第十七届人大第一次会议确定的目标任务。

（一）经济保持平稳增长，质量效益进一步提高。全年（预计，下同）完成生产总值（GDP）81.43亿元，同比增长8.2%；完成财政总收入8.45亿元，同比增长20%；完成固定资产投资55亿元，同比增长3.2%；完成规模工业增加值5.56亿元，同比增长11%；完成社会消费品零售总额43.11亿元，同比增长12%；城镇居民人均可支配收入20052元，同比增长9.6%；农村居民人均可支配收入8532元，同比增长11.8%；金融机构各项存款余额152.4亿元，比年初增长11.8%。

一是农业生产稳步发展。全县粮食播种面积62.1万亩，粮食总产量达20.05万吨，百合、蔬菜、中药材分别实现产值10亿元、2亿元、5亿元，烤烟实现税收3847万元，130家农产品加工企业实现利润4206万元。12家农产品加工企业获得QS认证，2家农产品加工企业获得进出口许可。“龙山百合鲜果”、“龙山百合干片”获得绿色食品认证，“佳湘源”百合干片在北京举办的2017年第十五届中国国际农产品交易会上获农产品金奖。

二是工业经济克难奋进。实现规模工业增加值5.56亿元，同比增长11%。投资额在1000万元以上的工业重点项目累计完成投资2.6亿元。工业集中区一期工程完成投资1.2亿元，建成8栋标准厂房8.42万平方米。强力推动红日锅炉和现代中药材公司搬迁扩建，积极支持成美建材清洁生产、佳湘源无硫百合扩产等技改建设，成功引进湖南欣梦瑶寝具有限责任公司、上海允蒂实业有限公司、深圳市泰成达电子有限公司等一批实力雄厚大企业落户工业集中区。

三是全域旅游蓬勃发展。全县累计接待游客330.2万人次，同比增长30.28%，实现旅游收入18.34亿元。惹巴拉土家文化生态公园、乌龙山大峡谷景区已全面开工建设，土家族生态文化乡村旅游精品线路、特色村寨正在建设之中。里耶—乌龙山风景名胜区获评国家级风景名胜区，积极推进国家AAAA级景区（里耶古城景区）创建工作，着力打造新的经济增长点。

四是商贸物流持续活跃。实现社会消费品零售总额43.11亿元，同比增长12%。亿利购物广场和湖湘商贸县乡物流再造工程竣工运营，新增长兴商贸管理有限公司、世纪百年酒店管理有限公司为限上商贸流通企业。与湖南湘村电子商务有限公司签订农村电商服务网点建设服务协议，完成农村电子商务服务网点建设任务30个，实现网上交易额达3亿元。

（二）重点项目扎实推进，城乡建设进一步加快。一是重点项目增量提速。全年共完成项目投资69.48亿元。其中，10个重大工程、103个重点

项目、千件民生实事、两项单列工程分别完成投资29.35亿元、30.68亿元、0.95亿元、8.5亿元。洗车至里耶二级公路基本完工，顺利通车；重点招商项目红星美凯龙家居建材城一期主体工程封顶；县体育中心完成投资3.25亿元，完成年度投资任务的148%，体育场、游泳馆完成主体工程；“山水龙城”两河休闲风光带项目完成投资3.3亿元，完成年度投资任务的101%；农村综合服务平台建设完成投资2.8亿元，完成年度投资任务的112%；惹巴拉旅游综合开发完成投资2.22亿元，完成年度投资任务的100%，其中游客服务中心、土司王宫、土家工坊、高端民宿酒店、珍稀植物园、铁索桥主体完工；里耶防洪设施提标改造项目完成投资5400万元，完成年度投资任务的108%；石牌至洗洛公路完成投资7100万元，完成年度投资任务的100%；落水洞水电站完成投资1.2亿元，进场隧洞贯通通车，电站枢纽一期工程全面完工；黔张常铁路（龙山段）完成投资8.45亿元，已建成桥梁9.6公里，贯通隧道21个；张花高速里耶连接线完成路基70%，龙山至桑植高速公路正在进行环评、工可评审和初设。一大批重点项目的实施，促进了全县经济社会的稳步发展。二是城乡建设步伐加快。里耶镇获批国家级特色小镇和湖南省新型城镇化试点。高铁新区、高端特色安置区等重大工程开工建设，城中棚户区和老旧小区提质改造搬迁707户、改造7590户。全省首批林业碳汇（龙山县试点）项目正式订购签约，65个村环境综合整治项目已建成投用。整合投入资金6000万元，着力实施水田坝镇中湾村等16个精品村、苗儿滩镇六合村等45个示范村“美丽乡村”建设，乡村环境大幅改善，村容村貌日新月异。

（三）改革创新卓有成效，发展活力进一步增强。一是综合改革深入推进。积极推进供给侧结构改革，严格落实“三去一降一补”任务，规模工业原煤、金属硅产量逐步下降，关停了一批煤炭、金属硅、水泥、烟花爆竹企业；深入推进农村电网改造，2017年60个建制村实现了同网同价；深化地方金融改革，全面完成农村信用联社改制；积极实施巨灾保险制度省级试点，稳步推进农村集体产权制度改革国家试点，完成农村土地确权登记颁证5.21万亩。二是招商引资成效显著。全年新建、续建招商引资项目43个，到位资金31.08亿元，同比增长20.03%，完成全年任务的100.27%。新引进投资1亿元以上项目8个、10亿元以上项目1个，总投资达5亿元的大灵山风电一期项目已正式签约。PPP建设模式为全县经济发展投资拉动注入强大动力，其中光伏扶贫发电、教育布局调整、智慧龙山、乌龙山景区开发、城市新区、高铁新区、工业集中区标准厂房二期等重大PPP项目累计可引进社会资本70亿元。三是发展环境不断优化。深入推进“发展环境优化年”活动，对重点项目和企业开通“绿色通道”，实行行政审批服务“全程代办”和重点项目、招商引资项目挂牌服务制度，县级领导挂牌联系重点企业，定期深入企业和项目一线，及时协调解决企业运行和项目建设过程中出现的困难和问题，严肃处理和打击破坏经济发展环境的行为，全年共调处各类矛盾纠纷2268件，调解成功率98.2%。

（四）脱贫攻坚稳步推进，社会民生进一步改善。一是精准脱贫步伐坚实。全年共整合投入各类资金28.5亿元，全力推进精准脱贫“十一项工程”。年度实现6774户28453人脱贫，32个贫困村退出，超额完成省定减贫任务。累计投资5.39亿元，大力实施易地扶贫搬迁工程，已完成搬迁入住安置2184户8990人，完成农村危房改造3767户。累计转移建档立卡贫困劳动力就业4.84万人，新增转移就业2045人，落实交通（住宿）和稳定就业岗位补贴2145万元。二是文教卫事业加快发展。州庆献礼土家织锦《甲子顺锦》60米长卷制作，成功申报世界吉尼斯纪录，被州非遗馆永久收藏。2017年高考本科上线1527人，上线率达48.09%，居全州第一，7名考生被清华、北大录取。医疗卫生体制改革有序推进，人民医院迁建、乡镇卫生院、村卫生室建设步伐加快。三是社会保障更加有力。累计发放城乡居民医保救助、医疗救助、残疾人“两项补贴”等资金1.02亿元，筹集城乡居民医保基金3.35亿元,新农合补偿金额2.62亿元。对建档立卡贫困人口城乡医疗保险个人部分实行财政全额补贴,对建档立卡贫困人口医疗总费用的85%予以报销,对2537户7142人实行兜底保障。将15392户城乡居民纳入低保对象,为1221人提供集中供养、1357人散居供养,新改建社区日间照料中心7所,高龄老人和百岁老人补贴发放标准提高到每人每月400元。覆盖城乡的社会救助体系和社会福利体系基本形成。

2017年,全县国民经济和社会发展计划执行情况总体较好,但也应清醒地看到经济社会发展还存在一些不容忽视的困难和问题,主要表现为:经济增长后劲乏力,增长内生动力不足;旅游产品供给不足,产业链条不够完善;服务环境亟待改善,企业培育相对滞后;脱贫攻坚任务艰巨,财政收支压力较大。对于这些问题,我们应采取有效措施,在今后的工作中认真研究、切实解决。

二、2018年经济社会发展的总体目标及工作重点

2018年全县经济社会发展总的指导原则是:全面贯彻党的十九大精神,以习近平新时代中国特色社会主义思想为指导,坚持稳中求进工作总基调,坚持以供给侧结构性改革为主线,坚持以精准脱贫统揽全局,统筹推进稳增长、促改革、调结构、惠民生、防风险各项工作,促进全县经济社会持续健康发展。

根据2017年经济社会发展主要指标完成情况,综合考虑全县发展实际潜力和州委州政府确定的目标要求,2018年全县经济社会发展的主要预期目标是:

全县生产总值(GDP)较上年增长8%以上;

财政总收入增长15%以上;

规模工业增加值增长8%以上;

全社会固定资产投资增长13%以上;

社会消费品零售总额增长11%以上;

城镇居民人均可支配收入增长9%以上;

农村居民人均可支配收入增长12%以上。

围绕实现上述目标,突出抓好以下工作:

(一)突出抓好脱贫攻坚,全力冲刺小康目标。一是大力推进“十一项”工程。毫不动摇地把脱贫攻坚放在首要位置,紧扣“一超过、两不愁、三保障”目标,完成建档立卡3092人易地搬迁、6877户农村危房改造。全面抓实住房、医疗、教育、就业等保障工程,实现贫困村交通、饮水、电力、通讯、服务“五网覆盖”。二是重点抓好产业帮扶。突出抓好贫困人口与新型经营主体利益联结改造,不断完善联结机制,确保种养专业合作社在贫困村的覆盖率达70%以上,州级以上龙头企业产业基地在贫困村覆盖率达50%以上,贫困人口与新型经营主体利益联结率达70%以上;重点抓好光伏电站、小水电站扶贫,年内建成227个电子商务扶贫服务站,实现贫困村光伏发电、电子商务全覆盖;推进10个旅游精品线路节点村、8个乡村旅游示范村、9个国家乡村旅游扶贫重点村建设,确保4000人稳定脱贫。三是全面落实惠民政策。重点落实好教育脱贫、医疗救助、转移就业、生态补偿、社保兜底等惠民补贴发放工作。着力推进文化场馆、广播电视电影、演艺惠民、农家书屋建设等公共文化服务保障工作。教育补助覆盖所有建档立卡贫困户、低保家庭户,做到应补尽补;贫困人口大病救助率达100%,建档立卡贫困人口医疗总费用报销比例达85%以上;积极做好全县首批86.28万亩天然商品林管护补助兑现和退耕还林、生态公益林、三年禁伐等生态补偿工作。

(二)突出抓好项目建设,增强投资发展后劲。一是切实抓好项目争取。加强项目前期分析论证,用足用活国家和深度贫困县扶持政策,突出预算内资金和专项资金的争取,重点在交通、城镇、水利、民生等领域,储备、申报包装一批带动力强、发展前景好的龙头项目、特色项目,力争年度争资上项同比增长5%以上。二是强化项目要素保障。重点做好土地和资金保障工作。全力争取城市建设用地指标,保障重大招商引资项目用地,依法依规做好项目征地拆迁工作,年内报批土地4000亩、征收

土地3000亩以上；全力争取上级各项政策和投资，做到应报尽报、应争皆争；通过基金申报、债券发行以及向政策性银行、商业银行贷款等方式加强金融融资；加快组建龙山城建投集团公司，争取发行企业债券10亿元以上。三是加快项目建设进度。全年拟实施138个重点建设项目，力争年度完成投资118亿元。强力推进龙桑高速、龙凤农产品批发市场、220千伏变电站及配套工程、城东物流汽配园、八面山生态文化旅游综合开发等重大项目开工建设；集中力量确保龙山大道（一期）、落水洞电站、红星美凯龙建材市场、体育中心、大湘西天然气长输管网、“山水龙城”两河休闲风光带等一批重大项目建成投用；加快推进城市新区、城区学校建设、石羔产业园区、城乡供水、城乡污水处理工程等重大PPP项目落地；进一步做实行政中心迁建、城乡防洪排涝工程、龙山至秀山高速、海绵城市等重大项目前期工作。四是强化项目监督管理。加强对重点项目的调度和监管。对重大项目实行县委书记随时调度、县长季调度、常务副县长月调度、分管县级领导和牵头责任领导周调度、项目单位日推进机制，及时研究和解决项目建设中存在的困难和问题，继续推行“一季一督查，一季一通报”的督查考核机制，确保重大项目全速推进。

（三）突出抓好结构调整，加快构建产业体系。一是做大做强旅游产业。按照全域生态、全域文化、全域旅游、全域康养的发展模式，进一步加大旅游配套设施建设力度，扎实推进高星级宾馆和乡村特色民宿建设，年内建成2家以上高星级宾馆、20家以上乡村特色民宿。加快推进里耶古城、惹巴拉、乌龙山大峡谷、洛塔石林、太平山等景区建设及里耶古城景区创建国家级AAAA景区工作，力争惹巴拉景区、太平山景区在5月1日前实现对外开放。二是大力发展工业经济。加快工业集中区建设步伐，确保一期标准厂房竣工投用，全力推进二期14.4万平方米标准厂房PPP项目；积极启动石羔产业园调区扩区工作，不断提升园区的综合承载能力；大力推动园区招商，积极承接产业转移，引企入园6家以上；加快企业转型升级，扎实推进元宝硅业公司技改扩建、昶光农业公司年产1000吨牛肉食品生产线、土家巧手年产2000万双绣花鞋垫生产线等项目建设；支持成美水泥、红日锅炉、现代中药材等企业进行技术改造，不断提高企业产品市场竞争力。三是积极发展特色优势农业。大力推广优质稻、油菜全程机械化生产，继续实施超级稻高产攻关项目，着力推进百合标准化生产、无害化加工、品牌化宣传、网络化销售，确保种植面积稳定在8万亩、产值10亿元以上。突出抓好油茶、中药材、中蜂、蓝莓等优势特色产业，新造油茶5万亩，建成千亩油茶基地5个，种植中药材2万亩，创建中蜂养殖示范乡镇5个及示范场10家。支持新型经营主体搭乘“互联网＋农业”快车，发展订单农业，着力构建产销一体化链条。四是发展壮大实体经济。认真落实国家、省州关于降低实体经济企业成本的政策措施，执行好元宝硅业、东升特种玻璃公司优惠电价政策，帮助企业挖掘潜力、降低成本，从税收、融资、项目等方面给予最大限度的支持，从用地、用工、用电等给予最大限度的保障；精准帮扶困难企业，积极引导、扶持工业企业和各类实体经济做大做强。

（四）突出抓好新型城镇化建设，实现城乡协调发展。坚持以产促城、产城融合的新型城镇化发展思路，大力推进基础设施建设，不断完善城乡承载功能，建设宜居、宜业、宜游、宜养的“山水龙城”。一是着力推进城区扩容提质。统筹推进城东新区、华塘新区、高铁新区、工业集中区和老城区改造“五区”建设，加快推进体育中心、高铁新区站前大道、新城大道、汽车客运总站、高端特色安置区、民族北路延伸工程等项目建设，确保体育中心在2018年7月前全面建成；积极实施城中片区棚户区改造、城中村改造等旧城改造提质，加快皇仓坪森林公园和果利河沿河风光带、太平山休闲绿道建设，力争老城棚户区改造一期商业综合体开工建设。二是加快大交通网络体系建设。建成通车石牌至洗洛公路，开工建设龙山至桑植高速公路，大力推进黔张常铁路（龙山段）、G353龙山兴隆街道狮子村至湘鄂情大桥公路、G209北绕城公路等项目建设，争取龙山至秀山高速公路进入省高速公路规划网、国家高速公路规划网，不断完善内通外畅的综合交通网络体系，全面提升交通便捷度和通达性。三是着力实施特色小城镇建设。突出抓好里耶镇国家级特色小镇和省级新型城镇化试点建设，持续推进红岩溪、苗儿滩、茨岩塘、洗车河、召市、石牌等中心集镇建设，大力实施乡镇街道提质改造、垃圾污水处理、农贸市场、医疗卫生、安全供水等基础设施工程，因地制宜培育发展特色产业，着力打造惹巴拉、水沙坪等田园综合体，建成一批全州乃至全省的美丽乡村示范点。四是大力实施乡村振兴战略。牢固树立“绿水青山就是金山银山”的发展理念，以产业建设为核心，以基础设施建设、农村综合整治和乡村宜居宜业为重点，积极培育新型农业经营主体，实现农村一二三产业融合发展。全力推进通畅通达工程、安全饮水工程、农村电网改造、高标准农田建设、石漠化治理、农村环境综合整治等工程建设；大力实施“厕所革命”，完善景区景点配套设施，推动周边村寨乡村旅游发展和服务业发展，有效整合全县资源，实现乡村振兴。

（五）突出抓好改革创新，切实增强发展活力。深入贯彻落实国务院推进“放管服”改革各项要求，持续推进“放管服”改革向纵深发展。一是行政审批改革方面：大力推行“并联式”审批，坚持“责权统一、能放则放、依法合规、执行顺畅、监督有力”的原则，及时向乡（镇）级政府下放行政审批（许可）和行政执法权，使其具备更完善的经济发展功能和社会管理职能。积极推广“互联网＋政务服务”，建立各类服务事项全流程网上办理，实现线上线下一体化运行。二是农业农村改革方面：继续推进农村土地承包经营权确权登记颁证工作，坚持“依法、自愿、有偿”的原则，着力打造县、乡、村三级土地流转服务体系，搭建“土地承包管理平台”、“土地流转服务平台”，有序推动全县农村土地改革工作。三是医疗卫生改革方面：继续推进公立医院综合改革，积极开展公立医院管理体制、人事薪酬制度、医保管理体制、药品供应保障机制、“互联网＋健康服务”等方面试点工作。加入福建三明药品耗材联合限价采购联盟，加快药品耗材信息管理平台的投入使用，全面开展家庭医生签约服务。四是全面推行河长制。全面落实县、乡、村三级河长制工作责任，大力实施中小河流综合治理工程、酉水里耶镇河道治理工程。五是加快社会信用体系建设。根据省州部署安排，加快建立企业、个人、非企业法人基本信用信息数据库和公共信用信息交换共享平台，努力营造诚实、守信、自律、互信的社会信用环境。

（六）突出抓好民生保障，确保社会和谐稳定。从群众关心关注的就学、就业、就医、养老等民生问题入手，扎实改善社会民生，不断增强人民福祉。一是大力促进教育事业发展。加快推进城区学校布局调整项目建设，完成第一中学、第四幼儿园、第五幼儿园主体工程，开工建设第三中学、第七小学、华塘小学、第一幼儿园、第六幼儿园；积极开展农村中小学幼儿园学生课间营养餐试点工作，大力实施职教攻坚计划，职教中心年度建设完成80％主体工程。二是加强卫计服务体系建设。推行分级诊疗就医模式，家庭医生签约服务覆盖率达60％以上；启动妇幼保健计划生育服务中心、里耶镇中心卫生院迁建工程，完成石羔、石牌、靛房、水田等乡镇卫生院建设。三是不断完善社会保障体系。统筹推进城乡社会保障体系建设，全面落实创业金融扶持政策，多渠道开发就业岗位，支持高校毕业生、农民工、复退军人创业就业；全面实施城乡居民大病保险制度，实现贫困人口大病救助全覆盖，逐步提高重点对象医疗救助政策范围内住院自付费用救助比例；积极推动医养结合的养老产业发展，完成水田、茨岩敬老院和10个农村养老服务示范点及残疾人托养中心建设。四是全面加强社会管理创新。深入推进网格化社会服务管理，加强防范和打击非法集资工作，坚持不懈抓好安全生产和食品药品质量安全监管，遏制重特大安全事故发生，切实增强人民群众的安全感；坚持以群众工作统揽信访工作，加快构建城乡一体化社会治安防控体系，严厉打击各类违法犯罪行为，确保社会大局和谐稳定。

龙山县人民检察院工作报告

——在龙山县第十七届人民代表大会第二次会议上

县人民检察院检察长　聂春辉

2017年12月28日

2017年工作回顾

2017年以来，龙山县检察院在县委和州检察院的坚强领导下，在县人大及其常委会的全面监督下，在县政府、县政协和社会各界的关心支持下，深入贯彻习近平总书记系列重要讲话和党的十九大精神，以“依法履职尽责、服务保障大局”为主线，聚焦司法办案、深化改革和队伍建设，较好地完成县第十七届人民代表大会第一次会议审定的各项任务，为服务全县经济社会发展，维护社会公平正义做出了应有努力。

一、围绕中心、服务大局，充分贡献检察力量

（一）服务精准脱贫攻坚

一方面，充分履行检察职责，为决胜脱贫攻坚提供有力的司法保障。突出打击发生在扶贫开发领域的腐败犯罪，依法查办了洗洛镇政府正科级干部何南春、洗洛镇芭蕉村原村支书谭太岳、原村委会主任李书林贪污征拆款案和洗车河镇永久村原村委会主任王成孟贪污项目资金案。同时，坚持“打防并举”的思想，结合办理州西水灌区管理局系列案件的实际情况，围绕扶贫开发领域开展专项职务犯罪预防调查，并就发现的问题向相关部门发出检察建议，促进扶贫项目和资金的规范管理。

另一方面，以开展“脱贫攻坚年”为契机，扎实开展精准脱贫工作。根据县委有关脱贫攻坚的重要部署，选派了6名干警驻村开展扶贫工作，落实扶贫工作经费40余万元。同时，积极筹措资金100余万元，帮助扶贫联系村新建或整修了村道、河堤、村小、卫生室等基础设施，切实解决了村民出行、就学、就医、生产等方面的实际困难。不断增强扶贫联系村的“造血”功能，激发脱贫致富的内生动力。

（二）服务生态文明建设

以“美丽龙山”建设为契机，围绕县环境整治工作重点，切实发挥检察职能，积极配合县政府采取措施，依法督促相关职能部门履行职责，推动了龙山环境改善。其中，联合县环保局、国土局针对猛必河流域的污染问题进行了专项调查并发出了检察建议，有效敦促了县环保局将猛必河污染问题纳入《龙山县突出环境问题清理整改清单》并积极进行综合治理。同时，组织人员对洗车河流域污染问题进行全面调查，并向县环保局发出了检察建议。县领导对此高度重视，责成有关部门立即加强洗车河流域综合治理，就洗车镇河流污染治理进行立项，并已被收纳进湖南省环境保护“十三五”重大项目库。

在抓源头治理的同时，我院依法严厉打击破坏生态环境的犯罪活动。2017年来，共办理破坏生态环境的案件8件13人，为“美丽龙山”建设贡献了检察力量。

(三)服务非公经济发展

主动适应经济发展新常态,为县域经济健康发展保驾护航,推动"除虫护花"和"依法容错"机制落地生根。保护发展活力、保障改革创新,坚持既铁腕"除虫"又柔情"护花"。在查办涉企案件时,推行查办涉企案件经济影响评估制度,尽最大努力将司法办案对企业发展的负面影响降至最低,从而更加精准有力地维护企业稳定、提振发展信心、助推经济发展。如我院在办理湖南北山建设集团杨东、杨三喜行贿案中,充分把握依法办案和保障企业发展的关系,认真开展涉企评估,妥善化解了农民工工资拖欠问题、工程进度暂缓问题等,为涉案企业依法正常运转提供司法保障。

深入开展"非公有制企业保驾护航行动"。加强与工商联、民安商会和非公有制企业的沟通协调。选派了2名检察官到工商联驻会挂职,定期走访企业,积极支持企业依法开展法律维权工作。全年走访企业20余次,为企业提供法律服务100余次,进一步凝聚、传导和释放服务非公经济发展的正能量。

二、牢记使命、忠诚履职,全力维护社会大局稳定

(一)恪守检察职责,全力维护社会大局稳定

以开展"综治创新年"为契机,深入推进平安龙山建设,积极维护社会大局稳定。一是严厉打击各类刑事犯罪。依法履行批捕、起诉职责,全年共办理各类审查逮捕案件258件415人,批准逮捕210件305人;办理各类审查起诉案件318件458人,提起公诉254件354人,有效地维护了社会稳定。例如我院办理的彭杰、向清明等27人涉嫌故意伤害、非法持有枪支、强迫交易、贩卖毒品等罪一案,此案涉及的犯罪嫌疑人达27人,涉及9个罪名,长时间的隐秘性犯罪,对本县的社会治安和经济环境造成了一定的影响。在案件的侦办过程中,我院侦查监督部门提前介入、引导侦查机关调查取证,确保了取证效果,提高了逮捕质量和效率;在公诉阶段组织干警分赴吉首、保靖、花垣、永顺和湖北宣恩、来凤及重庆黔江等地讯问犯罪嫌疑人,认真审查相关案卷60余册,并积极出庭公诉,确保案件得到公正处理。该案的办理,彰显了检察机关打击犯罪、维护社会和谐稳定的责任担当。二是大力开展综治民调工作。全院56名干警定期走访群众家庭,深入乡镇开展大型法制宣传活动4场次,发放宣传资料5万余份,在龙凤广场设置普法专栏2个,切实营造了民众知法懂法用法的浓厚氛围。三是落实宽严相济的刑事政策。一年来,不批准逮捕101人、不起诉38人,其中刑事和解不起诉8人,取得了较好的社会效果和法律效果。

(二)加大查办和预防职务犯罪力度

坚决贯彻党中央关于正风肃纪、惩治腐败的系列要求,加强与纪检机关的沟通协作,对职务犯罪进行严厉打击,进一步提升了预防犯罪、发现犯罪、打击犯罪的能力,形成更加强大的法治威慑。一是增强打击纵深。将社会关注度高、群众反映强烈和涉及民生民利领域的案件作为查办重点,始终以"零容忍"的态度打击贪污腐败,全年共立案侦查职务犯罪案件12件17人,其中县处级领导干部3人,为国家挽回经济损失1000余万元。二是积极开展检察机关侦查一体化工作。经州检察院指定管辖,依法对州水利局原副调研员谷四新,州西水灌区管理局原局长张自力、原副局长张勇,州国土局原副调研员、吉首市国土局原党组书记、局长王孝强,吉首市国土局原党组成员、纪检组长谷南春等立案侦查,在自治州反贪工作层面更加凸显了"龙山力量"。三是注重前置预防。坚持"惩防并举、预防为重"的方针,全年开展职务犯罪预防教育讲座5次,开展法制宣传4次,开展职务犯罪预防调查2次、犯罪分析2次,发出预防检察建议3份,为工程建设、扶贫开发项目等提供行贿犯罪档案查询421次,有效起到了防患于未然的积极作用。

（三）创新开展未成年人刑事检察工作

坚持教育、感化、挽救的方针，认真贯彻未成年人司法保护政策，充分保障未成年人合法权益。一是做强体制保障。在全州率先成立“未成年人刑事检察工作办公室”，并配备专门的员额检察官和工作人员，专职开展未成年人刑事检察工作。二是推动机制优化。按照最有利于未成年人和适合未成年人身心特点的方式，严格落实“捕诉监防一体化”，不断提升未成年人刑事检察工作专业化、规范化水平。例如，我院在办理两名未成年人盗窃案的过程中，依法对两名未成年犯罪嫌疑人做出了附条件不起诉的决定，并通过采取社会调查、心理疏导和定期回访的方式督促两名未成年人改正恶习，从而顺利重返家庭、回归社会，挽救并呵护他们健康成长。三是做好帮扶教育。与团县委、妇联、司法局、公安局和教育局等部门建立健全了社会调查、心理辅导、帮扶教育机制，营造全社会关心关爱未成年人的良好氛围。全年，共对涉罪未成年人依法不批准逮捕 9 人，不起诉 6 人，申请法律援助 24 人，开展社会调查和社会帮教 12 人次，开展心理疏导 22 人次，最大限度保护未成人合法权益，传递社会关爱和司法温暖。

三、接受监督、强化监督，切实保障公平正义

（一）自觉接受监督，打造“阳光检务”

一是主动接受监督。主动向人大报告检察院各项工作，接受监督评议并及时整改落实；主动接受政协民主监督，邀请人大代表、政协委员视察检察工作、参与重要检务活动；认真执行人民监督员制度，接受人民监督员监督，对案件开展监督评议。全年开展“检察开放日”活动 2 次，开展案件监督评议 6 次，向人大代表、政协委员和人民监督员赠送检察工作资料 300 余份，确保人大代表、政协委员和人民监督员全面了解检察工作情况，更加便捷高效地开展履职监督。

二是加强内部监督。进一步加大内部执法办案监督力度，构建常态化司法办案质量和效果评估机制。深入开展案件评查、办案分析等工作，并采取走访、暗访、查阅案卷等方式对执法办案过程中存在的不规范行为进行有效监督，督促和引导办案人员依法规范办案。全年开展案件质量评查 4 次，办案分析 12 次，发出预警通知 30 余份，实现了案件质量和效率的“双提高”。

三是深化阳光检务和便民检务建设。投入资金 30 余万元，优化检察服务大厅建设。整合案件管理、控告申诉、来访接待、远程视频接访、律师阅卷等功能，建设了开放、动态、透明、便民的一站式检察服务大厅。全年共接待案件当事人 500 余人次，接待律师 100 余人次，公开发布重要案件信息 70 余条，公开法律文书 400 余份，扩宽了与人民群众互动交流的渠道，增进了人民群众对检察工作的了解，更加方便人民群众知晓、监督检察工作。

（二）加强诉讼监督，维护司法公正

一是加强刑事执行检察监督。积极开展第五届规范化检察室评定工作，大力推进驻所检察室规范化建设。先后投入 40 余万元对驻所检察室进行升级改造，顺利完成三级驻所检察室升级为二级驻所检察室的验收工作。对看守所留所服刑、混关混押、羁押期限、监管主体规范执法等进行全面检察，发出纠正违法通知书 2 份、检察建议 12 份、办理羁押必要性审查案件 22 件、开展社区矫正日常检察 200 余人次、发出检察建议 4 份，实现刑事案件程序正义、实质正义“双保障”。

二是加强民事行政检察监督。积极配合县政府开展人防异地建设费、土地出让金、城市基础设施配套费、税费清收等专项工作。向相关职能部门发出检察建议，依法督促履职，配合清收税费 2000 余万元。通过开展专项活动，督促了相关职能部门依法行政，降低了违法风险，为预防国家利益受到损失起到了积极作用。

三是加强控告申诉检察监督。积极开展争创

“文明接待室”活动。投入资金20余万元，规范建设了信访接待室、律师会见室、案件讨论室和心理疏导室，推动“检察长接待日”常态化开展，积极推进律师介入涉法涉诉信访案件，引导信访人员合法表达诉求，依法解决诉求。全年累计接待来访群众100余人次、受理民事监督及举报线索23件、受理实名举报线索2件，为党的十九大胜利召开和六十周年州庆营造了和谐稳定的社会环境。

（三）积极稳妥推进公益诉讼

2017年7月1日检察机关提起公益诉讼制度在全国开展以来，我院坚持把公益诉讼工作作为推动检察事业科学发展的重要抓手，分别在林业、环保、食药监等部门挂牌成立了“检察联络室”。紧紧围绕生态环境资源保护、食品药品安全、国有资产保护等重点领域积极稳妥地推进公益诉讼，有力督促相关职能部门依法履职，为保护“绿水青山”、“收回国有资产”及“食品药品安全”等方面贡献力量，切实维护国家利益和社会公共利益。目前，我院摸排各类案件线索19条，经呈报省检察院批准，现已立案5件，通过公益诉讼前置程序，督促相关职能部门履行职责，为国家挽回经济损失1600余万元。接下来，我院将依法监督相关职能部门的履职情况，针对工作中不履行职责、消极履行职责，对国家利益造成损失的违法行为依法向人民法院提起公益诉讼。

四、夯实基础、强根固本，努力增强发展后劲

（一）加强队伍思想政治建设

深入推进“两学一做”常态化制度化，注重加强党章党规、系列讲话、党史国史、革命传统、形势政策及社会主义核心价值观教育，特别是党的十九大召开后，我院认真学习宣传贯彻党的十九大精神，组织开展集中学习和专题讨论，在全院迅速兴起学习热潮，使党的十九大精神深入人心、落地生根。全年累计开展各类专题学习活动21次，干警撰写学习笔记和心得体会600余篇，切实增强党员干警“四个意识”。

始终牢记人民检察院的职责，增强服务意识。认真贯彻落实《检察官职业道德基本准则》，坚持职业操守，铸就“忠诚、为民、担当、公正、廉洁”的职业精神；坚决落实“一岗双责”，积极开展对中央八项规定、省检察院“三重一大事项集体决策制度”、“禁酒令”、公车使用等执行情况的专项检查。全年共开展明查暗访4次，对扶贫工作开展专项督查12次。进一步规范了干警的纪律作风，促进了队伍管理，有力保障了各项工作有序开展。

（二）夯实基层基础建设

一是积极推进“两房”建设。在县委、州检察院和社会各界的关心支持下，我院“两房”建设进展顺利。2017年，我院“两房”建设项目被纳入县“十百千”重点工程，并由县委常委、政法委书记印道其牵头实施。项目计划投资4800万元，占地26.8亩，建筑总面积10400平方米。2017年11月，已完成项目的招投标工作，施工单位已进场施工，计划于2019年完成建设任务。

二是因地制宜推进“青年公寓”建设。按照上级检察机关的统一部署，因地制宜加快“青年公寓”建设。投入资金30余万元，对本院六楼进行整体改造，装修了8间“青年公寓”，完善了卫生、洗浴设施，配备了电视、空调、网络等生活设备，解决了青年干警住房困难。同时，结合“两房”建设，高标准、高起点规划“青年公寓”建设工作。在新址上，我院计划建设“青年公寓”12套，均按照一室一厅一厨一卫的标准进行建设。严格落实“从优待检”政策，切实解决青年干警投身检察事业的后顾之忧。

三是深化“检察文化”建设。投入资金30余万元，建设了检察文化活动中心，成立了摄影、篮球、徒步、书法等兴趣小组。加快推动“学习型检察机关”建设，积极开展“十佳热爱读书检察官”评选等学习交流活动，鼓励全院干警进行论文撰写、新闻编辑、文学创作、文艺演绎等活动，打造“书香检察

院”。2017年来，全院干警在各级媒体累计发稿183篇；在各类杂志、期刊、学报发表理论调研文章20余篇；我院组织编排的民族舞《舍巴日》在全州检察机关迎州庆六十周年文艺汇演中获得第三名；4名干警通过了国家司法考试，通过率为100%。

（三）加强队伍职业化建设

一是坚决拥护监察体制改革。认真贯彻落实十九大精神，推动全面从严治党向纵深发展，按照各级党委关于监察体制改革的重要部署，认真做好编制摸底、思想动员等工作，按要求落实了反贪、反渎、预防三个部门12名干警的转隶和编制划转工作。

二是深化司法体制改革。完成首批员额检察官遴选工作，按照中央关于“员额检察官必须到一线办案”的总体要求，将19名员额检察官（含4名入额院领导）、28名司法辅助人员和8名司法行政人员分类定岗到各部门。同时，按照上级检察机关的统一部署，认真开展内设机构改革，推进检察权科学配置，提升检察监督效能。

三是认真做好省管前的准备工作。为贯彻落实中央关于深化司法体制改革的总体要求部署，推动省以下法院、检察院经费资产统一由省级管理，认真做好现有资产的清理和移交工作，并组织人员进行专项学习，开展财务审计工作，为人财物统一省管奠定了基础。

一年来，我院各项工作稳步推进，全体检察人员始终恪守检察职业道德，守护民生民利，服务经济社会发展大局。荣获了“湖南省文明标兵单位”“全省检察机关干部管理工作先进集体”“全省检察机关老干部工作先进集体”“全州先进基层检察院”“全县社会治安综合治理先进单位”“全县基层党建先进单位”等荣誉，21名干警分别获得高检、省院、州院和各级党委、政府的表彰。这些成绩和进步的取得，离不开县委和上级检察机关的正确领导，离不开县人大、县政府、县政协和社会各界的关心支持。在此，我代表县人民检察院向长期以来重视、关心、帮助检察工作的各级党委、人大、政府、政协及社会各界表示衷心的感谢！

过去的一年，我院检察工作虽然取得了一定成绩，但也存在一些不足和问题：一是法律监督职能作用发挥得还不够充分，法律监督的能力和水平有待进一步提高，服务社会大局的途径和方式有待进一步拓宽和创新。二是面对新时代、新要求，检察队伍正规化、专业化、职业化程度有待提高。三是检务公开不够深入，群众对检察工作及检察职能的认知度与了解度不高，在宣传方式方法上有待进一步改进。对此，我们将深入研究，采取有力措施，着力加以解决。

2018年工作安排

党的十九大开启了全面建设社会主义现代化国家的新征程，站在新的历史起点，龙山县检察院将始终不渝地坚持党的领导，认真学习贯彻落实党的十九大精神，自觉将思想和行动统一到十九大精神上来。紧扣十九大提出的新使命、新目标，聚焦县委中心工作，永远把人民对美好生活的向往作为奋斗目标，忠诚履行职责，谋划和开创龙山检察工作新局面。

一、坚持党的领导不动摇，尽职履职，服务中心工作

深入学习宣传贯彻党的十九大精神，坚持以党的十九大精神为统领，积极服务中心工作。科学谋划好今后各项工作，主动把检察工作放在中心工作中谋划和推进，找准检察工作服务大局的切入点，找到发挥检察职能的落脚点，切实为促进全县经济社会发展、维护社会和谐稳定尽职履职。坚持向县委定期汇报检察工作，确保党对检察工作的绝对领导，自觉接受人大监督，主动向人大常委会报告工作，不断增强接受政协民主监督意识，进一步深化检务公开，主动接受社会各界和新闻媒体的监督，确保检察工作健康发展。

二、聚焦主责主业，努力提升法律监督水平

进一步加大法律监督力度。充分发挥批捕、起诉等各项法律监督职能作用，依法有力地打击各类犯罪，增强人民群众的安全感，维护社会的和谐稳定。加强民事、行政诉讼监督，做到敢于监督、善于监督、规范监督，全力维护人民群众合法权益，督促行政部门依法履职，减少违法或者不当的行政行为的发生，防止具体行政行为对公民、法人和其他组织合法权益造成损害，让人民群众对公平正义有更多获得感。同时，继续深化"两法衔接、信息共享"平台建设，探索行政执法监督的有效途径，发挥检察机关在促进依法行政、创新社会管理中的职能作用。

三、把握正确政治方向，稳步推进公益诉讼

全面把握习近平总书记关于"检察官是社会公共利益代表"的定位，认真落实修改后的《民事诉讼法》、《行政诉讼法》，坚持在县委和上级检察机关的领导下，积极稳妥地推进公益诉讼，确保政治效果、社会效果、法律效果相统一，更好地服务全县经济社会发展。坚持以公益为核心，以办案为中心，提高诉讼能力，紧紧围绕生态环境资源保护、食品药品安全、国有财产保护、国有土地使用权出让等重点领域稳步推进公益诉讼，切实维护国家利益和社会公共利益。

四、狠抓贯彻落实，推动各项工作提质发展

一是继续抓实精准脱贫工作。以习近平总书记精准扶贫战略思想为指引，按照"脱真贫、真脱贫"的要求，聚焦"两不愁、三保障"，贯彻落实县委关于精准脱贫攻坚的重要部署，强化各项工作措施，为决战决胜脱贫攻坚奉献力量；二是继续深化各项改革。坚决拥护改革、积极支持改革、勇于创新改革，按照县委和上级检察机关的要求继续做好监察体制改革和司法体制改革，为全面从严治党、全面依法治国做出应有贡献；三是继续抓好队伍建设。以班子建设为重点，深入持久开展作风建设，坚持从严治检，抓好基层党建工作，全面加强思想政治建设、队伍专业化建设、检察文化建设和自身反腐倡廉建设，着力提升检察队伍整体素能。

注释：

1. **"除虫护花"、"依法容错"机制**：湖南省人民检察院出台《湖南省检察机关查办涉企案件经济影响评估制度（试行）》、《湖南省人民检察院关于在查办渎职犯罪案件中服务和保障改革创新的意见》，建立既打击腐败又保护企业正常发展的"除虫护花"机制，以及既依法惩治渎职犯罪又依法宽容改革失误的容错机制。

2. **检察机关侦查一体化**：侦查一体化的办案机制是为适应当前反腐败的斗争形势而进行的有益尝试。是指市（州）检察机关整合本地区检察机关侦查资源，形成"上下联动、左右互动、整体配合"的侦查一体化工作格局，在突破重大疑难案件，排除办案阻力、加强异地协作等方面发挥了重要作用。

3. **宽严相济刑事政策**：是党中央在构建社会主义和谐社会新形势下提出的一项重要政策，是我国的基本刑事政策，其贯穿于刑事立法、刑事司法和刑罚执行的全过程，是惩办与宽大相结合政策在新时期的继承、发展和完善。最高人民法院和最高人民检察院均制定了相关贯彻执行意见，切实做到该宽则宽，当严则严，宽严相济，罚当其罪。

4. **行贿犯罪档案查询**：指检察机关对行贿犯罪信息进行分类录入、存储，并向社会提供查询服务的案件信息管理系统。检察机关依照规定为有关行业主管（监管）部门以及符合条件的其他单位和个人提供查询服务。对经查询有行贿犯罪记录的单位或个人，由行业主管（监管）部门作出相应处

置，如限制或禁止市场准入、降低资质等级等。

5. **捕诉监防一体化**：指未成年人刑事检察办公室的检察官每接手一起未成年人刑事案件，就要负责该案的审查批捕、审查起诉、出庭公诉、诉讼监督、犯罪预防、教育挽救工作，实现专人审查、全程办理，为涉罪未成年人提供全面高效、协调一致的检察保护。

6. **附条件不起诉**：是指检察机关对应当负刑事责任的犯罪嫌疑人，认为可以不立即追究刑事责任时，给其设立一定考察期，如其在考察期内积极履行相关社会义务，并完成与被害人及检察机关约定的相关义务，足以证实其悔罪表现的，检察机关将依法作出不起诉决定。

7. **阳光检务**：指检察机关依法及时公开检察案件信息、检察政务信息、检察队伍信息，通过完善案件公开审查制度、加强检察法律文书释法说理、加强新媒体公开平台建设、规范检务公开场所建设等，创新检务公开方式方法，保障人民群众的知情权、参与权和监督权，确保检察权在阳光下运行。

8. **刑事执行检察监督**：指检察机关依法对刑罚执行和监管活动实行监督，维护刑罚执行和监管活动的公平公正，维护监管秩序稳定，维护被监管人合法权益，保障国家法律统一正确实施。还包括执行死刑临场监督、社区矫正监督、财产刑执行监督、指定居所监视居住执行监督、羁押必要性审查监督、强制医疗执行监督等职责。

9. **驻所检察室**：是检察机关派驻监管场所检察室的一种，其主要职能是对看守所刑罚执行和监管活动进行监督。

10. **羁押必要性审查**：依照修改后刑事诉讼法的规定，犯罪嫌疑人、被告人被逮捕后，人民检察院仍应对羁押的必要性进行审查。对不需要继续羁押的，应当建议予以释放或者变更强制措施。

11. **民事行政检察监督**：指检察机关通过办理民事、行政抗诉案件，对人民法院的民事审判活动和行政诉讼进行法律监督，维护国家利益和社会公共利益，维护司法公正和司法权威。

12. **检察建议**：是检察机关为促进法律正确实施，在履行法律监督职能过程中，结合执法办案，建议有关单位完善制度，加强内部制约、监督，正确实施法律法规，完善社会管理、服务，预防和减少违法犯罪的一种重要方式。

13. **控告申诉检察监督**：主要处理来信来访，统一受理办案、控告、举报、申诉和犯罪嫌疑人投案自首，初核举报线索，办理有关控告案件，开展举报奖励工作，进行法律宣传和咨询活动，保护公民、法人及其他单位的合法权益。

14. **公益诉讼**：2017 年 6 月 27 日，十二届全国人大常委会第二十八次会议作出《全国人民代表大会常务委员会关于修改〈中华人民共和国民事诉讼法〉和〈中华人民共和国行政诉讼法〉的决定》，明确将检察机关提起公益诉讼写入这两部法律，标志着检察机关提起公益诉讼制度正式确立。旨在充分发挥检察机关法律监督职能作用，促进依法行政、严格执法，维护宪法法律权威，维护社会公平正义，维护国家和社会公共利益。

15. **公益诉讼前置程序**：《检察机关提起公益诉讼试点方案》设置了前置程序。规定在提起民事公益诉讼之前，检察机关应当依法督促或者支持法律规定的机关或者有关组织向人民法院提起民事公益诉讼。在提起行政公益诉讼之前，检察机关应当先行向相关行政机关提出检察建议，督促其纠正行政违法行为或依法履行职责。

16. **"两房"建设**："两房"是指人民检察院办案用房和专业技术用房，是对检察机关履行各项法律监督职能，开展检察业务工作的基础保证。

17. **两法衔接**：指行政执法与刑事司法衔接，是检察机关和有关行政执法机关探索实行的旨在防止以罚代刑、有罪不究、渎职违纪等社会管理问题而形成行政执法与司法合力的工作机制。

龙山县人民法院工作报告

——在龙山县第十七届人民代表大会第二次会议上

县人民法院院长　刘　辉

2017年12月28日

2017年工作回顾

一年来，在县委的正确领导下，在县人大、县政府、县政协以及社会各界的监督、关心、支持下，龙山法院以“三年争创州文明单位、四年争创州文明标兵单位、五年争创全国优秀法院”为奋斗目标，大力加强法官队伍建设，全面开展审判执行工作，稳步推进司法体制改革，牢牢夯实基础设施建设，司法理念进一步更新、案件质效进一步提升、队伍素质进一步提高、基础设施进一步完善，认真落实了县第十七届人民代表大会第一次会议提出的任务要求，各项工作取得了新进展。一年来，我院受理案件3890件，审结、执结3581件，结案率为92%，结案标的额3.8亿元，没有发生因审判执行不当影响社会稳定和经济发展的事件。

近年来我院先后获得全省优秀法院、全省法院先进集体、全省法院人民陪审员先进单位、全州综合治理先进单位、州文明单位等荣誉，全国模范法官田丽霞等20余名干警受到县级以上奖励表彰。

一、坚持党的领导，自觉接受监督，司法工作水平取得新提升

一是始终坚持党对法院工作的绝对领导。旗帜鲜明坚持党的领导，紧紧围绕县委中心工作部署审判执行工作，坚决贯彻执行党的方针政策和县委各项决议决定，正确处理好党的政策和国家法律的关系，处理好坚持党的领导和确保人民法院依法独立行使审判权的关系。凡重大事项、重大案件的审理和执行均主动向党委报告，对涉及公共利益、民生大局等具有重大社会影响的案件，主动征求党委意见，依靠党委的坚强领导有效促进法院工作开展，保证了党对法院工作的绝对领导，保证了法院工作正确的政治方向。

二是自觉接受人大、政协和社会各界监督。我院始终按照《监督法》要求，将自觉接受人大、政协监督作为促进审判工作的重要组成部分，认真落实全面工作定期报告、主要工作专题报告、人事任免事先报告、重大案件及时报告等工作机制，自觉接受人大、政协监督。坚持“经常、主动、深入”的工作方针，加强同人大代表、政协委员的联络工作，广泛听取代表、委员的意见建议。一年来，对代表、委员提出的关于进一步统一民事裁判标准等多项意见建议予以采纳并在审判实践中认真落实，有效提升了司法工作水平。

三是将服务县委、政府中心工作贯穿法院工作始终。进一步强化责任意识和担当意识，主动为县委、政府中心工作提供法律保障。凡涉及征地拆迁、企业改制、招商引资等重大工作，均由院领导亲自联系，督察督办。一年来，我院先后做好了龙领国际、馥生公司、木材公司棚改后续处置等工作，多次化解黔张常铁路阻工事件，为全县社会大局稳定提供了强有力的司法保障。

二、坚持依法履职，维护社会稳定服务经济建设取得新成效

一是依法打击犯罪，切实保障当事人权益。受理刑事案件 307 件，审结 293 件，结案率为 95%。严惩严重危害群众生命财产安全的犯罪，审结抢劫、盗窃、故意伤害等犯罪案件 102 件。严惩侵害妇女儿童权益犯罪，审结性侵妇女儿童案件 15 件。加强人权司法保障，依法保障被告人、被害人各种诉讼权利。坚持宽严相济的刑事政策，该严则严，当宽则宽，确保罚当其罪。加强未成年人案件审理，完善社会调查，社区矫正等机制，保护未成年人合法权益。

二是公正裁判民商事案件，服务社会经济发展。受理民商事案件 2575 件，审结 2438 件，结案率为 94%。继续深入开展涉金融、涉民生专项审判活动，审结该类案件 859 件，涉案标的 2.5 亿元。审结合同、投资等商事案件 1108 件，有效保护了社会主义市场经济主体平等地位。审结婚姻家庭、继承等案件 426 件，维护了妇女、儿童、老人合法权益。妥善处理涉农纠纷，审结农村土地承包、宅基地案件 45 件，有效促进了相邻和睦和基层和谐。

三是充分发挥行政审判职能，全面助推法治政府建设。受理行政案件 87 件，审结 78 件，结案率 89%。认真贯彻修改后的行政诉讼法，强化行政机关举证责任，保障行政相对人合法权益，审结案件中判决行政机关履行法定职责、确认行政行为违法、撤销或变更行政行为的 8 件。注重采取“诉前沟通、诉中协调、诉外疏导”的方式化解行政争议，实现维护行政权威与保护行政相对人合法权益相统一。

四是加大执行工作力度，确保胜诉人实现合法权益。受理执行案件 921 件，执结 776 件，执结率为 84%，执结标的 1.3 亿元。完成全国法院执行案件信息系统补录、核录工作，共补录修正当事人名称、身份证号码、企业机构代码信息错误 95 处。完成全省银行“点对点”网络查控系统及全国“总对总”网络查控系统的建设，实现了农业银行和工商银行的网络冻结。充分发挥执行联动机制作用，加强与公安、房管、工商、银行等部门协作，通过综合运用执行信息查控平台、公布失信人名单、限制高消费、出境以及采用查封、扣押、冻结被执行人财产等法律赋予的强制措施，促使被执行人履行义务。先后开展执行积案专项清理、执行攻坚等活动，对 8 名拒不履行义务的被执行人采取了罚款、司法拘留等措施，公布失信被执行人名单 3 期 87 人，最大限度保障了当事人合法权益的实现。

三、稳步推进司法体制改革，强化制度保障取得新进展

一是认真做好法官员额制改革。完成首批员额制法官选任工作和人员转岗与调整配备工作，实现了司法人员分类管理。当前我院共有入额法官 32 名，司法辅助人员 23 名，司法行政人员 15 名。2017 年 7 月下旬，经县人民政府第八次常务会讨论并同意我院聘请司法辅助人员 32 名，我院于 8 月份完成招聘工作，32 名司法辅助人员 9 月全部到岗，有效提升了办案效率。

二是推进审判权运行机制改革。完善以审判权为核心、以审判监督权和审判管理权为保障的审判权力运行机制，落实独任法官、合议庭、审判委员会的办案责任，切实做到了让审理者裁判、由裁判者负责，实现院、庭长办案常态化，院、庭长担任承办人审理案件 1419 件，担任审判长参加合议庭案件 1189 件，有效推动了领导“回归”法官本色。

三是推进以审判为中心的刑事诉讼制度改革。贯彻罪刑法定、证据裁判、非法证据排除等原则。大力推进鉴定人、证人出庭作证制度。充分发挥律师的辩护作用，促进庭审实质化。逐步落实和推进认罪认罚从宽制度。根据案件难易、刑罚轻重、认罪与否等情况，推进案件繁简分流，实现简案快结，繁案精审。推进刑事案件速裁程序改革，对 94 件轻微刑事案件依法快立快审，有效优化了司法资源配置。

四是深化涉诉信访工作改革。实行诉访分离，

畅通依法信访渠道，引导当事人依法表达诉求，严格落实涉诉信访终结制度，规范信访程序，依法处置无理缠诉闹访，坚决维护司法裁判的既判力和权威性，努力解决涉诉信访案件出口不畅，程序空转问题，实现涉诉信访法治化、信息化。省、州交办我院的4件信访案件已全部办结，同时积极配合乡镇做好重点人员的稳控工作，近年来无新的信访案件产生。

四、深入转变群众工作方式方法，司法为民成效得到新彰显

一是多元化纠纷解决机制效果凸显。在当地党委领导下，我院6个人民法庭密切与行政机关、团体协会、乡(镇、街道)综治维稳中心、人民调解委员会联系，加强对辖区人民调解工作的指导，按照《龙山县人民法院关于进一步加强多元化纠纷解决机制建设的通知》要求，在辖区大力开展诉前调解工作，6个人民法庭办理案件1133件，调解撤诉733件，调撤率64%。开展巡回审判、送法下乡等活动15场次，办理司法确认案件34件，为当事人减免、缓交诉讼费90余万元，通过大量行之有效的工作，把大批矛盾纠纷控制在萌芽状态，化解在诉讼之前。

二是司法公信力进一步提升。注重新媒体的运用，推进门户网站、官方微博、微信公众号建设，适时发布法院重大审判信息，回应群众诉求。在各类报纸、电台、电视台、网站等媒体发布稿件80篇(条)；发布官方微信43期，最高点击量达10000余次；发布布告5期；制作专题宣传片4期；上网公布生效裁判文书3128份，接受当事人和社会公众的监督。邀请人大代表、政协委员和社会公众旁听庭审1000余人次，开展送法下乡活动15场次，群众学法、用法的意识不断提升，有效助推了农村法治化进程。

三是精准扶贫工作成效显著。我院现有3个扶贫村，6名驻村干警每月住村20天以上。全院干警积极开展精准扶贫工作，全年共计走访531人次，实现了结对帮扶全覆盖，干警农户“双知晓”率达到100%。一年来，我院自筹资金10万元为农车镇王家棚村18户易地搬迁户集中搬迁区域解决水电困难，自筹资金12万元为农车镇田家村6组修建便民桥两座，协调资金95万元修整了农车镇田家村到永顺县盐井乡李家村之间的道路，贫困村的基础设施建设得到质的提升，彻底改变了农户“晴天一身灰、雨天一脚泥”的出行窘境和用电困难。围绕“一超过两不愁三保障”的脱贫要求，三个村共计发放产业扶持资金366750元，外出务工补贴229875元，完成48户异地搬迁和17户危房改造工作，为生活困难农户发放慰问物资6.28万元，切实解决群众困难37件。通过一年的扎实工作，扶贫村的村容村貌有了一定程度的改观，共计33户139人达到“一超过两不愁三保障”目标，顺利通过县脱贫验收。

五、积极推进自身建设，夯实法院发展基础实现新突破

一是班子决策能力进一步加强。一是按照“政治坚定、求真务实、开拓创新、勤政廉政、团结协调”的要求，切实加强领导班子建设。通过组织开展“党的群众路线教育实践”、“三严三实”、“两学一做”学习教育，深入学习党的十九大精神，努力提高领导班子指导审判工作的能力、协调解决突出矛盾和问题的能力、正确处理办案的法律效果与社会效果的能力，使班子成员真正做到能审判、善协调、会管理，确保法院审判执行、后勤保障等各项工作顺利推进。

二是干警综合素质进一步提高。2017年新招录干警5人，轮岗、轮训干警42人次。组织干警28人次参加了省高院、州中院、县委组织部等组织的各类培训班，优化了干警的知识结构。深入学习贯彻党的十九大精神，开展创建文明标兵单位、争创学习型法院、争当学习型法官等活动，举行了喜迎十九大文艺汇演，扎实推进岗位练兵活动，有效提升了干警的政治理论水平和专业技能，队伍素质

得到了显著提升。

三是党风廉政建设进一步形成常态。坚定不移地把党风廉政建设引向深入，从开门办公、规范着装、挂牌上岗等细节入手狠抓作风建设，全面落实“两个责任”，强调党风廉政建设的重要性，时常告诫干警红线不能越、底线不能碰。结合实际制定了《龙山县人民法院常规工作考核办法》，把党风廉政建设任务细化到每个庭室每名干警。开通了举报信箱、举报电话，对当事人和群众反映司法廉洁方面存在的问题，做到早防范、早发现、早纠正、早处理。开展审务督查、纪律作风巡查。一年来干警没有发生一起违法违纪行为。

四是基础建设进一步完善。我院审判法庭建设项目主体工程建设已于2017年10月完成。执行指挥中心网络等级测试和前期硬件设施已落实到位、科技法庭线路铺设已基本完工，庭审直播、电子档案、远程签章、视频提审、接访系统建设全面提速，信息化3.0建设已初具规模，有力地促进了审判工作的开展。

各位代表：通过一年来的工作，我们真切感受到：每一地有每一地之困，每一事有每一事之忧，每一案有每一案之难，每一人有每一人之苦，法院、法官、当事人，无一例外。是县委的坚强领导，县人大、县政府、县政协的监督、关心和支持坚定了我们做好司法工作的信心和决心，是各乡(镇、街道)、各职能部门和各位代表、委员以及社会各界的配合和协作汇聚成了我们攻坚克难的动力和勇气！在此，我代表龙山县人民法院向大家表示衷心的感谢，并致以崇高的敬意！

一年来，龙山法院领导班子笃定守志，全体干警奋发作为，全院上下风清气正的良好氛围已经形成，维护社会公平正义的能力进一步加强，服务社会经济发展的方式进一步更新，基础设施进一步完善，纪律作风建设进一步深入人心。我们更加有信心为全面决胜脱贫攻坚提供坚实的司法保障，我们更加有能力让司法体制改革的最新成果惠及民生，我们更加有责任让人民群众在每一个司法案件中都感受到公平正义！党的十九大为司法工作指明了前进方向，龙山法院已经站在了新的历史起点，法院工作进入了新的历史时期！

在总结成绩的同时，我们也清醒的认识到，龙山法院的工作，与新时代人民群众对司法工作的新要求新期待还有一定的差距，主要表现在：审判管理工作还不够精细，案件质效有待进一步提高；执行联动、财产查控工作依然存在不足，执行难的问题没有得到根本解决；司法改革任务依然繁重；队伍建设有待进一步加强。对于这些问题，我们将深入分析成因，切实采取有效措施，努力加以解决。

2018年工作安排

新时代、新气象，更要有新作为。2018年，龙山法院将以党的十九大精神为指引，继续坚持“三年争创州文明单位、四年争创州文明标兵单位、五年争创全国优秀法院”的奋斗目标，坚持“司法为民、公正司法”的工作主题，以纪律作风建设为抓手，着重抓好审判执行、队伍建设、司法体制改革和基础设施建设工作，力争各项工作走在全州法院前列，为推动全县社会政治大局稳定、经济快速健康发展提供更加有力的司法服务和保障。

一是进一步抓好审判执行工作。坚持严格公正司法，认真履行审判职责，服务经济社会发展大局。依法惩治危害国家安全、黑恶势力、电信诈骗等刑事犯罪，服务平安龙山建设。高效审理民商事案件，妥善化解矛盾纠纷；完善行政争议化解机制，依法审理行政案件；全力探索、推进执行难问题解决的有效途径，加大对规避执行行为的惩处和涉民生案件的执行力度，促进社会诚信体系建设，维护司法权威。

二是进一步深化司法体制改革。深化司法责任制改革，完善司法权运行机制，组建以法官为中心的审判团队，确保团队办案取得实质性进展。加快推进刑事速裁和认罪认罚从宽制度改革，推进以审判为中心的刑事诉讼制度改革。完善人员分类改革，健全职业保障，深化繁简分流机制，提高审判效率，积极探索执行体制改革，提高执行质效，确保在全州法院率先实现两到三年基本解决执行难的奋斗目标。

三是进一步探索司法工作新举措。强化“互联网+”思维，运用互联网、大数据、人工智能等高科技手段，依托法院信息化3.0建设契机，建设电子法院、智慧法院，提升审判和诉讼服务水平。完善多元化纠纷解决机制，促进社会和谐安定。强化司法公开理念，加强审判流程、裁判文书和执行信息等司法公开平台建设，增强司法工作透明度。创新接受人大、政协和社会各界监督机制，拓宽监督渠道，不断改进法院工作。

四是进一步建设过硬的法院队伍。坚持从严治党、从严治院，认真履行主体责任、监督责任。牢牢把握“政治过硬、业务过硬、纪律过硬、作风过硬”的要求，推进队伍正规化、专业化、职业化建设，提升干警司法能力和水平。深化党风廉政建设，加强纪律监督，从严查处违法违纪问题，确保公正高效廉洁司法，确保法官清正、法院清廉、司法清明。

新故相推，日生不滞，人生步履，岁月不待。党的十九大对新时代司法工作提出了新要求，法院人深感责任重大使命光荣，我们惟有时不我待的紧迫感、舍我其谁的责任感，守土履责、尽职担当，进一步增强“四个意识”，深入贯彻落实本次代表大会精神和代表审议意见，从群众关心的一事一案做起，从群众期待的一点一滴做起，变宏大叙事为具体行动，奋力开创人民法院工作新局面，以无愧于党、无愧于群众、无愧于时代的业绩，为龙山改革发展稳定、为决胜脱贫攻坚作出新的更大的贡献！

龙山县2017年财政预算执行情况和2018年财政预算

2017年12月27日

一、2017年财政预算执行情况

(一)一般公共预算情况

1.一般公共预算收入完成情况

2017年,一般公共财政预算收入406497万元(含地方收入、上级补助收入、动用稳定调节基金和上年结转)。

2017年,财税总收入完成84566万元(预计,下同),增长20%。其中:地方收入完成56869万元,增长19.83%;上划中央税收收入完成22143万元,增长24.3%;上划省级税收收入完成5553万元,增长7.45%。分部门完成情况:国税部门完成35320万元,地税部门完成29449万元,财政部门完成19797万元。

2017年,上级补助收入完成336672万元(含上级财力性补助收入110139万元、地方政府债券收入22000万元、上级专项补助收入204533万元)。

2017年,动用预算稳定调节基金12956万元。

2.一般公共预算支出完成情况

2017年,一般公共财政预算支出(含上年结转和专项转移支付支出)完成404013万元,增长9.33%。主要支出中的主要项目执行情况是:⑴一般公共服务支出46852万元,增长10.49%;⑵国防支出286万元,增长16.26%;⑶公共安全支出12697万元,增长8.06%;⑷教育支出74330万元,增长7.08%;⑸科学技术支出390万元,增长8.03%;⑹文化体育与传媒支出7722万元,增长32.89%;⑺社会保障和就业支出58691万元,增长7.43%;⑻医疗卫生支出51997万元,增长13.74%;⑼节能环保支出12618万元,增长8.36%;⑽城乡社区事务支出11633万元,增长164.75%;⑾农林水事务支出73124万元,增长10.37%;⑿交通运输支出16256万元,增长10.68%;⒀资源勘探电力信息等事务支出1953万元,下降27.48%;⒁商业服务业等事务支出1135万元,增长1.52%;⒂金融监管等事务支出33万元,增长10%;⒃国土资源气象等事务支出7930万元,增长3.03%;⒄住房保障支出24719万元,下降7.6%;⒅粮油物质管理事务支出309万元,增长119.15%;⒆其他支出1338万元(1—18项不能反映的支出项目),增长7.21%。

3.收支平衡情况。一般公共财政预算收入406497万元,一般公共财政预算支出404013万元,结余2484万元调入预算稳定调节基金。

(二)政府性基金预算收支完成情况

2017年,政府性基金收入完成66772万元,增长44.21%;政府性基金支出完成66772万元(含上级转移支付补助收入6862万元),增长44.21%,

当年实现收支平衡。

（三）社保基金预算收支完成情况

2017年，社保基金预算收入完成87000万元，下降5%；社保基金预算支出完成86999万元，下降0.06%，当年结余1万元，累计结余12395万元。

由于受经济下行和全面施行“营改增”等减收因素及多项政策性提标调资的双重压力，对全县年度预算执行造成较大影响。待与州结算后，全县全年财政预算执行会有些变化，我们再向县人大常委会专题报告。

（四）主要工作开展情况

1. **坚持聚财理财，重点保障效果明显。**一是抓源堵漏强征收。建立财政收入调度分析制度，完善财源税源调研督查机制。建立税收征管协调机制，强化对小税种、零散税源管理，充分挖掘税收潜力。二是规范挖潜抓非税。严格落实上级压减非税收入占比要求，确保收入的真实性。规范非税收入收缴管理程序，加强非税票据源头控管，确保财政票据的规范使用和财政收入的及时入库；挖掘国有资产的增收潜力和规范土地出让收入的管理，严格执行收支两条线。三是争取支持缓压力。做好项目筛选、上报工作，积极主动向上级财政部门汇报，1—12月共争取上级专项补助资金3.5亿元，有效缓减了县财政支出压力。四是调整结构保重点。2017年整合上级专项资金4.4亿元，本级安排4158万元，用于精准扶贫。1—12月，全县教育、社会保障等民生支出预计达29.06亿元，占一般公共财政预算支出的71.49%。

2. **坚持深化改革，财政管理不断规范。**一是加强预算管理。推行全口径部门预算，实行预算统筹统编、收支统批统管，统一预算分配权，提高预算编制的完整性、准确性。除涉密部门和涉密信息外，对全县134个行政事业单位实行了部门预算公开和“三公”经费公开，并细化公开内容。二是抓专项资金管理。严格按专项资金管理办法和拨款程序拨付资金，推行限时办结制、局内专项资金拨款“一站式”服务和全程代理，提高服务效率，方便请款。严格按专项资金管理办法和拨款程序拨付资金。三是加强乡镇财政和国库集中支付管理。加强资金监管，规范乡镇财政财务管理，推进“三位一体”惠农补贴管理新模式，全县发放61项惠民补贴4亿元。在21个乡（镇、街道）全面实施国库集中支付制度改革，实现了国库集中支付全覆盖。四是积极推进PPP项目建设。已经成功与社会资本方签约进入项目执行阶段且已开工建设的4个，项目总投资约18亿元；进入项目采购阶段的8个，项目总投资约61亿元；处于项目准备阶段的3个，项目总投资约45亿元；处于项目识别阶段的项目4个，项目总投资约16亿元。五是清理回收财政存量资金。对2014年及以前的部门预算单位和财政专户存量资金认真进行了清理核实，共收回财政存量资金1.2亿元调入预算稳定调节基金。

3. **坚持财政监督，资金效益不断提升。**一是加强财政投资评审。全年完成评审项目403个项目，送审金额26.44亿元，审定23.14亿元，综合审减3.3亿元，审减率达12.47%。二是扎实推进政府采购工作。累计完成政府采购1.12亿元，节约资金1271万元，资金节约率为10.16%。三是狠抓预算绩效管理。加强预算绩效目标管理，把预算绩效管理纳入县常规性工作考核内容。四是做好财政监督检查。对县森林公安局等7个单位的财务工作进行了抽查，下达了监督检查意见，并督促整改落实。

在肯定成绩的同时，我们也清醒地看到当前全县财政工作中存在的困难和问题，主要表现在：支柱财源和新兴财源仍然不多，税收增长缺乏强有力骨干企业的支撑，财政收入持续增长压力加大；财政收入总量仍然偏少，收入质量有待进一步提高；可用财力增速放缓，刚性支出增长较快，收支矛盾十分突出；财政监管机制不够完善，资金使用效益有待提高；财政偿债压力巨大，财政运行风险较大等等。对于这些问题，我们将高度重视，努力加以解决。

二、2018 年财政预算(草案)

2018 年财政预算编制工作指导思想:全面贯彻党的十九大和习近平总书记系列重要讲话精神,落实县委发展战略和工作部署,深化部门预算改革,积极探索中期财政规划管理;深化供给侧结构性改革,推进财政支持经济发展方式转变;深化预算执行管理改革,优化财政项目资金整合和统筹使用;提升预算管理绩效,全面推行预算公开制度,加强政府性债务管理,促进全县经济社会平稳健康发展。

(一)编制原则

1. **准确性原则。**部门预算相关的机构、编制、人员、资产等基础信息数据要求如实填报,部门收支预测必须以国家社会经济发展计划和履行部门职能需要为依据,充分考虑中期财政增减变动因素科学测算,力求数据真实、准确、科学。

2. **完整性原则。**强化全口径预算管理,各部门预算单位应将所有收支全部纳入预算,细化一般公共预算编制内容,规范功能分类科目使用,提高预算执行到位率,全面、完整地反映本单位各项收支。

3. **重点性原则。**按照公共财政要求,财政资金优先保障重点支出以及民生、扶贫的投入,确保全县重点社会事业项目的资金需求,严格控制一般性项目支出和行政运行成本,体现有保有压的精神。

4. **绩效性原则。**扩大预算绩效管理范围,在预算编制、执行过程中,应结合本单位的特点和实际,逐步建立“预算编制有目标、预算执行有监控、预算完成有评价、评价结果有反馈、反馈结果有应用”的预算绩效全过程管理机制。

5. **透明性原则。**正确把握预决算信息公开工作形势,坚持公开方向不动摇,主动接受人大、政协、审计和社会各界的监督。

(二)编制依据。1.《预算法》及财政财务制度规定事项。2. 省、州、县三级党委及政府文件规定事项。3. 上级有关部门与财政联合行文规定事项。4. 县委常委会议、政府常务会议确定事项。5. 地方保常规性事业发展确定的事项。

(三)一般公共预算安排情况

2018 年,财税总收入安排 97250 万元,增长 15%。其中,地方收入 65686 万元,增长 15.5%。分部门情况为:国税局 40617 万元,增长 15%;地税局 33866 万元,增长 15%;财政局 22767 万元,增长 15%。

2018 年,上级补助收入安排 142139 万元(含上级财力性补助 120139 万元、预计新增政府债券 22000 万元,不含上级专项转移支付)。

2018 年,从基金预算结余中统筹 30580 万元。

2018 年,动用预算稳定调节基金 2484 万元。

2018 年,一般公共财政预算收入 240889 万元(因上级专项转移支付预计不准,仅指县本级可用财力),同口径比上年增加 38925 万元。

2018 年,一般公共财政预算支出安排 240889 万元(不含上级专项转移支付支出)。其中:人员支出 164062 万元、列收列支 8291 万元、公用经费及单位业务经费 36503 万元、县级专项经费 26380 万元、预备费 2000 万元、上解支出 3653 万元。当年实现收支平衡。

(四)政府性基金预算安排情况。2018 年全县政府性基金收入安排 104665 万元,政府性基金支出安排 74085 万元,当年收支结余 30580 万元。

(五)社会保险基金预算安排情况。2018 年全县社会保险基金收入安排 86729 万元,支出安排 82790 万元,当年收支结余 3939 万元。

(六)提前下达专项财力转移支付情况。截至 12 月 22 日,共收到上级专项财力转移支付 1364 万元,按专项指定用途编列预算。

(七)预算编制的主要特点。一是收入总量得到提升。考虑到县内各重点项目的陆续开工,以及社会综合治税效果的初步显现,将财税收入增速确定为 15%,总量达到 9.73 亿元。二是优先保障人员经费。2018 年绩效奖励参照州里现行标准,按每人每年 1.2 万元标准进行测算,待县绩效办出台具体考核办法后再作调整,养老保险、医疗保险、住房公积金等按规定标准给予足额保障，人员支出占县本级支出的比例近七成。三是运转经费得到保障。在兼顾公平和认真核实的前提下，对部分专项进行了适当压减，同时，根据工作需要，对部分专项进行了调增。安排支出1500万元，将事业编制人员公用经费从人均5000元提高到10000元。全县部门预算单位人均公用经费达3万元以上。全县村均运转经费达到11.78万元。四是做大做实政府性基金预算。抢抓政策机遇，扎实做好土地"增减挂钩"指标出让工作，2018年土地"增减挂钩"指标出让收入达7.8亿元。

三、完成2018年财政预算的主要措施

2018年，我们将紧紧围绕上述目标任务，加大工作推进力度，加大改革创新力度，确保目标任务的圆满实现。

（一）全力稳增长促发展。进一步加大重点项目前期工作经费投入力度，加快项目建设，加强与上级部门对接、沟通、协调，以项目为载体，积极争取上级转移支付资金和项目资金，支持重大基础设施项目建设，夯实经济发展基础。坚持以加快产业转型升级，提升经济增长质量和效益为中心，综合运用各项财政调控手段，大力支持现代农业、新型工业、现代服务等产业协调发展，多渠道、多层次培植地方财源。加大依法治税，强化对重点行业、重点企业和重点税种的征收监管；继续加强对行政事业性收费、国有资源有偿使用、国有土地出让等非税收入的管理，确保应收尽收。

（二）全力保民生补短板。认真落实国家关于支持教育、社会保障、医疗、就业、科技创新、文化等相关政策，把握好提标扩面和长期保障的关系，增强民生保障的可持续性。科学统筹财力，推广政府购买服务，不断加大教育、就业、医疗卫生、养老、社会救助等社会事业投入力度，促进基本公共服务均等化。深入贯彻落实《国务院关于支持贫困县开展统筹整合使用财政涉农资金试点的意见》和《湖南省人民政府办公厅关于推进贫困县统筹整合使用财政涉农资金工作的实施意见》精神，围绕"两不愁、三保障"，修订完善涉农整合资金管理办法，制定2018年统筹整合使用项目资金方案，全力支持"五个一批"和"十一项工程"。

（三）全力推改革激活力。深入推进财政预算管理制度改革，改进预算编制方法，完善政府预算体系，健全预算基本支出和项目支出定额标准体系，完善预算执行动态监控机制，健全预算支出责任制度，提高预算执行的效率和均衡性。用活用好财政专项资金，创新资金分配使用方式，发挥市场机制和财政资金杠杆调节作用，提高财政资金使用效益。围绕规范编制预算、加快预算执行这个核心，建立健全盘活财政存量资金的长效机制。扩大预算绩效管理范围，建立第三方评价机制，加强绩效评价、监督检查和审计结果的运用。积极稳妥推广PPP融资、政府购买服务模式，引导社会资本投入基础设施和公益性项目建设。认真组织开展财政系统"服务再提速"活动，提高服务质量和服务水平，加快资金拨付速度。

（四）全力抓监管促规范。加强政府性债务管理，严格实行债务限额控制，做好置换债券和新增债券转贷工作。加强制度建设，继续完善专项资金管理、政府采购、投资评审、国库集中支付、财政票据制度，确保财政资金规范安全高效运行。全面推行行政事业单位内部控制制度建设，通过流程再造和信息化手段运用，强化对工作业务及管理风险的事前防范、事中控制、事后监督和纠正。严格遵循《预算法》，贯彻落实县人代会对预算草案报告作出的决议，强化预算执行刚性约束。建立透明预算制度，全面公开除涉密信息以外的所有财政预决算信息，主动接受社会各界监督。

大 事 记

1 月

3日，省委常委、长沙市委书记易炼红主持召开市委常委会(扩大)会议，审议《长沙市对口帮扶龙山县精准脱贫攻坚专项行动计划(2017—2020年)》。县委副书记贺代贵列席会议。

19日，省政府副秘书长曹英华、省扶贫办副主任黎仁寅、副州长何益群一行到县调研精准扶贫工作。

2 月

5日，州委书记叶红专率州委办、州委精准脱贫攻坚办、州发改委、州财政局、州扶贫开发办负责人到县调研精准扶贫精准脱贫工作。

6日，县委经济工作会议在县城召开。会议贯彻落实中央、省委、州委经济工作会议精神，总结回顾2016年经济工作，安排部署2017年经济工作。

25日至26日，山东省济南市市中区区委副书记、区长韩永军一行到县对接帮扶龙山县精准脱贫项目。

28日，长沙市对口帮扶龙山县工作队驻村驻乡启动仪式在县会议中心举行。会后，36名工作队员全部驻乡驻村。

29日，龙山县监察委员会正式挂牌成立。湘西州委常委、州委宣传部长、龙山县委书记周云，县人大常委会党组书记、主任余佳祥共同揭牌。

3 月

11日，全县村(居)“两委”换届选举动员部署及业务培训会在县会议中心召开。会上，乡(镇、街道)党(工)委书记向县委递交责任状。

15日，州委副书记、州长龙晓华深入龙山县调研经济社会发展情况。

29日，在《国务院关于发布第九批国家级风景名胜区名单的通知》中，湖南省龙山县里耶—乌龙山风景名胜区获批为国家级风景名胜区。龙山县先后编制出台《里耶—乌龙山风景名胜区总体规划》《里耶—乌龙山风景名胜区管理暂行办法》《里耶古城保护开发总体规划》《里耶历史文化名镇保护规划》，完善了景区景点的保护措施和制度。同时，有序推进了保护设施建设、基础设施建设、旅游设施建设，风景名胜区内几个主要景点的游览条件基本具备，各个景点均对游客开放。

4 月

13 日，中国艺术研究院戏曲研究所所长、研究员王馗等文化部文化生态保护实验区评估组专家一行到县考察评估文化生态保护区建设情况。

20 日，县城市新区综合开发建设项目签约仪式在县会议中心举行。县人民政府与湖南省交水建集团签订估算总投资约 24 亿元的城市新区综合开发建设项目战略合作框架协议。

21 日，龙山县茅坪乡龙冠村彩旗飘扬，锣鼓喧天，周边群众自发来到现场，参加国家烟草水源援建项目——龙山县龙潭河水库工程开工动员大会。县委副书记、县长刘冬生宣布项目正式开工。

23 日下午，广东省湖南龙山商会在深圳市福田区朗庭酒店举行成立大会。

27 日，省军区司令员黄跃进到县调研党管武装工作。

5 月

8 日，省委常委、长沙市委书记易炼红到县调研指导精准扶贫工作。长沙市委副书记徐宏源、州委书记叶红专等陪同调研。易炼红强调，要重点抓落实，下“绣花”之功，以更加务实和精准的举措帮助龙山人民脱贫奔小康。

9 日，全面推进河长制工作会议在会议中心召开。

23 日，州委常委、州委宣传部部长、县委书记周云带队赴济南市市中区考察对接东西部扶贫协作项目。

6 月

15 日，中建国际投资（湖南）有限公司执行总经理刘亚军到县考察高铁新区建设，并签署战略合作框架协议。

19 日，农业部副部长屈冬玉深入茅坪乡、石羔街道等地调研农业产业发展工作。

20 日至 21 日，省人大常委会副主任王柯敏，省人大常委会委员、民侨外委主任委员石光明，省民宗委主任徐克勤一行来县调研。

7 月

2 日，湖南杂交水稻研究中心副主任张玉烛一行到县指导“三大粮食高产攻关科技工程”，并深入高产攻关示范基地调研。

3 日，龙山县“智慧城市、龙山大道、民族北路延伸、G353 公路、职教中心、体育中心安置区、高端特色安置区”七大工程举行集中开工动员仪式。州委常委、州委宣传部部长、龙山县委书记周云宣布七大工程集中开工，县委副书记、县长刘冬生致辞。施工单位代表、监理单位代表、县示管委、县城投公司负责人分别作表态发言。

8 月

17 日，长沙市委常委、浏阳市委书记黎春秋、市长吴新伟深入茅坪乡调研对口帮扶工作。

31 日，省委组织部副部长、省委老干部局局长、省委离退休干部工委书记崔永平一行到县调研老干部工作。

9 月

13日，农业部人事劳动司巡视员胡永万一行到县就定点扶贫工作进行专题调研。

19日，在湖南省第八届旅游博览会之州庆重大招商引资项目签约仪式上，龙山县现场签约2个招商引资项目，协议资金60亿元。

22日，国家民委党组副书记、副主任刘慧、省民宗委主任徐克勤到县调研民族团结进步创建工作。

10 月

13—14日，省委常委、长沙市委书记胡衡华到县督查精准扶贫工作，州委副书记、州长龙晓华陪同。

16日上午，龙山县工业集中区二期标准厂房PPP建设项目开工动员大会在民安街道宝塔社区举行。县委副书记、县长刘冬生宣布开工。县领导陈忠耀、余佳祥、吴少叶、符家波、聂毅、梁兴华，湖南省建筑工程集团总公司职工董事、纪委书记石俊云，湖南省第六工程有限公司董事长陈光乐，湖南省第六工程有限公司副总经理潘益峰出席开工动员大会。县委常委、县委办主任符家波主持动员大会。

17日，中国博物馆协会考古与遗址博物馆专业委员会年会在里耶古城召开，中国社会科学院考古研究所、秦始皇帝陵博物院等国内35家遗址博物馆、科研院所及100余名专家学者参加会议。

23日，首届县长质量奖励大会在县会议中心举行。

11 月

2日，农业部财务司司长陶怀颖到县考察调研惹巴拉景区一二三产业融合项目和里耶镇双坪村精准扶贫及党建工作。

14日，省委常委、省委政法委书记黄关春一行深入龙山县，就学习宣传贯彻党的十九大精神、切实做好政法综治工作进行调研。

15日，县深化医药卫生体制改革工作会议在县会议中心召开。

23日，省委副书记、省长许达哲到龙山县调研深度贫困地区脱贫攻坚工作。副省长隋忠诚，省政府秘书长王群随同调研，州委书记叶红专，州委副书记、州长龙晓华陪同。

12 月

7日，省高级人民法院党组书记、院长康为民到龙山县调研审判执行、司法体制改革工作。

12日上午，共青团龙山县第二十三次代表大会在县会议中心召开。

13日，“湖南乌龙山国家地质公园开园仪式”在洛塔乡乌龙山国家地质公园洛塔园区科普广场上隆重举行，标志着龙山地质遗产保护和地质旅游开发工作进入新阶段，将极大地促进龙山旅游业发展。国土资源部地环司司长关凤峻、北京大学教授潘懋、国土资源部地环司副处长庞剑波；省国土资源厅副厅长尹学朗，省国土资源厅地质环境处处长王先佑，省国土资源厅地质环境处副处长董振亚、陶霁；湘西州人民政府副州长李平、湘西州国土资源局局长高文化；龙山县委副书记、县长刘冬生，县委常委、常务副县长蔡龙出席开园仪式。副县长张肇琴主持开园仪式。

19日，省委常委、省委宣传部部长蔡振红深入龙山县调研文化产业发展和农村综合服务平台建设工作。

23日，在长沙召开的省委经济工作会议上，龙山县被省委、省政府授予“2017年度全省综治工作先进县”称号，这是该县连续两年获得全省综治工作先进县荣誉。

23日，龙山万汇国际商品博览城开工动员大会在城东新区刘家坝举行。县委常委、副县长徐志军宣布项目开工。龙山万汇国际商品博览城是省、州、县三级政府重点招商引资项目，也是2017年湘西州唯一的一个在香港签约的项目。项目总投资10亿元，一期占地面积74亩，总建筑面积6.5万平方米。项目建成后将辐射湘鄂渝三省市区域，预计年交易额20亿元，能容纳就业1万余人。

26日，政协龙山县第九届委员会第二次会议在县会议中心开幕。

27日，县第十七届人民代表大会第二次会议在县会议中心开幕。

概　　况

地　　理

【地理位置】 龙山县位于湖南省西北部，湘西自治州北部，自古乃“川鄂之枢纽，湖湘之屏障”。处于湘、鄂、渝三省（市）交界之地，有“一脚踏三省”之称，史称“湘鄂川之孔道”。地理坐标北纬 28°46′07″、东径 109°13′00″～109°49′21″。东毗湖南省桑植、永顺县，西邻重庆市秀山县、酉阳县，湖北省来凤县，北连湖北省宣恩县，南接湖南省保靖县。县人民政府驻民安街道，距来凤县地 6 千米，省际两县城近距为全国之最。县域地处云贵高原末端，武陵山脉西段，总面积 3131.43 平方千米。山、岗、平地和水面组合比例为 82∶10∶4∶3∶1。酉水、澧水奔流其间，雄浑多姿。地属中亚热带山地季风湿地气候区，四季分明，年平均气温 15.8℃。生漆、油桐、马铃薯产量居湖南省首位，烟叶列全省第二。县内有土地革命时期红军建立的根据地——湘鄂川黔苏区遗址。有“农业学大寨”的先进典型——洛塔。唯一保存完整的战国——秦国遗址和 37300 余枚简牍。使用土家语人口逾十万人，居全国之首，是中国仅有的土家语存留县之一。

【地质地层】 县境地层属扬子分区范畴，出露自老而新有显生宙古生代的寒武系、奥陶系、志留系、泥盆系、二叠系，显生宙中生代的三叠系、白垩系，显生宙新生代的第三系及第四系。缺失石炭系，侏罗系和泥盆系地层出露不完整。大部分地层出露完整，分层标志明显。沉积类型复杂，横向变化大，古生物化石丰富，种类繁多，过渡特色突出，各系地层分布范围区分容易。依据《全国地层多重划分对比研究报告——中南区域地层、湖南省岩石地层》，县域地层单位可划为 30 个，总厚度大于 5600 米。

【岩石类型】 县域沉积岩主要为碳酸盐岩类、砂页岩类。

——*松散堆积物*　以冲积物、洪积物为主，次为残积物和岩溶堆积物，成分复杂，没有固结成岩，均分布在第四系地层中。

——*红岩类*　主要为白垩系及中三叠统的紫红色钙质泥岩、粉砂质泥岩、钙质泥质砂岩、钙质砂砾岩及砾岩等，主要分布在民安、新城、石羔、华塘、三元等 5 个乡镇（龙山向斜盆地）。

——*砂页岩类*　主要地层有下寒武统下部，上奥陶统上部，志留系中部及二叠系上统等。主要岩石有页岩、灰质页岩、砂质页岩、粉砂质页岩、钙质页炭、泥质页岩、钙质砂岩、泥质砂岩等，呈带状分布于兴隆街、桶车、三元、洗洛、茅坪、水田坝、红岩溪、瓦房、咱果、内溪、隆头、苗儿滩等地。

——*碳酸盐岩类*　有四种组合岩类：一以石灰岩为主，岩石成分较纯且厚度大，主要有二叠系下统茅口组、二叠系下统大冶组上部；二以生物碎屑灰岩为主，主要有奥陶系下统南津关组；三以白云岩、白云质灰岩为主，主要有寒武系娄山关组；四是灰岩夹泥灰岩，砂质页岩灰岩及泥质灰岩。分布在寒武系下统清虚洞组、奥陶系中统牯牛潭组和下统的大湾组、宝塔组等。上述岩石类型全县大部分乡镇均有分布。

——*硅质岩类* 岩性为石英砂岩，长石石英砂岩及石英岩，质地较纯，多呈灰白——深灰色，薄——中厚层状，主要在寒武系下统和泥盆系中统云台观组。主要分布在三元、桶车、兴隆街、茨岩塘、洗洛、红岩溪、猛必、比溪、农车、他砂、靛房、坡脚、猛西、内溪、白羊、咱果、瓦房、辽叶等乡镇。

——*铝质岩类* 产于二叠系下统黔阳煤系地层中和上统辰溪煤系地层中，为一套铝质泥岩、铝质砂页岩，呈薄——中厚层状。主要分布在猛必、红岩溪、洛塔、瓦房、塔泥、农车、他砂、靛房、白羊等地。

——*铁质岩类* 主要由鲕状结构的赤铁矿构成，产于新城兴隆桥、太平山、三元楠木园、西胡卸甲寨等寒武系地层中，以赤铁矿为主，伴生有黄铁矿。

——*磷质岩类* 深灰——灰黑色，呈层状、似层状、透镜状及结核状，磷质岩主要为胶磷矿及少量磷灰石，白云质磷块岩、钙质磷块岩、硅质磷块岩，品位高者形成磷矿，分布于八面山等地。

——*锰质岩类* 矿物成分为菱锰矿，产于奥陶后系宝塔组，薄层状，厚度变化大。主要分布于水田坝镇仁河、贾市乡恒扎等地。

——*蒸发岩类* 由硬石膏及少量石膏组成，产于白垩系红层中，主要分布于石羔、新城、华塘、三元、民安洗洛6个乡(镇)。

【地质构造】 县域大地构造位于湘西北地体(扬子被动大陆边缘)，属侏罗山式褶皱变形区，以较宽缓的北一北东带及其伴生的断裂构成基本构造格架。

【水文地质】 根据境内各岩层的含水介质、地下水的赋存条件及水动力特征、岩层的组合关系，地下水类型分为松散岩类孔隙潜水、碳酸盐岩类裂隙岩溶水、碳酸盐岩夹碎屑岩岩溶裂隙水、基岩裂隙水。

县域地下水资源丰富。酉水河沿岸第一至四级阶地上有埋藏较浅的第四季沙砾石层(或砾石层)孔隙潜水，碳酸盐岩分布区岩溶发育，预计暗河流量100～1000升/秒，泉流为10～100升/秒。碳酸盐岩夹碎屑岩岩溶中等发育，预计暗河流量10～50升/秒，泉流量1～10升/秒。基岩裂隙水泉流量1～5升/秒或小于1升/秒。

二叠系上统吴家坪组炭质页岩，志留系砂质页岩，寒武系下统牛蹄塘组砂质、泥质、炭质页岩为相对的隔水层，特别是志留系砂质岩分布广、厚度大，是境内主要隔水层。

碳酸盐岩类溶地下水化学类型为重碳酸钙型和重碳酸钙镁型水，PH值7.4～8.2，属弱碱性水。基岩裂隙主要为碳酸钙水，基本属中性水。龙山向斜盆地，松散岩类孔隙水，化学类型为硫酸钙型、碳酸氯化物钙镁型等，PH值一般在6.0～6.8之间，基本属弱酸性水。

【地貌特征】 县境地处云贵高原北东侧与鄂西山地西南端结合部，武陵山脉由北东和南西斜贯全境，地势北高南低，属中国由西向东逐步降低的第二阶梯东缘。在漫长的地质年代中，经多次地质构造运动，形成山地为主，丘、岗、平川及水面交错的地貌类型。

县境属强侵(溶)蚀山区，境内群山起伏，山峦重叠，溪谷交错，坡陡谷深，山体破碎，耕地分散。海拔1000～1200米的山头有192座，1200米以上的山头有353座。主要山脉有北部的红旗界，东部的永龙界、曾家界，中部的洛塔界，西南部的八面山等，由东北向向延展，呈东、中、西、北山脉凸起，形成北高南低、东陡西缓向南开口的“勿”字形地貌骨架。县境地貌受地质构造控制极为明显，地貌具有岭谷相间、高差悬殊、切割深密、波状起伏，多层次、阶梯状、链状与连续性变化特征。最高山峰红旗界主峰大灵山海拔1736.5米，最低处隆头的隆头河滩海拔218.2米。相对高差1518.3米，比降为

2.2‰，最大切割深度1136米，最大切割密度4.7公里/平方公里，形成以山地为主，兼有丘陵、岗地、平原及水面等多种地貌类型，且大部分乡、村有多种地貌类型。

县境石灰岩（包括白云岩）分布很广，面积1616.94平方千米，占全县总面积51.1%。因长期经受侵蚀和溶蚀，形成大小不等的溶蚀剥离面和洼地，以及许多溶洞、漏斗、落水洞、石芽、暗河等地貌；又因地质构造和北高南低的地势影响，地表溪流切割深密，水系树枝状和格状分布。

【山地】 县境山地面积2566.84平方千米，占全县总面积82%。按山体规模分为以下四种次地貌类型。

中山　海拔高度800米以上，相对高差大于500米，面积1151.47平方千米，占县境总面积37%。山势险峻、山高坡陡、山峰重叠高耸，坡度一般30度左右，部分可达60～80度，断层形成的崖壁近于直立，切深300～800米，“V”字形悬崖峡谷多。主要分布在猛必界、永龙界、洛塔界、曾家界、八面山等。

中山原（俗称高山台地）　海拔高度大于800米，相对高差大于60米，坡度5度～25度，面积158.63平方千米，占全县总面积5%。主要分布在大安、他砂、靛房、坡脚、茅坪、洛塔、比溪、猛必、水田坝等乡镇。

中低山　海拔500～800米，相对高差250～500米，坡度一般30度左右，部分达60度～70度，切割深度200～300米。面积1101.24平方千米，占全县总面积35%。地貌多呈孤峰，山谷深，坡度大，溪谷发育，地形陡峻。主要分布在茅坪、大安、猛必、西湖、八面、贾市、洗车河、他砂、坡脚、辽叶等乡镇。

低山　海拔高度300～500米，相对高差200～400米，坡度25度～30度，面积152.5平方千米，占全县总面积的5%。地貌特征为丘状岩溶发育，光、热、水、土条件好，矿产资源丰富，适宜发展林牧、经济作物和矿业生产。县境各地有分布。

【丘陵】 海拔高度不限，相对高差6～200米，坡度15度～25度，总面积307.43平方千米，占全县总面积10%。地貌特征为岩溶孤峰或岩溶峰林，抗风化弱，易受冲刷，岩石大部分裸露，土质贫薄，只有丘陵之间洼地成洼迅速，土质深厚且肥沃。县境各地有分布。

【岗地】 海拔高度不限，相对高差10～60米，坡度5度～15度，总面积131.79平方千米，占全县总面积的4%。地热平缓，多分布在溪谷平川和不同台地的溶蚀平川附近，土层厚3～5米，岗顶及岗地上部土层厚度变化较大，大部分均开垦为农田。县境各地有分布。

【平川】 海拔高度不限，相对高差小于10米，坡度小于5度，面积99.1平方千米，占全县总面积3%。按其成因溪谷平川和溶蚀平川。溪谷平川为流水搬运淤积而成，在溪河两岸，呈朱状沿水域两岸向下延伸，主要分布在酉水及支流沿岸，面积较大的有石羔、华塘、三元、民安、新城、湾塘、里耶、苗儿滩等地，地势平坦，光、热、土条件俱佳，大部分为农田。溶蚀平川主要为原地碳酸盐岩风化残积而成，地势平坦开阔。土壤厚度及土质由山脚至平川中部变化较大，光、热、水条件较好，为县域农业发展较佳地貌区，主要分布在茨岩塘、召市、贾坝等地。

资　源

·旅　游·

【概述】 自1985年开始，龙山县开始旅游资源调查，1987年10月1日开放龙山县第一个景点——惹迷洞。1993年10月，采取“文化搭台，旅游助兴，经贸唱戏”的形式，举办了“1993中国湖南（龙山）土家摆手节暨经贸洽谈会”。1997年皮渡河景区批准为省级景区。2002年12月18日湖南省国土厅批准洛塔为首批“地质公园”。2002年12月，里耶战国古城为国家第五批重点文物保护单位。按照“有效保护、合理利用、科学管理”的原则，以里耶古城为龙头，以厚重的历史文化，浓郁的民俗风情，雄奇的自然风光为依托的旅游发展格局。分为自然资源和人文资源两大类。

【自然资源】 境内山水风光奇异，历史文化厚重，民族特色浓郁，旅游资源丰富多彩。绿色画廊、乌龙山大峡谷、空中草原、南方天池、八仙洞、八面山；洛塔地质公园，乌龙山森林公园，印家寨原始次森林园，园园美不胜收，洛塔石林，比溪石林。有果利河、皮渡河、洗车河；惹迷洞，飞虎洞，燕子洞，婆婆洞。“龙山二千七百八十洞，洞洞奇观不可知”；有天锅潭瀑布、望乡台瀑布、洞比洞瀑布。姊妹岩、岩娘娘、龙潭河岩，岩岩相连。

【乌龙山大峡谷风景名胜区】 位于火岩境内。距县城40千米，区域面积79平方千米，景区面积为40.1平方千米，地势由东北向西南倾斜，最高海拔1054米。境内气候温和，四季如春，山水神奇，风景壮观。景区有两百多个溶洞，被誉为世界溶洞博物馆。专家评估认为，惹迷洞、皮渡河谷、飞虎洞、风洞、盘龙洞、通天门、天坑鼓7处景点为国家一级景点；火岩等7处景点为国家二级景点；鲢鱼洞、珠连洞等19处景点为国家三级景点。

【洛塔地质公园】 位于县境中部，2001年1月，中国地质科学院地质岩溶研究所将洛塔定为科研基地。洛塔为一个完善向斜岩溶构造单位，台原、峰丛、孤峰、溶丘、石林、石牙、洼地、漏斗、溶洞、地下河、峡谷、绝壁、瀑布等应有尽有形成和发育阶段完整，是我国南方裸露型岩溶的典型代表，具有很高的观赏价值和科研价值。2002年12月18日被湖南省国土资源厅批准为省级地质公园。石林面积达62平方千米，拥有景点200多个，总体规划为14个景区。主要有“五虎赶六羊”“南方第一天池”“天锅潭瀑布”和“千年水杉王”等景点。

洛塔台地呈北东向长条状，有3个不同高度的岩溶台面，海拔高度分别为1200米、1000米、800米，是构造运动强烈抬升差异隆起的标志，记录着岩溶地貌的发展史。台地东西两侧各有一条岩溶垄脊呈锯齿状，垄脊之间有和尚堡、亚不梯、吴王堡、谢家台4个溶丘台地耸立在盆地的中央。台地顶部平坦，海拔在1000米以上，四周峭壁垂直高度100～200米，地势十分险要，历史上曾为土王吴著盘踞之地，今留吴著厅遗址。峭壁边缘发育着峰林景观，如姊妹岩、鹰嘴峰、尖尖峰等。

【八面山景区】 八面山高耸于低山丘陵上的向斜构造盆地之上，南北长东西窄，呈巨船形山体突兀于里耶以西，东南与咱果、内溪接壤，西与重庆市酉阳县相邻，总面积52平方千米。山体主要由志留系下统页岩、粉碎岩、砂岩夹灰岩构成。平均海拔1200米以上，最高杯子岩海拔1414.5米。年平均气温10℃，年平均降水1703.2毫米，无霜期245天。山上地势开阔平坦，牧草丰肥，有“江南草原”之称，是国家农业部选定的中国南方草食牲畜养殖基地。上山仅有大岩门、小岩门、望乡台、西眉峡等隘口，余为绝壁，可谓一夫当关，万夫莫开。山上有燕子洞、自生桥等形态各异的洞穴230多个。青鱼潭、大鱼潭等天然陷池，形似天锅，以泉为源，四季碧水，不涸不盈，清澈甘冽，久旱久雨如是。盆地仰望八面山，山峦起伏，曲线妖娆，酷似睡美人。清人朱克敬在《登八面山》中赞道：“指点西南形胜处，乱云如幕独模戈。”沈从文看过拔地而起、绝壁如削的八面山后赞道：“气魄很大，很耐看。”他甚至把八面山和里耶与众不同的神韵称为“别一个国度”。

【茨岩塘景区】 比溪十八丘红石林位于比溪焕新村境内公路沿线，距茨岩塘街上10千米，距县城30千米。面积约150多公顷。红石林颜色多红褐，景观密集，造型奇特。

响水洞位于茨岩塘下的兴隆街响水洞村。龙桑公路旁小河北岸高逾百米的山洞里喷出一股直径3米余的飞瀑，如白缎凌空滚落，直射在洞下巨石之上，发出轰然巨响，故名响水洞。此水源于大安，四季水量充沛，水质清冽。四周林木葱茏，农舍穿插其间，俨然农家乐园。当地人利用从高山飞落的洞水次第架起20多架木页水轮车加工香饼，即将一节节生枫香树利用水力磨研成木浆制饼，制成神香，成为一道古老的景观。

望乡台位于三十六湾进茨岩塘处。东为黄连山，西是赵家山，望乡台便是这两山对峙间的天然隘口。台下绝壁如削，清人熊华山在半山腰险峻处砌石级如梯，一径千磴，成为骡马古道上生死攸关的一道险隘，故名望乡台。清嘉庆二十年(1815)，龙山知县朱沛霖重修，更名为“向上台”，但民间仍按习惯称之。隘口有姚家河之水直泻而下，高约40米左右，丰水期宽6米有余，跌落崖下深潭，声震山谷，是县境最大的瀑布。

【龙潭河景区】　龙潭河发源于茅坪乡的腊溪、小龙潭，流经茅坪、洗洛、辽叶、湾塘等4乡境，于湾塘龙嘴干溪坝口注入酉水，全长35公里，流域面积107平方千米，河流坡降21‰，属喀斯特地貌。沿河青山夹岸，云天一线，被河水冲击而成的石堤，竟显鬼斧神工之妙。杨柳岸翠绿簇拥，扇子峰绿意撩人，将军岩、情人柱双双屹立河中，根根栓马桩组成神奇的石林，大都高60米左右，其中一根高逾百米，如鹤立鸡群。龙狮湾的狮子山、青龙山给龙潭河增添诸多灵性。“南天一柱”、“八柱擎天”相得益彰，天桥、万马归巢、飞鸟峰、背篓峰、古城堡、摩天崖等山景各呈秀色。沿河瀑布颇为壮观，有瀑如扇从山崖斜冲而下，白练如珍珠坠落，四处飞贱；挂瀑一幅幅如垂珠帘，增添青山绿水的灵动；还有不见其形，只闻其音的响瀑，远远就能感到雷霆万钧之势。龙潭河水清如镜，群山倒映其中，摇红荡绿，相映成趣。河中多奇石，黑白红橙紫，如珍珠玛瑙撒落两岸，拾之有意相不到的奇趣，险峻的龙潭岩在辽叶境内，未通公路时上为高山绝壁，下临千仞峡谷，危径一线，贴壁而过，为县城通招头寨要道。清咸丰十一年(1861)十二月，太平天国翼王石达开率军经此隘口，悬崖深渊，径似陡梯，睹景生情，乃题诗石壁：“悬崖勒战马，弯弓射胡月，头颅作酒杯，饮尽仇人血。”

【印家界森林公园】　印家界位于县域东部，1999年8月，经县人民政府批准为自然保护区。东与永顺县杉木河、盐井乡交界，西与比溪接壤，北与水田坝镇毗邻。东西宽14.5千米，南北长15.4千米，总面积10795公顷，以阳雀界、印家界两大山脊为基本骨架，包括塔泥、猛必、比溪、水田坝4个乡14个建制村。区内最高海拔1209.8米，最低海拔368.6米，相对高差840.1米，属新华夏隆地边缘中亚热带季风区。独特的自然条件为各种动、植物提供了良好的生存环境。生物群落分布其内，区内植物种类达1759种，其中蕨类植物174种，银杏、黄杉、南方红豆杉等裸子植物168种，桢楠、大叶楠、黄心夜合木、伯乐树等被子植物1529种。其中国家一级保护植物4种，二级保护植物24种。塔泥王家村的一棵千年银杏高40多米，粗及七抱围，树冠覆盖面积600多平方米，蔚为奇观。楠木湾桢楠连片成块，林相整齐，四季常青，平均高度23米，最高达30米。南方红豆杉俗称红桧树，象印家界这样的红豆杉植物群落国内罕见。区内有野生动物152种，獐、麝、毛冠鹿、金钱豹、黑熊、大灵猫、小灵猫等20多种被列入国际贸易公约重点保护的野生动物，更弥足珍贵。区内不仅保持了良好的自然生态，且山水神奇，风光秀丽。猛洞河之源——汝池河接纳了塔泥河和源自桑植上河溪的猛必河贯穿全境，形成一道道亮丽风景。

【人文资源】　厚重的历史文化。里耶麦茶溪口、大板、湾塘两地，考古发现旧石器，砍砸工具，距今1万～5万年，1973年里耶麦茶的溪口发现新石器时代遗址，石斧、削刮器等石器，提供了酉水中上游史前之命的历史信息。2002年4月，发现战国—秦代古城遗址，出土秦简3万7千3百多枚，记录着政治、经济、文化、军事等事件。大板东汉遗址，汉墓和战国墓群。出土鼎、罐、壶、盆等器物84件。

考古专家认为，可其定为沅水文化类群—里耶类群。还有苗儿滩商代文化遗址。华塘螺丝滩商代文化遗址、洛塔吴着厅遗址等。太平山赵朴初欣然提笔写名“太平山”三字，章太炎称赞“不亚卢山雁荡”。古建筑星落密布，里耶古城、贾市古街、洗车古桥、捞车古村落，凸显明清遗风。南岳宫、婆婆庙、文昌阁、舍巴堂，历经烟雨苍山，点缀其间。冲天楼，转角楼、歇凉亭、古色古香。是一笔潜在的旅游资源。

浓郁的民俗风情。那呢喃难辩身着草衣的毛古斯，摆手舞让你随着铿锵的旋律，进入土家族的狩猎与农耕的历史隧道之中。

村村有响彻云霄的溜子声，寨寨吹婉砖悠扬的咚咚喹，户户绩麻，家家织锦，“西(丝)兰卡普”(即土家织锦)遍天涯。土家族神秘的原始宗教文化——梯玛。是土家族的百科全书。

哭嫁歌、上梁歌、土家山歌犹如天籁之音，连绵不绝。挖土锣鼓，摆手锣鼓、三棒鼓、山谷寰响，热闹非凡。县有土家织锦技艺、毛古斯、摆手舞、溜子、咚咚喹、梯玛六个国家级非遗项目，七个国家级非遗项目技艺代表性传承人。靛房镇为“全国民间艺术之乡”。(溜子)、农车(大摆手)、苗儿滩(织锦)、兴隆街(三棒鼓)、坡脚(小摆手)等为“湖南省群众文化艺术之乡”。2007年，龙山县被授予“全国土家织锦之乡”。2014年，“舍巴日”“舍巴节”被国家民委定为土家族的盛大节日。

民间体育艺术风行，土家族武术尤盛。拳术有34套路，械术38套，器械130余种，苗族有苗泉支、少林支、峨眉支、武当支四大门派，分大架手、小架手两套路，红、黑、开、闭、大、小之分117套路，气功分硬气功和软气功，适宜于强身健体。高脚马、驼螺、蹴球、龙舟赛、上刀梯经常开展。1990年，龙山县被评为“全国体育先进县”，2014年被评为湖南省“民族体育先进县”。

土家语是土家族的民族标志，全县有10万余人讲土家语，坡脚地区是县境土家语主要存留区。

龙山县是典型的老、少、边、穷的代表县，是革命老区。贺龙、任弼时等老一辈无产阶级革命家在茨岩塘、兴隆街等地建立苏维埃政府、省革委等红色政权。全县九千儿女参加红军。苏维埃省政府、红色医院、兵工厂成为当今爱国主义教育基地。

太平山寺清嘉庆《龙山县志·山水》载：“(太平山)在县北三十里，孤峰插天，就石凿级，危途一线，登者前后趾顶相接，嘉庆元年匪变(指1796年白莲教起义军进攻龙山)，土人避难其上，保全无恙，故名。随建庙以祀山神，香炎炎日盛”。同治九年(1870)，宏松大师(号伴月，俗称京和尚)来山皈依第四代主持常礼为徒后，云游四方，至北京请龙藏龙袍而归。遂于光绪二十年(1894)重建庙宇，历时4年竣工。他经手兴修的有大雄宝殿、弥勒阁、客寮、玉皇阁等。第五代禅师慈松和尚扩建藏经楼、御书楼、息影洞、观瞭楼、松月塔及新路等。第七代妙道和尚新修了一口井，第八代普渡和尚(俗名范泉)为该井题词为“八功德水”，由照印和尚书写，今仍存。

太平山孤峰屹立，四周绝壁。庙宇均是肥梁胖柱、莽榫紧脉的木结构，墙基、保坎均用规则石料砌就。经数载扩建，3800多平方米的孤峰顶依地势高低建成4625平方米的十多处重楼叠阁、亭台寺塔和600平方米的人工花园。不少楼阁廊檐伸出山外，飞凌于悬岩绝壁之上，雄奇壮观。

·植　被·

【野生植物】 龙山县基带植被为中亚热带常绿阔叶林，由低海拔至高海拔的植被依次为常绿阔叶林——常绿落叶阔叶混交林——针阔混交林——落叶阔叶林——中山阔叶矮林，无典型的草甸植被类型。县内物种资源丰富，草本植物约有2500种，已查明的木本植物共有101科303属812种(含变种不含栽培变型)，其中裸子植物9科27属47种，被子植物92科275属764种。

【国家Ⅰ级保护植物】 有水杉、银杏、南方红豆杉、红豆杉、伯乐树、珙桐、光叶珙桐等；国家Ⅱ级保护植物有：台湾杉、篦子三尖杉、黄杉、金钱松、柔毛油杉、白豆杉、香榧、巴山榧树、樟树、闽楠、桢楠、花榈木、红豆树、厚朴、凹叶厚朴、鹅掌楸、峨嵋含笑、连香树、水青树、红椿、毛红椿、喜树、香果树、伞花木、翅荚木、榉树、光叶榉等。

【古树名木现状】 2017 年，全县古树名木资源普查共登记古树名木 4735 株，分属 59 科 120 属 196 种(变种)，其中一级古树(500 年以上)61 株，二级古树(300—499 年)366 株，三级古树(100—299 年)4305 株，名木 3 株。登记古树群落 107 个。

【极小种群保护现状】 2017 年，全县对洛塔三株古水杉开展围圈封禁、加固支撑、树干修复、桥接复壮、防治病虫、安装霹雷针等特殊保护措施，在其周围营造该古水杉子代林，切实保护这一珍稀基因资源。对桂塘镇乌龙山村桢楠，茨岩塘镇中山村、红岩溪镇尧城村、洗车河镇老洞村及木友村的细叶楠，召市镇万家棚村黄杉，桂塘镇双景村川黔紫薇，里耶镇八面山的待定名红栎，大安乡翻身村的光叶榉、常绿枳、一种待定名桦木，大安乡五马坪村水青树，茨岩塘镇等地南方红豆杉等极小群落进行了挂牌保护。开展武陵山区光皮树种质资源的调查研究，在武陵山区 37 县选择登记种质资源 184 份，在龙山县建立光皮树种质资源收集圃 10hm2，已收入保存 127 份。预选优树 107 株，初选优株 35 株。初选优株平均含油率 28.85%，最高 38.54%。在万宝山林场建立了日本落叶松优良无性系采穗圃，收集保存国内半个世纪选育的日本落叶松优良无性系 50 个。

·动　物·

【概况】 龙山县县域土地面积广、水草丰茂、自然洞穴多、冬少严寒、夏少酷暑，适宜多种动物繁殖生长，动物种类多。现已查明的陆生脊椎动物有 192 种，其中哺乳动物 50 种，鸟类 81 种，爬行动物 35 种，两栖动物 27 种。鱼类 30 余种，昆虫有千余种。

【哺乳动物】 有灰麝鼩、水麝鼩、家蝠、夜蝠、普通伏翼蝠、东方蝙蝠、中型菊头蝠、松鼠、赤腹松鼠、红白鼯鼠、棕鼯鼠、豹鼠、巢鼠、纹背姬鼠、林姬鼠、黄腹鼠、褐(家)鼠、小(家)鼠、孔氏鼠(社鼠)、黄胸鼠、黄刺毛鼠、针毛鼠、白腹巨鼠、竹鼠、豪猪、华南兔、猕猴、黑熊、豺、狐、黄鼬、青鼬、獾、鼬獾、狗獾、水獭、大灵猫、小灵猫、果子狸、华南虎(原有分布，现已绝迹)、豹(原有分布，现已绝迹)、云豹(原有分布，现已绝迹)、金猫、野猪、林麝、獐、黄麂、毛冠鹿、鬣羚、穿山甲 50 种；

【鸟类】 有小鸊鷉、鸬鹚、大白鹭、白鹭、苍鹭、池鹭、牛背鹭、夜鹭、绿鹭、绿头鸭、鸢、苍鹰、赤腹鹰、雀鹰、秃鹫、游隼、红隼、白尾鹞、竹鸡、环颈雉、红腹锦鸡、白冠长尾雉、白颈长尾雉、红腹角雉、勺鸡、苦恶鸟、红骨顶、董鸡、丘鹬、山斑鸠、火斑鸠、珠颈斑鸠、大杜鹃、四声杜鹃、鹰鹃、鸺鹠、金雕、仓鸮、草鸮、夜鹰、短嘴金丝燕、金腰燕、家燕、翠鸟、蓝翡翠、冠鱼狗、戴胜、绿啄木鸟、赤胸啄木鸟、大斑啄木鸟、大山雀、乌鸦、白颈乌鸦、喜鹊、红嘴蓝鹊、铜蓝鹟、领雀嘴鹎、河乌、黑枕黄鹂、白头鹎、白鹡鸰、山鹡鸰、灰鹡鸰、黄鹡鸰、红尾伯劳、画鹛(眉)、棕颈钩嘴鹛、鹪鹩、蓝喉歌鸲、北红尾鸲、红尾水鸲、虎斑地鸫、棕头鸦雀、红嘴相思鸟、八哥、麻雀、山麻雀、绶(寿)带鸟、鹊鸲、黑背燕尾、芭茅雀 80 余种；

【爬行动物】 有鳖、乌龟、壁虎、北条草蜥、南草蜥、中国石龙子、蝘蜓、脆蛇蜥、钩盲蛇、尖吻腹、山烙铁头、金环蛇、银环蛇、竹叶青、翠青蛇、钝尾两头蛇、丽纹腹链蛇、虎斑游蛇、赤链蛇、乌梢蛇、黑眉锦蛇、王锦蛇、灰腹绿锦蛇、玉斑锦蛇、紫灰锦蛇黑线亚种、中国水蛇、黑脊蛇、斜鳞蛇、灰鼠蛇、虎斑颈槽蛇、环纹华游蛇、华游蛇、丽纹蛇、福建丽纹蛇、原矛头蝮等 35 种；

【两栖动物】 2017 年，全县现存两栖动物 27 种。大鲵、宽脊瑶螈(山腊狗)、东方蝾螈、利川齿蟾、红点齿蟾、峨嵋髭蟾、中华蟾蜍、华西雨蛙、棘腹蛙、棘胸蛙、湖北侧褶蛙、黑斑侧褶蛙、中国林蛙、寒露林蛙、峨嵋林蛙、浮蛙、绿臭蛙、花臭蛙、泽陆蛙、隆肛蛙、华南湍蛙、斑腿泛树蛙、大树蛙、峨嵋树蛙、小狐斑姬蛙、饰纹姬蛙、虎纹蛙等27种；

【保护现状】 2017年，龙山县已建有乌龙山国家地质公园，对县域重要的喀斯特景观及其生态系统进行了全面保护，保护面积6万亩；建有印家界省级自然保护区，以及皮渡河、大绕坡、小河沟等县级保护小区，均为森林生态系统保护区，保护面积36.8万亩，；建有太平山省级森林公园，保护面积4万亩；建有里耶库区、湾塘库区、卧龙水库、贾坝水库、皮渡河库区等5个县级湿地保护区，保护面积2.3万亩。建有21个野生动物救护点，1个省级疫源疫病监测站，4个疫源疫病监测点，为监测全县野生动物种群动态变化、迁地保护提供了一定的保障。

·矿产资源·

【概况】 截至2017年底，全县已发现各类矿产23种，区内发现各类矿区(床)150处，已查明资源储量的主要矿区6个，其中大型矿区1个，中型1个，小型矿区4个。全县已开发利用的矿产有煤、铅锌矿、重晶石、方解石、冶金用石英岩、饰面用石料(大理石)、水泥配料用页岩、建筑石料用灰岩、砖瓦用页岩等，尚未开发利用的矿产有陶瓷土、水泥用灰岩、白云岩、地下水、地下热水、页岩气等。

龙山县主要矿产资源储量表

表1

序号	矿产名称	资源储量单位	资源储量	开采规模单位	大型矿山最低开采规模	中型矿山最低开采规模	小型矿山最低开采规模
1	煤　炭	千吨	16554	万吨/年	120	45	9
2	铅　矿	铅 吨	1967.1	万吨/年	100	30	3
3	锌　矿	锌 吨	28298.1	万吨/年	100	30	3
4	重晶石	矿石 千吨	194	万吨/年	10	5	3
5	方解石	矿物 吨	1180400	万吨/年	20	10	1
6	冶金用石英岩	矿石 千吨	727	万吨/年	20	10	1
7	饰面用石料(大理石)	矿石 千立方米	6379	万立方米/年	10	5	0.5
8	水泥配料用页岩	矿石 千立方米	217.55	万吨/年	30	6	0.6
9	水泥用灰岩	矿石 千吨	47617	万吨/年	100	50	5
10	陶瓷土	矿石 千吨	7850	万吨/年	10	5	0.5
11	建筑石料用灰岩	矿石 千立方米	144677	万吨/年	100	50	5
12	地下热水	立方米/日	1000	立方米/日	800	400	40
13	地下水	立方米/日	9041	万吨/年	1000	500	100
14	矿泉水	立方米/日	4639.23	立方米/日	5000	500	50

【矿藏】 至2004年全域已发现能源、黑色金属、有色金属及非金属等四大类29种矿产，有中大型矿床1处，中型矿床8处，小型矿床47处，矿点(矿化点)430处。其中有煤炭、铅锌、紫砂陶土、石灰岩和硅石等矿产的地质工作程度较深，储量较大。已大量开采利用，潜在价值大。对龙山经济发展发挥了积极作用的主要矿产有18种。

龙山县有地史记载的六亿二千万年(早寒武世)以来的地史长河中，一直以沉积作用为主，极少热液活动与变质作用，因此伴生了大量的非金属矿产与沉积型铁矿产。已发现的29个矿种中，非金属矿种有21种，且规模巨大，矿石质量好，潜在价值大，是今后矿产开发利用的主体。

龙山县主要矿产概况表

表2

序号	矿种名称	矿床规模				工作程度	储量(万吨)	潜在价值(亿元)	备注
		中大	中	小	矿点				
1	烟　煤			11	26	勘探普查	总储量4000	400	工业储量2400万吨
2	石　煤		2	5	28	普查	远景量巨大	358	燃料与水泥熟料用
3	温　泉			5		普查踏勘		10	流量3～7.6升/秒，温泉浴及医疗用
4	铁　矿			3	109	普查踏勘	远景量200	8	赤铁、褐铁、凌铁
5	锰　矿				28	踏勘	远景量5		
6	铅锌矿			2	86	初勘踏勘	远景量80	18	硫化锌、氧化矿
7	汞　矿				4	普查	D级3	0.5	
8	紫砂陶土矿	1		1	11	详查踏勘	C+D级800	5	远景矿量亿吨以上
9	石灰岩		2		28	详查踏勘	D级5000		过多景矿量巨大，化工、冶金、建材用
10	白云岩			3	8	踏勘	远景量巨大		金属镁，冶炼熔剂用
11	铝土矿		2	2	17	踏勘	远景量巨大		耐火材料，炼铝、陶瓷用
12	黄铁矿			2	11	普查踏勘	D级300	5	
13	重晶石			2	5	普查踏勘	15	4	
14	石英砂岩		2	5	10	普查踏勘	远景量巨大	15	冶金铺料、玻璃
15	饰面材料			3	12	踏勘	远景量巨大	10	龟背石、生物灰岩、纹石、板石
16	冰洲石				10	踏勘	远景量80吨		
17	黑化石			3	17	踏勘	远景量巨大		高频绝缘瓷用
18	黏　土					踏勘	远景量巨大		钙镁黏土、砖瓦黏土

属热液活动而成的铅锌矿、汞矿、铜矿及锰矿均分布在背斜轴部及附近，受有利的构造控制。县内存在两大背斜，即水田—红岩—洗车背斜与茨岩—茅坪背斜，相对而言，前者的成矿条件优于后者，是热液矿床的主产区。非金属矿及沉积型铁矿均分布于县内的四大向斜中，开发利用或寻找新沉

积矿产应将重点放在四大向斜中。

陶瓷土是龙山县的优势矿产，主要分布在民安街道办事处。矿山储量规模达大型，开发条件好，其精深加工产品应用前景广阔，开发潜力大。

地下热水是龙山县的特色矿产，主要矿产地有5处，主要分布在洗洛镇、洗车镇鸡屎塘、贾市那耶坪、苗儿滩镇苗星和隆头沙大沟。储量丰富，具有较大的开发利用价值。

矿泉水矿产地1处，分布在洗洛镇，该矿泉水锶含量适中，且含少量偏硅酸等对人体健康有益的微量元素，是一种优质饮用天然矿泉水。

煤炭矿产地29处，主要分布在洛塔、召市、茅坪、猛必、里耶以及三元、白羊、湾塘、内溪、红岩、他砂、农车、塔泥、和苗儿滩等地。

铅锌矿产地48处，其中铅矿23处，锌矿1处，铅锌矿24处，主要分布在水田、茨岩、茅坪、火岩、桂塘、红岩、比溪、洛塔、贾市、内溪、干溪、洗车、苗儿滩、塔泥等地。铅加锌品位一般在0.2%～25.5%，少量矿石超过40%，矿体厚度0.5～2.3米。以江家垭、卸甲寨两矿区勘查程度较高，已查明铅锌资源量1025吨。

重晶石发现5处开发利用1处，分布在民安街道和洗洛镇。苗儿滩镇也有分布，但目前资源量不清，尚未开发利用。

方解石矿产地5处，主要分布在茨岩塘镇、洗洛镇、茅坪乡和红岩溪镇。

石英岩矿产地3处，主要分布在石羔街道。二氧化硅含量在72%～98.5%。

饰面用石料(大理石)矿产地7处，已开发利用3处，主要分布在民安街道、大安乡、洗洛镇、农车镇和里耶镇。

水泥配料用页岩矿产地十多处，已开发利用1处，主要分布在石羔街道、洛塔乡、洗洛镇和茅坪乡。

水泥用灰岩开发利用1处，已发现矿产地9处，主要分布在民安街道。氧化钙平均为53.8%。

建筑石料用灰岩全县除华塘街道外，其余各乡镇均有分布，可用、可采建筑石料用灰岩层厚一般为数十米到百米，长为数公里到数十公里不等，具有典型代表的矿产地有47处。

地下水矿产地1处，主要分布在洗洛镇。

气象水文

·气象　灾情·

【气象】 2017年，全县平均气温17.0℃，比历年平均值偏高0.9℃，年极端最高气温38.9℃，出现在7月28日，年极端最低气温—0.7℃，出现在12月20日，年总降水量1544.5毫米，比历年偏多236.4毫米，距平百分率18.1%；年日照总数1268.0小时，比历年偏多73小时，距平百分率6.1%，暴雨日数5天，无霜期308天。2017年全年气温偏高，降水主要集中在4—10月，占年总降水量87.9%，年降水量较历年值偏多近2成且分布不均；日照比历年值偏多，日照主要集中在5至9月。2017年度全县主要遭受了暴雨洪涝、干旱等灾害天气袭击。夏季高温强度强，出现高温热浪，局地夏旱明显，影响范围小，旱情程度为轻旱。主汛期内暴雨洪涝是年内主要致灾天气气候事件，气候年景总体上属于正常年景。7月22—29日、8月1—7日连续多日最高气温≥35℃，达到轻度高温热害。给人们生活和农作物生长带来一定不利影响。

【灾情】 2017年6月23日，全县普降大到暴雨，县境13个乡(镇)60个村0.3907万人受灾，紧急转移人口0.0317万人，房屋受损29间，直接经济损失1204万元。其中农作物受灾面积0.4030万亩，成灾面积0.178万亩，水利设施直接经济损失271万元。7月8日08时至9日08时，受高空槽，低空切变低涡影响，全县中部、北部乡镇出现暴雨至大暴雨过程。此次强降雨造成全县8个乡(镇、街道)71个村3215人受灾,紧急转移人口50人,房屋严重受损3户6间。直接经济损失906.5万元。其中农作物受灾面积2712亩,成灾面积1990亩,农业直接经济损失394万元(其中经济作物254万元);通村公路中断10条次,公路滑坡受损62处,电力倒杆2基,交通及电力经济损失355万元。水利设施损毁河堤9处221米,损坏灌溉设施33处,人饮设施损毁1处,县城因主供水渠道堵塞,全城停水18小时,经紧急疏通已于9日23时恢复供水。受灾相对较重乡镇为大安乡、茨岩塘镇、石牌镇。大安乡烤烟受淹400余亩,茨岩烤烟受淹200余亩,石牌镇百合受淹达150余亩。多处通村公路出现滑坡、塌方。

7月21—31日,全县持续高温天气,最高气温达38.9℃,蓄水量逐渐减少,县境大部出现气象干旱,旱情继续发展和蔓延。全县受旱乡镇9个,受旱村55个,旱灾涉及8006人,农作物受旱面积10302亩,其中粮食作物受旱9511亩、经济作物受旱面积791亩,因旱经济损失191万元。受旱地区部分属于灌区,因旱造成4个乡(镇、街道)、10个村、46个村民小组、4232人、487头大牲畜饮水困难。

·水环境·

【酉水(龙山段)干流水质】 2017年,酉水干流(龙山段)145千米范围内水质一般满足国家《地表水环境质量标准》(GB3838－2002)Ⅱ－Ⅲ类标准,可作为饮用水源。

【中小河流水质】 2017年,全县中小河流水质局部河段基本没有污染、只有少部分存在生活污水直排入河。县级河流皮渡河、猛洞河、洗车河、几车河、长潭河、贾市河、小河溪、乌鸦河、缺台河水质较好,为地表水环境Ⅱ—Ⅲ类标准,但桂塘河因水量小,纳污能力较差,出现了劣Ⅳ类水质。

【水库水质】 2017年,全县多次开展专项执法活动,加强全县大、中型水库水产养殖业规范化管理,年内境伏水库水质下降趋势得以好转,但水体富营养化仍较为严重。

【取水口、退水　水质】监测表明,2017年,全县主要取水口水质较优,一般能达地表水环境质量Ⅱ—Ⅲ类标准。生活用水排污口17个,综合污水排污口7个,其中有2个排污口超标;主要污染物为化学需氧量、氨氮、五日生化需氧量和悬浮物。全县主要入河排污口24个,工业废水、生活污水、雨污混合废水,以明渠、涵管等形式排入水体。

【污水排放】 2017年,全县工业、生活污水排放量4.9977亿立方米,其中工业废水排放总量4.3443亿立方米,生活污水排放总量0.6534亿立方米。工业废水中排放的主要污染物是化学需氧量、铵氮、悬浮物等,生活污水排放的主要污染物是化学需氧量和五日生化需氧量。

·水资源·

【降水量】 2017年,全县平均降水量1394.8毫米,折合降水总量43.62亿立方米,比上年减少14.2%,比常年增加6.0%。县内单站年降水量最大的是苗新,年降水量1772.5毫米;最小的是苗市,年降水量1130.5毫米;年降水量最大站是降水量最小站的1.6倍,地区分布不均。全县非汛期1—3月、10—12月降水量占年降水量的26.9%;汛期4—9月降水量占年降水量的73.1%,其中6—9月降水量占全年降水量的55.7%。

【地表水资源量】 2017年,全县地表水资源量21.78亿立方米,折合径流深696.5毫米,比上年减少36.5%,比常年减少17.2%。

【地下水资源量】 2017年全县地下水资源量4.54亿立方米，比上年减少14.2%，比多年平均减少6.0%。

【水资源总量】 2017年，全县多年平均水资源总量26.30亿立方米，其中地表水资源量24.47亿立方米，地下水资源量4.83亿立方米，地表与地下水重复计算量4.83亿立方米。

【出入境水量】 2017年，全县入境水量65.50亿立方米，是全县水资源总量的2.49倍；均从酉水入境，其中湖北省入境26.73亿立方米，重庆市入境38.77亿立方米。

【年供水量】 2017年，全县年总供水量1.6245亿立方米，其中地表水供水量1.5881亿立方米，地下水供水量0.0364亿立方米。在总供水量中蓄水工程供水0.9169亿立方米，引水工程供水0亿立方米，提水工程供水0.1541亿立方米，地下水工程供水0.0364亿立方米。畜、引、提工程供水主要用于农业灌溉，提水工程主要用于工业、生活。

【年用水量】 2017年，全县年总用水量1.2494亿立方米，比上年减少0.1800亿立方米，其中农业用水0.8835亿立方米，占总用水量70.7%；林牧渔用水量0.0426亿立方米，占总用水量的3.4%；工业用水量0.0719亿立方米，占总用水量的5.8%；城镇公共用水量0.0424亿立方米，占总用水量的3.4%；居民生活用水量0.1960亿立方米，占总用水量的15.7%；生态环境用水0.0130亿立方米，占总用水量的1.0%。

【年耗水量】2017年，全县年总耗水量0.6461亿立方米，占全县总用水量的42.1%。其中农业耗水量0.5152亿立方米，工业耗水量0.0144亿立方米，城市公共耗水量0.0128亿立方米，生活耗水量0.0913亿立方米，生态与环境补水耗水量0.0124生态与环境补水耗水量。

【年用水指标】 2017年，全县人均用水量471立方米，万元GDP(当年价)用水量274立方米，万元工业增加值用水量238立方米，城镇人均生活用水量172升/天，农村人均生活用水量50升/天，农田灌溉亩均用水量320立方米。

历史沿革

【沿革】 龙山县历史悠久，是典型的“朝秦暮楚”之地，战国时期，周安王二十年(公元前382年)，楚国北争中原受挫而建黔中郡，县地属楚。周赧王三十年(公元前285年)，秦郡守张若伐楚，领巫中地及江南一带，县地属秦。公元前279年楚顷襄王庄硚越黔中郡，直捣滇池，县地属秦。公元前277年秦拔巫中地(常德一带)黔中郡，县地属秦。公元276年，楚夺回江南地，县地又属楚。秦始皇二十五年(公元前222年)，秦军占领秦中郡，占领县地，置洞庭郡属迁陵县。

汉高祖五年(公元前202年)，秦中郡改为武陵郡，郡治义陵(今溆浦县南)，县地属武陵郡酉阳县。三国蜀昭烈帝章武元年(221—222)，蜀分酉阳县置黔阳县，县治在今县境的酉阳北岸，晋元帝大兴元年(318)，县城除东北角属荆州天门郡充县外，大都属荆州武陵郡酉阳县，南朝因之，隋文帝九年(589)废沅陵郡置辰州，县地属辰州大乡县。炀帝大业二年(606)隋炀帝恢复沅陵郡。

县地隶属沅陵郡大乡县。唐高祖武德元年(618)沅陵郡改辰州，县地属辰州大乡县。武周天授二年(691)析辰州置溪州，县地属黔中道溪州大乡县。五代后梁太祖开平年间(907—911)，溪州刺使彭碱联合湖北漫水土司之弟向伯林，打败县域部落酋长握着冲后晋天福五年(940)。马希范与彭士愁双方议和结盟,立铜柱于会溪坪。彭分其地为上、中、下三州,又设永顺等17州,皆置刺使,由子孙世袭。下溪州刺使为都誓主,领其19州。今县境属永顺州。南宋高宗绍兴二十五年(1154)县地隶属辰州府上溪州。元至正十一年(1351)彭万潜、彭天宝自改永顺等处为军民安抚司,属四川行省,县地属之。明太祖洪武六年(1373)设永顺军民宣慰司,治所在永顺老司城。今县境北部属白岩洞长官司,南部属上溪州,同时并存在大喇巡检司。清雍正五年(1727)永顺土司彭肇槐,向清廷纳土,史称"改土归流"。

清雍正七年(1729),设置永顺府,析置龙山县,堪定新田堡为县城地址(今县政府所在地),龙山从此沿袭至今。(清《龙山县志》嘉庆版),民国26年(1937)1月26日,全省划为9个行政都察区,5月起龙山属第四都察区,1938年4月1日撤销湘西绥靖处,设沅陵行署,龙山属之。1940年4月省调整区划,增改为十个行政都察区,龙山改属第八区。1946年2月,川黔湘鄂边区绥靖公署成立,划五个绥靖分区,龙山属第一绥靖区,中华人民共和国成立后,1949年10月13日,中共湘西区委员会成立,龙山属永顺地方工作委员会管理。1950年1月1日,湘西行政公署成立,下辖3个专区,龙山属永顺专区。1957年9月20日,湘西土家族苗族自治州成立,龙山为其所辖。(2012年《龙山县志》)

【行政区划】 2017年县辖民安、华塘、兴隆、石羔4个街道,洗车河、茨岩塘、红岩溪、石牌、靛房、苗儿滩、里耶、桂塘、召市、洗洛、水田坝、农车12个镇,洛塔、大安、内溪、咱果、茅坪等5个乡,合计21个乡级政区,320个村民委员会,77个社区。

【人口】 2017年,全县有179517户、605317人,其中汉族113968人,土家族396014人,有苗、回、侗、白、瑶等27个少数民族,人口95335人。少数民族占总人口的81.17%。

【民族】 土家族是个古老的民族,但作为单一民族,1957年1月3日方获中共中央确认。县境以其保存良好的土家语言、习俗等,成为重要的调查基地之一。全国第六次人口普查报告,全国土家族人口已逾830万人,但会说能懂土家语的不足20万人,80%以上分布在县境的坡脚、里耶地区。

中华人民共和国成立以来,全国各族人民享受财政、税收、贸易、教育与卫生等方面民族优惠政策,一大批少数民族干部得到培训任用。全县在职干部(含科技人员)9019人,其中少数民族7761人,占总数86.05%,乡镇少数民族主要领导干部数,比1982年增长19.21倍。

特别与湖北省来凤县已逐步融为一个民族、经济、文化、社会的共同体。1988—1999年,两县4次获得国务院、国家民族事务委员会授予的"全国民族团结进步模范(先进)集体"称号,在边区传为佳话。

政　　治

中国共产党龙山县委员会

【概况】 2017 年，中共龙山县委辖基层党组织 1056 个，其中党委 39 个，党总支 50 个，党支部 967 个。有党员 20135 人，其中 2017 年新发展党员 245 名。全年召开 21 次县委常委会会议，研究决定 121 个重要议题，涉及经济社会发展、脱贫攻坚、干部调整、龙山"五个文明"建设、棚户区改造、高铁新区规划、"两学一做"学习教育、全面深化改革、党建工作等各方面。

【党的建设】 2017 年，县委进一步宣传贯彻党的十九大精神，推进"两学一做"学习教育制度化常态化，推行"主题党日"制度，基层党建整体提升。完成村(居)"两委"集中换届，选优配强 1808 名高素质的村(社区)干部，基层基础全面夯实。推进从严治党，开展精准扶贫专项监督、村级财务专项清理，纠"四风"治陋习、公职人员参与涉矿等经营性活动、"雁过拔毛"式腐败问题等专项整治，反腐败斗争压倒性态势已经形成。充分发挥党委总揽全局、协调各方的作用，人大、政协、统战、党管武装等工作不断取得新的成效。

【脱贫攻坚】 2017 年，全县开展"脱贫攻坚年"活动，统筹整合涉农资金 4.4 亿元，精准推进"十一项"脱贫工程，农村综合服务平台建设全省领先，电商扶贫"龙山经验"在中央电视台播出。全面推行"领导联乡、单位联村、干部联户"精准帮扶行动，实现驻村帮扶、结对帮扶全覆盖。对口帮扶、社会扶贫成效明显，国家农业部全方位扶持龙山县农业发展，长沙市在市本级层面加大帮扶力度外，其下属 19 个县(市、区)和单位对口帮扶县境内 17 个乡镇 51 个贫困村，济南市市中区与龙山县签订多方面扶贫协作协议，"百企帮百村、千商扶千户"活动深入开展。2017 年，通过全方位精准帮扶，全县贫困村退出 32 个，贫困人口脱贫 28453 人。

【经济工作】 2017 年，县委贯彻落实上级决策部署，主动适应发展新常态，攻坚克难，砥砺奋进，经济社会实现平稳健康发展。全县完成地区生产总值 80.08 亿元，增长 8.5%；财政总收入 8.12 亿元，增长 15.2%；固定资产投资 66.61 亿元，增长 7.4%；规模工业增加值 5.74 亿元，增长13.6%；社会消费品零售总额 42.67 亿元，增长 10.8%；城镇居民人均可支配收入 20054 元，增长 9.6%；农村居民人均可支配收入 8494 元，增长 11.3%。

【项目建设】 2017 年，全县开展"项目推进年"活动，"十百千"工程全年完成投资 69.48 亿元，一大批重大工程相继开工和建成。黔张常铁路、张花高速里耶连接线建设快速推进，洗车至里耶公路建成通车，石牌至洗洛公路基本完工，民安至三元公路完成基础工程；落水洞电站完成一期工程，石羔水厂完成主体工程及应急水源工程，里耶堤防工程进展较快，大湘西天然气长输管网工程建设(龙山段)基础已完工，220 千伏输变电工程已启动；832 个民生实事项目全部完工。全年报批土地 4500 亩、新增储备土地 1210 亩、控制储备土地 1043 亩，为全县重点项目建设提供了土地保障。

【产业结构】 2017 年，县委推进发展生态文化旅游，里耶古城、惹巴拉、太平山等景区建设步伐，里耶—乌龙山风景名胜区获评国家级风景名胜区，湖南乌龙山国家地质公园正式开园；特色农业稳固提升，百合、烤烟、柑橘、蔬菜、中药材等特色农业种植面积达 43 万亩，龙山百合成功申报国家地理标志产品保护，“佳湘源”百合干片获十五届中国国际农产品交易会金奖，成功举办首届百合文化旅游节；工业发展迸发活力，省级工业园区建设加快推进，累计完成工业投资 2.6 亿元，全年规模企业总产值达 15.9 亿元；商贸物流业稳步发展，红星美凯龙家居建材城一期项目基本完工，万汇汽贸汽配城项目开工建设，新增长兴商贸、世纪百联两家限上流通企业，农产品网上交易额达 3.1 亿元。

【城乡建设】 2017 年，县委决定加大城乡建设力度。城东新区、华塘新区、高铁新区、工业园区建设统筹推进，华塘新区体育中心完成主体。扎实推进城市生态绿道慢行系统建设，“两河”休闲风光带和皇仓坪公园一期工程基本建成，城市中心棚户区改造和老旧小区提质加快建设，城市居民生活条件和休闲质量不断提高，“宜居、宜业、宜游、宜养”的“山水龙城”建设成效逐步显现。着力推进城市数字化物业管理，狠抓“两违”整治、“三抢”治理等工作，城市管理水平不断提升。统筹城乡一体化发展，乡(镇、街道)提质工程扎实推进，美丽乡村 16 个精品村、45 个示范村建设基本完成，里耶镇成功入选中国特色小镇，桂塘镇成功入选湖南省“第三届最美少数民族特色村镇”名录。

【民生事业】 2017 年，龙山县把民生事业放在更加突出的位置。全年财政用于民生支出达 27.52 亿元，占公共财政总支出 67.21%。总投资 16.5 亿元的城区教育布局调整项目有序实施，高考 7 名考生被清华、北大录取。基本药物制度规范实施，减轻群众药品费用负担 2550 余万元。“舍巴日”等民族文化活动成功举办，土家织锦《甲子顺锦》60 米长卷成功申报吉尼斯纪录。筹集城乡居民医保基金 3.35 亿元，发放城乡居民医保补助 2.62 亿元。完成城乡低保认定清理整顿，为 24298 名低保对象发放低保金 7875.52 万元。保障性住房建设累计投资 7 亿元，已建成 4776 套。新增就业再就业 6200 余人，发放创业贴息贷款 1805 万元。开展“综治创新年”活动，着力推进平安龙山建设，综治中心规范化建设经验在全省推介，连续两年荣获全省综治先进县、安全生产先进县。

【深化改革】 2017 年，全县落实中央、省州统筹部署的九大领域 38 个改革大项 140 个改革事项，深化改革呈现全面发力、多点突破、蹄疾步稳、纵深推进的良好态势。经济社会发展体制机制障碍加快破除，农业农村改革步伐坚实，司法体制改革初显成效，教育、医疗卫生体制改革深入推进，纪检派驻监督实现全覆盖，县委巡察机构全面组建并开展第一轮巡察，县监察委员会正式挂牌成立。农村集体产权制度改革全国试点工作稳步推进，农村土地确权颁证改革发放首批《农村土地承包经营权证》并获省先进。公安机关现代警务机制改革成效显著，“五大中心”运行良好。林业碳汇项目作为全省首批项目，在亚太低碳技术高峰论坛上签订订购协议。

【领导名录】

州委常委、州委宣传部部长、县委书记
周　云(2016.01—)
县委副书记、县人民政府县长
刘冬生(2016.08—)
县委副书记　陈忠耀(2015.06—)
县委副书记(挂职)　贺代贵(2015.02—)
县委常委、县纪委书记

向义付(2012.10—2017.06)
县委常委、县人民政府常务副县长
蔡　龙(2015.06—)
县委常委、县委宣传部部长
刘昌顺(2012.10—)
县委常委、县委组织部部长
石红梅(2013.07—)
县委常委、县委办主任　符家波(2013.07—)
县委常委(挂职)　刘昌荣(2015.03—2017.08)
县委常委(挂职)　刘文霞(2015.05—)
县委常委、人武部部长　邓　炜(2015.06—2017.11)
县委常委(挂职)　李凯航(2016.02—2017.5)
县委常委、县委政法委书记
印道其(2016.06—)
县委常委、县委统战部部长
黄　勇(2016.09—)
县委常委、县人民政府副县长(挂职)
刘志国(2017.05—)
县委常委、县纪委书记、监察委主任
龙儒文(2017.06—)
县委常委(挂职)　徐志军(2017.11—)

【重要文件】

中共龙山县委文件

序　号	文　件　名　称	发　文　字　号
1	关于进一步加强精准扶贫精准脱贫工作的实施意见	龙发〔2017〕1 号
2	关于印发《中共龙山县委全会工作规则(试行)》的通知	龙发〔2017〕2 号
3	关于印发《中共龙山县委常委会工作规则》的通知	龙发〔2017〕3 号
4	转发《县委宣传部、县司法局关于在全县公民中深入开展法治宣传教育的第七个五年规划(2016—2020 年)》的通知	龙发〔2017〕4 号
5	转发《龙山县人大常委会 2017 年工作要点》《政协龙山县委员会 2017 年工作要点》的通知	龙发〔2017〕5 号
6	关于进一步加强统一战线工作的意见	龙发〔2017〕6 号
7	关于深化供销合作社综合改革的实施意见	龙发〔2017〕7 号
8	关于进一步加强机关党建工作的意见	龙发〔2017〕8 号

中共龙山县委办公室(龙办发)文件

序　号	文　件　名　称	发　文　字　号
1	关于印发《龙山县公务用车制度改革总体方案》和《龙山县公务用车制度改革实施方案》的通知	龙办发〔2017〕1 号
2	关于印发《2017 年龙山县“十百千”工程建设实施方案》的通知	龙办发〔2017〕2 号

续表

序　号	文件名称	发文字号
3	关于2016年度全县社会治安综合治理等工作考核情况的通报	龙办发〔2017〕3号
4	关于2016年度全县精准脱贫攻坚工作考核情况的通报	龙办发〔2017〕4号
5	关于2016年度全县工作考核情况通报的通报	龙办发〔2017〕5号
6	关于印发《龙山县精准扶贫精准脱贫驻村帮扶管理考核办法(试行)》的通知	龙办发〔2017〕6号
7	关于印发《龙山县2017年度优化经济发展环境工作实施方案》的通知	龙办发〔2017〕7号
8	印发《关于落实＜长沙市对口帮扶龙山县精准脱贫攻坚专项行动计划(2017—2020年)＞的实施方案》的通知	龙办发〔2017〕8号
9	关于印发《龙山县“民主法治示范村(社区)”创建活动实施方案》的通知	龙办发〔2017〕9号
10	关于认真做好全县村(社区)党组织和村(居)民委员会换届选举工作的通知	龙办发〔2017〕10号
11	关于印发《中共龙山县委办公室2017年工作要点》的通知	龙办发〔2017〕11号
12	印发《关于加强非公有制经济组织和社会组织党的建设工作的实施意见(试行)》的通知	龙办发〔2017〕12号
13	关于印发《龙山县2017年度农民权益维护和减负惠农政策落实工作目标管理考核办法》的通知	龙办发〔2017〕13号
14	关于印发《龙山县2017年网格化社会服务管理工作实施方案》的通知	龙办发〔2017〕14号
15	关于印发《龙山县2017年综治工作(平安建设)考评办法》的通知	龙办发〔2017〕15号
16	关于印发《龙山县“综治创新年”工作实施方案》的通知	龙办发〔2017〕16号
17	关于印发《龙山县2017年度信访工作目标管理考核办法》的通知	龙办发〔2017〕17号
18	关于印发《龙山县美丽乡村示范创建三年行动计划》的通知	龙办发〔2017〕18号
19	关于印发《龙山县建设美丽湘西工作考核办法(修订)》的通知	龙办发〔2017〕19号
20	关于印发《龙山县对接济南市市中区东西部扶贫协作工作实施方案》的通知	龙办发〔2017〕20号
21	关于转发《2017年全县组织、宣传思想文化和统一战线工作要点》的通知	龙办发〔2017〕21号
22	关于印发《龙山县全面推行河长制工作方案》的通知	龙办发〔2017〕22号
23	关于印发《龙山县安全生产目标管理考核办法(修订)》的通知	龙办发〔2017〕23号
24	关于印发《龙山县安全生产工作事前问责暂行规定》的通知	龙办发〔2017〕24号
25	关于印发《龙山县2017年度“五个文明”建设绩效考核暂行办法》的通知	龙办发〔2017〕25号

续表

序号	文件名称	发文字号
26	关于印发《龙山县2017年度招商引资工作考核办法》的通知	龙办发〔2017〕26号
27	印发《关于推进“两学一做”学习教育常态化制度化的实施方案》的通知	龙办发〔2017〕27号
28	关于印发《中共龙山县委全面深化改革领导小组2017年重点工作责任分解方案》的通知	龙办发〔2017〕28号
29	关于印发《龙山县2017年度依法治县考评办法》的通知	龙办发〔2017〕29号
30	关于印发《龙山县村(社区)干部管理考核办法(试行)》的通知	龙办发〔2017〕30号

中共龙山县委办公室(龙办)文件

序号	文件名称	发文字号
1	关于印发《龙山县2017—2020年贫困村驻村扶贫联村单位一览表》的通知	龙办〔2017〕1号
2	关于调整龙山县“十百千”工程建设领导小组的通知	龙办〔2017〕2号
3	关于调整龙山县全民创新创业工作领导小组的通知	龙办〔2017〕3号
4	关于做好2017年烟叶生产工作的通知	龙办〔2017〕4号
5	关于同意兑现2016年度龙山县主要工作争先创优奖励的通知	龙办〔2017〕5号
6	关于做好2017年度乡(镇、街道)人口和计划生育常态化管理工作的通知	龙办〔2017〕6号
7	关于调整龙山县落实长沙市对口帮扶工作领导小组的通知	龙办〔2017〕7号
8	关于表扬2016年度全县“妇女儿童工作先进单位”等先进集体和先进个人的通报	龙办〔2017〕8号
9	关于成立全县村(居)“两委”换届选举工作领导小组的通知	龙办〔2017〕9号
10	关于2017年度第一季度全县人口和计划生育工作考核情况的通报	龙办〔2017〕10号
11	关于成立龙山县中药材产业发展领导小组的通知	龙办〔2017〕11号
12	关于调整龙山县精准脱贫攻坚工作机构的通知	龙办〔2017〕12号
13	关于调整龙山县农村土地承包经营权确权登记颁证工作领导小组的通知	龙办〔2017〕13号
14	关于调整龙山县社会治安综合治理委员会组成人员的通知	龙办〔2017〕14号
15	关于调整龙山县里耶生态文化旅游景区建设领导小组的通知	龙办〔2017〕15号
16	关于印发《龙山县脱贫攻坚突出问题集中整改方案》的通知	龙办〔2017〕16号

续表

序　号	文 件 名 称	发 文 字 号
17	关于全县近期脱贫攻坚重点工作督查情况的通报	龙办〔2017〕17 号
18	关于 2017 年第一季度全县“十百千”项目考核情况的通报	龙办〔2017〕18 号
19	关于 2017 年第一季度全县经济运行情况的通报	龙办〔2017〕19 号
20	关于印发《湘西州建州 60 周年庆祝活动龙山县工作方案》的通知	龙办〔2017〕20 号
21	关于表扬 2016 年度全县“五四红旗团委（支部）”等先进集体和先进个人的通报	龙办〔2017〕21 号
22	关于成立龙山县“五个文明”建设绩效考核工作领导小组的通知	龙办〔2017〕22 号
23	关于调整龙山县教体中心项目建设工作领导小组的通知	龙办〔2017〕23 号
24	关于印发《龙山县配合中央和省环境保护督察总体工作方案》的通知	龙办〔2017〕24 号
25	关于调整龙山县招商引资工作领导小组的通知	龙办〔2017〕25 号
26	关于成立湖南省第九届少数民族传统体育运动会龙山县筹备工作委员会的通知	龙办〔2017〕26 号
27	关于做好 2017 年重点民生实事项目分解工作的通知	龙办〔2017〕27 号
28	关于印发《2017 年长沙市对口帮扶项目责任分解表》的通知	龙办〔2017〕28 号
29	关于 2017 年度第二季度暨上半年全县人口和计划生育工作考核结果的通报	龙办〔2017〕29 号
30	关于 2017 年第一季度全县基层党建工作考核结果的通报	龙办〔2017〕30 号
31	关于成立龙山县河长制工作委员会的通知	龙办〔2017〕31 号
32	关于调整县委全面深化改革领导小组的通知	龙办〔2017〕32 号
33	关于成立龙山县深化供销合作社综合改革领导小组的通知	龙办〔2017〕33 号
34	关于成立龙山县领导干部经济责任审计工作领导小组的通知	龙办〔2017〕34 号
35	关于印发《全县各级党政主要领导干部带头开展脱贫攻坚“三走访三签字”工作实施方案》的通知	龙办〔2017〕35 号
36	关于 2017 年第一季度全县建设美丽湘西工作城乡同建同治工程考核结果通报	龙办〔2017〕36 号
37	关于印发《龙山县乡（镇、街道）党政正职脱贫攻坚工作问责规定（试行）》的通知	龙办〔2017〕37 号
38	关于成立龙山县实施大学生志愿服务西部计划领导小组的通知	龙办〔2017〕38 号
39	关于 2017 年第二季度全县“十百千”项目考核结果的通报	龙办〔2017〕39 号
40	关于 2017 年第二季度全县基层党建工作考核结果的通报	龙办〔2017〕40 号

续表

序 号	文 件 名 称	发 文 字 号
41	关于印发《龙山县加快推进“互联网＋监督”工作实施方案》的通知	龙办〔2017〕41 号
42	关于表扬全县“优秀校长”“优秀教育管理者”等优秀个人的通报	龙办〔2017〕42 号
43	关于成立县纪委派驻监督全覆盖改革工作领导小组的通知	龙办〔2017〕43 号
44	关于印发《龙山县中小学校“四育两进”活动实施方案》的通知	龙办〔2017〕44 号
45	关于 2017 年上半年全县社会治安综合治理等工作考核结果的通报	龙办〔2017〕45 号

县 委 办

【概况】 中共龙山县委办公室是县委的办事机构，是上情下达、下情上报的枢纽，是县委日常工作的综合协调部门。2017 年，在县委的坚强领导下，县委办公室（以下简称县委办）坚持围绕县委中心工作，求真务实，敬业奉献，在参谋服务、督查督办、核心指挥、牵头抓总等方面取得新成绩。党委信息、机要密码等工作获省先进，县委办被评为“省级文明单位”。

【政策研究】 2017 年，县委办紧贴县委工作思路、重大决策和重大工作部署，选择精准扶贫、项目建设、全域旅游、深化改革等多个课题开展调查研究，准确掌握客观真相，为领导决策献计献策。全年完成领导讲话稿、汇报材料、文稿 200 余篇 150 余万字，文稿在国家级刊物发表两篇，省级刊物发表 5 篇，州级刊物发表 43 篇。形成《构建龙山县全域旅游的思考》《加快推进龙山县中草药材产业发展的思考》《关于龙山县柑橘产业发展的思考》等一批质量较高的调研文章，并在《团结报》等报刊上发表。《关于井冈山市等地脱贫攻坚工作的考察报告》《关于全县政府投资建设项目前期审批工作的调研报告》《龙山县易地扶贫搬迁工作调研报告》等精准脱贫攻坚系列调研报告，得到领导肯定，并引起相关部门高度重视，有力助推全县精准脱贫攻坚工作，较好发挥参谋助手作用。

【信息综合】 2017 年，县委办及时、准确、全面报送信息，无迟报、漏报、错报现象，全年上报信息 500 余条，被省委办公厅信息处采用 53 条，被州委办公室采用 84 条，在省办、州办质量系数考核分别得分为 162 分和 1725 分；报送的“百企帮百村千商扶千户”助力精准脱贫、迅速贯彻落实全州脱贫攻坚突出问题集中整改工作动员会议精神、及时传达贯彻《市县党政正职脱贫工作问责规定（试行）》文件精神，较好地推介了龙山工作情况。同时做好省办涉湘舆情直报工作，全年上报涉湘舆情 85 条。

【督查督办】 2017 年，县委办组建县委书记任组长的督查工作领导小组，强化督查工作“一把手”责任制。紧扣精准扶贫、“十百千”、对口帮扶等重要工作开展督促检查，利用《督查专报》《民情调查》《督查通报》及时将督办结果反馈给县委主要领导。紧抓重点项目建设、招商引资、政银企合作等经济发展关键点，实行月督查、季通报和半年奖惩，进行全过程、全方位、全体系的量化考核。围绕民计民生热点难点问题，按照时间节点予以督促解决。全年全县机关干部深入农村、企业、项目工地等基层一线 4900 余人次，为基层解决难题 500 多个，为民办实事 6000 余件次。针对各级领导批示件，制定严格的批示件报告办理、反馈、通报等制度，确保件件有着落、事事有回音。全年督办各级领导批示件 107 件，督办《红网》百姓呼声栏目群众信访件 52 件，办结率、答复率、群众满意率达 100％。

【综合协调】　2017 年，县委办承办各类会议及活动 320 余次，每次会议和活动都提前制定预案，逐项落实，确保万无一失。统筹制定全国政协副主席杜青林到县视察调研、湖南省省长许达哲到县考察精准扶贫等工作方案。12 月，州委经济工作现场推进会，县委办牵头负责整个活动安排，工作方案规格高，做到环环相扣，井然有序，活动报道及时、准确。办文工作精简、严谨、优质。在公文起草方面不断提高针对性和实效性，严把公文质量关，力求“零差错”。建立《发文登记制度》和《收文登记制度》，明确具体责任人，提高办文工作效率。全年印发各类公文 112 个，同比减少 21 个；办理上级来文来函 985 号，累计 4000 余份；办理各级政府及有关部门的文件及简报 640 余份，整理档案 60 余件，实现零失误、零差错。上传下达精准、细致、热情。年初修定完善《办公室工作规程》，制定《办公室 2017 年工作要点》，明确上传下达制度及相关责任科室和个人。全年接待群众来访 210 余批 630 余人次，做到热情严谨、耐心细致、勤勉务实。

【美丽湘西建设】　2017 年，龙山县把建设美丽湘西工作作为县内工作开展的重中之重，始终坚持在制度的顶层设计、方法创新、追求实效上下功夫，工作取得了明显实效。县委、县政府还将建设美丽湘西考核结果与单位及个人绩效考核资金相挂钩，根据考核排名明确一类单位、二类单位、三类单位，并全县通报。1—12 月，9 次进入全州一类单位，共获奖金 135 万元，县内下发工作通报 16 个（领导小组通报 12 个，两办通报 4 个），通报表扬 7 个乡（镇、街道）、22 个县直单位，通报批评单位 1 个，约谈 4 个单位。11 月 15 日，龙山县美丽乡村示范创建工作被《团结报》专版予以推介。

【深化改革】　2017 年，县委深化改革领导小组召开会议 2 次，县委常委会会议研究改革事项 11 次，共研究审议各类重要改革方案 20 余个；召开全县性推进会议 1 次、专项小组会议 9 次、专项小组联络办会议 1 次，县直改革单位召开党组会议专题研究改革落实 50 余次，出台改革落实文件纪要等 80 余个，在州以上新闻媒体发表改革稿件 18 篇。编发县委《改革简报》5 期。县委改革办向州报送改革信息 50 余篇，在州委《改革简报》完成上稿 7 篇，在省委《改革快讯》上稿 1 条。中央、省、州统筹部署的 9 大领域 38 大项 140 小项改革全面完成上级确定的年度改革任务。里耶脐橙电商扶贫模式在 4 月 19 日的中央电视台《新闻联播》中播出，农村土地确权登记颁证工作获全省先进单位称号。

【小康建设】　2017 年，县委办实行分类考核制，将省定指标细化，根据难易程度分为一、二、三类，并按州定总体实现程度提升 6 个点的年度任务测算出保底目标。截至年底，全面完成 21 个示范村（社区）的摸底工作，1 个示范乡镇（华塘街道）和 3 个示范村（石牌镇桶车社区、石羔街道正南社区、大安乡光辉村）的示范创建已顺利通过验收，对于验收达标的示范乡（镇、街道）奖励 10 万元、示范村（社区）奖励 3 万元。

【机要保密】　2017 年，县委办加强值班值守，确保机房 24 小时有工作人员；搞好电报译传办工作，全年收报 1026 份，发报 108 份，收发传真 287 份，做到零失误、零差错，确保密码通信工作安全、及时、畅通。调整县保密委员会，成立由县委副书记任组长，相关副县级领导任副组长的工作领导小组，加强对保密工作的协调和领导。

【亮点工作】　2017 年，扶贫工作县委办驻村帮扶里耶镇岩冲村顺利创建全州美丽乡村示范村，扶贫工作全县排位靠前；机关队伍建设上两名干部提拔到新的领导岗位，两名干部交流到新的领导岗位，1 名干部调到州委办工作，1 名干部到吉首市委组织部工作，新进 2 位德才兼备、综合能力强的年轻干部。有两名干部被选派到省委组织部、州委办公室跟班学习；民族团结进步示范创建被评为“全省民族团结进步先进集体”；计划生育严格执行计划生育规章、政策，定期召开例会、定期上报报表、定期检查婚育证明，定期开展流动人口清理登记工作，确保计育工作扎实有效开展；老干工作建立健全学习、走访慰问等制度，严格按政策落实老干生活待遇，积极组织老干开展活动，让全办退休干部老有所学、老有所养、老有所为、老有所乐。

【领导名录】

主　　任　　符家波
常务副主任　　康　鹏
副主任　　李志勇　彭桂芳　朱常武
县委改革办专职副主任　　胡四海　彭召斌
纪检组组长　　冉孟才

各科室(局)负责人

县委政策研究室主任　　李志勇
县委督查室主任　　燕良兴
县委机要局局长　　覃珍莲
县委保密委员会办公室主任　　贾元辉
秘书室主任　　张敬春
办文法规室主任　　李政禹
行管科科长　　刘学凤
综合信息室主任　　向文菊

长沙市对口办

【概况】　2017年2月2日，龙山县落实长沙市对口帮扶工作领导小组办公室成立。是年，长沙市先后派驻19个后盾单位、组建17个乡镇帮扶工作队、37名工作队员到龙山县挂职扶贫。制定《长沙市对口帮扶龙山县精准脱贫攻坚驻乡联村帮扶工作实施方案》，实行"按月预备安排，按季考核"。召开两次纪律作风警示会、3次业务培训会、10次项目调度会，开展两次驻乡联村督查、督促对口帮扶乡镇、驻乡联村和扶贫驻村工作。开创"对口帮扶乡镇、驻乡联村、脱贫评估"精准扶贫长沙新模式，狠抓产业、劳务协作、智力人才、民生改善、基础设施、农产品市场对接、招商引资等县级层面的"七大工程"。到位帮扶资金21285万元，其中市级层面3255万元、帮扶乡镇资金18030万元。实施"个、十、百、千、万、亿"产业发展帮扶思路。即扶持一个农业特色产业，布局十个乡镇、覆盖百个贫困村，培养千名致富能手，带动万户贫困户脱贫，实现产值过亿元；完成助学助医1962人400多万元；开展劳务技能培训42次、357人，提供就业岗位2000个，解决建档立卡贫困户就业600人；确定马王堆和红星大市场为龙山特色农产品推销窗口；援助2000万元建设皇仓坪公园二期工程，援助900万元建设县委党校教学楼；帮扶乡镇层面援建169个项目，涉及教育、卫生、医疗、基础设施、民生等领域；对口精准扶贫项目签约13个，社会各界人士及企业献爱心570万元，捐赠电脑办公用品及学习用具350套。制定《长沙市对口帮扶龙山项目建设绿色通道制度》《长沙市对口帮扶龙山县基础设施项目管理实施细则》《长沙市对口帮扶龙山县驻乡联村工作队员2017年相关管理制度》《长沙市对口帮扶龙山县项目和资金管理办法》等制度。实行用制度规范派驻干部管理、项目资金管理。推行项目资金封闭运行、专款专用，依法对专项资金管理和使用实施审计检查和行政监督，确保资金使用效益。坚持"补短板、强基础、惠民生、促发展"，增强龙山"造血"功能，提升龙山脱贫质量。长沙市委组织部牵头相关部门共同出台《专业人才对口扶持龙山县工作方案》，选派45名干部参加长沙市中青班学习培训，选派6名党校教师到长沙跟班学习，遴选105名优秀骨干教师参加长沙市骨干教师研修班等。

【领导名录】

主　任　　朱常武（兼）
副主任　　向　荣

美丽湘西办

【概况】　龙山县美丽湘西办于2015年成立，2017年有编制人数10人。以州委"542"发展思路，扎实推进生态文明建设、城乡同建同治、网格服务管理"三大工程"，开展美丽乡村示范创建，为推动全州城乡面貌发生历史性变化，把我县建成全域生态、全域文化、全域旅游、全域健康的国内外知名生态文化公园和宜居、宜业、宜游、宜养的武陵胜境奠定坚实基础。是年，龙山县获评为全州美丽乡村示范创建工作先进县，州建设美丽湘西工作目标管理先进单位。

【宣传教育】　制作建设美丽湘西公益宣传广告。在县城区出入口、景点景区、国省道沿线树立13块以建设美丽湘西为主题的大型公益宣传牌，营造建设美丽湘西工作浓厚氛围，面向社会招聘了50名公益性岗位文明劝导员，负责劝导不遵守交通秩序，不注意公共卫生及影响市容等社会不文明行为。各乡镇、村(社区)通过流动宣传车、文艺晚会、广播喊话等多种形式开展广泛宣传。

县委常委、县委宣传部部长刘昌顺(右二)深入乡镇调研美丽乡村示范创建工作

【常规业务】　2017年，考评日益完善。从领导责任上实行按季通报；从奖罚措施上每月对于排名在前3名的乡镇(街道)奖励2万元，对于排名在前4～7名的乡镇(街道)每月奖励1.5万元，对排在后3名的乡镇(街道)罚款5000元；从考评方式上凡上月被县督办整改的单位未落实整改措施及整改效果不好的，将在当月的县考评中对该单位按0分计算，对未组织开展月考评或弄虚作假的乡镇(街道)，将在下一个月的县考评中对该乡镇(街道)按0分计算。健全县城区环卫外包监管机制。财政拿1500余万元，将县城区环卫、700余万元将里耶镇区环卫全面外包给重庆高建公司，实行专业化管理。同时，由县美丽办牵头，会同县环卫所、民安街道、里耶镇参照州对县检查标准对重庆高健公司定期检查，实行绩效考核。推广农村垃圾分类减量处理。重视从源头抓起，狠抓垃圾分类减量处理，要求全县各级干部要深入宣传垃圾分类减量处理工作。除已建34座垃圾焚烧炉外，另新建高规格垃圾焚烧炉10座，带动垃圾分类减量处理工作。并在垃圾焚烧炉所在场地、集镇中心设立可回收垃圾收购站，在各村公示可回收垃圾收购人员联系信息，建立收购台账，按照"集中＋补贴"的处理模式，由收购人员定期对袋装垃圾和村组可回收垃圾进行及时收集。村组公共区域专人保洁制度完善。全县397个村(社区)全部建立专人保洁制度，每村(社区)至少有两名保洁人员。乡镇(街道)参照州对县考评标准开展保洁人员业务培训，提高保洁人员素质，每月对保洁人员开展一次考评，根据工作实绩，发放保洁人员工资。

【示范创建】　按照《中共湘西自治州委办公室湘西自治州人民政府办公室关于印发〈湘西

自治州美丽乡村示范创建三年行动计划〉的通知》(州办发〔2017〕7号)等文件精神,由县美丽办牵头,开展美丽乡村示范创建工作。制定示范创建工作实施方案—《中共龙山县委办公室龙山县人民政府办公室关于印发(龙山县美丽乡村示范创建三年行动计划)的通知》(龙办发〔2017〕18号)。确定水田坝镇中湾村等16个精品村、苗儿滩镇六合村等45个示范村为2017年度龙山县州级美丽乡村示范点。根据精品线风格和片区风貌,合理制定村庄规划(已完成14个村庄规划)、主体特色,体现差异性和多元化。通过实施"十百千"、"基础设施配套"等项目工程,切实抓好了改路、改水、改厕、路灯建设、垃圾处理、污水处理等基础整治。

【领导名录】

主　任　　朱常武(兼)

组　织　部

【概况】 2017年,县委组织部机关编制32名,实有工作人员30人。部机关内设办公室、干部组、组织组、党员教育中心、"两新"党工委、党代表联络办、档案室、研究室、驻村办、党务中心、绩效办、直属机关党工委。主要职责是指导、实施和考核全县基层党建、干部人才、驻村扶贫等工作。是年,在全州目标管理考核中成绩名列前茅,被列为一类单位,为全面打赢精准脱贫攻坚战,建设美丽开放幸福新龙山提供了坚强组织保证。截至2017年4月18日,全县完成397个村(社区)党组织换届选举任务。

【两学一做】 2017年,印发《2017年全县"两学一做"学习教育工作要点》《关于做好"两学一做"学习教育近期工作通知》《关于推进"两学一做"学习教育常态化制度化的实施方案》,通过"群众提、自己找、上级点、互相帮、集体议"等办法和途径,全县1056个基层党组织和20135名党员认真对照问题深查细照,建立问题清单、制定整改措施。将每月25日确定为全县各级党支部"主题党日"。依托"三会一课"制度,组织开展"我为十九大召开做什么""我为建州60周年做什么""我为精准扶贫做什么""我为龙山发展做什么"等系列党员活动124场。组建县"党性教育报告团",聘请20名专家、学者、退休老同志深入基层单位党支部讲党课。

【干部管理】 全年举办"长沙市委党校中青年党政干部培训班""综治专干培训班""中青年干部培训班"等各类培训15期,选送134名干部赴全国各地学习深造。干部在线学习依托湖南省干部学院网络学习平台,参学学员达2661人,总学时250752学时,学习完成率100%。干部公招公选公开招录公务员118名,公开选拔乡镇副职4名,乡镇食药工商质监所所长3名,乡镇司法所所长2名。加强干部出国(境)管理开展县委管理的科级干部、因私事出国(境)证件的集中保管、有效身份证件清理登记,以及其他相关信息登记工作,全年登记1558人。

【人才交流】 交流接收长沙市37名干部挂职锻炼,选派1名副处级领导干部到济南市市中区挂职,选派8名优秀中青年干部赴长沙市挂职。拓宽招才引智渠道引进省、州科技特派员19名,引进高学历人才8名。遴选105名优秀教师参加长沙市骨干教师研修学习。实施"龙凤人才一体化"工程,与湖北省来凤县共同组织推进26项人才专题合作项目,龙凤人才一体化荣获"全国人才工作创新优秀案例"奖,被《中国人才》杂志收录。

【基层党建】 严格考核管理,出台《龙山县基层党建工作目标管理考核办法(试行)》。考核955个基层党支部及955名基层支部书记履行基层党建责任情况,组织74个党委(组)书记就抓基层党建工作向县委书记述职。推行基层党建县直职能部门考核制将县财政局、县民政局、县人社局、县农业局、县农村经营服务站等单位纳入考核范围。强化阵地建设,制定《龙山县农村综合服务平台建设规划》,新建综合服务平台309个,整修55个。完善指标体系,印发《关于深入推进机关党建标准化建设的实施意见》,从组织建设、队伍建设、运行机制、阵地建设、工作流程、制度建设、活动载体等7个方面,提出30项具体建设任务,形成"730"指标考核体系。深化服务惠民创新,开展"党员义工"行动,800余名入党积极分子和发展对象结对帮扶160多名孤儿,资助资金16万余元。基层党建工作在全州年度考核中列为"好"的等次。

【村级干部队伍建设】 2017年,创新建立双考、双定、三评、三挂钩的"2233"村(社区)班子及干部管理考核机制。推行民主评议三次通报批评否决、年度考核等10项制度。出台《村(社区)干部轮值坐班制度》。实施激励推行"评优奖励+健康体检+养老保险+定向考录"相结合的激励措施,在公务员招录中拿出1个固定职位,单独面向村级干部队伍招考。加大每村确定的2～3名后备干部培养力度。在兴隆街道试点"跟班学习、提前上岗"制度,按照个人自荐、考察公示、党工委研究等程序,在23个村(社区)确定30名后备干部跟班学习,发放生活补助费6000元。

【驻村扶贫】 全县组建197个驻村工作组,选派工作队员502人,实现贫困村驻村工作组"全覆盖"。创新推行"1+2"驻村帮扶模式分两批选派328名近三年新录(聘)用机关事业单位工作人员参加驻村锻炼,招募208名大学生精准扶贫志愿者参与驻村扶贫工作。强化日常管理,出台《龙山县精准扶贫精准脱贫驻村帮扶管理考核办法(试行)》,明确村第一书记、工作队员每月驻村不少于20天,宿村不少于10晚。在全州首创"宿村督查日"制度,每周一、周三无第一书记或工作组成员住宿在村的,直接予以通报批评。强化党建引领,围绕"把支部建在产业链上,使党员聚在合作社里,让群众富在产业链上"目标,在农车镇富坪村试点推行"公司+合作社+基地+农户"模式,成立龙山县森垚中药材种植专业合作社,栽种吴茱萸300亩,辣木400亩,建成2万株吴茱萸苗苗圃1个,带动533户2115人脱贫致富。

【自身建设】 开展"组织部长下基层、组工干部访民情"活动。联系茨岩塘镇中山村、洗车河镇西吴村建档立卡贫困户139户,发放困难帮扶资金22万元。推行组工干部全员绩效考核,将"争优出特"作为考核重点,涌现一批组织工作创新成果。在国家、省、州以上媒体刊物发表各类文章(信息)220余篇(条),李盾撰写的《学习十九大精神要做到"四个结合"》被选入中组《参阅》。

【绩效考核】 县绩效考核办成立于2013年,有工

县委常委、县委组织部部长石红梅(右三)率队到贵州调研综合服务平台建设。

作人员3名。主要承担州对县“五个文明”建设绩效考核工作的组织实施，县对各乡镇(街道)、县直有关单位的上下半年绩校考核综合督查总揽，以及全县所有在编在职财政全额供养人员的绩效考核资金测算等工作。

2017年，完善独具县域特色的“54321”绩效考核体系，即：“五个文明”建设绩效考核工作、全面深化改革、全面小康建设、精准脱贫攻坚工作、美丽湘西建设五大考核主体；“县委督查室、县政府督查室、县“五个文明”建设绩效考核办、县重点办”四大考核牵头单位；“县级考核、单位考核、个人考核”三大绩效考核层级；“绩效考核资金挂钩制、三次通报批评否决制”两大奖惩机制；“龙山县“五个文明”建设绩效考核平台”一个智能化网络平台，将精准脱贫攻坚工作、安全生产、信访维稳、党风廉政、基层党建、小康建设、美丽湘西建设、综合治理等46项考核指标列为共性项目，将县直单位业务工作设置为预安个性工作，将省州县各级临时性工作任务、重大事件落实等情况列为临时性工作。科学划分县级考核、单位考核和个人考核三大层级。其中，县级考核主要考核对象为县级领导、党群部门、政府管理部门、上划(垂直管理)部门和乡镇(街道)；单位考核主要做好单位干部职工(乡镇包括站所)的考核和所辖单位其他人员的考核(县直包括二级机构和所辖单位，乡镇包括村社区干部)，实现对全县11081名(12月底年报数)在编在职财政全额供养人员和2166名村(社区)干部的全覆盖，将全县考核工作整合为一盘棋。

【年度荣誉】 文明创建工作州级文明标兵单位；全州党统年报工作优秀报表单位；科技特派员工作省级先进单位。

【领导名录】

部　长	石红梅
副部长	郑　义　王志勇　肖　剑
副部长、老干局长	彭勇刚

宣　传　部

【概况】 龙山县委宣传部是主管全县意识形态工作的县委工作机构，内设办公室、理教组、文明办、外宣办、文产办、新闻组，管理县文联、县委讲师团、县委网信办三个正科级单位，下设县新闻中心、县委网宣办两个正股级机构，2017年，实有工作人员27名。主要职责是制定全县宣传思想工作的总体规划并组织实施，指导全县理论研究、学习、宣传工作，指导协调全县新闻宣传、对外宣传、网络宣传、社会宣传和舆论引导工作；规划、部署思想政治工作任务和群众性精神文明创建活动，指导协调全县文化事业、文化产业和文化市场的管理工作。

【理论武装】 组织开展6次县委中心组集中学习，强化意识形态工作责任制。开展意识形态领域专项督查。以学习党的十九大精神为重点，组织集中培训会和州委宣讲团报告会，组建十九大精神宣讲团，深入到各乡(镇、街道)、县直单位进行宣讲。开展党的知识宣讲、“微宣讲”“送学上门”等活动三百余场次。组织参加全州“社会主义有点潮”理论宣讲征文活动、“好声音讲坛——讲话精神进基层”宣讲活动。加强对习近平总书记系列重要讲话精神和党的十九大精神的学习研究，组织县内理论工作者积极撰写理论文章60余篇。

【新闻外宣】 2017年，中央电视台、《人民日报》《湖南日报》等省级以上主流媒体刊发《龙山带动群众“美丽”脱贫》《龙山推出精准扶贫“补台”机制》《龙山医疗救助化解“因病返贫”》《雨雪夜里督查记》等重大新闻稿件。4月19日，中央电视台《新闻联播》头条播出题为《让互联网更好造福人民》的报道，报道里耶镇比耳村的“为村”项目，积极推销村内的脐橙、蜂蜜等特产及美景，实现脱贫攻坚宣传报道重大突破。5月5日，召开全县新闻舆论工作会议，会上发放新闻奖励33万余元。9月30日，

2017 年 5 月 5 日，龙山县召开新闻舆论暨骨干通讯员培训会议

中央电视台新闻频道全媒体大型特别节目《还看今朝·中流击水新湖南》直播中用近 5 分钟的时长报道龙山超级杂交稻基地项目的丰收、测产等场景。是年，本着“上大报、上头条、上要闻”的思路，全县在中央电视台综合频道、《人民日报》《光明日报》《湖南日报》、湖南省广播电视台、《团结报》、湘西广播电视台等州级以上主流媒体上稿 2000 余篇（条）。《人民日报海外版》（2017 年 3 月 13 日第 3 版）报道龙山因地制宜扶贫，产业带动群众脱贫致富，受广泛关注。在中央电视台农业频道《每日农经》推出《搭上互联网快车的里耶脐橙》专题，中央电视台农业频道《乡土》栏目推出建州六十周年专题《听见龙山》，在中央电视台科教频道《地理中国》栏目推出大型专题片《湘西秘境·虎洞生灵》《湘西秘境·风洞谜云》。

【网络管理】 及时采写、编发宣传龙山政治、经济、文化、社会等方面的新闻，共在州级网络媒体上稿 2000 条。网络舆情实行 24 小时监控处理，建立龙山县骨干网评员队伍，编写《网络舆情专报》4 期，处置网帖 200 余条，解决各类实际问题百余个，获得全省舆情工作先进县称号。龙山新闻网（红网龙山站）、龙山手机报再次分别获评“红网优秀分站”称号和“红网手机报建设先进单位”。

【文明创建】 县广播电视台、龙山新闻网、手机报等媒体开设专栏（专题）宣传社会主义核心价值观。在全县文明创建单位开展“道德讲堂”100 多场次，参与人数上万人。19 个单位获评州级以上文明单位（村镇、社区、集市、窗口、景区），开展全县“迎十九大·迎州庆·讲文明·树新风”主题实践活动，形成浓厚的文明创建氛围。

【文化文艺】 2017 年，春节期间，举办“春满龙山”春节系列文化活动。3 月 6 日，举办“最炫民族风”第三届土家摆手节暨摆手舞大赛。4 月 13 日，在洗车河镇文化广场举行土家“舍巴日”活动。12 月，举办三棒鼓（鼓王）邀请赛、土家族男女众人对歌会和“打溜子、九子鞭、咚咚喹、三棒鼓”等土家民俗表演活动。高质量完成州庆开幕式文艺表演《迎宾锣鼓·沸腾的湘西》、龙山方阵入场式《五彩路》的排练演出工作，《阿列的青丝帕》代表湘西州参加省展演受到好评，电影《惹巴拉女人》在中央电视台电影频道播出，编撰 4 期《太平山》季刊。县音乐家协会向文健获评中国音乐家协会会员称号。县美术家协会在美丽乡村示范创建活动中，“手绘文化墙”深得各界好评。举办首个“自然和文化遗产日”主题活动和非遗进校园展演活动，召开四级代表性传承人总结表彰大会。60 米“甲子顺锦图”成功申报世界吉尼斯纪录，并交州非遗馆永久收藏。组织土家族织锦技艺传承人黎承菊代表湖南省参加第六届中国非遗节并获传统织造技艺类“工匠之星”殊荣。完成“送戏下乡”61 场，公益电影放映 5208 场次，开展文艺辅导培训 3 万余人次。新增农村有线电视用户 1600 户，新增无线电视用户 198 户，新增宽带用户 320 户，新增城区有线电视用户 1200

户。完成全县网吧市场监控平台安装工作，安装率达100%。开展“扫黄打非”专项整治行动、校园周边文化环境治理行动、文化市场消防安全联合执法行动及整治新闻出版物专项行动等，共开展执法巡查187次，出动执法人员1500余人。

【荣誉表彰】 2017年1月，龙山县委宣传部被湖南省委网信领导小组办公室授予“全省网络舆情工作先进单位”；2月，被湘西州委办、州政府办授予“全州‘六五’”普法依法治理工作先进单位；10月，获州委宣传部颁发的“全州党报党刊发行工作先进单位”；12月，被湘西州委办、州政府办授予“全州文明标兵单位”。

【领导名录】

部　长	刘昌顺
副部长	张小明　李文远 李万林
机关党委书记、文明办主任	吴　俊
文联主席、理教组长	陈新祥
讲师团主任	彭晓东
网信办主任、外宣办主任	梁　涛
文产办主任	黎代华
工会主席、办公室主任	熊　军
新闻组组长	张　军
网宣办主任	胡　域

统一战线

【概况】 1953年，在红砖楼的县委会议室成立“三三三”办公室，首次设立统一战线工作机构。中共龙山县委统一战线工作部于1956年7月成立。2002年11月，部长首次由县委常委担任。2017年，县委统一战线工作部(以下简称县委统战部)，核定公务员编制7名，工勤编制1名。归口协调管理县民族宗教事务局、工商联、县台湾工作办公室、侨联，党外知识分子联谊服务中心。

【政治引领】 2017年，龙山县委统战部宣传党的十九大精神，召开学习宣讲21场次，深入基层商会、企业、扶贫村赠送资料1100多份。印发《中共龙山县委关于进一步加强统一战线工作的意见》，把统战工作纳入全县“五个文明”建设绩效考核内容。8月初，县台办、县工商联、县侨联、县外知中心与县委统战部实行合署办公。加大推进统战信息工作，从建言献策、民主参政角度出发，引导统战对象发挥信息调研建言献策作用。举办“迎州庆、建同心”首届湘鄂渝边区民族广场舞邀请赛，湖北省来凤县、重庆市秀山县、湘西自治州部分县(市)共18支广场舞队参赛，得到社会各界认同和赞誉，并被《人民日报海外版》报道。

【百企帮百村·千商扶千户】 实施“百企帮百村，千商扶千户”合力脱贫攻坚活动。112家非公企业结对帮扶105个贫困村，1073位工商人士结对帮扶1079户贫困户。启动开发产业帮扶项目5个，投资总额达1200余万元，提供就业岗位1000余个，湘西成美建材有限公司负责人结对帮扶贫困户彭华胜，投入资金和物资5万多元，帮他整修房屋、添置家具、扶持产业。《团结报》12月20日头版头条详细报道该项活动。

【四同创建】 创建省级油菜坪同心社区，给5名大学新生发放助学金1.9万元，动员企业捐助100吨水泥新修同心路，开展同心活动4次。创建州级巴沙同心乡村，里耶镇巴沙村成功创建州级“同心乡村”并授牌，实施古村落改造，安装电子安全防控设备。龙山友好妇科医院对张莲玉、彭金翠等4人实行结对帮扶并免费治疗，在村里举办湘鄂渝广场舞大赛，并且在《人民日报海外版》、新华社、《湖南日报》《团结报》等媒体作宣传。9月11日，在统一战线“泛海助学行动”龙山县发放仪式上，中国泛海控股集团发放助学金115.5万元，231名贫困学生每人获得5000元的资助。

【队伍建设】 2017年，党外知识分子联谊服务中心两次升格，由股级升为正科级。抓好统战“6支队伍”培训。9月27日在县委党校开办龙山县党外知识分子培训班，该班为全州首次开展的党外知识分子培训班。11月24日，组织召开新的社会阶层人士代表座谈会，县委常委、县委统战部部长黄勇主持会议。加大党外干部考察任用，在政府工作部门配备2名正职，即县旅文局局长尚晓琴、农业局局长詹文明。抓统战干部队伍建设，提拔任用一名正科级干部，三名副科级干部。全年增免政协委员15人次，统战人士年度提案8件、建议15条均被采用。

龙山县2017年党外知识分子培训班

【年度荣誉】《中国统一战线》宣传工作先进单位；全州文明创建工作“文明标兵单位”；全州“统战实践创新”工作先进单位；全州统战宣传工作先进单位；全州统战信息工作先进单位；廖华获州级“精准扶贫帮扶成效突出干部”和“扶贫工作”先进个人称号；苏波获《中国统一战线》宣传工作先进个人。

【领导名录】

部　长　　黄　勇
副部长　　秦　平　谢安荣　卢卉君（女）

机构编制

【概况】 龙山县机构编制委员会办公室（以下简称县编办）1958年成立。2002年加挂龙山县事业单位登记管理局（以下简称事登局）牌子。县编办是县机构编制委员会的常设办事机构，既是县委工作机构，又是县人民政府的职能部门，以县委管理为主。县编办内设综合股、机构编制股、行政审批制度改革股、登记股。核定行政编制8名，实有7人，其中领导职数主任1名，副主任2名（其中1名兼任事登局局长），事登局副局长1名。县编办下设龙山县中文域名注册服务中心，为副科级事业单位，核定全额拨款事业编制7名，实有6人；下设龙山县事业单位登记管理服务中心，为股级参公事业单位，核定全额拨款事业编制3名，实有1人。

【“放管服”改革】 规范调整行政权力事项，确定保留县级行政权力事项3807项，其中：承接增加行政权力4项，更名行政权力6项，取消行政权力13项。县政府常务会议专题研究推进行政许可标准化工作，出台《龙山县推进行政许可标准化实施方案》。

印发《关于县本级行政许可及其他管理服务事项办理时限再提速的通知》。开展行政审批“僵尸”事项清理工作，共清理僵尸事项27项，其中行政许可事项22项，其他事项5项。

开展“减证便民”专项清理行动，制定《龙山县减证便民专项行动工作方案》，经初步清理，共涉及证明事项107项。

【机构编制】 制定《龙山县2017年度机关事业单位用编计划》《全县控编减编工作方案》。重新调整全县农业、林业、民政、国土系统内部编制结构，盘活编制资源；重新整合全县教体、卫计编制资源，化解局部超编问题。

【事业单位登记】 印发《关于开展2017年度事业单位法人年度报告公示工作的通知》，召开专题会议进行安排部署，全县560个事业单位法人年度报告书在县政府门户网站进行公示。开展日常三大登记工作，办理设立登记5个，变更登记104个，注销登记15个。开展事业单位法人公示信息抽查工作，对县老干活动中心等7个单位进行信息抽查和实地核查。开展党政群机关统一社会信用代码赋码，应办理党政群机关100个（机关90个，群团8个，垂管2个），全部完成社会统一信用代码赋码工作。创新机构编制管理，抓实网上名称管理工作。域名续费工作开展顺利，到期续费单位78个。

【领导名录】

主　任	李文远
副主任（事登局局长）	简敏羊
副主任	刘　华
事登局副局长	李晓群

党　校

【概况】 中共龙山县委党校有事业编制22名，实有工作人员23名。按照“发展是主题、改革是主线、教学是中心、科研是基础、服务是保障、队伍是关键、创新是灵魂”基本要求，着力构建“研学互补”党校办学新格局，全年完成县委组织部计划内调训与调研任务；接待、承担县内外各类培训班18个，培训2100人次；省、州党报党刊及党校内部刊物上发表理论文章21篇；新食堂、综合楼、学员二楼等基础设施建设项目有效推进；继续保持“湖南省级文明单位”荣誉称号。

【干部培训】 2017年，举办主体班次10期，培训学员1200人；高质量完成第一期省委党校研究生班的毕业论文答辩，毕业学生65人，省委党校教授定期授课9次；举办计划外培训班8期，培训学员900人；加强互联互结双向培训，举办全县安监人员培训班、岳麓区委党校“三同”（同吃、同住、同劳动）培训班。

【教学工作】 11月19日，34名长沙中青年干部到华塘街道办事处流芳村与群众开展“三同”（同吃、同住、同劳动）实践锻炼；11月1日至12月31日，围绕学习贯彻党的十九大精神，开展教科研学术交流，用4篇学习心得深刻剖析和解读十九大报告内容，举办8次座谈会探讨“不忘初心、牢记使命”，围绕县委、县政府发展战略，形成一系列基本县情研究、对策性研究和前瞻性研究教学专题。开展互评式、研究式教学竞技与研讨。完善省、州项目式教学方式，将课题研究、案例教学、情景模拟融于一体，两次在省、州教学竞赛上获奖。尝试“2＋1＋1”说课评课，主题课与精选课程有机结合，提高教学实效性。

【培训管理】 6月10日，全体教师赴湖北洪湖市委党校参观调研和学习，主要以学习红色文化与传统理论教学为主。8月13日，选派40名村党支部书记赴省委党校参加为期两周的专题培训。11月28日，组织中青班学员赴山东济南开展理论学习、参观考察，接受理论与实践课程教育，增强社会知识，突出理性传播。9月至12月，选派教师7人次参加省委党校、长沙市委党校师资班、理论骨干培训班，安排1名教师参加省委党校为期两个月跟班学习。12月15日，通过个人申报、校委推荐、专家评审，评出3堂优质课予以表彰和奖励。强化执教能力建设。

【教学科研】 开展“红色理论文化研究”、“两学一做理论研讨”专题座谈会5次。《浅析思想建党与制度治党辩证法》《推进湘西州教育发展脱贫工程之我见》《关于酉水河流域的环境治理》《关于发展湘西红色旅游文化的意见建议》等科研论文在团结报理论周刊发表，为县委、县政府决策实施提供理论性参考。全年在州级以上媒体、刊物上发表论文、报道52篇，其中8人次参加省、州以及县域党校理论研讨会。

【领导名录】

校　长　　谭贤安
副校长　　刘发万　彭南跃　罗继学
纪检组长　陈海珍（女）

对　台　办

【概况】　2017年，龙山县委台湾工作办公室、增设龙山县人民政府台湾事务办公室，两块牌子一套人员。有行政编制2名，实有工作人员3人。主要职能：贯彻执行党和国家的对台方针政策；组织、指导、管理、协调全县对台工作；组织开展对台宣传和涉台教育；负责全县对台文化、学术、体育、科技、卫生等各项领域的交流与合作的指导和管理；负责台胞接待、捐赠以及本县对台交流交往及联络等工作，处理重大涉台事件等。

【交流联络】　2017年1月至5月，组织开展台胞、台属大普查。深入到全县21个乡（镇、街道），统计去台人员及亲属，并登记造册。同时，走访慰问30多户生活较困难的台属。2月中旬，召开台胞台属迎春座谈会。4—5月接待回乡探亲、祭祖的龙山籍台胞叶先生、刘先生等5人次。9月底召开“迎中秋、话团圆”座谈会。8月底，组织全县经济卫生领域赴台考察交流，考察团一行14人开展为期7天的考察交流活动，活动取得圆满成功。

【涉台教育】　2017年，县台办在全县宣传、统战委员培训班及建党积极分子培训班开设台海形势、对台方针政策专题课；开展涉台知识进社区，录制“我爱宝岛、我爱台湾”专题节目，定期在龙凤广场进行视频播放。在里耶社区创办宣传专栏，印刷涉台知识小册子，宣传对台方针和政策。

【涉台服务】　2017年5月中旬至11月下旬，两次到台属企业开展调研，现场观看生产流水线，了解企业的经营状况及生产经营中存在的困难，认真听取企业对进一步优化投资环境的意见和建议。督查《台湾同胞投资保护法》的执行情况，充分发挥桥梁和纽带作用，帮助台属企业解决实际困难，共接待来信来访台属12人次。

【领导名录】

主　任　　梁华章
副主任　　石志香（女）

县对台办召开2017年台属代表中秋节座谈会

史志办

【概况】 龙山县委党史研究室(加挂龙山县人民政府地方志办公室牌子),是龙山县委、县人民政府直属正科级全额拨款事业单位,机关人员实行公务员制度。履行对全县党史、地方志工作管理的行政职能,归口县委办、县政府办管理。主要承担党史和地方志的资料征集整理、编纂研究、宣传教育的任务,发挥“以史鉴今、资政育人”作用。2017年单位核定编制7名,实有工作人员6人,其工作人员学历均为大专以上,其中中共党员5人,党外干部1人。县委党史联络组设在党史研究室内,由县政协原副主席杜诗江任组长,负责全县党史联络工作。是年,深入贯彻落实《中共中央关于加强和改进新形势下党史工作的意见》《中共湖南省委关于加强和改进新形势下党史工作的实施意见》《国务院地方志工作条例》《湖南省实施〈地方志工作条例〉办法》,史志工作全面推进。

【党史】 2017年,配合省、州党史研究室完成《红军长征在龙山》资料征集及编纂上报工作,共征集文字资料约8万字,图片45幅,按时高质量完成省委党史研究室分给龙山的任务。年初,省委党史研究室面向全省党史联络组征集改革开放以来城市建设的回忆文章,县委党史研究室配合党史联络组组长杜诗江完成文稿的撰写,文章获省一等奖,杜诗江被省党史研究室评为党史联络工作先进个人。7月,与县委组织部一道启动《红军战斗在龙山(二)》编纂工作。组织县内知名作家、学者10余人,先后召开5次座谈会讨论研究并到红二、六军团战斗过的地方进行采访调研,采访调研包括县内和县外。县外主要到张家界、重庆酉阳、永顺塔卧、湖北咸丰和宣恩等地,广泛收集相关史料。至年底,完成初稿48万字。9月,县史志办主任田向阳、副主任杨波参加在吉首市举行的湖南省革命老区贡献与精准扶贫学术研讨会,龙山县史志办选送的两篇论文获一等奖。会上,中央党史研究室原主任欧阳淞发表重要讲话,会后专门接见前来与会的龙山县史志办工作人员,对龙山的党史工作寄予厚望,并对今后党史工作提出了很好的指导性意见。是年,龙山县党史研究室被湖南省委党史研究室评为“以史铸魂”先进单位。

【地方志】 2017年,完成搜集报送《湘西州志》龙山县部分资料文稿5篇,图片20余幅;完成《湖南年鉴》《湘西州年鉴》组稿5万余字。是年5月,开始启动龙山乡镇志的编纂工作,并举办部分乡镇撰稿人员业务班。指导制定编纂方案,组建编写领导小组及成立编辑部。根据省、州地方志工作部署要求,11月,龙山县中国名镇名村志编修工作启动,制定出里耶镇、茨岩塘镇和苗儿滩镇捞车村,“两镇一村”《中国名镇名村志》编纂方案。确定分管领导及专职组稿人员。12月上旬召开相关镇、村座谈会,组织与会人员学习国务院《地方志工作条例》,中指办《中国名镇志文化工程实施方案》和《中国名村志工程实施方案》及《志书质量标准》等文件资料。同时,在县和里耶、茨岩塘、苗儿滩以及捞车村成立编委会编纂等工作机构。

【资政育人】 2017年,结合红色旅游革命老区贡献与精准扶贫等专题布置史料征集工作,收集党员老干部回忆录资料15万字,红色旅游资政文章24篇10万余字。6月,完成《湖南省党史工作纪事》和《湘西州党委工作纪事》组稿4万字。围绕县域经济发展,开展读史用志活动,提供党史地方志及地情资料,为县域重点项目论证、申报,以及红色旅游发展提供史料佐证20余次,开展横向交流40余人次,为专家学者了解龙山提供史志咨询80余人次。在县直机关、乡镇上党史课16场次,听众达1000余人。是年11月24日,中共龙山县委常委会第18次会议听取全县党史和地方志工作汇报,明确指出龙山党史研究工作要紧扣“存史、资政、育人”这个根本任务,立足龙山县红色革命老区实际,围绕经济发展大局,发挥积极作用,强调县委高度重视党史和地方志工作,各部门要在人、财、物等方面继续关心支持史志工作,会议原则同意《关于调整县委党史工作领导小组的通知》和《龙山年鉴》编纂工作方案,《龙山年鉴》编纂经费、党史宣传教育经费由县财政局解决,并逐年列入财政预算,同意每年安排党费5万元,用于全县农村基层党支部订阅《湘潮》杂志。

【荣誉表彰】 2017年龙山县党史研究室被湖南省委党史研究室评为"2016－2017年全省'以史铸魂'工作先进集体";杜诗江被省委党史研究室授予全省党史联络工作先进个人称号。

【领导名录】

主　任　向明星(2004—2017.8)
　　　　田向阳(2017.8—)
副主任　郭春海　杨　波

档案管理

【概况】 龙山县档案局(馆)是县委机关编制序列的正科级行政事业管理机构,设办公室、业务股、法规宣传股。局机关核定编制10名,实有工作人员8人。为湖南省二级档案馆,馆库建筑面积953.1平方米,办公用房和业务用房542.1平方米。馆藏丰富,有204个全宗,18万余卷(册、件)档案。主要职能:管理全县档案事业,并对机关、团体、企事业单位和其他组织的档案工作实行监督和指导;负责收集、整理、保管和提供利用。

被湖南省档案局评为2017年度全省档案宣传工作先进集体。

县档案局业务人员参加2017年全省档案系统业务骨干培训班

【扶贫档案管理】 2017年,县档案局按照国家、省、州关于精准脱贫工作的总体部署和要求,及时搜集、鉴定、整理、归档、保管和利用好精准扶贫档案资料,并对乡镇逐个开展精准扶贫档案资料整理业务指导,在召市、苗儿滩、咱果、桂塘4个乡(镇)举办精准扶贫档案业务培训班,组织乡镇干部、村党组织第一书记、驻村锻炼人员参训,讲解精准扶贫档案的搜集、鉴定、分类、整理、归档及保管的具体方法和措施步骤,并进行现场操作演示。11月,在兴隆街道双龙桥村创建精准扶贫档案工作示范点,现场督导一户一档、村级资料进行科学分类和立卷归档。

【综合档案馆建设】 项目于2015年9月批准建设,建筑总面积4675平方米,建设内容包括新建档案服务大楼1栋(5F),设备购置、安装和配套设施。选址华塘街道规划中的行政大道一侧,与竣工的县法院大楼相邻。龙山县住建局《关于龙山县市民之家(含县综合档案馆)工程建设项目初步设计审查的批复》文件明确龙山县综合档案馆建筑面积为4970平方米,相对原可研批复面积增加295平方米。项目估算总投资1405.3万元,其中:中央预算内投资888万元;县自筹517.3万元。项目工期17个月,于2017年7月3日开工。

【馆藏整理及查阅利用】 2017年年初，制定《馆藏档案规范化整理实施方案》，明确工作任务、目标及方法，成立馆藏档案规范化整理工作领导小组和监督小组，调度和监督整理的质量和进度。全年完成县委办3号全宗6023卷(册)档案的规范化整理。

据统计，全年接待查阅和利用者500多人(次)，调阅档案2000余卷(册)，复印1000余张，在档案利用中，文书档案以党委政府文件、知青、招工招干档案利用为主，主要为县委编史修志、个人工龄待遇等问题提供佐证；专业档案以山林定权证、房屋所有权、婚姻档案利用为主，主要为县委、政府处理上访事件、补办结婚证、群众办贷款、房产转户、迁户口、招工招干等问题提供原始依据。【档案法制及宣传】 2017年8月，采取深入实地的方法进行专项执法检查，对执行档案法律法规及档案收集、整理、归档、开发利用中发现的问题当场反馈，并限时整改。印制《行政许可(非行政许可)事项申请表》，填写样本置于县便民服务中心供群众参阅。按照县政府法制办的要求，重新清理行政许可项目。

“6·9”国际档案日，上街设立业务咨询点，围绕“走进档案”开展宣传。深入洗车河镇三个堡村，开办档案知识专题讲座，发放30余份宣传资料；开展档案业务工作指导。

【领导名录】

局　长	师明桥
副局长	袁士志　田晓波
纪检监察员	杨春花(女)
工会主席	梁春艳(女)

老干部管理

【概况】 龙山县委老干部局(以下简称县老干局)位于民安街道光明路4号，属参照公务员管理的全额拨款事业单位。下辖龙山县老干部活动中心，属全额拨款事业单位，与老干局合署办公。2017年，县老干局有干部职工13人，其中参公编制7人(包括1名借调人员)，事业编制(县老干部活动中心)6人，服务管理离退休干部85人，其中离休干部14人，副县级以上退休干部53人，副县三项9人，老红军遗孀9人。

【领导重视】 2017年1月20日，召开县级离退休干部春节团拜会，州委常委、州委宣传部部长、县委书记周云，县委副书记、县长刘冬生以及陈忠耀、余佳祥、吴少叶、蔡龙、符家波等县领导与老干部共庆新春佳节，共商龙山发展大计，会后为老干部发放慰问金。8月22日，县委书记周云召开现场办公会，帮助协调解决县老年大学办学和老干局办公场地问题，决定县人民法院迁进新址后，旧址用为县老年大学办学场地，并整合所有涉老机构实行集中管理。8月25日，县政府第10次常委会议同意将老法院划给老干部局使用，统筹安排所有涉老机构。10月27日，召开县老年节座谈会，县委副书记陈忠耀以及蔡龙、石红梅等县领导与40位副县级以上离退休老干部共承敬老爱老美德，共话发展新篇。县委常委会3月30日、6月17日、10月25日3次(第6次、第9次、第16次常委会议)研究老干部工作，同意成立中共龙山县离退休干部工作委员会；同意出台《关于进一步加强和改进离退休干部工作的实施意见》；同意县级离退休干部公用经费标准，由原来的200元提高到1000元；同意将春节慰问费、老年节慰问费、参加经济社会发展活动费、体检费全部纳入财政预算；解决渝湘黔边区老年大学第四届文化交流大会经费28.37万元、全州第10次县市关工委主任会议经费15万元、2017年度“关爱明天、普法先行”青少年普法教育活动工作经费5万元。8月31日，省委组织部副部长、省委老干部局局长、省委离退休干部工委书记崔永平一行来龙山督查调研老干部工作，对龙山老干部工作给予了充分肯定和高度评价。

龙山县召开2017年离退休干部老年节座谈会

【落实老干部待遇】 政治待遇。2017年5月8日，召开全县老干部工作暨关心下一代工作会议。县委常委、县委组织部长石红梅出席会议并作重要讲话，县关工委老领导和乡(镇、街道)、县直机关各单位分管老干部工作领导、老干专干200余人参加会议。3月26日至27日，组织40余名老干部参观考察龙(山)里(耶)、洗(车河)里(耶)、龙(山)永(顺)高速公路龙山段、里耶古镇及重庆市酉阳县大溪镇。11月8日至9日，组织32名老干部参观考察永(顺)吉(首)高速公路和州府新城(湘西经开区)建设。4月17日、10月5日，离休老红军李开友、陈利财相继逝世，老干局很好地完成善后工作，家属都很满意。稳妥解决龙山籍离休老红军卜力逝世后回龙山安葬墓地问题，做好骨灰安葬仪式等工作。生活待遇。年初，为县级离退休干部发放《老干部服务卡》，1月20日为老干部每人发放800元春节慰问金。10月27日每人发放500元老年节慰问金。汤沙潢、谢海明、陈清奇、王凤林等20余位老干部，进行上门走访慰问。

【发挥老干部作用】 开展“点赞湘西60年、喜迎党的十九大”系列主题活动。召开动员部署会议，将主题活动具体落实到各涉老组织中。组织开展“不忘初心颂党恩”主题征文竞赛活动，共收到征文25篇，评选出了一、二、三等奖，共计10人。组织县诗词协会围绕迎接建州60周年和党的十九大召开为主题，在全县范围内征集到300余首诗词作品，并编辑出版。组织县关工委、县老年大学、县老科协、县老年书法协会、老干幼儿园分别举办“点赞湘西六十年、喜迎党的十九大”工作成果展和书画展。组织县老年保健协会在华塘街道华新村、兴隆街道双龙桥村、茨岩镇中山村开展义诊活动，义诊人数达1800余人次，发放保健知识宣传资料2500余份，为19位孤寡老人赠送棉被、衣物、食物及通信工具。组织县老科协为茨岩塘镇、大安乡、农车镇1318亩的油茶茶农开展管护技术培训，并给茶农购买5000余元的肥料。

【关心下一代成长】 截至2017年年底，全县建有关工委组织593个，其中县直单位85个，乡(镇、街道)21个，中、小学校75个，村(居委会)、社区397个，企业关工委15个。226名老干部主动担任网吧义务监督员，坚持不定期检查网吧。2400余名老干部与留守儿童进行了结对帮扶，着力帮助留守儿童解决思想上、学习上和生活上的困难。7月20日，县关工委为洗车河镇“鼎罐煮文章”爱心书屋授牌“留守儿童之家”，为50名贫困留守儿童发放了价值5000余元的书包、文具、铅笔、篮球、羽毛球等学习用品。清明节，县关工委组织青少年学生到革命老苏区——茨岩塘镇开展“继承先烈遗志、养成好习惯，争做雷锋式少年”谒陵主题活动。“六一”期间，县关工委走访慰问老干幼儿园、二小等10余所小学，发放慰问金18000元。10月16日至17日，成功承办全州第十次县市关工委主任会议。

【老年大学】 2017年,县老年大学开设电脑、诗词、绘画、电子琴等14个专业,25个教学班级,有学员1450余人次。先后赴保靖、桑植、吉首、铜仁等县市参加摄影采风、周年校庆、文化交流等活动。5月18日至19日,举行第五届运动会,千名老年人同台竞技,展示老年体育风采。10月18日至19日,成功举办渝湘黔边区老年大学第四届文化交流大会,来自重庆、湖南、贵州8所学校650余人参加文艺表演、经验座谈和书法交流。里耶镇、红岩溪镇、石羔街道正南社区、县旅文局等单位均办有老年学校,有老年学员1500余人,城乡老年教育网络初步构成。

【领导名录】

局　长　　彭勇刚
副局长　　符家义　卢信维

纪检监察

【概况】 2017年,龙山各级纪检监察机构紧扣全面从严治党这一主题,围绕建设廉洁龙山这一主线,突出决战脱贫攻坚这一重点,强化“四个意识”,践行“四种形态”,深入推进纪检监察体制改革,持之以恒正风肃纪,坚决有力惩治腐败,全县山清水秀的政治生态和反腐败斗争压倒性态势初步形成。

【监督责任】 2017年,县委常委会4次专题研究部署党风廉政建设和反腐败工作,多次听取纪委纪律审查和专项整治情况汇报,把党风廉政建设纳入全县五个文明建设绩效考核内容。全县各级党组织主动履行主体责任,推动全面从严治党向基层延伸、向纵深发展。纪检监察组织加强监督、严格执纪,为主体责任落实提供坚强支撑。全年严厉问责“两个责任”落实不力的8个单位和14名责任人,改组履行主体责任不力的县住建局原党组,问责履行监督责任不力的住建局原纪检组组长。

【纪律审查】 2017年,县纪检监察机构受理信访举报334件,办结334件;立案156件,结案156件,同比增长28.9%,处分170人(其中正科级干部11人),同比增长40.5%,移送司法机关4人,收缴违纪资金1800余万元,为国家挽回经济损失1.8亿元。严肃查处县住建系统塌方式腐败窝案和扶贫领域系列违纪案,杨秀祥、张远忠等群众反映强烈、十八大以来不收敛不收手等典型案件的查处,在全县广大党员干部中产生了强大震慑,加速推动反腐败压倒性态势的形成。运用“四种形态”,纠错容错、宽严相济,全年运用第一、第二种形态处理党员、干部293人次,占比为90.4%,主动为110多名党员干部澄清是非、辩诬正名。

【正风肃纪】 2017年,组织明察暗访8次,开展专项检查两次,发现和查处“四风”、陋习问题92起,纪律处分102人,诫勉谈话60人,通报典型案件11起,刹住“四风”反弹回潮。创新运用村规民约整治农村违规人情宴请,经验与做法得到中央文明办、省纪委、《湖南日报》的肯定与推介。加强对村(居)“两委”换届风气的监督,受理办结相关举报12件,查处破坏换届选举和拉票贿选问题3起,营造了风清气正的换届环境。开展廉政警示教育,开通“龙山廉政”微信公众号,全年在省以上主流媒体刊发稿件158篇。

【专项整治】 2017年,开展扶贫领域监督执纪问责“110”专项行动,深化“雁过拔毛”式腐败问题专项整治,开通“互联网+监督”平台,查处动扶贫资金“奶酪”和扶贫领域“三假”(假身份、假项目、假扶贫)问题。全年立案查处扶贫领域问题50件,处分35人,追缴违纪资金74.7万元,清退资金45.3万元,曝光“雁过拔毛”式腐败问题典型案件18起25人。对涉砂涉矿、教辅材料、招投标等领域突出问题开展专项治理,209名领导干部和国家公职人员主动退出涉砂涉矿等经营性活动；严肃查处龙山一中、二中违规征订教辅材料问题；通报一批违规参与经营活动和违规插手工程的典型案件。对农村太阳能路灯开展专项清理整治“光明行动”，清查全县251个村10227盏太阳能路灯，收缴违纪资金20多万元，纪律处分5人。

【监督机制完善】 2017年，稳妥推进监察体制改革试点工作，在全州率先挂牌成立县监察委员会，从县人民检察院转隶人员12人，反腐败力量整合，初步构建集中统一、权威高效的监察体系。贯彻落实中央《关于市县党委建立巡察制度的意见》，建立县委巡察机构并开展首轮巡察工作，完成对县林业局和华塘街道的巡察监督。推进纪委派驻机构改革，向县一级党和国家机关派驻10个纪检组，实现对87家县直单位监督全覆盖。探索推行纪检监察县乡一体化管理，建立县乡一体的OA管理系统和办案联组制度，实现纪检监察工作县乡上下协同、一体推进的格局，有效破解少数乡镇纪委、派驻纪检组“零办案”困局。

【队伍建设】 2017年，开展“传承革命精神、打造执纪铁军”主题教育，狠抓能力素质提升。选派50多人次参加中央、省、州纪委组织的业务培训或跟班学习，组织151人次开展纪检监察业务培训，县、乡纪检监察干部交叉办案45次、协作办案67次，干部的综合素质和执纪审查能力增强。坚持“刀刃向内”，从严自我监督，严格执行监督执纪工作规则和“十不准”禁令，狠抓办案安全，严防“灯下黑”，严肃问责履职不力的6名乡（镇、街道）纪（工）委和派驻纪检组的负责人。

【领导名录】

纪委书记　　龙儒文
副书记　　陈海波　曾有成　李昌钰

人大及其常委会

【概况】 2017年，龙山县人大常委会在县委的坚强领导下，紧紧围绕县委总体工作部署和工作要求，认真履行宪法和法律赋予的各项职责，充分发挥地方国家权力机关和各级人大代表的作用，积极推进全县民主法治建设，为保障和促进全县经济社会发展，开展较有成效的工作。

【党的领导】 2017年，县人大常委会执行县委决策决定总体工作安排，向县委常委会专题汇报，县委批转工作安排和要点，确保人大各项工作与县委总体部署统一。审议的各种重大决议决定，开展的监督审查、代表培训和履职等工作与县委具体工作安排结合，确保县委重大决策部署的贯彻落实。落实请示报告制度，工作中的重大问题、重要事项，及时向县委请示报告，严格按照县委要求组织实施。

【项目建设】 2017年，县人大常委会按照县委统一安排，参与重点工作和重点项目建设，抓协调、抓进度、抓落实，负责的各项工作取得较好成效。龙（山）永（顺）高速公路建设工程接近尾声，桑（植）龙（山）高速公路项目工程可行性报告编制工作基本完成；县慈爱园项目于10月开工建设；国道353狮子社区至湘鄂情大桥公路建设扎实推进；石牌—洗洛公路年底建成通车；乌龙山大峡谷和太平山景区升级改造、县工业集中区和高铁新区建设有序推进。

【深化改革】 2017年，县人大常委会按照县全面深化改革工作领导小组的要求，组织专人到县内及周边地区进行考察调研，撰写《〈县人民政府向县人大常委会报告国有资产管理情况的制度〉的调研报告》，起草《县人民政府向县人大常委会报告国有资产管理情况的制度（草案）》。

【依法监督】 2017年，县人大常委会依法决定重大事项，先后对环城公路、城市停车场、惹巴拉旅游开发、里耶古城开发、棚户区改造、县城区中小学及幼儿园、乌龙山大峡谷景区建设等PPP项目政府付费资金列入县财政预算管理的议案作出了相应决议。全年作出决议决定25项。加强监督审查召开人大常委会会议8次、主任会议21次，听取和审议审查县人民政府关于全县城乡规划实施、医疗机构规划布局、城区教育布局调整、土地流转、劳动就业保障、2017年1—8月财政预算执行及预算调整、2017年1—9月国民经济和社会发展计划执行7大专项工作，作出审议意见3项。做好工作评议。首次对县商务局、县国土资源局、县水利局、县教育和体育局、县司法局5个单位开展工作评议，通过投票测评，5个单位均为“满意单位”。组织法院、检察院、公安局、司法局4家部分公职人员进行法律法规闭卷考试。协调衔接报备的33件规范性文件通过审查发现的问题。规范人事任免，修订《龙山县人大常委会人事任免办法》，任免国家机关工作人员43人，其中决定任命县人民政府副县长及县人民政府工作部门负责人7人，决定任命人大常委会工作机构负责人4人，任命县人民法院审判委员会委员、庭长、副庭长8人，任命县人民检察院检察员、检察委员会委员、副检察长5人；同意接受11名县第十七届人民代表大会代表和1名州第十四届人民代表大会代表辞去代表职务，免去相应职务20人；依法补选9名县人大代表和1名州人大代表，停止1名县人大代表执行代表职务。

【代表履职】 2017年，县人大常委会提升履职能力出台《龙山县县乡两级人大代表报告履职情况工作实施方案》。在茨岩塘镇启动县乡人大代表报告履职情况试点工作，并在全县逐步推进，每个乡(镇、街道)组织4～6名县乡人大代表向选民报告履职情况，接受选区选民现场询问，以投票方式进行满意度测评，被询问代表现场进行表态发言，通过活动的开展，代表履职意识明显得到增强。搭建履职平台，9月下旬，组织州县两级人大代表40余人，集中视察县人民法院、县人民检察院、县公安局和县司法局，并形成专题视察报告，交由相关部门办理。

【乡镇人大】 2017年，县人大常委会出台《龙山县乡(镇、街道)人大和县人大代表开展“创先争优”活动考评办法》，对乡镇人大工作和人民代表工作实行目标管理。邀请27名代表列席人大常委会议，推荐15名县代表担任烤烟收购监督员，推荐12名基层州、县人大代表参加各类听证会。

【督办议案】 2017年，县第十七届人民代表大会第一次会议期间，共收到代表议案、建议100件，进行归纳分类后，及时转交给县人民政府及相关单位，明确办理要求和办理时限，并将代表建议办理纳入常规工作考核内容。在督办过程中，实行领导牵头，邀请提出建议的代表直接参与，与承办单位主要负责人面对面沟通，面对面办理。9月，县人大常委会第5次会议上专题听取和审议县人民政府关于县第十七届人大1次会议代表议案、建议办理情况的报告，截至年底，解决或正在解决的49件，列入工作计划逐步解决的18件，因国家政策或客观条件限制暂时不能解决的32件，22个承办单位均以文件形式答复相关代表，在收到的38份反馈意见中，代表满意的37份，基本满意的1份，满意率97.4%。

【领导名录】

党组书记、主任	余佳祥
党组副书记、副主任	李开进
党组成员、副主任	唐晓萍　曹长友
	聂　毅　杨　波
党组成员、办公室主任	刘　成

县人民政府

【概述】 龙山县总面积3131平方千米，辖21个乡(镇、街道)、397个村(社区)，总人口61万。龙山位于湖南省西北部，处于湘、鄂、渝三省(市)交界之地，属全省最偏远的县(市)之一；地处武陵山区腹地，是长沙市、武汉市、重庆市、贵阳市4个省会城市和吉首、张家界、恩施、黔江、铜仁5个地级市的几何中心，是黔张常铁路、吉恩高速、黔张高速的交汇处，史称“湘鄂川之孔道”。

以土家族、苗族为主的16个少数民族人口占全县总人口的81%；是土家族的发祥地之一，土家织锦技艺、土家摆手舞等6个项目列入国家级非物质文化遗产名录，有国家级代表性传承人7人。任弼时、贺龙、关向应、王震、肖克等老一辈无产阶级革命家曾在这里创建湘鄂川黔革命根据地，并在县境茨岩塘镇建立湘鄂川黔省委、省革命委员会和省军区，有革命旧址13处，是全国爱国主义教育基地。有“乌龙山国家地质公园”、“岩溶地质的百科全书”洛塔石林、“南方空中草原”八面山、“佛教圣地”太平山等自然风光；水利、森林、草场等自然资源丰富；煤炭、紫砂陶、石英砂、大理石、页岩气等矿产储量巨大；森林覆盖率达71.2%，是湖南省首个林业碳汇工程试点县。龙山是秦简文化的核心区、土家文化的发祥地和红色文化的富集区，拥有“中国民间文化艺术之乡”“中国土家族摆手舞之乡”“中国土家织锦之乡”“中国历史文化名镇”“国家非物质文化保护示范区”等40余个国字号品牌。特别是3.7万余枚秦简的出土，被誉为“21世纪以来最重大的考古发现”，其中“九九乘法表”简牍的出土，证明我国发明乘法口诀表比西方要早600多年。

2017年，全县完成地区生产总值(GDP)81.43亿元，同比增长8.2%；财政总收入8.45亿元，增长20%；固定资产投资55亿元，增长3.2%；规模工业增加值5.56亿元，增长11%；社会消费品零售总额43.11亿元，增长12%；城镇居民人均可支配收入20052元，增长9.6%；农村居民人均可支配收入8532元，增长11.8%。金融机构各项存款余额152.4亿元，比年初增长11.8%。

2017年12月13日，县委副书记、县长刘冬生出席“湖南乌龙山国家地质公园”开园仪式

【项目建设】 全县“十百千”项目共完成投资69.48亿元。其中，十项重大工程完成投资29.35亿元，两项单列工程完成投资8.5亿元，103个重点项目完成投资30.68亿元，千件民生实事完成投资9500万元。新引进投资1亿元以上项目8个、10亿元以上项目1个。全年新建、续建招商引资项目43个，到位资金31.08亿元。城镇建设项目。县体育中心项目累计完成投资3.25亿元，“一场两馆”主体工程全部完工。行政大道完成投资1600万元，民族北路(学府路)延伸工程开

工建设。“山水龙城”两河休闲风光带(一期)累计完成投资3.3亿元,完成园林整修和8.3公里电瓶车道水稳层建设。城区入城口人行道改造完成路基硬化。总投资4.9亿元的高铁新区项目开工建设。智慧城市市民之家大楼基础工程进展顺利。皇仓坪公园一期绿道已投入使用。华塘新区完成教体中心安置区建设。土城坝片区综合开发累计完成投资2.9亿元,3栋商住楼建至20层。老城棚户区改造工作扎实推进,全县2016年棚改项目完成征收补偿707户,拆除旧房面积1万平方米。推进步步高、回龙花苑等7个老旧小区改造,改造面积29.84万平方米,受益群众2659户。交通项目。黔张常铁路(龙山段)完成投资8.45亿元。龙山至桑植高速公路正在进行环评、工可评审和初设。张花高速里耶连接线完成路基工程量的70%。国道353线狮子村至湘鄂情大桥公路等干线公路进展顺利。洗车至里耶二级路建成通车,石牌至洗洛二级路基本完工。水利能源项目。落水洞电站完成投资1.2亿元,完成一期工程。石羔水厂完成投资7800万元,完成主体工程及应急水源工程。里耶堤防工程完成投资5400万元。大湘西天然气长输管网工程建设项目(龙山段)基础已完工,正进行管道焊接。220千伏输变电工程正抓紧实施。同时,县城殡仪馆及公墓山项目一期墓区工程进入竣工结算阶段,二期项目开工建设。832个民生实事项目全部完工。PPP项目。全县落地PPP项目19个,总投资约140亿元,入库项目12个。其中,开工建设项目4个,总投资约18亿元,进入项目采购阶段8个,投资约61亿元。通过向政策银行贷款、商业银行贷款、基金申报等融资方式落实政府类项目建设融资33.86亿元,完成基金收入5.6亿元,依法追缴历年欠缴税费、基金2.8亿元。完成土地报批4500亩、新增储备土地1210亩、控制储备土地1043亩。

【城镇建设】 新一轮城市总体规划(2015—2030年)编制工作基本完成,新老城区控制性详细规划编制初步完成,里耶镇城市总体规划和旅游修建性详细规划通过行政审查,苗儿滩镇捞车村、六合村、靛房镇万龙村、里耶镇长春村等传统村落保护规划大纲完成规划评审。完成10个美丽乡村建设示范村的村庄规划行政评审。投资4.5亿元的亿利购物广场项目已完成主体,正进行商场设计。湖湘商贸县乡流通再造工程完成投资1.18亿元。武陵王府井商业开发项目完成一期征拆。岳麓大道改扩建项目建成投用。华塘商居城16栋建筑已完成主体,累计完成投资4.5亿元。典雅华塘中央商贸城完成投资8000万元,正进行拆迁。教体中心已完成规划选址,正进行征地拆迁。启动县城污水处理厂二期工程。里耶污水处理厂重点减排项目通过省级验收。城区环卫工作实现市场化营运,里耶镇区环卫市场化加速推进。狠抓城乡同建同治,规范渣土运输,加强城区占道经营、乱停乱摆等现象整治,市容市貌得到改观。推进“两违”整治,开展大型专项整治行动27次,曝光“两违”典型案件27起,对严重违反规划的109宗“两违”建筑依法拆除,立案调查公职人员和村主干参与“两违”行为23起,党纪政纪处分21人。启动18个乡镇20处公益性墓地建设。

【产业建设】 工业经济。启动实施工业投资额1000万元以上重点项目10个,累计完成工业投资2.6亿元。工业集中区一期项目完成投资1.2亿元,建成8栋标准厂房8.42万平方米,总投资4.5亿元的标准厂房二期项目开工建设,完成投资6000万元。成功引进湖南欣梦瑶寝具、上海允蒂实业、深圳泰成达电子、上海星珂环保、湖南蓝天阳工程等一批实力雄厚的大企业入驻园区。昶光农业、土家巧手、洗洛矿泉水等重点企业搬迁扩能项目有力推进。农业产业。全县粮食播种面积稳定在62万亩,粮食总产量达20万吨。烤烟种植面积6.3万亩,产值2亿元,烟税创收3800万元;百合8.7万亩,产值10亿元;蔬菜9万亩,产值2亿元;中药材5万亩,产值5亿元;柑橘14.3万亩,完成低改、品改1.1万亩。发放55项惠民补贴3亿元,投入农业小额贴息贷款8700万元。新增“百万农机合作社”9家。土地确权颁证工作基本完成，规模流转土地4.6万亩。全县农特产品在长沙通程超市设立销售专柜，在济南市市中区设立免费展销窗口。龙山百合国家地理标志产品保护申报成功，“佳湘源”百合干片获十五届中国国际农产品交易会金奖，成功举办首届百合文化旅游节。生态文化旅游业建设。里耶—乌龙山风景名胜区获评国家级风景名胜区。里耶景区累计投入3亿元，基本完成古城区街道改造、地下停车场及秦简博物馆整修等工程。惹巴拉景区综合开发累计完成投资近3亿元，民族影视基地已完成主体建设，民宿酒店可对外营业，总投资10亿元的田园综合体PPP项目正在进行招投标，景区建设进入快车道。乌龙山大峡谷景区全面完成鲢鱼洞、惹迷洞灯光改造，基本完成慢行车道、森林绿道、高端木屋等工程，全年接待游客50万人次，实现旅游收入2000万元。商贸物流业。红星美凯龙累计完成投资2.4亿元，基本完成主体工程。总投资10亿元的万汇国际商品博览城一期项目开工建设。新增长兴商贸、世纪百年酒店2家限上流通企业。成立县级电商公共服务中心，建成农村电商服务站30个。实际利用外资30万美元。商事制度改革深化，各类市场主体发展到1.59万户。

【社会事业】 全县民生资金支出23.89亿元。教育事业快速发展。总投资16.5亿元的城区教育布局调整项目开工建设，3年内新建学校11所，改建5所，扩建2所，新增学位2.5万个。投资1200余万元实施9所农村薄弱学校改造、农村保育式学校建设。引进、培养高学历教师324人，2017年高考本科上线1527人，7名考生被清华北大录取。卫计事业不断进步。完成大安、农车、咱果等3所乡镇中医馆建设，全县中医馆达19所。投资2000万元，实施466所卫生室建设，靛房、石牌、洗洛、里耶、红岩、兴隆等7个乡（镇、街道）卫生院改建、扩建项目启动建设。实施农村妇女“两癌”免费检查8500例，落实产前免费筛查5400例，基本药物制度累计为群众减轻医药负担1992万元。人口计生利益导向机制不断完善，计划生育奖补标准提高。文化科技工作成果丰硕。全面完成建州60周年系列庆祝活动，土家织锦《甲子顺锦》60米长卷成功申报吉尼斯纪录。文艺创演精彩纷呈，靛房镇毛古斯情景剧《石梯乐土》创作完成，创作各类优秀文艺作品400余件，获国家级奖励4项、省级奖励20项，参加国际性活动2次、全国性活动5次，举行“湖湘文化进万家”等活动200余场。投资2800万元，完成175个乡村文化广场建设。投资1200万元，完成里耶麦茶古墓群发掘展示及安防工程。投资1300万元，完成湘鄂川黔革命根据地3处旧址维修工程。科技创新再创新高，申请专利77件，授权专利43件，承担省州科技计划项目11项，培育高新技术企业2家。社会保障体系不断健全。筹集城乡居民医保基金3.35亿元，发放城乡居民医保补助2.62亿元，累计发放医疗救助、残疾人“两项补贴”等资金1.02亿元，城乡低保、特困供养人员生活救助标准提高。深化医疗卫生体制改革，通过取消药品加成、调整部分医疗服务价格、完善医保支付方式和增加财政专项补助，基本破除“以药补医”机制。累计投资7亿元推进保障性住房建设，已建成4776套，基本解决群众住房难问题。开展就业创业技能培训5000余人，新增就业再就业6200余人，发放创业贴息贷款1805万元，带动社会投资3000万元，创业就业成效明显。社会治理水平不断提升。开展“打非治违”行动，排查整治安全隐患6000余处，整改重大隐患20处，整合采石场19家，关闭退出煤矿1家、烟花爆竹生产企业3家，责令25家违规企业停产停业。科学划定2017—2021年畜禽养殖禁养区、限养区和适养区，扎实推进畜禽养殖“三退一进”工作，实现湘健牧业有限公司生猪养殖场稳定退养。加强市场监管，市场执法和消费维权有序开展，未发生重大食品药品安全事故和特种设备安全责任事故。建立健全信访案件三级责任体系和非访治理分类处置长效机制，建立16个行业性专业性调解组织，调处社会矛盾纠纷2268起，承办省州交办重点信访积案17件，化解16件，全年无到州赴省进京集体上访，未发生群体性非访事件,党政主要领导接访下访和信访积案化解工作在全州推介。深入推进综治创新,启动“一村一警”工作,建设县、乡、村三级综治中心161个。乡(镇、街道)网格化分指挥中心21个、村(社区)网格站252个,实现综治视联网、网格化信息平台、电子监控平台和综治信息平台“四网合一”,综治中心规范化建设经验在全省推介。严厉打击各类违法犯罪活动,破获刑事案件584起,查处治安案件1123件。

【红星·美凯龙e家天下家居建材国际商贸城一期工程】 红星·美凯龙e家天下家居建材国际商贸城项目,概算总投资10.2亿元,规划占地面积100余亩,规划建筑面积18万平方米。一期工程占地近70亩,计划投资3.5亿元,建设工期2年,其中主体建筑地上4层,建筑面积1.8万平方米,是融商贸综合区、金融办公区、生活区为一体的大型商贸综合体。对提高全县及周边区域居民生活质量、促进经济快速发展具有重要作用。

【惹巴拉土家文化生态公园第二期项目】 龙山县惹巴拉土家文化生态公园第二期建设项目正式开工。项目包括3桥1路,即儿车河大桥、洗车河大桥、六合大桥、黎明至六合旅游公路,总投资2170万元。惹巴拉旅游投资有限责任公司按照“一年夯实基础,两年基本建成,三年大见成效”的总体目标,稳步推进景区景点建设和景区内基础设施建设。

【领导名录】

县　长	刘冬生	2016年11月任
副县长	蔡　龙	2015年8月任
	刘昌荣	2015年3月至2017年8月(挂职)
	李凯航	2016年2月至2017年2月(挂职)
	刘志国	2017年9月任(挂职)
	徐志军	2017年11月至今(挂职)
	李冬梅	2012年11月任
	储　军	2012年11月任
	张肇琴	2012年11月任
	彭绍兴	2015年5月任
	龙世平	2016年10月任(挂职)
	李　博	2016年11月任
	梁兴华	2016年11月任
	娜么塔	2017年10月任(挂职)

政　府　办

【概况】 龙山县人民政府办公室是县人民政府的办事机构,是上情下达、下情上报的枢纽,是政府日常工作的综合协调部门。2017年,县政府办公室(以下简称县政府办)紧紧围绕中心工作,着力推动管理创新、服务优化、效能提升,较好地发挥了联络中枢、协调纽带、参谋助手和后勤保障作用。

【信息调研】 2017年,县政府办围绕湘西州委、州政府和龙山县委、县政府的中心工作及群众关心的热点、难点问题,组织开展专题调研,《让党的十九大精神在龙山落地生根》《构建龙山县全域旅游格局的思考》等调研文章在《湘西工作》《团结报》发表,系列工作建议均被采纳。加强对各种信息的“甄别”和“分析”,编印《信息摘报》为领导提供客观全面的决策参考依据。向州政府办编辑报送政务信息300余条,获采70条次。

【办文办会】 2017年,县政府办推进完善政府系统电子政务网络建设,形成即时处理公文的协同办公机制。共审核、制发本级公文561件,办理来文来电来函600余件。认真筹备会议,坚持能不开的会不开,能合并开的会合并开,做到少开会、开短会、开好会。共办理县政府全会2次、政府常务会16次、县长办公会33次、副县长专题会议67次,撰写综合材料300余篇。

【督查考核】 2017年，县政府办创新督查方式，增强督查实效。采用定期不定期的方式对州对县目标管理工作进行调度，按季督查考核，将考核结果与单位绩效工资、干部评先评优挂钩。积极督办领导批示件和会议议定事项。共组织督查30余次，发督查通报（专报）12次（期），督办政府常务会议所定事项22个、县长办公会议所定事项13个。督办领导批示件11件，增强了政府执行力。

【政务服务】 2017年，县政府办"内视信息"深化"放管服"改革，取消调整行政审批事项75项，取消行政权力事项13项、转移9项、暂不执行3807项。优化行政审批流程，加快县乡村综合服务平台建设，建立重点企业、重点项目全程代帮办制度。县政务服务中心共计受理各类行政审批及服务事项42.3万件，办结42.29万件，其中行政审批事项9.04万件，公共服务事项21.82万件，其他服务事项11.44万件，办结率99.9%。严格执行县长热线电话办公室工作制度，受理群众反映的问题5352件，按期转办率100%，电话交办5140件，办结率100%，书面交办41件，办结率100%。

【应急管理】 2017年，县政府办进一步规范值班应急值守工作制度，建立健全突发公共事件信息报告工作机制，坚持24小时值班，制定值班工作人员责任表，把工作任务落实到具体人员。加强值守，确保24小时电话畅通，做到早发现、早报告、快应对，及时报送应急信息，严格值班制度，要求办理值班业务迅速、准确、及时，提高应急值守与应急反应能力，处理好重要事项，认真做好值班记录和交接班工作。保证突发事件处理及时、信息报告及时，信息渠道畅通无阻。

【依法行政】 2017年，县政府办对土地管理、居民医保、行政审批和财政资金等一系列配套政策措施和文件进行法律审查。依法审查县政府规范性文件37件。推行行政复议应诉案件分析例会制度，受理行政复议申请13件，结案13件。贯彻落实行政首长出庭应诉制度，县政府共发生行政应诉案件27件。建立健全市政府信息公开管理机制和发布机制，加强政府网站信息内容建设和管理，推进重点领域信息公开。全年发布政府信息1.14万条。严格按照上级政府要求，清理政府权力清单和责任清单，实现县本级及万条36个政府部门权力清单和责任清单正式对外公布。承办州人大建议、政协提案33件，其中人大建议12件（主办7件），政协提案21件（主办10件）。县人大建议97件（1件议案），政协提案152件。面商率、办结率、满意率均达100%。

【自身建设】 2017年，县政府办深入开展"两学一做"学习教育活动。组织开展"四讲四有"专题学习研讨，学习《关于新形势下党内政治生活的若干准则》《中国共产党党内监督条例》等中央重要规章条例，学习习近平新时代中国特色社会主义思想和党的十九大精神。召开领导班子专题民主生活会，对照"四个合格"开展党性分析，查摆突出问题，切实增强"四个意识"。大力整治"慵、懒、散"，从严控制接待规格，反对铺张浪费。牵头开展"两违"行为等专项整治行动。加强制度建设，建立完善各项规章制度，强化制度执行，坚持把握重点，分类推进的原则，从根源上铲除"四风"问题滋生的土壤。

【领导名录】

主　任	田富荣
副主任	田金印　田贤文　向　荣
	向心国　黎书俊　周明泽
纪检组组长	向朝阳

信　访

【概况】 2004年，龙山县信访局成立，为县政府工作部门，核定编制4名，2006年编制增至7名。2014年，信访接待办理中心成立，属信访局下属事业机构，核定事业编制9名，2016年增编2名。至2017年，全局有行政人员7人，事业单位工作人员11人。设综合办公室、办信室、网信室、复查复核办公室、信访联席会议办公室、信访督查室和财务室。工作职责主要是负责人民群众来信、来访、来电，确保信访渠道畅通，承办领导批示交办、转办、督办的信访事项，协调处理跨地区、跨部门的重要信访问题，负责协助组织实施全县信访工作目标考核管理，加强信访队伍的自身建设，分析、研究和探讨信访工作的规律，指导信访工作实践，发挥信访工作的社会效益。获2017年度全州信访工作优秀县市。

【工作机制创新】 2017年，县信访局建立县级信访积案化解工作专班，共办理信访积案13件，实现息访息诉9件，息访息诉率达69.2%，远高于全州40%的平均水平；建立驻京接访劝访工作一体化机制，外围查控重点人员68人次，送返劝访99人次；建立律师坐班接访、代理信访积案工作机制，引入5名公职律师全程参与信访接待办理中心的信访接待和领导坐班接访工作，处置信访案件17件，安排3名律师参与信访积案化解，有效化解姚敦明、肖昌岗等涉法涉诉信访积案；建立信访联席办三次通报一票否决制，压实信访工作责任，信访联席办信访案件及时推送办理，推送信访突出问题49件，得到州信访联席办领导的高度肯定，并作为典型推介。

【基层基础建设】 2017年，县信访局成立人员稳控、应急处突、信息研判报送、矛盾纠纷排查化解和积案化解工作专门班子，实行专班专治，夯实基层基础；网信工作纳入信访目标考核管理，按月按季细化量化网信工作指标，网信占比达64.7%，位列全州第一；规范信访工作流程，将接访劝访、复查复核、来信来访、网上投诉等业务进行规范，对信访案件受理、办理、答复、送达作出明确要求；对信访专干进行了专门培训、定期抽调跟班和交流学习，培训125人次，其中县委党校专题培训3次，组织信访专干到信访局跟班学习12人次，人员交流7人次。

【信访积案化解】 2017年，县信访局开展信访积案化解"清仓见底"专项行动。省州交办信访积案17件，办结17件，办结率100%，化解16件，化解率94.1%；息访息诉6件，息访息诉率35.3%，标识录入8件，整理形成卷宗16件；县交办信访积案32件，办结32件，办结率62.5%，其中息访息诉10件，息访息诉率31.2%。

【群众来信来访】 2017年，县信访局进京访共75批103人次(未报州56批70人次)，较上年同期91批145人次，批次下降17.6%，人次下降29%，其中非访20批24人次，较上年同期16批16人次，批次增长25%，人次增长50%；赴省上访88批116人次，较上年同期5批14人，批次增长1660%，人次增长728%；到州上访46批67人次，较上年同期51批217人次，批次下降9.8%，人次下降69.1%；1至12月信访局转送、交办群众来信、网上投诉共1580件(其中，来信162件，来访549件，网上投诉件869件)，较上年同期比1645件(来信267件，来访832件，网上投诉546件)，下降4%，及时受理率达98.9%，按期办结率达100%，位列全州第二。

【联席会议】 2017年，县信访局召开信访联席会议24次，专题联席会议11次，出台联席会议纪要35份，联席办共发函39次，发文21次，涵盖工作制度、工作安排、案件办理、重点人员稳控、工作协调等各个方面，信访工作责任进一步压实。特别是在县信访工作联席会议上，向信访工作联席办汇报工作18次，分析研判信访工作形势9次，调度责任单位8批次，提出建议意见15条，推送49信访积案办理、126重点人员和45个重点群体的稳控和3个信访责任制落实。

【复查复核接访劝返】 2017年，县信访局信访复查复核办公室共收到复查申请15件次，开展调查取证复查5件次，其中到州复查复核3件次，解决1件，不予受理10件次。接访劝返进京访人员共75批103人次，赴省上访51批89人次，外围查控68人次。

【责任追究依法处置】 2017年5月，县联席办通报批评县住建局、民安街道和茨岩塘镇。7月，对民安街道、茨岩塘镇、红岩溪镇、兴隆街道"一把手"进行约谈。8月，对积案化解不力的县法院、县维稳办、县供销联社，对人员稳控不力的民安街道、兴隆街道、茨岩塘镇，对四部委交办案件办理不力的县检察院，对执行县目标管理不到位的县信访局给予通报批评。10月，通报批评人员稳控不力的县农商行和稳控责任人。

教育训诫79人次，行政拘留16人次，刑事拘留5人次。

【领导名录】

局　长　　罗胜东
副局长　　彭　军　胡圣波　刘国政

民族宗教

【概况】 龙山县民族宗教事务局是县人民政府工作部门。前身为县民族委员会，2010年更名为县民族事务局。2015年，县民族事务局与县宗教局合并为县民族宗教事务局(以下简称县民宗局)，局内设机构有办公室、民族事务股、宗教事务股，局下属机构有县民族研究所。2017年，有工作人员20人。主要职责是宣传贯彻落实党和国家在民族宗教的方针政策和法律法规；维护和发展各民族平等、团结、互助、和谐的关系，实现各民族"共同团结奋斗、共同繁荣发展"；参与协调少数民族经济发展、教育、科技、文化等方面的工作；加强宗教事务管理，维护宗教正常秩序，促进宗教关系和谐和顺。

【民族宗教政策宣传】 2017年，加强对《中华人民共和国民族区域自治法》和《国务院实施〈中华人民共和国民族区域自治法〉若干规定》《宗教事务条例》等民族宗教政策法规的宣传，结合"两民"企业贴息贷款和民族教育等优惠政策，重点深入到民贸民品等民族企业和县城中学及边远乡镇中小学校进行宣传，近万名企业职工和学校师生受到教育。按照《中华人民共和国国家民族事务委员会中华人民共和国公安部令(第2号)》《湖南省民族宗教事务委员会湖南省公安厅关于印发〈湖南省公民民族成份登记管理实施细则〉的通知》(湘民宗通〔2015〕75号)、《中国公民民族成份登记管理办法》有关文件，工作人员认真做好公民个人少数民族成份更改工作。同时，按照全国高考工作相关要求，认真审核2017年参加高考学生民族成分，及时宣传相关政策，实现此项工作零信访。

【民族团结进步创建】 2017年，县民宗局按照州民宗委相关工作要求，民宗部门工作的重点之一是继续做好民族团结进步示范创建工作。

【领导重视】 为深入开展民族团结进步创建活动，龙山县成立了由县委书记任组长，县长任第一副组长，其余县委常委及人大、政府、政协联系分管领导为副组长的创建活动领导小组。县委常委会议、县政府常务会议多次研究解决工作中出现的问题。县委、县政府先后印发《龙山县全国民族团结进步示范县创建活动实施方案》《龙山县创建全国民族团结进步示范县宣传方案》《龙山县全国民族团结进步创建示范县示范点名单》《龙山县深入推进全国民族团结进步示范县创建工作考核办法》《龙山县2017年民族团结进步创建工作考核办法》等指导文件，全面部署民族团结进步创建活动，形成了分工明确、责任到人、层层落实的工作机制，创建活动强力推进。

【责任分解】 龙山县明确21个乡(镇、街道)、80个县直副科级以上单位、全县规模以上企业和中小学等全部为创建单位,在全州民族团结"七进"创建活动基础上,增加了民族团结进步创建工作进"医院"等"八进"工作,县财政每年安排创建经费50万元以上,全力保障创建活动顺利开展。打造了捞车河村、靛房镇九年制学校、地税局、国税局、靛房镇、油菜坪社区等一批示范点,全面捆实工作责任,形成多级联动的创建格局。

【交流合作】 龙山县位于湘鄂渝3省市交界处,与湖北来凤县、重庆酉阳县毗邻相接。结合这种独特地理位置,龙山县积极创新方式,创造性地开展跨省民族团结进步创建工作。在与重庆市酉阳县、湖北省来凤县创建工作中建立县与县的联谊交往制度,3县长期和睦相处、团结共进,经贸、人文交流与合作十分活跃,3县党政"一把手"每年都要跨过团结桥,渡过酉水河,亲切"握手",同创和谐,共谋发展。建立部门之间的协作合作组织,县对县、局对局、行业对行业,建起了民族、工商、税务、卫生等20多个协作组织,涉及政治、经济、文化、社会生活各个领域。建立毗邻乡镇之间的合作平台,以龙山县桂塘镇为中心,联合3县边界十多个乡(镇)共同组建成立湘鄂渝边区民族团结促进会,每年定期开展各种民族交往联谊和经贸协作活动,开展生产互助,共同开发资源,共同发展边界贸易,联手兴办公益事业,不断谱写共同繁荣发展的新篇章。

【民族语言保护】 2017年,县民宗局在他砂、靛房和坡脚等片区学校开办"双语"(即汉语、土家语)教学试点班。同时在学校开展民族文化大课间活动,为学生营造良好的语言文化氛围,对土家语、土家文化的传承、保护起到积极的推动作用。

【民族文化研究】 2017年,县民宗局组织县内民族文化专家学者对民族古籍开展调研和资料收集,撰写相关文章,编辑资料书籍,出版《湘鄂西之恋》《老家记忆》《苏姆切碧》《土家山歌情》等民族文化书籍。为保护、传承土家族毛古斯,组织国家、省、州、县各级传承人录制土家族毛古斯《石梯乐土》。经过校地协商,西南民族大学同意在龙山县设立惹巴拉土家文化研究基地,双方协作运行,共享研究资源。

2017年5月,县民宗局在全县开展法治宣传教育月活动。图为局党组书记、局长向邦平(右一)给村民发放宣传资料

【特色村镇建设】 2017年,县民宗局以苗儿滩镇捞车河村、洗车河镇、桂塘镇获得第一届、二届、三届湖南省"最美少数民族特色村寨"为契机,县委、县政府集中在捞车河村及洗车河区域开发惹巴拉乡村旅游景点。龙山县将惹巴拉影视城打造成中国土家族博物馆。是年,近2000余件藏品进馆摆放;中国土家族博物馆和惹巴拉土家文化研究院合署办公、平台共用。龙山县借助惹巴拉土家文化研究院的运行,借助惹巴拉乡村旅游的蓬勃发展,

把惹巴拉打造成土家族文化研究的"高地"。在惹巴拉(捞车河,树比,六合)建设土家碾房、榨油房、水磨香车、染房。通过土家工坊的建设,将土家文化完美展现。在惹巴拉改造的23栋土家民居,91间客房开始营业;在乌龙山大峡谷新建12栋木楼民俗酒店。

【土家织锦】 2017年,龙山县土家织锦生产模式由传统家庭生产的单一模式转变为"企业＋基地＋织锦户""传承人＋企业""织锦户＋作坊"等多元模式。是年,龙山县有织锦注册公司6家,家庭散户400多户,从业人员2300余人,有土家织锦艺人800余人。其间组织52名土家族干部和专业技术人员到西南民族大学学技术、学管理,推动织锦企业上水平、上档次,同时实现土家织锦技艺有效传承。

【宗教事务】 2017年,县境活动的宗教主要有佛教、道教、基督教三大教。依法登记的爱国宗教团体有龙山县基督教三自爱国运动委员会、龙山县佛教协会两个宗教组织。宗教活动场所有36处(其中佛教27处、基督教8处、民间信仰1处),宗教教职人员128人,其中道教99人、佛教8人、基督教21人,信教群众5万余人。

【宗教工作】 县民族宗教局与相关职能部门和各乡(镇、街道)紧密配合,成立"反邪防渗"领导小组,重新登记宗教教职人员,调查和清理整顿全县的宗教活动场所以及宗教活动情况,重新核发宗教场所登记证,新报3处佛教场所和1处基督教聚会点,并申报7处民间信仰场所,新增11名教职人员,通过登记,全县宗教底子全部澄清。

【工作主线】 开展对私设聚会点、乱建寺庙滥塑露天宗教造像、宗教活动场所承包等一系列专项整治行动,并会同公安、民政、610办等部门建立依法治教联动长效机制,对邪教势力进行摸底调查,震慑取缔了邪教活动。

【工作主旨】 充分发掘宗教界在扶危济困、赈灾救灾、捐资助学等方面的积极作用,2017年"洗心基金会"深入全县偏远山村开展"洗心助学走访活动"资助被二本以上院校录取的应届高考毕业生20名,江苏常熟市辛庄念佛堂爱心团队一行来到龙山捐赠物资折合人民币40余万元。多项慈善活动的开展为学子及困难群众送上宗教界人士的关怀,社会反响极好。

【领导名录】

党组书记、局长	向邦平
党组成员、副局长	李世选　徐克耀
副局长	魏雯岚
党组成员、纪检组组长	田世红
党组成员	肖昌林
党组成员、工会主席	陈　杰

政务服务

【概况】 县政务服务中心成立于2002年,为县政府直属参公管理的正科级全额拨款事业单位。下设公共资源交易中心和代(帮)办中心。2017年,县政务中心工作人员达250余人,193个行政审批服务项目、43个代(帮)办事项全部进驻县政务中心办理。

政务服务坚持"县级抓标准、乡镇抓延伸、村级抓代办"的工作思路,以方便群众为宗旨,以"依法、公开、便民、高效"为原则,以群众满意为目标。全年共计受理各类行政审批及服务事项423038件,办结422992件,其中行政审批事项90371件,公共服务事项218223件,其他服务事项114398件,办结率99.9%。

【全程代办和并联审批】 2017年,县政务服务中心创新开展全程代办、并联审批工作,组织相关单位召开联席会议并编写《全程代办、并联审批指引》,设立绿色通道,出台《招商引资绿色通道制度》《长沙市对口帮扶龙山县项目绿色通道制度》。

2017 年 8 月 15 日，副州长桂华(右三)到县政务服务中心调研指导工作

【政务服务代(帮)办中心】 2017 年 11 月 7 日，县编办下文同意成立龙山县政务服务代(帮)办中心，代(帮)办综合受理 12 个单位共计 43 项行政审批事项。为群众和企业办事更方便、更高效、更快捷提供保障。

【服务改革】 2017 年，政务服务中心探索“最多跑一次”服务改革，前往浏阳县政务服务中心进行考察，起草“最多跑一次”服务工作方案，组织召开动员会，完成第一轮事项清理工作，将 205 项政务服务事项纳入“最多跑一次”范畴。

【公共资源交易】 2017 年，政务服务中心公共资源交易中心共完成交易项目 887 宗，交易总额 101791 万元。其中房建工程类 541 宗，交易总额 58738 万元；水利工程类 106 宗，交易金额 8818 万元；交通工程类 238 宗，交易金额 34150 万元；采购类项目 2 宗，交易额 85 万元。

【政务公开】 2017 年，政务服务中心公开重点领域信息。在县政府门户网站上设立重点领域信息公开专栏，把教育、医疗、拆迁补偿、食品安全、就业、招投标、环保、精准扶贫、社会救助等作为重点内容，主动发布信息并及时向社会公开。社会评议监督政务。制定评议监督工作方案，聘请 692 名社会监督评议员，对 21 个乡(镇、街道)和 64 个县直单位政务公开工作进行集中评议打分。强化宣传营造氛围。编制《政务公开工作手册》1000 册，制作政务公开宣传展板，发放各类宣传资料 3000 份。指导村务公开。按照“标准统一、样式统一、内容统一、要求统一”的原则设立村务公开栏，将对村务公开的指导和监督纳入乡(镇、街道)政务公开的考核，占 20 分。

【领导名录】

主　任　田发奎
副主任　黄　超

驻长沙办事处

【概况】 龙山县人民政府驻长沙办事处成立于 1995 年，位于长沙市开福区伍家岭陈家湖社区 18 栋，占地 1051 平方米(国有出让地)，建筑面积 3651 平方米，现设有编制 5 个，正副主任各 1 人，实有工作人员 5 人，属于县政府办管理的正科级全额事业单位。2017 年驻长办职能职责逐步调整，工作重心转为信访维稳、政务联络、宣传推介、招商引资、扶贫助学、劳务输出。

【机构重组】 为全面规范清理驻长机构，龙山县政府在 2016 年 5 月撤销驻长办下面的经营服务公司，并对原有的驻长沙工作人员全部实行回县安置。为解决处理机构改革遗留问题，重组驻长工作机构，2017 年重新拟定了《三定方案》，驻长办由参公单位调整为公益一类事业单位，领导职数由一正两副变为一正一副，人员由原有 24 人减为 5 人，新工作机构于 2017 年 2 月通过委派和抽调两种方式完成重组，成功实现人员大调整和角色大转换。

【信访维稳】 按照全县经济社会发展形势需要，2017 年驻长办重新定位职能角色，把信访维稳工作摆在更加突出位置，处置赴省信访 117 批 180 人次，防控进京访 28 批 36 人次，完成“省两会”、“十九大”等 10 多次特护期维稳政治任务，集体访仅占 2%，正常登记率仅 47%，外围查控高达 80%，全年无非访、无集体非正常访、无影响较大案事件，先后 3 次被评为“信访维稳先进单位”，使得驻长办在经历机构改革阵痛和复杂形势挑战之后，迅速扭转了无人管事、工作断层、全州通报的不利局面。

【解决遗留问题】 针对遗留问题，投入 15 万元，成功实现电表分户改造，解决近 3 年来出租户用电管理难题；投入 30 万元，补发 11 名自收自支人员的工资，结清 20 年来的全部债务；追究 1 名工作人员 5 年前违法违纪责任，报上级已作“双开”处理，对 1 名解聘人员启动测算补偿程序；同时完成资产清算移交，规范房产租赁管理工作，制约驻长工作发展的各种瓶颈问题逐一得到解决。

【平台建设】 推动驻长办新址建设，先后考察 8 处新址，提出 3 套建设方案；对旧址改造进行科学谋划，并完成装修图纸设计和详细的预算测算。同时，对出租的宾馆及门面开展提前回收工作，形成具体回收方案和整体打包租赁方案。在人员选调方面，发布《公选公告》，完成选调笔试程序，平台建设力量配备进入实质性阶段。

【领导名录】

主　任：田　金
副主任：李世祥

信息中心

【概况】 龙山县人民政府信息中心，归口县人民政府办公室管理，正科级全额拨款事业单位，实有工作人员 10 名，其中党员 7 名，位于政府大院旋转楼梯 4 楼，配置机房一间。单位主要工作职责：县人民政府政务信息化工作；承办、管理龙山县人民政府门户网站及政府“两微一端”；政府信息公开目录编制发布和政府工作对外信息宣传；县政府视频会议系统的日常管理；电子政务外网建设与管理；全县电子政务的日常督查和考核；电子政务培训和政务信息业务指导；为县信息化建设提供决策参考；县委、县政府交办的其他工作。

【政务信息公开】 2017 年，全面推进政府信息公开，认真落实《政府信息公开条例》，切实做好政府信息公开指南和目录编制及网站发布工作。加强县政府门户网站建设，做好网站微信、微博发布工作。认真做好财政、发改、建设、教育、卫生、人社等重点部门的信息公开，促进人民满意政府建设。充分发挥县政府网站作为龙山县重要信息平台的作用，加强政务信息采编和发布，办好了重点工作、精准脱贫攻坚、学习贯彻党的十九大等专题栏目。积极向湘西州政府网站报送政务信息，完成目标任务。完善了政府信息主动公开制度、政府信息依申请公开制度、政府信息公开保密审查制度、政府信息年报制度、政府信息公开受理举报制度、政府信息公开新闻发布会等制度，督促各单位予以落实。认真落实县政府办下发的《龙山县电子政务工作考核办法》《龙山县电子政务建设管理办法》，加强对县直部门、乡镇的业务指导，加大督查考核，不断提升政府信息公开水平。

完善政府信息公开查阅中心平台。按照州里要求，全县加强了政府信息公开查阅中心建设，完善了在县档案馆、县图书馆、县政务服务中心设置的"龙山县政府信息公开查阅中心"。县档案馆以历史查阅、现行文件服务为重点，县图书馆以地方文献资料查阅为重点，县政务服务中心以现行文件、政策法规查阅为重点。公开查阅中心运行良好。

编制公开事项清单。按照上级相关文件要求，针对各单位的职能编制了政务公开目录清单。目录清单包括主动公开事项目录、信息发布、政策解读、回应关切、公众参与、监督及建议渠道等6个方面内容。公开事项达500多条，涵盖决策、执行、管理、服务、结果等政务运行过程中应公开的事项，每条事项内容均明确公开时限、公开方式、责任主体，便于监督管理规范。

采取多种渠道和方式，回应公众关注热点或重大舆情情况。除了通过政府门户网站信息公开栏外，还专设了重点领域信息专栏，并积极与县广播电视台、红网龙山站、"我是龙山"微信公众号等媒体衔接、配合发布信息。

【政府网站建设与管理】 网站名称：龙山县人民政府门户网站（http://www.xxls.gov.cn/），网站三大主要功能：政务公开、网上办事、政民互动。

2017年，龙山县政府及各级各部门主动公开政府信息11372条。其中，政府规章文件信息163条，统计信息95条，人事信息152条，财政信息543条，动态信息5193条，其他信息5226条。县政府门户网站网络问政平台来信并处理答复66次，县长热线信箱来信并处理答复86件，文件政策解读63次。

通过网站、公开栏等渠道进行监督，对工作不到位的严格追究其责任。截至2017年12月31日，发出问题整改清单8次，单项工作督办200余次，现场督察12次，工作通报3次。工作效果提升明显，政务公开工作的环境和氛围极大改善。

【政府"两微一端"建设】 微信：龙山县政府网（hnxxls）；微博：龙山县门户网站；APP：湖南省人民政府。

"两微一端"信息主要采取文字、图解、音频、视频、网站链接相结合的形式，内容可视、可读、可感；2017年共发布信息900多条，内容涵盖龙山政治、经济、社会、文化、生态文明建设等方面。为保证其真实权威性，一直致力于加强信息采集力度，完善信息报送系统，保障原创信息质量；其次规范信息转载。转载信息遵守知识产权规定，标注信息来源；同时加强审核。明确审核主体、审核类别和审核流程，严把政治关、政策关、法律关、文字关、保密关、舆情关。

【电子政务外网建设与维护】 政府外网是政府的业务专网，要承载政务部门不需要在内网上运行的业务和政务部门面向社会的专业性服务，与政务内网物理隔离，与互联网逻辑隔离，为政务部门的业务系统提供网络、信息、安全等支撑服务，为社会公众提供政务信息服务。2017年，龙山县接入单位、企业共100家，租用移动公司线路，基本带宽20M。截至2017年12月30日，单位处理全县电子政务外网故障20次，其中个人业务操作不熟5次，网络故障15次，实现电子政务外网正常运行。

【政府视频会议系统运行与管理】 政府视频会议系统采取共享方式与水利山洪灾害监测预警系统、县委乡镇会议系统相结合，租用联通网络线路。由中央、省、州开至县（市、区）及县开往乡镇的视频会每月达8次左右。截至2017年12月30日，县视频会议系统、网络、设备0故障，21个乡（镇）视频会议系统0故障，网络故障24次，设备故障5次。视频会采取会前调试，与会中专人监管，技术人员24小时待命，确保了2017年全年视频会顺利召开。

【智慧龙山项目】 龙山县智慧城市（一期）建设PPP项目是2017年州重点工程（包括在智慧湘西内），项目总投资5.8亿元，包括土建工程和信息化工程两大部分。龙山县智慧城市（一期）建设PPP

项目采取BOT模式建设，合作期为12年，其中建设期2年(2017—2018年)，运营期10年。为加强龙山县智慧城市(一期)PPP项目管理，县政府成立相应的管理单位和机构。龙山县政府办成立了智慧办、指挥部和SPV公司。龙山县于2017年4月成立了湖南建工智龙项目管理有限公司(SPV公司)，10月成立了智慧龙山项目建设指挥部。湖南建工智龙项目管理有限公司共12人，公司有董事会，监事会等机构，共成立了5个部门，综合办公室、工程商务部、财务室、副总经理办公室、总经理办公室。智慧龙山项目建设指挥部，共12人，县网格中心5人，县信息中心4人，城投公司2人，指挥长由常务副县长蔡龙兼任，牵头领导由副县级干部叶玉静担任；信息中心主任魏开旗担任副指挥长，政法委副书记鲁金波担任副指挥长。

【领导名录】

党组书记、主任	魏开旗
党组副书记、副主任	魏宏齐
党组成员、副主任	姚源泉

网格中心

【概况】 龙山县网格中心成立于2014年12月，为县人民政府办公室管理的全额拨款事业单位，2016年10月升格为副科级事业机构，核定领导职数主任1名，全额拨款事业编制10名，其中九级管理职员9名，网格中心内设主任室、综合办公室、技术室、县长热线办公室、话务中心，并配备指挥中心。

2017年，全县网格化信息平台共受理事件23897件，办结23337件，办结率97.65%，办结回复率100%，群众满意率94%。县长热线全年共受理来访件4725件，与2016年度同比增长192.6%，其中直接协调和电话交办件4684件，领导签批件41件，办结率100%，群众满意率93.2%。

【网格化基层基础】 2017年，全县建设网格站252个，对所有村(社区)落实了办公场地、办公电脑及办公设备的配备，办公网络的开通、网格化平台运行，组织机构、岗位职责、工作制度上墙。各乡(镇、街道)调整农村网格长，取消原村民小组长兼任，按1000人1名、2000人2名、3000人以上3名的原则，重新选配了年龄结构合理、具备使用智能手机和电脑基本操作能力的农村网格长503名，每个村(社区)明确1名网格长负责网格站平台操作，每名农村网格长每年工作报酬达4000元以上。根据工作实际需要，在原有19个城市社区的基础上，将华塘街道3个社区、石羔街道6个社区、里耶镇4个社区共13个社区新纳入城市社区管理，重新划分城市网格，每个社区配备1名社工，每个城市网格配备1名网格长，石羔、里耶2个分指挥中心各配备1名社工专抓网格化工作，是年12月，全县城市社区32个、社工39名、城市网格长234名。县网格中心技术人员分成3个组，深入乡(镇、街道)、深入村(社区)，开展系统性业务培训和指导，开展县级培训2次、乡级培训52场次、村级216场次。

【强化网格化职能准入部门管理】 2017年，在原有的18个准入部门基础上，新增23个职能准入部门。明确新增职能准入部门的分管领导及专抓人员。完成41个职能准入部门网格化信息平台的安装，并开展各部门分管领导及专抓人员系统的业务培训。

【深化网格化信息平台运用】 2017年，将县司法局、县民政局、县残联、县房管局、县安监局等20个职能准入单位数据纳入县指挥中心平台，丰富和更新县网格化系统基础数据库，使平台数据信息更加扎实、全面。6月13日，全州司法行政系统现场交流会在网格化指挥中心召开。实行12345、县长热线、网格化服务热线、非警务报警与网格化信息平台对接，全方位、全天候受理群众诉求。建立“网格龙山”微信公众号，并经过二次技术研发，完成与网格化信息平台的数据对接，通过“百姓互动”栏目与群众深度互动，目前微信公众号关注人数达1万多人，推出18期工作动态。同时在21个乡（镇、街道）和每个网格广泛建立网格微信群，要求乡（镇、街道）干部及社区干部、网格长、村组干部必须加入，推行农业产业户、农村合作社成员进网格微信群。

【推动试点创新】 2017年，县网格中心积极推动试点创新，在苗儿滩镇创办试点，在每个村（社区）的村部、进出路口、重要部位安装高清电子探头，接入镇网格化分指挥中心电子大屏，实现基层党建、治安防控工作可视化调度，试点创办成功后逐步铺开到所有乡镇。是年年底，4个村安装的14个电子探头成功接入镇网格化分指挥中心，运行正常，效果明显。在民安街道回龙社区回龙花苑、锦绣花园小区创办网格化社会服务管理进小区试点，选配7名楼栋长，依托网格化信息平台数字物管子系统开展网格化工作。“三实”信息采录维护与网格化对接受到省、州充分肯定，全县被省公安厅确定为全省6个试点县之一。

【领导名录】

主　任　　梁　萍

接待事务中心

【概况】 2016年12月，原龙山县人民政府招待所、县委接待室更名龙山县接待事务中心（民族宾馆）。隶属县人民政府办公室管理，承担县委、县政府接待服务职能。坐落于新建北路63号，占地面积8500平方米，建筑面积1.2万平方米，属国家三星级旅游饭店、“湖南省省直、湘西州州直”指定接待单位。在编人员78人，退休人员20人。有各类规格现代化多媒体会议室8个，可满足20～600人会议要求；宴会厅2个，包间8个，就餐位600个。2017年，投资144万元装修主楼客房、添置客房布草、整改餐厅操作间、美食楼包间和绿化院落环境。实现销售收入1400万元。是年再获“湖南省保护消费者合法权益先进单位”、“湘西州最佳星级饭店”、“湘西州文明旅游饭店”等多项荣誉。

【领导名录】

总经理　　田　娅

政协龙山县委员会

【概况】 政协龙山县委员会成立于1984年4月15日。本届县政协有13个界别、208名政协委员、31名政协常委。工作机构设办公室（办公室下设社情民意信息中心、委员联络中心，社情民意信息中心加挂云平台管理中心牌子）、6个专门委员会（人口资源环境委员会、文史学习委员会、提案委员会、民族宗教法制群团委员会、经济科技联谊委员会、文化教育卫生体育委员会）。2017年，县政协机关有编制27名，其中行政编制14名、全额拨款事业编制10名、工勤编制3名，实有在岗人员33

2017年11月24日，酒店顺利通过国家三星级旅游饭店常规性复核

人，其中驻会主席和副主席5人、兼职副主席1人、副县级干部1人、科级干部17人、事业编制7人（另外4人正在招考）、工勤人员2人。县直机关和乡（镇、街道）设32个委员组，其中县城机关单位11个委员组，乡镇（街道）21个委员组。

【政治协商】 2017年，县政协全会期间，政协委员与县领导就全县经济社会发展大局、重点工作、社会事业等进行面对面协商。在联组讨论中，委员们提出的脱贫攻坚、商贸物流、乡镇工作、火车站经济圈建设等方面的意见建议50余条，多条意见建议得到县委、县政府采纳，并在相关决策中得到体现，部分建议在部门工作中得到落实。

【常委会议】 2017年，常委会对拟任20余名政府部门班子成员人选进行协商表决。对《龙山县2017年1至8月财政预算执行和2017年财政预算调整方案》和《龙山县2017年财政预算执行情况和2018年财政预算（草案）》进行协商讨论，提出"进一步做好财政收入与支出工作""严格预算执行，更好地服务县域经济社会发展"等建议。

【专题工作】 2017年，常委会召开重点提案办理专题协商会议，提出"提案办理不能以文对文，要落到实处""将提案办理与绩效挂钩，确保取得实效"。开展教育扶贫情况专题协商，提出"整合资金，聚焦教育扶贫"等建议。开展全域旅游专题协商，建议相关单位"加快开发力度""注重非物质文化遗产保护"。开展非公经济专题协商，提出"解决好资金与需求、投资与效益问题"等建议。

【民主监督】 2017年，常委会出台《龙山县政协民主监督员管理办法》。甄选22名委员和7名特邀民主监督员，对县住建局、县扶贫办、县政务服务中心开展定向监督。召开专题监督会议10余次，开展调研视察活动8次，参加走访320余人次，收集意见建议200余条，撰写《民主监督意见书》3篇，提出"加强廉政建设""水、气价格偏高，城镇建设水平有待加强""发挥资源优势，推动产业发展"和"推进政务服务体系建设"等建议。

狠抓提案办理。健全县委办、县政府办、县政协办提案协商制度。继续将政协提案办理工作纳入县绩效考核。2017年的158件提案均办复结束，满意率达98.7%。对《关于加强城区停车场、点建设》提案进行重点督办，县人民政府召开县长办公会议，成立由县长任指挥长的城市停车场项目建设领导协调指挥部。至年底，工可编制已经完成，九把锁、原氮肥厂、城中加油站等8个停车场正在规划。对"整合县城供水资源、建设城区集贸市场、建设中药材交易中心、建设洗洛至县城二级公路、加强对贫困村主干的帮扶救助"等重点提案进

2017年5月24日，县政协主席吴少叶（左三）、副主席张青山（右二）、副县级干部张建民（右三）检查扶贫村兴隆街道雷音社区村部建设情况

行督办。

参与行风评议。推荐44名县政协委员担任行风评议员和人民陪审员。14名政协委员进驻烟站，全程监督烟叶收购工作。

【参政议政】 2017年，深入靛房、洗车河等乡镇调研民族政策落实情况，考察宁夏中宁县、泾源县、山东东平县并撰写调研报告。出台《关于加强政协委员工作室建设的意见》。围绕全县农村专业合作社发展情况，深入羽丰养鸡、祥胜农机等5个专业合作社开展调研，并到安徽金寨县、凤阳县等地考察学习，提出“积极扶持，优化环境”和“整合政策，培养人才”的建议。政府系统委员组到黔东南学习易地搬迁工作先进经验，工商委员组到洞口、衡阳等地考察柑橘加工和承接沿海产业转移项目情况。

拓展文史联谊。编审出版近27万字的第三十一辑《龙山文史》，编纂6万余字的《龙山文史总目录》，做好近700万字的《龙山文史》电子资料录入工作，完成龙山知青史料征集汇总上报任务，持续开展为中小学校和农家书屋赠阅《龙山文史》活动。接待中国国际经济技术合作促进会政府与社会资本合作委员会，湖北省长阳县政协，云南省通海县政协，河南省临颍县政协，湖南省外事侨务办、娄底市政协、东安县政协、澧县政协、保靖县政协、泸溪县政协、古丈县政协等10多个单位到县学习考察。11月份，州政协组织近40名离退休老领导到县考察城市建设和旅游产业。应邀到湖北长阳土家族自治县、张家界市武陵源区参加湘鄂黔渝边区县(市区)政协工作联系会第34次、第35次会议。

政协云平台建设。专门请来湖南省政协云平台管理中心负责人培训指导政协云APP应用操作，2017年底，全县222名用户全部安装完毕。政协工作资讯可通过政协云APP及时发布，让委员们第一时间了解政协工作动态。

【“三个一”扶贫行动】 *“三个一”扶贫行动*。2017年，常委会贯彻落实省政协关于“三个一”扶贫行动，208名县政协委员和29名驻县省、州政协委员与360户贫困家庭结对帮扶。举办龙山县政协委员“三个一”扶贫行动暨庆祝建州60周年演讲比赛，召开“三个一”扶贫行动经验交流现场会。全年为贫困户提供就业岗位450多个，资助贫困学生140余名，捐款捐物、协调生产资金140余万元。结对帮扶的建档立卡贫困户有83户317人实现脱贫摘帽。8月9日，在全省政协助力脱贫攻坚再动员大会上龙山作典型发言。

发挥政协优势。与长沙景鹏集团联系，为全县15名贫困大学生争取到助学金7.5万元；协调中法服装实业协会为8名贫困家庭大学新生捐资4万元，并承诺资助到大学毕业；联系澳大利亚魏基成夫妇，为全县捐赠蓝牙助听器560台、棉衣300件；发动全体委员奉献爱心，捐款8万元资助40名贫困大学新生。长沙市芙蓉区政协为靛房镇22位贫困学生提供8.4万元助学金。召市委员组筹措助学资金23.5万元；长沙经济开发区每年结对帮扶100名贫困儿童，并捐赠35万元，提供500个就业岗位，设立11万元的教育助学基金。

【自身建设】 *加强学习宣传* 2017年6月21日至23日，举办委员培训班，省州政协领导、县长、县政协主席亲自授课辅导。自编五期《学习内参》。县政协领导、各委办主任深入到政协机关、联系乡镇、扶贫村，围绕中共十九大精神上党课，确保中共十九大精神学习传达全覆盖、贯彻落实全方位。参加州政协组织的新任州政协委员暨政协业务知识培训班。召开政协宣传信息工作会议，2017年，在各级媒体发表政协类稿件260多篇，其中省级以上40余篇。

发挥委员作用 宣传委员组发挥自身优势，开展新闻宣传、非遗保护、全域旅游等工作；舒畅委员主创的广播剧《拦门酒》获湘西州广播电视奖一等奖。卫生计育委员组开展防病知识讲座、送药下乡义诊活动，为群众免费诊疗1000多人次。农业委员组扶持种植大户，在25个贫困村举办农业技术培训班，发放农技资料1万余份。桂塘委员组为100多户村民开展养殖种植技术培训。

强化基层基础　出台《争先创优活动评选办法》《龙山县政协机关管理制度》。开展党建活动、“争先创优”活动。增设委员联络中心、云平台管理中心，增加全额事业编制 6 名。强化政协委员工作室建设，统一制作意见箱、工作台账、工作制度牌，统一配置电脑、打印机、传真机、饮水机和办公桌椅，全县城乡 32 个政协委员组均有工作室。

【重要会议】　2017 年 12 月 25 日至 27 日，政协龙山县第九届委员会第二次常委(扩大)会议召开。会议协商通过 2017 年财政预算方案、人事任免、县政协委员会 2017 年工作要点、县政协创先争优评比办法、县政协委员参与“三个一”扶贫行动优秀个人评选办法以及县人民政府机关驻地迁移等工作。同时，开展主题为《贯彻落实县委经济工作会议精神，坚决打赢龙山县精准脱贫攻坚战》的专题学习并通报政协委员参与“三个一”扶贫行动的工作情况；会上，召市、兴隆、洛塔、县委、住建、农业 6 个委员组代表分别表态发言。

5 月 18 日，政协龙山县第九届委员会第三次常委(扩大)会议在县会议中心召开。会议协商通过有关人事任免；宣读《政协龙山县委员会关于加强政协委员工作室建设的意见》；解读了《龙山县政协委员培训方案》。

6 月 21 日至 6 月 23 日，政协龙山县在县会议中心召开了第九届委员培训会议，在县省、州政协委员，县政协委员及县政协机关工作人员、机关退休老干集中学习政协基本知识和政治理论。培训期间，县委副书记、县长刘冬生从“如何看龙山”、“龙山如何发展”两个方面给广大政协委员上了一堂精彩培训课；县政协主席吴少叶就政协委员如何履职进行了授课；政协委员还集中学习提案工作、中共十八届六中全会精神、政协调研视察工作等内容；此外，还组织政协委员视察了城东片区、教体中心、工业园区工程建设，举办政协委员演讲比赛等活动。

8 月 18 日，龙山县政协举行 2017 年资助贫困大学生助学金发放仪式，全县 247 名政协委员所捐的 8 万元款，均发放到 40 名贫困大学新生的手中，为 40 名贫困大学生每人发放助学金 2000 元。县政协通过加强与长沙景鹏控股集团有限公司联系，为龙山县的 11 名品学兼优的贫困大学争取到助学金 4.7 万元，帮助其完成学业。

9 月 29 日，政协龙山县第九届委员会第四次常委(扩大)会议在县会议中心召开。会议专题学习中共中央总书记习近平的 7·26 重要讲话精神，协商通过了《农村专业合作社发展情况的调研报告(讨论稿)》和《民族政策落实情况调研报告(讨论稿)》，与会人员还赴湘西州经济开发区考察学习建州 60 周年成果。

10 月 11 日至 13 日，县政协到张家界市永定区参加湘鄂黔渝边区县(市、区)政协工作联系会第三十五次会议。

10 月 18 日上午，县政协机关组织机关全体工作人员在县政协机关会议室集中收听收看中国共产党第十九次代表大会开幕会盛况，聆听习近平总书记代表十八届中央委员会所作的工作报告。下午，县政协组织机关全体干部职工召开专题学习会议，集中学习习近平总书记在中共十九大会上所作的工作报告。

10 月 26 日，政协龙山县第九届委员会第五次常委(扩大)会议在县会议中心召开。会议协商通过了 2017 年财政预算调整方案；协商通过了人事任免。会议还就党的十九大精神进行了专题辅导。

12 月 21 日，政协龙山县第九届委员会第六次常委(扩大)会议在县会议中心召开。会议协商通过了人事任免；协商通过了一府两院、发改、财政工作报告；协商通过了《关于加快全县职业教育发展的调研报告(送审稿)》《关于乌龙山地质公园建设情况的调研报告(送审稿)》和《关于促进全县非公有经济发展调研报告(送审稿)》三个调研报告；协商通过了《政协龙山县第九届委员会第二次会议议程(草案)、日程(草案)》《政协龙山县第九届委员会常务委员会工作报告(送审稿)》《政协龙山县第九届委员会第一次会议以来提案工作报告(送审稿)》《政协龙山县第九届委员会第二次会议增补常务委

员、秘书长选举办法(草案)》;

12月26日至28日,政协龙山县第九届委员会第二次会议在会议中心召开,会议听取和审议政协龙山县第九届委员会常务委员会工作报告、政协龙山县第九届委员会常务委员会关于县政协九届一次会议以来提案工作情况的报告;会议还听取了政府系统委员组、卫计委员组、农业委员组、经信委员组、宣传委员组、商务委员组的大会发言。听取和协商讨论《政府工作报告》《龙山县人民法院工作报告》《龙山县人民检察院工作报告》《关于龙山县2017年国民经济和社会发展计划执行情况及2018年国民经济和社会发展计划报告》《关于龙山县2017年财政预算执行情况和2018年财政预算的报告》;会议选举增补了县政协常务委员、秘书长,表彰了政协工作先进单位和个人,表决通过了《常务委员会工作报告的决议》《常务委员会提案工作情况报告的决议》《龙山县第九届委员会第二次会议政治决议》。湘西自治州委常委、龙山县委书记周云在会上作重要讲话,充分肯定县政协和政协委员在全县经济社会各项事业发展中起到的作用,从认真贯彻落实中共十九大精神、充分发挥政协职能作用、切实加强政协自身建设等方面对县政协和广大委员提出了要求。

【领导名录】

党组书记、主席　吴少叶
党组副书记　黄　勇(兼)
党组副书记、副主席　张青山
副主席　郑慧侠
党组成员、副主席　王本东
副主席(兼)、县工商联(总商会)主席(会长)　余志国
党组成员、副主席　张兰英(女)
副县级干部　张建民
党组成员、秘书长、办公室主任　吴慧娟
副秘书长、文化教育卫生体育委员会主任　彭大学
副秘书长、人口资源环境委员会主任　曾凡勇
文史学习委员会主任　李虹志
提案委员会主任　贾阳升
民族宗教法制群团委员会主任　蔡　英
经济科技联谊委员会主任　向小辉

里耶管理区

【概况】 龙山县里耶管理区管理委员会(以下简称里耶管委会)于2005年1月设置。里耶管委会为龙山县人民政府的派出机构,行政级别为副县级。里耶管委会党组织的名称为中共龙山县里耶管理区工作委员会。机关核定编制34名,其中行政编制31名,工勤编制3名。内设综合办公室、建设规划科、发展项目科、用地安置科、文物保护科、旅游管理科、财务统计科7个科室,下辖里耶古城遗址管理处、里耶古城(秦简)博物馆2个正科级机构以及县环保局里耶分局、县住建局里耶分局、县国土资源局里耶分局、里耶政务中心、里耶行政综合执法大队等5个副科级二级机构。

主要职能是负责辖区古城遗址的文物发掘、整理和自然景观保护利用。

里耶生态文化旅游景区位于湖南省龙山县里耶镇,总面积259平方公里,总人口4.5万人。主要景区包括里耶古城景区和八面山景区两大板块,具有厚重的历史文化、奇特的自然风光、浓郁的民族风情,是中国历史文化名镇、中国土家织锦之乡、全国特色景观旅游名镇和国家级风景名胜区。

【里耶古城景区】 里耶古城景区以战国秦汉古城和明清古街为主要特色,是秦文化的核心区。景区内文物古迹众多,地下文物埋藏量占湘西州地下文物埋藏量的50%以上,是一个天然的历史文物博物馆。这里有旧石器时代、新石器时代、商周文化遗址和战国、秦、汉(西汉、东汉)古城(即"三朝三城")、古墓群。

瑞雪映古城

2002年6月，里耶惊现出土3.74万枚秦简，此次发掘被誉为"21世纪以来最重大的考古发现"。馆藏的"迁陵洞庭郡"、"九九乘法口诀表"、"迁陵以邮行洞庭"三枚简牍属国宝之精品。

里耶古城遗址是中国南方迄今为止唯一一处战国秦汉古城遗址，位于酉水河西岸，遗址呈长方形，现保存的遗迹区域共有13处，包括护城河（城壕）、西城门与西门道、发掘区与未发掘区、作坊、一号井、三号井、北城墙、北吊桥、观光步道、道路、水塘、房屋、南城墙与人体骨骸。

里耶明清古街区，位于酉水河的西岸主要包括中孚街、埠平街、万寿街、辟疆街、夹街、河街、菜行、景丰巷等"七街六巷五行"。古街核心区占地总面积约1平方公里，街巷总长3500多米。现存较好的民居有700余栋，建筑面积30000多平方米，其中，省、州、县三级文物保护单位共有200多处。古街的建筑风格以当地土家族建筑为主调，同时又融合了赣、苏、皖、浙、西洋等建筑风格，形成里耶独有的多元结合的建筑特色，是八百里酉水码头古镇的典范。

里耶是中国土家族集中聚居区。土家族不仅历史悠久，人文灿烂，而且风情浓郁。而里耶是目前保存土家族文化和民俗最为完整的地方，土家族语言和西兰卡普（即土家织锦）、摆手舞、毛古斯、打镏子、咚咚喹、梯玛祭祀等土家族的传统文艺以及拦门、背亲、哭嫁等习俗，如今仍在沿河而居的土家山寨里流行。

【八面山景区】 八面山景区以高山草地、悬崖绝壁和剿匪遗迹为主要特征，自然风光秀美，历史遗迹珍贵。总面积51.4平方公里，平均海拔1200米以上，四周悬崖峭壁，山上地势平坦、牧草丰肥，被誉为"空中草原"和"中国南方的呼伦贝尔"。燕子洞、杯子岩、自生桥、西眉峡等景色神奇壮丽，鬼斧神工。是休闲避暑、探险猎奇、野营滑翔等户外活动、高山观光农牧业开发和革命传统教育的理想场所。

【项目建设】 2017年，里耶管委会按照党中央、国务院"必须保护好、研究好、管理好、利用好"的指示和省委、省政府"全面保护、抓紧开发、充分利用"的要求，围绕将里耶古城建设成为旅游扶贫示范区、世界旅游目的地和世界文化遗产地的工作目标，全力推进项目工程建设，2017年累计完成投资4.5亿元

——文化旅游小镇项目已完成1号楼外墙装饰、10号楼外装完成任务80%，完成11、12号楼主体，13号楼一层和其他两栋基础，累计完成投资4200万元。

——麦茶大道项目。2017年底完成路基工程形象进度90%；完成麦茶中桥下部构造90%及预制梁建设。累计完成投资3200万元。同时完成项目征拆资金付款1884万元。

——南、北游客服务中心项目南游客服务中心（含安置区）完成1号地下室主体工程的80%，2号地下室桩基工程的50%，累计完成项目总投资1.7

亿元。北游客服务中心已完成场平工程,建筑物基础及建筑主体的20%,排水管网完成30%,累计完成投资200万元。

——道路改造、棚户区改造、遗址提质改造项目:里耶古城区道路改造工程其中完成长沙街沥青面层铺装,人行道铺装及路灯安装,启动标志标线及信号灯施工,完成投资2500万元;完成古街区青石板铺装90%;完成后坪西路、关帝街、天平丘路、书院路沥青面层及人行道铺装;道路改造工程累计完成投资8100万元。里耶棚户区改造及老街区整治工程已完成总设计方案评审,启动文昌路的改造整治,累计完成投资750万元;老街区房屋收购(租赁)完成投资800万元;项目部院子(样板房)竣工,完成投资220万元;完成老车站、老医院空坪地的地勘和后坪街、翼王街的测绘。里耶古城遗址本体保护完善及展示提质项目初设方案完成,并开展县级评审。

里耶明清古街

【招商引资】 2017年,先后接洽中商国能集团有限公司、中润国投集团、中国五冶集团有限公司、中煤科工集团重庆设计研究院有限公司、广州市阿米农业科技有限公司、北京首旅集团、湘西旅游公司、中科(深圳)环保科技投资有限公司、湖南建工集团、湖南水利水电集团等多家企业。组织包装和推介5个重点项目,即八面山生态景区、水上秦郡项目、里耶文化小镇(二期)项目、综合开发和里耶星级酒店。

【环境整治】 2017年,结合里耶古城AAAA级景区创建,将文物保护、规划管理、环境建设、秩序整治作为工作的突破口,在原有的各项规章制度的基础上,出台完善工程建设管理、项目招商引资、旅游发展环境整治、里耶市政管理、古城区内的核心景区居民建房审批管理等方面具有可操作性的实施方案(细则)。重点开展"两违"整治、镇区环境卫生整治、道路运输及交通秩序整治等整治活动,采取集体限时审批模式,形成常态化管理,使辖区内的项目建设环境不断优化。

【领导名录】

工委书记	田大治
主　任	田　波
工委副书记	王　茂
纪委书记	彭光忠
副主任	梁清杨　彭　凯　彭飞跃　吴定海
工委委员	彭昌辉

工商联(总商会)

【概况】 2017年,龙山县工商业联合会(总商会)下辖办公室、会员服务中心和14个基层商协会。核定行政编制4名、全额事业编4名和工勤编1名,公益就业岗位1名。实有在职人员7人、退休干部3人。执委83人,会员总数689个,其中个人会员 652 个，企业会员 23 个，团体会员 14 个。2017 年度再次被省工商联授予“五好”县级工商联称号。

【商会活动】 2017 年，总商会：接受法律咨询 39 次，挽回经济损失 580 万元。开展银企对接，协调贷款 3200 余万元。提交提案、议案 39 份。《加快新时代工商联基层商协会建设》获全州统战系统调研报告三等奖。新成立工商联直属会员企业党委，辖 9 个党支部，有党员 58 人，发展预备党员 3 人，培养入党积极分子 14 人。基层商(协)会：茨岩塘商会成立“习近平新时代中国特色社会主义思想讲习所”，宣讲中共十九大精神 8 场次，为乌鸦小学捐款 4.8 万元；副食行业商会举办“庆七一、迎十九大”趣味运动会，200 名多会员涌跃参加；旅馆娱乐行业协会深入洛塔乡宣传党的“十九大”和重温“洛塔精神”；洗车河商会举办春节篝火联欢晚会并为会员协调贷款 465 万元；农资协会送肥下乡 8000 余吨。异地商会：4 月 18 日，广东省湖南龙山商会在深圳市举行成立大会，该商会是由龙山籍在广东创业发展的工商界人士组成的社会团体法人组织。县委副书记、县长刘冬生现场授牌，并要求商会做到“坚持政治建会为根本，发挥桥梁纽带作用，支持家乡建设发展”。

2017 年，长沙市·龙山县民营企业家在井岗山培训合影

【社会扶贫】 2017 年，开展“百企帮百村、千商扶千户”活动。全县百余家非公有制企业结对帮扶贫困村，千余名工商界人士结对帮扶贫困户，投入资金 1200 余万元，提供就业岗位 1000 余个，受益贫困人口 4800 余人。吉首市龙山商会结对帮扶靛房镇贫困村发展产业、解决就业等，投入 2.2 万元资助 22 名贫困学生。政协工商界人士捐资 40 余万元，为贫困户提供就业岗位 100 余个。靖域家居总经理张靖域，成美建材总经理丁新勇、旅馆娱乐行业协会会长向玉娥、众泰药业总经理周瑞、老爹副食总经理尚顺文荣获县扶贫工作先进个人。协调并组织长沙市民营企业家来县开展精准扶贫。

【合作交流】 2017 年，促成中国民族贸易促进会到县考察调研，举办龙山、长沙民营企业交流座谈会，正式与长沙县工商联缔结为友好商会。对接山东省济南市市中区对口帮扶龙山县。11 月，北京市龙山商会筹备座谈会召开，州政协副主席、州工商联主席石红出席会议，要求湘西籍企业家在开展“回故乡、建家乡”活动中当好服务员、办事员、宣传员。开展“走出去、请进来，学习外地经验”活动，分三批次组织会员到广东、北京、山东考察学习。民安商会、里耶商会、茨岩商会、旅馆娱乐行业协会，组织会员分赴湘、鄂、渝、黔边区县市联谊交流。长沙市光彩事业基金会龙山同心基金再次接受长沙市工商联、长沙市金霞经开区注册资金 100 万元，专项用于茨岩塘镇困难救助。仅全国第四个扶贫日活动，商协会共筹集善款 14 万余元，其中成美建材公司捐款 10 万元。龙山同心基金连续三年资助 80

名贫困高中生，每人每年2000元，累计金额48万元。龙山同心基金会接受长沙、龙山社会各界人士捐赠钱物400多万元。援建“同心书屋”、“同心多媒体室”、“同心阅览室”等社会公益项目14个，资助300余名寒门学子。龙山同心基金成为湘西州内外知名度较高、影响较大、公信力较强的公益基金品牌和对外合作交流的重要窗口。

【领导名录】

主　　席　余志国
党组书记　卢卉君
副 主 席　田晓艳　魏开胜

总　工　会

【概况】 龙山县总工会是正科级参公管理的群团组织，县总工会主席高配实职副处，设办公室、组宣部、财务部、女工部、生产保护部、法律保障部、帮扶中心、技协办、经审办，有在职人员15人，至2017年年底，全县有工会联合会15家6个片区工会工作站点，基层工会组织361家，工会会员2.4万余人。

【帮扶行动】 2017年年初，开展“春风行动”活动，历时两个月，免费发放宣传资料2000多份。3月，举办2017年春季企业用工现场招聘洽谈会，入场企业108家提供就业岗位7000个，吸引务工人员3500多名，现场达成就业协议意向1021人。“两节”期间，开展“送温暖”活动，走访慰问困难职工500户，发放慰问款30万元，走访困难企业8家，送款物8万元。7月，开展“送清凉”服务，为中铁十八局、县城投公司慰问露天施工工人送去清凉包750个。开展“金秋助学”活动，直接帮扶30名困难职工子女就读大学。

【职工维权】 2017年，“两节”期间开展农民工、职工法律救助活动12次，为41名农民工追回工资62万元。接待职工来访112人次，处理职工、农民工纠纷3起（其中劳动争议纠纷2起，劳资纠纷1起），为职工、农民工追回拖欠工资8万余元。

【工会换届】 2017年3月起至8月，全县各级工会组织集中统一换届工作陆续进行。8月8日至10日，县总工会第十二届工会委员会召开，选举产生石红梅为新一届龙山县总工会主席。其他各级工会顺利完成换届，配齐配强基层工会班子。

【工会活动】 2017年9月11日至12日，全州工会组织工作现场会在龙山惹巴拉举行，标志着全县10个村级工会组织建设示范点工作正式启动，州总工会党组书记、副主席石建军亲临指导并讲话。9月20日，全国劳模张国强、湖南省劳模彭南卫、张宝、张东海、田顺江等代表龙山全体劳模参加湘西州60周年大庆活动。

2017年，龙山县总工会换届后新的领导班子合影

【工人文化宫建设】 2017年，县工人文化宫一期工程建设完成，建筑面积5085平方米。12月，工人文化宫二期工程正式启动，完成项目用地征拆，并平整土地18.8亩。

【领导名录】

主　　席　　石红梅(女、兼)
党组书记、副主席　　彭承武
副主席　　向　未　彭清东
党组成员、机关工会主席　　周林郁

共　青　团

【概况】 中国共产主义青年团龙山县委员会(以下简称团县委)为正科级行政单位，在编在岗6人。

【团的建设】 2017年，县团委召开共青团龙山县第二十三次代表大会，选举产生新一届团县委班子，向怿文任书记，田琦、黄宜超任副书记，配备2名挂职副书记和2名兼职副书记。以党建带团建，用团建促党建，大部分乡(镇、街道)组织委员兼任团委书记。加强基层团干配备，397个村(社区)均配齐团支部书记。严格执行团员发展要求，控制发展数量，履行发展程序，发展团员1400人。

【活动引领】 2017年，县团委开展“学雷锋”“保护母亲河”“清明祭扫”“文明劝导”“向习爷爷说句心里话”活动，青少年参加活动累计达10万人次。举办第二届“我是少先队员我骄傲、我是共青团员我自豪”主题演讲比赛，1000多名中小学生参与。开展“我为十九大送祝福”系列活动。各行各业青少年代表通过微视频、照片、书法、绘画等形式表达对党的十九大的祝福，得到“朋友圈”和干部群众的“点赞”。开展两期“你学十九大·我送电影票”活动，号召全县各级团组织和广大团员认真学习党的十九大精神，争做合格共青团员。开展“我与国旗合个影”主题活动，通过与国旗合影表达对祖国的爱和祝福。州庆期间，开展“青春迎州庆”系列活动，征集书法、绘画、摄影、歌曲等作品210件，共同为60周年州庆献礼。各学校团组织、少先队开展“义务植树”“重阳节慰问”等活动400多次，参与青少年2.6万余人。

【创新创业】 2017年，县团委成功申报湖南省“青年创新创业扶持资金”、湘西州“青年移民启航行动”项目12个，争取创业扶持资金40万元。组织召开“海客计划”“黑土麦田”座谈会，为50余名创业青年交流经验、发展壮大搭建平台。余小龙的“众里寻花”观光园项目荣获第四届全国青年创新创业大赛铜奖，是湘西州唯一获奖项目。

团县委与县教体局联合举办第二届“我是少先队员我骄傲、我是共青团员我自豪”主题演讲比赛合影

【志愿服务】 组织700余名徒步爱好者,开展"青足走湘西·为爱行走"公益活动,3万余元报名费全部用于资助20名贫困学生。高考期间,组织180多名爱心车主和50名志愿者开展"爱心送考"活动。与共青团长沙县委达成友好共建合作协议,联系30名长沙高校志愿者,到中湾村义务修理家电、销售特色农产品。

【助学圆梦】 2017年,县团委开展"爱心100""一元捐""芙蓉学子"等助学活动,累计发放助学资金277万元,资助3000余名贫困学生。组织开展"温暖过年·有你有我""精准帮扶·留驻幸福""高丽公益行"等公益活动,帮扶贫困学生2000多名。承办长沙共青团"精准助扶贫·龙山公益行"活动,向结对联点学校和贫困师生捐赠款物50余万元。首次为21名在读贫困大学生发放了6.3万元助学金。全国少工委为苗儿滩镇九年制学校、隆头小学等5所学校捐建5个"手拉手"红领巾书屋,捐赠书籍、物资70万元。争取爱心团队为坡脚小学捐赠30万元,建设师生宿舍,已完成主体建设。

【维权交友】 2017年,县团委开展《预防未成年人犯罪法》、《未成年人保护法》、综治民调、禁毒、防艾等宣传,通过现场展示、知识讲解、微信传播等方式普及青少年维权知识。各乡(镇、街道)团组织开展安全、法制、禁毒知识进社区、进村寨活动,累计发放宣传单20000多份。

在水沙坪"众里寻花"观赏园,开展"团聚青春·缘定花海"青年交友活动,101名未婚青年参加活动,现场成功"牵手"7对。

【年度荣誉】 2017年,县团委工作综合排名全州第一,县公安局人口与出入境大队荣获"全国青年文明号",县第一职中学生郭舒婷荣获"全国最美中职生",县国家税务局团总支、里耶古城遗址管理处团支部荣获"湖南省五四红旗团支部(总支)",向怿文荣获"湖南省优秀共青团干部",恒龙中药业拓展有限公司总经理邓娜荣获"湖南省优秀共青团员"。

【领导名录】

书　记　　向怿文

副书记　　黄宜超　田　琦(女)

妇　联

【概况】 龙山县妇女联合会(简称县妇联),县妇儿工委办公室设妇联。有行政编制6名,其中:主席1名,副主席2名、办公室工作人员1名、妇儿工委办2名,实有工作人员6人。主要职能是指导全县各级妇联依据《章程》开展妇女儿童工作;指导和推动全县妇女"双学双比"和"巾帼建功"活动;教育、引导妇女自尊、自信、自立、自强,提升妇女整体素质;切实维护妇女合法权益;组织实施《龙山县妇女发展规划》和《龙山县儿童发展规划》;推动妇女儿童事业全面发展。

【帼国建业】 2017年,县妇联建立巾帼巧手脱贫示范基地(惹巴妹手工编织有限公司),建立巾帼脱贫车间(红岩溪镇、里耶镇等)。通过"妇"字号基地培训贫困妇女500余人,带动300多人就业;对民安、华塘等4个街道的50多名建档立卡贫困妇女开展育婴师培训。举办龙山县第二届"巾帼巧手·助力脱贫"剥百合大赛,土家西兰卡普工艺大师黎成凤、巾帼创业先锋模范谭艳林代表龙山参加建州60周年巾帼建业建功民间工艺大赛,均荣获编织类二等奖。

【妇女维权】 2017年,县妇联开展宪法、婚姻法、禁毒防艾、反家庭暴力法维权法制宣传教育活动12场次,编印并赠送《妇女维权手册》、宣传资料5000余份。建立"家庭律师讲师团"。以"法治龙山·巾帼在行动"、"家庭律师社区行"等主题活动为载体,开展法制宣传教育进社区、进农村活动,参

县妇联参加"最炫民族风共筑龙山梦"第三届土家摆手节

与群众达1200人次。化解婚姻家庭纠纷54起，开通"12338"妇女维权热线，完善妇联干部接访制度，全年，接待来访妇女儿童126人次，提供维权咨询和维权服务60多人次。

【关爱妇儿】 2017年，县妇联开展"守护妇幼健康·你我同行"活动，农村适龄女性和城镇低保已婚育龄妇女"两癌"免费检查，检查农村妇女8510人、城镇低保妇女1504人。开展"让爱留守"关爱农村留守儿童活动，"六一"在县城14小学(特殊教育学校)、部分幼儿园开展走访慰问活动，为优秀、贫困、流动留守、孤残儿童送去慰问金9.4万元。实施以农村留守儿童为主要服务对象的"知心屋"和"小候鸟"项目，在县第三小学留守儿童心理健康辅导中心开展儿童心理健康普查1000多人次。开展农村妇女"两癌"调查摸底，摸清130名患者信息，并成功录入全国妇联农村妇女"两癌"免费检查项目数据采集系统，同时，为49名"两癌"患病妇女争取到国家和省级救助资金50.2万元。通过"妇女关爱"基金救助30户贫困妇女儿童家庭，发放救助金6万元。通过"音乐之声"项目为里耶镇中心小学、三元九年制学校、县第三小学的200名贫困儿童发放助学金16万元。开展送温暖进乡村、进校园活动，爱心企业、爱心人士为400多户建档立卡贫困妇女儿童家庭、100多贫困学生赠送书包、棉被、衣服等学习生活物资1000余件。

【宣传教育】 2017年，县妇联召开庆"三八"107周年暨表彰大会，表彰4个"巾帼文明岗"、20个"妇女工作先进单位"、20名"妇女工作先进个人"、5户"平安文明家庭"、8名"巾帼建功标兵"和4名"科技致富女能手"。开展"巾帼心向党"、"中国梦"、社会主义核心价值观主题宣传教育活动10多场次；举办龙山县"最炫民族风·共筑龙山梦"第三届土家摆手节暨摆手舞大赛，县直单位和各乡镇的27支队伍参赛。开展寻找"最美家庭"、五好文明家庭评选和"最美孝心少年"、"书香之家"推选活动。联合县美丽办在全县45个美丽乡村示范村、16个美丽乡村精品村中开展"美丽湘西．最美庭院"评选活动，评选产生17户"最美庭院"，其中12户荣获州"最美庭院"称号。

【志愿服务】 2017年6月，县妇联开展"节能有我·绿色共享"主题宣传活动，发放宣传资料400余份，组织近30名"禁毒妈妈"志愿者参加在龙凤广场举行的"禁毒之声、唱享健康"主题宣传活动。组织巾帼志愿文艺宣传服务队送文艺进乡村，关爱孤寡老人。官渡、华新、唯一社区的50多名禁毒妈妈参加文艺演出，演出过程中，发放禁毒宣传资料，现场开展禁毒知识抢答比赛。

【妇联改革】 2017年，县妇联出台《龙山县村(社区)妇联组织改革和换届选举工作实施方案》，截至6月，397个村(社区)妇代会全部改建为妇联，选举产生村(社区)妇联主席397人、副主席794人、执委6048人。乡(镇、街道)、村(社区)两级妇联均足额配备了兼职副主席和执委。在华塘街道建立省级、石牌镇建立州级乡镇妇联区域化改革试点。在石羔街道正南社区、石牌镇桂英村分别建立省级和州级示范性"妇女之家"，在里耶镇、苗儿滩镇等乡镇建立5个县级示范性"妇女之家"。正式开通妇联官方微信公众号"龙山女性"。

【领导名录】

主　席　　符晓群(女)
副主席　　杨文朴(女)　刘玉平(女)

侨　　联

【概况】 2014年12月，龙山县归国华侨侨眷联合会(简称县侨联)成立，为县委统战部管理的正科级群团组织，核定全额拨款事业编制3名，实有工作人员3人。龙山县侨联是中共龙山县委领导下的由归侨、侨眷侨属组成的人民团体，是党和政府联系广大归侨、侨眷和海外侨胞的桥梁和纽带。其主要工作任务是：宣传、贯彻党和政府的方针、政策，团结和动员归侨、侨眷侨属积极参加全县改革开放和社会主义现代化建设；依法维护归侨、侨眷侨属的合法权益，确保侨联依法开展活动，为广大归侨、侨眷侨属和侨胞提供法律咨询服务；围绕经济建设，凝聚侨心，发挥侨力，引进资金、技术、设备和人才，协助和联络海外侨胞来县投资兴办实业及各种公益事业，为侨属企业、侨资企业提供服务；制定全县侨联工作计划和发展规划，并组织实施，负责全县归侨、侨眷代表大会及其委员会的决议、决定的实施；积极参政议政，参与人大、政协的侨界代表、委员人选的协商和推荐；密切与海外侨胞及其社团的联系，广泛了解归侨、侨眷和海外侨胞的意见和要求，为党和政府制订侨务政策和地方性法规提出建议和意见，按中央有关部门和省委、州委、县委的要求，加强侨务对台工作，为祖国统一大业服务；指导全县侨联组织的业务工作；承办县委、县人民政府交办的其他事项。2017年，县侨联坚持"以侨为本，为侨服务"的宗旨，有序推进各项工作，取得了较好的成效。

【海外联谊】 2017年，县侨联加强联系，深化情谊，在春节、中秋等节日前夕，通过书信、电话、电子邮件等方式向海外传递温情与问候100人次，许多海外侨胞向县侨联回函致谢。热情接待，缔结友好，全年接待3批次回乡探亲、访友的海外人士。牵线搭桥，引资引善，通过向已结识的海内外客商大力宣传、推介龙山，赠送宣传册100余份，全面宣传传统文化和龙山民族民俗文化。

2017年，香港铜锣湾集团到龙山县考察城市综合体建设项目

【服务侨眷】 2017年，县侨联在春节、端午等传统佳节前夕，走访慰问困难侨眷侨属和侨资企业，对重点归侨侨眷做到"家有丧事必访、有重大疾病必访、有重大困难必访"，慰问侨眷侨属10多户，并送去慰问信。对

县域内17户贫困侨眷侨属进行走访，发放扶侨帮困资金1万元。参与“千侨帮千户”工程，对县域内8户建档立卡贫困侨眷侨属实行一对一帮扶。参与精准扶贫，做好贫困归侨侨眷的普查，精准识贫，建立台账，掌握致贫原因和帮扶需求。两名干部驻村开展精准扶贫并担任村支部第一书记，在2017年全县精准扶贫年度考核中位列先进帮扶单位和先进驻村扶贫工作组。同时，组织动员广大归侨侨眷、海外侨胞和侨联工作者参与到“精准扶贫”工作中来，通过发扬“侨帮侨”的光荣传统，助推扶贫攻坚。在侨务对象较多社区，重点开展“冬送温暖、春送健康、夏送清凉、秋送亲情”活动；结合普法宣传，深入城市社区和各街道社区，大力开展侨法宣传活动和文体活动。

【维护侨益】 2017年，县侨联优化服务，认真办理信访案件。落实为侨服务各项措施，充分发挥侨联职能，做好侨界人士的意见建议收集工作。切实维护侨益，完善健全侨界群众接访制度，做好涉侨信访的处理和回复工作，做到来访有人接，反映问题件件有反馈。年内接待来信来访16起，涉及房屋纠纷、困难救助、就业安排、户口、治安等多个方面。对每一个信访案件，都与有关单位、当事人反复联系和沟通，开展涉侨法律政策宣传，进行劝导和解，并积极协调和督办。

【参政议政】 2017年，县侨联组织侨联届代表和委员认真学习中国侨联、省侨联和州侨联参政议政相关要求，集思广益，形成几个侨界调研课题。两会期间，侨联界人大代表、政协委员共提交提案议案6件，内容涉及社会治安、交通管理、学校教育、农村水利等多个方面，充分体现侨界人大代表、政协委员高度关注社会的热点和难点，关注龙山的建设与发展。

【自身建设】 2017年，县侨联组织侨界干部群众和相关人员学习上级对侨联工作的新精神、新要求，提高对新形势下侨联工作的思想认识。加强侨联信息工作，选派信息专干参加全省侨联系统信息培训班学习，进一步拓宽侨情民意的来源渠道，及时掌握基层侨联和侨企的动态。切实加强侨联班子建设，新任县侨联副主席，并按省侨联要求，参加全省侨联系统新任职干部培训班。按县委要求，认真参加县委统战部机关支部“两学一做”学习教育，对侨联干部文明办公，首问负责；有访必接，来函必复；心系群众，为侨服务；围绕中心，服务大局；深入调研，当好参谋；强化学习，提高素质；廉洁从政，严格自律等7个方面进行规范。

【领导名录】

主　席　　廖　华
副主席　　贾阳照

军　事

人民武装

【概况】 2017年，龙山县人民武装部在湖南省军区、湘西军分区和龙山县委的坚强领导下，围绕省军区、军分区决策部署，学习贯彻党的十九大精神，从严正风肃纪，抓忠诚铸魂、改革转型、动员能力、基层基础、安全稳定，推动军分区部队和湘西州国防动员事业，以强军目标为引领，坚定举旗铸魂政治首要，投身军队改革，适应新体制运行，依法从严治军，部队高度集中统一和安全稳定，全面建设向上向好。

【思想政治建设】 2017年，县人民武装部（简称县人武部）党委理论学习中心组扎实推进“两学一做”学习教育常态化制度化，始终把学习贯彻习主席重要批示摆在首位，深化党章和《准则》《条例》等党内法规学习，搞好“三会一课”，严格主题党日，开展党员民主评议。按照“改革推进到哪一步，思想政治工作就要跟进到哪一步”的指示要求，组织干部开展“维护核心、听从指挥”主题教育活动，递交《决心书》，开展“学强军思想、讲强军故事、干强军事业”“学盛会、铸忠诚、做贡献”群众性教育实践活动。

【部队自身建设】 2017年，县人武部把落实改革、交好答卷作为衡量党委班子和干部队伍忠诚担当的标尺，党委班子、现役干部凝神聚力、安心尽心。部党委始终坚定“三个维护”，自觉坚持民主集中制，认真开展党委民主生活会，积极发挥表率作用。打造“四铁”机关和军队好干部，同步参加省军区、军分区专题理论学习和省军区“非转专”、军委国防动员部系统干部岗位任职培训，组织大家研讨人武部工作“5＋2”职能、深化新体制新职能新使命的了解把握，探索形成新的思维理念、运作模式和工作状态，促进落岗落心落责，合编合心合力。职工及国教专干稳心定神、尽职尽责。认真落实省军区职工会议精神，专题研究分析职工和国教专干实际情况，利用平时交班、党日活动等时机，对上级相关精神进行解读辅导，认真领会严守政治纪律指示要求，大家工作热情高、干劲足，为人武部全面建设作出了重要贡献。专武干部及民兵营长调配正规、专武专用。结合专武干部月工作讲评，对人武部新职能新使命和专武干部履职要求，进行再学习、再部署、再落实，使理论学习成果与武装工作紧密结合，有效促进“两个转变”落地。坚持“提升优秀的，保留能干的，激励观望的，调整偏弱的”原则，配齐配强专武干部队伍。以村（居）“两委”换届为契机，把年轻有为的村干部或者退伍军人安排到民兵营长岗位。

【全民国防教育】 2017年，县人武部紧紧围绕国防动员主责主业，牢固树立战斗力这个唯一的根本标准，全面提升国防动员能力。战备应急上，严格落实战备制度，修订完善各类战备方案，加强战备教育，正规战备值班和战备训练秩序。引进公安部门道路监控系统，全面完善道路、森林、水文和政务、政工、互联网的“三网三系统”对接。配齐县民兵应急连的抗洪抢险、森林灭火、处突维稳等三类器材。战备训练上，狠抓干部在职训练，严格与军分区保持高度同步进行共同科目训练、个人作业研究、多媒体课件制作、军事要讯写作等内容学习训练，研究作业质量较高，军事要讯上稿5篇。举行4期专武干部集训，主要开展组织指挥、落实“两个转变”、整组业务等内容学习训练。全年，全面完成基干民兵训练任务，组织民兵营长、民兵教练员骨干训练，并挑选7名参加军分区民兵营长、教练员、冲锋舟操作手集训考核，夺得2名个人总评第一名和团体第三名的好成绩。采取“县人武部总体协调、县委县政府全额保障、县教体局具体负责、吉大教练员协助帮训”的办法，完成县高级中学、皇仓中学、第一职中、劳动技校等学校新生军训工作。整组备案上，采取会议部署、业务学习、调查摸底、形势分析、上下对接、督导落实等办法，整组备案工作全面落实。对基层武装部进行全面检查验收、拉榜排名，整组质效得到巩固提高。

完善国防动员组织体系和考评机制，形成“党委主导、军队主筹、国动委主管、政府主抓、部门(企业)主办”的工作格局。

【征兵工作】 落实上级兵役登记和兵员征集工作指示，落实“五率”指标，按照“节点提前、工作提速、标准提高”要求，兵役登记率100%，完成军校生、定向士官培养学生体检、政考、面试，按照省征兵办下发《新兵役前训练工作指导手册》，对准新兵和预备兵员进行役前训练。征兵后期，及时主动组织专武部长去新兵部队回访，无责任退兵。

【依法依规治军】 2017年，县人武部以“全军安全大检查”为动力，以安全管理“17个要素”为重点，着力从落细落小落实上用实劲、见实效。把安全稳定、防奸保密作为党委基线底线红线工程，严格涉密岗位、职工、国教专干和临聘人员政治考核，澄清人员政治底数。正规战备秩序，坚决做到“值班首长不离营区，值班干部不离岗位”要求，全员在突出政治性问题、涉枪涉弹问题、失泄密问题、日常行为问题等安全防范上时刻绷紧了思想之弦。接续开展“条令法规月”、“百日安全无事故”、保密专项清查整治、司机教育整顿、“百安”活动、武器装备清理清查等活动。投入15万元，对办公楼正规化建设和安全隐患进行全面升级改造。

【军民融合双拥共建】 2017年，县人武部紧扭党管武装军民融合，兴武强军双拥共建深度发展，按照“完善体系，形成格局，加强建设，融合发展”思路，主动协调县委县政府，当好参谋助手，在服务地

2017年，茨岩塘镇湘鄂川黔革命根据地旧址被国家国防教育办公室授予“国家国防教育示范基地”

方经济社会发展上实现军地双赢。地方“四大家”主要领导对武装工作和国防建设高看一等、厚爱一份，对武装工作重点难点问题及时解决，做到“随提随议、随请随到、随交随办、随报随批”。靠前组织指挥精准扶贫各项工作有效落地。投入资金2万元，完成村民兵营和精准扶贫宣传阵地建设；协调资金22万元，完善新村部的保坎、排水渠、防山体滑坡等附属工程建设；在县供电公司争取设备资金6万元，全面解决新修村部用电问题。为8名大学生发放助学金4000元，为小学生发放书包文具20份。全年，发放慰问金3万元，棉被10床，棉衣、食用油、大米各92件。成立了以县委书记为组长、县长和部长政委为副组长、26个相关职能部门为成员单位的驻县部队全面停止有偿服务工作协调领导小组，采取“军队要求，县委统筹，政府买单，司法援助”方式，按照司法程序逐步实现关停。落实《南部战区六省(区)涉军维权工作协作规定》，积极协助解决退役士兵安置、参战老兵信访等历史遗留问题。做好军人军属、退伍老兵维权帮扶工作，为刘代双、瞿水秀等军属解决重大疾病帮扶资金2万元。

【领导名录】

党委第一书记：周　云（州委常委，龙山县委书记）

政治委员、党委书记：邓　炜（2017年7月免）

陈柏林（2017年12月任）

党委副书记、部长：瞿吉明（2017年7月免）

赵银河（2017年7月任）

党委委员、纪委书记、副部长：程可斌（2014年3月任）

党委委员、军事科长：向　浩（2017年7月任）

党委委员、后勤科长：叶　鹏（2017年7月免）

人民防空

【概况】 龙山县人民防空办公室（简称县人防办）成立于2009年，为龙山县人民政府办公室管理的正科级全额拨款事业单位。2015年，机构改革，从县政府办公室析出，列入县人民政府工作部门序列，不计机构个数，实行财务预算独立、机关办公独立。内设综合股、政策法规股（行政审批股）、工程管理股、指挥通信股，下设1个二级机构，即县人防（民防）指挥信息保障中心，属公益一类事业单位。2017年有工作人员10名，其中编制内9人，聘请土木工程类技术员1人。办公室设在县人武部征兵楼2层，在县政务服务中心设有人防服务窗口。

县人防办既是县国防动员委员会的常设办事机构，也是县人民政府人民防空工作的主管部门。

2017年，县人防办主任郑年东（左三）在扶贫联系村咱果乡克寨村宣传党的十九大精神

【人防行政执法】 2017年6月30日，县人民政府发出《关于规范防空地下室建设和防空地下

室易地建设费征管工作的通知》标志着全县人防执法工作的全面正式开展。成立“防空地下室易地建设费历史欠缴清收小组”，制定清收总体方案，与法院、检察院、规划局、住建局、非税局依法对欠缴单位进行强制清收。完成对皇仓中学、电力公司、农商行、华塘商居城等易地建设费历史欠缴清收任务，入库近1600万元，全部上缴县财政非税专户。

【人防宣传】 2017年8月，结合高一新生军训，开展人防知识进校园活动，接受教育的学生达4000余人次。与县消防大队联合在县第五小学举行防空防灾警报试鸣演练和消防安全知识宣传活动，在警报拉响后，参演3000多名学生在老师的带领下，用时5分8秒安全地转移到了空旷的操场上。疏散演练结束后，县消防部门给全体师生进行消防安全知识专题讲座。2017年5月12日，县人防办全体成员统一着装，佩戴人防标识，联合县人武部在龙凤广场开展防灾减灾知识集中宣传活动。摆放展板6块，发放宣传手册及资料1000余份，接受过往群众人防知识咨询20余次。

【防空通信警报建设】 2017年，新增防空警报2台，8月，全部安装测试到位，并改造原有警报系统控制频率，现共有警报11台，县城区范围内基本实现全覆盖。11月1日在县城区组织实施防空警报试鸣活动，试鸣前全方位检测所有警报系统，然后通过主控室下达指令的方式，准时鸣响，鸣响率达100%，防空警报工作状态良好。

【人防地面应急指挥中心建设】 2017年，县人民政府第四次常务会议同意启动县人防应急指挥所建设。年底，开展人防地面应急指挥中心选址工作。

【行政审批】 2017年，按照县政府统一安排部署，根据“事进、权进、人进”原则，7月，在县政务服务中心设立人防服务窗口，2名工作人员入驻并开展工作，推进审批服务便民化，达到“最多跑一次”的目标，办结期限由20个工作日提速到5个工作日，办事效率提升，方便群众办事。办件量共计596件，征收费用3100万元。

【领导名录】

主　任	郑年东
副主任	赵　云　田　东
监察室主任、工会主席	刘云胜

法　　治

政　　法

【概况】 中共龙山县委政法委员会(简称县委政法委),成立于1981年12月。1991年3月,设立龙山县社会治安综合治理领导小组及其办公室,与县委政法委员会合署办公,实行两块牌子一套人员。1994年12月,更名为“龙山县社会治安综合治理委员会及其办公室”。2001年12月,设立中共龙山县委处理法轮功问题领导小组办公室(简称县委610办公室),同时加挂龙山县人民政府防范和处理邪教问题办公室牌子,归口县委政法委管理。

2017年,县委政法委机关人员编制13名,其中行政编制11名,后勤编制2名;县委610办人员编制2名。管理的二级机构有4个:其中网格办人员编制3名,反邪教教育转化中心人员编制6名,法学会人员编制1名,综治信息中心人员编制19名。主要职责是部署指导全县政法工作,指导社会治安综合治理,协调调度维护社会稳定,协调开展反邪教工作,处理涉法涉诉信访问题,抓好执法监督,管理执法队伍等。2016年、2017年龙山县连续两年获“湖南省综治工作先进县”称号。

龙山县召开2017年政法工作会议

【党建】 2017年,县委政法委直属机关党委共有中共党员468名,下辖县委政法委机关党支部、县法院党总支、县检察院党总支、县司法局党支部等33个支部,牵头组织和指导县公安局党委的党务工作。

加强研究部署,切实履行

党建工作责任。全年召开领导班子会议4次，专题研究部署党委工作计划、党委人事、党建经费、党建联系点等重要事项，解决党建阵地弱小、党务公开不规范、党建联系点示范带动作用不强等问题。保障党建投入，用足党建年度预算经费，组织党员干部参加红歌比赛、演讲比赛、篮球赛等党建活动。搭建学习平台，提升党员思想理论水平。制定年度党建学习创建计划，以书记上党课、中心组学习、党员集中学习等活动为载体，搭建学习平台，开通微信学习交流平台，利用新媒体学习党的理论知识。抓好党建制度落实，推进基层党组织建设，认真落实民主集中制、“三重一大”、重大事项报告等制度，完善党组织管理，公开承诺，班子成员带头践诺。认真抓实“三会一课”制度、党员固定活动日制度，定期组织召开党员大会。10月，党的十九大召开以来，先后两次组织政法系统党员干部集中深入学习十九大精神，并于11月30日，组织政法系统党员干部到县烈士陵园开展重温入党誓词活动。突出服务工作，增强政法战线战斗力。10名预备党员如期转正、纳新4名预备党员、5名入党积极分子参加培训。5月12日政法委直属机关党委换届圆满完成，配备配齐新一届班子，所属39个支部均按照相关程序换届到位。扎实开展党员主题党日活动，完成党员信息录入等相关基础性工作。

【社会治理】 2017年，出台《龙山县社会治安综合治理中心建设与管理基本规范》，完成县乡村三级161个综治中心建设任务，实现综治视联网、网格化信息平台、电子监控平台和综治信息平台“四网合一”。规范运行网格平台投资2000余万元，搭建高端网格化信息平台，建成21个乡(镇、街道)分中心和252个社区(社区)网格站，网络开通到村(社区)。将司法、民政、卫计、禁毒、残联等21个部门数据整合进网格化数据库，为大数据运用打下了基础。探索开展“一村一警”。采取试点先行的方式，在民安街道办事处、华塘街道办事处、农车镇、召市镇、里耶镇、苗儿滩镇6个乡(镇、街道)的139个村(社区)设置辅警工作室，招聘村(社区)辅警139名。开展平安创建。建立12个高标准的平安示范点，新评选授牌“平安家庭”7万户，群众参与平安创建达20多万人次，“平安新龙山”“法治龙山”“网格龙山”等微信公众号定期发布平安建设工作信息，营造浓厚的平安创建氛围。

【维稳工作】 2017年，县委政法委、公安、信访、维稳部门利用综合手段，收集研判情报信息315条，其中重要信息79多条，成功预防了13起群体性事件。完成重大事项社会稳定风险评估项目9个，经过评估的项目或决策没有发生不稳定问题。2017年，共受理各类矛盾纠纷2315件，调解成功2268件，调解成功率98%；防止群体性上访31件。开展积案攻坚活动，省州交办的17件信访积案办结17件，化解15件，化解率88.23%，完成信访积案办结率100%、化解率80%以上的州定任务。1～10月，全县网上登记录入信访件833件，网信占比60.3%，超过州定30%的目标任务，位居全州第二。强化非访治理工作，加大违法信访打击力度，刑事拘留2人、治安拘留3人，训诫教育85人。

【防范处理邪教】 2017年，实现全年无一涉邪人员赴省进京、无一涉邪人员寻衅滋事、无一新增涉邪人员、无一反宣插播事件发生。

【平安建设】 2017年，全县开展命案清零、打击盗抢骗毒、打击多发性侵财犯罪等专项行动，共立刑事案件760起，破案457起，破案率60.1%，刑事破案率较去年同期(36.3%)提高23.8个百分点，创历史新高；刑事立案较去年同期下降33.8%；现行命案发7起破7起，破命案积案3起，2017年之前在册各类逃犯71人，抓获49人。批准逮捕181件248人，提起公诉203件295人。受理刑事案件240件，审结195件，结案率81.25%，判处刑罚267人。治安防控体系推进“雪亮工程”建设，新建460个监控探头，全县开通电子监控探头1836个，实现全域覆盖、全网共享、全时可用、全程可控的大监控格局。在397个村(社区)分别组建5至10人的治安巡防队伍，开展日常巡防工作。治安环境专项整治开展打击缉枪治爆、消防安全、寄递物流、依法治村、文明交通、安全生产等专项整治，共受理行政案件1493起，查处1392起，行政拘留1382人；排查各类安全隐患6142起，责令整改116处。开展校园及周边综合环境专项整治行动25余次。开展重点工程和重点企业、高速公路专项整治行动，共排查矛盾纠纷60件，调处成功53件，不断优化经济发展环境。提高综治服务管理水平，开展“非公有制企业保驾护航行动”，支持企业依法维权，为企业提供法律服务50余次。办理法律援助案件205件，各类公证639件，为弱势群体避免或挽回经济损失350余万元。加强特殊人群重点管理，在册矫正人员319人，无一脱漏管。加大对严重精神障碍者监管，与摸排出来的347名严重精神障碍患者监护人签订协议书，落实每月200元的监管奖励资金，最大限度地减少平安创建中的不和谐因素。

【队伍建设】 2017年，配强配齐397个村（社区）综治专干及1978名人民调解员。对546名综治专干进行为期两周的集中培训。开展政法队伍执法监督和作风整顿活动，自查案件212件，评查案件75件，回访案件425件，督办案件90件；开展机关作风暗访督查，对6个单位和12名干警进行通报。9月25、26日，邀请100多名州县人大代表、政协委员视察监督政法综治工作，自觉接受监督。

【荣誉表彰】 2017年12月，获省委、省政府“省综治工作先进县”称号；同月，获州委、州政府“综治工作先进县”“州网格化工作先进县”。2018年2月，印道其获省维稳工作领导小组（2017年度）“省维稳工作先进个人”称号；2017年12月，印道其获州委、州政府“州综治工作先进个人”和州委、州政府“州信访工作先进个人”；杨仕敏、蔡芬、吴世平同志获州委、州政府的“州综治工作先进个人”；吴世平获州委、州政府的“州建设美丽湘西工作先进个人”称号。

【领导名录】

书　记	印道其
副书记、县委610办主任	陈景帆
副书记	曾繁冬　吉　勇
纪检组长	彭清华
综治办主任	蔡　芬（女）

公　　安

【概述】 2017年，龙山县公安局共设33个所（队、室），其中机关所（队）18个，即指挥中心、政工室、刑侦大队、治安大队、人口与出入境管理大队、禁毒大队、经侦大队、国保大队、法制与信访大队、网安大队、重点工程与秩序管理大队、巡特警大队、交警大队、警务保障室、警务督察大队、看守所、拘留所、收治中心；派出所15个，即民安派出所、华塘派出所、兴隆派出所、石牌派出所、茨岩塘派出所、水田坝派出所、红岩派出所、洗车派出所、苗儿滩派出所、靛房派出所、召市派出所、桂塘派出所、里耶派出所、石羔派出所、洗洛派出所。共有民警333人，其中交警47人、职工11人；辅警434人，其中公安302人，交警132人。333名民警中男民警285人、女民警48人；中共党员291人。

2017年，是龙山公安工作以党的十九大和州庆60周年安保维稳为主线，聚焦主责主业，强化基层基础，深化警务机制改革，实现了“三个未发生、两提升、一下降、零违纪”的工作目标，即未发生重特大安全事故、有影响的群体性事件和暴力恐怖案件，社会大局平稳；民调测评成绩持续攀升，跃居全省第71名，同比上升28位，刑事破案率64.06%，较上年同期（39.85%）提升24.21%；刑事发案较上年同期下降32.93%；公安队伍零违纪。

【党建】 2017年，局党委以党建工作为引领，以支部为单位，坚持“三会一课”制度，结合“两学一做”

2017年7月7日，全州警务机制改革现场推进会在龙山召开

学习教育，把党建工作融入各项公安工作之中，以党建新成效推动全县公安工作和队伍建设新业绩。设立党建文化宣传橱窗、“三制一卡”党员承诺专栏，在公安专网设立党建专栏，为开展党课教育提供充足资源，营造了浓厚的党建文化氛围。学习习近平总书记系列讲话和“七一”讲话，组织“踏寻革命足迹、不忘从警初心”“警营开放日”等主题党日活动；落实党员进社区，开展巡逻防控和社区警务工作，加强防盗防骗宣传；抓实基层党建问题、任务、责任“三个清单”工作，贯彻党员积分制，完成党员信息输机和“红星云”注册激活工作。

【维护社会稳定】 2017年，县公安局落实“大排查、大研判、大管控、大演练”工作，确保党的十九大和州庆60周年期间龙山的社会政治大局稳定。开展“迎州庆、保平安”专项整治行动4次，开展“迎州庆、惩霸痞、保民安”专项整治行动和“冬春攻势”专项行动。上报各类不稳定信息100余条，对7个重点信访群体、1名重点邪教人员、涉疆人员进行重点研判、动态管控。办理扰乱信访秩序案件7起，治安拘留15人，刑拘6人，教育训诫53人，成功处置8起群体性案事件。

【打击违法犯罪】 2017年，县公安局把侦破命案作为工作的重中之重，树立“命案必破”的信念，通过加强专案侦查，强化现场勘查，狠抓证据收集和办案质量，发挥公安机关整体作战优势，全面提升侦破打击犯罪整体效能。全年立刑事案件882起，与2016年1315起相比，下降32.9%，破案565起，破案率64.06%，同比上升24.3%。现行命案发8起破8起，破命案积案5起。全年逃犯基数69人，到案55人，其中命案逃犯到案6人，下降率79.71%，2017年追逃工作排名全州第一。

【社会治理】 2017年，县公安局开通全县21个乡（镇、街道）电子监控，全县电子监控数已达1836个，电子卡口28套，实现21个乡（镇、街道）全覆盖。43个城乡金融业银行网点视频监控接入指挥情报中心，凯斯顿等5家娱乐场所视频监控接入治安防控中心。全年受理行政案件1425起，查处1217起，行政拘留1361人；食药环类案件立案4起，起诉10人，旅馆业、网吧录入率均达到95%以上；侦破涉枪案件27起，刑事拘留26人，逮捕17人，收缴枪支62把，各种管制刀具248把，侦破涉爆案件3起，刑事拘留3人。检查涉爆作业点100处，发现存在安全隐患10处，并责令限期整改。破获介绍卖淫案件3起，刑事拘留5人，逮捕4人，查处卖淫嫖娼案件35起，治安拘留83人，破获开设赌场案4起，刑事拘留14人，逮捕9人，查处赌博案件40起，治安拘留235人，破获非法持有枪支案件15起，刑事拘留15人，逮捕9人，查处非法携带枪支案件2起，治安拘留2人，破获非法制造、买卖爆炸物品案件3起，刑事拘留3人。2017年，龙山县被省公安厅确定为全省“三实”信息采集长效机制建设试点县。

【禁毒】 2017年，县公安局坚持“四禁并举、预防为主、严格执法、标本兼治”的工作方针，遏制了毒品来源、毒品危害和新吸毒人员的滋生。全年完成部督目标案件2起，涉毒逮捕直诉任务58，治安拘留前三年任务平均数437，强制戒毒前三年平均任务数130。完成刑事拘留涉毒人员71人，逮捕直诉69人，破获刑事案件40起。查处治安案件320起，治安拘留484，强制戒毒184，裁决社区戒毒156人，社区康复11人，打掉制毒团伙3个，缴获各类制毒物品50余吨。社区戒毒（康复）人员管控率达到85%以上。铲除毒品原植物罂粟483株，查处种毒案件3起，治安拘留3人。成功端掉制毒窝点3个，刑拘非法生产制毒物品人员25人。“7·1”非法制毒案缴获毒品甲卡西酮2408.93千克，麻黄碱1617千克，其他易制毒化学品和辅料共计16146.15千克。“9·28”制毒案缴获易制毒物品约32吨，第四病室收治特殊涉毒人员60人次。

【警务机制改革】 2017年，县公安局按照《湖南省公安厅警务改革“4+X”中心建设总体方案》和《湘西州公安警务机制改革行动计划》文件精神，坚持“打破常规、先行先试、大胆实践、边建边改”的工作原则，全面建成“五大中心”和“6个派出所综合警务指挥室”，出台系列工作机制和制度，初步实现警力“零增长改善”，“汗水警务”向“智慧警务”转变。接待州内外公安机关考察交流10余批次。被评为全省警务机制改革示范县。7月7日，全州公安警务机制改革现场推进会在龙山县召开，副县长、县公安局局长李博就龙山公安警务机制改革工作经验作典型发言。《以搭建五大中心为载体全力打造新型智慧警务》被县深改办《改革简报》2017年第4期刊登。8月，县局被省公安厅评定为“全省公安机关警务机制改革县级示范单位”。9月，按照《湘西州公安机关综合警务指挥室实体建设标准》要求，完成民安、里耶、召市、红岩、兴隆、桂塘等6个派出所综合警务室建设。

【基层基础建设】 2017年，县公安局按照全州公安机关“强化基础建设三年攻坚计划”和“基层基础示范点”创建工作要求，通过一年努力，“基层基础示范点”建设取得成效，被评为全省基层基础建设示范县。投入240万元新修复建石羔、洗洛、大安、农车、茅坪派出所。投入150余万元，完成民安、里耶、兴隆、红岩、召市、桂塘派出所综合警务指挥室建设，建成民安、里耶、召市派出所调解室。出台龙公党〔2017〕1号、2号文件，从局机关下派23人到基层派出所任职。9月，完成民安、华塘、里耶、苗儿滩、召市、农车“一村一警务辅助”模式试点建设。民安、里耶、召市调解室相继建成并运行。加大“三非”案件的查处力度，3月8日查处涉及10名外国人非法就业案件，此案成为全省的示范精品案。“一标三实”信息采录总量达到90.06万条，并抓获网上逃犯8名，提供重大案件线索3条，直接查获违法犯罪案件109起，登记未落户人员145人、未销户人员580人、重户人员38人。搭建“警民互动”运用平台，在网上与群众沟通信息338条，为外地群众办实事128件。

【队伍建设】 开展领导干部“从我做起对我监督”大承诺主题活动，落实《湖南省公安机关人民警察荣誉勋章评授管理办法》和“六个仪式制度”，落实升旗、表彰奖励、入警宣誓、退休离岗、荣誉勋章等仪式，而且升旗仪式实行了每周常态化。修改完善《龙山县公安局走访慰问制度》，走访慰问民警120余人次，其中特困民警10余人次，因病因伤住院20余人次，因工负伤18人次，发放各类慰问金10余万元。组织初任培训、晋升培训和集中培训300余人次，合格率为100%；开展辅警改革，加强辅警队伍规范化管理，选拔6位刑侦精英骨干到北京脱产学习三个月。以侦查实战中心、法制大队、交巡警大队、新闻舆情为随岗培训点，加强对一线民警的培训力度，80余人次参加随岗培训。启动“民警讲堂”工作，并成功举办3期。建立32名“业务能手群”，拟定业务能手的权利和义务，制定严格的考核制度，并将其作为提拔重用的重要依据。建立23对师傅徒弟，启动结对子仪式。制作“乘风破浪、砥励前行”警务机制改革专题片、“破局”和“攻坚”画册。投资150余万元，建成集健身房、羽毛球馆、老干活动中心的多功能警体馆。

【领导名录】

党委书记、局长	李　博	
党委副书记、政委	向才官	2017年1月任
党委副书记、副局长	何绪林	2017年3月调离
	潘　翼	2017年3月任
党委委员副政委	陈支烈	
党委委员副局长	瞿德吉	
党委委员、纪委书记	彭万福	
党委委员副局长	陈寿柏	2017年5月任

交　警

【概况】　龙山县公安局交通警察大队成立于1987年6月，对外同时使用“龙山县公安道路交通管理局”和“龙山县公安局公路巡逻民警大队”名称，是主管全县道路交通安全和交通秩序以及机动车辆、驾驶人工作的职能部门。隶属县公安局管理的正科级单位，设办公室、机动车辆驾驶人管理中队、法制宣传中队、道路交通管理中队、行政财务装备中队、民安交警中队、红岩交警中队、里耶交警中队、茨岩交警中队、召市交警中队、洗车交警中队。2017年，全队有专项行政编制47名，地财编制11名。大队长1名(正科级)、教导员1名(正科级)；副大队长3名(副科级)、副教导员1名(副科级)。

【交通事故处治】　2017年，县交警大队处理道路交通事故2142起，其中伤人540起，死亡49起，其中刑事案件20起，刑事拘留20人，取保候审7人，逮捕6人，起诉19起，酒驾3起，侦破交通事故肇事逃逸案16起。全年处理事故共出动警力约2万人/次，警车约960辆次。

【驾驶证及机动车监管】　2017年，车辆管理所被评为政务服务示范窗口单位，车管业务全年办理30144笔，其中：新车注册登记7768台(小型车辆4590台，大型汽车10台，摩托车3168台)，转移登记1040台，转入392台，注销登记11636台，补牌补证858台，临时号牌1195台，免检机动车年检5633台，校车标牌32台，抵押登记1570台；驾管业务全年共办理17558笔，其中新办驾驶证1522人，增驾申请295人，满分学习1154人，补、换驾驶证7959本，注销驾驶证143人，驾驶证转出1758人，驾驶证审验4727人；全年交通违法处理业务，异地违法处理26948条，金额5494211元，县境处理交通违法4451105元。全年完成非税收入6396371.40元。

【交通违法查处】　2017年，录入交通违法行为64582起，现场纠违14240起，醉酒驾驶2起、酒后驾驶120起、无证驾驶734起、超速9起、涉牌涉证规定932起、违反车检规定384起、超员超载63起，非客运车辆载客127起，查处黄标车402辆，作出行政拘留179人、刑事拘留20人。城区安装高清电子监控102处，非现场录入各类交通违法50342起。

【应急处置】　2017年，制定《龙山县公安局交通警察大队应急处置预案》和《城区交通整治方案》，设置禁令标志13个，指示标志牌16块、交通引导牌26块。

【交通秩序整治】　2017年，县交警大队城区专项整治行动以整治城区乱点、难点、堵点为目标，从严打击城区无牌无证、套牌假牌、乱停乱放、逆向行驶、随意掉头、酒驾毒驾、超限超载、摩托车非法改装、三轮车违规在城区行驶等交通违法行为。加强对城区中、小学校周边交通安全管理，确保学生交通安全。农村交通秩序专项整治加大视频巡查力度，整治农村的马路市场，确保交通秩序逐步改善。加大对校车、短途客运车辆的重点管控，并将其交通违法、交通事故情况逐月抄告其主管部门，督促责任落实。

【交通安全宣传】 2017年，县交警大队开展“全省百日会战”“全州文明交通安全大整治”“城区交通环境综合整治”“全州道路交通整治攻坚战役暨州庆道路安全整治行动”“十九大安保维稳”“冬春攻势”“文明交通行动计划”“文明礼让斑马线”等一系列道路交通整治行动，借力电视台、电台、微博、微信公众号主要媒体，开展各类主题宣传活动6次，结合“五进”工作开展安全教育学习4次，发放宣传资料2.3万余份，通过媒体报道信息16条，宣传报道261篇，其中州级96篇，县级120篇，县级媒体宣传45篇，开展道路交通安全宣传6次，发放宣传资料1.5万余份，制作展板20余块，悬挂横幅20余条。

【智慧城市平台建设】 2017年，县交警大队在全州率先启动交通安全执法服务站，新建城市交通信号灯控制系统一套、闯红灯电子警察抓拍系统9个、球机自动抓拍系统、高清卡口系统；落实“道安监管云”建设任务，建设交通安全执法服务点及其配套科技设施，建设国省道交通视频监控系统。

【年度荣誉】 县交警大队被公安厅评为2017年度全省公安机关春运交通安保工作成绩突出集体；被州政法委评为2017年全州综治先进单位；8名大队民警被湖南省公安厅、县人民政府、州支队评为先进个人。

【领导名录】

大队长　　姚祖勇
教导员　　刘健桦
副教导员　胡顺跃
副大队长　吴国波　杨光文　龚正强
纪检员　　向义平

消　　防

【概况】 龙山县公安消防大队是一支担负灭火作战、抢险救援的公安现役部队。大队始建于1996年，由龙山县消防股和龙山消防中队组建而成。建队以来，历届班子在上级和地方党委、政府的坚强领导下，牢固树立科技强警、科技兴警的发展理念，严格管理、刻苦训练，逐步锻造出一支“听党指挥、能打胜仗、作风优良”的消防钢铁之师。在血与火的洗礼和生与死的考验之中，历届官兵怀着对党、对祖国、对人民的赤胆忠诚，用青春和热血谱写一曲曲奉献之歌。至2017年大队累计荣立集体三等功4次，个人三等功34次，其它各种荣誉1000余次。

【党建】 2017年，大队有党委1个，党委成员5名；下辖党支部两个，有党员19名，其中文职2名。在州庆60周年安全保卫中，马俊杰被支队火线发展为中共党员；同时在党的十九大消防安全保卫工作中，何军被支队火线立三等功，文职人员侯茜被支队火线发展为中共党员。2名随军家属工作安置已经落实到位。大队党委严格贯彻落实民主集中制，科学决策，全面议训议教议管议财，切实发挥党委统领作用。落实廉政责任，签订党风廉政建设责任书32份，观看警示片、参观看守所等方式开展警示教育12次。

【抢险救援】 2017年，县消防大队共接警出动174次，出动官兵1731人次，车辆251台次，参与火灾扑救96次，抢险救援78次，抢救被困群众55人，疏散被困人员19人，抢救财产损失476.1万元。全年无一起亡人火灾，并且圆满完成州庆60周年、党的十九大和节假日期间的消防安全保卫任务。

【部队管理】 2017年，县消防大队坚持“四个突出”，确保部队安全稳定、正规有序。突出条令意识，提升正规化管理水平，进一步规范执勤、训练、工作、生活四个秩序，始终坚持“人定岗、物定位、事定责、工作定标准”管理思想。突出训战一致，提升部队实战能力。坚持以仗怎么打兵就怎么练原则，提高官兵实战能力。突出以人为本，激发官兵主观能动性。在管理上严爱有度，发挥人在管理中的主体性、能动性和创造性，实现人人能管、人人敢管。突出安全无小事，确保部队高度稳定。大队结合安全“五无一创”活动，做到安全工作想在前、思想工作做在前、事故隐患堵在前，切实做到防范于未然。以体能体型达标活动为重点，继续开展“龙山消防体能体型达标挑战活动”，做到训练每日有目标、每周有计划、每月有考核、年度有推进。在支队首届消防运动会中，以双干线出三支水枪操第一、3000米团体第一、救助技术综合操第二、百米负重团体第二、4×400米接力第三的成绩，取得8个县（市）排名第一的名次，中队也涌现出陈金镜、曾波宁、尹涛、涂棋发、罗震、李鑫、张欢等一大批训练骨干和尖兵。

【政治教育】 2017年，县消防大队开展“两会”、两项重大教育、“十九大”精神学习。以经常性思想教育为依托，通过学雷锋活动、植树活动、“我为什么入党”主题演讲、重温入党誓词为载体，强化官兵的党性意识，开展政治教育授课102课时，组织全体官兵观看《警戒》《永远在路上》《战狼》和《建军大业》等教育片，开展座谈讨论15次。开展“一日捐”活动和“我想有个家”募捐活动，共计捐赠10000余元，无偿献血4000余毫升；筹办“红门卫士”书法美术摄影比赛活动，上士朱盼书写的《解放南京》获得书法类一等奖，文职侯茜的《云轻处处山》获得绘画类三等奖。

【后勤保障】 2017年，县消防大队推动微型消防站68个，完成12个建制镇专职消防队建设，配足人员、车辆、装备和经费，并制定乡镇专职消防队管理规定。向县政府争取170万专项经费，为12个镇和4个街道及传统村落进行消防规划编制工作，目前已通过评审，即将发布实施。4次组织开展市政消火栓普查，提请县政府推进城区市政消火栓建设。投入104万元，按照一类消防站建设标准配齐水域、个人防护、灭火药剂、综合保障、灭火器材等装备；向政府争取180万配置1辆重型水罐消防车，并纳入采购计划。投入80万元，对大队营房进行整修、改造。

【消防宣传】 2017年，县消防大队率先推出向第三方购买消防安全宣传培训服务新举措。为县直各单位和行业主管部门、乡镇（街道）、微型消防站、消防安全重点单位等开展专场培训和演练，受训人数60余万人次，培训场次达260余场，发放消防手册5万余份，组织社会单位、个人开展应急疏散逃生和灭火演练超过1500场，发放消防宣传定制礼品40000余份。拍摄宣传片一部；与驻地10余家单位建立警民共建关系、全年警营开放26次，参观人数共1200余人；并为群众排忧解难、开门、取戒指、冲洗地板等好事达30件次。

【防火监督】 2017年，县消防大队共检查单位2103家次，发现火灾隐患或违法行为4948处，督促整改火灾隐患4912处，下发《责令改正通知书》1647份，临时查封60家，责令“三停”18家，罚款81.95万元，拘留5人。开展“亮窗工程”建设，消防行政审批“一站式”办理，打造消防服务的“绿色通道”，2017年，受理行政许可39个（审核6个，验收10个，开业23个），备案抽查11个（设计备案3个，验收备案8个），未抽中的备案抽查15个（设计备案9个，验收备案6个）。

2017年，湘西州消防支队龙山县大队荣立公安部集体三等功，4人次立个人三等功，15人次获个人奖励。

【荣誉表彰】 2017年1月26日，龙山县消防大队被公安部授予“集体三等功”称号；11月被湖南省消防总队评为“党的十九大消防保安工作先进基层单位”;同月,被省消防总队评为“正规化达标大队”和“正规化标兵中队”;2018 年 1 月 18 日,吴长征被省公安厅记(2017 年度)“三等功”;2018 年 2 月 3 日,谢海被省消防总队记(2017 年度)“三等功”。

【领导名录】

大队长　吴长征(2014.9—2017.11)
　　　　伍　斌(2017.11—)
教导员　熊前征(2010.6—2017.7)
　　　　赖启明(2017.11—)
指导员　刘立峰
副中队长　何　军　马俊杰
参　谋　陈金波　姚　捷
中队长　谢　海
中队排长　王泽雄(2017.12—)
　　　　邓　毳(2017.12—)

检　察

【概况】 龙山县人民检察院成立于 1955 年 8 月,1967 年至 1978 年停止办公。1978 年 9 月恢复重建。2017 年全院共有在职在编干警 56 人,内设 15 个科室。

主要职责:对县人民代表大会及其常务委员会和州人民检察院负责并报告工作,接受县人民代表大会及其常务委员会的监督,查办县人民代表大会及其常务委员会和上级人民检察院交办的案件或其他事项。对刑事犯罪案件依法审查批捕,提起公诉,履行法律监督职责,掌握社会治安动态,参与社会治安综合治理。对同级人民法院发生法律效力的民事、经济和行政审判活动进行监督,对确有错误的向上级人民检察院提请抗诉。对同级人民法院确有错误的判决和裁定,依法提起抗诉。根据法律的授权,对违反法律法规,侵犯国家利益和社会公共利益的行为,向法院提起公益诉讼。受理公民控告、申诉和检举,办理刑事赔偿事项。

【刑事检察】 2017 年,县检察院受理各类审查逮捕案件 278 件 437 人,批准逮捕 227 件 324 人;办理各类审查起诉案件 332 件 486 人,提起公诉 265 件 366 人。监督公安机关立案 2 件、纠正漏捕 2 人。批准逮捕毒品犯罪 63 人,批准逮捕抢夺、盗窃、诈骗等多发性犯罪 97 人。依法落实从宽政策,不批捕和决定不捕 115 人,不起诉 43 人。在全州率先成立“未成年人刑事检察工作办公室”,并配备专门的员额检察官和专职工作人员。并与团县委、妇联、司法局、公安局和教育局等部门建立健全社会调查、帮扶教育机制。共对涉罪未成年人依法不批准逮捕 9 人,不起诉 6 人,申请法律援助 24 人,开展社会调查和社会帮教 12 人次,开展心理疏导 22 人次,最大限度保护未成人合法权益,传递社会关爱和司法温暖。

【刑事执行检察】 2017 年,县检察院开展羁押必要性审查 25 人,书面提出释放或变更强制措施建议 25 人,采纳建议 24 人,监督财产刑执行不当 2 人次,提出书面检察建议 2 份,发现刑罚执行和监管活动安全隐患 14 次,提出书面检察建议 14 份,发现刑罚执行和监督活动违法 2 人次,书面提出纠正 2 件,对监外执行存在的安全隐患提出检察建议 4 份,对监外执行不当情形书面提出纠正 1 件,收监执行提请审查 4 人,监督收监执行 2 人,审查起诉服刑罪犯又犯罪案件 1 件 1 人。开展社区矫正日常检察 200 余人次,实现刑事案件程序正义、实质正义“双保障”。

【查办和预防职务犯罪】 2017 年,县检察院立案侦查职务犯罪案件 12 件 17 人,其中县处级领导干部 3 人,挽回经济损失 1000 余万元。经州检察院指定管辖,依法对州水利局原副调研员谷某某,州酉水灌区管理局原局长张某某、原副局长张某某,州国土局原副调研员、吉首市国土局原党组书记、局长王某某,吉首市国土局原党组成员、纪检组长谷某某立案侦查，在自治州反贪工作层面更加凸显“龙山力量”。全年开展职务犯罪预防教育讲座5次、法治宣传4次，开展职务犯罪预防调查2次、犯罪分析2次，发出预防检察建议3份，为工程建设、扶贫开发项目等提供行贿犯罪档案查询421次。

【民事行政检察】 2017年，县检察院办理民事行政监督案件36件，其中公益诉讼案件5件。通过公益诉讼诉前程序，督促相关职能部门履行职责，为国家挽回经济损失1600余万元。联合县食药监部门，开展“校园食品安全护苗行动”“注水肉”专项监督活动。在县环保、林业、食药监等部门挂牌设立检察联络室。办理破坏生态环境的案件3件，联合县环保局、国土局针对猛必河流域的污染问题进行专项调查并发出检察建议，敦促县环保局将猛必河污染问题纳入《龙山县突出环境问题清理整改清单》并积极进行综合治理。同时，组织人员对洗车河流域污染问题进行全面调查，并向县环保局发出检察建议。县领导对此高度重视，责成有关部门立即加强洗车河流域综合治理，就洗车镇河流污染治理进行立项，并被收纳进湖南省环境保护“十三五”重大项目库。在抓源头治理的同时，依法严厉打击破坏生态环境的行为。

【案件管理】 2017年，县检察院通过统一业务应用系统共受理案件607件。信息公开，其中案件程序性信息公开460件次，法律文书公开180件，重要信息公开73条。开展案件质量评查70余件，接到律师网上预约25件次。对办案期限口头预警145件次，每个工作日对案件信息进行传递审核和基础表审核，撰写统计分析4份，主要业务数据通报12期。全年共制作电子卷宗590件1827卷。

【控告申诉】 2017年，县检察院接待来访群众100余人次、受理民事监督及举报线索23件、受理实名举报线索2件。开展争创“文明接待室”活动。投入资金20余万元，规范建设了信访接待室、律师会见室、案件讨论室和心理疏导室，推动“检察长接待日”常态化，积极推进律师介入涉法涉诉信访案件，引导信访人员合法表达诉求，依法解决诉求。

【检务公开】 2017年，开展“检察开放日”活动2次，开展案件监督评议6次，向人大代表、政协委员和人民监督员赠送检察工作资料300余份，确保人大代表、政协委员和人民监督员全面了解检察工作情况，更加便捷高效地开展履职监督。投入资金30余万元，优化检察服务大厅建设。整合案件管理、控告申诉、来访接待、远程视频接访、律师阅卷等功能，建设了开放、动态、透明、便民的一站式检察服务大厅。全年接待案件当事人500余人次，接待律师100余人次，扩宽了与人民群众互动交流的渠道，增进了人民群众对检察工作的了解，更加方便人民群众知晓、监督检察工作。

2017年5月26日，县人民检察院举办“防治校园欺凌、呵护未成年人成长”检察开放日活动

【队伍建设】 2017年，县检察院完成首批员额检察官遴选工作，将19名员额检察官（含4名入额院领导）、28名司法辅助人员和8名司法行政人员分类定岗到各部门。开展内设机构改革，推进检察权科学配置，提升检察监督效能。

建立检察文化活动中心，开展检察文化建设。加快推动“学习型检察机关”建设，开展“十佳热爱读书检察官”评选活动，鼓励全院干警进行论文撰写、新闻编辑、文学创作、文艺演绎等活动，打造“书香检察院”。全院干警在各级媒体累计发稿183篇；在各类杂志、期刊、学报发表理论调研文章20余篇；组织编排的民族舞《舍巴日》在全州检察机关迎州庆六十周年文艺汇演中获得第三名；4名干警通过国家司法考试，通过率100%。

【基础建设】 2017年，县检察院“两房”建设项目被纳入县“十百千”重点工程，并由县委常委、县委政法委书记印道其牵头实施。项目计划投资4800万元，占地26.8亩，建筑总面积10400平方米。11月，完成项目招投标，施工单位进场施工。投入资金30余万元建成“青年公寓”，解决青年干警住房困难。

【荣誉表彰】 2017年2月，政工科获省精神文明委员会的“省文明标兵单位”奖励；同月，获省检察院的“干部管理工作先进单位”“老干工作先进单位”奖励；预防科获省检察院的“全省检察机关优秀调查先进单位”奖励。2017年12月，黄治平、向健同时获最高人民检察院授予的“全国检察机关‘侦查能手’人才”称号。

【领导名录】

党组书记、检察长　　聂春辉
党组副书记、副检察长万英俊（2017.12—）
党组成员、副检察长　沈　阳（2017.4—）
党组成员　　潘家龙　黄　珍　李凌云
专职检委会委员　　何强清　王海人

法　　院

【概况】 2017年，龙山县人民法院（简称县法院）内设机构14个，在编干警87人，退休干部41名，中共党员58名，硕士研究生6名，本科以上学历占在职干警人数的96%。

【刑事审判】 2017年，县法院受理刑事案件307件，审结293件，结案率为95%。审结抢劫、盗窃、故意伤害等犯罪案件102件，审结性侵妇女儿童案件15件。加强人权司法保障，依法保障被告人、被害人各种诉讼权利。坚持宽严相济的刑事政策，该严则严，当宽则宽，确保罚当其罪。加强未成年人案件审理，完善社会调查，社区矫正等机制，保护未成年人合法权益。

【民商事审判】 2017年，县法院受理民商事案件2575件，审结2438件，结案率为94%。开展涉金融、涉民生专项审判活动，审结该类案件859件，涉案标的2.5亿元。审结合同、投资等商事案件1108件，审结婚姻家庭、继承等案件426件，处理涉农纠纷，审结农村土地承包、宅基地案件45件。

【行政审判】 2017年，县法院受理行政案件87件，审结78件，结案率89%。认真贯彻修改后的行政诉讼法，强化行政机关举证责任，保障行政相对人合法权益，审结案件中判决行政机关履行法定职责、确认行政行为违法、撤销或变更行政行为的8件。注重采取“诉前沟通、诉中协调、诉外疏导”的方式化解行政争议，实现维护行政权威与保护行政相对人合法权益相统一。

【执行工作】 2017年，县法院受理执行案件921件，执结776件，执结率为84%，执结标的1.3亿元。完成全国法院执行案件信息系统补录、核录工作，共补录修正当事人名称、身份证号码、企业机构

县人民法院青年干警与特殊学生共度“五四”青年节

代码信息错误95处。完成全省银行“点对点”网络查控系统及全国“总对总”网络查控系统的建设，实现了农业银行和工商银行的网络冻结。开展执行积案专项清理、执行攻坚活动，对8名拒不履行义务的被执行人采取罚款、司法拘留等措施，公布失信被执行人名单3期87人。

【司法体制改革】 2017年，县法院完成首批员额制法官选任工作和人员转岗与调整配备工作。共有入额法官32名，司法辅助人员23名，司法行政人员15名。7月下旬，经县人民政府第八次常务会讨论并同意聘请司法辅助人员32名，8月份完成招聘工作，32名司法辅助人员9月全部到岗。推进审判权运行机制改革，落实独任法官、合议庭、审判委员会的办案责任。院、庭长办案常态化，院、庭长担任承办人审理案件1419件，担任审判长参加合议庭案件1189件。推进以审判为中心的刑事诉讼制度改革。推进刑事案件速裁程序改革，对94件轻微刑事案件依法快立快审，深化涉诉信访工作改革。实行诉访分离，畅通依法信访渠道，实现涉诉信访法治化、信息化。办结省、州交办的4件信访案件。

【自身建设】 2017年，县法院加强领导班子能力建设，提高领导指导审判工作的能力、协调解决突出矛盾和问题的能力、正确处理办案的法律效果与社会效果的能力，使班子成员真正做到能审判、善协调、会管理。提高干警综合素质，新招录干警5人，轮岗、轮训干警42人次。组织干警28人次参加省高级法院、州中级法院、县委组织部等组织的各类培训班。开展“创建文明标兵单位、争创学习型法院、争当学习型法官”活动，举行“喜迎十九大”文艺汇演。出台《龙山县人民法院常规工作考核办法》，把党风廉政建设任务细化到每个庭室每名干警。开通举报信箱、举报电话，对当事人和群众反映司法廉洁方面存在的问题，做到早防范、早发现、早纠正、早处理。全年干警没有发生一起违法违纪行为。

【基础设施】 2017年，县法院审判法庭建设项目主体工程建设于2017年10月完成。执行指挥中心网络等级测试和前期硬件设施落实到位、科技法庭线路铺设基本完工，庭审直播、电子档案、远程签章、视频提审、接访系统建设全面提速，信息化3.0建设初具规模。

【荣誉表彰】 2017年12月，县法院获湖南省高级人民法院授予的“2013－2017年全省法院先进集体”称号；2017年10月，洗车人民法庭获省高级人民法院授予的“全省法庭先进单位”称号；2017年5月，田丽霞获湖南省委宣传部授予的“湖南好人”称号；2017年10月，张雪获省高级人民法院授予的“全省法院先进个人”称号。

【领导名录】

党组书记、院长	刘　辉
党组副书记、副院长	田丽霞
党组成员、副院长	周芷龙
副院长	陈　堇
党组成员	贾宝清
党组成员、政治办主任	向成星
党组成员、工会主席	彭志华
党组成员、执行局局长	陈　锋
审判委员会专职委员	唐庆凡　向齐化

司　　法

【概况】 龙山县司法局成立于1980年12月，是县人民政府工作部门。有编制94名(行政编79名，事业编15名)。设办公室(计划财务装备股)、政治办(司法鉴定工作管理股)、基层工作股(公证律师管理股)、社区矫正工作局、法制宣传教育股(县委、县人民政府依法治县办公室)、法制办(行政审批股)，管理县法律援助中心、县公证处、县正方法律服务所、乡(镇、街道)司法所。承担着法律保障、法制宣传、法律服务三大工作职能。

【法治宣传】 2017年，县司法局出台《关于在全县公民中深入开展法治宣传教育第七个五年规划(2016—2020年)》，将普法教育和依法治理工作纳入县委、县政府重要议事日程。县第十七届人大常委会第三次会议审议并通过《龙山县人民代表大会常务委员会关于认真开展“七五”普法工作的决议》。出台《关于在全县各级国家机关中实行“谁执法谁普法”责任制的实施意见》，制定了谁执法谁普法工作考评细则。表彰“六五”普法25个先进集体和70名先进个人。利用春节、“三八”国际妇女节、五月农村法治宣传月、6·26禁毒日、九月法治宣传周、“12·4”宪法日针对性地开展活动，广泛宣传法律法规。组织观看《把法治湘西建设引向深入》专题片。11000名干部职工网上学法考法，学时完成率达100%，参考率达100%，合格率达100%。开展法治宣传教育活动68场次，发放法律宣传资料、法治文化饰物17万份，出动宣传车88台次，展板98块，现场解答法律咨询13840余人次，上法制课128场次。开通“法治龙山”微信公众平台，每月刊发4期推文。开办以案释法专栏平台，播放“以案释法”专题片8期。投入20万元建成龙凤广场法治文化主题广场。在84个村(社区)开展民主法治示范村(社区)创建工作。

【人民调解】 2017年，全县21个乡(镇、街道)建立397个基层人民调解委员会，有基层人民调解员1987名；建立17个涉及婚姻家庭、医疗纠纷、征地拆迁等行业性专业性人民调解委员会；与桑植、来凤、酉阳、秀山等7个相邻县签订了边区联防联调协议。21个乡(镇、街道)实施人民调解案件“以奖代补”制度。开展“三调联动解纠纷，防控风险促发展”专项调解、城乡环境综合整治矛盾纠纷大排查大调处、州庆60周年及党的十九大特护期维稳等专项活动。在全州率先安排律师坐班化解矛盾纠纷和积案清仓化解。受理各类矛盾纠纷2677件，调解成功2630件，调解成功率98.2%；防止群体性上访31件。

【法律援助和公证改革】 2017年，县司法局法律公共法律服务中心按照“能援则援、应援尽援”原则，降低门槛，降低受援标准，为更多需要帮助的弱势群体和困难群众免费提供优质、高效的法律援助。共受理法律援助案件205件，挽回经济损失1000余万元。

全年办理各类公证731件，为弱势群体减免公证费6万元，为县重点工程、重点项目进行现场公证74场次。公证体制改革顺利完成。

【社区矫正和安置帮教】 2017年，县司法局严格开展调查评估工作，把好入口关，对每一个评估案件进行严格把关，全年没有任何错漏和逾期提交评估现象。规范日常监管和日常考核，将社区矫正工作纳入县政府目标管理，对21个乡（镇、街道）进行绩效考核。帮助刑满释放人员解决低保、大病救助困难。对60多名社区服刑人员和安置帮教对象免费实施再就业技能培训。严格规范和加强刑满释放人员安置衔接工作，完善县乡两级刑满释放人员信息库，及时登录、核实、更新刑满释放人员信息，确保服刑人员核实率、预释放人员回执率达98%，重点刑满释放人员衔接率达100%。完成过渡性安置基地建设工作，与企业签订《帮教协议书》，明确企业的帮教职责及要求。

【队伍建设】 2017年，县司法局招考公务员11名，提拔及重用司法所所长8名，公开招考司法所所长2名，配齐配全司法所编制，解决1人所，杜绝无人所。请代表们、委员们就司法行政工作谈不足、找差距、促整改，提升司法行政工作科学化水平。

【特色亮点】 2017年，县司法局围绕县委、县政府"综治创新年"主题活动，发挥职能作用，推进综治工作创新。2017年6月13日，全州司法行政系统"综治创新年"现场工作经验交流会在龙山县举行。

【领导名录】

党组书记、局长	彭贤文
党组成员、副局长	田　雯　向德刚
纪检组长	向洪江
政治办主任	张小兰
工会主席	滕树辉

禁　毒

【概况】 龙山县禁毒委员会下设办公室（简称县禁毒办），于2016年11月由州编办发〔2016〕177号文件批准设立，为正科级事业机构，核定编制9名，在编在岗人员6人。

主要职责：贯彻执行国家禁毒工作的有关法律、法规和政策；负责组织、协调、指导全县禁毒工作；负责承担禁毒委日常工作。

县禁毒办主任向雪峰（左四）现场讲解禁毒知识

【宣传导向】 2017年，县禁毒办创办龙山禁毒微信公众号，龙山禁毒工作群，及时发布工作信息、禁毒知识。全县首次出现制毒窝点后，针对性发布《如何识别制毒窝点》《毒品危害知多少》两期专题信息。倡导群众关注"中国禁毒""湖南禁毒""湘西禁毒"等公众号。突出农村、娱乐场所等重点区域开展定向宣传。发放《关于举报毒品违法犯罪行为奖励办法的通告》《如何发现和识别制毒窝点、毒品原植物》《毒品的危害》等宣传资料，普及禁毒常识。5月8日,开展“娱乐场所静音120秒”活动,当晚8点48分,全城所有娱乐场所静音活动同步启动,向人民群众倡导“拒绝毒品,健康消费”理念。2月7日中国禁毒网宣传报道“湖南龙山:举办娱乐行业从业人员禁毒知识培训”。利用春节、“6·26”国际禁毒日、党的十九大召开等重要时机开展禁毒宣传,各主题内涵深入人心。举办首届全县禁毒微视频摄影大赛。

【预防教育】 2017年,县禁毒办将毒品预防教育“八个一”活动、毒品预防教育课程、禁毒知识测试纳入教学计划,配齐校外禁毒辅导员。首次将毒品预防教育列入教师公需科目培训内容,开展本地禁毒师资培训。9月,联合县教体局对2468名教师集中开展禁毒知识培训。组织在校师生观看《青春毒殇》教育宣传片58场次,开展"禁毒之声千人大合唱"活动50余次,参观县禁毒教育基地8000余人次。全国青少年禁毒知识竞赛成绩取得新突破,全省共有5所学校进入全国百强,全县占2所。同时,最终的参赛及格率和均分,全县均占全省第一,获得新华社、中国禁毒网等权威媒体的关注和报道。2017年,县高级中学成功通过省毒品预防示范学校的验收。至是年年底,全县有2所学校荣获省、州毒品预防示范学校的荣誉称号。全县实现未成年吸毒人员新滋生率低于3%的省定目标。

【有效管控】 2017年,县禁毒办完成3400余名在册吸毒人员的排查工作,基本澄清底数。同对全县所有社会面吸毒人员进行评估定级,并将数据纳入全县吸毒人员网格化社会服务管理平台。以厦门金砖会晤、国庆、党的十九大禁毒安保维稳工作为契机,按照州办部署,对涉及21个乡(镇、街道)386名重点吸毒人员跟踪管控,完成特护期禁毒安保任务。

【整治摸排】 2017年9月5日,组织21个乡(镇、街道)禁毒专干开展专题培训,各乡(镇、街道)也相应通过党员大会、村民会议等渠道对群众进行宣教。规范乡(镇、街道)、村(社区)一级外来务工人员和制毒窝点摸排工作台账,建立村到乡镇、乡镇到县的月查月报长效机制。11月,开展为期1个月的制毒问题摸排专项行动,21个乡(镇、街道)累计发动并组织6000余人次对制毒问题摸排工作进行全覆盖,走访引导群众6万余户,实现《禁毒承诺书》签订率百分之百。组织公安禁毒大队、食药工质、卫计等禁毒委成员单位和21个乡(镇、街道),开展禁种铲毒、“三品”管理、制毒问题排查以及禁毒堵源截流等专项行动17次。完成对县人民医院、龙山百姓大药房、成美水泥厂等72家重点单位的排查。

【执法打击】 铲除罂粟483株,破获毒品刑事案件40起,批捕直诉涉毒犯罪嫌疑人57人,刑拘涉毒犯罪嫌疑人69人,查处治安拘留吸毒人员438人,裁决强制戒毒167人、社区戒毒(康复)127人。

【领导名录】

主　任　　向雪峰
副主任　　向金国　聂绪江

经济管理

发展与改革

【概况】 龙山县发展和改革局是县人民政府工作部门，下设综合办公室、固定资产投资股、行政审批股、产业发展股、社会发展股、能源环资股、湘西地区开发办公室、价费管理和价格调节基金征管办公室等9个内设机构。

2017年，全县经济发展稳中有进、持续向好。完成生产总值(GDP)80.07亿元，同比增长8.5%；完成财政总收入8.11亿元，同比增长15.2；完成固定资产投资66.61亿元，同比增长7.4%；完成规模工业增加值5.74亿元，同比增长13.6%；完成社会消费品零售总额42.66亿元，同比增长10.8%；城镇居民人均可支配收入20054元，同比增长9.6%；农村居民人均可支配收入8494元，同比增长11.3%；金融机构各项存款余额157.6亿元，比年初增长15.6%。

【农业经济】 ——种植产业　粮食播种面积62.1万亩，总产量达20.05万吨，良种覆盖率达98%以上。实施超级稻高产攻关项目，创办2个百亩攻关片，经专家实地测量，亩产达1008.4千克。实施“三一”粮食高产工程，平均亩产2411.8千克(折主粮602.95千克)，实现了袁隆平院士提出的“三分地养活一个人”的目标。实施超级稻“种三产四”丰产工程，面积达18万亩，其中创办3个百亩核心示范片，2个千亩示范片，1个万亩示范片。推广优质稻3万亩，主推优良品种7个。建立以新城、召市等乡镇为中心的水稻专业化统防统治核心示范片3个，面积3000亩，协同绿丰、启友农业技术服务专业合作社，签订水稻专业化统防统治承包合同8万亩，为农户节本增效400多万元。

全县百合种植面积8.7万亩，总产量8.8万吨，产值8亿元；烤烟种植面积6.5万亩；柑橘总面积14.3万亩，完成低改、品改11000亩；蔬菜种植面积9万亩；中药材种植5万亩。

——农业园区　重点加大武陵·龙凤现代农业示范园、百合产业园、惹巴拉绿色农业示范区、柑橘贮藏加工中心的建设力度。其中武陵·龙凤现代农业示范园完成投资7500万元。千亩桃园占地1580亩，基地林间的优良树木已经全部采购移栽。惹巴拉土家特色农产品电子商务中心基本完工，中央投资金100万元，项目计划投资250万，建筑面积800平方米现进入室内外装修阶段。

——创品夺牌　12家农产品加工企业获得QS认证，2家农产品加工企业获得进出口许可。“龙山百合”被列入湖南省公共区域品牌名录第38位，“龙山百合鲜果”“龙山百合干片”获得绿色食品认证。“龙山百合”“里耶脐橙”“龙山萝卜”“龙山七姊妹辣椒”已获得国家地理标志证明商标。“佳湘源”百合干片在北京举办的2017年第十五届中国国际农产品交易会，荣获农产品金奖。

【工业经济】 ——项目建设　2017年，工业集中区一期项目完成投资12000万元，已启动总投资45210.48万元的二期项目建设，并完成前期投资6000万元。工业用电14573.4万千瓦时。投资额1000万元以上重点项目12个，其中已实施项目10个，累计完成工业投资26000万元。昶光农业科技发展有限公司年产3000吨山竹笋生产线、土家巧手年产2000万双土家巧手鞋垫扩能、恒龙中药业拓展有限公司中药材烘烤生产线、红日锅炉和现代中药材公司搬迁扩建、成美建材清洁生产、佳湘源无硫百合扩产、波杰农科天然弱碱性矿泉水生产线建设等重点企业项目建设来势喜人。成功引进湖南欣梦瑶寝具有限责任公司、上海允蒂实业有限公司（现在龙山注册为"龙山县鼎森服饰有限公司)、深圳市泰成达电子有限公司、上海星珂环保科技有限公司、湖南蓝天阳工程有限公司等一批实力雄厚大企业入驻工业集中区。

——中药材开发　3月，成立县中药材产业发展领导小组，县长任组长，其他4名副县长任副组长。设立中药材产业服务中心。组织中药材产业大户多次在汉广集团北京总部和河南禹州基地、安徽亳州中药材市场、山西平顺振东集团、湘九味公司、安仁县、桂阳县、浏阳市等地及企业考察。8月8日，湘西州中药材行业协会在龙山县成立。

【第三产业】 ——全域旅游　2017年，累计接待游客323.2万人次，同比增长30.28%，实现旅游收入18.34亿元。里耶—乌龙山风景名胜区获评国家级风景名胜区，推进国家AAAA级景区（里耶古城景区）创建。惹巴拉土家文化生态公园、乌龙山大峡谷景区已全面开工建设，土家族生态文化乡村旅游精品线路、特色村寨正在建设之中。

——商贸物流　实现社会消费品零售总额42.66亿元，同比增长10.8%。亿利购物广场和湖湘商贸县乡物流再造工程项目竣工运营。与湖南湘村电子商务有限公司签订农村电商服务网点建设服务协议，完成农村电子商务服务网点建设选址任务30个，实现网上交易额达3亿元。

【城乡建设】 2017年，全县完成项目总投资67.26亿元。其中，10个重大工程、103个重点项目、千件民生实事、两项单列工程分别完成投资29.35亿元、30.68亿元、0.95亿元、6.28亿元。洗车至里耶二级公路顺利通车；重点招商项目红星美凯龙家居建材市场主体工程封顶；县体育中心完成投资3.25亿元，完成年度投资任务的148%，体育场馆主体完工，游泳馆完成主体工程；"山水龙城"两河休闲风光带项目完成投资3.3亿元，完成年度投资任务的101%；农村综合服务平台建设完成投资2.8亿元，完成年度投资任务的112%；惹巴拉旅游综合开发完成投资2.22亿元，完成年度投资任务的100%，其中游客服务中心、土司王宫、土家工坊、高端民宿酒店、珍稀植物园、铁索桥主体完工；里耶防洪设施提标改造项目完成投资5400万元，完成年度投资任务的108%；石牌至洗洛公路完成投资7100万元，完成年度投资任务的100%；落水洞水电站完成投资1.2亿元，进场隧洞全面贯通通车，电站枢纽工程一期工程全面完工；黔张常铁路（龙山段）完成投资6.24亿元，建成桥梁9600千米，隧道贯通21个；张花高速公路里耶连接线完成路基70%，龙山至桑植高速公路正在进行环评、工可评审和初审。里耶镇获批国家级特色小镇和湖南省新型城镇化试点。高铁新区、高端特色安置区等重大工程开工建设，城中棚户区和老旧小区提质改造搬迁707户、改造7590户。全省首个碳汇试点项目建设顺利，65个村环境综合整治项目已建成投用。整合投入资金元6000万元，实施水田坝镇中湾村等16个精品村、苗儿滩镇六合村等45个示范村"美丽乡村"建设。

【综合改革】 2017年，推进供给侧结构改革，落实"三去一降一补"任务，规模工业原煤、金属硅产量逐步下降，关停一批煤炭、金属硅、水泥、烟花爆竹企业；推进城乡同网同价，60个建制村实现同网同价;完成农村信用联社改制,累计发放扶贫小额信贷1.1亿元;积极实施巨灾保险制度省级试点,推进农村集体产权制度改革国家试点,完成农村土地确权登记颁证5.21万亩。

【招商引资】 2017年,新建、续建招商引资项目43个,到位资金310830万元,完成全年任务的100.02%。新引进投资1亿元以上项目8个,即龙城外滩、龙山众安康民服务项目、龙山建国饭店(四星级)、露营基地项目、服装服饰业研发及生产项目、世纪百年大酒店、诚信御园、太阳能电子产品研发和制造项目;10亿元以上项目1个,即万汇国际汽车城,合同资金达60.7亿元;总投资达5亿元的大灵山风电一期项目已正式签约。光伏扶贫发电、教育布局调整、智慧龙山、乌龙山景区开发、高铁新区、工业园标准厂房二期等PPP重大项目累计可引进社会资本35亿元。

【民生保障】 2017年,高考本科上线1527人,上线率达48.09%,居全州第一,7名考生被清华、北大录取。医疗卫生体制改革、县人民医院迁建、乡镇卫生院、村卫生室建设步伐加快,筹集城乡居民医保基金3.349亿元,新农合补偿金额2.62亿元。发放城乡居民医保救助、医疗救助、残疾人"两项补贴"等资金1.02亿元。建档立卡贫困人口城乡医疗保险个人缴纳部分实行财政全额补贴,2537户7142人实行兜底保障。将15392户城乡居民纳入低保对象,集中供养1221人、散居供养1357人,新改建社区日间照料中心7所。

【市场物价】 2017年,县内市场物价运行平稳,符合预期,CPI(物价涨幅指数)达到年初县人民代表大会审议通过的控制在3%以内的目标。出台《龙山县机动车停放服务收费管理实施细则》(试行),进一步明确和规范县内停车收费行为。对旅文局、交运局、公路局、城管局等单位的行政事业性收费开展专项检查。对教育、医疗、物业服务、供水供电等民生价格工作进行跟踪服务,落实税费减免降标政策。对有价费行为的行政、事业性单位和办理注册登记的工商企业建立价格诚信档案,并定期公布经营者的价格诚信信息。开展价格诚信示范单位推选宣传活动,协助相关企业建立价格管理制度、物价员制度、12358价格举报投诉箱、群众意见登记簿。2017年,县价格认证中心共受理各类价格认定案件366宗,已办理366宗,其中刑事案件259宗,认定金额计1874222.86元;非刑事案件107宗,件认定金额计65523.4元;共计1939746.26元。

【领导名录】

党组书记、局　长　　陈昌武
党组成员、副局长　　田宏应长　梁清杨
副局长　　李　宇

国　土　资　源

【概况】 县国土资源局有干部职工244人,其中局机关及二级机构153人,乡镇(街道)国土资源所91人。内设15个行政职能股室,8个二级机构,下辖21个乡镇(街道)国土资源所。2017年获"全省信访工作先进集体"等24项荣誉,受县级以上表扬55次。

【用地保障】 2017年,全县新增储备土地1524.694亩,控制储备土地1401.3亩。发布项目预征地公告17个,面积2094.555亩;征收土地公告8个,面积888.2115亩;征地补偿安置方案12个,拨付征地拆迁资金41200万元。供应土地870亩,土地出让价款达83000亿元,同比增长56.6%。上报30个用地报批项目,面积7558亩;取回批文17个,面积2959亩,完成审批8个,面积2879亩。乡镇(街道)新占地农村宅基地备案

2909宗。

【耕地保护】 2017年，全县实施10个土地整理项目，建设规模5691.1亩，投资5465.97万元。旱改水项目2个、土地开发项目17个，新增耕地8517亩；确认4个土地开发项目耕地指标，落实占补指标3241.32亩。全县耕地保有量34716.4公顷，基本农田保护面积29045.57公顷。

【整合矿产开发】 2017年，全县78个采矿权。其中省级发证采矿权4个(期内2个，过期2个)，州级发证采矿权16个(期内9个，过期7个)，县级发证采石场58个(期内31个，过期27个；不规则发证2个，越级发证整改未完成1个，黔张常铁路压覆2个)。完成17家整治整合、保留小型露天采石场的采矿权登记，完成两宗越级发证整改。推进小型露天采石场整治整合工作，将19家采石场整合成9家采石场。注销36家采石场，10家采石场正办理采矿权注销手续。最终，全县将保留50家采石场(含黔张常铁路(龙山段压覆2家)。

【地质环境管理】 2017年，全县发布预警预报10次，发送短信3452条；开展地质灾害巡查排查40余次，巡查350人次，巡查隐患点294个。发放工作明白卡及避险明白卡1500余份、地灾宣传手册2500份。成立由省地勘局413队及405队为技术支撑的应急抢险队伍，配备应急抢险专车。全县67个地灾隐患点，发生地质灾害灾险情18起，人员零伤亡。比沙坡、龙门坎地质灾害治理、王家棚煤矿地质环境综合治理等9处地质灾害治理项目，投资4752万元；所投资的1435万元、276户地质灾害搬迁避让项目有序推进，待验收完成后即可发放到户。推进矿山复绿行动，复绿面积20亩。

【保护资源权益】 2017年，全县查处非法开采案9宗，其中无证开采6宗，越界开采3宗。对全县范围内所有非煤矿山和木龙湾兴旺煤矿进行大排查，共排查企业58家，关闭并设立关闭标示牌39处。土地卫片违法案件执法查处工作，立案22宗。收缴罚款37.47万。拆除苗儿滩镇惹巴拉旅游开发区“两违”建筑一处，实现“两违”建筑零增量工作目标。组织开展形式多样地法治集中宣传活动17次。受理信访案件45件、146人，办理45件、回复率100%。

【不动产登记】 2017年，全县建成不动产登记信息管理基础平台，实现登记和审批无缝对接，提高房产交易审批和不动产登记效率，方便群众办证。办理6426件不动产登记业务，每月平均500余件，出具不动产查询证明2106份。解决历史遗留问题，启动龙领国际、步步高小区、南台堡小区等8个房地产开发项目不动产登记工作，已完成2个小区共计1200多户群众的办证。增设“业务咨询”窗口，满足不同群众办事需求。乡镇不动产登记工作稳步推进，12月26日已完成里耶镇不动产首证颁发暨不动产登记所揭牌仪式，成为全州首个成功实施乡镇开展不动产登记的县市。茨岩塘镇不动产登记试点工作正筹备中。

【数字化建设】 2017年7月28日，“数字龙山地理空间框架建设”项目通过验收正式亮相。建成数字化档案室，开创国土档案管理“新纪元”。6月28日，县编办批准成立“龙山县测绘地理信息中心”加挂“龙山县国土资源数字档案室”牌子，核定全额事业编制8名。2至11月，完成2010—2016年间的土地登记资料扫描及入库，扫描量达16万余张，实现数据存储海量化。

【洗洛矿泉水】 2017年8月2日，龙山县洗洛镇天然矿泉水野外地质勘查项目通过省国土资源厅验收组验收；12月项目成果和财务决算通过审查。湖南省水温在25.0℃及以上的调查点218个，其中龙山县境内就有5处。洗洛镇矿泉水为锶型弱碱性饮用天然矿泉水(锶是一种人体必需的微量元素，具有防止动脉硬化，防止血栓形成的功能)，PH值为7.5～8.5，锶含量为0.6～1.8毫克/升，流量达2000立方/天。省防疫部门检测，各项指标达到并超过相关标准，是难得的弱碱性“黄金水”。

【纠纷调解】 2017年3月14日，国土资源局和房地产管理局携手成立湘西自治州首个涉及征地拆迁纠纷的调解委员会，开启征地拆迁纠纷人民调解工作的“龙山模式”，创新征地拆迁纠纷调处新机制。当年成功调解40余起矛盾纠纷，涉及金额458.6万元，未出现1例重大影响的群体性上访事件。被《中国国土资源报》作为先进典型报道、省司法厅作为全省典型经验在《湖南日报》推介。

【国土所建设】 2017年，成立龙山县国土资源示范性国土资源所建设工作领导小组，确定民安街道国土资源所为示范性建设示范点。投入建设资金160万元，添置沙发4套、空调6台、电脑14台、传真复印一体机1台、彩色打印机2台、照相机2台、摄像机2台、执法记录仪5台、旋翼无人机2架和办公桌椅；多功能会议室设备一套（含多媒体设备、会议桌椅及附属设施）；电子政务专线部署、区域无死角监控系统和档案管理系统。

【领导名录】

党组书记、局长	彭贤述
党组成员、副局长	鲁　波　田　斌 王小明
党组成员、执法大队队长	姚元松
党组成员、纪检组长	彭望森

安　全　生　产

【概况】 县安全生产监督管理局内设办公室、政工股（财务股）、矿山安全监管股、和安全生产执法大队等10个股室队；有行政编制10名，事业编33名，在职人员中有研究生学历2人，中共党员25人。下属和机构两个，即龙山县安全生产应急救援指挥中心（核定编制20名）和县煤炭行业管理站（核定编制2名）。2017年，全县发生各类生产安全事故7起，死亡7人（其中道路交通3起，死亡3人；建筑施工3起，死亡3人；非煤矿山1起，死亡1人），同比减少15起、下降68%，少死亡15人、下降68%，未发生较大以上安全事故。荣获“全省安全生产工作优秀单位”称号。文靖午荣获“全国安全生产监管监察先进个人”称号。

【落实责任】 2017年，全县21个乡镇（街道）、51个县直相关单位与县人民政府签订安全生产责任状，各乡镇（街道）与辖区村（社区）、生产经营单位、农户签订安全生产责任书，构建“横向到边、纵向到底”的安全监管责任体系。出台《龙山县安全生产工作事前问责暂行规定》。修订“安全生产目标管理考核办法”，落实“通报批评”“黄牌警告”“一票否决”和领导干部带队检查工作制度。春节、五一、州庆、国庆、党的十九大等重大节日、重点时段对安全生产工作进行重点督查检查。

【宣传教育】 2017年，县安监局在政府门户网站、县广播电视台设置安全宣传专栏，运用网络、微信、短信、电子显示屏加强安全生产宣传。组织烟花爆竹、非煤矿山、危险化学品从业人员开展安全培训。根据行业和季节特点开展安全警示教育“七进”（进机关、学校、社区、家庭、企业、农村、公共场所）活动，播放《救命钢丝绳》、《矿帽》、《幸福回家》等安全警示视频1500余场（次），30余万群众观看。6月16日，组织23个负有安全生产监管职责的部门和企业在龙凤广场开展“安全生产月咨询日”活动，三棒鼓艺术团对安全生产进行宣传，发放各类安全宣传资料5万余份，展出典型安全事故案例、“安全生产月”主题宣传等图片展板80余块，发放安全宣传品1万余份，接受群众现场咨询2000余人次。开展“迎州庆·创平安，争做最美安全卫士”演讲比赛、《安全生产法》宣传周等活动和两期基层安监人员监管执法业务全员培训，乡镇（街道）分管领导、所有安监人员200多人参加培训学习。组织涉旅企业紧急避险应急演练2次，抗洪防灾应急演练1次，火灾事故应急演练2次，地质灾害避险应急演练1次，在旅游景区（点）设置安全宣传标牌10块，安全宣传警示标牌19块。

2017年6月2日，里耶镇拆除一家爆竹生产厂房

【排查隐患】 2017年，出台印发《龙山县人民政府办公室关于印发〈龙山县安全生产重大事故隐患治理“一单四制”制度〉的通知》《龙山县安全生产委员会关于印发〈龙山县重大事故隐患治理“一单四制”制度贯彻落实工作方案〉的通知》《龙山县2017年突发性地质灾害应急预案》，印发《龙山县2017年“落实企业安全生产主体责任年”活动实施方案》。县安全委员会办公室对24处安全事故隐患下达督办函，完成整改23处，1处正在整改；对14处重大安全事故隐患及时交办，全部完成事故整改；对20个重大安全隐患实行政府挂牌督办，警示约谈整改不力的4个责任单位警示约谈；排查全县53处地质灾害隐患点。完成州政府挂牌督办的红岩溪镇比沙村宋家寨地质滑坡隐患、岳麓大道入口西侧边坡隐患整改。

【夯实基础】 2017年，县安监局成立“县淘汰落后产能工作领导小组”。3家烟花爆竹生产企业和红岩溪镇木龙湾兴旺煤矿依法关闭；县液化气公司、甲醇经营建站、烟花爆竹批发企业进行布局调整和规划选址。制定《龙山县基层安全生产监管执法能力标准化建设工作方案》，推进全县安全生产监管执法“八个统一”和“两个提升”。开展安全生产示范乡镇、示范村、平安学校、平安工地等示范创建工作。红岩溪镇被评为省级安全生产示范乡镇。县安监部门列为政府行政执法机构，安全生产应急救援指挥中心增加编制10名。

【安全整治】 2017年，县安监局结合复工复产、汛期雨季、高温季节特点和安全生产特护期，实行安全生产大检查行动全覆盖，检查“两客一危”企业18家次，查获“三超一疲”严重违法行为为349起，查处无证驾驶170起，查获酒驾25起，排查隐患车辆481辆，排查问题驾驶人213人，查处交通违法行为36944起，排除路障155处。引导80家采石场整合至47家，检查露天矿山企业68家（次），地下矿山7家，尾矿库1家，责令限期整改32家，打击严重违法违规行为5起。全县烟花爆竹零售点控制在100家左右，取缔非法零售网点8个，没收不合格鞭炮84件、“三无”产品235件，违禁品248件。取缔甲醇醇基燃料油非法加注站点2个，责令停业1家，查处甲醇4.8吨。检查1841家单位场所消防安全，排查整改隐患4652处，下达责令整改通知书1435份，责令停产整顿18家，经济处罚80.95万元，行政拘留5人。特种设备执法检查32次，检查生产经营单位223次，检查设备132台，立案12起，处罚金额6万余元。排查全县地质灾害53处。

【领导名录】

党组书记、局长　　　张显胜
党组副书记、副局长　谢党恩
党组成员、副局长　　向益勤　尚光东
党组成员、工会主席　张正星

食品药品工商质量监督

【概况】 龙山县食品药品工商质量监督管理局正式成立于2016年，由原“县食品药品监督管理局”“县工商行政管理局”“县质量监督管理局”合并而成，同时加挂“龙山县食品安全委员会办公室”，为县人民政府工作部门，属实行公务员管理正科级行政机构。2017年，全局有干部职工177名，内设机构18个、直属事业机构4个、副科级派出机构18个、挂靠社团组织1个。稽查大队、质量检验和计量检定所升格为副科实职单位，在全州乃至全省首创。县检察院驻县食品药品工商质量监督管理局联络室、县消费维权纠纷调解委员会相继挂牌成立。

【登记注册】 2017年，登记各类市场主体3265户，同比增长28%。其中新设立企业992户(含农民专业合作社396户)，个体工商户2273户。办理企业名称登记1666件(次)、企业变更登记354户、注销登记59户、增补证照601户、常规数据修改588件(次)。在“五证合一、一照一码”的基础上实行“多证合一”登记改革，截至12月31日，全县发放“多证合一”营业执照428户、发放加载统一社会信用代码营业执照2831户，存量企业换照率68%。推进企业简易注销登记改革，对未开业企业和无债权债务企业实行简易注销登记程序，企业进行简易注销公告27户，其中9户正在进行简易注销公告中，湖南省国家税务局对6户提出异议，6户公告期满未到现场申请，准予简易注销登记46户，企业简易注销占注销总数的79%。推行网上行政审批和电子营业执照发放和应用，优化服务市场主体发展，自10月16日电子化登记系统开通以来，电子化登记系统登记企业17户，发放个体电子营业执照25户。

【专项整治】 2017年，管理局检查烟草经营户219户，查获涉烟案件81件，案值116.9万元，罚没6.55万元。查处销售不符合国家标准摩托车共计10个品牌(型号)，共计罚没5.9万元。出动执法人员50人次，执法车辆9台次，发放“治超”宣传资料500余份，清查企业111户，签订“治超”承诺书111份，下达责令整改通知书27份，携同相关部门切割违法改装车辆2台。7月，携同公安、卫生部门联合成立药械整治小组，检查药店129家、医疗机构133家、私人诊所9家，查处药品行政案件3起，依法移交涉刑案件2起。对15家药品零售企业下达责令整改书。GPS跟踪检查面城区达100%，乡镇达40%以上。检查医疗器械生产企业8家次、医疗器械经营企业75家次、医疗器械使用单位45家次，检查覆盖率达100%。食品安全执法办案14起，结案13起，向公安机关移送1起。检查食品生产经营主体768户，责令整改66户，查封无证生产3户，立案查处移送公安机关1起；农村食品市场“扫雷”专项检查食品生产经营户126家次，检查批发市场、集贸市场等各类市场12个次；查出校园及校园周围食品安全隐患80起全部限期整治，立案查处1起校园周边无证生产行为，并移送公安机关处理；检查乳制品经营户126户次，未发现1起乳制品违法违规经营现象。9月26日，收到中山市打击传销办公室关于传销工作函后，27日联合红岩溪镇政府，在比洞村对涉传人员及亲朋好友进行座谈，及时宣传传销危害，现场指导及督促该村委会履行好属地管理职责。对“国珍”“无限极”“完美”等16家直销企业(服务网点)进行逐户摸排，建立动态巡查台账。联合相关职能单位开展打击传销专项行动8次，针对重点人群、重点地区开展进校园、社区、乡镇打击传销宣传活动2次。立案查处商标广告违法案件3起，罚款1.173万元。其中广告违法案件1件，收罚没款3600元，商标侵权案件2件，收罚没款8130元，没收违法所得870元。没收侵犯注册商标专用权“长康”调味油60瓶和侵犯注册商标专用权的杀虫气雾剂53件。

【红盾护农】 2017年，管理局出动执法人员38人次，执法车辆5台次对140户农资经营户(其中：农资经营公司及其他6户，个体经营户134户：主营化肥79户、种子28户、农药18户、农机配件5户、农用地膜4户)进行检查，抽检肥料样品9组，其中合格8组，不合格一组，对1户农资经营不合格商品开展立案调查，收缴罚没款4200元。

【服务维权】 2017年，管理局办理动产抵押登记3件，企业成功贷款1050万元。聘请法律顾问，提供法律咨询服务。扩展消费者申诉举报渠道，受理、处理上级转办和自行登记消费者咨询和投诉。受理消费咨询、申诉、举报、建议案94件，办结94件，办结率100%，为消费者挽回经济损失10.84万元。

【信用公示】 2017年，管理局核实公示信息的企业8户、农业专业合作社1户、个体工商户15户，下发《责令限期履行公示义务通知书》4份。企业公示出资信息共核查14户，将3户失联企业按程序列入经营异常名录。2月28日，省局恢复年报工作，企业年度报告顺时展开，利用电视、报纸、短信、电话等媒体工具督促企业进行联络员备案并在6月30日前及时录入2016年年度报告。全县个体工商户年报11173户，年报率89.14%，移入经营异常名录1209户。内资企业年报1594户，年报率86.9%，移入经营异常名录256户。农民专业合作社年报485户，年报率87.86%，移入经营异常名录69户。2017年移出经营异常名录共402户，其中个体工商户219户，内资企业137户，农村专业合作社46户。

【特种监管】 2017年，管理局制定《龙山县食品药品工商质量监督管理局特种设备安全大检查工作方案》，检查使用单位60余家，查处12处安全隐患，发出《特种设备安全监察指令书》11份，立案查处1起，案值1万余元。截至12月底，县内特种设备数量442台，其中：锅炉28台、压力容器51台、电梯325台、起重机械33台、游乐设施5台。落实安全节能标准化管理达标示范锅炉系统4个，完成任务量进度100%。10吨/时及以下燃煤工业锅炉总数4台，分别为：6吨、4吨、1吨、1吨；安装告知中1台，蒸发量5吨/时。

【日常监管】 2017年，管理局与涉药单位签订《药品安全责任状》，检查药品生产企业3家次，药品经营企业128家次，药品使用单位133家次。新增发放《食品经营许可证》670余份。实现食品经营户日常监管全覆盖，检查经营主体2800家，发现问题66起，下达责令整改书66份。抽样检验大米、植物油、肉制品、瓶(桶)装饮用水、白酒等12类食品30批次，检验合格率达100%。叶菜类抽检和禁限用农兽药检验完成本年度抽检任务240批次，合格率达100%，配合州局做好省抽任务，生产企业、超市、农贸市场抽检达100余批次。

【领导名录】

党组书记、局长	李发斌
党组成员、副局长	李立辉　李志友　彭　琳 陈延明　田方正
党组成员、总工程师	陈兴军
党组成员、纪检组长	刘龙雄

审　计

【概况】 县审计局内设办公室、人事股、经济责任审计室和审计指导中心等11个股室、中心。编制35个,在编在岗人员29人,其中公务员14人、机关后勤人员1人、事业人员14人。2017年,完成审计项目101个,查出问题资金138,800.23万元,其中违规资金59,682.44万元,管理不规范资金79,117.79万元。上缴财政230.27万元,归还原渠道59,452.17万元,调账处理12,280.61万元。审减工程价款3,420.14万元,审减率8.29%。向相关部门移送案件线索3条,提交审计情况专题报告4篇、审计要情2篇,提出审计建议59条,被采纳55条,采纳率为93.22%。荣获全省审计工作先进单位。

【财政预算执行审计】 2017年3月至5月,对2016年度县级财政预算执行情况进行审计,审计资金总额396615万元,查出问题金额116479.77万元,其中违规资金59240.42万元,管理不规范资金57239.35万元。

县审计局开展审计法制专题讲座

【领导干部任期经济责任审计】 2017年,县审计局分两个批次对县安监局、县民宗局、县供销联社、县老干部局、茅坪乡、内溪乡6个单位原主要负责人进行任期经济责任审计,共查出问题金额1588.72万元,其中违规资金6.97万元,管理不规范资金1581.75万元。

【领导名录】

党组书记、局长　　覃格辉
党组成员、副局长　　黄金莲　黄美源　向光松
党组成员、总审计师　　何强明

统　计

【概况】 2015年5月机构改革时,县统计局职责和人员划入县发展和改革局,县发展和改革局加挂县统计局牌子。2017年12月12日,根据《湖南省机构编制委员会办公室关于规范县级统计机构设置事项的通知》和《州机构编制委员会办公室关于龙山县统计局独立设置的批复》精神,设立龙山县统计局,为县人民政府工作部门。在编人员18人,内设办公室、综合股、经济社会股、政策法规股、服务业与能源股、普查股,下辖3个全额拨款事业单位(民意调查中心、县城市经济调查队、县电子计算站)。

【统计服务】 2017年,全县完成地区生产总值(GDP)核算、工交、能源、商贸、农村社会经济、人口、科技、服务业、建筑业、固定资产投资等26个专业月、季、年报及临时性调查报表任务。到省统计信息网、中国

湘西网、州统计信息网等发表统计分析及信息文章52篇。完成1—12月龙山县国民经济主要指标月报，编制《龙山统计年鉴》等专业书籍，发布龙山县2016年国民经济和社会发展统计公报。

龙山县召开第三次全国农业普查工作会议

【名录库建设】 与编办、民政、工商、税务和质监等部门联系，对名录库新增单位进行调查，对变更和注销单位加以核实，确保源头数据的真实性，修正法人单位基本情况表信息1100余条，维护上级统一下发的新增、变更单位名录，维护更新率达100%。

【第三次全国农业普查】 2017年，县政府对第三次农业普查工作进行部署，12月，全面完成普查组建机构、培训、试点、摸底、登记、审核总结、质量抽查等工作。普查期间，普查办以文件形式下发了两次督查情况通报，召开了4次问题分析会议，进行评估分析，多次核实普查数据，普查数据准确率和应用率明显提高。

【领导名录】

局　长　　石　洪
副局长　　梁高文　黄家明

农村农业

农业

【概况】 根据《中共龙山县委龙山县人民政府关于〈龙山县人民政府职能转变和机构改革工作方案〉的通知》和《中共龙山县委龙山县人民政府关于龙山县人民政府机构设置的通知》精神，设立龙山县农业局，加挂中共龙山县委农村工作办公室牌子（由原县农办和农业局合并而成），为县人民政府工作部门。负责全县农村农业工作组织、综合、协调、指导与管理。内设综合办公室、政策法规股等10个股室，归口管理畜牧水产局、农业机械管理局等19个单位。2017年，有干部职工236人。大学文化52人，大专98人，中专及以下86人。其中技术干部110人（高级职称24人，中级职称53人，初级职称33人）。是年，全县实现农林牧副渔及服务业总产值32320万元，按可比价计算比上年增长3.9%。农业局再次获国家杂交水稻工程技术研究中心授予"超级杂交稻高产攻关与示范先进示范基地"称号、龙山县获湖南省粮食生产先进县。

【示范样板】 2017年，县农业局围绕农业种植结构调整，创建以茨岩塘、茅坪、大安等高山地带为主的"八千亩绿色高产高效马铃薯示范片"；围绕农业提质增效，举办以石牌—桶车—兴隆—洗洛等郊区乡镇为主的"万亩百合标准化示范样板"。围绕"一、二、三"产业融合试点工作，打造以靛房、洗车、苗市、里耶等旅游景点沿线为主的"油菜百里观光长廊"；2017年，粮经油等农作物种植面积106.62万亩，比上年增长0.3%，粮食播种面积55.52万亩，增长0.27%，总产量达18.12万吨，增长2.11%。其中水稻22.5万亩，玉米16万亩，马铃薯18.5万亩（其中脱毒马铃薯10.5万亩），红薯5万亩，杂粮0.5万亩，实现粮食总产20.722万吨（水稻9.63万吨、玉米4.48万吨、马铃薯5.244万吨、红薯1.3万吨、杂粮0.068万吨），比2016年增加0.337万吨，增长1.65%。县内30亩以上种粮大户543户（百亩以上117户、500亩以上6户），种植面积5.36万亩；冬季作物种播种面积60万亩（油菜18万亩、马铃薯19万亩、蔬菜5万亩、百合8万亩、绿肥8万亩、土地深松2万亩）；良种覆盖率98%以上。

【科技工程】 2017年，县农业局承担国家杂交水稻工程技术研究中心超级杂交稻16吨/公顷攻关示范工程，面积126亩，地点石羔镇甘比村8组，示范品种湘两优900，经省科技厅组织专家对攻关片实产验收，平均亩产1008.4千克。中央电视台新闻频道现场直播。"三一"粮食高产示范片：2017年是连续第5年承担"三一工程"（三分田养活一个人的简称），带动全县推广超级杂交中稻＋马铃薯生产5万亩。示范片地点在石羔街道甘比村2组，面积415亩(核心区面积112.5亩),品种:马铃薯选用鄂薯14,水稻选用袁两优17。经湖南杂交水稻研究中心委托湘西州农委组织专家测产验收,马铃薯平均亩产达2573.8千克/亩(折主粮643.45千克),超级稻平均亩产816.8千克,实现周年粮食亩产1460.25千克,超目标产量260.25千克。“种三产四”科技丰产工程:“种三产四”(运用超级杂交稻技术成果,种3亩耕地,产出常规技术种植4亩耕地的粮食)科技丰产工程,覆盖21个乡镇街道,投财政专项资金150万元,推广面积18.12万亩,惠及46385农户、132856人。平均亩产635.3千克,比项目区前5年平均单产464.3千克增产170.5千克,增幅36.68%。为粮农增加纯收入8774.0664万元。其中创办三个百亩核心示范片、两个千亩示范片、一个万亩示范片;推广优质稻3万亩,品种7个,涉及13个乡镇;石羔街道中南村“袁两优17”百亩示范片平均亩产838.5千克;苗儿滩镇凤溪村“Y两优143”百亩核心示范片平均亩产791.8千克;千亩示范片产量抽样验收9丘稻田,面积15.2亩,加权平均亩产698.7千克,推算出千亩示范片2190亩,总产稻谷153万千克;万亩示范片产量抽测9丘稻田,面积13.2亩,加权平均亩产667.8千克,推算出万亩示范片10050亩,总产稻谷670万千克。

【特色产业】 2017年,发展高山反季节蔬菜5万亩,生产辣椒、西红柿等六类20多个反季节蔬菜品种。基地辖大安乡、茨岩塘镇等7个乡(镇),128个村。高山反季节蔬菜成为周边市场“伏缺”和“秋淡”主打产品。企业、专业合作社和种植大户以租赁、入股、合营等多种途径流转土地4.95万亩。蔬菜年总产量14万吨,产值突破25000万元。全县建成高山、特色和郊区蔬菜三大基地。即:里耶镇八面山、靛房镇、洛塔乡、茨岩塘镇高山蔬菜基地4万亩,城郊、召市特色蔬菜基地3万亩,城镇郊区大棚蔬菜基地5000亩,农民自种自食蔬菜2.5万亩。蔬菜专业合作社发展至56个,经营面积在500亩以上的11个,配套蔬菜建设新修排灌渠道125千米。柑橘生产。柑橘栽培历经蜜橘、椪柑、脐橙三大系列发展阶段。主产区仅里耶镇5万亩,岩冲、树木、五官、贾市等12个村80%以上耕地种上柑橘。比耳村种脐橙3800亩。全县柑橘面积14.3万亩,其中宽皮桔类(以椪柑为主)7万亩、脐橙6万亩、柚类1.3万亩,产量12万吨,产值30000万元。县政府与湖南空港实业股份有限公司张家界分公司签订《龙山里耶脐橙品牌推广协议》以来。柑橘市场从过去周边销售为主转变为周边县市为基本市场、重庆、武汉、长沙等地为骨干、俄罗斯和新加坡等东南亚国家为基点的销售网络。与中央电视台农业频道签订广告合作,种植大户组建电商平台,销售价格由2016年椪柑每千克1.6元、脐橙每千克4元,分别提升到2017年的2元、6元。仅电商平台销售105万千克,收入500万元,带动建档立卡户脱贫400余人。在改造低产桔园建设方面,投入资金150万元,对里耶镇树木村实施百亩柑橘新品种展示、提质增效示范园项目建设。完成新品种高接换种、标准化移栽、老园区密改稀、橘园产业路布局等;推广配方施肥、太阳能杀虫灯、悬挂黄板、诱蝇球等绿色防控等措施;引进春香、园丰、塔罗科血橙等14个新品种。完成里耶镇、内溪乡等8个乡镇柑橘品改新栽苗木25.6万株,面积1万亩。其中:里耶镇5500亩,内溪乡2000亩,咱果乡1000亩,苗儿滩镇1000亩,石羔镇500亩。低改后平均亩产柑橘1250千克,每千克柑橘商品价值提高0.6元,每亩增值750元,增收750万元。在里耶镇比耳、岩冲、恒咱、兔吐等10个村建设万亩柑橘精品园,投资1350万元,推广配方施肥、绿色防控,新修3.5米宽柑橘路运输14.352千米、4米宽产业路9450米和1米宽橘园操作道55千米,新建集雨窖2109.84立方米。启动柑橘贮藏加工项目:麦子坪村柑橘贮藏加工中心项目前期工程,占地35亩,新建柑橘预处理加工车间及储存库5000立方米、加工包装车间3000立方米及管理用房、磅房、消防、供水、供电设施、停车场等辅助设施;建设柑橘采后加工处理生产线,贮藏柑橘能力5000吨,日处理商品化柑橘200吨。上述工作,至

12月底，已完成环评、规划、土地预审、设计、施工图设计和文件审查等前期工作，正挂网公开招商。种植百合历经野生百合栽培、引种试种和规模种植三个发展历史阶段。2017年，收获百合面积8.2万亩，总产量7.4万吨，产值8.19亿元。其中：外销鲜百合1.3万吨，加工百合干片1.3万吨（消耗鲜百合3.9万吨），留种2.2万吨。鲜百合均价每千克13元；百合干片均价每千克28元。主要分布洗洛、兴隆、石牌等11个乡镇（街道办事处），辐射全县21个乡镇（街道）5万余户农户。种植面积占全国五分之一，产量和销量均居全国第一。种植面积50亩以上的大户60余户。制订湖南省地方标准《龙山百合》和《龙山百合生产技术规程》。建设洛塔热家百合轮作示范基地500亩，开展搞重茬、避雨栽培、脱毒苗栽培试验示范。成功申报龙山百合良种繁育基地建设、联合国世界粮食计划署湖南省湘西地区学龄前儿童营养改善试点等项目。在上海、广州、深圳、重庆、成都等20多个城市建立销售网点，初步形成鲜百合覆盖以上海为主的华东地区、百合干片及其他加工产品覆盖西南和华南地区的销售网络。启动龙山百合出口到韩国、中国台湾等国家和地区前期工作。

【病虫防治】 2017年，县农业局开展农作物病虫防治技术培训596期次，发放技术资料8.25万份，投资金10.7万元，培训农民5.74万人次。建立水稻病虫专业化统防统治示范片3个6000亩，培训机防队员122人；创办水稻绿色防控示范基地1820亩；建立农作物病虫监测网点8个，上报病虫调查情况108份，编发病虫情报10期5000余份。建立以新城、召市等乡镇为中心的水稻专业化统防统治核心示范片3个，面积3000亩，协同绿丰、启友农业技术服务专业合作社，签订了水稻专业化统防统治承包合同8万亩，为农户增收400多万元。

【农产加工】 2017年，全县农产品加工企业130家，其中成型企业31家，州级龙头企业10家，省级龙头企业5家、五星级休闲农庄2个（等同于省级龙头企业），四星级休闲农庄1个。涉及百合、果蔬、粮油、特色食品、中药材、养殖等六大产业。农产品加工企业总资产55368万元，完成销售收入51546万元，实现利润4206万元，上缴税金280.2万元。组织百合加工企业与国内大专院校合作，研制开发出保鲜百合、百合干、百合精粉、百合酒、百合饮料等产品。建成百合干片加工烘烤房424栋、百合保鲜库28座、规模不等的百合加工企业（作坊）100余家。12家农产品加工企业获得QS认证，两家农产品加工企业获得进出口许可证。

【创品夺牌】 2017年，“龙山百合”被列入湖南省公共区域品牌名录第38位；“龙山百合鲜果”“龙山百合干片”获得绿色食品认证；“龙山百合”“里耶脐橙”“龙山萝卜”“龙山七姊妹辣椒”获国家地理标志证明商标；5月，组织龙雨百合专业合作社参加湖南省农村创业创新创意大赛，获三等奖，8月，又代表湖南省参加全国大赛总决赛获第13名。9月，组织企业参加北京举办的2017年第十五届中国国际农产品交易会，“佳湘源”百合干片获农产品金奖、龙山县展团获最佳组织奖。

【园区建设】 2017年，全县加大武陵·龙凤现代农业示范园、百合产业园、惹巴拉绿色农业示范区和柑橘贮藏加工中心建设力度。其中：武陵·龙凤现代农业示范园投资7500万元。示范园科普体验馆完成20%建设工程，2兆瓦光伏板采购招标、花海种植完成50%，沿河生产道完成主体工程建设，码头、铁索桥建设开始动工；百合产业园开展踏勘、测绘等前期工作。

【惠农补贴】 2017年，落实农业“三项惠农补贴”。全县21个乡镇（街道）、397个村、3575个村民小组113773户农户“耕地地力保护补贴”面积346524.73亩，发放补贴金3638.5万元；支持种粮适度规模大户543户，面积53645亩，发放补贴资金536.45万元。申报家庭农场22户。投入粮食生产经费1.1亿元，落实涉农、惠农补贴资金2.4

亿元。通过“以奖代投”“两卡两折”方式发放资金7060.95955万元，涉及贫困户31908户97359人。

【领导名录】

党组书记、局长　雷　华(2016年3月—2017年11月，11月后任党组书记，免去局长职务)
局　长　詹文明(2017年11月—)
党组成员.农办副主任　彭天胜
党组成员、副局长　陈清纯　田万先　胡远明　彭清风
党组成员、纪检组长　向树家(2017年1月—10月)
党组成员、纪检组长　米炎明(2017年10月—)
副局长　秦飞文(挂职)

扶贫开发

【概况】　龙山县扶贫开发领导小组办公室(简称扶贫办)，属县人民政府参照公务员管理的正科级全额拨款事业单位，编制19名，在编在岗人员18人，主任1人，副主任3人。内设综合外联组、项目管理组、建档立卡系统管理组、雨露计划和金融扶贫组。下辖扶贫项目中心(全额拨款副科级机构、编制15名)。主要负责全县精准扶贫政策宣传、项目管理实施及精准扶贫督查考核。2017年全县退出贫困村67个，贫困人口9.9万余人，贫困发生率由29.7%下降至8.9%。

【整合资金】　出台《龙山县统筹使用财政涉农资金服务精准脱贫实施方案》，整合涉农资金44000万元，其中争取上级财政专扶资金24000万元、县级安排扶贫专项资金1290万元、其他18710万元。出台《龙山县统筹整合使用财政涉农资金管理考核办法》，财政、审计、扶贫等部门不定期开展专项抽检，及时对扶贫项目进度、资金使用情况进行通报，接受群众监督，确保扶贫资金发挥最大效益。

【脱贫工程】　产业脱贫工程投入资金14500万元。完成柑橘、百合、蔬菜、烟叶、中药材等特色产业基地建设49.39万亩，建设柑橘、百合、烤烟万亩精品园3个，建设乡镇千亩标准园34个、贫困村百亩示范园454个、三次产业融合发展示范区2个，发放贫困户产业奖补资金7061万元。乡村旅游脱贫工程投入资金37000万元，推进里耶古城、惹巴拉、乌龙山大峡谷景区、土家探源等旅游精品线路建设；打造洛塔乡楠竹村、里耶镇比耳村、农车镇汝池社区等8个乡村旅游精品村。2017年接待旅游客330.2万人次，旅游扶贫收入183400万元。转移就业脱贫工程与长沙市、济南市市中区达成劳务协作协议。录入贫困劳动力就业信息3.5万余条，建立8.16万名贫困劳动力资源信息数据库，按季发布企业岗位信息，举办6场现场招聘活动，提供岗位4万余个，转移建档立卡贫困劳动力4.84万人次，其中新增贫困劳动力转移就业2045人，发放建档立卡贫困劳动力交通费、稳岗补贴2150余万元。教育帮扶脱贫工程支助贫困学生11.83万人次资金6078万元，实现贫困学生帮扶全覆盖。发放791名贫困大学新生救助资金349.5万元。对建档立卡贫困家庭学生学前至高中阶段15年实行免费教育，并每年给予生活补助1000元至2500元。2017年，按新考取大学专科贫困生4000元、本科5000元资助。实现不让“一个学生因贫困而失学、一个家庭因子女就学而致贫返贫”目标。医疗救助帮扶工程增设特殊慢性病分类救治补贴，取消乡镇及以下医疗机构住院起付线，对县级及以上医疗机构住院起付线减半。救助帮扶资金5042.93万元。其中为20.98万人精准扶贫户、低保户等城乡居民代缴医保个人缴费3147万元，为1.71万人次各类医疗救助对象住院补偿1849万元。生态补偿脱贫工程发展脐橙、猕猴桃、油茶等特色产业6709亩，

雾漫太平山　　（曾祥辉 摄）

惹巴拉凉亭桥　　（彭英子 摄）

酉水泛舟

(向明海　摄)

天堑变通途

土家织锦长卷　　　　（邓德志　摄）

大安乡万亩烤烟基地起垄覆膜　　　　（曾祥辉 摄）

土家摆手舞—踩八仙　　　　（县旅文局 供）

英雄纪念碑　　（曾祥辉　摄）

希望田野　　（向明海 摄）

土家阿妹奏吹咚咚喹

（向明海 摄）

惹迷洞钟乳石　　　　　（田翔 摄）

洗车河码头

(田良东 摄)

八面山露营

卧龙水库　　　　（刘锦刚 摄）

闲暇山水龙城　　　　（曾祥辉 摄）

最美公路　　（曾祥辉 摄）

金秋希翼　（田良东 摄）

土家冲天楼竹雕

（佚名 摄）

湾塘水电站　　（田良东 摄）

古城婚礼　（田良东 摄）

土家打溜子　（彭岸 摄）

龙山县城一角

（张文友 摄）

水沙坪风光

发放退耕还林工程、生态公益林补偿资金4908万元;为建档立卡贫困人口护林员1200人发放工资1634.44万元,带动5251人脱贫。社会保障兜底工程规范认定兜底对象2537户7142人,发放兜底金2065万元。基础设施配套工程同步推进227个贫困村水、电、路、通讯等基础设施建设。实施安全饮水项目237个,涉及20个乡镇(街道)185个村,投资11998.8万元,解决2.7万户贫困人口饮水困难;投资7389万元,对23条农村公路、92.48千米提质改造;实施76个村电网改造。投资14900万元,建设9个光伏发电站,投资8000万元改造三元电站。公共服务保障工程投资5740万元,完成397个建制村4G基站覆盖,覆盖率100%;完成377个建制村光纤通达、有效覆盖,通达率95%;建成金融扶贫服务站240个,农产品网销总额20000万元,完成252个网格站建设;投入资金36000万元,推进364个村(社区)综合服务平台建设,每个综合服务平台均有1栋综合楼、1个舞台和1个运动场,同时配备便民服务中心、卫生室、广播室、会议室、图书室、民兵活动室、老年活动室、村支两委办公室等。农村住房安全保障工程完成7959户危房改造,对危房改造进行鉴定和公示,发放危改资金6069.5万元,竣工2444户。省定易地搬迁1160户4804人入住新居。

【组织保障】 成立以县委书记为组长,县长为第一副组长,其他常委和副县长为副组长的精准扶贫工作领导小组。将"五个一批"分类帮扶措施,细化为"十一项脱贫工程",并成立了"十一项脱贫工程"指挥部,由县级领导牵头。县直单位、乡镇(街道)和村(社区)均成立工作机构,确定专抓领导和专抓人员,从上到下,构建以县委、县政府主要领导抓总、分管县领导牵头、县脱贫攻坚办和县驻村办综合协调、县扶贫办和精准脱贫"十一项工程"指挥部具体实施、乡镇(街道)和村(社区)及驻村扶贫工作组抓落实的保障机制。

【督查考核】 建立脱贫攻坚"周调度、月督查、年考核"工作机制,将督查考核结果直接与干部使用、评先评优、绩效发放挂钩,实行"一票否决"制,真正发挥督查考核"利器"作用。出台《龙山县脱贫攻坚督查巡查实施办法》、《龙山县精准扶贫、精准脱贫工作问责办法(试行)》,建立"互联网+监督"的执纪问责平台,对工作不力或有重大问题的干部进行追责、约谈、处分和免职,力求"问责一人,警示一批,教育一片",以严厉问责,加强扶贫领域监督执纪问责。

【领导名录】

主　任　向德和

副主任　罗　丕　陈绍斌　张远龙

林　业

【概况】 龙山县林业局内设股室及二级机构58个。其中乡镇(街道)林业管理站21个;国有林场2个;省级自然保护区管理局(站)2个;省级森林公园管理局1个;国有苗圃1个;木材检查站3个;森林公安局1个;股室17个。现有在编职工358人,其中行政人员9人;林业专业技术员98人,占总职工人数27%,高级工程师14人,工程师42人。2017年,实施造林绿化重点工程,健全森林资源保护,保障生态安全。省道305龙山段获得了湖南省"最美绿色通道"称号。全县完成人工造林2.5万亩,实施林业有害生物监测面积60万亩,林业产业总产值139,880万元,森林覆盖率70.74%,森林蓄积量681.6万立方米。

【造林绿化】 全面开展绿色通道建设工程、退耕还林工程、石漠化综合治理工程等,全县完成人工造林2.5万亩,其中完成退耕还林专项规划造林5000亩,石漠化综合治理3800亩,生态走廊建设1250亩,其它面上造林1.4985万亩。实施长防林封山育林6052亩。创建生态示范村庄28个，完成森林长廊建设35公里。完成义务植树5万株。碳汇林业成果显著，中部林业产权服务（湖南）有限责任公司与湖南松本林业科技股份有限公司签订了《湖南龙山县碳汇项目核证自愿减排量购买意向协议》，协议购买意向标的数量为177.6万吨CO2e当量，意向单价40元/吨CO2e当量，标的资金7105万元，全县完成集体和个人天然商品林管护86.28万亩。积极开展欧洲投资银行贷款工程项目，已完成项目招投标。

【公益林管护】 全县新增补充区划省级公益林3.60万亩，省级以上公益林达到124.49万亩，占林地总面积的34.3%，发放年度补偿资金2001.54万元；贯彻落实《国家林业局、财政部关于印发〈国家级公益林区划界定办法〉和〈国家级公益林管理办法〉的通知》，根据《湖南省林业厅办公室关于开展公益林完善落界工作的通知》等要求，结合县情和公益林分布现状，完成公益林完善落界工作。公益林投保面积120.49万亩，发生冰灾1起，火灾3起，受灾总面积931.4亩。

【森林防火】 投入防火资金250余万元，全面推进森林防火基础设施、防扑火装备、森林防火宣传等各项建设，森林防火能力体系建设有了很大提升，森林防火能力建设三年行动基本完成。在基础设施建设方面，重点推进视频监控系统、物质储备库、森林防火固定宣传牌等基础设施建设，新建森林防火物质储备库200平方米，扑火队伍营房建设300平方米，高速公路大型宣传牌2块，固定宣传牌40块。在应急能力建设上，完善森林防火应急预案，开展多样化的实战演练和技能比武，开展应急拉动演练1次，森林扑火实战化水平不断提升。在森林防火宣传上，创新宣传方式，建立县、乡（镇）、村、组四级联防机制，提升森林火灾的防控能力，降低森林火灾发生率。2017年，全县发生森林火灾5起，过火总面积800.25亩，受害面积97.95亩，未发生重大森林火灾和人员伤亡事故，森林防火整体形势平稳，森林火灾数量比上年下降。

【野生动植物保护】 2017年，全县开展对野生动物经营场所清理整顿专项行动两次，清理整顿重点场所16处，查处非法收购、无证经营野生动物案两件，收缴活体蛇类、蛙类350余千克并进行放生，让其回归大自然，收缴的死体进行了集中销毁。登记古树群66处，登记古树名木3275株，其中一级古树45株，二级古树249株，三级古树2964株，名木3株。

【林业有害生物防控】 2017年，全县林业有害生物发生总面积7.16万亩，其中病害0.25万亩，虫害6.91万亩，实施监测面积60万亩，监测覆盖率90%。有效预防和阻断松毛虫、松材线虫等有害生物繁衍。开展春、秋两季森防普查，及时清理枯死松树，有效阻止松材线虫病传播蔓延。松毛虫方面，筹措防治资金60万元，购买药剂18吨，赤眼蜂17.5万卡，有效降低虫口密度。全县发生松毛虫总面积为6.91万亩，其中轻度危害5.79万亩，中度危害1.12万亩。无公害防治率为95%、产地检疫率100%、成灾率为1.23‰，均达到上级下达的准确率、无公害防治率、种苗产地检疫率应分别高于或等于90%、85%、100%和成灾率低于4‰的目标管理要求。

【林地保护管理】 2017年，组织开展全县林业系统“林地保护宣传月”活动，通过编制林业法律汇编、发放宣传资料等方式进行宣传，提高全县各级保护林地林木资源的意识。加大对林地的用途管制和监督检查力度，严格按照《建设项目使用林地审核审批管理办法》，审核转报了使用林地项目。全年共审批永久性征占用林地7份，占用林地面积14.70公顷，缴纳森林植被恢复费346.97万元。临时性征占用林地19份，占用林地面积110.64公顷，缴纳森林植被恢复费1243.65万元。

【林业执法】 2017年，对乱采乱挖树木、非法占用林地、乱捕野生动物等行为，加大林业执法力度。开展严厉打击破坏野生动物资源违法犯罪专项行动、2017利剑行动、百日攻坚严厉打击野外违规用火行为专项行动等，共受理（立案）各类林业案件14起，没收木材20立方米，受理各类涉林刑事案件12起，立案11起，破案12起，其中积案1起，刑拘5人，逮捕5人，取保4人，起诉9人。

【林业产业】 林业产业产值达139,880万元，较上年增长13.21%。其中第一产业72230万元，第二产业22650万元，第三产业45000万元。第二产业产值占全县林业产值的16.19%。第三产业较上年同期增长迅速，同比增长66.67%，林业产业呈现出健康、有序、可持续发展的良好态势。林业专业合作社达到45家，年实现总产值12868万元，较上年增长19.41%；印发《关于加快发展油茶产业的意见》和《龙山县油茶产业建设实施方案》，加大对油茶产业扶持力度，采取"专业合作社＋基地＋农户"模式稳步推进。

【国有林场】 国有林场2个，其中，砂子坡国有林场面积18.11万亩，森林蓄积量118.5万立方米，下辖万堡山等7个分场，在职职工49人；曾家界国有林场面积1.15万亩，森林蓄积量7万立方米，现有在职职工17人。各林场共完成90千米林场防火线清理，维修防火林道50千米，清理防火隔离带40千米。

【太平山森林公园】 2003年1月，经省人民政府批准（湘政办函〔2003〕15号文件）建立湖南龙山太平山省级森林公园。是截至2017年龙山县首个森林公园，每年接待游客近5万人次。

太平山孤峰独秀。太平山寺位于太平山顶，始建于东晋隆安帝二年，是湘鄂渝边区佛教圣地，文化底蕴厚重。清朝光绪皇帝赐封太平山禅师为中国佛教曹洞派第四十七世、四十八世、四十九世、五十世传人。近代民主革命家章太炎、辛亥革命元老柏文蔚曾到此游览；中华人民共和国政协副主席、佛教协会会长赵朴初亲自题词并题写山名"太平山"。

2017年，重点打造太平山景区，修缮大雄宝殿、景区栈道和安全护栏，整修游道1公里，修建沿河游道4千米，道路改造5.3千米、新建电瓶车道4.4千米，建桥梁3座、韩家坪大型停车场2.25万平方米、游客中心60000平方米及驿站，配套服务设施（太平山山顶建构筑物整修及新修，韩家坪拆迁安置区建设）等，项目总投资为15000万元。2月，湖南省农林工业勘察设计研究总院编制完成《湖南龙山太平山省级森林公园总体规划（2017～2026年）》。完成果利河河谷绿道及旅游开发项目可行性论证。

【领导名录】

党组书记、局长	贾高顺
副局长	向祖恒
党组成员、副局长	田清亮　彭南建
党组成员、工会主席	贾美银
党组成员	向润平

水　　利

【概况】 龙山县水利局为县人民政府主管部门，下辖股、室、站等17个单位和水土保持局、贾坝水库管理所、卧龙水库管理所、里耶防护工程管理所、湾塘水库管理所5个事业机构。核定编制228人，其中行政编制11人，事业全额编制217人（其中参照公务员管理5人）。2017年，启动县级防汛二级响应3次，防汛三级响应1次，抗旱二级响应1次，召开防汛会商会议9次。水利、国土、气象、水文等部门累计发布预警短信115次30.1万条；启动山洪灾害预警广播52站186次；编发防汛信息17期、汛情综合报道11期：工情、雨水情、广播预警及监测站点共计292站（点）投入运行。防汛紧急期间，全县派出防灾救灾指导小组14个，开展防汛工作督查6次，县防汛办电话督查单位值班78次，电话督查人员到岗情况412次，下发防汛督查通报2期。4月1日至9月10日，因强降雨至洪灾6次（“6·5”、“6·12”、“6·24”、“7·9”、“9·10”、“9·27”），受灾人口1.22万人，倒塌房屋41间，转移人口805人，直接经济损失3316.5万元。其中农作物受灾面积12872亩，成灾面积7840亩，绝收面积95亩，因灾减产粮食364吨，经济作物损失576万元，农林牧渔业直接经济损失1021万元；强降雨期间，停产工矿企业3家，中断公路60条次，供电中断29条次，通讯中断25条次，工业交通运输业直接经济损失1408万元；上型水库局部损坏12座，骨干山塘局部损坏2座，人饮损毁设施3处、河堤损坏48处2800米，排洪及灌溉渠道损坏28处1460米，灌溉设施损坏88处，水利设施直接经济损失617.5万元，全县无人员伤亡。7月15日至8月15日，全县持续高温晴热天气，无有效降雨天数16天，受旱乡镇为石羔镇、洛塔乡等10个、村68个、涉及9250人，农作物受旱面积13289亩，其中粮食作物11510亩、经济作物1779亩，经济损失238.8万元。抗旱期间，开展抗旱输水调水213万立方米，发射增雨弹86炮次2400余发、火箭弹8发，因人工作业引起的典型降雨有3次，使县境北部、中部等地区旱情得到有效缓解。6月22日至24日强降雨期间，紧急调度湾塘、贾坝、小河等3座中型水库及64座小型水库水位及库容，采取滕库迎洪方式，安全度过强降雨时段。7月20日至8月15日，面对持续高温晴热天气，下发水库蓄水保水文件，并调度贾坝、卧龙中型灌区，实施定期放水，累计调度水量213万立方米，有效缓解全县旱情蔓延。2017年，龙山县实现上级提出的不垮一库一坝一塘、无一人因洪灾死亡的目标要求，把旱涝灾害损失降到最低程度。

【防汛抗旱责任落实】 领导责任落实。3月15日，建立健全县级领导联系水库责任制、乡镇、村级防汛责任制、水库及防御山洪地灾监护责任制，落实各级防汛抗旱领导和责任人员715人。组织机构落实。4月1日，健全县防汛抗旱指挥部，任命指挥长1名、副指挥长4名，明确县直成员单位34个，21个乡镇（街道）均为防汛抗旱成员单位。预案编制落实。4月12日，全县各项防汛抗旱预案编制完成。对重点地区里耶镇防洪应急预案、4座中型水库下游防洪安全转移预案和《水库防洪抢险应急预案》《山洪地质灾害防御预案》《防汛抢险队伍调度预案》《抗旱预案》分别修订，并检查落实。2月20日至3月3日，县防汛指挥部组织3个检查组开展水利工程汛前自检，建立建全检查台账。主汛前筹集资金450余万元，紧急实施影响防汛安全的水毁工程及险工险段除险加固，消除隐患。队伍落实。4月1日，组建登记造册各类防汛抗旱抢险队伍23支1635人。21个乡镇（街道）均建立一支以民兵役备役人员为主的防汛抗旱应急队伍。县级防汛抗旱服务队组建完善，落实人员35名。物质装备落实。配备挖掘机2台、小型拉水车2台、送水车1台、打井机1台、净水设备1套、清淤机2台、各类型水泵45台，汽柴油发电机组25台，输水软管1800米，电缆线1200米。汛前，组织资金补充完善防汛抗旱各类物资器材。建立县级防汛抗旱仓储点两个，乡镇防汛抗旱仓储点18个，共储存防汛编织袋12.5万条、化纤布1.7万平方米、木材2850立方米、砂石4.1万立方米、冲锋舟6艘、铅钉0.3吨、土箕0.3万副、楠竹0.8万根。

【水利工程】 2017年，里耶防洪体系建设工程完成防洪堤迎水面修复加固、长潭河段防洪堤迎水面修复加固及岸坡治理工程征地面积实测工作。长潭河背水面工程，完成干砌石护坡至▽245米高程；岸坡治理工程完成形象进度60%。投资5000万元，拉通龙潭河水库建设工程路，进场道路500米滑坡段测量、地勘及治理方案完成。投资2570万元，完成石羔水厂主体工程及应急水源工程、隧洞7800米、明渠、暗涵、渡槽1900米。楠竹坪水库投资1268万元，开挖大坝基础5.3万立方米。“山水龙城”两河休闲风光带工程竣工。完成东门桥至朝阳桥河段，填筑右岸园林施工道路块石约1200立方米，开挖左岸污水管道护管挡墙基础100立方米，砌筑浆砌块石30立方米。朝阳桥至果利河桥河段，浇筑河道驳岸混凝土、埋设服务中站污水支管，浇筑露天表演场C15垫层混凝土80立方米。果利河大桥至南门桥河段，开挖龙领国际污水挡墙基础约1110立方米；安装龙领国际挡墙内侧污水管道130米。太平山至东门桥段，铺填生态绿道基础块石长度约为340米，铺填方量约1600立方米。启动185个贫困村的农村饮水安全巩固提升工程，完成投资3327.45万元，解决82613人饮水安全问题，完成计划数的153.2%。是年预脱贫的34个贫困村饮水安全工程全部完工。完成17个集镇供水工程的可研工作。

【水资源管理】 2017年，全县用水总量为1.43亿立方米，小于省水利厅下达的1.44亿立方米用水指标；万元工业增加值用水量为83方/万元，小于省厅下达84方/万元的用水指标；农田灌溉水有效利用系数为0.495，大于省水利厅下达州县的0.492目标；重要江河湖泊水动能区水质达标率96%，大于省水利厅给州县下达的95%的目标。开展水资源监控，完成两个重点取水单位、两个监测点的采集系统安装工作和监控平台。开展河道专项执法检查和为期两个月的涉河违章建筑专项整治行动。

【河长制】 2017年，龙山县建成县、乡、村三级河长工作机制。4月24日，印发《龙山县全面推行河长制工作方案》，5月，21个乡镇（街道）河长制工作方案全部编制完成，6月，乡镇（街道）河长制工作办公室成立，并落实分管领导和联络员，至此，县、乡、村三级河长制工作机制全面建成。同时，开展河流、水库保护管理调查摸底。6月，完成河流保护范围划定和河流、水库分级工作，将全县110条河流划分为州级河流1条，县级河流8条、乡级河流43条、村级河流56条；96座上型水库划分为中型水库4座、小一型水库18座、小二型水库74座。7月，编制龙山县河库名录和河、库“一河一档”；10月，启动河流“一河一策”方案编制工作。完成11条县级以上河流河长公示牌的树立。开展河流、水库综合治理。规划酉水、果利河绕新老城区37千米的河道综合治理工程；清理各类垃圾、漂浮物8余万吨；开展河道、水库违法案件整治行动，查处河道非法采砂、非法毒鱼、网鱼、电鱼、卡鱼等涉河、涉水违法案件30余起，查处中铁十八局非法设置排污口；开展河流整治综合执法3次，收缴各类网具150余副、电鱼机30余台，处罚电鱼、毒鱼者14人；教育劝阻非法捕捞60余起。从10月起开展组织河长巡河工作，截至12月底，县级河长巡河14人次，乡级河长巡河306人次，村级河长巡河2126人次，水利、环保等部门巡河38人次。开展河长制工作宣传与培训。投入资金32万元，树立县级河长公示牌33块，乡级河长公示牌200余块，水库河长公示牌96块、村级河长公示牌树立111块。利用“世界水日”“中国水周”“农村法制宣传月”等集中宣传，发放宣传资料4万余份，出动宣传车65台次。在县电视台连续播出河长制专题宣传公益视频广告，与中国邮政集团龙山分公司合作，利用新媒体进行河长制广告宣传，实现21个乡镇（街道）宣传全覆盖。编制8期《河长制工作简报》。组织县直相关单位和21个乡镇（街道）工作人员455人参加州河长办组织的州、县、乡、村四级河长制工作培训视频会议。

【水土保持】 2017年，农机局以《中华人民共和国水土保持法》颁布实施七周年为契机，开展新法宣传活动，2月28日，在时代广场布置咨询台、展出展板，出动宣传车5台次，悬挂电子滚动标语5条，播放电视专题新闻、电视广告标语3条，发放宣传资料5000多份。维修新隆街永久固定宣传牌和洗洛立柱宣传牌，投入宣传资金4.5万元。实施2016年度国家水土保持重点建设工程.革命老区项目—瓦房沟水土流失综合治理，治理流失面积17.12平方千米，其中水土保持林79.64公顷，经果林70.6公顷，封禁治理600公顷，小型水利水保工

2017 年 5 月 10 日，县水利局在里耶镇护城堤上开展水利工程查险处险紧急演练

程 63 处，河道 1160 米，沟渠 1540 米，道路 1000 米，人工湿地 0.56 公顷，绿带 0.84 公顷，投资 582 万元。实施 2016 年度石漠化综合治理（水利）项目，新修畜水池 4 口、引水渠 2400 米、排洪渠 1800 米，投资 248 万元。截至 12 月底，审批汝池河漂流、龙山高铁新区等生产建设项目的水土保持方案 6 个，其中水土保持报告书 5 个，水土保持报告表 1 份。征收水土保持补偿费 50.6 万元。

【领导名录】

局　长　　王学海
副局长　　饶经国　向　东　陈凯
纪检组长　　张兴国
水土保持局局长　　陈良荣

农业机械

【概况】　龙山县农业机械管理局（以下简称“农机局”）为正科级事业单位，内设办公室、计财股、管理股等工作机构；下辖农业机械化学校、农机技术推广服务站、农机安全监理站，共核定事业编制 25 名，在职干部职工 25 人。其中：行政干部 9 人，事业管理九级职员 2 人，中级技术职称 4 人，初级职称 2 人，技术工人 8 人。农机校、农机推广站、农机监理站与局机关合署办公，设置农机服务中心，实现“一站式”服务。主要职能是组织落实农业机械新机具新技术引进、试验、示范和推广应用及农业机械科普宣传与技术培训，负责农业机械安全监管；协助相关部门做好农业机械行政执法和农机生产、经营、维修、作业，服务市场、农机专业合作组织的监督管理；负责农机具购置补贴和农机作业燃油补贴工作及国家农机各项惠农政策落实。2017 年，农机拥有量 7.68 万台（套），总动力 25.32 万千瓦。其中，拖拉机及配套机械 3974 台（套）62194 千瓦，种植业机械 42316 台 148194 千瓦，农产品初加工机械 19694 台 69863 千瓦，畜牧养殖机械 584 台 4233 千瓦，渔业机械 112 台 558 千瓦，林果业机械 3 台 10 千瓦，农用运输机械 585 台 36232 千瓦，农田基本建设机械 40 台 1806 千瓦。机耕面积 35 万亩，机播面积 12.5 万亩，机收面积 15 万亩，机播水平达 33.3%，机收水平达 40.5%。形成以市场化为导向、政府宏观调控的农机化服务体系，农业生产中耕整、排灌、收获、农副产品初加工和农村运输基现部分机械化；水稻机械化育插秧步入成熟发展阶段。

【购置补贴】　2017 年，完成购置补贴 297.86 万元，补贴机具 642 台套，指标通知书 597 份，受益农户 528 户。建立了县、乡、村“三级组织”和“纠风、财政、审计、减负、农机”等多部门联合监督机制，对补贴机具实行定期或不定期的核查和复查，做到

"见人见机见发票",从源头上为补贴资金安装了"安全阀",确保群众的利益不受侵害。创办为民服务大厅,与财政、乡(镇)联网或联席办公,实现"一站式"办理,"一条龙"服务。

【专业合作社】 2017 年,按照"因地制宜,多元创办、政策扶持、市场运作"的思路,尊循"公开、阳光、高效"的原则,创建君霖、浩文等现代农机专业合作社 9 个,累计 13 个,占全州 58 个农机专业合作社的 22.4%。出台《龙山县 2017 年农机化工作实施方案》,协调 160 万元对新建"百万农机合作社"每户给予引导资金 20 万元。是湘西州唯一一个为百万农机合作社追加引导资金的县,9 家百万农机合作社全部获湖南省通过。

【保障监督】 2017 年,县农机局把农机监督管理贯穿于日常工作,对全县农机市场和维修网点进行摸底调查,完善手续,健全档案,规范管理,监督检查维修点的农机维修经营许可、维修记录本和维修技术合格证。"3·15"期间,配合工商、公安、质检等相关部门对 8 个农机维修网点和 5 个农机经销点进行农资打假维权,检查农机产品 350 台套,没有发现假冒伪劣产品,规范了农机市场秩序。设立"农机 110",以受理农机产品质量投诉,营造农机产品良好的市场环境,调解纠纷 3 次,处理违规 5 次,处罚违规 2 次,全年没有上访事件发生。

【科技示范】 2017 年,县农机局举办农机化工作与机插秧大比武会,邀请 7 家农机企业、农机经销商推介无人植保飞机、遥控旋耕机、同步精准点穴施肥机、龙舟起垅机、旋耕机等新型适宜山区的农业机械,办会规模达 300 人次。通过引导和推广,2017 年新增植保飞机 11 台,90 式以上大型拖拉机 17 台,收割机 9 台。

【教育培训】 2017 年,县农机局完善拖拉机驾驶培训学校和农机校的训练场地、教室等基础设施建设,添置培训车辆,为广大农机手免费提供培训平台。实行"集中办学和现场指导"相结合,为农机手提供优质服务,把培训办成广大农机操作手的"进修课堂",举办 8 期培训班,培训各类农机操作手 900 人次,其中培训驾驶员 115 人。

【安全监理】 2017 年,县农机局监管常态化。2017 年 6 月份,与乡镇(街道)、交警等职能部门,开展为期半年的农机安全生产专项整治行动,加强道路执法,纠正违法行为,从源头消除农机安全隐患。监管常规化。把农机安全监理纳入县安委会考核内容,让农机工作真正落实到乡镇中去,与各村、驾驶员签订农机安全生产责任书,落实农机安全生产专干和村农机安全信息员,全面掌握全县农业机械的动态信息,监督农机挂牌、年检、保险等工作。监管常效化。开展"为民服务创先争优"示范窗口创建活动,建成多功能农机服务中心,实现法律依据、服务事项、收费标准、收费方式、投诉电话"五公开",为农民机手提供"一站式"便民服务。截至 10 月 30 日,拖拉机上户 76 台,新办拖拉机驾驶证 60 个,年检拖拉机 538 台,互保 411 份。

【领导名录】

党组书记、局长　　梁枚梅
党组成员、副局长　　陈志雄　胡达进　彭承辉
党组成员、纪检组长　　姚　旭

畜牧水产

【概况】 县畜牧水产局为县农业局(中共龙山县农村工作办公室)管理的正科级公益一类事业单位。内设办公室、财务室、畜牧水产股(政策法规股、饲料兽药管理办公室、畜禽水产品质量安全监督管理股)、政工股,下辖兽医局、草地监理站、动物病疫预防控制中心、种畜繁殖场等 8 个事业单位。编制 132 名,在职 122 人,其中参照公务员管理人员 8 人,事业编制 114 人,专业技术人员 57 人(35 岁以

下1人,45岁以上14人),占总在职人员50%,离退休人员51人。主要负责全县牧渔业行政执法与监督管理,承担动物及动物产品检疫和动物防疫及监督、监测、预报,发布动物疫情,组织实施动物疫病的控制与扑灭;负责渔业水域生态环境及水生野生动物、植物保护和渔船检验、安全监督管理,维护渔业生产秩序,保护渔业环境和资源,确保渔民安全生产;负责全县种畜禽、水产种苗、牧草种子,兽药及兽医医疗器械、饲料及饲料添加剂的质量监测和执法监督管理;搞好良种繁育、标准化管理、防疫灭病、牧草种植、技术培训、加工销售等社会化服务;指导畜牧水产业引进新品种,推广新技术。2017年,出栏生猪22.5万头、牛1.8万头、羊10.5万只、家禽98.5万羽,养殖业肉类总产量2.8万吨,水产品产量0.35万吨,牧渔业生产总值6亿元。龙山县获全省养殖业目标管理先进县、畜牧兽医技术服务中心站被全国畜牧总站授予先进基层畜牧(草原)技术推广示范站、姚华清同志获2016—2017年度湖南省优秀科技特派员。

【病疫防控】 2017年3月7日、9月8日召开春、秋动物防控会议,部署动物疫病防控工作。做到物质保障到位:储备防护服400套,消毒药品200件,酒精800千克,药棉200件;经费保障到位,县财政拨付动物防疫经费80万元,用于动物防疫工作经费,另拨付53.4万元通过“一卡通”拨付到村级动物防疫员;各乡(镇)、街道分别投入0.8万—1.5万元动物防疫检疫工作经费,筑紧筑牢防疫屏障。

全县免疫生猪35万头,牛羊21万头(只),家禽135万羽,群体免疫密度全年保持在90%以上,国家强制免疫病种口蹄疫、禽流感、羊小反刍兽疫应免率达到100%,应免畜禽100%,做到“五个不漏”、“应免尽免、不留空档”,抗体检测均达到70%以上,全年无重大区域性动物疫情发生。

【质量监管】 2017年,畜牧水产局全面实行电子出证,1月6日,全县配备电子出证设备电脑和台式打印机各32台,便携式打印机、移动终端手机各25台部,举办电子出证培训班2期,培训132名“官方兽医”。开展养殖环节监管,与规模养殖场签订畜禽及产品质量安全责任状和无害化处理承诺书556份,抽查规模养殖户125户,水产养殖户118户,开展瘦肉精抽检635头份,结果均为阴性,对全县52个饲料兽药经营企业实行全面监管,开展兽用抗菌药及农资打假专项整治行动4次,查处假劣无证兽药502盒(包),假劣饲料502千克,责令改正6起。龙山县吴家兽药批发部成功创建省级兽药经营标准化示范门店。进行屠宰检疫,民安生猪定点屠宰场入驻官方兽医8名,里耶定点生猪屠宰场入驻官方兽医4名,全年检疫屠宰生猪51389头,检出病死猪41头,屠宰检疫摘除三腺5009.9kg,均作无害化处理,处理率达100%,同时进行瘦肉精抽检2575头,结果均为阴性。规范化处理病死害动物及产品1908头。龙山县飞龙牧业、龙西生态两个养殖企业荣获无公害产品认证单位。

【渔业资源管护】 2017年4月在洗车河流域和皮渡河乌龙山大峡谷投放大鲵1435尾,其中幼鲵1400尾,亲本35尾。6月份在洗车河、皮渡河、果利河人工增殖放流青、草、鲢、鳙四种鱼411万尾。

临时划定洗车河大鳍鳠吻鮈水产种质资源保护区、卧龙水库、英雄电站、贾坝水库、东风水库等天然水域为养殖水面管控区域范围,严禁拦河网箱养殖。为龙山洗车河大鳍鳠吻鮈水产种质资源保护区配备执法快艇一艘。县域河域沿河村寨组建村民护渔队56个,采取定期或不定期结合方式开展渔政巡河执法活动,出动执法人员200人次,车辆40台次,共查获电鱼案19起,没收电鱼机19台,缴获土制爆炸物3枚,取缔非法网25具,没收渔获物52千克,处罚8人,教育70人,联合公安、当地政府查获毒鱼案2起,按村规民约处罚8000元用于水域生态环境修复,并将此项工作列入县建设“美丽办”、河长制、保护村落等考核内容。

【畜禽粪污治理】 2017年,制定《龙山县畜禽养殖粪污治理实施方案》《龙山县2017—2021年畜禽养殖“三区”划分方案》，按照“一控、二分、三防、两配套”的综合治理原则，建立“一场(户)一档”的信息档案，开展“一场(户)一策”的综合治理。畜禽粪污污染防治设施设备配套达85%以上，禁养区养殖场数13户(规模养殖场1户，专业养殖户12户)，规模养殖场已退养到位，专业养殖场退养7户，实行资源化利用或转产5户，合计退养栏舍面积达8200平方米。既保住青山绿水，也促进养殖业长效生态发展。

【科技推广服务】 2017年，县畜牧水产局设立生猪良种供精站2个，饲养长白、大约克、杜洛克等优良种公猪40头，建立12个标准化生猪人工授精服务站，配种能繁母猪2.33万胎次；设立牛冷配服务站点6个，完成牛冷配5520胎次。科技服务：全年为156个贫困村举办养殖业技术培训200余场，入(场)户指导1500余次，发放技术资料1万余份，配送消毒物质100余件。养殖业保险：全年养殖业保险参保能繁母牛9000头、能繁母猪1200头、育肥猪2.86万头、山羊7.78万只，2017年，理赔资金230万元左右，受益农户600余户。龙山县巍宏生态农牧业获省级标准化示范场；犇兴养殖场、维明养殖场等3个养殖场获州级标准示范场；龙山县飞龙生猪养殖专业合作社、龙山县文昌渔业专业合作社获得湖南省农民合作社示范社称号。

【项目建设】 2017年，县畜牧水产局石漠化治理项目：龙山县石漠化综合治理在里耶镇贾市河流域、内溪河小流域实施，项目建设牛羊棚圈2156.4平方米，青贮窖400立方米，人工种草432亩，草地改良750亩。

特色产业园项目：龙山县联丰黑山羊合作社为项目建设单位，建设标准化羊舍500平方米，办公用房200平方米，草地改良1000亩，人工种草100亩，引进种羊200只，购防疫设施设备5台套，龙山县联丰黑山羊养殖产业园荣获湖南省现代农业特色产业园省级示范园。稻田综合种养项目：2017年在龙山县苗儿滩镇六合村建设稻田综合种养示范基地100亩，全县推广稻田综合种养4000余亩。2017年成功申报南方现代草地畜牧业发展项目，建设单位为龙山县树碧生态农业开发有限公司。

【荣誉表彰】 2017年，县畜牧水产局获湖南省畜牧水产局的“全省养殖业目标管理先进县市”称号；兽医技术服务中心获全国畜牧总站授予的“2017年基层畜牧(草原)技术推广示范站”称号。姚华清获省委人才工作小组授予的“2017—2017年度湖南省优秀科技特派员”称号；段天权获州委、州政府的2017年度“全州信访工作先进个人”奖励。

【领导名录】

党组书记、局　长	朱永华
党组成员、副局长	彭东海　黄福耀
副局长	彭昌华
党组成员、纪检监督员	田定斌

移　民

【概况】 县移民局属全额拨款、参照公务员管理的正科级事业单位。2017年新增设移民工作服务站。局机关编制19名，其中参照公务员管理14名、事业编制5名；在职16人，内设办公室、财务股等5个职能股室；肩负着全县6座大中型水库移民后期扶持及落水洞电站建设任务。开展移民实物指标征拆、兑现及移民安置工作。移民工作涉及全县15个移民乡(镇、街道)、85个移民村(社区)、292个移民小组、9545移民户、21846人，全部享受国家移民后期扶持政策。

【资金管理】 2017年，湖南省移民局下拨移民资金5850.54万元，其中：移民直补909.18万元、完善基础设施建设1705.85万元，产业开发340万元，移民培训34万元，困难移民救助9.51万元，避险解困2550万元。根据资金的性质及用途，实行分类设账核算，分别建立后扶基金、库区基金、后扶结余资金、移民扶助金四个账目。健全内部核算网络，严格实行县级审核报账制，按照全省统一报账审批单模式进行资金审批。各项资金支出做到资料齐全、手续完善、程序合理，实行资金跟着项目走、项目跟着计划走、计划跟着规划走，确保移民资金安全高效。

县移民局给移民库区贾坝社区茶农进行茶叶产业技术培训

【移民安置】 碗米坡库区、小河库区、卧龙水库、贾坝水库、湾塘电站、纳吉滩库区。新老库区时间跨度长，有20世纪70年代的贾坝、卧龙水库，80年代的湾塘电站，21世纪的小河电站、纳吉滩和碗米坡库区。库区移民已经按照当时的移民政策，或遵照水库《移民安置大纲》及《移民规划设计报告》进行征拆补偿、搬迁安置和大农业及二、三产业生产安置。2006年执行国务院17号文件，落实移民后期扶持政策，6座水库移民享受二十年移民后期扶持资金，每人每年享受后期扶持直补资金600元。2017年，新建水库项目——落水洞电站，正开展库区移民实物指标征拆兑现、房屋搬迁和生产安置工作。

【后期扶持】 2017年，移民后扶直补资金909.18万元发放到位。坚持移民后期扶持资金发放流程，由移民村申报、移民库区乡(镇或街道办事处)审核、县移民局复审、县财政局拨款、乡镇财政所与银行再进行核对后输入“一卡通”、移民户领款的程序，全面确保移民资金安全、无误、准确按季发放。

【科技创业】 2017年，县移民局联合团县委、县科协继续在全县移民库区开展青年移民科技创业带动活动，简称青年移民启航行动。该项惠民工程活动由团县委牵头，严格按照“一三一一”的程序确定扶持对象，即“一在库区移民乡镇、街道办事处公开发布信息、广泛宣传、本人书面申请报名；三必须享有移民身份、必须是青年人、必须具备规模化、实施种植、养殖及二、三产业的项目；一组织开展现场核实查看、申请人实施的项目情况；一集中召开演讲评议会议、组建专家评审团，现场记分、公开评选确定对象”。在数个项目扶持中坚持客观公正，阳光透明，最后给被扶持对象每户无偿援助项目资金3万元，县科协提供技术服务、组织技术精湛的各类专家深入被扶持户种养场地，二、三产业场所现场授课。全年扶持7户，助推库区经济发展。

【避险解困】 2017年，县移民局落实省、州移民部门的工作指示，在全县6座大中型水库，实施惠民工程项目。全县投入移民库区避险搬迁解困工程项目资金2550万元，其中县统筹资金825.5万元，搬迁房屋424户，避险搬迁解困移民人口1674人。改善库区移民人居环境，保障库区移民生命财产安全，促进库区社会、经济稳步发展。

【领导名录】

局　长　曾飞跃
副局长　王先松　向明海

外资外援

【概况】 县外资外援项目办公室属全额拨款的正科级事业单位，与县百合办合署办公。内设5个股室，核定编制12名，2017年新增编制4名（百合科研股2名，百合产业股2名）。实有干部10人（含借调3人，提前退休1人）。主要职责：承担外资外援项目的申报、立项和引进工作；负责外资外援项目工作的业务指导和项目办人员培训；负责百合产业建设的项目申报、科研培训、良种推广、试验示范。

【项目建设】 2017年，实施国际农发基金项目建设并顺利通过项目验收，完成项目总投资6830.7万元，其中IFAD贷款3384.96万元，国内配套3445.74万元（含县级配套1637万元），农户自筹35.1万元（以劳代资）。项目主要建设内容：农村基础设施建设、作物生产和经济林果栽培技术、畜牧水产养殖技术、妇女创收等。项目覆盖石牌、兴隆、洗洛、召市、咱果、桂塘、内溪、靛房、里耶、洛塔10个乡镇130个村。

【百合产业】 2017年，成功申报“龙山百合”地理标志证明商标，是全州继“古丈毛尖”“泸溪椪柑”之后的第三个地理标志产品。组织县百合产业协会、喜乐百合食品科技开发有限公司联合申报百合绿色食品证书，“无硫百合干片”“鲜百合”被国家绿色食品发展中心认定为绿色食品A级产品，是全县第一个取得国家认证农产品类的绿色食品。再次被国家农业部指定为创建全国绿色食品标准化生产基地县；湖南省地方标准《龙山百合》《龙山百合生产技术规程》再次顺利通过专家评审。龙山百合良种繁育基地成功申报中央财政预算项目。

【年度荣誉】 被湖南省农业委评为2017年外资外援项目管理工作先进单位。被湖南省农业委外经中心评为2017年全省农发项目工作进步最大单位。

【领导名录】

主　任　陈　鸿
副主任　向　康　田茂军　戴富仲
纪检组长　彭　涛（2016.1—2017.3）
　　　　　陈春艳（2017.3—2017.8）
工会主席　田有爱

龙山县2017年百合文化旅游节开幕式现场

农村经营服务

【概况】 龙山县农村经营服务站和龙山县农民权益维护和减轻农民负担监督管理办公室，是两块牌子、一套人马、合署办公的参照公务员管理全额拨款正科级事业单位，内设农村承包合同管理股等四股、土地承包仲裁庭和办公室。核定编制17名，在职干部15人（含借调1人，提前退休1人），退休人员6人。2017年被湖南省农业委评为全省农村经营管理、全省农村“三资管理”工作先进单位。龙山县2017年度被州委、州政府评为农民减负工作先进县、被湖南省农业委评为湖南省家庭农场示范县，刘士美被湖南省农业委评为2017年全省农村经营管理工作先进个人、石绍龙被湖南省农业委员会评为2017年全省培育家庭农场工作先进个人。

【专业合作社·家庭农场】 2017年，县农经站宣传《中华人民共和国农民专业合作社法》，印发《中华人民共和国农民专业合作社法》《湖南省实施农民专业合作社法办法》及相关政策摘录1500多份，支持内溪乡水旺青篙合作社理事长邹学猛到台湾地区考察学习，为龙山县合作社及家庭农场发展积累先进经验。完成2016年家庭农场项目资金兑付107.2万元。2017年完成两个省级农民专业合作社示范社和两个州级示范社建设申报工作，新建农民专业合作社248家，总数974家，入社人员1.2794万人，成员出资总额9356万元。新发展家庭农场152家，总数333家。

【土地确权】 2017年，成立以县委书记为组长的农村土地承包经营权确权登记颁证工作领导小组，投入专项资金260余万元，部署全县确权工作任务、方法、要求和时间节点，确保州核查、省验收达标。开展全方位宣传发动，调动群众确权积极性和主动性，实现“从要我确权”到“我要确权”的转变。完成21个乡镇（街道）、397个村、3332个村民小组、125039户农户的入户调查表等基本信息审核录入；完成497814亩、1105502块田土的外业实地指界测绘，实地指界完成103.6%；完成21个乡镇（街道）第二轮公示、14个乡镇（街道）、56个村、336户农户的自查工作；确权成果数据“回头看”成熟。建立县、乡、村三级土地流转服务体系，完善县、乡两级流转服务体系22个、土地流转平台建设。全县土地流转面积11.2万亩，其中2017年流转面积4.6万亩，完成全年任务的121%。

【村级集体经济】 2017年，全县397个建制村（社区）村集体经济收入总额为4909万元，村级集体经济收入10万元以上的村68个，60个贫困村平均增加村集体经济收益4万元；完成全年任务的100%。拨付2016年5个省级村级集体经济奖励资金70万元。

县农经站站长刘士美（右三）调研村级集体经济发展情况

【维权减负】 2017年，将农民负担监管工作列入全县重点工作目标管理考核内容之一，与38个涉农部门、21个乡镇(街道)签订目标管理责任书。对全县中、小学春季入学收费情况开展专项检查。清理规范涉农保险项目，整治涉农保险、减轻农民负担。逐月累计发放8类55项惠农补贴金额30206万元，惠及12.8万个家庭。监督村级“一事一议”筹资筹劳财政奖补政策实施。印发涉农减负资料1000份。实行民主理财制度，规范管理村级转移支付资金，实现换届村村级财务审计100%。

【农村集体产权制度改革】 2017年6月，龙山县被农业部确定为全国农村集体产权制度改革试点县，县财政安排预算资金576万元。建立县、乡、村三级书记挂帅、布置、落实，乡镇(街道)政府、村(社区)、专家、律师、农户“四位一体”工作机制。出台《龙山县农村集体产权制度改革实施方案》《龙山县清产核资实施方案》《龙山县集体经济组织成员认定办法》《龙山县农村集体资产股权量化指导意见》等文件。组织产权制度改革宣讲团，培训县乡村产权制度改革工作人员1800多人。借助网络、广播电视台等媒体以“讲实务，享大众”的风格，发放产权制度告之书12万多份，宣传横幅标语300多条。因地制宜，只划“红线”，不搞“一刀切”。在对全县397个村(社区)充分调研的基础上，选出集体资产浓厚、土地流转规范、发展潜力较高、群众改革意愿强的两个村先行先试。即：内溪乡五官村村民以土地或者资金入股合作社，促进集体资产保值增值；民安街道五爱村对集体经营性资产实行股份合作改革，以折股量化形式“确权到人，发证到户”发展新型集体经济，成员按股分配改革红利。创建“三资”管理平台，农村集体资产和财务全部录入“县农村集体三资监管平台”，对农村集体资产实行规范化管理。同时通过建立股份合作社、土地合作社等合作社，形成所有权、经营权、决策权、监督权“四权”协调统一经营管理和制衡机制，防止农村集体资产侵占和流失。对397个村(社区)经营性资产、集体经营性资产、非经营性资产进行全面清理，做到帐实、账据相符。乡(镇)、街道、村(社区)因地施策，做到一村一界定办法。一般不设集体股，只设个人股，对有债务的村暂保留集体股。明确确权到人、发证到户、户内共享、社内流转、动静结合的管理原则，确保改革方向不跑偏。完成227个村(社区)的村级集体经济组织成员界定、308个村(社区)的清产核资。

【领导名录】

党组书记、站长	刘士美
党组副书记、副站长	覃大秀
党组成员	武平生　石绍龙
党组成员、纪检组长	甘小艳

气　　象

【概况】 2017年，县气象局干部职工15人，其中在职干部6人，退休干部7人，编外2人。设办公室、气象台、科技服务中心、人工影响天气办公室四个股室。主要承担综合地面气象观测、天气预报预警、防雷监管、气象科技服务、人工影响天气、防灾减灾、防汛抗旱、气象科普宣传等工作。气象台为国家一般气象台站，于1959年1月建成，负责地面气象综合观测和天气预报、预警的制作与发布。

【气象综合业务】 2017年地面气象观测气象资料传输率和可用性达到100%，公众天气预报准确率达86.3%，在全州8县(市)排名第二。申雪婷获全省优秀气象员荣誉，单位获全州气象系统目标管理工作第三名；2个气象防灾减灾试点乡镇，配备办公电脑、建立管理制度和气象防灾减灾知识宣传栏等；在大安乡建设烟叶农田小气候监测站，针对性的开展农业气象调查，发布6期烟叶专题气象服务报告；对512名气象信息员和协理员进行两轮气象业务培训，发放农业气象知识手册、气象灾害防御避险等宣传手册12000余份。2017年汛期全县

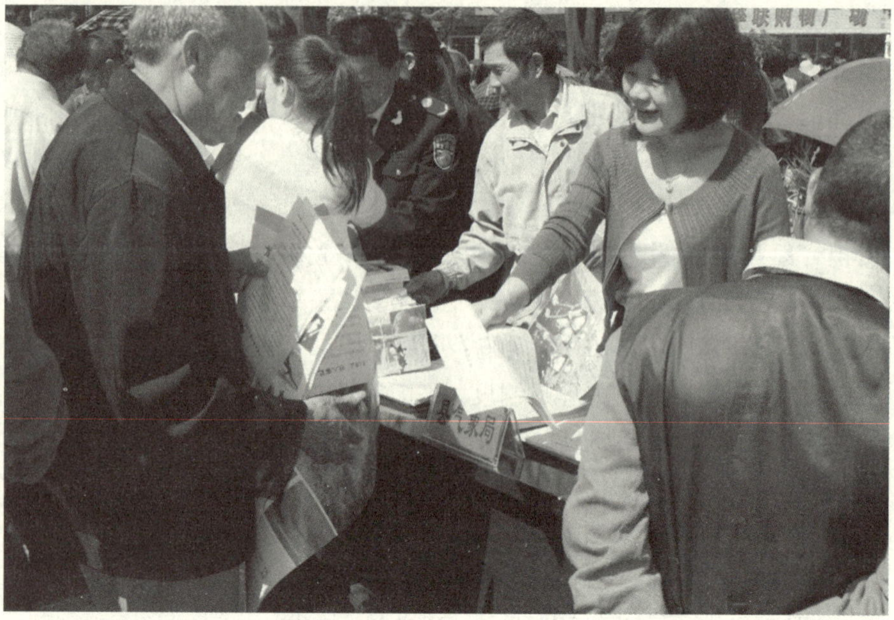

县气象局开展气象灾害避险及防御宣传活动

出现10次较明显降水过程，分别为“5月2日”“5月31日”“6月5日”“6月6日”“6月10日”“6月22日”“7月9日”“8月12日”“9月10日”“9月28日”，均在35.9毫米以上。制定《龙山县气象局2017年汛期气象服务工作方案》，向政府及各部门决策人员发送预测、各级防汛抗旱责任人预警短信人数有1433人；制作气象服务信息65期、重要气象报告24期；专题预报28期，向各级防汛抗旱责任人发送各类天气预报预警短信共4万余人次。通过基层强降水天气预警系统，对各乡镇进行了降水精准监测和预警，累计发布强降水短信预警11000余人次。

【人工影响天气】 对烟叶生产区集中开展人工防雹增雨作业。5月12日至9月20日，历时132天，动用8门高炮，4门流动车载火箭，先后在茅坪、大安、乌鸦、桃子、茨岩、召市、水田、洛塔8个烟叶生产地区开展作业，共作业92炮次，发射炮弹2923发，火箭弹13枚。多次驱散了对流雹云、抑制了冰雹云的发展、把冰雹消灭在萌芽状态，并抓住有利时机开展消雹增雨作业，特别在八次人工防雹增雨作业过程中，8个炮点开展大范围联动作业。8次降水天气过程对流发展特别强烈，全县乡镇过程雨量达到暴雨6站次，大雨68站次，中雨102站次。人工防雹增雨作业效果好，有效阻止雹胚发展，炮点影响范围内没有冰雹灾害损失发生。

【气象科普】 利用“3・23”世界气象日，在县第四小学进行气象科普宣传活动，通过“5.12”应急日宣传活动，“安全生产宣传月活动”等面向社会各界市民、学生等发放各类气象科普书籍、气象报、宣传手册共4000余份；制作龙山县气象防灾减灾防御手册，免费向各级政府机关、县直有关部门、安委会成员单位、学校、防雷重点企事业发放了6000余册。

【领导名录】

局　长　　段成国

副局长　　钟　军　罗忠文

工　业

经济和信息化

【概况】 龙山县经济和信息化管理局(简称经信局)成立于2015年,是在原"县经济委员会"基础上,根据《中共龙山县委龙山县人民政府关于印发〈龙山县人民政府职能转变和机构改革工作方案〉的通知》(龙发〔2015〕9号)和《中共龙山县委龙山县人民政府关于龙山县人民政府机构设置的通知》(龙发〔2015〕10号)精神,设立"县经济和信息化局",加挂"县科学技术局"牌子,为正科级县人民政府工作部门。2017年,有编制26名,其中行政编制16名,全额拨款事业编制8名(含参照公务员管理事业编制4名),后勤服务编制2名。下属机构两个,县工业企业改制服务办公室、中药材产业服务中心2个二级机构。内设办公室、科技计划、综合利用股等9个股室;归口管理县邮政局、县电信局、县移动公司、县联通公司和县人民银行等8家银行及人寿、财险、电力公司。在册工业企业196家,正常开工生产110家,从业人员5090人。规模以上工业企业30家,占企业总数的27.2%。其中,能源行业5家,医药食品行业13家,设备制造4家,化学制品制造业1家,黑色金属冶炼和延压加工业1家,建材行业2家,轻工纺织业4家。完成工业投资25000万元。

县委副书记、县长刘冬生(后排左五)出席龙山县2017年招商引资项目签约仪式

【重点项目】 工业集中区标准厂房(一期)建设项目,位于民安街道红星村,用地面积80亩,建设9栋标准化厂房及1栋园区服务用房,建筑面积8.2万平方米,配套建设室外供水、供电等附属工程。建筑密度38.1%,容积率1.51,绿地率

10%。上海星珂太阳能电子产品研发及制造、湖南蓝天阳工程光伏发电、玖发茶叶生产加工、工业集中区二期标准厂房PPP建设、金山实业年产白酒10000吨生产线和盛美年产10000吨混泥土生产线7个重点项目已启动主体工程建设。

【重点企业】 元宝硅业属州县重点帮扶企业,公司位于石羔街道元堡村,主要生产工业硅,2017年生产3500吨,产值3500万元,为当地建档立卡贫困户提供就业岗位500多个。昶光农业公司地处农车镇,年产1000吨土家风味牛肉食品生产线(一期)已经完工并投入生产,正启动二期工程。土家织锦土家织锦企业46家,其中规模较大的有土家巧手、秋梅织锦、叶氏织锦、菊秀织锦、承菊织锦。百合加工百合加工企业53家,主要集中在石牌镇、洗洛镇。2017年百合产值突破10亿元,加工产品年销售收入5.5亿元。中药材加工已形成乌鸦、大安、石牌、民安、里耶等5个中药材专业市场,中药材年销售产值4.5亿元。加工企业有鑫发中药材开发有限公司、众泰药业等18家,加工行业及产品仍处于初级阶段。裕鑫墙材公司位于民安街道红星村跳鱼洞,有固定资产2200万元,流动资金2000万元,职工120人,各类技术员工20多人,主要生产蒸压加气混凝土切块,为国家和省州鼓励的新型墙体材料行业,产品生产工艺成熟,设备先进。

【科技管理】 申请专利157件,同比增长33、1%,其中发明专利64件,同比增长82.9%。签订产学研合作创新合同19件,引进22名专家、教授合作实施16项科研项目,解决技术难题25个。培育省级农业科技型企业2家,认定高新技术企业3家。实施县级及上级科技计划项目31个。组建县科技扶贫专家服务团,下设20个科技服务队,从涉农部门选派20余名农技人才担任科技服务队队长,对227个贫困村进行科技人才驻村,覆盖率达100%。解决贫困村主导产业发展瓶颈和关键技术难题,推进农业实用科技快速进村入户,开展关键季节农时技术指导和农村实用技术培训。培训中药材种植与蔬菜栽培技术等700余场次,受训农民1.5万人次,发放科普资料1.8万份,培养一批"田秀才"、"土专家"。

【领导名录】

局　长　　刘　勇
副局长　　向明干　林　敏(女)　张治国

工　业　园　区

【概况】 龙山工业集中区于2014年7月批准为省级工业集中区。集中区实行管委会和国有公司两

县人大常委会副主任杨波(左二)调研工业集中区一期标准厂房建设情况

块牌子一套人员运行和管理体制。其中龙山县工业园管理委员会成立于2006年12月，是县人民政府直属正科级全额拨款事业单位。核定全额拨款事业编制26名，实有工作人员23人，其中共产党员17人。内设综合办公室、财务科、建设科、招商科、企管科、安全维稳科、工会办公室、纪工委办公室。办公地址位于长沙路与209国道十字路口（长沙路82号）。主要业务范围是搞好园区规划布局、撤迁安置、工程建设、入园企业招商引资工作。龙山县恒兴工业集中区投资开发有限责任公司成立于2014年12月，注册资本8000万元，经营范围为县工业集中区建设项目投资与建设服务、国有资产管理与经营、房地产开发、物业管理、物流服务、项目管理、经济信息咨询等。2017年，完成固定资产投资总额27000万元，比上年增长170%；实现技工贸总收入64258万元，比上年增长117.21%；实现利润5161万元，比上年增长282.3%；上交税金1694万元，比上年增长113.08%。完成土地报批201.495亩。

【项目建设】　龙山工业集中区标准厂房（一期）建设项目位于龙山县民安街道红星村，用地面积53255.39平方米，建设内容为9栋标准化厂房及1栋园区服务用房等建筑物，建筑面积82744平方米，配套建设室外供水、供电等附属工程，总投资18000万元。2017年，1～8号楼完成主体施工，3～4号楼拟入园企业进场装修。二期标准厂房PPP建设项目位于龙山县民安街道宝塔社区，用地面积11.3万平方米，建设内容主要包括14栋标准厂房、1栋仓储及1栋园区服务用房等建筑物，建筑面积14.66万平方米，以及连接外部道路（绕城路）桥梁一座和红线范围内的市政道路0.68km，同时建设室外供水、供电等配套工程，概算总投资4.5亿元，合作期10年，其中建设期2年，运营期8年。已完成项目“三评”、工可评审、发改立项、土地报批、征地拆迁实物量调查、地质勘探、施工图设计、安置区招投标等，8月25日完成政府采购招标，9月6日召开预中标谈判会，10月16日举办开工动员大会。

【招商引资】　2017年，工业集中区一期标准厂房3、4、5、7、9号楼及楼顶与湖南欣梦瑶寝具有限公司、龙山县鼎森服饰有限公司、深圳市泰成达电子有限公司、龙山县丽尔服饰有限公司、龙山县玖发茶叶有限公司、上海星珂环保科技有限公司、湖南蓝天阳工程有限公司签订入园框架协议。

【领导名录】

副书记　胡四海（主持工作）

主　任　刘辉东

副主任　冉孟万　刘龙斌　曹　坤

国网供电

【概况】　国网龙山县供电公司2011年11月成立，2016年6月正式上划为国网湖南省电力有限公司龙山供电分公司。2017年，公司内设8个部（室），下设16个生产班组和6个供电所。在册员工468人，其中：党员149人，占总人数的31.8%；大专以上学历有354人，占总人数的75%；中级职称75人、初级职称239人；高级技师87人、技师32人、高级工155人、中级工29人。人才当量密度为0.9239。是年，公司供电营业区面积3131平方千米，覆盖全县21个乡镇（街道），397个行政村（居委会），供电人口61万人，抄收总户数19.92万户。有110千伏变电站4座，35千伏公用变电站10座，变电容量248.4兆伏安。110千伏线路4条，100.876千米；35千伏线路23条，305.21千米；10千伏线路81条，2289.8千米；变压器2687台；0.4千伏及以下线路6189.5千米。

【安全生产】　2017年，县供电公司开展安全生产大检查专项行动，整改隐患165项。创建州公司标准化示范现场3个，奖金6600元，奖励18人次。稽查作业现场595个，查处特别严重违章4起，严重违章7起，一般违章36起，处罚金额6.57万元。强化电网设备维护、风险管控和稳定管理，切实抓好迎峰度夏、防冻融冰、防雷防汛防山火等工作。开展特高压线路特巡8次，属地化协调地方关系5次。圆满完成党的十九大等重要时段保电任务。信息、交通、消防、综治等安全局面稳定。联合县经信局电力执法大队，在全县20多个街道、乡镇和村庄开展安全用电宣传活动，发放安全用电宣传单2万余份。至2017年12月31日，公司实现安全生产记录2491天。

【电网建设】 针对龙山电网短板，完成“十三五”电网滚动规划、2017年城配网电网规划，协调推进联盟220千伏变电站、35千伏望城变电站升压等项目前期工作和110千伏沈新Ⅱ线T接宝塔变电站建设属地化协调工作。35千伏茨岩变电站原址新建工程提前2个月竣工投运。35千伏苗市变电站、洗车河变电站无人自动化改造进展顺利。

【经营管理】 2017年，县供电公司处理历史遗留电费，回收积压电费193.24万元，完成21563户超期户表上户工作。有序推进网改台区接管，完成138个村的接管，接收用户38713户。接收用户资产1483万元，完成电网基建项目决算转资3863万元。推进营销现代化建设，所辖区域基本实现了“接管、费控、集抄”全覆盖。制订全能型供电所建设方案，全能型供电所建设取得实质性进展。开展反窃查违，完成反窃电收入63.68万元，为年计划50万元的126.76%。实施电能替代，完成替代电量1973万千瓦时，建成电动汽车桩6个，年用电量60万千瓦时。推进绩效管理，深化激励机制，绩效考评体系框架基本搭建完成。

【服务体系】 2017年，县供电公司加强营销服务专业指标分析和管理，构建以客户为导向的营销服务模式。推广“支付宝”、“微信”、“电E宝”等电费缴纳服务，加强与农业银行、邮政银行合作，设立惠农通缴费点217个、邮政代办点17个，线上缴费率达56.93%。强化业扩全流程管理，加强业扩时限管控，实现业扩报装服务规范率100%、业扩线上受理率100%。与县政府对接，为光伏发电用户并网开辟绿色通道，累计并网11户，容量627千伏安。

【存在不足】 2017年，电网结构、发展问题。主电网结构不坚强，电源点单一，“长藤结瓜”局面没有改善、电网运行方式不灵活。城区变电站布局不合理，南强北弱。35千伏变电站无人自动化改造仍未完成。10千伏及以下配网发展滞后，供电质量和供电可靠性较差，城区短板尤为突出。小水电自供区遗留问题。县小水电自供区还存在洛塔猛西、洗洛小坪两个村共430余户没有实现电力部门直管，其农网改造全部完成。其原因一是用户认为修建电站占用他们的土地，拒缴电费；二是村民以所在区域为库区移民区，电价要求执行优惠政策。电网改造施工环境问题。阻工现象仍然存在，工程用地和线路通道难以协调，造成项目不能按期完工；线树、线房矛盾突出。实施退耕还林以来，经济林木快速生长，对电力线路安全运行造成严重影响，砍伐协调难度大。同时线下建房情况时有发生，对线路安全和农户人生安全造成严重威协。

【领导名录】

总经理兼党委副书记
覃　晟(2016年9月—2017年8月)；
胡建幸(2017年9月)

党委副书记　张　雷(主持工作)

纪委书记兼工会主席　向宏政

副总经理　王兆靖　赵志刚
方　浩　邓　奇

党委副书记兼纪委书记
李胜元(2013年—2017年8月)

工会主席　李万超(2013年8月—2017年8月)

湘 源 电 力

【概况】 龙山县湘源电力有限公司成立于2011年3月，属以水电生产经营为主的国有电力地方企业，2017年有员工471人，电站装机总容量4.035万千瓦。公司辖5座水电站和1个多经公司，内设13个管理部(室)。多经公司主要业务以低压维护与安装("电保姆"项目)、氧气厂协管、周边电站代维代运、城区路灯维护等业务为主。湾塘水电站位于洗洛镇小坪村，是龙山县境最大的水电站，1985年8月15日动工修建，1991年投产发电，原装机总容量为24500千瓦，经过增效扩容技改后，装机容量增加到31000千瓦。三元水电站位于三元乡殷家村，1973年投产发电，装机容量为5000千瓦，2012年纳入湖南省第一批农村小水电增效扩容技改试点项目，经过增效扩容技改后，装机容量增加到6000千瓦。英雄水电站位于三元乡竹元村，1958年始建为英雄运河水利工程，1961年因土坝被洪水冲跨而宣告失败，1963年经省水电厅批准在原址修建水电站，装机容量1800千瓦。西湖水电站位于红岩镇西湖村，利用水沙坪排洪隧洞来水发电，1979年建成投产，装机容量1200千瓦。狮子头水电站位于新城街道狮子头村，原属乡办电站，1981年建成投产，1992年因坝内漏水停办，2005年公司在原址新建水电站，装机300千瓦。

2017年，完成发电量1.89亿千瓦时，上网电量1.87亿千瓦时，上缴税金205万元。

【安全生产】 开展"企业安全生产主体责任年"活动，发放宣传手册471份，制作宣传橱窗4期，完善12项安全生产管理制度，排查安全隐患42处，消防和防汛应急演练12次。安全生产法律法规学习306人次，243名生产人员进行安全规范知识考试。拟定35项管理制度、工作制度、运行规程、检修及试验规程和应急救援预案。三元水电站通过农村水电站安全生产标准化二级达标评审。湾塘水电站通过农村水电站安全生产标准化一级达标评审，成为湖南省第一家安全生产标准化一级达标的水电站。

【项目建设】 三元水电站二期工程纳入湖南省2017年农村小水电扶贫工程项目，7月开工建设，建设周期一年。建设内容：新建引水隧洞、调压井、生产厂房，改造升压站，新增2台4800千瓦的发电机组，年增发电量2600万千瓦时。工程总投资7800万元，国家投入小水电扶贫资金3380万元，县财政整合涉农资金3000万元，项目法人自筹资金1420万元。

2017年冬，湘源电力有限公司技术改造施工现场(图为湾塘电站安装水轮机)

【领导名录】

总经理	田万先
党委书记	胡远明
副总经理	陈昌敬
	陈庭祎
	肖　轼
纪委书记	陈国富
工会主席	王立新

城乡建设·环境保护

住房和城乡建设

【概况】 1951年,县政府建设科兼管城乡建设。1960年成立基本建设局,1982年撤销基本建设局,成立基本建设委员会,1983年撤销基本建设委员会,成立城乡建设环境保护局,1984年分设城乡建设委员会,1994年撤销城乡建设委员会,成立建设局,2010年4月更名住房和城乡建设局,下设办公室(加挂人事、法规),计财股、生产股、建筑管理股(加挂招标办)、市政管理股、纪检组等股室。全局实有工作人员14人。局下属机构有:建筑管理站、工程质量监督站、建筑材料检测中心、城建站、建筑勘察设计院、城建监察综合执法大队、建设工程安全监督站、建设工程招投标管理办公室、燃气管理办公室、城镇供水公司、工程公司、一建公司。2017年,全县有施工资质企业27家,在建工程项目343个,建筑施工总面积199.11万平方米,同比增长34%,总造价达40.45亿元,同比增长15%,实现税收1.7亿元。房地产开发企业达8家,新建商品房网签面积6.9万平方米,成交金额2.77亿元,同比增长8%,二手房网签面积3.7万平方米,成交金额0.73亿元,同比增长5%,县内5家建筑企业施工总面积17万平方米,产值10.3亿元,同比增长16.7%。

【农村危房改造】 2017年开工建设6284户,竣工5487户,拨付补助资金2.35亿元。开工建设村综合服务平台309个,投入资金2.8亿元,规划设计为A\B\C三种标准类别,功能设计为便民服务、党建服务、村务服务、文体活动、医疗服务五大功能。这种经验做法得到全州推广。全年房屋建筑和市政工程项目43个,总造价30.15亿元,建筑面积182.11万平方米,全部实行备案管理,发放施工许可证43本,录入项目管理信息平台,人员报备资料整理完好。

【城乡规划编制】 2017年,县城建局启动华塘片区街区层面城市设计及高铁新区层面城市设计,并通过专家评审。华塘片区街区层面城市设计规划面积316公顷,高铁新区街区层面城市设计规划392公顷。完成13平方公里的华塘新区控制性详细规划编制。编制美丽乡村村庄规划61个,其中精品村16个,示范村45个。申报第五批国家级传统村落27个,已通过预审,正待住建部审批。编制完成苗儿滩镇树比村、洗车河镇老洞村、里耶镇巴沙村和街上村4个中国传统村落保护利用规划,获中央财政资金1200万元。审批公建项目选址意见书28份,发放建设用地规划许可证18份,建设工程规划许可证37份;核发私建项目建设用地规划许可证910份,建设工程规划许可证914份,审批乡村规划许可证222份。全县国家级传统村落达到9个，里耶镇成功入选第二批“全国特色小镇”。

【棚户区改造】 2017年，县住建局出台《龙山县棚户区改造房宅征收补偿安置暂行办法》《龙山县棚户区改造项目国有土地上房屋征收补偿方案》《龙山县棚户区改造安置房屋购买管理暂行办法》《龙山县国有土地上房屋征收奖励和补助办法》等政策文件。成立11个调查小组，分别就上年棚户区改造项目的房屋权属、用途、实物量指标、民意测评进行入户调查。查实用地面积18万平方米，约270亩，建筑面积57239.21平方米，居民782户，人口8000余人。与752户签订协议支付补偿金3.81亿元。选择在华塘商居城购买房屋合同630户，完成整栋房屋拆迁18栋。对回龙花苑、步步高小区、洛煤新村、供销花苑、宏源小区完成了综合改造，涉及居民1784户，居住面积24.26万平方米。农村危房改造，已签证危房改造协议5900户，开工5407户，完成省定任务2358户的229%，竣工3971户，竣工率168%，拨付补助资金1.4亿元。

【城区园林绿化】 2017年，县城区园林绿地总面积达3.4平方千米，绿化覆盖面积3.84平方公里，其中公园绿地达60公倾，城区绿化覆盖率达27.4%，绿地率24.2%，人均绿地公园面积4.29平方米。山水龙城广场、高速下线绿化美化、太平山森林公园绿道建设初具规模。果利河、酉水河沿河风光带和太平山森林公园、繁荣森林公园、龙湖湿地公园、皇仓坪森林公园四大公园基本建设完成。5月，住建局邀请两位园林专家到县指导园林绿化工作，抓“乔、灌、花、草”结合，打造民族路、长沙路、岳麓大道等景观绿带和龙凤广场的亮丽景观。6月，投资5.5亿元建设太平山森林公园，果利河沿河风光带项目顺利开工，栽植人行绿道苗木16千米，同时实施附属工程项目建设。投入8300万元建皇仓坪森林公园。公园占地2000亩，建栈道4000米，公园广场5000平方米，自行车及电瓶车道2900米。山顶景观用地51230平方米，建筑面积3900平方米，主要建设广场公园、皇仓楼、溪流景观等景点。皇仓楼共七层，高51米，占地600平方米，总建筑面积3400平方米，设计为仿古阁楼建筑。里耶—乌龙山风景区获批国家级名胜区，茅坪乡人民政府和里耶镇中心小学获得州级“园林式单位”称号。让龙山的城市面貌焕然一新。

【市政基础设施】 2017年，市政工程房屋基础设施窗口建设项目20个，工程总造价18.63亿元，建筑面积82.774万平方米。入城口道路改造12000米，总投资9300万元。完成白羊路、喜鹊溪路、龙凤路、城北路的改造。老城路完成路面施工和人行道麻石铺设，新城路完成北边人行道麻石铺设。红岩溪镇老街硬化工程，水田坝镇道路改造、第三小学道路改造、大安乡乌鸦南北街道及药材街道改造竣工，总投资3498.14万元。加大城市基础设施维护力度，组织施工人员对新建路、朝阳路、民族路、209国道民安街道段、城北路、龙凤路、岳麓大道及北街小巷等破损的路面，人行道麻石及侧沿石、井圈、井盖进行维护和更换。完成城区管输天然气供应7400万立方米，新建供气管网12千米，新增管输天然气用户1262户，全面解决历年保障性住房建设的遗留问题。住建局下发《关于做好城市排水防涝应急预案的通知》，组织人员对城区主排污水管网和背街小巷排污管网进行普查，总投入43万元。

【执法监察督促】 抓法律法规学习，坚持在线学习制度，参学率达到100%，合格率达到100%，做到一月一次学习《建筑法》《行政处罚法》《行政复议法》等业务法规，不断增强法律意识。在具体工作中开展警示教育，针对住建局塌方式腐败情况，对职工进行反腐倡廉教育，提高员工执法水平和决策能力。规范执法程序，用统一的行政执法文书，规范填写各类执法文件，对下达的处罚决定、送达回执、采集证言记录、建档立卷等各个执法环节达到依法办案、依程序办案、处罚适当、适用法律准确。严肃纪律文明执法，禁止利用职务之便索要财物，吃、拿、卡、要，规范执法人员的日常行为，树立建设执法的良好形象。全年立案调查6起，行政处罚6起，下达停止通知书8起，强制拆除2起，强制封堵一次，办理县长热线批示7起，罚没款1万元。

【城镇污水处理】 2017年，县住建局全年污水处理量860.216万吨。平日处理2.36万吨，完成减排量COD平均进入172.23毫克/吨，平均出水21.59毫克/吨，氨氮平均进水24.93毫克/吨，平均出水4.59毫克/吨，TP平均进水平1.9毫克/吨，平均出水0.59毫克/吨，COD1－12月完成削减1295.82吨，氨氮1－12月完成削减174.96吨，TP1－12月完成削减11.3吨。8月26日里耶管委会和湖北殊威环保工程有限公司对里耶污水处理厂的资产进行了清点，正式移交给龙山县供水公司。8月28日县住建局会同县国资局、湖南湘融资产评估公司、县供水公司、龙山科亮污水处理有限公司，就宝塔污水处理厂的资产移交进行洽谈，9月1日，县城镇供水公司顺利接管宝塔污水处理厂和里耶污水处理厂。

【城镇居民供水】 2017年，县城镇供水公司共完成输水量1400万吨，同比增长150万吨，销售水量900万吨，同比增长90万吨，建安产值1200万元，同比增长500万元，实现总产值4300万元，同比增长700万元，水费回收率达99%，水质综合合格率达98%以上。轮换水表2600块，监察违章用水50余处，补收6个月以上历史欠费2200笔，合计金额65万元。成立安全生产领导小组，建立健全安全生产制度、安全供水制度、设备化验检测制度、水质安全监测制度。抓基建用水的审批、立户、安装和后期管理，实现水量回收增长达10万余吨。，完成黎园水厂1.5万吨/日自动化设备安装。完成丁家桥至土城坝保障房、宝塔工业园、成美水泥厂沿线供水主管铺设，完成白羊、苦竹、白坪、新龙桥、象鼻岭、红星社区的供水管网建设。

【反腐倡廉教育】 2017年，新党组以“3·27”案件为反面教材，组织党员干部职工290人，反思身边发生的腐败案件。用县纪委对原住建局党组书记，局长杨秀祥在任职期间，利用职务之便，入股参与龙山民生天然气有限责任公司和龙山县科亮污水处理有限公司获利709万元，入股龙山秦川污水处理有限公司获利413万元，2017年9月，杨秀祥受到开除党籍，开除公职处分，其涉嫌犯罪问题线索移交司法机关依法处理和原住建局党组副书记，副局长张远忠在任职期间，违反政治纪律，对抗组织审查，违反廉洁纪律，利用职权违规报销应由个人支付的费用，违反国家法律法规，利用职务之便，非法占有公共财物，非法收受他人财物，性质恶劣，情节严重，县纪委研究，报县委、县政府批准给予张远忠开除党籍，开除公职处分，其涉嫌违法犯罪线索移送司法机关处理。这两起腐败的典型案例，进行

2017年建成的廉租房、经济实用房

警示教育和党风廉政教育，认真查处涉嫌贪污腐败，利用职务之便，非法占用公共财物，违反财经纪律的违规行为，使全体干部职工受到深刻教育，推动住建工作健康发展。

【领导名录】

党组书记、局长	向清平	
党组副书记、副局长	彭昌仲	2017.6—
党组成员、副局长	舒赤军	2017.12—
	杨智胜	2017.11—
党组成员、总工程师	张卫国	2017.6—

城乡规划

【概况】 龙山县城镇规划管理局为龙山县住建局管理的副科级事业机构，内设机构4个，即办公室（法规股）、规划编制股、规划审查股、村镇规划股。2017年年底，全局有工作人员16人，其中正科级1人，副科级2人，科员12人，临聘1人。

【城乡规划】 继2016年6月完成龙山县城市总体规划（2016—2030）的编修。在总规的基础上，2017年完成华塘新区控制性详细规划编制范围13平方千米。启动华塘片区街区层面城市设计及高铁新区街区层面的城市设计，华塘片区街区层面城市设计规划面积316公顷；高铁新区街区层面的城市设计规划面积392公顷，华塘片区街区层面城市设计、高铁新区街区层面的城市设计由湖南省建筑设计院承担规划设计任务，并于2017年11月16日县规划委员会原则通过该设计的成果及专家评审。

2017年龙山县美丽乡村村庄规划编制任务数61个，其中精品村16个，示范村45个。2017年6月份规划局组织湖南省建筑设计院、四川新城汇景规划设计有限公司、方圆建筑设计公司、华城博远工程技术集团有限公司、省锦麒设计咨询有限公司、四川城镇规划设计研究院六个规划设计队伍分别承担美丽乡村规划编制任务，2017年11月份完成初步规划编制方案并通过专家评审会，2017年12月全面完成规划编制任务。

【规划审批】 2017年，健全规划专家库，提高规划审批质量，推进阳光规划，坚持落实局务会、专家会、规委会三级会审。县人民政府于2017年9月28日印发《龙山县人民政府办公室关于进一步加强乡镇规划建设管理工作的通知》，《将乡村规划许可证》办理权下放各乡镇街道。在县城规划区内审批，我局使用一站式信息化管理平台，规范建设项目“一书三证”审批、复核、发放等工作。全年共组织召开县城乡规划委员会会议8次。公建项目核发选址意见书28份，建设用地规划许可证18份，建设工程规划许可证37份；私建项目核发建设用地许可证910份、建设工程规划许可证914份、乡村建设规划许可证222份。

【规划监管】 2017年，规划局加强与县“两违”办、县执法局、各乡镇（街道）等单位联动管理，对未批先建、超面积建设等违法违规建设行为及时函告县执法局，共计68份，协助县“两违”大力开展两违整治工作，开展“两违”专项整治32次，拆除违建38处，拆除面积7539.8平方米。规范全县规划建设秩序。

【领导名录】

局　长	向承斌	
书　记	邓国政	
副局长	张元斌	田　原
	彭富俭	向国艳
工会主席	彭南松	

城管执法

【概况】 县城市管理和综合执法局为县人民政府工作部门，机关内设办公室、财务室、政工股、法规股、工会、团工委6个股室，核定编制9名。局下属机构3个，即县城市管理综合执法大队，县环卫所，县路灯广告站。全局有在职工作人员182人，临时聘请人员139人。

【城市管理】 2017年，以庆祝建州60周年为契机，扎实开展城区环境秩序综合大整治。

市容市貌整治。划片分区治理，完成新建路、朝阳路、长沙路、民族路、湘鄂路、高速下线、岳麓大道7条主干道出店经营、占道经营、流动摊点和乱搭乱建、乱堆乱放、乱拴乱挂整治；加强了原粮食局路段、龙凤路、马家沟、城东路、杉木井路、回龙路、皇仓路、城北路、光明路等次干道整治；在思源学校后门前空地设置花草苗木和西瓜临时销售点，便于群众销售季节性产品。整治期间共依法拆除违章搭建构筑物(棚)163处，拆除乱搭胶纸棚159处，清理流动摊点2300余处；强化对北正街、凤阳街、接官街整治力度，专人专管，反复巡查、即查即处；完成了南门坡整治，拆除违章建筑5处，拆除违规棚子8处，规范临街门店9处；推动了团结路专项整治，政府办牵头，县城管局具体实施，公安、民安街道配合，在团结路开展为期一周的专项治理，共拆除98个夜市伸缩棚，取缔出店占道经营39处，拆除违规乱搭乱建18处，规范经营门店25家。主次干道两边的竖式广告、楼顶广告和存在安全隐患的广告牌共4057块。

渣土运输管理。按照“全覆盖、平货箱、不带泥”九字方针，凡违规者一律锁车、罚款，同时督促施工企业围栏作业，完善冲洗平台设施，安排保洁人员。

规范人行道摩托车停放。对人行道摩托车停放进行了明确规定，要求车头朝外，停放在停车线内，违者一律拖、锁、罚。2017年累计拖车5048台次。

2017年12月11日，县城管局党总支60余名党员到烈士陵园开展学习贯彻党的十九大精神和重温入党誓词活动。

【环境卫生】 2017年，县城管局加强环卫市场化监管，实现了与重庆高建公司良性互动。

清扫保洁到位。做到垃圾日产日清，清运及时，无裸露垃圾、无隔夜垃圾。

主次干道冲洗频次高。7条主干道一天3次冲洗降尘，次干道2次以上，特别是抓住下雨天有利时机，反复冲洗、反复赶水，基本做到晴天无灰、雨天无泥、路面见本色。

人行道普扫、冲洗较好。每条主干道人行道10天轮流冲洗一次，保证干净、整洁。

主干道绿化带冲洗到位。每周对中间绿化带进行冲洗，保证了绿化带不带灰、不带泥,树叶常青,树木常绿。公厕清扫基本到位。城区内 8 座公厕有专人清扫、保洁,保持正常开放使用,基本做到干净整洁。洗车平台运行正常。加强洗车平台管理,工作人员服务态度较好,服务水平较高,为广大车主带来了便利。皇仓坪公园垃圾及时清扫。组织专业队伍对皇仓坪公园进行清扫保洁,制作了广告牌、摆放了垃圾桶,定时清扫、清运,确保了公园干净、整洁、舒适。

加强两河休闲风光带保洁。保证果利河休闲风光带无白色垃圾,无裸露垃圾,清扫清运及时,游道、河面整洁。

【路灯亮化】 2017 年,共维修大街小巷路灯 1200 余盏,修复地埋电缆短路、断路等故障点 70 多处,更换故障电缆 1400 多米,出动维修巡查车 150 余台/次,高空作业车 40 余台/次。对全城路灯随坏随修,城区主要街道亮灯率达到 98%以上,居民巷亮灯率达到 95%以上;根据季节更替,及时对路灯开关时间进行调整,使开关灯时间达到科学合理,切实提高路灯照明的覆盖率,确保路灯设备的正常运行。

【“两违”治理】 2017 年,城管局按照“除存量、控增量”的要求,开展全年“两违”巡查处置工作。全年共开展巡查 1587 次,下达停工通知书 386 份,停止供电 49 户,停止供水 42 户;依法实施强拆,共组织 66 次专项整治行动,行政拆除“两违”建筑 46 宗;服务重点项目,拆除重点项目区存量“两违”建筑 7 宗,开展“三抢”专项治理行动 40 余次,查处违规行为 60 余人;高速下线沿线 11 处违章建筑进行了拆除。

【领导名录】

党组书记、局　长　　彭亿术
党组成员、副局长　　彭清富　罗秀银　刘卫平
党组成员、工会主席　彭清富

房地产管理

【概况】 龙山县房地产管理局成立于 1998 年,隶属县建委管理的正科级事业单位,经费渠道为自收自支。2016 年根椐龙山县机构编制委员会办公室《关于龙山县房地产管理局有关职责和机构编制调整的通知》(龙编办发〔2016〕79 号)文件精神,县房地产管理局为县住房和城乡建设局管理的正科级公益一类事业单位。内设办公室、政工股、财务股、产权产籍管理股、政策法规监察股、房屋档案资料股、住房保障股、房屋安全鉴定管理股、市场管理股、信息中心、房地产交易管理股、房地产测绘股。下属管理县白蚁防治管理所、县房屋征收与补偿管理办公室、县物业管理办公室。全局共有干部职工 88 人。

【房地产交易】 2017 年,办理房屋转移备案 552 件,面积 6427674 平方米,成交金额 168475149 元。办理商品房期转现备案 396 件,面积 33890.54 平方米,成交金额 77549752 元。商品房在建工程抵押备案2 件,面积 22667.88 平方米,贷款金额 4900 万元,办理开发公司预售许可证 23 件。办理非交易性转移备案 33 件,面积 12704.24 平方米。办理期房预售预告备案 839 件,面积 94391.76 平方米,成交金额 336811366.8 元。办理房产测绘业务 322 件,面积711551.01 平方米。

【房地产开发】 2017 年,全县在建在售项目 12 个,房屋施工面积 61.75 万平方米,增长 5.25%。竣工面积3.33 万平方米,完成房地产开发投资 4.21 亿元,增长 48.42%。加强商品房预售管理、预售资金监管、合同网签备案等方面的监管工作,严禁企业虚假宣传,增强销售环节透明度,严格登记办理时限,维护消费者合法权益。全县 20 家房地产开发企业在经营和开发房地产活动中,无重大违

法违规行为，开发面积约为61.75万平方米，其中发放预售证23项，预售总面积205716万平方米，总套数2170套，其中住宅861套，面积12.61万平方米，商业1309套，面积7.97万平方米。

【保障性住房】 2017年，省、州下达龙山县保障性建设任务28986套(廉租房4454套、公租房6755套、棚户区改造7426套(其中货币安置2811户)，工矿棚户区改造1675套，小区综合整治8676套)，建筑总面积249.6155万平方米，概算投资38亿元。竣工保障性住房14242套(廉租房2426套、公租房1657套，棚户区改造10159套)，建筑总面积1766204万平方米，完成投资概算16亿元。分配入住4084套。分别是：城区修建的廉租房有新城东门河小区168套、烟厂308套、凤阳小区138套、209国道打岩场392套、合计1006套(租赁686套，销售320套)；汤家沟308套、新城刘家坝708套，皇仓学校108套、一中56套、二中56套合计1236套。在城区修建的公租房有华塘街道240套(老大哥饭堂旁)、华塘街道骨科医院80套、龙山卫校85套、一小70套、二小40套、二中60套，合计572套。乡镇公租房1347套。发放保障性住房租赁补贴212户，发放金额318000元。接受公共租赁住房申请3185户。实际进行实物配租120户。

【物业管理】 有住宅小区201个，居住人口约7万人，其中商住小区53个，保障性住宅小区30个，机关单位院落118个，建筑面积约350万平方米。物业服务企业11家，从业人员500余人。全县归集住宅专项维修资金约7500万元，2017年拨付住宅专项维修资金约15万元。加强对开发建设单位的监管，填补住宅专项维修基金维修的空档期，按工程总造价的3%向开发建设单位收取物业质量保修金，征收物业质量保修金700余万元。

【棚改项目】 2017年，棚户区改造项目位于县城老城区中心，地处新建路、龙凤路周边，属县城商业核心区域，总用地面积为18万平方米，约270亩，人口约0.8万人。至2017年年底，完成城市中心棚户区改造的可研报告论证、立项审批工作，制定《城市中心片区棚户区改造工作实施方案》，成立11个调查小组，分别就棚户区改造项目的房屋权属、用途、实物量指标、民意测评进行入户调查，对项目区内违法建筑(构造)物进行摸底，涉及132户，面积约3100平方米；确定湘西自治州圆通房地产评估有限公司、吉首信诚房地产评估有限公司为本次棚户区改造项目征收工作评估单位。签订协议752户，支付征收补偿款3.81亿元，拆除征收完成的房屋18栋。对选择迁出旧城区购买政府指定房源的630户，正在华塘商居城开始签订购房合同工作。筹集近亿元资金，综合改造“回龙花苑、步步高、洛煤新村、供销花苑、宏源小区”五个居民住宅小区，涉及居住面积242463平方米，涉及户数1784户。

【房屋鉴定】 农村危险房屋排查，完成1万多件(幢)，鉴定面积120多万平方米；移民房屋安全排查60多件(幢)，鉴定面积0.6万平方米；石洗公路房屋安全排查30多件(幢)，鉴定面积1.2万平方米，并参与协调理赔；黔张长高铁沿线房屋安全排查210多件(幢)，鉴定面积2.2万平方米，并参与协调理赔。

【领导名录】

党组书纪、局长	向　华
副局长	鲁　帆　向云成
	贾春华　包　健
纪检组长	郭万明

环境保护

【概况】 2017年,县环保局编制数60名,其中局机关行政编制8名,实有人员8人。环境监察大队参照公务员(事业)编制37名,实有人员37人,环境监测站事业编制15名,实有人员13人;全局在职人员58人。主要职责:做好重大项目环评审批和服务、环境执法、污染减排、维护环境安全,注重生态保护和区域环境综合整治,构建生态文明和谐的人居环境,推动污染防治和生态保护,为全县经济和社会发展保驾护航。

【环境与质量】 龙山县环境空气质量优良率为89.6%。城区环境空气除细颗粒物年均值外,二氧化硫、二氧化氮、可吸入颗粒物年均值、一氧化碳24小时平均第95百分位数浓度和臭氧24小时平均第90百分位数浓度均达到二级标准。其中二氧化硫年均值8微克/立方米,二氧化氮年均值10微克/立方米,可吸入颗粒物年均值61微克/立方米,一氧化碳24小时平均第95百分位数浓度1.2微克/立方米,臭氧24小时平均第90百分位数浓度104微克/立方米,细颗粒物年均值38微克/立方米。城区空气质量一级优170天,二级良157天,轻度污染以上天数38天。地表水质监测断面水质均达到地表水功能区III类标准,年达标率100%。城区饮用水源水质III类达标率为100%,符合集中式饮用水源保护区水质功能区划要求。城区声环境质量监测点位100个,城区声环境质量整体状况较好。土壤普查抽查,全县土壤环境质量整体良好。

【节能与减排】 全县淘汰黄标车429台,完成4座加油站油气回收和双层防渗漏储油罐改造。完成主要污染物减排任务,完成主要污染物化学需氧量减排1196.42吨,氨氮减排130.287吨,氮氧化物减排85.5吨。完成龙西生态农业有限公司、龙山县羽丰养鸡专业合作社以及脉龙界农业合作社畜禽养殖污染治理项目,主要污染物化学需氧量减少59.68吨、氨氮减少了1.111吨;坚持按月深入龙山科亮污水处理有限公司、龙山秦川污水处理有限公司、湘西自治州成美建材有限公司3家国控企业进行现场督查,查看排污设施运转、台帐记录和在线数据等情况。湘西自治州成美建材有限公司完成主要污染物氮氧化物85.5吨,龙山科亮污水处理有限公司完成主要污染物减化学需氧量963.49吨、氨氮88.82吨,龙山秦川污水处理有限公司完成主要污染物减化学需氧量173.28吨、氨氮40.356吨。抬高环保入园门槛,严把建设项目环境影响评估关,优先考虑科技含量高、效益好、耗能少、污染轻的工业项目入驻工业园区。加大推广清洁能源,淘汰在禁燃区内的燃煤锅炉。

【监控与监测】 做好县域生态环境质量监督与监测,定期对辖区5家国控重点污染源企业开展监督性监测,与在线监控设备数据进行对比,确保达标排放;城区大气环境质量自动监测点(皇仓中学)1个,地表水国控断面3个,饮用水源保护区监测点2个,每月监测1次。县域内国控水质监测断面有宝塔渡口、里耶镇和洗车镇共有3个;城市集中饮用水源地有卧龙水库和英雄电站2个。县国控断面等环境质量由州环境监测站按时取样检测,饮用水源委托第三方检测机构对饮用水源109项理化指标进行监测,县环境监测站每月一次采样监测,水质达标率为100%。皇仓中学环境空气质量自动监测站数据统计表明,县城大气质量优良率为89.6%。空气综合指数排名全州第二。开展农用地土壤污染详查工作,详查单位17个,核查点位93个,重点核查土壤污染重点行业企业8家和重点土壤污染监管企业4家,经采样监测,全县土壤环境质量整体良好。

【执法与监管】 环境监察执法。2017年,中央、省、州环保督察突出环境问题整改情况,接中央环保督察交办信访件10件、省州交办突出环境问题

11项,均完成整改。开展整治违法排污企业保障群众健康等环保专项行动,清理环境突出问题15个,对水泥、煤炭、造纸、污水处理厂等四个行业进行排查,9个企业对工业污染源达标情况进行自查,监察人员根据自查情况进行抽查和突击检查,共出动执法人员520余人次,立案查处环境违法行为6件,处罚金额为16万元,其中查封2件,停产整治1件。对12个新建设项目环保"三同时"落实情况进行现场执法检查,立案查处3个未批先建项目。建立环境安全隐患台账,推行环保信访承诺制和限时办结制,重点落实12369环保投诉热线接警,确定专人负责信访接待处理,实行网格化管理,以县社会网格化管理子系统投入运行,并上报州政府备案及向社会公开。核与辐射安全管理。全县正常使用放射源单位1家、Ⅲ类射线装置单位16家,合计17家,均按要求办理辐射安全许可证或按时延续换证。生态环境保护。全县林地覆盖率达到75.55%,草地覆盖率4.62%;国家级地质公园1个:里耶—乌龙山国家级地质公园;省级自然保护区2个:印家界自然保护区、洛塔水杉自然保护区;省级森林公园1个:太平山森林公园;省级风景名胜区1个:乌龙山风景名胜区;县级自然保护区3个:洛塔自然保护区、八面山自然保护区、皮都河自然保护区。完成生态红线划定工作,划定生态红线面积842.91平方千米,占全县土地面积的26.89%,通过省政府审定。国控污染源监管。有国控污染源5个:成美水泥厂、龙凤纸厂、兴隆纸厂、龙山县科亮污水处理厂、里耶秦川污水处理厂。

【防污与治污】 推进水污染防治。在饮用水源地保护区建设保护区界碑、标志,定期巡查,发现问题及时处理。严格饮用水源保护区建设项目管理,禁止在饮用水源一级保护区范围内建设污染项目,保障县城饮用水水质安全。强化饮用水水源保护,启动实施水污染防治项目2个,开展卧龙水库、英雄电站饮用水源保护区污染治理。开展卧龙水库饮用水源评估,完成城区两个集中式饮用水源保护区、1个备用饮用水源地和全县26个千人万吨以上集中式饮用水源保护区划定工作。推进大气污染防治。制定《龙山县大气重污染天气应急预案》,明确相关职能部门职责,投入40余万元对县城区100余台燃锅炉实现电、生物质等清洁能源改造。抓污染治理工程,对五家国控企业施实督办,成美水泥厂、兴隆(利源)纸厂投入2000多万元,对防治污染设施进行全面改造。推进农村环境综合整治。向国家、省级争取专项资金545万元,对干坝村等65个村的农村环境进行综合整治,明确实施全县城乡污水处理工程项目20个,并完成13个乡镇污水处理厂环境影响评价审批。

【领导名录】

党组书记、局长	唐大成
党组副书记、副局长	贾美岳
党组成员、副局长	尚　勇　何　斌
党组成员、纪检组长	向　蓉
党组成员、总工程师	向心明

交通·邮政·通信

交通运输

【概况】 龙山县交通运输局设在民安镇新建路39号，属县人民政府组成局，行政级别正科，机关行政编制12名，机关后勤全额拨款工勤编制人员1名，实有工作人员32人。局机关有党员27名。直接管理县公路局、县交通建设质量安全监督管理所、县交通道路运输管理所、县地方海事处。主要职责是贯彻执行国家、省有关交通运输的方针、政策、法律、法规；组织编制全县综合运输体系规划和发展战略；承担全县公路、水路建设及运输市场和水上交通安全监管责任；负责提出全县公路、水路固定资产投资规模和方向；指导全县公路、水路安全和应急管理及有关体制改革工作；监督全县公路路政管理相关政策、技术标准的贯彻实施；制定全县交通运输行业科技政策，规划和规范并监督实施；组织协调全县地方交通战备工作；承担县人民政府交办的其他事项。

2017年，全县公路通车总里程达3921.59千米，其中国省干线公路462.94千米（国道3条141.24千米，省道4条321.69千米）；地方道路2058.65千米（县道29条415.22千米，乡道140条964.69千米，村道270条678.74千米）；其他道路1400余千米（没有入省库的公路）。

【高速公路建设】 县境高速公路1条—即龙（山）永（顺）高速。龙永高速公路项目起于龙山县石羔镇甘壁寨，与湖北恩施至来凤高速公路对接，止于张家界至花垣高速公路海洛处，主线长91.086千米，连接线长53.192千米，涉及龙山、永顺两县16个乡镇（街道）、67个建制村。主线按四车道高速公路标准建设，采用沥青砼路面，设计荷载为公路I级，设计速度80千米/小时，路基宽度24.5米。2016年9月28日全线建成通车，总投资133亿元。

【道路运输管理】 县道路运输管理所于2016年6月由原县交通运输管理所及县城市公共客运服务管理站整合组建而成，隶属于县交通运输局，为副科级全额拨款公益一类事业单位，核定事业编制75名（其中原交通运输管理所54名，原城市公共客运服务管理站16名，原地方公路管理站5名）。2017年，有在编在岗人员70人，退休人员10人，其中干部4人，聘干56人，工勤10人。内设办公室、财务股、运政业务股、安全股、客运运输管理股、城市客运管理股、汽修驾培股等相关业务股室。

2017年有道路运输经营户1331户，其中客运企业16家，客车632辆；开通客运班线143条，其中省际线路19条，市际线路6条，县际线路15条，县内线路103条，行政村通车覆盖率达84.3%以上；货运车辆513辆；驾驶员培训学校两所，年培训能力2500余人次；汽车维修厂家33户，其中二类维修厂家18户，专项维修15户；道路运输从业人员近10000余人，客运市场网络化格局基本形成。全县县、乡公路主干道路开通班车率达100%，21个乡镇（街道）通车率达100%，乡到村、村到村的通村客运网络也正在积极发展和培育中。

【水上交通】 县海事处为副科级公益一类事业单位，核定全额事业编制25名，核定领导职数：主任1名，副主任3名，内设机构8个（办公室、财务股、安全监督股、船舶船员股、港航管理股、水上交通安全监控中心、里耶港务站、隆头港务站）。

2017年，县航道共188.8千米，其中干流水域153千米，支流水域16.8千米，库区水域19千米。现有码头2个，渡口35处。截至2017年年底，全县有船舶69艘，其中渡船29艘、客船34艘、游船6艘。十二五期间，水上交通安全管理工作连续12年实现零事故、零经损、零投诉目标，全州先后两次在龙山县召开现场会，推介龙山经验。在十三五规划中，拟投资3000万元，实施酉水上游及洗车河流域航道整治项目。

【质量安全监督管理】 县交通建设质量安全监督管理所是正科级全额拨款事业单位，隶属县交通运输局管理二级机构。负责全县农村公路建设项目质量和安全监督管理工作。核定全额拨款编制29名，核定领导职数3名，其中所长1名，副所长2名。内设机构负责人6名。2017年，全年受监项目80个，总里程200千米。

【城市交通】 县境城区交通有公交车、车租车，分别属于龙凤龙骧公共交通有限责任公司、龙凤龙骧出租车有限责任公司。湖南龙凤龙骧公共交通有限责任公司于2014年12月22日正式开线营运，陆续开通1路线、2路线、3路线共3条线路，基本覆盖县城主要道路。2017年12月10日开通5路线，12台新能源车上线营运，标志着龙山县公交进入新能源车时代。2017年，拥有公交车辆42台，驾驶员66人，后勤管理岗位23人，下岗职工再就业15人。

湖南龙凤龙骧出租车有限责任公司于2015年6月9日成立，2015年7月1日陆续上线200辆出租车参与营运，2017年，拥有出租车200辆，采用租赁制经营，提供工作岗位（正班，副班）400多个。

【城乡公交】 州运龙山公司系原州运龙山分公司与龙山县民族客运公司2004年3月合并组建而成，属湘西州运总公司下属分支公司，行业主管隶属于龙山县交通运输局。公司有龙山汽车站、里耶汽车站、新城客运站、汽修厂、宾馆等多个下辖机构。2017年经理（法人代表）刘朝文。是年有在册职工449人，拥有专业从事长途客运的中高级车辆83台，经营客运班线29条，其中跨省线路有龙山至广州、东莞、深圳、汕头、珠海、石狮、厦门、宁波、温州、上海、北京、恩施、武汉、鹤峰、咸丰、酉阳、龙潭等17条，省内客运班线有龙山至长沙、株洲、邵东、永顺、张家界、吉首、桑植、保靖、花垣。公司全年完成营运收入4983.6万元，安全行车1126万千米，未发生重大道路交通事故。2008—2017年连续十年安全管理处于零死亡良好平稳状态。

【领导名录】

党组书记、局长	向庭勇	
党组副书记、副局长	何　瑛	
副局长	姚元和	张朝明
党组成员、总工程师	邓连升	
纪检组长	龚雪梅	
工会主席	李晓明	

公　路

【概况】 龙山县公路管理局前身为龙山县公路养护段，1993年5月因交通管理体制改革，将龙山县公路养护段与龙山县公路管理站合并，成立龙山县公路管理局。现为参照公务员管理的正科级事业单位，主要职责是负责全县范围内的国、省、县道公路大中修工程建设、养护管理工作和路政执法、车辆超限超载治理工作。2017 年，全局有在职工作人员 275 人(参照公务员管理人员 38 人，事业人员 237 人)，退休人员 215 人。下设治超站(副科级)、路政大队(副科级)、公路应急抢险中心 3 个直属机构，内设办公室、财务审计股、政工股、干线公路养护站、地方公路养护站、养护工程股、资产管理股、安全股、工会办、监察室、退管办、法制股等 12 个股室。共管养国道 3 条 201.74 千米(实际里程 141.38千米，其余为重复路段)，省道 4 条 356.12 千米，县道 26 条 620.04 千米，乡道 1040.93 千米，村道 4080.85 千米。是年，县公路局获"全省公路系统双文明建设先进单位""全省公路养护质量优胜县局""全州公路养护目标管理第一名""全州交通系统两个文明建设先进单位""全州公路养护质量第一名""全州公路建设工程质量优胜单位"等称号。

【安全生产】 2017 年，排查出一般安全隐患 111 处，下达安全隐患整改通知书 36 份，督促整改 100 处，正在整改 11 处，已按照整治期限完成整治，督促责任股室整修钢护栏 4806 米、防护墩 566 个、新建防撞墙 900 余米、清理塌方 39128 平方米、安装报警灯 12 个、轮廓标 4000 余个，取缔影响公路行车安全的占道摊点 18 个、取缔违法道口 15 处、整治违法道口 16 处、清除路障 276 处、设立安全警示标志牌 500 余块，砍伐危险行道树 20 余棵，有效杜绝了各类安全事故的发生，全年无安全责任事故。

【公路建设】 2017 年，省道 259 洗车至里耶公路改建项目历经两年顺利按时完成建设投资；实施国道 G353 线 K565＋479－K593＋479(原省道 305 线 K195＋000－K223＋000)路段大中修工程，完成总投资 3292 万元，全路段按三级路标准进行建设；完成塔泥、响水洞等 27 座农村公路危桥改造工程，总投资 2400 万元；实施完成州对县目标管理任务的安全生命防护工程 20 条，线路里程约 130.6 千米，总投资 1534 万元；农村安全生命防护工程 149 条，线路里程约 626 千米，总投资 1.15 亿元。全年无质量、安全责任事故。

【路政管理】 2017 年，开展"路政宣传月"对公路两侧影响较为严重的单位和个人，逐家上门发放宣传材料，出动宣传车 80 车次，发放宣传材料 2200 余份。

4 月，开展省道 259、260 沿线路域环境专项整治行动，出动路政人员 400 人次，执法车辆 100 余台次，各类机械 50 余台次，共拆除违法建筑 2 处，临时摊棚 49 处，非公路标志标牌 103 处，取缔违法设置的交叉道口 7 处，取缔规范洗车加水点 5 处，铲除公路路肩、边沟种植农作物 450 余处、清除公

2017 年，省道 256 线(原 S260)被评为"湖南最美公路"

路用地范围内堆放路障92处(共计170立方米)、清除公路路肩堆放砂石材料39处(共计280立方米);同时,集中整治华塘入城处团结桥至茶亭寺路段,拆除违章建筑2栋;临街门面32个,共700余平方米;违章钢架棚39处,共2940平方;庭院围墙6处,共120米;违章占道洗车共8处;影响修街道公路非标12处;违章占道经营、修车4处。

将国道209线2060K+460米—2137K+731米共计77.295公里进行文明示范路创建,共投入资金350余万元,在国省干线公路设立两个大型电子广告牌和17个电子显示屏,在县域国省干线公路及县域重要农村公路按照双面宣传牌150块、新建临时停车带20个、轮廓标28000个、增设凉亭坳服务区1个、安装警示桩500根,沿线桥梁、护栏、防撞墙用反光漆刷新3215平方米,重要路段行道树贴上反光胶带1180株,所有钢护栏及隧道全部安装棱角标,绿化种植爬山虎25万株、护坡藤、花草及行道树240千米,应急弯道进行了加宽,达到文明示范路标准,国道209线被评为省级"平安公路"。

【养护管理】 2017年,全年累计投入养护资金1441万元。水毁抢险工程投入200万元,出动机械200余台次,出动人员500余人次,清理塌方2.1万立方米,修补路面500平方米,新增挡土墙2105立方米;安全隐患治理工程投入200万元,消除安全隐患10处;防冻防滑工作设置三个便民服务点(国道242线沙子坡便民服务点、国道353线姜家垭便民服务点、望乡台便民服务点),投入80万元,撒融雪剂300吨,防滑沙3000方,出动机械100余台次;投入公路绿化资金50万元,补植行道树1.2万株;开展"水沟畅通月"活动,水沟疏通、清理及整修300千米,共计投入80万元;进行预防性养护工作,对管养公路实施沥青灌缝20千米,投入资金50万元;开展"雨季杯"劳动竞赛和"百日会战"、"隐患清零"等专项活动,投入资金500余万元,实施了国省干线、重要县乡公路安保反光膜、养护公示牌、百米桩、里程碑等公路附属设施安装工程250余千米,实施急弯路段路面加宽工程25处,完成了干线公路及农村公路水毁路面修补45700平方米。对省道260线洗洛至里耶段实施了亮化提质工程,共投入资金300万元,省道260线洗洛至里耶段荣获"湖南最美公路"称号。

2017年冬县公路养护队员正在铲除冰雪、护送被困车辆

【超限治理】 2017年,县公路局共组织执法人员2878人次,开展了7次大型的集中整治行动,共检测车辆78278台次,切割马槽车1687台,查处违法改拼装车辆478台次,转运及卸载货物1918.2吨,车货总重49吨以上的非法超限超载车辆基本消除,马槽车切割率、重点源头企业监管率、非法超限超载车辆站点查处率均达100%。被湘西自治州治理车辆超限超载领导小组评为2017年治理车辆超限超载工作优秀单位,被县政府评为治超先进单位。

5月22日，与来凤高速治超站开展治超联合宣传活动，并与成美水泥厂、华鑫搅拌站进行交流座谈，共发放宣传资料8000余册；7月17至21日，与泸溪县公路局开展交叉执法，共出勤执法人数440人次，共检测车辆443台(其中，固定站检测174台，移动检测269台)，查处改装车辆(即切割"马槽车")27台，强制恢复27台，实际处罚违法车辆22台(其中移动检测处罚12台，固定站处罚10台)，抽检货运源头企业16家，收取罚没资金2.88万元；开展为期3个月的城区综合整治，共出动44人，8台执法车；与21个乡镇(街道)、11个县直部门、33个业主公司和工程指挥部、4个水泥厂搅拌站、41个非煤矿山砂石厂签订了车辆超限超载治理工作目标管理责任状。

投入资金200余万元，在全县18个乡镇(街道)，89个村，设置乡村道路限高限宽设施116个；建立1个省级1级固定检测站，2套不停车检测系统和1个县级信息指挥中心，完成高清视频监控系统，在国省干线建设高清视频控点，同时在茨岩治超站、3家源头企业安装高清监控系统，画面适时接入指挥中心；采用全国范围对讲机14台，分配到队组，随车行动，GPS定位；治超预检与精检系统相结合，实现茨岩治超数据从站到省的适时上传与资源共享；在主路上建16个电子显示屏，远程设置，实现公路实时信息、天气预报、政策宣传等多功能合一。

【领导名录】

党组书记、局　长　　彭永宏
党组成员、副局长　　黄　勇　龚　安　张　磊
党组成员、纪检监察员　田正志
党组成员、工会主席　范　杰

邮　　政

【概况】 2017年，龙山县邮政分公司在岗职工185人，营业服务网点18个，综合服务平台260个，乡镇覆盖率达80%。县内干线邮路总长480公里，投递覆盖率达100%。2017年，县邮政分公司创收4000万元，比上年增幅18%，劳动生产率达到21万元，代理金融总资产24亿元，在自治州各县市中始终保持"龙头"的地位。

【邮政投递】 2017年，投入资金对传统的通信网络和基础设施进行改造升级，增强投递实力，有专职投递员46人，投递专用车42辆，投递段道和网点42个。实现县城投递周七班、乡镇投递周五班、行政村投递周三班。全年收投各类信函、包裹约130余万件，投递各类报刊约14万余份。

【邮票发行】 举办邮品鉴赏会。参加人员近200人，现场销售各类邮品达30万元。做好新邮预定、邮票零售及售后服务，满足广大集邮爱好者的需求，全年集邮实现创收120万元。

【爱心邮路】 "爱心邮路"创建活动，号召投递员学雷锋做好事，关爱孤寡老人和留守儿童，同时，开展"爱心包裹""爱心书包""爱心书报"等一系列爱心捐赠活动。

【综合服务平台】 打造具备"六个不出村"功能的综合服务平台，通过邮政网络，借助综合服务平台，发展农村电商，解决"工业品下乡、农副产品进城"的瓶颈。全年利用综合服务平台服务近50万人次，代收代缴各类资金达0.85亿元，代收代投快递包裹3万余件，助农取款交易额500多万元，网上代购批销商品金额400多万元。如里耶脐橙借助服务平台销售，解决了滞销的难题。

【领导目录】

总经理　　刘云华
副总经理　吴军波

电　　信

【概况】 中国电信股份有限公司龙山分公司(以下简称中国电信龙山分公司)前身为龙山县邮电局，1998年3月邮电分拆，独立为龙山县电信局，2004年5月改制为公司性质，主要提供移动电话通话、固定电话通话、移动数据、互联网宽带等综合通讯服务。2017年底，有员工105人，其中合同制员工63人，业务外包人员42人，在职党员26名。下设3个职能管理部门和6个生产业务中心，3个城市营业部，6个乡镇支局所。

【基础设施建设】 2017年，中国电信龙山分公司有模块点机房41个，CDMA网络基站125个，1.8G4G基站113个，800M4G基站146个。开通光网村328个，光网端口5.56万个，覆盖全县82.62%的乡镇。中兴OLT设备共计62套，整个龙山出局带宽40G。

其中2017年建设光网村61个，建设FTTH箱子448个，建设宽带端口2508个；建设扩容FTTH点位27个，扩容FTTH箱子475个，扩容宽带端口3456个。新建开通418个摄像头，电子防控系统截至2017年年底，共计开通摄像头1405个(其中华塘片区121个，乡镇464个，城区689个，电子警察48个，卡口35个，治安岗亭27个)。

【服务质量提升】 2017年，中国电信龙山分公司对装维经理的业务技能、服务技能、语言规范等培训达到123人次，装维人员的素质得到稳步提升，装移修服务工作效率提高。同时为提升客户感知和提升电信品牌效应，启动6项服务承诺：8小时装机、8小时查障；测速不达标，低必赔；城区无条件受理，零拒单；老用户免费提速；新装用户免费调测无线WIFI；24小时在线服务。

【营销工作】 2017年，中国电信龙山分公司在全县设立营业网点50个，其中农村网点38个，城市网点12个，实现了城区和乡镇的全覆盖，方便了用户缴费查询办理业务。

为响应国家推进乡村互联网发展，更快把信息生活送入偏远农村，中国电信龙山分公司组建6个光网村小队共24人的队伍，在光网村开通信号后，及时组织光网村小队进村营销，把最好的信息服务送入农村基层。

【业务发展】 2017年，中国电信龙山分公司完成收入4899万元，收入同比增长19.42%。全年移动用户净增6108户，宽带用户净增2774户，ITV用户净增3961户。

【年度荣誉】 城西营业部获省公司“天翼先锋号”荣誉称号。

【领导名录】

总经理　　刘红生

副总经理　宋爱民　黄明选

中国电信龙山分公司光网村营销队队员给村民介绍移动电话通话和个人宽带业务产品情况

商贸·服务

商　务

【概况】 龙山县商务局成立于2005年，为县人民政府工作部门，现有人员19人，办公地点在民安街道城北路25号。内设办公室、招商合作股、外资外贸股、商贸流通与市场运行股、粮食调控与储备股、粮食行业发展股、军粮供应股、商务综合行政执法大队、政工股等9个职能股室。负责管理县投资促进事务局、县粮油检测中心站、县市场服务中心、县商业企业改制服务办公室、新城国家粮食储备库等企事业单位。

【招商引资】 2017年，全县新建续建招商引资项目41个，到位资金31.083亿元，同比增长20.03%，完成全年任务的100.27%。招商项目履约率达100%。新引进投资项目9个，其中10亿元以上项目1个：深圳万汇国际投资发展有限公司意向性投资10亿元的龙凤万汇国际汽贸城项目。该项目作为湘西州唯一的湖南省重点招商项目在省政府于香港举办的“港洽周”上签约。

——基础工作扎实有力。制定政策，注重服务，营造良好的外商投资环境。县主要领导高度重视招商引资工作。全年，县委书记、县长各引进了投资额度在2亿元以上的招商项目2个，人大常委会主任、政协主席、县委副书记、常务副县长、分管招商引资工作的领导各引进投资额度在1亿元以上的招商项目1个。县委、县政府印发和出台了《关于调整龙山县招商引资工作领导小组的通知》《龙山县2017年度招商引资工作考核办法》《龙山县招商引资优惠政策》《龙山县招商引资项目第一引资人认定奖励办法》《关于进一步规范龙山县招商引资工作的通知》《龙山县2017年度招商引资工作考核评分细则及项目责任分解》《龙山县2017年招商引资工作实施方案》等系列招商引资政策文件。完善服务体系，提高办事效率。落实招商引资项目“五个一”制度，即“一名县领导主抓、一个部门负责、一个方案统筹、一站式审批、一票制收费”。严格执行龙办发[2016]11号文件规定的“全程代办”制度，组建招商服务代理中心，开通12312服务热线，受理服务与投诉。对投资者实行“一站式办理”服务，对重点招商引资项目实行挂牌保护。明确责任，夯实基础，强化督查考核，召开专题会议，全面进行动员。5月11日，召开全县招商引资动员表彰大会，总结表彰2016年工作，安排部署2017年工作。明确责任，把招商引资任务进行细化，对34个招商项目进行了责任分解，明确了牵头单位、配合单位的责任；加强督查考核，将招商引资工作纳入全县绩效考核范围。强化项目包装，夯实基础。全年针对现代农业、工业、旅游、生态环境、城区扩容提质、商贸物流、新兴产业、能源建设等八大领域176亿元22个招商项目进行了精准包装，并以湘西州重点招商项目公开发布，印制《龙山县招商指南》《龙山县2017年重点招商项目》等招商资料，为招商引资工作提供了必备的基础资料。加快推动项目落地，确保签约项目履约，2016－2017年，湖南省政府、湘西州政府举办的“沪洽周”、“广东招商推介会”、“港洽周”、州庆“旅博会”等四大活动，龙山县共签约8个项目，其中开工建设的有红星美凯龙e家天下、武陵·龙凤花卉产品园、龙山县印家界旅游开发等3个项目，余下5个项目正在办理项目建设前的程序，项目履约率达100%。县人民政府于2017年4月、8月、9月分别在深圳、上海、长沙三地自主举办三场大型招商引资推介会，全年开展外出招商活动11次，其中由县级领导亲自带队上门招商活动5次：4月，县长刘冬生带队在深圳举办招商推介会，并考察广东温氏食品集团服务有限公司，对接洽谈生猪养殖项目；与北京中外金城投资控股有限公司、湖南省华天酒店管理公司、维也纳酒店集团等企业对接洽谈四星级酒店项目，考察维也纳酒店集团深圳总部；考察广东星湖科技、广州天适集团，对接洽谈中医药产业园项目；6月，县长刘冬生带队，常委刘文霞、副县长李冬梅参加，前往北京、黑龙江、安徽、河南四省考察中国汉广集团、中国供销集团总部及基地（示范项目），就龙山中药材产业园和城市综合体建设与上述两家企业分别洽谈，达成初步共识；8月21日至23日，由县长刘冬生带队，县人民政府在上海举办招商引资推介会及项目签约仪式，邀请客商25人，签约项目3个，同时在上海考察星珂新材料科技有限公司等企业，在浙江杭州考察了颐高集团；9月11日至12日，由县长刘冬生、副县长李冬梅带队，县人民政府在长沙举办招商引资推介会及项目签约仪式，邀请长沙市五大国家级产业园区客商20余人，签约项目3个。11月，由副县长李冬梅带领县商务局、县工业园在深圳、北京、济南开展上门招商活动，洽谈涉及旅游开发、中药材种植产业园、文旅小镇及电子加工等一批项目。

【市场流通】 2017年，全县社会消费品零售总额总体上平稳增长。全县社会消费品零售总额在取得“开门红”后，狠抓下半年商业旺季市场，挖潜“金九银十”的消费潜力，最后4个月零售总额一直保持较高增长，全年累计完成社零总额42.7亿元，累计增长10.8%，同时新增长兴商贸管理有限公司、世纪百年酒店管理有限公司为限上商贸流通企业。

电子商务进农村工作创新发展。政策层面，县政府印发《关于成立电商扶贫工作领导小组的通知》《龙山县2017－2020年电商扶贫工作实施方案》《龙山县2017年电商扶贫工作实施方案》《龙山县电商扶贫奖补办法》等系列文件；创建县级电商公共服务中心，设“电商培训区”“创业孵化区”“电商办公区”“综合服务区”“生活辅助区”“产品体验区”六大功能区域，为入园商家提供办公、培训等配套服务，2017年，通过整合相关政府部门和组织企业开展培训电商人员达3280人次；外出招商选商，对接国内知名电商企业和大平台。苏宁云商、盘古电商、湖湘商贸、农商通、爱尚通程等一批专业电商服务企业，分别与龙山县专业合作社进行了相关合作签约。2017年8月16日，龙山县与搜农坊（湖南创研科技股份有限公司）成功举办百合文化旅游节暨一县一品精准扶贫专项推广活动，成为“湘品出湘·从龙山起”的典型案例，进一步拓展龙山百合销售市场；与湖南湘村电子商务有限公司签订农村电商服务网点建设服务协议。2017年建成农村电子商务服务网点31个，每个服务站配备专职人员，实现网上交易额3.07亿元。

4月，为提高企业新常态新环境下的应对能力，组织20家企业参与州商务局组织的“资本直能车”培训活动，让企业获得更好更多的创业机遇；6月，组织4家企业参加由湖南省商务厅举办的2017湖南省名优特产品（深圳）推广对接会，成功将龙山土特产推向省外市场，获得外界客商的一致好评；9月组织3家企业参加2017年中国食品餐饮博览会，4家企业参加2017年湖南网购节，得到了参会领导、国内经销商，以及来自非洲客商的高度评价；龙山县惹巴妹手工织品有限公司参加了2017年意大利手工织品博览会，打开国际国内市场。同时完成2017年湘西自治州中小商贸流通企业服务体系建设工作，注册企业83家，入住联系点1家，储备专家2名。

2017年完成出口9.45万美元。

以邮政、圆通、顺丰、韵达等15家快递公司和14家物流企业成为农村物流载体，在各乡镇布局建立代理点。初步构成较为完善的农村物流配送体系。同时龙山县已规划龙山综合物流园区，投资总额为92858.1万元，建设规模74公顷以上，主要有冷链物流仓储区、农产物流仓储区，生活用品物流仓储区等，促进商贸物流业的良性发展。

【粮食调控】 2017年，全县高要求落实粮食安全责任制。县长与各乡镇(街道)负责人签订《粮食安全责任书》，分管县长专题部署考核工作，多次听取汇报并协调解决重大问题，61项“国考”项目、26项“省考”项目，全部分解落实到县和相关部门。增强储粮安全保障。以贯彻落实“一规定两守则”为契机，大力推进“科技兴粮”，积极指导推广储粮“四合一”绿色生态、节能降耗、智能高效的储粮新技术，不断提升绿色储粮比例。向国家争取到1个粮库智能化升级改造中央补助资金，大力推进“智慧粮库”建设。

【粮食行业发展】 2017年，为保障种粮规模及品质，我县与石羔、召市、洛塔、苗儿滩、兴隆、洗洛、华塘、茨岩等8个乡(镇)街道签订万亩优质稻粮食订单收购意向合同，并于2017年10月中旬在石羔、召市、水田、兴隆、洗洛、华塘、茅坪等7个乡(镇)、街道12位农户家中共抽取稻谷样品7个，玉米样品5个以及军供粮大米扦样1个，全面完成了粮食抽样调查计划。全县新城国家粮食储备库、七星野葛食品有限公司、刘大姐土家特色食品有限公司、喜乐百合食品有限公司、阿香农机服务农业专业合作社、新三合面业有限公司等优秀企业入选湘西州粮食行业协会，同时组织企业积极参加州粮食局主办的10月16日世界粮食日活动。

组织湘西自治州七星野葛食品有限公司、龙山县刘大姐土家特色食品有限公司、龙山县喜乐百合食品有限公司等具有地方民族特色产品的优秀企业参加第十五届中国粮油产品长沙国际会展，七星野葛的葛粉面条、刘大姐土家特色的霉豆腐荣获中国粮食行业协会金奖。

【商务执法】 2017年，加大宣传力度，接受群众监督。全年发放宣传资料500余份、宣传手册100多册、报道10余条、宣传横幅10余条。

推进举报投诉工作。我们在开展商务“12312”举报投诉服务工作中，在大型商场超市等人员密集场所显著位置张贴商务“12312”举报投诉标识及其内容。全年接到“12312”商务举报投诉来电10个，“12312”举报投诉回复率100%，满意率为99%。热线来电涉及两个乡(镇)、10个单位，主要涉及咨询、投诉、建议等内容。

打击非法加油站点，严格管理再生资源回收管理行业。每月组织执法人员开展全县加油站点安全检查，查消防设施、台账，并对违规经营的加油站点当场下发责令整改通知书，责令其在规定的时间内进行整改。同时指导经营单位规范办理相关证照。

【领导名录】

党组书记、局长　　段　平
党组成员、副局长　彭菊花　杨荣华
党组成员、副局长、市场服务中心主任　彭英宁
总经济师　　周红香

供销合作社

【概况】 龙山县供销合作社联合社(以下简称联社)设理事会和监事会，理事会为执事机构，由主任、副主任、理事若干人组成，监事会为监督机构，由主任、副主任、监事若干人组成。2017年，联社机关实有在编人员18人，其中被借调人员2人，提前退休未办退休手续人员2人，内设办公室、人事股、财计股、基层指导股、社有资产管理股、监审股6个股室。下辖两个直属公司，6个经济区基层供销合作社。

联社主要负责研究制定全县供销社发展战略和规划，指导全县基层供销社改革和发展，向政府和有关部门反映农民及供销合作社意见和要求，密切与农民利益联结，争取扶农政策，提升为农服务能力，维护各基层供销社及农民合法权益；协调有关部门关系，指导基层供销社业务活动，促进城乡物质交流，为城乡经济服务；坚持为农服务根本宗旨，坚持合作经济基本属性，发展同各地各类合作组织的合作关系；宣传贯彻县委、县政府有关农村经济工作和发展方针，指导全县供销合作社加强文明建设。

【综合改革】 供销合作社是为农服务的合作经济组织，是党和政府做好“三农”工作的重要载体，是新形势下推动农村经济社会发展不可替代，不可或缺的重要力量。2017 年 6 月 29 日，龙发〔2017〕7号《中共龙山县委、龙山县人民政府关于深化供销合作社综合改革的实施意见》下发，该文件的出台，确定供销社改革任务，为今后一个时期，供销合作社做什么、怎么做，指明了方向和目标，为供销合作社重拾信心，再树形象，给予了强有力的政策支持。

【为农服务】 2017 年，县联社充分发挥供销合作社综合服务平台作用，结合龙山农村、农业经济发展的特点，发展各类农民专业合作社，引办、领办了向其清石蛙养殖、坝下人家果蔬种植、蒲家河百合、飞翔坡养殖等 4 个农民专业合作社，向入社会员提供生产技术、信息咨询、代账代办、业务培训及产品认证、项目论证等服务，组织会员进行标准化生产，市场化运营、品牌化营销。截至 2017 年年底，由联社领办、引办的农民专业合作社达到 82 个，柑橘、果蔬、药材、百合、养殖类专业合作社的市场占有率达到 30%以上，市场交易额突破 20000 万元，利润 2000 万元以上。

2017 年，全县供销社系统销售各种优质化肥 3.55万吨，其中氮肥 0.6 万吨，尿素 1.2 万吨，复合肥 1.68 万吨，磷肥 0.05 万吨，钾肥 0.02 万吨，销售金额共计 7086 万元，销售化学农药 2067 吨，金额 2130 万元。

【信访维稳】 2017 年，联社极为重视信访维稳工作，加强社会治安综合治理，尽力帮助职工排忧解难，解决实际问题。年答复网上来信 4 件，书面复函上访件 4 件，处理遗留问题 4 个，信访办结率 100%。关心离退休老干部、老职工、困难党员、特困职工生活，解危扶困，走访慰问，利用建党节、重阳节、春节等节日开展慰问活动，走访 42 人次，发放慰问金 25000 元。

【领导名录】

党组书记、理事会主任	张　平
理事会副主任	滕述龙　彭南俭
监事会主任	田曙光
监事会副主任	向宏文
工会主席	彭大容

烟草产销

【概况】 龙山县烟草专卖局（公司）组建于 1984 年 10 月，于 2007 年 1 月变更为龙山县烟草专卖局（分公司），隶属于湖南省烟草公司湘西自治州烟草公司。实行“统一领导、垂直管理、专卖专营”的管理体制，受上一级烟草专卖行政主管部门和本级人民政府的双重领导，县局（分公司）为非独立核算企业，不具有法人资格。专卖局与分公司实行“两块牌子、一套班子”，合署办公，承担龙山县辖区内烟草市场管理和卷烟营销服务双重职能。龙山县局（分公司）下辖 8 个职能部门，4 个烟叶基地单元。截至 2017 年 12 月，在册人员 221 人，其中在册在岗 135 人。

2017 年是“十三五”关键之年。全局实现销售收入实现收入 87566.27 万元，实现利润总额 19693.75 万元，实现各项税收 12257.24 万元，县烟叶工作被评为省、州先进单位。

【烟叶生产】 严守红线落实到位。2017年，全县共16个乡(镇)、135个村、2216户烟农种植烤烟，落实配肥面积63336亩，户均面积28.6亩，其中贫困村80个，贫困烟农639户，种烟17206亩。县内种植分布：30亩以下的烟农1267户，种植面积21663亩，占比34.2%；30～50亩的烟农703户，种植面积2555亩，占比40.3%；50～80亩189户，种植面积10730亩，占比17.0%；80亩以上的烟农57户，种植面积5388亩，占比8.5%。

促烟政策执行到位。首先对完成面积的乡镇按20元/亩兑现工作经费；其次对完成收购任务的乡镇按10元/担兑现工作经费，未完成任务的乡镇按8元/担兑现工作经费；再次县财政安排50万元补贴资金，用于推广生物质炉膛烘烤技术及土壤修复保育工作；然后县财政安排90万元用于烟叶产业发展基金，主要用于产业建设、人工影响天气等；五是完成考核任务的乡镇税收返还比例为40%，未完成任务的乡镇，每少1个百分点，税收返还比例降低1个百分点。各乡镇用于支持烟叶产业发展的资金不少于返还烟叶税的60%。

关键技术推广到位。首先落实特色品种，全县100%落实K326品种，控制非K326品种播种；其次落实壮苗培育，促进早生快发。提前营养土沤制。在3月底前，每亩使用营养土350千克以上，添加土灰50－100千克，用薄膜盖好备用。添加专用苗肥。在假植前，每亩加入专用苗肥2.5千克，促进假植后烟苗生根，培育壮苗。保证假植数量。每亩假植数量1400个以上，假植时选取整齐一致的烟苗，促进烟大田整齐一致；每亩5千克提苗肥兑水500千克以上施用。然后落实规格移栽，控制过度发育。全县严格执行1.2×0.45米的移栽规格，确保了每亩栽烟1200株以上。加强三级联动，“三位一体”抓烟人员人手一把尺，在起垄移栽期间田间地头巡回督查，及时发现问题，及时整改。

重点项目培育到位。烟蚜茧蜂推广取得突破。龙山县局(分公司)以全面推广烟蚜茧蜂防治蚜虫技术为契机，积极构建绿色防控体系，减少农药使用，提升烟叶质量安全，打造湘西生态金叶品牌。以烟草技术人员为基础，烟农合作社为平台，联合农业植保部门、烟农人员，组建放蜂队伍168人，以自然村寨召开放蜂现场会，将繁育出的8000多万头烟蚜茧蜂输送到田间地头，确保“繁得出、送到位、出实效”。2017新增50座生物质颗粒燃烧机。全县建设生物质颗粒加工厂1个，日均生产量10吨以上，年生产能力2000吨以上，预计可利用烟杆800吨。

培训考核管理到位。加强从烟队伍、烟农队伍培训。促进标准化生产技术措施落地；分别是施肥起垄现场会、假植、移栽现场会，培训人数3000多人次。加强生产考核管理。县烟办重点考核种植合同和移栽规格，由县委督查室分阶段对考核结果进行通报，并兑现考核金额；县局从4＋1项目里人平预算考核金额6000元，对烟农辅导员按六个阶段进行考核，奖优罚劣，提高技术执行到位率。加强合同管理，规范烟叶种植行为。合同签订严格按照“烟农申请、签订承诺、严格审批、签订合同”的流程进行，要求烟农必须做到七条承诺才予以审批：服从烟站收购管理；100%种植K326品种；坚决按申请审批合同计划种植，不超合同生产；接受烟站技术指导，严格控制增施肥料，执行1.2米×0.45米的移栽规格，正确把握合理打顶留叶，做到烟叶成熟采烤；烟叶按炕次去青去杂、分纯等级，不掺杂使假；严格按照精准预约收购的要求，约时定量定点交售烟叶。

烟农增收和收购目标双到位。全县烟农增收坚持“主业稳增收，副业促增收”的工作思路。减少用工促增收。2017年，全县专业化育苗、机耕、植保、烘烤、分级覆盖率分别达到100%、56%、100%、30%、100%，通过合作社提供的专业化服务，烟农亩均用工比传统用工减少4.4个，工价按100元算，烟农每亩实现减工增收440元；提高质量促增收。全县四个合作社组建21个专业化烘烤服务队，为422户烟农18090亩烤烟728座烤房提供专业化烘烤服务，烘烤覆盖率同比实现翻一翻，橘黄烟叶比例同比提高5.2%，上部烟叶比例同比降低3.3%。比散户烘烤提高1.05元/斤，烟农亩均提质增收280元;拓展副业促增收。以合作社为平台,大力发展烟后经济,计划种植早熟油菜1200亩、大蔸菜3500亩,由合作社统一组织土地流转、统一种植管理、统一销售,每亩烟后经济作物增收1000元,实现总产值470万元。

全县实现收购烟叶15.08万担,国家正价25.7元/千克,均价全州第一,收购总量全州第一,烟农总收入2.01亿元,户均收入9.01万元,亩均收入3174元,税收3800万元,圆满完成了县委政府的考核任务。

【专卖打假和市场经营监管】 县局专卖部门积极加大对两烟经营市场管理维护力度,特别是加大对真品烟非法流通、销售大户以及网络案件侦办等领域的重点监管,侦破案值275万元的"4·12"互联网售假网络案件,打击制假、犯假不法行为,经营市场的正常秩序得到维护。相续开展了"春雷7号""3·15""雷霆2号"及"利剑1号"等多次市场专项整顿活动,规范广大零售户经营行为,始终保持零售户持证率96%以上,市场净化率95%以上。截至2017年12月底,查处各类违法案件案件105起,查获各类违法卷烟276.45万支(其中真品卷烟236.95万支,假烟34.64万支,走私烟4.86万支),案值134.97万元;查获涉案烟叶45.44吨。完成5万元以上大要案5起,国标网络案1起。

领导名录

局　长　向剑明

副局长　蔡家中　钟林森　向锦　张安斌

商业企业改制

【概况】 2015年12月,县人民政府撤销县商业行业管理办公室和县物资行业管理办公室,设立县商业企业改制服务办公室,为公益一类全额拨款副科级事业单位,核定全额拨款事业编制2名,内设办公室和改制服务股。2017年实有38人,其中工作人员6人,离退休人员32人。下属商业企业8家,其中国有商业企业7家:百货公司、纺织品公司、五交化公司、糖酒副食品公司、商业服务公司、里耶商业公司、红岩商业公司;集体商业企业1家:县民族贸易综合公司;年末在册人员832人,其中在册职工453人,退休人员379人。主要职能:受县人民政府委托行使商业、物资系统国有资产及经营管理职能;负责商业系统人事管理及商业、物资离退休人员的管理服务。

【资产监督】 2017年,下属7家国有商业企业,国有划拨土地面积33062.77平方米,房屋面积67007.21平方米(不含棚户区改造房屋面积),其中商业经营面积41812平方米(含楼层),为确保国有资产不流失,建立健全国有资产管理制度,加强企业财务监督管理,设立系统会计核算中心,实行国有企业集中统一报账;下属1家集体商业企业,国有划拨土地面积1843平方米,房屋面积3348平方米(不含棚户区改造房屋面积),其中商业经营面积2806平方米(含楼层),通过职工大会讨论决定企业重要事项,实施自主经营管理。

【社会事业】 2017年1月,清缴社会养老保险金2441.65万元。7家国有商业企业以企业国有资产作抵押,向湖南龙山农村商业银行申请财政贴息贷款1734.6万元,同时,自筹资金707.05万元,清缴商业系统资产租赁实际收入741.56万元,发放下岗职工生活费303.33万元,发放退休人员各项补贴68.69万元。

【领导名录】

主　任　　胡大伟

副主任　　向本恒

财政·税务

财　　政

【概况】 2017 年，龙山县财政局工作人员 267 人，其中乡镇财政所 86 人，局机关及下属单位 181 人。内设 24 个股室，分别为办公室、政工股、党建办、预算股、国库股、监督股、农业股、行政政法股、教科文股、税政法规股、社保股、会计股、委派会计股、信息股、综改办、金融与债务股、融资监督管理办公室、绩效评价股、企业股、经建股、采购办、外经股、综合股、监察室；管理 13 个单位，分别为农业综合开发办公室、国库集中支付核算中心、非税收入管理局、乡镇财政管理局、政府采购中心、财政专项资金报账中心、会计事务中心、财政投资评审中心、国有资产管理局、财源建设管理办公室、财政供养人员工资发放中心、湖南省中华会计函授学校龙山县函授站和龙山县执法执勤用车办公室。

【主要职能】 2017 年，县财政局组织贯彻执行国家财税方针政策，执行全县财政政策、改革方案，指导全县财政工作；负责县本级各项财政收支管理；受县人民政府委托，向县人民代表大会报告县本级和全县预算及其执行情况，向县人大常委会报告决算；组织制订县本级经费开支标准、定额，负责审核批复部门(单位)年度预决算；负责政府非税收入和政府性基金管理，管理财政票据、彩票资金。组织制定国库管理制度、国库集中收付制度，指导和监督县本级国库业务，按规定开展国库现金管理工作。负责制定政府采购制度并监督管理。管理全县国有资产。负责办理和监督县财政经济发展支出、县级政府性投资项目的财政拨款，参与拟订县建设投资有关政策，组织实施基本建设财务制度，负责有关政策性补贴、专项储备资金财政管理和农业综合开发管理工作。会同有关部门管理县财政社会保障和就业及医疗卫生支出。贯彻执行政府内外债务管理政策、制度和办法，防范财政风险。监督检查财税法规、政策执行情况。

【财政收入】 2017 年，全县财税总收入完成 81155 万元，比上年增加 10714 万元，增长 15.21%。其中：公共财政预算收入(地方收入)完成 51961 万元，比上年增加 4502 万元，增长 9.49%；上划中央收入完成 23486 万元，比上年增加 5672 万元，增长 31.84%；上划省级收入完成 5708 万元，比上年增加 540 万元，增长 10.45%。政府性基金收入完成 70815 万元(含上级转移支付补助收入 6887 万元)，比上年同口径增加 24512 万元，增长 52.94%。

【财政支出】 2017 年，一般公共财政预算支出(含上年结转和专项转移支付支出)完成 375066 万元，增长 1.5%。其中：一般公共服务支出 42012 万元，下降1.05%；国防支出230万元，下降6.12%；公共安全支出13202万元，增长12.37%；教育支出80114万元，增长8.51%；科学技术支出322万元，下降4.8%；文化体育与传媒支出7874万元，增长36.44%；社会保障和就业支出53436万元，增长6.33%；医疗卫生支出52571万元，增长15%；节能环保支出10425万元，下降4.48%；城乡社区事务支出9828万元，增长123.67%；农林水事务支出72183万元，增长8.92%；交通运输支出8447万元，下降8.5%；资源勘探电力信息等事务支出2464万元，下降8.5%；商业服务业等事务支出1162万元，增长3.84%；国土资源气象等事务支出7621万元，下降0.99%；住房保障支出10646万元，下降60.2%；粮油物资管理事务支出194万元，增长125.58%；债务付息支出2262万元，下降10.56%。其他支出73万元，下降94.15%。

【财政民生】 2017年，用于民生支出27.68亿元，占公共财政总支出73.81%。投入教育4.97亿元，比上年同期增长14.7%，资助贫困学生72903人次，资金6347万元。完善城乡居民合作医疗制度，城乡居民医保参保55.87万人，参合率达98.84%；对建档立卡贫困对象和农村低保对象按85%的比例实行兜底救助，医疗救助比例居全州第一。全面实施机关事业单位养老保险制度改革，企业退休人员养老金实现“十三连调”，城乡居民基础养老金最低标准提高到每人每月85元。推进“三位一体”惠农补贴管理模式，完成惠民补贴“两卡两折”升级工作，全年发放惠民补贴资金4.5亿元；

【国库改革】 完善国库集中支付制度改革，将一般公共预算、政府性基金预算、国有资本经营预算和社会保险基金预算资金全部纳入国库集中支付范围；完成21个乡镇（街道）国库集中支付制度改革，实现“横向到边，纵向到底”全覆盖；配合做好全省统一国库集中支付业务信息化平台建设。办理国库集中支付业务53486笔，涉及资金54.8亿元，其中财政直接支付21149笔，涉及资金38.8亿元，占支付总额的70.8%。

【财政产业】 加快现代农业和产业化经营项目建设，投入315万元扶持专业合作社发展壮大；加强土地治理项目建设，投入1308万元建成高标准农田0.87万亩；支持特色农业巩固提升，百合、烤烟、柑橘、蔬菜、中药材等种植面积43万亩；用财政资金织牢农业安全网，省级特色农业保险实现全覆盖，巨灾保险试点工作顺利实施。加快农村电子商务发展，支持县级电商公共服务中心建设，建成农村电子商务服务网点31个，实现网上交易额3.07亿元。

【财政服务】 加强财源项目库建设，支持中小企业发展，积极帮助企业化解生产经营过程中遇到的困难，帮助企业做大做强，为县内企业争取上级各类

县财政局举办2017年民族团结政策法规专题会议

资金341万元。积极引导社会和金融资本参与扶贫,继续对贫困户实施无担保、免抵押、政府贴息的贷款优惠,全年新增扶贫小额信贷1.1亿元,2404户贫困农户获贷;实施投资收益性扶贫,加快小水电及光伏发电扶贫项目建设,帮助贫困村及贫困户实现增收。完善就业政策体系,支持创新创业带动就业示范建设"十百千"工程,帮助1000名建档立卡贫困劳动力实现就近就业,新增就业再就业6200余人。完善公共文化服务体系,推动农村电影放映、农村广播村村响、直播卫星户户通、农家书屋等项目建设,完成了139个村级文化广场和12个乡镇文化广场建设。

【财政项目】 推进农村综合改革,向上争取美丽乡村建设资金192万元、"一事一议"财政奖补资金2395万元,实施乡村亮化工程,完成16个精品村、45个示范村建设;争取国际农发基金项目,完成25个标准化农贸市场建设,优化农村交易环境;加大乡村旅游投入,支持里耶古城、惹巴拉、太平山等景区建设,将"绿水青山"转化为"金山银山";积极引导社会资本投资重点项目,启动PPP项目14个,总投资96.17亿元,有效地减轻财政压力,其中:已签约开工项目8个,总投资34.73亿元;采购阶段5个,总投资59.73亿元;识别阶段1个,总投资1.7亿元。

【财政监督】 2017年,对县卫生监督执法局开展会计信息质量检查,完成对森林公安分局、商务局、洗车镇政府、石牌镇政府等单位的财务收支及预算执行情况监督检查,同时检查民营企业"土家巧手"公司运行情况及财政补贴资金使用情况。完成国库支付局、非税收入管理局、农业开发办公室、乡镇财政管理局等二级机构的财务收支情况监督检查,配合县纪委开展"互联网+监督"工作。完成投资评审项目430个,送审总金额为27.95亿元,审定金额为24.51亿元,综合审减金额为3.44亿元,综合审减率12.31%;完成政府采购118次,实现政府采购规模1.12亿元,节约资金0.13亿元,平均节约率10.16%。

【国资管理】 2017年5月,制定印发《龙山县行政企事业单位国有资产管理办法》(龙政发〔2017〕20号),6月出台《龙山县行政事业单位国有资产配置管理办法)龙财函〔2017〕45号》《龙山县行政事业单位2017—2019年国有资产配置预算限额标准(龙财函〔2017〕46号)》。完成龙山县国有林场的资产清查工作,并进行评估,评估价值为4亿元;开展全县市场服务中心资产和地方政府性债务投资项目清查,以2017年6月30日为清查基准日,本次债务清查共涉及72个单位和股室338笔债务,总投资额155160.56万元。对全县行政事业单位303个门面的经营,租金收取实行收支两条线管理。上缴经营性资产收益307万元。完成果利河公司一块土地的出让工作。通过网上竞价,顺利以7026万元成交;7月6日对49台改革后非留用公车进行公开拍卖,49台车辆全部成交,评估价48.97万元,拍卖成交价115.12万元,溢价率达到了135%;12月7日,成功拍卖森工家园门面五年租赁权,最终以年租金168万元成交,门面拍租总溢价额117.2万元,总溢价率230.71%。

【年度荣誉】 2018年2月6日,县财政局获2017年度全省财政系统信息宣传工作先进单位;2018年2月27日,获2017年度农村综合改革工作先进单位;2018年1月,田光治获2017年度全州安全生产先进个人;2018年2月,曾元春获2017年度全省财政系统信息宣传工作先进个人。

【领导名录】

党组书记、局　长　　田光治
党组成员、副局长　　张昌华　李良才　余世军
党组成员、纪检组长　黄振华
党组成员、总会计师　马文武
党组成员、农业综合开发办公室主任　田　沣
党组成员、国库集中支付核算中心主任　黄　斌
党组成员、非税收入管理局局长　向治燕

国家税务

【概况】 龙山县国家税务局在职干部职工122人，离退休老干39人，党支部6个，党员108人，在职人员平均年龄为44.8岁，内设15个职能科室，负责全县范围内5000余户纳税人的税收征管工作。2017年获“省级文明单位”“省五四红旗团支部”、全州国税系统“四优文明办税服务厅”“绩效管理先进单位”、全县“民族团结进步优秀单位”等多项荣誉称号，在县“五个文明”考核中被评为一类优秀单位及县政府目标管理工作一等奖。

【税收征管】 2017年，县国税局共组织各项税收收入36009万元（不含车购税），比2016年增收9197万元，增长34.3%。税收征管质量稳步提高，全年个体户申报率、催缴率、入库滞纳金加收率、税款入库率均达到上级要求，狠抓陈欠，严防新欠。稳步推进实名制办税，发放实名认证宣传手册，在电视台、电台、网站及户外显示屏播放实名办税宣传公告等方式，扩大实名办税知晓度，加强对实名办税宣传解释说明。仔细比对纳税人网上实名认证申请信息，核对采集和拍照现场认证的纳税人及所提交的资料，确保信息的完整性与真实性。

【纳税服务】 2017年，县国税局联合开办10期纳税人学习班，对800名企业法人和办税人员进行专题培训，国地税分别安排专人重点讲解税收知识和涉税政策。建立农村办税服务室。5月27日，在里耶镇成功建立全省首家农村联合办税室。有效解决边远乡镇纳税人到县城办税不便的难题。大力推广电子税务局使用。积极向纳税人宣传电子税务局办理事项和功能，实行“一对一”面对面辅导，确保纳税人对电子税务局应知应会，有效缓解办税厅办税压力。推行网上办税，全面提升窗口人员业务能力，大力提升纳税人学校办学质量，让纳税人满意度有效提升。切实抓好“放管服”落实，理解和全面掌握各项“放管服”政策和措施，确保各项改革措施不折不扣落实到位。

【作风建设】 2017年，县国税局强化考勤管理，严格执行请假、公务外出审批制度，规范干部职工请假制度，请公休假严格遵循相关假期管理办法制度，并报人教科、绩效办登记留底。2017年，查岗50余次，查出不在岗、不穿或混穿制服等违纪情况100人次，机关作风建设得到持续强化。

【文明创建】 2017年，县国税局开展“省级文明标兵单位”“民族团结进步示范县”创建活动，参加县政府举办的第三届土家摆手舞大赛，并获三等奖；与地税局联合举办“传家训、立家规、扬家风”道德讲堂，深化好家风、好家训对税务干部的道德灌输

2017年5月27日，县国税局在里耶镇成立
湖南省首个国地税联合农村办税服务室

和培育;先后开展"喜迎十九大、建州六十年"民族团结合唱比赛、演讲比赛、书画展,强化民族团结进步宣传教育;开展民族团结、扶贫知识、党建知识考试,巩固干部职工理论知识储备;举办乒乓球、羽毛球比赛,丰富国税干部职工文化生活。以排球为桥梁,与州国税局、县地税局、县电力公司进行友好切磋交流,不断丰富干部职工业余生活,提高身体素质。深入联校支教帮扶学校隆头镇小学开展支教活动,为学生送去助学款、学习用品等物资共计3万余元。

【年度荣誉】 2017年,县国税局获全州国税系统绩效管理先进单位;湘西州园林式单位;县优化经济发展环境先进单位;县"五个文明"考核优秀单位;县政府目标管理工作一等奖;县民族团结进步优秀单位。

【领导名录】

党组书记、局　长	向立敏	
党组成员、副局长	贺　飞	王志光
	包丁清	王正午
党组成员、纪检组长	向　荣	

地方税务

【概况】 龙山县地方税务局系中央文明委授予的第四届全国文明单位,组建于1994年9月,2017年,干部职工126人,其中退休24人,内设7个机关科室,3个直属机构(稽查局、办税服务中心、信息中心)和5个税务管理分局。负责全县21个乡镇(街道)5000多户个体工商户、1900多户企事业单位的地方税收征管。

【税费收入】 2017年度,县地税局组织入库地方各项税收29682万元,占州分计划的108.85?%,县分计划的100.53%,剔除营改增因素同比增长3532万元,增长14.40%。各项收入中,中央级收入完成5163万元,省级收入完成1330万元,县级收入23069万元,占地方财政收入的比重36.5%。分税种比较,其中个人所得税4440万元、企业所得税2845万元、契税3695万元、烟叶税3848万元、耕地占用税5096万元,土地增值税1863万元、营业税入库1627万元、资源税263万元、城建税1750万元、房产税入库494万元、印花税入库326万元、城镇土地使用税入库580万元、教育费附加入库1028万元。

【税收征管】 县地税局加强对重点项目、重点企业、房地产行业等涉税行为和契税、土地增值税等税种征管薄弱点的分析管理,开展房产税、土地使用税和个人所得税专项清查,查补税款480余万元。依法落实各项税收优惠政策,为1924户企业及个体工商户依法减免企业所得税、城镇土地使用税等税款1700余万元,为减轻企业负担、激发市场活力作出贡献。配合财政、环保部门做好环保税开征准备工作,从环保局接收36户污染源基本信息。加强税收风险管理,全年推送风险任务46批共1139户次,入库地方税费1000万余元,稽查立案检查4户,入库税款1174万元。强化纳税服务,县内两个办税大厅实现"一窗一人通办国地税业务",在里耶探索建立全省首个农村国地税联合办税服务室。国地税联合举办纳税人课堂6期,培训纳税人1300余人次。在全省154个单位纳税人满意度调查中,龙山地税名列33名,自治州内排名第三。全年评定A级纳税户4户,B级纳税户84户,C级纳税户110户,D级纳税户87户。

【综合治税】 2017年,全县综合治税网络化工作平台逐步形成,县综合治税办公室分类别制定成员单位配合的内容和要求,县直30多个涉税信息报送单位向县政府递交责任状或与税务部门签署护税、协税协议。综合治税信息平台的报送率、准确率、及时处置率均稳居全州前列。通过信息平台收集、分析、转化入库的税款7000余万元。通过“税收审验前置”措施入库的税款2.1亿元。由县委、县政府牵头，多个部门联合开展全县范围内欠税清缴工作，共清理欠税大户9户，澄清欠税3149万元，追缴入库1300万元，通过政府购买、政府协调、移交司法追缴或行使司法代位权入库1558万元。

【文明创建】 2017年县地税局顺利通过全国文明单位复检，获得“全省税务系统先进单位”“2016—2018年全省依法办事示范窗口”。

【领导名录】

党组书记、局　长　　李　勇
党组副书记、副局长　刘云剑

金　融

人民银行龙山支行

【概况】 中国人民银行龙山县支行是中国人民银行的派出机构，是对龙山县金融业实施调控的部门。主要职责：依法执行货币政策，实施人民币流通管理，经理国库，负责金融业的调查、统计、分析及预测，维护辖内金融系统支付清算系统的正常运行。

2017年，继续严格执行稳定货币政策，龙山县支行以“创先争优”为标准，以“四有四不”为目标，着力强化队伍建设、重点工作、基础业务、内部管理等，固本强基、履职尽责，促进支行全面高效履职，助推县域金融经济平稳较快发展。全县各项存款余额达157.61亿元，增加21.26亿元，增长15.6%，各项贷款余额88亿元，增加14.35亿元，增长19.5%。

【政策传导】 2017年，龙山支行加大扶贫再贷款发放力度，向农商行发放扶贫再贷款1.2亿元、提升其支持“三农”的能力；加大与政府相关部门的对接，组织金融机构加大小额扶贫贷款发放力度。

【基建工程】 龙山支行发行库基建项目（龙山县岳麓大道）取得重大突破。支行成立专门班子，负责落实发行库项目建设，积极与上级行和地方相关部门进行衔接沟通，完成项目预算批复、设计招标、设计会审、地勘等工作，着手施工前期准备工作，预计2018年底竣工投入使用。

【领导名录】

行　　长　田隆斌
副 行 长　彭武华　杨文斌
纪检组长　杨昌松

工商银行龙山支行

【概况】 中国工商银行龙山县支行于1984年12月成立（人、工分家）。2005年随总行整体改制上市更名为中国工商银行股份有限公司龙山支行，隶属中国工商银行股份有限公司湘西分行管理，是一家国有商业银行。现有员工27人，其中全日制本科4人，大专2人，在职本科3人，专科6人。设营业部、业务部和办公室。经营人民币存款、贷款、结算，国债发行，外币存款，信用卡及各种代理业务。

【主要业绩】 2017年，总资产达133189万元，各项存款余额6.32亿元，较年初增加1.02亿元，完成任务数102%，其中储蓄存款4.93亿元，较年初新增0.7亿元，完成任务152%，对公存款0.57亿元，较年初增加0.33亿元，完成103%。各项贷款余额6.63亿元，其中个人贷款余额1.01亿元，较年初增加0.35亿元。代理个人理财1728万元，代销基金147万元，基金定投36万元，代销个人寿险147万元，代销个人客户国债63万元。私人银行理财产品470万元，销售品牌贵金属43.27万元，代客人民币贵金属买卖282万元，实现中间业务收入161万元，全年净利润1557.42万元。

【客户拓展】 启动旺季营销，推动客户及大零售率先发展，抓早抓快抓实确保先发优势。截至12月31日，储蓄存款较年初增加7000万元，在全省县域支行(三类行)绩效排名中位列第三名，比上年进两位。

【精准营销】 紧盯县城重点项目，寻找合作机会实施精准营销。成功营销红星美凯龙、诚信御园、龙城外滩和万汇国际四个大型住房开发楼盘，吸收存款5000万元。同时，对原有按揭项目加快发放力度，全年发放按揭贷款3500万元。大力改善资产质量，压降不良贷款，不良率仅为0.28%。

【荣誉表彰】 荣获省分行2017年度支行分类考评县域三类支行经营先进奖(第三名)、全国贵金属《幸福小苹果》销售第二赛区第二名和全省第一名。

【领导名录】

行　长　谢新林

副行长　吴国英

邮政储蓄银行
龙　山　支　行

【概况】 中国邮政储蓄银行是2007年经中国银监会批准成立的大型国有商业银行，拥有全功能营业网点36000处，服务触角遍及城乡。龙山县支行于2008年4月18日正式挂牌成立，下辖4个二级支行、18个邮政储蓄代理网点。2017年，龙山县支行内设综合管理部和综合业务部两个部门，有员工43人。截至2017年年底，个人存款余额为24.12亿元，公司存款余额3.63亿元，各类贷款余额4.86亿元。

【业务开展】 2017年，龙山县支行组建一支集营销、推介、服务等为一体的专业化营销团队，实现资源、队伍、产品和客户的整合，强化业务宣传力度，提高业务服务质量，增强业务发展的可持续性和稳定性，实现增量创收。明确主攻目标，实施名牌战略，突出工作重点，促进业务发展。年初，全行立足于增存增效，早增实增的工作思路，做好“开门红”活动，做到早布置、抢先机、强宣传，全面展开营销攻势。面对宏观调控和信贷额度刚性管理政策，结合地区经济环境现状，稳健发展个人信贷市场，加快结构性调整，加大发展小额贷款业务。以寻求信贷管理制度要求和企业经营发展需要的切合点为突破口，开发小企业贷款。把握重点，抢占市场。以信贷优质客户为突破口，创新服务手段，提高服务质量，为客户提供人情化、贴心化、细心化服务，帮客户理财，使客户的收益达到最大化，达到巩固老客户、发展新客户、带动潜在客户的效果，推动中间业务快速增长。

【领导名录】

行　长：向泽平

副行长：罗　丹

农村商业银行

【概况】 湖南龙山农村商业银行于2015年11月16日正式挂牌开业。2017年，辖区营业网点42个，其中城内10个，乡镇32个，实现城乡金融服务网点全覆盖。内设12个职能部门：办公室、人力资源部、会计财务部、信贷经营部、内审稽查部、纪检监察室、合规风险部、党群工作部、资金营运部、安全保卫部、技术保障部、电子银行部。全行在职员工298人。截至12月31日，各项存款余额61.43亿元，较年初增加7.5亿元，增幅为13.91%，各项贷款余额32.26亿元，较年初增加投放2.75亿元，增幅为9.3%，其中：涉农贷款余额31.6亿元，占贷款总额97.95%。

【业务发展】 2017年，龙山商业银行从政府平台入手，发挥地方法人金融机构“短、平、快”的优势，增加业务发展后劲。首先，组织开展“开门红”活动。针对“两节”业务发展旺季，制定“开门红”营销方案，突出不良贷款清收、信贷需求摸底等基础工作，分配一季度营销任务，对支行进行考核，按业绩设置一、二、三等奖。在春节期间，对客户开展“存款有奖”活动，按存款金额发放“春联、雨伞、水杯、充电宝”等奖品。组建业务宣传队，租赁电子宣传车，深入到集镇网点利用赶墟场时在人口密集处摆摊设点宣传业务。首先制作214条“欢迎外出务工人员回家过年”等宣传横幅粘贴在107台城乡公交车上，增强宣传效果。其次，开展“访、问、优”活动，即拓展市场。“访客户、问需求、优服务”，开展便民卡、手机银行、POS商户等业务营销，共办理POS商户215户，发放便民卡1575余张，达成贷款投放意向1575户，金额38800万元。创新信贷业务种类。全年发放按揭贷款4940万元。跟进政府平台项目对接。信贷投放1.15亿元，累计支持政府民生工程项目38个，信贷投放7.5亿元。

【企业文化】 2017年，龙山商业银行按照省联社“五小”建设标准，对水田支行和贾市支行进行精心改造，打造成标准化网点。对兴隆、石羔、石牌新办公楼按标准化网点装修并开业。依照省联社新视觉识别系统要求，对城西等20个支行进行门楣更换。里耶支行被省农信联社评为“人性化服务在柜台闪光”优质服务精品网点。组织7名员工参与县经信系统代表队，在全县“最炫民族风”第三届土家摆手节暨摆手舞大赛中，荣获三等奖。民安支行蒋英代表湘西州农信参加省联社“最美农信人”合规知识竞赛荣获三等奖。

龙山县商业银行工作人员走上街头征信业务知识宣传活动

【领导名录】

董事长　　吴开运

行　长　　向云勇

监事长　　孔关屹

副行长　　谭海涛　田　琰

财产保险龙山支公司

【概况】　中国人民财产保险股份有限公司龙山支公司，简称“人保财险龙山支公司”。内设综合部、非车险部、车险部、三农服务部和理赔分部。有工作人员38人。公司主要办理车辆保险、交通事故强制保险、货物运输保险、财产基本保险、财产综合保险、家庭财产保险、种植业保险、养殖业保险、农村房屋保险、意外伤害保险、短期健康保险、工程保险等险种承保和理赔业务，业务范围覆盖非寿险市场所有领域。

【主要业绩】　2017年，保费收入4825万元，比上年同期增加903万元，同比增速23%。车险保费收入2931万元，比上年同期增长15%，农险业保费收入1087万元，比上年同期增长77%，责任险保费收入380万元，同比增长30%。

【经营管理】　制定《2017年人保财险龙山支公司日常工作管理制度》，强化管理意识，提高管理质量和水平。做到“月分析、周点评”，实行以业绩为主导考核机制，将员工收入与公司绩效挂钩，充分调动员工的积极性。

【客户服务】　2017年，公司坚持“以客户为中心”的服务理念，维护客户的合法权益；从"内强素质、外树形象"着手，狠抓公司人员素质，提高客户满意度。以理赔和承保两大服务部门为切入口，及时、简便、准确、快捷地把赔款赔给客户，对各大系统骨干企业实行划块包干、定期回访，不定期联系，随时为客户提供答疑咨询。

【领导名录】

副经理　　田景龙（主持工作）

　　　　　曾朝阳

住房公积金管理中心龙山县管理部

【概况】　湘西自治州住房公积金管理中心龙山县管理部（以下简称县管理部）成立于2005年12月，为正科级自收自支事业单位。2017年，有工作人员6名。主要职责：负责住房公积金归集、使用、核算和编制使用计划，审批住房公积金归集、提取、贷款等业务，记载住房公积金的缴存、提取，负责住房公积金的保值和归还。

中国人保龙山支公司在高速公路互通处开展人保“心服务”活动

住房公积金龙山县管理部召开2017年住房公积金专管员培训会

【强化管理】 健全各项管理制度，公积金管理日趋规范。住房公积金单位补贴部分正式纳入县财政预算，住房公积金归集取得突破。加强贷后管理，防范贷款风险。截至12月31日，累计归集住房公积金11.3亿元，建立个人公积金账户18232个，归集余额8.13亿；累计为76268人次提取个人住房公积金总额达3.16亿元；累计发放个人住房公积金贷款4730笔，贷款金额6.18亿元。贷款余额3.8亿元，个贷比47%。

【优化服务】 以服务好公积金缴存者为工作重心，展现公积金人良好精神面貌。在落实首问责任制、一次性告知、限时办结等服务的前提下，设计出台“公积金便民服务卡”，根据不同的业务类型设计不同的服务卡片，使各项业务一目了然，让群众“最多只跑一次”。在开展上门、预约、跟踪服务的同时，对特殊人群延时服务，真正做到便民利民。利用微信、QQ、手机报、政府门户网站，宣传“异地贷款”“黑名单制度”“年度结息对账”“低收入家庭贴息”等新政策。

【领导名录】

主　任　　孔庆仪
副主任　　江　茜

文化·旅游

旅游文化广电新闻出版

【概况】 2015年12月15日，县旅游和文化广电新闻出版局成立(简称县旅文局)，是由原旅游局、文化局、广电局和新闻出版局合并而成。内设8个机构，分别是办公室(政工人事股)、财务股、行政审批股、规划建设股、旅游行业管理股、文化艺术股、广电宣传股、法制市场股(县扫黄打非领导小组办公室)。2017年，局机关工作人员19人。

2017年，全县6093人建档立卡户通过旅游扶贫顺利脱贫，涌现出惹巴妹手工织品、紫薇天下、吉武高山刺葡萄合作社等一批以发展旅游带动贫困户脱贫致富的典型。

2017年，全县接待游客323.25万人次，实现旅游收入18.82亿元，接待人次、收入等指标均保持在10%以上增长。

【景区景点建设】 2017年，全县累计投入10亿余元，推进里耶古城、惹巴拉、乌龙山大峡谷、太平山、洛塔景区等核心景区项目建设。其中，里耶古城景区的街道改造、秦简博物馆整修等工程基本竣工，南游客服务中心、棚户区改造及老街区整治、旅游文化小镇等工程有序推进。惹巴拉景区目前已基本建成土家文化旅游核心区域，景区建设步入快车道。乌龙山大峡谷景区突出生态、体验等主题，恢复对外开园后，提质改造工程、配套项目建设正加快推进。是年里耶古城、惹巴拉、乌龙山大峡谷等景区成功创建国家AAA旅游景区。同时，在里耶镇区突出秦文化，洗车河流域突出土家文化，茨岩塘片区突出红色文化，高规格编制16个精品村、45个示范村的美丽村庄规划，旅游特色线路正加快形成。

【旅游宣传】 2017年，确立“神秘湘西，醉美龙山”的旅游宣传口号并统一对外宣传；每年举办土家舍巴日、百合文化旅游节等节庆活动，组织参加山东(济南)国际旅游交易会、湖南省旅游博览会等会议推动，邀请央视拍摄《乌龙山传奇》《神秘湘西》等专题节目，有力推介龙山旅游，引导形成浓厚的旅游推介氛围。制作4块专版，现场发放宣传资料1000份，接受旅游安全咨询200人次。

【旅游行业管理】 2017年，全县开展旅行社责任险专项检查。7月下旬，重点对全县两家旅行社投保旅行社责任险情况进行专项检查。在检查中发现，其中一家旅行社未投保旅行社责任保险。按照《旅游法》和《旅行社条例》规定，责令限期整改，在3日内投保旅行社责任保险，并持投保凭证到县旅文局备案。

旅行社统计。旅行社统计调查是一项重要的基础性工作，也是一项长期工作。督促旅行社如实填报旅行社报表，规范旅行社内部管理，掌握旅游企业第一手经营数据。

星级饭店管理。对2017年度全县星级饭店复核工作进行总体安排，重点明确对满三年期三星级饭店进行评定性复核。截至2017年年底，全县星级饭店共7家，其中，三星级1家、二星级6家。

人才队伍建设。2017年，举办旅游从业人员培训5期，参加培训人员1000人次，从业人员素质显著提高。制定全县星级饭店培训工作方案，指导全县星级饭店开展服务技能、文明礼仪等相关内容的培训。

【旅游市场管理】 2017年，全县狠抓旅游安全监管。落实旅游企业安全生产主体责任。与县主要旅游企业、景区公司签订安全生产责任状，明确2017年旅游企业安全生产主体责任和工作目标。要求旅游企业突出重点做好5个方面的情况自查，即安全生产法律法规执行情况、隐患排查整改情况、安全生产应急管理情况、安全生产教育培训情况、安全生产责任制落实情况。推进旅游安全“两化”体系建设。将全县两家旅行社、3个A级旅游景区纳入龙山县数字化体系建设中，督促相关旅游企业完成“两化”体系信息注册、制度完善、隐患处置等工作，达到100%全覆盖。

严格执行旅游市场执法检查工作。开展旅游市场整治交叉检查，维护市场良好秩序。同时，为强化旅游行业监管，年内先后，开展“旅游诚信月”“旅游文明建设”“严厉打击不合理低价游”“旅游市场交叉检查”“旅行社服务质量保证金及旅行社责任险缴纳”等专项整治活动，旅游发展环境实现优化。

【文化活动】 2017年1月19日晚，“春满龙山”2017年春节联欢晚会在龙山县影剧院精彩上演，全场表演节目12个，主要有舞蹈、歌曲、小品等。以“瑞彩祥云、幸福龙山”春节联欢晚会为核心，县城开展“擂鼓唱春”三棒鼓擂台赛、“五弦奏春”湖湘文化进万家（文化“五下乡”活动）、“歌舞迎春”2017年春节群众文艺晚会、“智谜报春”有奖灯谜竞猜、“锣鼓闹春”非物质文化遗产系列展演——三棒鼓群英会、“喜乐颂春”民间歌舞迎新春文艺表演、“笔韵绘春”书法交流活动、“龙城映春”摄影美术活动、“彩灯扮春”城市美化活动、“龙腾吟春”传统花灯闹县城春节灯会等系列民俗活动，惹巴拉、巴沙湖、坡脚、洗车河、里耶古镇、茶亭社区等土家村寨还举办了群众文艺晚会，据不完全统计全县举行各类活动20多项100多场，参加人20多万人次。

3月6日，以“最炫民族风共筑龙山梦”为主题的“欢乐潇湘乐在湘西”第三届土家族摆手节暨摆手舞大赛举行，来自靛房镇、农车镇、茨岩塘镇、石牌镇、民安街道、县委办系统、政府办系统、交运系统、商务系统等乡（镇、街道）、县直各部门的27支队伍近2000人参加了此次摆手舞大赛。

4月14日，在洗车河镇隆重举办第三届土家族舍巴日活动，来自全县各地的土家儿女身着节日盛装，载歌载舞，祈祥纳福，共同欢庆土家族传统佳节。来自湘鄂渝三省边区的万余名游客参与和观看舍巴日文化活动。

8月，成功举办“欢乐潇湘乐在龙山”群众书法、美术、摄影优秀作品展览。共收到书法、美术、摄影作品400余幅，经专家认真评审，分别评出书法、美术、摄影一等奖2名，二等奖5名，三等奖8名等等级奖，优秀奖75人。

9月5日，在里耶镇巴沙村“紫薇天下”景区举行“迎州庆·建同心”美丽巴沙首届湘鄂渝边区广场舞邀请赛。邀请湖北省来凤县、重庆市秀山县、吉首市、花垣县及县境共18支广场舞队参赛。

11月，参与组织在乌龙山峡谷举办的文学创作年会，40余名会员参会。会议总结本年度文学创作取得的成绩，并作出下步创作规划。

【文艺创作】 2017年，全县文学创作：创作散文作品40件、诗歌作品10首，中短篇小说3部。发表中篇小说2部，散文、诗歌等作品20余件，黄光耀出版长篇小说《白河》、短篇小说《武陵阙》；彭梁心出版了图文并茂的散文集《吊脚楼上的湘西》；杜国平出版散文集《草根的呼吸》。创作出音乐歌词5首，音乐曲谱7个和表演唱2个。组织15件美术作品参加州文联及州美协举办的美术展览。创作美术作品8件。创作摄影作品1000余幅，在网易网、红网、团结报等媒体发表摄影作品20余幅，其中《摆手迎吉祥》获中国摄影报举办的影友会摄影比赛三等奖。《苗鼓乐盛世》获省文化馆摄影比赛优秀奖，《土家摆手迎吉祥》获湖南省第三届非遗摄影展入选奖。《蛋蛋有礼》、《等你来》、《洁净从这里开始》《温馨之家》等四幅摄影作品入围州摄影家协会举办的"走进老爹广场"摄影赛。6幅作品被省摄影家协会举办的摄影比赛微信推广平台选登。数幅摄影作品获选州非遗馆展览。编创舞蹈节目5个，获湖南省文化馆馆站业务技能竞赛银奖。

【文艺辅导】 2017年，县文化馆派出专门人员深入里耶镇，专门辅导该镇艺术团。同时辅导县内文学创作爱好者、音乐创作爱好者、美术创作爱好者10次，县文化馆组织相关人员参加2017年首届"群星宝贝"湘西州少儿舞蹈大赛既第九届"小荷风采"全国少儿舞蹈选拔赛，选送人员1人获优秀指导老师奖，《秦韵·简牍》获奖，16人获"小荷之星"称号。

【图书馆】 2005年，图书馆在原址重新扩建，2007年初开馆，位于县城新建路中段64号。2017年，全馆有工作人员13人。馆内设有图书外借处、报刊借阅室、过刊借阅室、少儿借阅室、参考咨询室、电子阅览室、地方文献古籍室、办公室等多个服务窗口。馆内藏书总量20万余册，地方文献千余册，报纸杂志百余种，阅览席600个，年接待读者25万余人次，图书年借阅流通量30万余册次。

2月29日，在县城内举办春节有奖知识竞猜活动，精心准备3000条精彩谜语和3000份丰富的奖品供全县人民前来参与活动，为龙山人民增加节日喜庆气氛。5月3日，图书馆与县第一幼儿园联合开展"书香伴我行，阅读越快乐"主题读书活动。让小宝宝们了解图书馆作用和社会职能，以此培养孩子爱阅读、会阅读的习惯。

2017年暑期，图书馆根据湖南省新闻出版广电局关于《"书香湖南.阅行者"阅读推广活动暨"我的书屋，我的梦"农村少年儿童阅读实践活动的通知》的精神开展暑期阅读活动，根据本次活动的主旨，面向农村中小学在校学生，以"我的书屋，我的梦"为主题，依托农家书屋开展中国梦主题宣传教育活动，在农村中小学生中培育和践行社会主义核心价值观，陶冶少年儿童的爱国情操，培养阅读兴趣，提升学习能力，让农村少年儿童度过一个书香相伴的快乐暑假。截至活动结束，全县征集选送作品30篇，通过严格的筛选，评出12篇优秀作品参加全省征文比赛。其中，猛必小学向爽同学的《捧起书、怀揣梦》，县第一小学彭子洋同学的《农家书屋—我心中的家》，县思源实验小学李佳怡同学的《读边城有感》，县皇仓中学的张慧同学的《从书屋起航》，茅坪乡中学向锐同学的《农家书屋让我的暑假不寂寞》共5片征文荣获湖南省优秀征文奖。组织开展全国优秀农家书屋评选活动，推荐新城街道油菜坪村农家书屋、石羔镇桃红村农家书屋、苗儿滩镇民族村农家书屋参加全国评选。

【文化市场监管】 2017年，结合重大活动、阶段性工作任务和各时节文化市场特点，有针对性地开展一系列文化市场专项整治行动。开展"两节""两会"期间文化市场集中整治行动，重点整治出版物、KTV、电游娱乐、影咖、网吧等市场；5月15日至6月3日，开展全县中小学校周边网吧、书店、KTV、酒吧等文化娱乐经营场所集中整治行动，对违规经营的场所下发整改通知书，严厉查处违法经营的场所，为全县中考和高考保驾护航；4月至10月，开展"扫黄打非"专项整治，通过开展打击政治性非法出版物和有害信息专项行动、校园周边环境专项整治行动、打击网络淫秽色情信息专项行动、印刷复制业集中整治行动、教辅读物专项检查行动，重点打击侵犯知识产权、盗版书籍等违法违规行为。10

月至12月，开展市场证照清查专项行动，对县城区60家网吧证照进行清查，检查发现21家网吧存在地址变更后证照未变更等情况，根据各办证单位职责，向消防、工商、公安及安监等部门通报移送相关情况，并下达整改通知书20余份，督促业主立即整改。全年累计出动1150人次、车辆272台次，检查文化经营场所642家次，立案查处违法违规文化经营场所35家。其中，网吧31家，娱乐场所3家，出版物经营场所1家，收缴非法出版物2420张(册)，收缴违规安装广播电视、卫星地面接收设施、专用设备2套。

利用“3·18”文化宣传日和“12·4”法制宣传日，开展送法下乡活动3次，发放宣传资料3500余份，展板宣传5块。开展网吧、歌舞娱乐、书报刊、营业性演出、电影影咖和印刷市场经营业主法律法规培训，参与人数300余人，开展执法人员业务培训3次，上报各类信息稿件38篇。

【电影放映】 2017年，制定《龙山县电影服务中心工作实施方案》《龙山县电影服务中心工作计划》《龙山县电影服务中心管理制度》，同时成立两个农村电影放映大队，将全县21个乡(镇、街道)，397个建制村、居委会、社区划分成两个放映片区。5月，对农村电影放映队的放映员集中开展放映技术培训。

2017年，共登陆监控平台215次。《映山红》是省大映传媒拍摄制作的宣传党和政府的惠农政策系列短片，全县放映《映山红》系列片1157次，折合场次为347.1场。放映各类长片4942.6场，农村公益电影放映5289.7场，完成总任务的101.57%。订购各类电影长片5571场，其中订购老百姓喜闻乐见的经典戏曲片《孟姜女》392场，在12月初完成农村公益电影放映全年的各项工作任务。

【演艺公司】 2012年5月，文化体制改革，成立龙山县毕兹卡演艺文化产业有限公司。公司是龙山县唯一的专业文艺表演团队，2017年，公司现有演职人员25人。年内开展的“演艺惠民·送戏下乡”活动如下：

1月至3月：参加县里组织的春节五下乡活动，下到民安、里耶、茨岩、召市、三元等乡镇，开展送戏下乡、电影下乡、图书下乡、医疗知识及计生宣传下乡春节五下乡慰问活动，完成“演艺惠民·送戏下乡”任务62场。4月至6月：参加县里组织的湘西州龙山县舍巴节活动，下到洗车、捞车、农车等村镇，开展摆手舞培训，并参加县里组织的舍巴节活动，还在民安镇、洗车河、捞车河、苗儿滩等地开展“演艺惠民·送戏下乡”巡回演出。7月至9月：开展州里组织的湘西州60周年大庆活动，赴州参加州庆开幕式和文艺表演，并下到红岩溪、民安、召市、中山等村镇“演艺惠民·送戏下乡”演出活动。10月至12月：下到民安、马洛沟、桂塘、咱果、五官等村镇献上“演艺惠民·送戏下乡”精彩节目，并结合宣传党的十九大精神，把惠民演出推向高潮。

【非遗保护】 2017年4月至5月，非遗中心组织人员开展全县非遗资料田野调查，在原来普查结果的基础上查漏补缺，调查中新发现阳戏和苗语两个非遗项目，这两个项目在2017年“文化和自然遗产日”大会上被龙山县人民政府公布为第七批县级非遗项目，致使目前全县县级非遗项目总数达到124项。扩充代表性传承人队伍。随着部分传承人年龄的增大和身体日渐衰退，丧失传承能力，为非遗传承工作后继有人，不产生断层现象。是年“文化和自热遗产日”会议上新公布38名县级非物质文化遗产代表性传承人，致使全县县级非遗代表性传承人总数达到139人。开展非遗传习所创建工作。根据传承人自愿申报和非遗中心综合考核的原则，挂牌建立朱明英土家族织锦技艺传习所和里耶花灯传习所。开展非遗项目专项资金申报工作。3月，完成国家级非物质文化遗产代表性项目《土家族梯玛歌》补助经费29.56万元的申报工作，已审理通过25万元；11月，完成2018年省级非遗项目(木偶戏和三棒鼓)专项资金申报工作，申报资金总额60余万元。开展非遗宣传交流和展示工作。第六届中国非遗节于6月10日至18日在成都举行，其中一个重要的活动是“中国传统工艺新生代传承人竞技”，县土家族织锦技艺传承人黎承菊代表湖南省参加此活动并获传统织造技艺类“工匠之星”称号。在吉首举行的湖南省第八届旅游博览会上，县非遗节目土家族打溜子、土家族咚咚喹的展演博得游客的大力称赞，吸引大量游客前来驻足观光。12月21日至25日，“湘赣鄂皖”四省非遗联展在湖南省城长沙举行，龙山县的土家织锦、土家族摆手舞、土家族咚咚喹精彩亮相，给观众留下深刻的印象。非遗中心配合中央民族大学、北京大学、中南民族大学、吉首大学等高等学府的教师和学生调查、搜集全县非遗资料，提升全县非物质文化遗产的学术价值明显提升，同时扩大县境非遗影响力。

引导传承人开展传承培训、带徒授艺工作。1月至6月，土家族织锦技艺国家级代表性传承人刘代娥带徒授艺50余人，参加培训的有本地妇女，也有大中专院校在校学生；土家语州级代表性传承人彭英子开办一期土家语培训班，参加学习培训人数20余人；土家族打溜子国家级代表性传承人田隆信4次到靛房学校土家族打溜子、土家族咚咚喹传习所开展传承教学工作。

配合州非遗中心开展非遗博物馆建设。9月20日是湘西土家族苗族自治州建州60周年，由土家族织锦技艺国家级代表性传承人刘代娥全程参与编织的土家织锦60米长卷——《甲子顺锦图》通过世纪吉尼斯认证，给州庆献上厚礼，并被湘西州非遗博物馆收藏。土家织锦、土家族梯玛歌、土家族咚咚喹的一些古老物件也被收藏。

【领导名录】

党组书记　彭开科
局　长　尚晓琴
副局长　毛安平　彭大仙　李　杰

广播电视

【概况】 龙山县广播电视台成立于1996年，前身为龙山县有线广播电视台，2011年年底，升格为正科级差额拨款事业单位，2015年调整为公益一类事业单位。2017年，全台有员工73人，其中正式员工43人，聘用员工30人。内设办公室、政工股、财务股、产业发展股、总编室、技术播出部、记者通联部、电视中心、广播中心等机构。下设1套电视频道和1个“龙凤之声”广播电台，电视频道开设有《龙山新闻》《城乡传真》《一周要闻》等栏目，“龙凤之声”广播电台节目覆盖龙山、来凤两县，全天19小时播出节目，开设有《新闻纵横》《下班路上》《小小主播团》《生活麻辣烫》等栏目。龙山广播电视台先后4次获“湖南广播电视台年度优秀通联集体”，连续6年获“湘西州广播电视宣传通联工作先进单位”。

【新闻宣传】 2017年，探索广播电视宣传创新创优新路子，坚持新闻立台，突出新闻节目龙头地位，紧紧围绕县委、县政府中心工作，策划推出《宣传贯彻十九大精神》《走进精准扶贫》《重点工程掠影》《走进里耶》《美丽乡村建设》《文明交通大整治》等多组主题系列报道，既体现县域媒体宣传舆论的导向作用，又充分展示全县大开发、大建设中取得的丰硕成果，节目播出后收到良好的社会效益，得到百姓一致好评。共制播《龙山新闻》280余期，刊播稿件2000余条，其中在中央电视台上稿4条、湖南卫视上稿51条、湘西电视台上稿200余条；《城乡传真》50余期；拍摄各类专题片50余部，尤其长沙对口扶贫《爱在湘江》和州庆60周年《崛起和跨越》两个专题的制作播出，得到县领导的高度认可；直播录制“2017年春晚”“精准扶贫攻坚工作会”“靛房文艺晚会”等大小型晚会。策划大型综艺真人秀“亿利杯”——《谁是歌王》《亿利三生三世十里桃花美食节》“湖湘杯广场舞电视大奖赛”等会议、活动、大型综艺晚会80余场;电视台策划、组织并现场直播6月份的“爱心送考”活动。

【领导名录】

台　长　　王维斌(2017年1月至11月)
　　　　　田　慧(2017.12—)
副台长　　叶德鼎　王　林　段　静
工会主席　杨　芳

文物保护

【概况】 龙山县文物管理局成立于2009年,系龙山县文物行政主管部门(正科级),2017年,有干部职工15人,全额拨款事业编制19名。内设办公室、文物保护股、执法督查股、博物馆股,下辖龙山县湘鄂川黔革命根据地纪念馆(全额拨款事业单位,核定全额拨款事业编制5名)和洛塔精神陈列馆(全额拨款事业单位,核定全额拨款事业编制3名)。负责全县境内文物保护和管理、规划、行政执法,文物保护单位的审核、申报,博物馆、纪念馆人才培训等工作。龙山县文物资源丰富,是湖南省的文物大县,有全国重点文物保护单位4处;省级文物保护单位6处;州级文物保护单位11处;县级文物保护单位252处;馆藏文物366套645件,其中珍贵文物74件。其他众多古遗址、古村寨分布于全县境内。业务范围还包括里耶遗址管理处、里耶古城(秦简)博物馆等单位。

2017年9月29日,在湘鄂川黔革命根据地茨岩塘省委旧址开展消防安全知识培训

【文物保护与利用】 加强文物保护规划编制工作。2015年,委托北京清华城市规划设计研究院文化遗产研究所编制《龙山县湘鄂川黔革命根据地旧址文物保护规划》,国家文物局下达文物保函〔2015〕961号批复文件,湖南省人民政府于2017年10月12日以湘政函〔2017〕109号文件公布实施。争取到位国家专项保护资金2281万元。2017年3月,委托湖南长沙景程旅游景观设计有限公司开展《龙山县湘鄂川黔革命根据地旧址、遗迹保护展示利用专项规划》编制工作,召开意见征集会及专家评审会,县规划委员会评审通过,县人民政府公布实施。加快实施革命旧址保护修缮工程。2017年对红二、六军团红军医院、兴隆街省革委会旧址、红二六军团供给部旧址、龙山苏维埃县政府旧址等全面修缮。其中,红二、六军团医院旧址、兴隆街省革委会旧址两处正在施工中;红二、六军团供给部旧址、龙山县苏维埃县政府旧址维修工程施工设计方案编制完成。

抓实革命旧址展示利用。投入资金20万余元新征集文物实物40余件(套),馆藏实物达120余件套,丰富纪念馆陈展内容。聘请原县文物管理所所长刘军生牵头,开展红二、六军团兵工厂陈列展示工作,陈

县文物局对坐落在民安街道宝塔社区的钟英塔进行维修

展工作全部完成。

申报第八批全国重点文物保护单位。2017年将县境湘鄂川黔革命根据地旧址群中的茨岩塘红二、六军团供给部旧址（县级）、龙山县政府旧址（州级）、茨岩塘红军学校旧址（县级）、召市区苏维埃政府旧址（县级）等9处申报增补为全国重点文物保护单位。同时，将捞车河古建筑群中的树比冲天楼申报第八批全国重点文物保护单位。

开展各级文物保护单位的保护利用。省级文物保护单位捞车河古建筑群（含树比冲天楼）及州级文物保护单位钟英塔的保护工程，完成公开招投标并明确各自施工队伍，几项建设正在有序推进。其中，钟英塔、树比冲天楼保护维修工程竣工。注重县级文物保护单位修缮工程，完成贺龙桥维修方案和召市区苏维埃政府旧址维修方案编制等。其中，贺龙桥维修方案实施完成。

【文物安全】 县财政每年预算中安排文物保护、安全专项经费40万元，其中，各级文物保护单位聘请管护员预算薪酬10万元。2017年，预算100万元，用于全县国家级以下文物保护单位保护规划、方案编制等工作。构建县、乡、村三级文物安全管理机制，是年，由县人民政府与各相关乡（镇、街道）签订《文物安全管理责任书》，各相关乡（镇、街道）与村签订《文物安全责任书》。协调解决管护员聘用相关事宜。所有乡镇（街道）管护员聘用到位。

与消防大队联合在洗车河镇开展"文物安全进古镇"活动；6月16日在龙凤广场开展文物保护及安全宣传，提升全社会的文物保护意识；开展4次安全大排查、大整治活动，社会各界的文物安全保护意识提升。加强局文物库房建设，投入资金11万元，对机关库房进行升级改造。9月29日，与县公安消防大队在茨岩塘湘鄂川黔革命根据地旧址开展文物古建筑消防安全知识培训及演练活动，提升文物消防安全能力。6月21日，由州文物局联合州消防支队并永顺县文物局，开展全州文物安全交叉检查，对龙山县文物消防安全工作给予肯定。

【红色文化宣传】 2017年，为纪念红军长征胜利81周年，中国人民解放军建军90周年，开展一系列红色文化宣传活动。开展红歌征集。举办"在龙山，红军历程·红色记忆"原创歌词征集大奖赛，共征集来自全国19个省（市）的118篇参赛作品，讴歌革命先辈光辉事迹，传承红色文化。免费开放。龙山县湘鄂川黔革命根据地纪念馆2017年接待游客约7.6万人，同比增长15%，其中青少年游客占50%以上。制定完善湘鄂川黔革命根据地纪念馆管理制度。派两名工作人员在纪念馆开展工作，负责全面落实红色文物征集、免费开放、日常环境治理等工作。

【领导名录】

党组书记、局长　　　吴文化
党组副书记、副局长　王昌平

党组成员、副局长　　田维民
副局长　　李金平
党组成员、工会主席　　周东征

文学艺术

【概况】 龙山县文学艺术界联合会(简称县文联)是县委、县政府领导下的文学艺术界专业群众团体,主要任务是贯彻党的文艺路线、方针、政策,为繁荣社会主义文艺事业,对全县各文艺协会、文艺界人士的联络协调和服务。2017年,县文联在编在岗人员2人。

【文艺创作】 2017年,县文联编辑文学刊物《太平山》杂志4期,全县文艺作者在龙山新闻网、《龙山报》刊发作品700余篇。县作协会员向昌锟(网名火树)的长篇小说《向胜利前进》入选2017年中国作家协会重点作品。扶持选题名单"迎接庆祝党的十九大胜利召开"主题专项网络文学类别。县书法协会会员田克佩参加中国书法家协会理事、中国书法家协会楷书委员会委员杨明臣举办的专题培训。县美协会员王旭东参加国家艺术基金西部少数民族高级美术人才创作研修班。

【队伍建设】 2017年,县文联严把"进人关"。要求各协会在吸纳新人入会时,首先确保正确的政治导向,按照德才兼备、德艺双馨、百花齐放、百家争鸣的原则,加强队伍建设,是年,全县有摄影协会、书法协会、美术协会、诗词协会、县民间文艺家协会等协会,吸收新会员80人。向省书协推荐张宏勋、彭施宁、彭官波3人申报省书法家协会会员。向明海加入中国摄影家协会。刘能朴、黎代华、彭英子加入中国民间文艺家协会。向文健加入中国音乐家协会。实施"优秀人才引领"建设。鼓励支持会员参加各类学习、培训和竞赛活动,引领优秀文艺人才成长。培养30余名书法类专业院校学生,部分学生完成学业,走上工作岗位。邀请州书协曾令刚等3位书法老师到龙山县评析指导参赛作品。开展"德艺双馨"本土艺术家推荐工作,龙山县摄影师曾祥辉在2017年第三届中国凤凰民俗摄影双年展作品选登,苏明刚、胡荣春等人的摄影作品在该活动中获奖。

【系列活动】 2017年,县文联在春节期间,开展龙山县文艺三下乡活动。2月18日至19日,完成中国摄影家协会、《中国摄影报》走进龙山年会活动。5月20日,开展"到人民中去"——县文联走进洗车河镇克洞村文艺志愿服务活动。6月18日至19日,中国民间文艺家协会分党组书记、驻会副主席邱运华,中国民间文艺家协会分党组成员、副秘书长吕军,在湖南省民间文艺家协会秘书长吴帼屏的陪同下,到龙山县调研民间文化文艺工作。6月,举办"龙山县优秀风光图片进驻县民族宾馆"活动。组织广大会员参加省书协举办的新人新作展和州书协举办的回眸湘西六十周年全州书法篆刻作品展。7月,参加州政协、县政协组织的"正山堂"茶文化书法艺术展,吴官波楷书作品入选。9月28日,县书协、美协、摄协与红星美凯龙公司举办大美龙山、e家天下红星美凯龙书法、绘画、摄影作品展,共展出艺术精品100余幅。10月23日,由县委宣传部指导,县国税局和县文联主办,苗儿滩镇隆头完全小学和县秦风翰墨艺术沙龙承办,在隆头学校举行"翰墨飘香——龙山县宣传贯彻党的十九大精神书法进校园活动"启动仪式。11月8日至10日,开展"乡村振兴·大美龙山"湖南省著名书画家走进龙山系列采风创作活动。12月,联合县高级中学、水田小学、石牌中学、兴隆街九年制学校举行文艺进校园活动。

【领导名录】

党组书记、主席　　陈新祥
副主席　　彭飙

新华书店

【概况】 2017年，湖南省新华书店有限责任公司龙山县分公司有职工27人，其中在职人员26人，退休人员1人，老体制在职员工16人，聘用制员工7人，临时聘用员工4人。公司设经理室、综合事务部、资产财务部、图书业务部、教材业务部、储运部及中心门市部。主要从事中小学教材发行和图书发行工作，经营中小学教辅材料、幼儿学前教材、教师用书、大中专教材、政治图书、一般图书、电子音像制品、办公文体用品、电教设备、多媒体设施安装维护、其他教学增值服务。

【政治图书发行】 2017年，公司做好政治图书发行工作。按照州委宣传部和县委宣传部的关于认真做好《胡锦涛文选》学习宣传使用工作的通知精神，4月28日至5月12日，组织《胡锦涛文选》门市展销和进单位送书活动，深入机关和乡镇，共发行《胡锦涛文选》2050套。12月18日至31日，发行《十九大报告》9000册，《中国共产党章程》9000册，《十九大报告辅导读本》9000册，《中国共产党第十九次全国代表大会文件汇编》9000册，《治国理政第二卷》9000册。发行量全州第一。

【中小学教材发行】 2017年春季为62189人免费提供教科书共299949册，3231818.25元，免费为12645人提供教辅材料12645册，127359元。秋季，为64096人免费提供教科书共590448册，4113242.92元，免费为6159人提供教辅材料6159册，80067元。

【教辅材料发行】 2017年秋季起，教辅材料征订严格执行一科一辅、自愿征订、无偿代购、公示公开原则，发行实行“五限”政策，即限年级从小学三年级至高中三年级限年级、限学科、限范围、限数量、限总额。

【一般图书发行】 2017年，面对竞争日益激烈的图书市场，公司按照“以重点书、文教书和政治活动用书带动一般书销售”的发行战略，采取一系列有效的措施，集中突出一般图书的销售，一般图书销售码洋为132万元；重点图书销售码洋为298万元；湘版图书销售码洋为20万元；馆配图书销售码洋为36万元；幼儿教材销售码洋为195万元；考试笔袋销售3576套，销售码洋为2.14万元。

【门市部经营】 2017年，公司抓好门市规范服务，提高服务质量。以“顾客至上为中心”，深入开展树行业新风，创“优质服务窗口”活动为契机，不断补充和完善服务标准和内容，合理调整图书品种结构和进货渠道。在进货方面，根据当地市场的特点，相应增加少儿、科技、社科、计算机和农业科技用书的进货量，调整卖场图书结构。形成常销书、动销书、畅销书组合成合理的备货体系。另外，销售

龙山新华书店图书销售厅一角

VIP 卡 200 张，为读者提供了全省购书的便利。

【创数增值服务】 2017 年，公司在互联网＋图书发行的时代背景下，创数公司携手，向县高级中学和皇仓中学两所高中推出“互联网＋智能数学课”产品，组织两所学校的师生培训，使广大师生了解“互联网＋智能数学课”，全年销售码洋达到 150 万元。

【领导名录】

经　理　　彭卓英
副经理　　彭承旭　彭晓东

文 化 市 场

【概况】 2017 年，县文化市场综合执法局，编制 19 名，实有在职在岗人员 15 人。内设办公室、法规监督股、网络娱乐演艺执法股、广播电影电视执法股、新闻出版执法股、文化遗产执法股。县文化市场综合执法局前身是：1992 年成立龙山县文化稽查大队；2011 年成立龙山县文化市场综合执法局，为县本级参公管理的全额拨款正科级事业单位；2016 年 3 月，全县机构改革，调整为县旅游和文化广电新闻出版局管理的副科级参照公务员管理的全额拨款事业单位。

主要职责：贯彻执行党和国家有关文化市场管理工作中的法律、法规和规章以及政策文件，认真履行文化市场监管职责，在县旅游和文化广电新闻出版局授权范围内开展文化市场综合执法。

【文化市场监管】 2017 年，按上级规定文化市场巡查的时间和次数要求，对市场采取巡查达到工作日与节假日相结合，白天巡查与夜间巡查相结合，同时适时开展零点执法行动。严格按照每周日常巡查次数不少于 4 次（周末必查）的标准开展巡查。发挥城区网吧视频监控中心平台“千里眼”作用，确定 2 人专职负责视频监控工作，利用视频监控查处网吧违规接纳未成年人 17 家。

结合重大活动、阶段性工作任务和各时节文化市场特点，有针对性开展一系列文化市场专项整治行动。开展“两节”、“两会”期间文化市场集中整治行动，重点对出版物、KTV、电游娱乐、影咖、网吧等市场进行了综合整治；5 月 15 日至 6 月 3 日，开展全县中小学校周边网吧、书店、KTV、酒吧等文化娱乐经营场所集中整治行动，对违规经营场所下发整改通知书，严厉查处违法经营场所，为全县中考和高考保驾护航；4 月至 10 月，开展“扫黄打非”专项整治，重点打击侵犯知识产权、盗版书籍等违法违规行为。10 月至 12 月，开展市场证照清查专项行动，清查县城 60 家网吧证照情况，发现 21 家网吧存在地址变更而证照未予变更情况，根据各办

2017 年 7 月 11 日，县政协委员与文化市场执法人员视察网吧

证单位职责，向消防、工商、公安及安监等部门通报情况，并下达整改通知书20余份，督促业主立即整改。

共出动人员1150人次、车辆272台次，检查文化经营场所642家次，立案查处违法违规文化经营场所35家。其中，网吧31家，娱乐场所3家，出版物经营场所1家，收缴非法出版物2420张(册)，收缴违规安装广播电视、卫星地面接收设施、专用设备2套。在全县范围推广并逐步应用全国文化市场技术监管与服务平台。

【法规宣传培训】 2017年，县市场综合执法局开展送法下乡、“3·18”文化宣传日和“12·4”法制宣传日等活动3次，发放宣传资料3500余份，展板宣传5块。组织对网吧、歌舞娱乐、书报刊、营业性演出、电影影咖和印刷市场经营业主参加法律法规学习培训，参训300余人，开展执法人员业务培训3次，上报各类信息稿件38篇(条)。

【安全生产】 2017年，县市场综合执法局贯彻落实安全生产“一岗双责”制度，树立“凡下市场必查安全”的工作理念。8月15日至10月31日，联合消防部门开展“州庆、国庆、中秋、十九大”期间安全生产大检查行动，有效防范和遏制安全生产事故发生，实现“州庆、国庆、中秋、十九大”期间全县文化市场安全稳定。12月，开展平安文化市场建设工作。与全县文化市场经营业主签订安全生产责任状100余份，要求经营单位自觉落实安全工作责任，细化内部安全管理措施，自觉开展安全生产“三大”行动；截至12月底，全县文化市场零事故。

【领导名录】

局　长　　田　洋
副局长　　田　竞
工会主席　黄克斌

里耶古城(秦简)博物馆

【概述】 里耶古城(秦简)博物馆，隶属于里耶管理区管理委员会，为地方性专题类博物馆。2006年博物馆开始筹备创建，2010年建成并正式对外开放。馆址位于里耶镇八面山脚下，处于里耶镇城市规划中的文化新区，占地面积3.6万平方米，建筑面积7200平方米。2017年，里耶古城(秦简)博物馆为直正科级全额拨款事业单位，共有职工62人，核定全额拨款事业编制13名，实有人员13人。其中专业技术4人，管理岗位9人。内设馆长办公室、财务室、综合办公室、藏品管理与陈列展览股、安全保卫股、、设备保障股、物业管理股、开放接待股、网络信息与出版股、市场开发与经营股、专职消防队11个股室。

【陈列展览】 博物馆现有一个基本陈列《大秦迁陵》，其中包括4个展厅，分别是《古城印象》《迁陵往事》《酉水人家》《帝国县政》。另有一个中国古代廉政文化特展——《里耶秦简廉政文化专题展》。

第一展厅《古城印象》，展厅面积1000余平方米。里耶古城在战国、秦、汉时期相继沿用后废弃，该展厅根据考古发掘所反映出来战国秦汉时期迁陵县城址结构特征与功能布局，通过场景复原，借助声、光、多媒体等多种手段，结合古城出土相关文物，向观众介绍二千多年前里耶古城的基本面貌形制。

第二展厅《迁陵往事》。该展厅为多媒体展厅，面积1000多平方米。围绕一条河、一座古城、一场战火、一口古井、一批秦简等历史文化元素设计制作，以战国、秦汉社会历史演变为线索，通过全景展示等新颖、直观的形式手段，为里耶古城、秦简的发现揭示提供广阔的时空背景。

第三展厅《酉水人家》。展厅面积200平方米，通过秦简、历史文献和墓葬考古资料，对相关展品进行整理组合，分章设节，力图展示在秦朝当时普

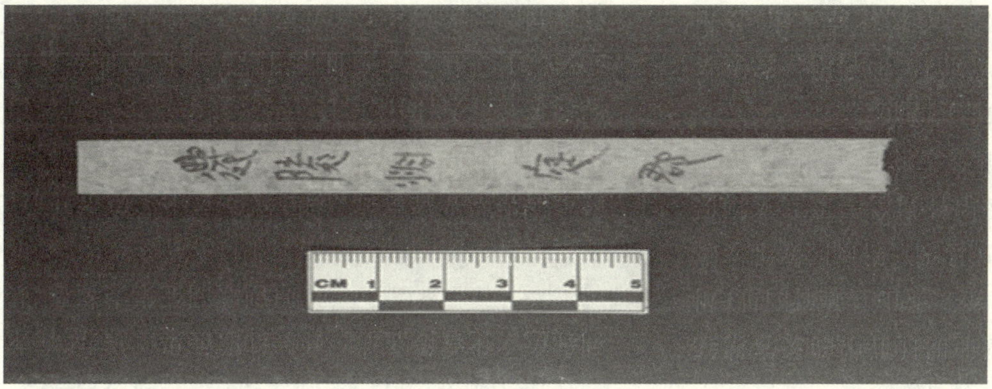

迁陵…洞庭郡(里耶秦简博物馆镇馆之宝)

通家庭人员构成、住房结构、室内陈设、饮食生活等内容，让观众通过展览了解战国晚期楚国、秦汉当时迁陵先民的生活状况。

第四展厅《帝国县政》。展厅面积600平方米，此部分力图通过展品与辅助手段的有机组合，展示秦朝县级政府日常办公的情况，并通过挖掘秦简内容中的亮点，展示有趣的故事，借助各种展示手段，以增强观众对秦简内容的兴趣。

中国古代廉政文化特展——《里耶秦简廉政文化专题展》。该展厅为我国古代廉政文化特展，面积400平方米。中国是一个历史悠久的文明古国，有深厚的历史积淀与文化传统。深入挖掘传统文化中的廉政文化资源，可以为我们今天的廉洁政治建设提供镜鉴。

展厅秦代木牍8～1151(出土号)，释文内容：迁陵洞庭郡，如下图。

因中国古代《史记》《汉书》等传统文献记载秦始皇统一全国后分天下为三十六郡，抑或是后来专家提出的四十八郡，均无“洞庭郡”一郡的说法。而里耶秦简中就频繁出现有“洞庭郡”一词，由此证实早在秦始皇统治时期就设有“洞庭郡”，而且洞庭郡还下辖有迁陵、酉阳、沅陵3县，从而颠覆两千多年来史家关于秦朝行政区划的结论，被认为是具有划时代意义的价值。是里耶秦简博物馆的镇馆之宝之一。

2017年，为提高博物馆展览策划举办水平，积累经验，博物馆与内蒙古民族商贸文化博物馆联合举办《先秦秦汉青铜器生活用展》。2月，与河南南阳知府衙门博物馆联合举办《秦简中的吏治文化漫画展》。5月，与内蒙古民族商贸文化博物馆联合举办《乐亦智哉——中国古代游艺文化展》。9月，与山东博物馆等国内数十家文保机构联合举办《书于竹帛——中国简帛文化展》。12月，与内蒙古民族商贸文化博物馆联合举办《遗医赠药之医疗文物展览》。

【藏品管理】 馆内藏品来源，主要是通过考古发掘、征集、馆际交流等途径获得。藏品类别包含历

里耶秦简博物馆全貌

史文物、自然标本。截至2017年年底，博物馆馆藏文物有8000余件(套)。

加强科研队伍建设，博物馆成立各类专家库：秦汉学术研究专家库、里耶秦简保护专家库、里耶秦汉文创专家库、里耶秦汉项目建设专家库、里耶秦简博物馆发展策划专家库。聘请国内知外名人士加盟里耶秦简博物馆研究团队，有名誉馆长、顾问、专家组成员等，定期开展各项工作。出版图书资料有：《里耶秦简博物馆藏秦简》《里耶秦简书法指要》《里耶秦简书法字典》等。

【文化宣传】 2017年，馆内有专职讲解员5人。同时，发挥志愿者的作用，博物馆宣教部制定有规章制度，安排专人负责管理。是年，博物馆被湖南省委宣传部授予"湖南省爱国主义教育基地"称号。

6月2日，在"六一国际儿童节"期间，与里耶周边多所小学400多名小朋友举行"穿汉服学秦礼、齐诵'九九'表"等活动。

8月20日，博物馆宣教部、办公室赴吉首监狱举行"行走的秦文化进高墙"活动。

【交流合作】 2017年4月29日，与中国民族影视研究中心达成合作协议，由中国民族影视研究中心授予博物馆"中国民族影视研究中心·里耶基地"在里耶秦简博物馆举行授牌仪式。8月，派员外出随同湖南省文物考古研究所到泸溪浦市下湾遗址参加考古发掘。12月，参加在长沙简牍博物馆"简牍研究与人才培养专题研讨会"。

【文化创意产品】 博物馆的文化创意产品由市场开发与经营股负责，有专职人员1人。3月，设计制作的《秦简纸镇》，入选中央电视台大型栏目《魅力中国城》同时被湘西州人民政府指定城市礼品。

【领导名录】

馆　长　　彭成刚
副馆长　　张为州(2017年2月—)

乌龙山风景名胜区

【概况】 2013年5月23日，龙山县人民政府设立里耶—乌龙山风景名胜区管理处(以下简称风管处)，县编办印发《龙山县里耶—乌龙山风景名胜区管理处主要职责、内设机构和人员编制规定》(龙编办发〔2013〕7号)文件，确定风管处为科级全额拨款事业单位，归口县住建局管理，核定编制5名，2017年，有工作人员12人，内设办公室、法规室、规划建设室、资源利用室、财务室。

里耶—乌龙山风景名胜区由里耶、乌龙山大峡谷、洛塔三大景区组成，总面积102.63平方千米，

2017年7月27日，州委常委、州委宣传部部长、龙山县委书记周云(右三)到乌龙山大峡谷景区调研景区提质改造工程项目建设情况，县委常委、县委宣传部部长刘昌顺(右四)陪同

核心区面积 24.22 平方千米。其中自然景观有惹迷洞、鲢鱼洞、飞虎洞、石林、天坑等 123 处;人文景观有里耶秦简、古城遗址等 42 处。景区内动植物资源丰富,林木植物 1990 种,野生动物 100 种。里耶—乌龙山国家级风景名胜区的人口主要是土家族,保存的民族文化元素主要有:“摆手堂”“转角楼”等民族建筑,“摆手舞”“毛古斯”等民族舞蹈,“打溜子”“咚咚喹”“树皮号”等民族器乐,唱山歌、“玩花灯”等民族文学艺术,“哭嫁”“闹洞房”“讲梁”等民族风俗,“西兰卡普”“蜡染”等民族工艺,“团馓”“甜酒水”“油茶汤”等民族风味,原生态保护,世代传承。

【资源保护】 2017 年,风管处加强景区安全监管。对景区存在的安全隐患及时排查,每年对景区山体危石、滑坡地带及森林防火等进行全面排查,对宾馆、餐饮场所等重点位置的用火、用气安全全面排查,严禁在景区内使用火种和燃放烟花爆竹,禁止使用板房和其他易燃材料构造的临时建筑物作为生产和生活用房。在部分景区内设置了安全警示标识,在临崖路段、观景台等危险位置,设置防护栏杆。编制景区应急预案,明确专人负责应急救援工作;严格建设项目的审批。严格履行《风景名胜区条例》,严把建设项目选址方案审查关,凡不符合景区规划的建设项目,一律不办理项目选址,如对在乌龙山大峡谷内申请建加油站、养鸡场等不符合要求的项目不予批准。对符合规划的建设项目严格按照审批管理权限和报批程序逐级报批。强化部门合作。强化与里耶管委会、乌龙山大峡谷旅游投资有限责任公司和乌龙山国家地质公园服务局等相关部门的衔接,特别是在景区规划、景区管理等方面的合作,对景区存在的问题及时沟通,共同解决。推行规范化管理。推行信息管理员、资源保护管理员、规划管理员、项目建设管理员建设,“四大员”全部指定到人,明确工作职责,考核工作落实情况。

【规范管理】 2017 年,风管处里耶—乌龙山被列为省级风景名胜区后,尤其是里耶古城遗址被国务院增补为第五批全国重点文物保护单位、里耶被批准为中国历史文化名镇之后,各级人民政府的保护力度加大,对风景名胜区边界进行实地勘探,立标定界,明确土地权属,整修里耶古镇古建筑等景点,拆除区内有碍观瞻和景观不相协调的建筑物。完善里耶古镇、乌龙山大峡谷、洛塔石林三个主要景区的游步道和其他各项基础设施建设,形成循环的游步道系统。食、宿、游、娱、购、行及医疗急救、安全保障、邮电通信等各项旅游服务配套设施均相继建成,具有很好的游览条件。

【宣传推介】 2017 年,风管处采取灵活多样的形式,加强对景区的宣传推介。通过举办土家族舍巴节、武陵山区三棒鼓擂台赛暨龙山县非遗保护节等大型活动,将打溜子、三棒鼓等民族节目推上电视、走进高校、走出国门。同时还将景区规划图、风景名胜区管理相关法律法规、景区内重大建设项目办事指南等公布于网上,方便群众了解相关信息。

【基础设施建设】 2017 年,里耶景区投入 1500 多万元,整修里耶秦简博物馆,修建里耶古城南游客服务中心及停车场,并争创 AAAA 级里耶旅游景区;乌龙山大峡谷景区投入 2000 多万元,完善鲢鱼洞、惹迷洞洞内灯光设施、建设峡谷内的慢行车道、森林绿道、旅游厕所、停车场、高端小木屋,购置水上游船、双人单车、电瓶汽车等游览交通工具;洛塔景区近三年内投入地质遗迹保护项目专项资金 3000 多万元,修建九瀑溪、杉湾景区、八仙洞景区、溪沟石林和五虎赶六羊至灵洞的科普游道,完善景区解说牌、介绍牌、景点名称牌、指示牌、温馨提示牌标识系统,增添护栏、排水沟、休息平台、入口广场、绿化带等附属设施。

【领导名录】

主　任　　　罗　璋
副主任　　　彭　凌
纪检监察员　陈春艳(女,2017.10—)

惹巴拉旅游投资有限责任公司

【概况】 龙山县惹巴拉旅游投资有限责任公司，是负责全县乡村旅游建设管理服务的国有独资公司。2015年11月成立，注册资金1000万元，下设6个部门，综合办公室、景区管理中心、土家文化研究院、群众工作科、工程项目科、财务后勤科。共有员工32人。经营范围为全县乡村旅游建设管理服务及法律法规、政策允许的建设投资和管理，景区土家文化的传承、发掘，旅游基础设施建设、绿化、亮化以及民族旅游产品的生产、销售等。开发建设项目总投资22亿元，按照“政府主导、公司经营、集体协管、村民参与”的模式推进。景区建设主要包括捞车村、黎明村、六合村、树比村四大古村落提质改造，打造捞车河沿河风光带，筹建惹巴拉影视基地(惹巴拉宫)、铁索桥、汽(房)车露营基地、土家织锦公园、农业观光园等高端场所，突出惹巴拉十八景，将惹巴拉打造成“三位一体”(原始的土家文化村寨、真实的土家工艺体验馆、精美的农业观光)的“中国土家第一寨”和全国知名的AAAAA级休闲度假旅游胜地。

【项目建设】 影视城(惹巴拉宫)：总投资1.5亿元，建筑总面积15000平方米。一期建设共5300平方米，内容包括惹巴拉宫的冲天楼、议事厅、后宫、行政公署、摆手堂、祭祀广场、演武场。为长篇电视连续剧《血盟千年》夯实拍摄基础，奠定拍摄条件，同时，给惹巴拉景区带来新的亮点。铁索桥：在六合村的河面上，横跨一座总投资1322万元的铁索桥，供游客通行和观赏沿河景观。民居改造：将景区内的民房进行“整旧如旧”的民居改造，形成整洁统一的景观模式。农业观光园：储蓄土地2000亩，有蓝莓710亩，红豆杉150亩，楠木210亩，梅花40亩，桂花40亩，樱花30亩。计划投资11800元，主要包括蓝莓采摘园、四季花园、珍稀植物园，体现惹巴拉四季绿色、花果飘香。三桥建设：总投资641.5万元，修建儿车河、捞车河、六合村大桥。高端民俗酒店：总投资5000万元。改造8栋民房，计划修建12栋，安排床位120个。项目依照土家族庭院建设模式，内部设施齐全，让游客真正体验土家民居生活。样板房建设：投资138.7万元，新建3栋样板房，总面积373平方米。展现土家族原生态风采。管线下地(一期)：总投资为3945万元，主要建设内容包括雨污管网及强弱电管线入地改造，雨污管线改造实行完全分流排放体制。绕村公路：总投资1678万元，建设全长1700米的标准二级路，控制性工程包括桥梁两座，涵洞5处。公路建设：黎明至六合公路，长3400米，投资913万元，修通路面结构为沥青砼高等级公路。

【文化植入】 惹巴拉风景区土家文化的传承、发掘，是以AAAAA级景区为目标，真正体现“中国土家第一村”，主要目的就是要将土家族原汁原味散落在各个角落的土家族历史文化植入到惹巴拉风景区建设中，全面体现土家族的勤劳、智慧、勇敢和风情浓郁的民俗，让世人一目了然。

2016年3月，召集境内民俗专家田隆信、张登赤、刘能朴、彭英子、田禹顺以及在职工作人员贾美树6人为“惹巴拉土家文化传承、发掘工作者”，专门从事土家族文化的研究和对惹巴拉土家文化的发掘与传承。

土家文化传承、发掘工作人员从理清土家族文化景点入手，着手从远古时期到现在的土家族历史变化，土家人尊重的神道和历史人物，编写《历史名人方案》、《惹巴拉“毕兹卡耶厝”(九重殿)神像设置方案》和《惹巴拉影视城(惹巴拉宫)文化植入方案》。同时，重视龙山县是国家公认的“中国土家织锦之乡”，惹巴拉是原始的土家织锦所在地，因此，打造惹巴拉，要把土家织锦放在首位，起草了《惹巴拉土家织锦展示展演中心策划文案》，为未来修建土家织锦公园打下基础。另外，土家文化植入工作人员对惹巴拉各种建筑开展评审活动，杜绝一切与土家族文化无关的建筑产生，广泛开展景区建设保护和监督管理活动。

土家文化工作人员充分利用小说、散文、诗词、杂文等形式，撰写书籍，组织编写惹巴拉文化丛书。至2017年，正式出版《土家族民间故事精选》《土家织锦工艺》《土家织锦图纹解读》书籍3本，另有5本在编辑之中。

【领导名录】

董事长	蔡　龙（兼）
总经理	田富荣（法人代表）
副总经理	彭发文　米成凯
	向　琼（女）

科技·教育·体育

科学技术协会

【概况】　龙山县科学技术协会成立于20世纪50年代，2017年，在职人员4人。主要职责：提升全民科学素质，切实为广大科技工作者服务。是年，获中国科协“全国科普日”优秀组织单位。

【科普服务】　龙山县科学技术协会组建多学科多功能专家讲师团。聘请湖南中医药大学、湖南农业大学等高校专家7人，组建32人的专家讲师团；其它成员由县直涉农部门具有高、中级技术职称的专业技术人员97人组成专家服务团队伍；组建科普工作队。由“土专家”、“田秀才”为主体，组建80人的自主创业科普工作队伍；组建科普宣传志愿者队伍。组织民间艺人542人，组成科普宣传志愿者队伍。

【科普日活动】　9月13日，成功举办全州2017年“全国科普日”暨“普及科学添彩州庆”活动。活动以“创新驱动发展，科学破除愚昧”为主题。13日至18日，开展中小学科技创新教育、科普进社区、科普报告会、科普开放日、特色科普等活动，内容丰富、具有浓厚的民族特色。

【青少年科技创新】　与县教育局共同出台《龙山县中小学科技创新教育活动实施方案》、《龙山县“科普进校园进社区”执行方案》，实施校园科技传播工程、科技辅导员能力提升工程，采用“引进来，走出去”的办法，组织科技辅导员培训。全年收集作品619件。在全州科技创新大赛中，有71件作品获

湘西州2017年“全国科普日”活动在龙山县皇仓中学启动

奖，其中一等奖 20 件，二等奖 25 件，三等奖 26 件，龙山一中获初中组趣味科技竞赛第一名。在第三届湖南省青少年科技创新大赛中，龙山县共有 3 件作品获奖，其中二等奖 1 件，三等奖 2 件。

【领导名录】

主　　席　朱熙元
副 主 席　彭绍宽

教育体育

【概况】 龙山县教育和体育局（简称县教体局）由原县教育局和体育局合并而成，2015 年 12 月正式挂牌。编制 47 名，在岗人员 152 人。2017 年，全县教师 4868 人，其中：普通中学专任教师 2343 人，中等职业教育专任教师 96 人，小学专任教师 2429 人。局机关内设办公室、基教股、人事股、党建办、绩效办、老干股、计财股、审计股、项目办、精准扶贫办、驻村扶贫办、职成股、民办教育发展股、安全股、教育督导室、体育产业管理股、群众体育股、老年体协办公室、竞训股、行政审批股、纪检监察室、考试中心、电教仪器站、教育信息化、教育工会、后勤服务中心、学生资助管理中心、体卫艺站、民族体育馆、业余体校、老年大学服务中心、重点工程办等股室。

2017 年，龙山县有各级各类学校 266 所，其中义务教育阶段学校 115 所（普通小学 88 所，包括中心小学 22 所，村片小及教学点 66 个，初级中学 9 所，九年一贯制学校 18 所），高中学校 3 所（其中高级中学 2 所；完全中学 1 所），进修学校 1 所，中职学校 4 所，特殊学校 1 所，幼儿园 142 所。在校学生 96639 人，其中幼儿园 24006 人，小学生 45479 人，初中生 18250 人，高中生 8904 人。全县在职教职工 4983 人，其中幼儿园（公办）211 人，小学 2429 人，初中 1634 人，普高 709 人。

【基础设施建设】 2017 年，推进四大工程。“农村学校标准化建设工程”。对 9 所农村学校实施标准化建设，规划投资 2889 万元，建筑面积 31197 平方米，实际完成投资 844 万元。将 9 所农村学校标准化建设与保育式学校建设有机结合，促进农村学校办学条件完善，为留守儿童创造好的受教育环境。

【民生工程】 2017 年，涉及义务教育标准化教学点 3 个、幼儿园 3 所，规划投资 1528.8 万元；完成投资 1607.7 万元，完成投资比例 105.2%。

【教育信息化】 2017 年，县教体局推进“城乡教育信息化建设工程”。按时完成全国教育信息化工作进展系统月报工作、2017 年湖南省教育信息化创新应用“十百千万工程”示范县工作和里耶小学 2017 年湖南省教育信息化创新应用“十百千万工程”网络联校申报工作。开展“一师一优课、一课一名师”活动，普及基础教育信息化教学常态化应用，全县报名教师 3221 人，其中 2874 人参加赛课 4658 节，上传实录课 951 节，位居全州八县市之首。组织龙山五小主讲教师到大安小学和苗市学校开展网络联校工作，实地了解网络分校的教情和学情，并与分校辅导教师进行座谈，将网络联校工作常态化。实施全国中小学教师信息技术应用能力提升工程，截至目前，全县中小学教师信息技术应用能力提升工程培训圆满完成，共 5258 名专任教师参训，为全县全面推进信息技术与学科教学融合奠定坚实基础，提前完成教育部等五部委提出的目标计划。

【教师队伍建设】 2017 年，推进“教师队伍素质提升工程”。县教体局制定《龙山县教体系统开展“敬业奉献、幸福人生”师德师风教育活动实施方案》（龙教体发〔2017〕19 号），通过专题讲座、理论研修、自我剖析、专题讨论、读书征文等形式开展师德师风建设，规范教职工教育教学行为，提高教职工职业道德水平。健全教师补充机制，引进部属免费师范生7名，培养定向师范生175名。培训促进教师成长，开展长沙市对口扶持龙山培训小学语文、数学骨干教师等12类教师培训，完成教师培训3266人次。开展教师交流轮岗。落实“三区”教师专项计划。全州八县市36名支教教师对口支教龙山县，为全县农村学校注入了新的活力。落实《湘西自治州关于推进县市域内义务教育学校校长教师交流轮岗工作的实施意见》（州教体发〔2016〕19号）文件精神，开展教师轮岗工作。校长交流轮岗5人，教师交流轮岗75人。

【德育工作】 2017年，龙山教体局推进坚持立德树人，学生素质全面发展。出台《龙山县教育和体育局关于2016年度全县中小学德育工作考核情况的通报》（龙教体通〔2017〕12号）、《龙山县教育和体育局关于印发〈湘西州初中学生综合素质评价实施办法（修订）〉的通知》（龙教体通〔2017〕24号）。德育工作实行台账管理，对各校德育工作开展情况进行一月一通报。

开展省、州、县各级三好学生、优秀学生干部和先进集体评选活动，出台《龙山县教育和体育局关于表彰2016—2017学年度县级“三好学生”及“优秀学生干部”的通报》（龙教体通〔2017〕38号），共评选县级三好学生373名，县级优秀学生干部152名。

持续开展“三爱教育”“养成教育”“文明礼仪教育”“心理健康教育”“生态文明教育”及“四育两进活动”，2017年，里耶小学被评为湖南省生态文明示范学校。龙山二中学生田婉蕊获“学宪法知宪法”征文比赛中全省三等奖。

【义务教育】 2017年，县教体局推进校外活动中心和农村学校少年宫建设。加强乡村学校少年宫规范化建设和管理，4月10日—4月12日，县文明办、县财政局、县教体局组成联合督查组，通过查阅资料，实地查看等形式，对全县“十二五”期间建设的22所乡村学校少年宫项目校工作开展情况进行督查。

拟定城区布局调整方案。在城区高中学段，新建1所高中、1所职教中心，扩建1所高中。完成后，城区共2所高中和1所职教中心，有普通高中学位10450个、职业中学学位4000个。在城区初中学段，新建2所，改建1所，扩建1所，搬迁1所。完成后，城区共5所初中，有学位15900个。在城区小学学段，新建3所，改建4所，扩建1所，保留5所不变。完成后，城区共12所小学，1所特殊教育学校，有学位29430个。

严格招生计划。印发《关于做好2017年秋季全县各类学校招生工作的通知》（龙教体通〔2017〕46号）和《关于做好2017年普通高中招生工作的通知》（龙教体通〔2017〕47号）及《2017年秋季龙山县城区小学一年级招生入学办法》，严格执行文件规定的相关要求，对于违规招生，违规接收转插生的学校和校长，采取取消评优评先资格、诫

2017年11月6日，长沙惟楚兢才教育帮扶靛房学校

勉谈话和就地免职等措施进行责任追究。

义务教育力求均衡。2017年,全县义务教育阶段入学率100%,高中阶段毛入学率85.15%,适龄三类残疾儿童少年入学率83.87%;全县小学巩固率99.91%,初中巩固率达97.9%,高中巩固率达98.11%。

【学前教育】 2017年,县教体局新建红岩、兴隆街道乡镇公办幼儿园、改扩建6所村级幼儿园、改善办园条件43所村级幼儿园、建设普费性民办幼儿园9所。全县毛入园率达到80.5%,完成州要求的目标任务。

【教学质量】 2017年,全县3175人参加普通高考,本科上线1527人(本一上线406人,本二以上上线1056人),600分以上95人,文理科总分在全州前100名、前50名、前10名中人数平均超35%以上,居全州前列。在全省档分前100排名中,田紫森同学以档分681分位居全省投档排名第三名、全州第一名。共129人参加职高对口升学考试,本科上线30人,专科以上上线126人。田紫森等7名同学先后被清华大学、北京大学录取,其他如浙江大学、复旦大学、中国人民大学、南京大学、上海交通大学、同济大学、武汉大学等名校录取50人。

【资助贫困学生】 以落实各类政策性救助为重点,做到"一个项目不能少、一分钱不能少",确保实现"不让一个学生因家庭经济困难失学"的总体目标。做好"贫困学生资助全覆盖工作"。以《龙山县2017年贫困学生资助全覆盖实施办法》为依据,坚决按照资助标准落实政策,确保建档立卡贫困家庭及城乡低保户子女接受学前至高中阶段15年免费教育,并给予生活补助;加强工作督查考核,实行动态管理,做到"三个全覆盖":所有学段全覆盖、公办与民办学校全覆盖、县内、县外就读学生全覆盖。救助贫困大学新生1070人次,总金额487.6万元。其中,按州县贫困大学新生救助政策,一次性救助贫困大学本科(含预科)新生362人,专科新生431人,总资金350.3万元(其中本科0.5万元/人,专科0.4万元/人);湖南省统一战线"泛海助学行动"资助龙山县建档立卡贫困大学本科新生235名,总金额117.5万元;县总工会救助贫困大学新生30名,总资金15万元;"华融湘江""芙蓉学子"救助本科新生12人,总金额4.8万元。

按本专科(含预科)每生最高8000元,研究生每生最高12000元的标准,为1956名贫困大学生办理生源地信用助学贷款1562.82万元,解决贫困大学生入学难问题。

【体卫艺工作】 2017年,县教体局举办全县第二届中小学生足球联赛、龙山县第二届中学生篮球联赛暨第七届小学生乒乓球联赛、第29届中小学生田径运动会,组织参加湘西州教体系统首届教职工运动会。举办全县第十四届中小学生"独唱、独奏、独舞"比赛和建制班合唱比赛。艺体活动方面已形成自有特色和固定模式。每年的上半年举办"三大球"联赛和班级合唱比赛,下半年举办教职工篮球比赛、中小学生"三独"比赛、美术、书法、摄影比赛和田径运动会。每两年举办一次全县中小学生艺术展演活动,每三年举办一次音体美教师基本功比赛。

【教育督导】 2017年,县教体局督学责任区"三级三线"督导经验得到教育部教育督导局的认可。3月20日,督学责任区实行"三级三线"督导的经验,在教育部网站上推介经验。全县"三级三线"督导深入开展,教育督导实现"全方位、全覆盖、全过程",州人民政府教育督导室授予"先进单位"称号。组织召开乡(镇、街道)、县直单位"落实湖南省县级人民政府教育两项督导评估考核"工作会。

开展义务教育合格校建设(为民办实事)项目校督导检查。2017年全县申报上级验收项目校6所,自建项目校8所,共计14所学校。根据《湖南省义务教育合格学校验收标准》,督查组对14所学校的校园规划、装备条件、办学经费、队伍建设、学校管理、教育教学、办学水平7块内容进行现场督导。

9月25日至29日，组成三个督查组，全面督查县内各学校的“两项督导评估资料”收集整理情况。理清思路、分工明确、严格督查，如实记载。通报资料不合格，工作相对滞后的学校和单位。

【安全工作】 2017年，县教体局创新校车安全管理工作。县城学校“223护校安园”、农村学校“112护校安园”行动落到实处，在学生上放学重点时段和学校出入口重点路段开展“护校安园”行动，做到“见警察、见警灯、见警车”，将“护学岗”定人、定时、定岗并把执勤时间、执勤任务和监督举报电话悬挂在校门口醒目位置公示，接受群众监督举报，形成群防群治的高压态势。中心完小以上学校的视频监控系统实现重点区域电子监控全覆盖，学校全部按要求配备了灭火器材，内部规范门卫管理，对外来人员进入学校全部实行登记制度。“6·26”国际禁毒日，制作6块禁毒宣传展板，组织2500余名师生参加县禁毒委组织的“禁毒之声、唱享健康”大型宣传活动。通过各校的全面排查，教体系统未发现涉毒吸毒人员，确保教体领域的一方净土未受污染，维护正常的教育教学秩序。

【体彩事业】 截至9月30日，体彩销售588.02万元，新增体彩销售站点2个。2017年5月25日，省体彩中心“公益体彩，快乐操场”两大公益活动走进桶车学校、内溪九年制学校，为两所学校各送去30000元爱心体育器材。为猛必小学从省体彩中心争取专项器材资金3.5万元。瓦房小学入选2017年“公益体彩，快乐操场”项目校。共争取体彩公益金176.94万元，其中省、州奖励26万元。

【全民健身】 2017年，龙山教体局承接全国柔力球大篷车公益来凤龙山惠民推广万里行(龙山站)活动，培训指导员30人、来凤龙山两县共有柔力球运动员200余人参加此次活动。配合相关单位完成“最炫民族风—共筑龙山梦”第三届土家族摆手节暨摆手舞大赛、洗车河2017年端午节龙舟赛、“体彩杯”龙山县第二届中小学生5人制校园足球联赛、“体彩杯”龙山县第29届中小学生田径运动会、召市镇第二届“振兴杯”全民健身运动会、2017年湘西州城镇供水行业职工联谊运动会等10余次群众体育活动。选送彭丽、晏与遥、李诗阳、彭柳南、田欣、石登群、石登桂、胡小琴、陈兰平、李君、杨春华20余人参加上级组织的游泳救生、陀螺、蹴球、健身操类等一、二级社会体育指导员培训。与相关部门编制完成《龙山县全民健身计划(2016—2020年)》、初步拟定参加第九届省民运会组队集训方案。为20个贫困村(社区)配备价值29.94万元的健身器材。组队参加重庆举办的中国体育彩票·首届“民族团结杯”(重庆·秀山)渝鄂湘黔四省市边区足球邀请赛。

【年度荣誉】 2017年8月，龙山县教育和体育局被中国关心下一代委员会、中华人民共和国司法部授予全国“关爱明天、普法先行”青少年普法教育活动优秀组织奖，田志华被授予全国“关爱明天、普法先行”青少年普法教育活动“优秀辅导员”。曾祥辉获全国交通摄影大赛二等奖。

【领导名录】

党组书记、局长	傅立波	
党组成员、副局长	唐恢波	向清美
	姚敦会	刘斌兰
党组成员、纪检组长	李诗政	
县人民政府主任督学	彭良春	
县人民政府副主任督学	曾祥辉	

第一小学

【概况】 龙山县第一小学学校前身为清嘉庆二十年(1815)创办的“云从书院”，咸丰初年更名为“白岩书院”，1903年改为县立第一高等小学堂，1910年改为县立第一高等小学校，1939年改为龙山县第一高等小学校，1941年改为首善镇中心国民小

龙山县第一小学阳光大课间·师生集体舞

学校,1950年更名为“城关镇完全小学校”,1958年更名为“民安镇完全小学校”,1968年更名为“东方红小学”,1985年更名为“民安镇第一小学”,2008年更名为“龙山县第一小学”。

2017年上期,在编在岗教职工210人,学生6378人。2017年下期,在编在岗教职工217人,学生6398人。学校现占地面积24860平方米,建筑面积12382.06平方米。有6道200米环形塑胶跑道运动场1个,标准篮球场2个,足球场1个,乒乓球台14个,羽毛球球场2个,体育场地13238平方米。有微机室2个,多媒体教室1个,数学、科学仪器室3个,音体美教室各1个,图书室、阅览室1个,医务室1个,体育活动室2个,体育器材室1个,档案室1个。

【德育工作】 秉承校训“文明、勤劳、求实、守纪”,德育为先。2017年,田蓉蓉、向伟、向玉竹等22名教师获“班主任工作经验分享”一等奖。徐英逖、彭顺心等300余名同学被评选为学校“十佳少先队员”“优秀队干”“进步之星”“学习标兵”。唐瑞霞、刘雅欣、胡诚等69名同学获“六一”艺体节硬笔书法一等奖;张佳轩、向觅墨、刘一夫等38名同学获“六一”艺体节软笔书法一等奖;曾丽君、彭国琼、向伟等37名教师获书法比赛优秀辅导教师。

【教学工作】 2017年,实行教学常规每月一检查、一总结、一评比、一奖惩、一上报。108名教师获“校级落实常规先进个人”,其中16名教师获“县级落实常规先进个人”。实施学生成绩分段管理和评价,三年级语数学科在全县城区期末质量检测中均居全县第二,六年级毕业会考中语文检测成绩位居城区学校第一。钟淑芳、余晓春、刘云、彭萍等7位老师获一师一优课赛课“部级优课”。彭娟、范群、李文艺三位老师主持的网络集体备课获省级一等奖。3个州级规划课题成功立项,9个县级课题获奖。骆云老师获省级录像课比赛一等奖,李文艺老师获省级录像课比赛二等奖,钟淑芳老师获州级主题队会《美丽湘西与我同行》现场比赛一等奖。

【资助工作】 2017年,累计资助学生3070人(含建档立卡户、低保户子女),发放资金228.08万元。2017年上期,受资助贫困生1761人,其中党员教师对口资助53名贫困学生5300元。下期,受资助贫困生1309人,其中党员教师对口资助53名贫困学生5300元。

【办学成果】 2017年度,学校被国家教育部授予“全国青少年校园足球特色学校”称号,被龙山县教体局授予“基层党建”“放心食堂达标学校”“人口和计划生育综合治理”“学校工作目标管理考核先进单位”“信息技术和实验教学先进单位”“中小学德育工作”“教科研工作”“建设美丽湘西工作”“教育信息化管理与应用工作”“学校安全工作”“学校体育卫生艺术与国防教育工作先进单位”“学校工会工作先进单位”“落实“教学常规”先进单位”和“书法教育工作先进单位”等称号。

【领导名录】

校　长　尚顺忠

副校长　尚立桂　肖全明　叶明青　李添文

第五小学

【概况】 龙山县第五小学创建于2008年，地处龙山县城朝阳路西段，校址先后为民安镇中、龙山一中(初中部)。校园占地面积16631平方米，建筑面积11249平方米，绿化面积1500平方米，学校现有教学楼4栋、后勤楼1栋、200米环形塑胶运动场、2个标准篮球场、2个标准羽毛球场，教学班级60个，在校学生5500余人，在职教师215人，其中高级教师9人，一级教师97人，州级学科带头人2人，县级骨干教师8人。有“田雪梅语文名师”和“杨冬梅数学名师工作室”两个工作室。学校设有录播室、多媒体教室、微机室、实验室、档案室、图书室、舞蹈室等10余个专用教室，各室设备齐全、管理到位、使用率高。学校始终秉持“精彩教育幸福人生”的办学理念，倡导“谦信、宽容、精彩、幸福”的五小精神，推进“科研兴校、特色立校、质量强校”的奋斗目标。

【学校管理】 2017年，龙山县第五小学贯彻落实《义务教育法》《教师法》《未成年人保护法》《严禁中小学校在职中小学教师有偿补课的规定》等相关教育法律法规，严肃工作纪律，规范教师行为；坚持按规矩办事，按程序办事，充分发挥教代会作用，做到决策民主化；在制度建设上，统筹兼顾上接“天线”，下接“地气”，制定完善一系列学校内务管理制度，不断向管理精细化迈进；发挥家长学校的示范引领作用，举办两期家长培训和一次全校性家长会，构建“行政领导、校长负责、家长参与、社会监督、层级管理”的办学模式。

【队伍建设】 2017年，龙山县第五小学多措并举加强师资队伍建设，努力打造一支师德高尚、专业突出、家长放心、社会满意的教师队伍。2月，县教体局分派6名定向师范生顶岗实习；9月，招考及调入教师10人，城郊轮训教师6人，缓解学校教师紧缺问题、优化教师队伍结构。通过开展“感恩五小成就自我”师德师风演讲比赛、学生评老师、老师评校长、家长评学校的“三评”活动，抓好“国培”、“省培”教育培训活动，开展五段式培训：骨干教师培训、新进教师培训、个性化教师培训、教师现代教育技术培训、心理辅导教师培训等师资培训。组织教师外出参观学习和听课100余人次。

龙山县第五小学六一“快乐合唱3＋1”班级合唱比赛

【德育工作】 2017年，龙山县第五小学修订并完善《班主任班队会管理制度》《班主任工作常规》《文明班级评比细则》等德育管理制度，促进德育工作的制度化、常规化。德育处、少先队以学生行为习惯养成教育为主要内容，以重大节日、纪念日为契机，开展“四育两进”“喜迎十九大”“亲子野炊”“第29个爱国卫生日”“6·5世界环境日”“10·13建队日”“世界慈善日慈善募捐”等一系列教育活动。每周一全体学生国旗下经典诵读及每周三早自习的经典诵读课，成为我校德育课程建设的又一大新的亮点。11月，在湖南省“首届大中小学生中华经典诗文诵读大赛”中，所选送作品《沁园春·雪》《七建·长征》等毛泽东一组诗词荣获州级一等奖、省级三等奖。

【教学教研】 2017年，学校注重教学常规落实，突出教学流程管理，细化州、县教学常规管理和教学常规评价细则，形成执行计划突出“严”、检查工作坚持“细”、课堂巡视随机“察”、奖惩兑现体现“实”的学校常态化教学常规管理模式，每月一检查、一公示、一评比。为构建有效课堂乃至高效课堂，开展“新进教师亮相课”、“顶岗实习生汇报课”、“同课异构”及“一师一优课，一课一名师”评选等教学竞赛活动。鼓励、指导教师积极参与课题研究，获州级微型课题二等奖一个，县级微型课题一等奖一个，二等奖5个，三等奖4个，5个省级课题已进入结题阶段。在2017年上期全县六年级期末质量检测和下期五年级语文调研评估考试中，获城区学校第二名。

【体卫艺工作】 2017年，学校响应阳光体育运动号召，倡导全民健身运动，积极组织做好先心病筛查活动，做好卫生习惯养成教育及传染性疾病防控工作，定期对教室、办公室进行消毒。6月，开展“快乐3+1”成建制班级合唱比赛，在“龙山在线”网络平台累计播放5万次。10月，举办第九届秋季田径运动会。在龙山县第二届“体彩杯”5人制校园足球联赛中，获城区小学组男女队亚军、冠军，学校被评为全国校园足球特色校。在第29届全县中小学生运动会上，荣获城区小学组团体总分第一名。县教体局授予“体卫艺工作先进单位”。

【综治安全】 2017年，龙山第五小学完善安全工作制度，健全安全工作机构，明确安全工作职责，针对学校实际情况，重点开展防火灾、防溺水、防踩踏、防车祸的“四防”教育及反邪教、禁毒知识教育、突发性灾害事故应急疏散演练等活动，为构建平安和谐校园保驾护航。学校被县教体局评为“安全工作先进单位”“综治民调工作优秀单位”。

【领导名录】

校　长	徐德顺
副校长	刘智生　陈支顺　蒋贻俊
	尚道绩　汪正云
工会主席	兰玉卿

第一中学

【概况】 清嘉庆二十年(1815)，始建“云从书院”，因县名寓“云从龙”之意。咸丰二年(1852年)，在今址更名为白岩书院。民国31年(1942)，创建龙山县立初级中学，1956年定名为湖南省龙山县第一中学，1957年9月首次招收高中生。2008年9月停止招收高中生，学校成为初级中学。学校总面积50000平方米，共有60个教学班，2017年秋季学生总数4601人，每年初中生毕业数1500余人。2017年，学校有教职员工260人，其中高级职称42人，中级职称129人，初级职称81人。学校校训：公、正、勇、毅。办学目标：文化底蕴厚，书香气息浓，校园环境美，办学质量高。

【师资队伍建设】 建设一支高素质班主任队伍，经常组织班主任外出考察学习，举行班主任工作经验

龙山县第一中学领导与校足球队教练及队员合影

交流会。号召教师自觉参加各级业务培训，加强继续教育学习和校本研修。尤其是长沙麓山国际实验学校从人力物力等方面对口帮扶，使学校驶上发展的快车道。2017 年，100 名教师参加各种形式的国培活动，章琴语文工作室被评为县级名师工作室，12 人被评为县级以上骨干教师，3 人评为州级骨干教师。

【德育工作】 2017 年，学校坚持"育人为本，德育为先"的原则，开展"守师德，正教风，树形象"活动，要求教师制定个人成长计划，党员教师带头创先争优。对于学生，多措并举，加强行为习惯养成教育，持续开展同建同治活动及其他德育实践活动。3 月，组织学生开展"保护母亲河"活动，到果利河沿岸清理垃圾；4 月，组织学生到龙山烈士陵园扫墓，入团宣誓；5 月，组织举行"我是共青团员我骄傲"演讲比赛；6 月，举行"纪念七一，感怀党恩"师生征文和演讲活动；9 月，校团委组织"我的地盘我做主"首届寝室设计大赛；11 月，参加禁毒知识大赛，获全国第八名，全省第一名。

【校园文化】 学校成立校园文化建设小组，花重金保护和建设百年名校的校园文化。总投入 350 万元，全面整修老教学楼，更换照明灯、课桌椅和篮球架，给教师配备笔记本电脑，装配录播室，改善师生食堂设施，给一些名贵树安装围栏，新栽校园绿化树，铺设校内炒砂路，统一所有教室、教师办公室和走廊的文化标志；为校园主体建筑物命名镌字，男女生宿舍有"云从阁""兰蕙阁"，教学大楼为"笃实楼""笃行楼"和"笃定楼"。学生食堂启动"文明礼貌，勤俭节约"为主题的食堂文化建设。每学期编印校报《东院书声》，宣传师生风采。

【教学教研】 学校始终以教育教学工作为中心，既狠抓常规教学，又开展教改教研活动，以教研促进教学，推动教学质量提升。2 月，麓山国际实验学校送教龙山一中；3 月，师徒结对总结评奖；5 月，开展"魅力课堂"大比武；9 月，教师节给师生颁发"麓山奖"，组织部分教师前往麓山国际实验学校学习考察；10 月，举行教师教育教学及管理研讨会和"爱岗敬业，幸福人生"师德师风演讲比赛；11 月，麓山国际实验学校再次送教龙山一中，并举办龙山一中第十四届校园文化艺体节。2017 年，教学教研取得成果：全县中小学生艺术大课间比赛获得第一名；全州中考，张声海、王涵情等 8 人进入全县前八名；叶静、田好分别名列理科知识竞赛全县第一名和第八名；余寒秋老师率男子足球队获全县 5 人制比赛亚军，王玮率女子足球队获得冠军；向园园、彭俊率学生代表队获得县田径运动会团体总分第一名；刘云波、廖健、刘丽霞、鲁云花、李湘军指导的学生科技作品分获湘西自治州第二届科技创新一等奖和二等奖；王应萍、田青、梁俊辅导的初二学生荣获龙山县首届"中国诗词大会"冠军。全心林校长的论文《提升学校办学效益需四看》在《科教新报》发表。彭露微型课题《九年级数学课堂作业反馈研究》获州级二等奖，陈小艳、肖运松、龙洪春等的微型课题获县级二等奖。

【领导名录】

书记、校长　全心林
副校长　廖开波　刘　健　向　华
　　储昌国　彭扶贫　黎　明(挂职)
工会主席　彭双龙

第二中学

【概况】 龙山县第二中学，始建于1980年秋，原为湘西自治州完全中学，有37年历史。2017年龙山县城中小学调整该校高中停招，为湘西自治州规模第一的初级中学，有初中教学班66个，在校学生4000多人，教师240人。学校自建校以来，始终坚持“以教学质量为中心，以全面育人为目的。面向全体学生，促进学生个性发展，培养学生养成良好习惯，办人民满意的教育”的办学理念，坚持以德立校，质量强校，科研兴校，走出一条适合学校发展的新路子，逐步成长为一所富有特色的明珠学校。

【素质教育】 推进素质教育。成立篮球、乒乓球、足球、田径、音乐、美术、书法、摄影等兴趣小组，利用课余时间，采取本校教师与校外名师相结合的方式辅导和培训学生。每年11月的学校艺术活动月，举行一次大规模的“艺体节”，艺体节期间学校组织班级篮球赛、学生田径运动会、美术、书法、摄影等比赛，和文艺晚会。展示学生的才艺，提升学生的综合素质。2017年1月，尚栩等5位同学代表湘西自治州参加由湖南省文明、教育、广电和省新华书店等部门联合举办的“2016年湖南省少年国学知识竞赛”获三等奖，国艺比赛节目获“最佳上镜奖”。同时，挖掘学生个性化潜力，实施“特长教育”。组织开展多姿多彩的选修课、第二课堂等活动。在全州组织的一年一度的“三独”比赛中，龙山二中技压群芳，捧回12个一等奖、26个二等奖。

【领导名录】

校　长　彭武友
副校长　彭安胜　向文平　田昌虎　程远波

高级中学

【概述】 龙山县高级中学位于民安街道长沙西路与湘鄂路交汇处，背靠皇仓公园，始建于2002年9月，占地面积12.07公顷，建筑面积5万余平方米，校园环境优美，是龙山县唯一一所省示范性普通高中。学校硬件设施齐备，现有博约楼、问津楼2栋教学楼，1栋综合办公楼，1栋实验楼合建于敬一楼中，服务中心开设教师专用食堂和两层学生食堂，男生寝室枕雨轩和女生寝室兰蕙苑可容纳2000余人入住。拥有全县先进的室内体育馆琢璞体艺馆，和全县唯一一个天然草皮足球场地。2017年1栋新教学楼在修建之中。

有教学班级60个，高一、高二、高三均为20个班编制，在校学生近4000人，在职教师321人，工勤及聘请人员达74人。办公室、教务处、教科室、后勤处、政教处、校工会、校团委、妇委会、财务室、心理健康咨询中心等职能处室俱全。学校连年获湘西州“高中教学质量奖”和龙山县委县政府颁发的“高中教育特别贡献奖”，建校15年，考入清华、北大等名校人数22人，考入一本大学2000余人，办学成果享誉县内外。

【师资建设】 2017年，龙山县高级中学在职在岗正高级职称教师2人，高级教师94人，中级95人，初级130人。其中，大学本科学历310人，研究生学历26人，各年龄段教师搭配合理，中青年教师占学校主导力量。在学校的历史中出现过特级教师

3人，全国“五一劳动奖章”获得者1人，国家级优秀教师2人，国家级骨干教师2人，省州优秀教师和骨干教师12人，州级劳动模范1人，州学科带头人7人，县学科带头人29人。2017年学校新进教师37人，其中有5名免费师范生，5名研究生。各学科教师分配科学，结构搭配合理，符合课程设置要求。各科教师如下：语文58名，数学44名，英语42名，物理29名，化学25名，生物19名，历史19名，地理18名，政治18名，音乐11名，体育12名，美术7名，信息技术6名，其他3名。专任教师占全体教师人数的85.7%。

学校是龙山县内唯一获得聘请外国籍教师资质的学校，从2012年以来先后有多名外籍老师来校任教。2015年学校又开设了高考小语种（日语）班。2017年，学校第三届日语班已开班，聘有日语教师2人。

【教学研究】 学校教育课题研究和论文撰写有成果。2017年，学校参与校级课题共立项56个，结题35个，梁强、田忠正、李汇芳等老师主持的6个课题被评为“一等奖”，11个课题被评为“二等奖”，18个课题被评为“三等奖”。杜代凤、王莉、李汇芳主持的微型课题均获县级三等奖。在研“十二五规划课题”省级3项，5个省级“十三五规划课题”得到立项并开题，州级7项，县级6项。兰长永、彭嵘、胡波、张肇群、李长文、张国军、王胜勇、师孝武等老师的25篇教师论文先后在省内教育报刊上发表，国家级获奖论文15篇，省级获奖论文48篇，州、县级62篇。学校把优秀论文教研成果汇编成校本研修专辑《映山红》第四辑进行印刷。教学竞赛和学生辅导有亮点。22堂优质课获得国家、省、州、县级奖励，43个教学课件获省级以上奖励，其中李汇芳老师的课在“一师一优课，一课一名师”活动中，被评为国家级优质课；周东波、姚丽君在省教学竞赛中均获“二等奖”，沈慧梅老师在省实验技能竞赛中获高中组三等奖；李洋阳在州实验教学大赛中荣获二等奖；贾艳平、高绪琼老师，欧云香、叶明灿等五位教师的“微课”被评为省一、二等奖；蔡红芳老师的教案、教学设计被评为三等奖；彭林静、杜代凤、蒋竹玉、吴敏等老师的课，均在信息应用能力提升优质课竞赛中获州一等奖。学生化学竞赛中，田光成老师辅导的学生3人获省一等奖；物理竞赛中，杨明志老师辅导的学生4人获州前10名；作文竞赛中，在全国创新作文大赛、“叶圣陶”杯作文竞赛、“语文报”杯作文竞赛及各级政府、团组织、关工委等相关部门组织的征文竞赛中，学生获奖380人；“三独”比赛中，田名剑、殷明林、王娟、晏与遥等老师辅导的20项作品，在省、州、县三级比赛中获奖，其中省级一等奖1个，二等奖1个。

【荣誉表彰】 2017年度教育信息化管理与应用工作先进单位、学校体卫艺与国防教育工作先进单

2017年3月7日，龙山县高级中学全体师生齐聚琢璞艺体馆，隆重举行“中国科学院大学优质生源基地授牌仪式”

位。湖南教育新闻网2017年2月5日发布消息，高级中学被教育部评定为2017全国“中小学国防教育示范学校”，全国仅618所学校入围，湖南只18年学校入围。2017年高考上线率和录取率均在全州前列，本科上线646人，其中一本录取145人，二本录取352人，吴世东同学以全县理科第一的成绩考入清华大学，向宇航考入北京大学。在湖南教育网、湖南卫视、湖南经视、《科教新报》《团结报》《边城报》等多家媒体上报道新闻消息100余条。

【领导名录】

党总支书记、校长　　　兰长永
党总支委员、第一支部书记、副校长：
　　　　　　　　　　　向　军
党总支委员、副校长　　李益民
党总支委员、第三支部书记、副校长
　　　　　　　　　　　田顺江
党总支副书记　　　　　向群山
副校长　　　　　　　　尚光周　刘玉斌
党总支委员、第二支部书记、工会主席
　　　　　　　　　　　谭世明

第一职业中学

【概况】　龙山县第一职业中学坐落在县城南部的果利河畔，创办于1983年，其前身为“龙山县桶车农业中学”，1987年更名为“龙山县第一职业中学”，1993年迁往龙山县城。2004年8月经历办学体制改革，与长沙华鑫科技有限公司合作办学，改名“华鑫学校”，2009年12月，终止合作办学协议，重新启用“龙山县第一职业中学”校名。

【办学条件】　2017年，学校以政府支持、学校自筹、项目推进等形式，累计投入资金3400余万元，全面改造教学楼、办公楼，实习实训楼及运动场等硬件基础条件；按标准建成计算机教室、班班通、电子电工基础实验室、钢琴室、形体训练室、电动平车室、制冷空调实验室等31个功能室；添置教学计算机、电动平车、电子钢琴、体育健身器材等必要的设施设备。与常德东亚汽车公司、北京商琨、深圳奋达教育集团、长沙中科师创、北京万德教育、湖南中全教育集团等企业联合办学，组建4个校外实训基地建设，为学生一展身手提供平台保证。

【师资队伍】　2017年，学校教职工191人，其中高级14人，中级34人；“双师型”教师26人，全国优秀教师1人；博士、硕士研究生3人，本科学历达96%。同时，从县内非物质文化传承人、高级工程师、技术员等行业，聘请40余名社会“能工巧匠”作为学校兼职教师，充实教师队伍力量。

【专业设置】　2017年，学校根据市场需求，结合地方实际，开设学前教育、计算机应用、电子电器与工业机器人、民族服装与服饰、酒店服务与管理、园艺养殖、汽车检测与维修等七大专业，所有专业均可参加对口升学。

【办学特色】　注重技能教学，长期坚持开展讲一口好普通话，写一笔好硬笔字，精一门技能，会一门乐器的“四个一”活动，每年定期举行“艺体节”、“技能节”、演讲、征文等活动，并将课间操实行“两舞轮换”（土家族摆手舞和现代校园集体舞轮换），学生全员参与，增添学校活力；每周一至周五组织“四晨活动”，即师生晨跑、集中晨训、升学班晨读、就业班晨练。2017年，在湖南省职业院校技能大赛中。园艺养殖、汽修专业组参赛，荣获二等奖1个，三等奖2个。是年高考中，实现历史性突破。全校参考人数107人，本一、本二上线30人，本科上线率30%。

【招生就业】　2017年，新生人数首次突破1000人，在籍学生2831人。毕业670人，649名学生实现就业，就业率达96.8%。

【精准扶贫】 落实国家及省、州、县各级政府对职业中学贫困资助项目，为贫困学生进行“精准扶贫”。2017 年落实国家奖学金每人 2000 元，发放金额 318.9 万元；国家雨露计划 1275 人次，发放金额 382.5 万元；建档立卡户 1275 人次，发放金额 63.75 万元。2017 年，县职中为年满 16 周岁的学生进行为期三个月的“工学交替”活动，人平获得实习工资 9000 元。

为家庭经济困难学生在校内提供就业机会，每人每月可获 800～1000 元的生活补助费，保证不让一个学生因贫困而失学，实现“入学一人，资助一人，就业一人，脱贫一户”目的。

县教师进修学校送教下乡——小学语文培训现场

【领导名录】

校　长　田　伟

副校长　陈文平　包丁平　彭英雄
　　　　何佳慧(女)　鲁程鹏

教师进修学校(电大工作站)

【概况】 龙山县教师进修学校于 1981 年 7 月建立，其前身为龙山县教师辅导站。1997 年与县电大工作站合署办学，两块牌子一套人员。是年，有教职工 25 人，其中本科 22 人，研究生 1 人，高级讲师 4 人，讲师、助理讲师 20 人。另配教务人员 4 人，技术服务员 2 人。学校占地面积 1 公顷，有教学楼 2 栋，教工宿舍 1 栋，多媒体教室 1 间，普通话测试室 2 间，联网计算机 40 台，图书 2 万余册。内设校长室、书记室、副校长室、教务处、教科室、培训部、总务处、办公室。电大工作站开设法学专科、法学本科，中文本科，学前专科、学前本科，小学教育专科，教育管理本科 7 个开放性教育专业。主要职责，培养教师专业能力，提高全县中小学教师新课程教学的理论水平及实践能力。开展乡村教师工作坊培训，中小学校长培训，后备干部培训，新教师岗前培训教师岗位培训，网络研修与校本整合培训，干部在线教育联络员培训和电大学生的学习管理及考试工作。

【教学培训】 学校坚持教学和培训为中心，以学员自主化学习、国培及自主培训为主，遵循开放教育教学规律，建立长效的培训机制。实行绩效与教师工作捆绑管理制。加强对社会实践环节和毕业作业的组织与指导工作。加强过程管理，保证两个环节教学的效果和质量。

【教师培训】 2017 年，开展国培“送教下乡”活动，培训小学语文教师 100 人，小学数学教师 110 人，初中语文教师 110 人，幼儿教师 80 人。开展乡村教师工作坊活动，培训初中语文教师60人，初中英语教师60人。网络研究与校本研究整合“湘西民族文化进校园”培训全县中小学教师500人，小学班主任教师300人，中小学心理健康教师400人，书法教育教师300人。学校自主培训，培训各中小学后备干部80人，202名新教师岗前培训，225名教师岗位培训，全年共培训教师2653人次。

【招生及考试】 加大招生宣传力度，稳定办学规模。2017年共招生293人，其中春季招收开放教育专科学员118人，本科学员70人；秋季招收专科学员67人，本科学员38人。加强考风考纪建设、按照考场纪律、制定组考方案、按时领取护送试卷，做好试卷保密工作，层层签订考风考纪责任状。按时申请课程考试，按时接收考试成绩，成绩清理核对准确。

【领导名录】

校　长　陈翔鹰（兼电大工作站站长）
书　记　向　锋（兼电大工作站副站长）
副校长　唐秋萍　彭继学
工会主席　黄　荣

卫生·计育·医疗

卫生与计划生育

【概况】 县卫生和计划生育局于2015年8月组建，由原县卫生局和人口计划生育合并而成，属县政府工作部门，正科级单位。机关内设24个股室。核定行政编制20名，后勤服务人数20名。2017年，全县建成基层医疗卫生机构45个，其中社区卫生服务中心4个，中心卫生院9个，乡镇卫生院8个，卫生分院24个(其中长潭、岩冲、八面、比溪没开展医疗业务)，10家民营医院。建设中的龙山县人民医院异地迁建项目占地面积165亩，建筑面积12.09万平方米，总投资6亿元，分两期完成，总床位1200张(一期800床位，二期400床位)。建设竣工医院运营后，将是湘、鄂、渝三省市交界之地最大的一所集医疗卫生、科研教学、预防保健和急救为一体的三级综合性医院，总服务人口120万以上，其中龙凤经济示范区服务人口约91.5万人。主要工作职能是负责协调推进全县医药卫生体制改革和医疗保障、医疗卫生计生服务体系建设，推进公立医院改革，建设和谐医患关系，贯彻落实国家药物政策和国家基本药物制度，负责疾病预防控制工作，编制全县卫生应急和紧急医学救援预案，负责重大活动的医疗保障工作，组织实施食品安全风险监测、评估，建立健全计划生育利益导向、计划生育特殊困难家庭扶助和促进计划生育家庭发展等机制，负责协调推进有关部门、群众团体履行计划生育工作相关职责，建立与经济社会发展政策的衔接机制。

【人口和计划生育】 2017年，人口和计划生育工作实现“保类进位”的工作目标，继续位列“全省人口和计划生育工作良好单位”，州内考核排位由2016年度的第三名上升至第二名。全面完成2017年度省定人口计划，全县符合政策生育率90.96%，比上年上升0.8个百分点；出生人口性别比113.78，比上年下降0.73；避孕药具使用人数12196人，使用药具人数占落实综合节育措施人数的比例为10.7%。

坚持人口和计划生育工作常态化管理，按月对乡(镇、街道)上报的数据进行汇总分析，以县卫生和计划生育领导小组名义下发月通报，全年共下发排位通报11期，对4个工作不力的乡(镇、街道)进行通报批评，确保人口和计划生育工作平稳有序开展。狠抓计划生育综合治理工作，加强对计生综治部门的管理和指导，组织开展综治部门督查4次，综治工作检查两次。严把资料上报关，共审核112套上报资料，确保上报省考核评估系统的数据质量高且真实可信。做好“生育服务登记证”和“生育证”的发放和办理工作。发放“生育服务登记证”7000本，审核、办理“生育证”144本。及时准确上报各种数据和报表，做到无迟报和缺报，上报数据准确无误。严把计划生育资格审查关，全年严格按有关规定对10376名各部门上报的提拔任用人员、各级人大代表和政协委员候选人、村支两委委员候选人、新进预备党员和各级评优评先人员进行资格审查，对333人落实“一票否决”。

【计划生育投入】 2017年，县财政优先安排计生工作预算经费1064万元，其中支援基层计生事业费用282万元，直接服务于计生对象和奖励计生家庭760万元。

【计划生育管理服务】 龙山县为健康一体机项目试点县，2017年省卫计委为县配置健康一体机111台，其中乡镇卫生院、社区卫生服务中心及各分院共配发47台，符合条件的村卫生室配发61台。累计免费检测血压4731人次、血糖2706人次、心电图4214人次、尿常规2047人次、血氧饱和度2896人次。完成省定“两非”典型案件2例，加大计划生育家庭扶持关怀力度。

【计划生育奖励扶助】 2017年，共审核奖扶对象2640人，发放资金306.24万元；特扶对象达148人，发放资金130.498万元。完成对6943人次全县计生家庭子女入学生活补助对象的审核，发放82.04万元补助资金。城镇独生子女父母奖励对象758人。独生子女保健费发放933人，发放资金4.65万元。58名农村独生子女考入专科以上高等院校对象进行走访调查，发放升学一次性奖励资金29万元。计划生育并发症扶持对象172人，发放资金190.27万元。

【公共卫生服务】 推行各项基本公共卫生免费服务。2017年，新建居民健康档案33268份，累计建档数482996份，建档率98%。接受健康管理的65岁以上及常住居民数45229人，健康管理率73.8%，其中中医健康管理建档数37443人。为21066名高血压患者、5562名糖尿病病患者进行健康管理。规范管理重性精神病患者2043人，规范管理率97.05%。全县产妇数6632人，活产数6685人，孕产妇建卡6082人，建卡率为91.71%，早孕检查5788人，早孕检查率86.58%，孕产妇系统管理5783人，系统管理率86.51%，住院分娩6681人，住院分娩率99.94%，产后访视6032人，产后访视率90.23%，无孕产妇死亡。5岁以下儿童死亡32例，死亡率4.78‰。

婚前医学检查3761对，检查率87.87%。应服用叶酸对象12529人，实服12288人，叶酸服用率98.08%。孕产妇免费产前筛查项目，检查5400人，已完成全年任务的100%。孕前优生检查目标人群6400人，人群覆盖率108.93%。“两癌”检查，检查8510人，完成任务的100.83%。

【医疗卫生体制改革】 医疗卫生体制改革方面，龙山始终敢为人先。新一轮医改主要工作任务是推

2017年9月6日，县卫计局在石牌镇中学发放助学金

进基本医疗卫生制度建设，努力在分级诊疗制度、现代医院管理制度、全民医保制度、药品供应保障制度、综合监管制度5项基本医疗卫生制度建设上取得突破。推进家庭医生签约服务。2017年，启动家庭医生签约服务工作，组建家庭医生服务团队163个，已签约居民245242人，县常住人口492853人，家庭医生签约服务率49.76%。县人民医院、县中医院、县妇幼保健院已全面实行药品零差率销售，并同步实行医疗服务价格调整，各乡镇卫生院和村卫生室100%执行基本药物制度，100%实现网上基本药物采购，100%实行零差率销售，实施基药配套补助经费100%到位。贫困人口参合率、大病保险率、大病救助率达100%，贫困群众医疗费用报销比例达85%以上，在省州要求基础上提高5个百分点，特困群众全额报销，有效缓解因病致贫、因病返贫问题。

【卫生监督】 2017年，县卫生和计生局整合资源，健全卫生计生监督责任体系，开展公共场所卫生监督，生活美容场所监督检查，生活饮用水监督执法，严厉打击非法行医。组织对城镇自来水监测4次，合格率为81.25%；对农村饮水监测两次，合格率为27.5%；对学校直饮水定期进行监测，合格率为91.30%。共采集蔬菜样20份、大米样40份、米粉样30份进行食品风险监测，合格率为100%。以县人民医院为哨点开展食源性疾病监测，共发现并登记上报食源性疾病230例，完成率109.52%。完成各类人员体检11086人。对违法开展医疗美容行为的两家生活美容场所进行立案调查，立案查处5家非法医疗诊所，开展药品和医疗器械专项整治工作，规范龙山县的医疗市场。

【领导名录】

党组书记、局　长	郑　洋
副局长	张金泉　杨　刚　包万春
	石朝东　周　军
纪检组长	向长海
工会主席	刘晓平(女)

计划生育协会

【概况】 龙山县计划生育协会是非营利性全额拨款的正科级群众团体，1989年10月成立，核定全额拨款事业编制3名，人员参照公务员法管理。其主要工作职能是：协助政府贯彻落实党和国家的计划生育方针、政策及法律、法规；参与研究制订人口发展战略；依法维护群众在计划生育和生殖健康方面的合法权益，促进男女平等，协调社会力量，为群众提供生产、生育、生活、生殖健康等方面的优质服务。2017年，计生协各级组织419个，有会员60897人。县计生协会被湖南省计生协会评为先进单位。

【协会组织】 乡村协会机构队伍不断扩大。2017年，21个乡(镇、街道)，397个村(社区)建会率达100%，明确21名乡级专职工作人员，397个村级组织明确400名兼职人员。5月，“龙山县外籍商会计划生育协会成立”，有效强化358户共2160人外籍流入人口卫计日常管理和服务。积极创建，成功申报华塘街道、水田坝镇两个省级计生基层群众自治示范乡镇，华新社区、中湾村、杨家寨村三个计生基层群众自治示范村(社区)。

【生育关怀】 2017年共为16079户计生家庭，50872人购买计生家庭意外伤害险，统计出险88件，理赔88件，理赔金额47.88万元(保费48.24万元)，理赔率99.26%。计生家庭扶贫创业贷款贴息项目资金顺利发放，为10户计生创业家庭争取省级贴息资金8.9万元。争取省级计划生育“三结合”项目资金4万元，有效扶持洛塔乡陈庄村蜂业产销合作社5户计生家庭。开展“生育关怀.金秋助学”活动。为63名农村独生子女户、两女结扎户困难家庭考取大学本科学生发放助学金27.7万元。“5·29”定期走访困难计生家庭成常态，为华塘街道、民安蔬菜社区共20户困难计生家庭送去慰问金1万元。与妇委会一道开展“留守儿童关爱活动”，31名“生育关怀志愿者队伍”，带着3万元学习用品，深入石羔街道包家垅村与82名留守儿童欢聚一堂，开展居家安全知识讲解、赠送学习用品、免费体检、娱乐活动、共进午餐等活动，教育引导孩子们自立、自强、自信和感恩。

【领导名录】

会　长　　黄孟莲(女)
常务副会长　肖东海
副会长　　雷　迅

人民医院

【概况】 龙山县人民医院始建于1939年，位于湘鄂渝三省市交界地区，是一所集医疗、教学、康复、急救为一体的湘鄂渝三省市边区最大的二级甲等综合医院。2017年，有职工752人，其中硕士研究生10人，高级职称60人，是中南大学湘雅二医院医疗联盟成员，是湖南省人民医院和湖南省儿童医院的定点指导医院，国家第一批重点扶持的500家县级医院之一。设置有神经内外科、肝胆外科、普外科、骨科、五官科、泌尿外科、妇科、产科、麻醉科、ICU、新生儿科、普通儿科、感染内科、心内分泌科、消化肾病科、肿瘤科、呼吸内科和急诊科等18个临床科室，年门诊量30万人次，出院3.5万人次，手术量7000台次。儿科为湖南省县级医院重点学科。2011年正式启动新院建设，新医院占地面积165亩，建筑面积12万平方米，规划床位1200张。

【二甲创建】 2016年10月25日，全面启动二级甲等医院创建工作，全院上下都以“创二甲”为核心工作，严格按照“二甲”标准，加快推进硬件设施现代化、医疗服务优质化、医院管理科学化、队伍建设专家化、质量安全规范化，全面提高医院硬件设施、医疗服务和安全保障水平。2017年10月30日，县人民医院获批全省第二批卒中中心建设试点；12月，先后获入“中国医师协会麻醉医联体成员单位”“湖南省肿瘤医联体成员单位”；医院成功创建全国首家原子钟时间管理系统。

【人才培养】 2017年，医院采取走出去与请进来相结合的方式，努力培养专业技术人才，全年组织开展各类讲课培训87次，培训人员11033人，分批次组织医护人员参加省内专业技术培训班，选派120人参加专项培训。使用远程视频学习观看湘雅医院、省儿童医院、省肿瘤医院专家教授的护理知识、新业务、新技术和专业技术讲座。医院全年外出进修人员48人，接收实习生97人，培训助理全科学员40人。

【义诊活动】 2017年，医院选派内科、外科、妇科、儿科、眼科、神经科等医师团队，在扶贫联系村和社区开展义诊帮扶活动。为群众进行常见病，慢性病、疑难病的咨询、筛查和诊断，免费送医送药并进行体检，并向群众宣传国家有关公共卫生优惠政策，普及医学知识和健康常识，倡导健康生活方式，引导群众科学就医。深入茨岩塘镇面山村、里耶镇真仙村、民安街道茶亭社区开展义诊10次，筛查各类病人3000余人次，发放宣传资料1万余份，发放药品价值2万余元。

【领导名录】

院　长　贾　琳
副院长　田明发　丁朝晞(女)　彭荣菊(女)
　　　　穆芳英(女)　彭　涌(2017年2月—)

中医院

【概况】 龙山县中医院始建于1958年，是一所集

2017年10月27日，县卫计局与县中医院到县武警、消防中队举行"健康警营行"活动

中西医临床、教学、康复、治未病及中药材加工炮制于一体的二级甲等中医医院。医院占地面积3599平方米，业务用房7624平方米，总资产2.18亿元，2017年，编制床位200张，共有职工365人（含退休人员），其中，专业技术人员274人，高级职称11人，中级职称88人。业务科室设有外一科（肝、胆与泌尿外科）、外二科（普外、骨关节及皮肤外科）、妇产科、胃肠科（肛肠外科及消化内科）、五官科（眼、耳、鼻、喉科）、口腔科、麻醉科、内一科（心血管、内分泌内科）、内二科（呼吸内科、中毒性疾病科）、内三科（小儿内科）、内四科（神经内科、结缔组织病科）、内五科（肿瘤内科、泌尿内科、血液内科及血液透析科）、针灸与推拿科、康复科、治未病科（含健康体检、健康管理、健康干预、健康教育及国医堂）、门诊部（含门诊各窗口）共计16个。医辅科室5个，即：功能、检验、放射、药剂、消毒供应科。行后科室6个，即：院行政办公室、医务部、护理部、人力资源部、经济信息化部及后勤保障部。医院现代化诊疗设备齐全，大型医疗器械有德国西门子双螺旋CT、美国GE彩超、美国DR机、日本东芝全自动生化分析仪和化学发光仪等百余台，配备吞咽言语障碍治疗仪、肢体智能康复工作站、神经系统康复治疗工作站等现代康复器械共计110件，配备十二经络监测仪、中医体质辨析软件等中医检查仪器。

【中医诊疗】 2017年，县中医院坚持以中医药特色为主线，发挥中医药的"简、便、验、廉"，在各个临床科室全面开展中医药特色治疗，包括：针灸、推拿、穴位贴敷、拔火罐、艾条灸、刮痧、湿敷法、中药熏洗法、耳穴压豆、穴位按摩，中药涂擦等近20种；加强专病专科建设，确定优势病种，发挥中医药在治疗疑难杂症的优势。针灸推拿与康复科的优势病种为项痹病和腰痹病，内一科为中风，内二科为肺胀，内三科为小儿泻泄和支气管炎，外科为石淋和肋痛，五官科为角膜炎和鼻窦炎，胃肠科为痔和肛漏，妇产科为盆腔炎和崩漏；开展基层卫生院的中医适应技术的培训和推广，鼓励基层卫生院广泛运用中医适宜技术，让老百姓"信中医、用中医、爱中医"；创新中医诊疗模式，方便住院患者治疗。针对医院需康复治疗又行动不便的住院病人，医院康复技师来到病房为患者进行康复治疗，扩大中医药治疗人群；注重中医药人才队伍建设，通过请"专家请进来"及"骨干走出去"的形式，加强中医药人才的培养。派送中医药骨干到湘雅附一、附二、省中医药研究院附属医院等三级甲等医院培训共计9人次，到外县参加"西学中"培训共计22人次。湖南省中医药研究院附属医院定期派驻中医专家来到县中医院坐诊，并通过讲课及远程会诊的形式来对口支援本院的业务开展。

【临床护理】 2017年，县中医院完善临床护理规章制度、服务规范和标准，建立护士岗位责任制；加强中医护理理论与技能的学习，提升中医护理服务能力。改进护理文书书写，提高护理质量。全院积极开展护理礼仪知识培训，优化护理服务。增加临床一线护士总量，合理设置护理岗位，改善我院临床一线护士缺编的状况。执行《提高服务品质、改善患者就医感受》实施方案，开展住院患者的电话回访共计3100人次，满意率达到90%。采取暗访、不定期检查、现场点评等多种形式对护理工作进行全面监督，及时发现问题，及时整改，全面提升服务品质。

【社会公益】 2017年，县中医院开展智障儿的免费康复教育培训，共培训智障儿童20名；被授予“眼科医联体精准扶贫”专项基金暨“集善扶贫健康行白内障复明”公益项目爱心定点医院，开展免费手术治疗白内障患者452人次；派出义诊专家队开展下乡义诊10次，免费送去3000余元药品。

领导名录

党支部书记、院长	向正龙
党支部副书记、副院长	田友最
业务副院长	田　韬
行政副院长	田永波
后勤副院长	彭耀南
妇委会主任	田维平
工会主席	陈　勇

疾病预防控制

【概况】 龙山县疾病预防控制中心是县人民政府实施突发公共卫生事件应急处置、疾病预防控制与公共卫生服务的公益性全额事业单位。2017年，中心有全额事业编制46名，实有工作人员71人，其中具备高级专业技术职称5人，中级技术职称16人；办公场所占地面积3.3亩，有业务用房2栋，总面积3590平方米，其中实验室面积850平方米，拥有大型仪器设备10台件，常规仪器设备52台件，价值200余万元，能开展检测项目112项。

【急性传染病防控】 2017年，全县报告发生传染病3052例，发病率590.74/10万，较上年上升6.08%；无甲类传染病发生；乙类传染病1363例，发病率263.82/10万，较去年上升27.5%；丙类传染病1689例，发病率326.92/10万，较去年下降6.58%。居前5位的依次为手足口病1004例（较去年下降31.52%）、肺结核614例（较去年上升32.9%）、其他感染性腹泻344例（较去年比上升44.53%）、流行性腮腺炎290例（较去年上升302.78%）、乙肝287例（较去年比上升16.67%）。

7月5日，石羔镇双龙村发生一起蘑菇中毒事件；12月13日，龙山县第五小学发生一起流行性腮腺炎一般级突发公共卫生事件；2017年，全县发生四起流行性腮腺炎爆发疫情及一起流感样病例爆发疫情，分别为龙山县第一小学、第二小学、第五小学、里耶小学和水田坝乡仁和村，对以上疫情及时、规范、有效地进行处理。全年完成5次风险评估报告。

【结核病防治】 2017年，全县接诊结核病可疑症状者1244人，免费拍摄胸片1140张，免费查痰2438人；共确诊活动性肺结核病人576例，其中新发涂阳肺结核病人128例，复治涂阳肺结核病人8例，活动性涂阴肺结核病人377例，结核性胸膜炎63例；耐多药病人6例；完成年初工作任务。

9月，为3所重点学校学生筛查结核病（TB—PPD）。共筛查学生12084人，PPD阳性390人，强阳性85例。新发现学生患者38例，确诊患者学生均在定点医院进行免费治疗，按休复学制度进行休、复学。

【性病和艾滋病防治】 2017年，全县累积报告病例272例，存活166列；现住址管理治疗病人107例，随访107列，其中男69例，女38例；2017年，新报告病例39例，其中男24例，女15例，存活25例。

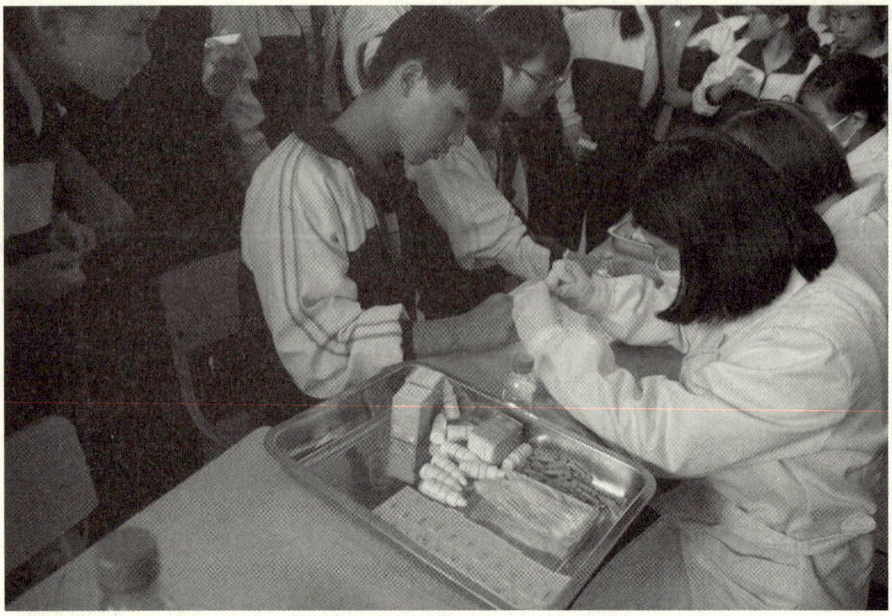

县疾控中心在县城中学开展结核病筛查工作

开展抗毒治疗、随访及 CD4 检测；完成自愿咨询检测 556 人，检出阳性 7 例；完成孕产妇检测 5081 人次、娱乐场所干预 95 家，采血样 120 份、检测羁押人员 152 人、吸毒人群 320 人、性工作者 218 人，均为阴性。

【麻风病防治】 2017 年，全县开展消麻运动，全年管理现症病人 5 例，完成密切接触者检测 32 人，未发现麻风病确诊病例；各乡镇提供麻风可疑线索 41 例，经排查均为阴性；开展疫点调查，共调查 252 人，未发现麻风可疑病人；在乡村、社区、学校开展麻风病核心知识知晓率调查，共调查 303 人，知晓 240 人，知晓率 79.21%。同时，加强麻风村管理，驻村人员的生存条件和生活环境明显改善。

【寄生虫病防治】 2017 年，全县开展消除疟疾工作，加强监测、培训和宣传，开展"4.26 全国疟疾日"宣传活动，共发放宣传单 8500 余份，咨询人数 1000 余人次，受教育 1 万余人。完成发热病人血检工作任务 300 人份。

【地方病防控】 2017 年，全县开展 5・15 碘缺乏病宣传日活动，发放宣传单 2 万张、宣传画 50 余张；开展碘缺乏病监测工作，共采集学生、孕妇家庭食用盐 306 份，经检测碘盐有 305 份，碘盐覆盖率为 99.67%，合格碘盐 283 份，碘盐合格率为 92.48%；为 206 位 8～10 岁儿童和 100 名孕妇进行甲状腺 B 超检测和尿碘检测，发现 1 人甲状腺肿大；生活饮用水碘含量调查：在全县 21 个乡（镇、街道），105 个建制村采集 473 份水样，送州疾控中心检测。

【慢性病管理】 2017 年，全县完成居民健康档案建档人数 482996 份；65 岁及以上老年人建档人数 51570 人，体检 44751 人；辖区内管理的高血压患者人数 21066 人、糖尿病患者人数 5262 人。

【重性精神病管理】 2017 年，全县严重精神障碍患者在册人数 2124，规范管理 2061 人；对 12 个乡（镇）的 12 所学校共 3644 人开展农村义务教育学生营养监测工作。

【皮肤病性病门诊】 2017 年，中心共接诊病人 26985 人次，住院观察 403 人次；总收入 230 万元，较上年增长 60 万元；全年未发生重大医疗差错事故。门诊部完成搬迁工作并新开设医疗美容科。

【领导名录】

主　　任	张建斌	2017 年 1 月至 8 月
	邹　革	2017 年 8 月至 12 月
副 主 任	严许跃	鲁成轶　刘　传
工会主席	田正华	

红十字会

【概况】 龙山县红十字会设立于1989年，办公室设在县卫生局，属卫生局下属事业单位。2006年国家明确红十字会为参照公务员管理单位。2017年1月，龙山县红十字会为独立核算单位，并升格为正科级机构。新的县红十字会属政府办序列，会长由县人民政府常务副县长兼任。核定人员编制4名。主要职责：宣传落实《中国红十字会法》《中国红十字事业2015—2019年发展规划》《湖南省人民政府关于促进红十字会事业发展的实施意见》，弘扬“人道、博爱、奉献”精神，开展备灾救灾工作，推动龙山县红十字事业的发展。

【无偿献血】 2017年，利用街头宣传咨询、电视广播、橱窗开辟宣传栏等形式，开展无偿献血、预防艾滋病知识等宣传活动，“5·8红十字宣传周”在县广场、社区开展宣传活动，活动有32名志愿者参与，发放宣传资料300份，纪念品50多份。年内全县有2027人次参加献血，献血量53万毫升，满足全县医疗临床用血需求，保障人民群众生命安全。

【博爱人道救助】 2017年1月开始，县红十字会配合州县相关部门春节大走访活动，开展博爱送万家行动，先后走访慰问建档立卡贫困户43户，走访特困企业职工14户，还专门走访麻风病人11人，发放物质100余件，救助金1.1万元。为贫困人口家庭申请人道救助，共完成70户家庭申报，16户家庭获得8.5万元人道救助金。

【天使心跳救助行动】 2017年3月，龙山县红十字会与湘西自治州红十字会在县民族宾馆举行湘西自治州0～14周岁少儿先天性心脏病免费筛查治疗启动仪式，县委常委、常务副县长蔡龙致辞，州人民政府副州长讲话。仪式结束后由首彩爱心基金、嘉里集团郭氏基金管理人员和湘雅附二医院的专家为参加筛查的187名乡村医生进行了培训。4月初，筛查铺开，共筛查14岁以下儿童98765人。5月中旬完成初筛，确定需要复查的儿童1672人。6月15日至16日，由湘雅附二、深圳市儿童医院专家诊断，县人民医院医生配合完成复查，确诊71名儿童为先心病患儿，其中2017年手术治疗43名，3名无需手术治疗，14名一年后再检查，10名错过最佳治疗期。这项救助跨时一年，全县有200名医生，400名乡村干部参加；县内外红十字志愿者131人参加筛查和治疗工作。最重要的是为全县心脏病患儿在湘雅附二的复查治疗建立一条绿色通道。0～14岁儿童先心病筛查救治活动，开启我州先心病救助的先河。

【领导名录】

会　长　　　蔡　龙(兼)
常务副会长　石光旭
副会长　　　彭良周　严　军

县红十字会在华塘中学开展应急救护培训

社会民生

人力资源和社会保障

【概况】 龙山县人力资源和社会保障局(简称县人社局)成立于2010年3月,内设25个股室。局下属机构10个,即就业服务管理局、社会保险管理服务局、医疗生育保险管理服务局、国家机关事业单位社会保险局、工伤保险管理服务局、城乡居民社会养老保险管理服务局、劳动保障监察局、劳动人事争议仲裁院、人力资源管理服务中心、创新创业指导服务中心。在职人员243人,其中行政机关工作人员20人,参照公务员法管理的工作人员142人,全额事业管理的工作人员81人。

龙山县召开2017年就业扶贫工作推进会

【人事管理和人才招聘】 2017年,县人社局面向社会公开招聘工作人员117人,其中教育系统9人,卫生系统68人,其他事业单位100人。完成全县机关公务员及参照公务员管理人员114人的资格审查及职级审批,符合公务员职务与职级并行的共计61人审批兑现职级晋升工资。乡镇机关事业单位在职工作人员工资补贴审批56人,至2017年12月,乡镇补贴全部发放到位。

【劳动监察与仲裁】 2017年,县劳动监察大队《龙山县行政区域内务工人员工资支付保障金制度管理实施办法(暂行)》,累积缴存务工人员工资支付保障金9950.87万元,退还8114.68万元,专户余额1836.19万元。涉农民工工资案例受理率100%。同时,劳动争议仲裁院接待来访和政策咨询人员350余人次,受理劳动争议案件82件,法定期限内结案率达

100%，其中案外调解结案53件，占结案总数的65%，仲裁调解、裁决结案29件，占结案总数的35%，共计挽回经济损失473万元。

【社会保障】 2017年，全县五大险种累计征缴基金7.51亿元，争取各级转移支付及配套资金1.4亿元，累计发放各类待遇7.93亿元。社会覆盖面扩大，基金运行稳定安全。

【医疗保险】 2017年，全县城乡居民参保人数为558720人，参保率为98.84%；城镇职工医保参保450家，参保23658人。人均筹资标准逐年提高，城乡居民人均筹资标准达到600元，其中：个人筹资150元，各级财政补贴450元。城乡居民医保基金筹集资金达33492.96万元；职工生育保险按照个人工资应发项的2%、单位7.5%的比例进行缴费，共筹集基金8830万元。疗补助水平不断提高。2017年城乡居民医保住院补偿封顶线为40万元（含大病保险20万和特殊慢性病门诊补偿）；城镇职工医保住院补偿封顶线为40万元（含基本医疗10万元和大病互助30万元）。是年，全县城乡居民医保共补助84.04万人次，补偿金额为33341.05万元，医保基金支出99.55 %。其中：普通住院补助10.99人次，补偿23464.37万元，次均住院费用3597元；定额分娩、意外伤害、大病特殊门诊等补助4.02万人次，补偿4514.57万元；城镇职工医疗生育保险住院补助8634人次，补偿金额为2739万元。

【社会保险】 截至2017年年底，全年完成社保基金征缴2.6个亿，其中被征地农民共征缴2303万元。新增龙山县工业集中区标准化厂房项目、教体中心华塘新区第三批审批等18个被征地农民项目。超额完成州分任务1.3倍，确保社保基金应收尽收。完成离退休人员生存认证10616人，堵住社保基金的跑、冒、漏现象，确保社会公平正义。按时足额发放10502人的养老保险金，共发放2.32亿元，其中发放被征地农民退休人员954人、发放退休费1132.896万元，保证企业离退休人员、被征地农民的利益，维护龙山社会大局的稳定。全县参保单位共255户，参保总人数8860人，在参保总人数中实际缴费人数8860人，全县有企业退休人员10616人。通过对民营企业、机关事业单位编外人员、城镇灵活从业人员参保扩面缴，累计收缴入库社会养老保险费2.06亿元，新增参保人数2277人。为全县9815名企业退休人员落实待遇调整政策，调整后月增加养老金总额为139.70万元，月人均增加养老金142.33元。在龙山汽车站设立专门的政策宣传咨询台，发放宣传资料5000余份，接受咨询3000余人次，向广大外出农民工和群众宣传《社会保险法》和养老保险政策，受到群众好评。

【就业服务】 2017年，完成城镇新增就业3595人，下岗失业人员再就业1934人，就业困难人员再就业761人；发放创业担保贷款1805万元；城镇失业登记率4.04%；完成农村新增转移就业5379人；年内共培训城乡各类劳动力8479人，其中，培训农村转移就业劳动力3477人（其中，建档立卡贫困劳动力1108人），岗位技能提升培训3981人，创业培训1021人，（其中建档立卡贫困劳动力989人），开展贫困家庭“两后生”就业创业培训379人。新增创业主体1188户（州定目标1000户），带动城乡各类劳动力就业1799人（州定目标任务1500人）。

【机关社保】 2017年，完成机关养老保险新系统上线。机关事业单位参保人数12723人，基金征缴19899万元，为全县4907名退休人员发放养老金22184万元，基金运行规范率达100%。开展国家机关事业单位职业年金征缴工作，2017年，收取职业年金3612万元。7月，为全县退休人员调整提高待遇4841人，人均每月增加162元，全县养老金发放额月增777239元。10月，为全县退休人员调整提高退休生活补贴4876人，人均每月增加220元，全县养老金发放额月增1064185元。

【工伤保险】 2017年,征缴工伤保险基金1121万元,完成年度任务254%;基金支出665万元(其中工伤待遇支出612万元,工伤认定调查、宣传费53万元);共有286家用人单位27185人依法参加工伤保险,年度任务完成率达到100.7%;工伤事故调查123起,工伤事故认定110人次(其中放弃认定9起,不予认定4起)。维护职工合法权利,化解企业风险,工伤保险局加大工伤保险法律法规的宣传力度。全年支付医疗待遇金额612万元。

【劳动保障与监察】 2017年,龙山县劳动保障监察局监督检查全县所有用人单位遵守劳动保障法律、法规、规章的情况以及龙山县务工人员工资支付保障金缴存情况。2016年,被县人民政府评为依法行政先进单位。2017年7月5日,出台《龙山县行政区域内务工人员工资支付保障金制度管理实施办法(暂行)》,使务工人员工资支付保障金制度管理达到全覆盖,全县工资支付保障金制度管理真正从源头上解决农民工工资被拖欠的问题,2017年1月至次年4月底,全县累积缴存务工人员工资支付保障金9950.87万元,退还8114.68万元,专户余额1836.19万元。

【领导名录】

党组书记、局长	田世忠
党组副书记、副局长	向爱平
党组成员、副局长	刘文俊
党组成员、县国家机关事业单位社会保险局局长	刘晓梅
副局长	杨丽玲
党组成员、工会主席	周　波
党组成员	吴　衡
县就业服务管理局局长	向永号
县社会保险管理服务局局长	张佰龙
县医疗生育保险管理服务局局长	黎　敏
县工伤保险管理服务局局长	张志文
县城乡居民社会养老保险管理服务局局长	杨传慧
县劳动保障监察局局长	贾高峰
县劳动人事争议仲裁院院长	彭林军

民　　政

【概况】 龙山县民政局是县政府组成局之一,承担社会救助、减灾救灾、优待抚恤、退役军人安置与管理、基层政权和社区建设、婚姻登记、殡葬管理、民间组织和社团登记管理、地名区划、社会福利事务、革命老区建设、社会慈善、福利彩票发行、老龄等工作。核定编制165名,实有在职人员217人(其中,行政机关24人,16个全额拨款事业单位193人)。共16个直属事业单位。

【社会救助】 2017年,全县城乡低保和兜底对象通过认定清理整顿,城乡低保对象降至18104户31195人,其中农村低保对象14117户24242人(含兜底脱贫对象2427户6897人),约占全县农业总人口的5%,核减22546户28297人,减幅分别为55%、48%,户均人数从1.5提升至1.7。全年发放城乡低保资金10312.52万元,其中城市低保2869.39万元,农村低保5006.13万元,社会保障兜底保障2437万元。特困人员供养提高农村散居特困人员和集中供养人员标准,提高敬老院工作人员工资和公共管理经费。2017年12月,集中供养1214人、散居供养1310人,全年发放特困供养金共计1927.85万元。城乡医疗救助继续全额资助农村五保、低保、孤儿、百岁老人、光荣院和福利院的城乡居民医疗保险。完善医疗救助,确保医疗救助资金的高效使用,共救助60523人次,发放救助金2043.8万元,其中普通住院24672人次,1182.5万元,特大病住院3326人次,373.5万元,资助城乡居民医疗保险32525人,487.8万元。困难群众基本生活救助实现农村低保标准与精准扶贫标准"两线合一",整合涉农资金3500万元(社会保障兜底脱贫对象保障金2012.3万元，残疾人“两项补贴”资金1487.7万元）。

【优抚安置】 2017年，为驻县部队解决资金30万元，用于基础设施、水电通讯及生活设施改造。抓好“关爱优抚对象”“爱心献功臣”活动，对缺劳力的优抚对象帮工1000余个，建立帮扶台账，实行挂牌帮扶，跟踪督查。优抚安置为2000名重点优抚对象参保参合。为1873名优抚对象发放门诊医疗补助、住院医疗补助102万元。对118名退役士兵进行职业技能培训，维护退役士兵的合法权益。

【减灾救灾】 灾后救助“6·5”“6·12”“6·23”“7·9”洪涝灾害和“7·23”旱灾发生后，紧急下拨救灾应急资金470万元(含本级预算30万元)，发放大米28.5840万斤、棉被2908床、棉衣2945件，食用油7070桶，累计救助受灾困难群众1万余人。在“防灾减灾日”，普及推广全民防灾减灾知识和避灾自救技能，提高综合减灾能力。开展丰富多彩的宣传教育活动，通过悬挂标语、摆放展牌、现场咨询、发放科普宣传材料等多种形式进行宣传，发放防灾减灾宣传手册2000余份、宣传扑克牌600副、宣传购物袋400个。

【老龄工作】 2017年，新增复核的17名居家老人，建立完善资料档案。及时打卡发放长寿保健补助金，标准由300元/人/月，提高到400元/人/月。共办理老年优待证5188本。为全县特困供养老人、重点优抚老人、“三无”老人、低保老人购买意外伤害保险21833份。为888名90～99周岁的高龄老人发放高龄津贴93.89万元。完成石羔街道泗坪村、红岩溪镇比沙社区等7个社区(村)养老服务示范点建设并投入运用。新增养老床位31张，超额完成计划床位15%。通过橱窗、互联网、电视、微信平台等媒体，宣传《湖南省实施〈中华人民共和国老年人权益保障法〉办法》。组织老年人合唱团参加湘西州中国人寿杯老年人合唱比赛，获“二等奖”“最佳组织奖”。

【基层组织建设】 村(居)换届业务培训。2017年3月11日，县委召开动员部署及业务培训会，县委书记出席会议并作动员讲话和工作安排部署，对严肃换届纪律提出要求。3月21日、4月18日、5月3日，开展乡(镇、街道)主抓换届工作的领导及民政干部业务培训。村级换届完成全县397个村(居)依法选举产生村(社区)民代表13054名，其中妇女代表4658人，占代表总数的35.7%；推选村民选举委员会397个，成员2779名，其中女性成员785名；推选村选民选举工作监督小组397个，成员1191人；海选提名村民委员会成员候选人15000余名，乡、村两级资格审查后上报县两批复审共2605名。9月17日至20日和9月23至26日在县委党校举办两期村(居)委会主任培训班，397个村(居)委会主任参加培训。

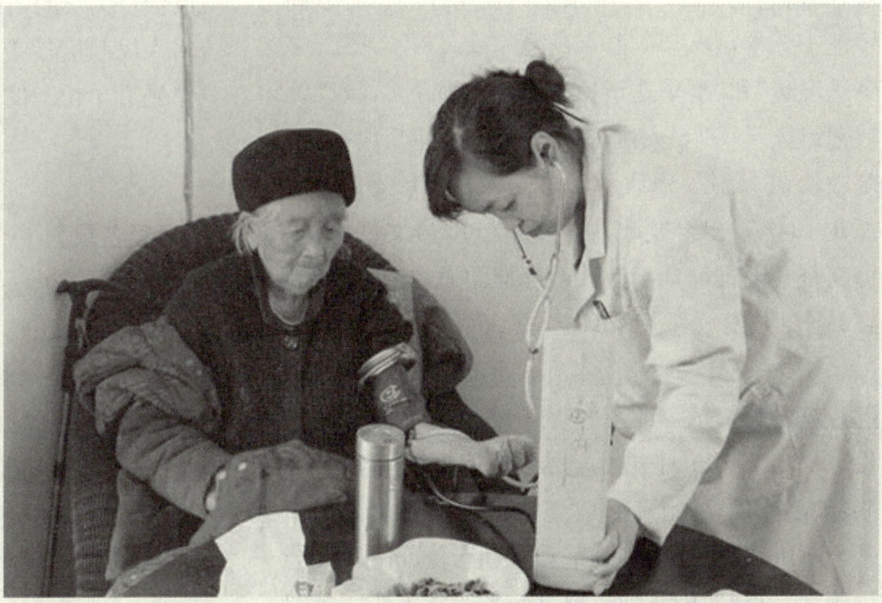

县民政局组织医务工作者为百岁老人开展健康体检

【区划地名】 2017年,县民政局对地名普查(第二次)制定普查实施方案,成立领导小组,组建工作班子,聘请土家语地名专家两名。在靛房镇举办地名普查暨土家语地名审音定字试点。完成土家语地名译写规则的编写,收集相关文献资料和图录典志。整理出地名调查目录14421条,覆盖地名普查11大类共53小类地名。采集地名多媒体照片17400多张。对14421条地名经纬度信息进行图解或实地测量,入库9383条地名信息。8月至10月上旬,与来凤县、酉阳县完成鄂湘渝三省市交汇处联合检查,与来凤县完成鄂湘线龙山来凤段第三轮边界联检,并对毁坏的1B号界桩进行重新埋设;与宣恩县完成鄂湘线宣恩龙山段第三轮边界联检,并重新埋设毁坏的2号界桩。

【社会福利】 2017年,全县"为9112名残疾人发放"两项补贴"1638.62万元。其中,重度残疾人护理补贴672.13万元,困难残疾人生活补贴966.49万元。全年福彩销售6800余万元,筹集福彩公益资金600余万元。

【社会事务】 2017年,全县办理结婚登记3890对,离婚登记1426对,补领结婚证1548对,补领离婚证103本,登记率、群众满意率100%。开展"寒冬送温暖"和"夏季送清凉"专项救助行动,救助流浪乞讨人员1665人次,其中精神病人55人次,医院救治38人次。孤儿保障选送入住州慈爱儿童园孤儿13名。出台龙政办发〔2017〕60号文件《关于提高全县困难群众生活救助标准的通知》。全年为453名孤儿发放孤儿保障金419.84万元。

【重点项目】 殡葬改革和城市殡仪馆及公墓山建设,从2017年5月开始,开展乱埋乱葬、修建豪华墓、大墓专项整治行动,成立龙山县殡葬改革工作领导小组,建立县殡葬改革和管理工作部门联席会议制度,出台龙山县加快推进殡葬改革工作实施细则。城市殡仪馆及公墓山项目累计完成投资9600万元,一期墓区工程占地约30亩,建成墓穴916座。二期项目殡仪馆、火化间完成主体建设,综合楼正在进行主体建设,火化机等设备已完成安装。1月21日,县委副书记、县长刘冬生主持召开县长办公会议,专题研究县慈爱园项目建设。3月,成立龙山县儿童福利院、社会养老服务体系建设项目建设指挥部,指挥部设在县委党校院内。9月26日,项目开工,投资1500万元,完成1号楼桩基工程。

【慈善工作】 2017年,全县开展贫困高中学生调查摸底,筛选出贫困高中学子50名,并成功申报"爱心成就未来"慈善助学项目,获省慈善总会慈善助学款15万元。在"慈善一日捐"活动中,收到县内现金捐赠113万元。

【社会组织】 2017年,县民政局对登记在册的140个社会组织开展年检,其中22个社会团体和96个民办非企业单位年检合格,19个社会团体和3个民办非企业单位年检不合格,依法撤销登记的社会组织16个。

【年度荣誉】 2017年,县民政局获评湖南省民政厅"全省福彩销售先进单位",被州国防教育工作委员会评为"全民国防教育工作先进单位",被州委、州人民政府授予"社会治安综合治理(平安建设)工作先进单位"和"州级文明单位"称号。

【领导名录】

党组书记、局长	彭　法
党组成员、副局长	吴国祥　张启学　刘德福
党组成员、工会主席	杨启志
党组成员、老龄办主任	江黎燕
党组成员	李宏武

残　　联

【概况】 龙山县残疾人联合会，成立于1991年4月，1997年升格为正科级机构，单位参照公务员管理。内设3个股室，2017年核定编制6人，其中，行政编5人，工勤编1人。下属机构残疾人劳动服务所，为全额拨款事业单位，核定编制31名。

残联履行“代表、服务、管理”残疾人三种职能：代表残疾人共同利益，维护残疾人合法权益；开展各项业务及活动，团结教育残疾人，直接为残疾人服务；承担政府委托的部分行政职能，管理和发展残疾人事业。

全县有各类残疾人44639人，持证残疾人16032人。视力残疾2651人；听力残疾970人；言语残疾141人；肢体残疾8171人；智力残疾1529人；精神残疾1441人；多重残疾1129人。完全丧失劳动能力，无生活能力，属一级重度的残疾人2179人；丧失大部分劳动能力，生活自理能力很差，属二级重度的残疾人3701；有一定劳动能力、就业能力的三、四级的残疾人10152人。

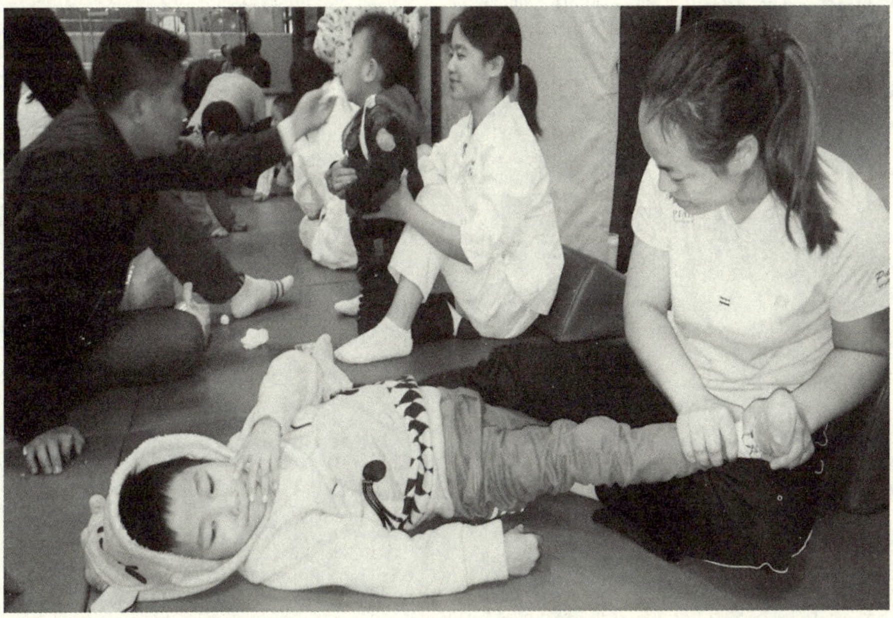

县残联组织残疾儿童在做免费抢救性康复训练

【残疾人劳动就业】 2017年，全县举办10期以高山刺葡萄种植、家畜家禽养殖、食用菌种植为主的农业实用技术培训，培训残疾人及家属195人次。开展有108名残疾人参加的以电脑操作、电器修理和盲人按摩为主的职业技能培训。通过实物扶持，残疾人实现灵活就业。在扶持项目上选择投入少、见效快、回报率高的种植、养殖项目，共扶持150户残疾人发展生产，扶持10名残疾人创业。

组织开展“2017年残疾人就业援助月”活动，举办残疾人就业专场招聘会，共有5名残疾人走上社区公益性岗位。

采用征收残疾人就业保障金的方式安置残疾人就业，5年累计征收残保金1400多万元，征收额是前5年的两倍多。安置312名残疾人就业；落实残疾人创业扶持政策和阳光增收计划，累计投入50万元，扶持50名残疾人创业，投入60万元，扶持300个贫困残疾人家庭发展生产。

【残疾人社会保障】 对确实无法就业的重度残疾人和三、四级智力、精神残疾人，实行生活补贴和护理补贴制度。2013－2017年，全县提标、扩面，共为6680余名重度残疾人和三、四级智力、精神残疾人发放两项补贴；为2020余名三、四级贫困家庭残疾人发放困难生活补贴。2017年，两项补贴发放总额1870万元。龙山县残疾人两项补贴工作获得省、州表扬，并在全省作典型经验交流发言。投入40万元，完成80户贫困残疾人家庭以改水、改道、改厕等为主的无障碍改造。所有残疾人可免费乘坐县城公交车。

【残疾人救助】 按照应纳尽纳、应兜尽兜、应保尽保的原则对贫困残疾人家庭进行帮扶救助，将贫困残疾人家庭优先纳入建档立卡贫困户；将重度残疾人和三、四级智力、精神残疾人优先纳入最低生活保障；为重度残疾人参与新农保和新农合实行政府补助（补贴）。2017 年，通过“千商扶千户”活动，组织全县个体私营爱心人士，对 228 户残疾人家庭进行联户帮扶。开展由县委、政府主办，县残联、电视台承办，各乡（镇、街道）和县直相关部门协办，募集社会资金，整合项目资金，以“奉献一片爱心，圆一个梦想”为主题的千名残疾人圆梦行动。募集社会资金、整合项目资金 800 余万元，接受助听器捐赠 1160 台、轮椅 200 台等物质；帮助 1500 余名残疾人实现在医疗康复、辅助器具适配、基础设施建设、文化教育、文体竞赛、文艺创作、创业及临时救济救助等方面的梦想；共拍摄圆梦专题片 10 余部，在州、县电视台播出，社会反响强烈。

【残疾人康复】 2017 年，完成“0～6 岁贫困残疾儿童抢救性康复”63 例，超额完成年度任务 5%。其中人工耳蜗植入术任务 3 人，实际完成 3 人；孤独症儿童康复训练 23 人，实际完成 23 人；脑瘫儿童康复训练 31 人，实际完成 34 人；助听器适配 3 人，实际完成 3 人。完成“居家托养”100 例，为 22 名肢体残疾人免费安装假肢、206 名白内障患者做免费复明手术，对 13 名贫困精神病患者实行住院救助和 50 多名精神病患者进行免费服药。共争取各级各类康复项目资金 2268 万元，使 4000 多名残疾人得到不同程度康复。其中，对 103 名智力残疾儿童、168 名脑瘫儿童进行语言交流、生活自理及脑瘫康复训练；为 700 名聋人验配助听器，成功植入人工耳蜗 43 例；免费实施白内障复明手术 2106 例，免费为 124 名贫困精神病患者送医送药；安装假肢 267 例。

【残疾人文化生活】 2017 年，全县开展“共享芬芳·放飞梦想”为主题的“五个一”残疾人文化周活动，王爱获 2017 年湖南省“五个一”文化周散文竞赛一等奖；组织残疾人朋友参加全国全省文艺体育赛事，王爱荣获“2016 年最美湘西人”荣誉称号，彭珣获中南五省残疾人才艺大赛一等奖；选手参加省九届残运会，江涛获个人跳远第三名；县电视台和县残联拍摄的残疾人创业题材《阿江》获全州好新闻奖。

【领导名录】

党组书记、理事长	向光松
党组成员、副理事长	尹先培
党组成员	田祖文

乡镇（街道）

民安街道

【概况】 民安街道位于县境西北部，为龙山县人民政府所在地。东邻兴隆街道，南接洗洛镇，西及西北与湖南来凤县隔酉水河相望，北抵石羔街道。209 国道穿街道中心而过，省道 99 龙吉高速公路在街道边缘通过。距恩施高铁站 120 千米，张家界荷花机场 162 千米，境内有桥梁、渡口、码头等，其中桥梁 18 座，渡口码头各 3 个；街道内交通四通八达，各村（社区）公路全部贯通。果利河穿境而过，在辖区西南端汇入酉水河。境内有水库 4 座。其中白羊坪水库位于酉水一支流大堰坪沟上，控制集雨面积 0.82 平方千米，总库容 10 万立方米；汤家沟水库位于沅江三级支流汤家沟上，控制集雨面积 1.1 平方千米，总库容 22.61 万立方米；跳鱼洞水库位于三湾塘村的峡谷之中，属沅水流域的二级支流陈家坨河上，水库控制集雨面积 0.4 平方千米，总库容 10.61 万立方米；新林水库水库位于沅水三级支流新林溪，控制集雨面积 0.72 平方千米，总库容 62.75 万立方米。2017 年全街道总面积 43 平方千米。街道设办公室、财政所、司法所、卫计办、安监站、畜牧站、文化站、农技站、林业站、综治办、美丽办、两违办、同建同治办、服务大厅等办事机构；有公务员编制 57 个，在职 49 人；事业编制人员 74 人。街道辖红星、白羊坪、新林、民爱、蒲家河、三湾塘 6 个建制村和南台堡、大堰坪、凤阳、老城、康家坝、书院坪、竹园、蔬菜、回龙、宝塔、春景、茶亭、城郊、五爱 14 个社区。共有 18 个农村网格，101 个城市网格，常住人口与流动人口共计 20 余万人。民族以汉族、土家族、苗族居多。

【精准扶贫】 2017 年，民安街道有 3 个贫困村，即蒲家河村、新林村和红星村；有建档立卡贫困人口的社区（村）12 个。4 月至 7 月，集中整理建档立卡贫困户评定办法，剔除不符合条件的贫困户后，建档立卡贫困户由 1054 户、3412 人变更为 656 户、2283 人。当年脱贫 279 户 1029 人。产业帮扶方面，全年发放产业资金 229425 元，发放转移就业资金 229425 元等合计 1699995 元。易地搬迁 21 户 65 人，其中分散自建 19 户 59 人，购买商品房 2 户 6 人。建档立卡教育帮扶学生 376 人，其中是年春季县内就读 337 人，县外就读 39 人。生态转岗 12 人。社保兜底 64 户 168 人。危房改造 105 户 374 人。基础设施建设立项 12 处，计划资金 1076.27 万元，完工的有红星村和新林村的人饮工程和道路建设工程和 8 个村级综合平台建设。所有驻村干部都实行驻村不低于 20 天，宿村不低于 10 晚的工作要求。对红星村组建 8 人一组的扶贫工作队，安排专门经费。

【基层党建】 2017 年，民安街道有党员 669 人，设党工委1个，下辖基层党支部26个，其中机关党支部1个，农村党支部6个，社区党支部14个，财政所、派出所、卫生院、老干、站所联合党支部5个。培训入党积极分子20名，发展新党员7人，预备党员转正9人。完成党组织和党员个人信息采集和录入，信息入库率达到100%。年内，街道党工委领导各党支部认真学习党的十九大精神和习近平新时代中国特色社会主义思想，开展远程教育，从思想政治上率领全体党员同以习近平为核心的党中央保持高度一致，建立健全《民安街道党工委议事决策制度》《民安街道重大事项决策制度》，坚持民主集中制，每月初召开例会，形成集体研究、集体决策、分工负责工作机制，增强班子凝聚力和战斗力。规范升级20个村(社区)党员活动室规范升级，配置电脑、打印机、液晶电视，解决村办公问题；全年党费收交56791元。开展党风廉政建设，落实党风廉政责任制，学习领会《党章》《关于开展“四风”突出问题专项整治和加强制度建设的通知》《关于落实中央八项规定精神坚决刹住中秋国庆期间公款送礼等不正之风的通知》《党政机关厉行节约反对浪费条例》等反腐倡廉文件，严格要求党员干部看好自家门、管好自家人，作廉洁自律的表率。召开“七一”表彰大会，表彰优秀党组织3个，优秀党员35名。

【综治信访】 2017年，民安街道以综治中心建设为主导，以调处中心为平台，以打击各项违规违法为手段，从严推进社会治理。从综治办、派出所、司法所、信访办等部门抽调人员在中心集中办公，街道工会、妇联、劳动、民政、计生、等部门的人员入驻综治中心共同参与中心工作。每月召开一次工作例会，综合研究每月疑难案件。对重大疑难、久拖不决的纠纷，实行挂牌督办、催办，限期回复结果。要求驻村(社区)干部协助各村(社区)排查不稳定因素，对各村(社区)收集的不稳定因素和矛盾纠纷督促调处。成立民安街道“三调联动”办公室，单独安排调解室，由派出所、法庭、司法所、综治办分别抽调工作人员组成“三调联动”工作组，有效防止民转刑事件的发生，极大减少走司法程序诉讼的案件起诉率，实现纠纷调解受理率100%、调解率98%、成功率97%。开展“打黑除恶、缉枪治爆”“两抢一盗”“缉毒禁毒”专项行动，不断加大对暴力犯罪、侵财型犯罪、涉毒、赌博大案的打击力度。推进信息化服务、网格化服务。实施“雪亮工程”，在街道重要场所、重要路段、大街小巷、小区等安装监控探头1200余个，强化辖区内的治安管控。对辖区内的旅馆、网吧、KTV的信息化建设进行规范，建成覆盖全街道的网吧、旅馆业、KTV信息管理系统，通过加强技防设施建设，压缩犯罪空间。成立专门的网格化办公室，组建20个村(社区)级综治中心，将其纳入网格化社会服务管理当中，形成119个网格，并做到“一格一长”，使街道机关单位和各村(社区)及广大群众参与到社会矛盾纠纷调解工作中，矛盾纠纷大调解格局更加完善。在做好留守儿童和空巢老人服务的同时，把刑释解教人员作为服务管理创新工作的重点对象，将“服务、关怀、扶持”贯穿于全过程，对此类重点人切实做到以理服人，以行感人，以情动人，有效预防刑释解教人员重新犯罪。开展“平安街道”“平安村”“平安学校”“平安医院”“平安企业”“平安单位”“平安家庭”“平安文化市场”“平安边界”等创建活动及推选表彰活动，探索开展“平安交通”“平安网格”创建，给10023户居民发放“平安农户”荣誉称号。以村(社区)党组织书记及各单位领导为第一责任人，与街道党工委、政府签订“零刑案”村(社区)责任书。推行“1+1+N模式”联动工作，即本村(社区)干部，驻村干部，片区三名警察，村(社区)一名辅警，值班村(社区)干部，强力推动农村群众义务巡逻，组建20支群众义务巡逻队。实现“零刑案”村(社区)覆盖率100%，90%以上的村(社区)无刑事案件。发放宣传单28000余份，印刷宣传标语42条，制作固定宣传栏35个，派出一辆宣传车在街道流动宣传。充分利用法制宣传日活动，每个村(社区)张贴标语横幅至少两条，创办平安创建知识专栏，组织多场法制知识讲座，为群众进行法制知识系列宣讲。高度重视“平安民安”创建工作，成立以街道党工委书记为组长的专项工作小组，精心部署和实施工作计划，并要求各单位领导起带头示范作用，做到早安排、早部署、早落实，广泛发动，集中行动。组建街道级治安巡逻队，每年拨付巡逻队员工作经费 15 万元，巡逻补助两万余元。投入专项资金 100 余万元，要求专款专用，科学制定预算标准，全面加强预算管理，抓住重点支出环节，确保预算执行到位，严控一般性支出。除从各部门抽调人员集中办公外，还定期邀请县综治办、县网格办、县司法局、派出所、交警中队、城管、医院等部门的业务骨干就执法程序、执法取证技巧、法律法规适用、简易交通指挥、医疗救治等方面内容开展专题培训，不断提升工作人员综合素质。建立联席会议制度，每季度在全街道范围内召开一次协调部署会议，每月在片区范围内召开一次工作协调会议。建立联系人制度，派出所、法庭、司法所各指定一名固定人员作为联系人，报执行领导小组办公室备案，由街道综治中心统一通过联系人或者值班电话联系。建立即时响应制度，遇到紧急情况时，在保护现场，利用视频、照相等工具保存证据的同时，立即通过街道综治中心根据事故的性质联系相关单位，并通知片区应急处理小组先期处理。

【社会事业】 基础设施：2017 年，民安街道完成农村危房改造 105 户、2 个村人饮水工程和道路建设工程。为落户民安街道的各项重点项目做好优质服务和环境优化，化解各类征地补偿、土地权属纠纷 37 起。民生：新型农村合作医疗参合 62836 人，报销 4286 万元，住院 16141 人次，报销金额3657万元；五保户 24 人，集中供养 15 人；低保享受 590 户 935 人。

【重点项目】 2017 年，民安街道经过各村（社区）申报，经办事处研究，并报龙山县“十百千”工程领导小组研究同意，共实施 37 件重要民生实事，安排资金 465 万元，实际完成工程 376 万元。具体工作内容包括村间道路建设投资 327 万元，对三湾塘、白羊坪、大堰坪、竹园、城郊、老城、茶亭、回龙、凤阳等村（社区）共 27 处道路进行维修硬化，以逐步改善人们出行条件；路灯建设投资 58.3 万元，在老城、茶亭、竹园等社区共安置 168 盏太阳能路灯，逐步改善居民出行条件和人居环境；水利建设工程投资 48.4 万元，实施 4 个项目，新修民爱村河堤，改造竹园社区安全饮水设施；康家坝社区广场铺设大理石砖，不断改善人居环境和提升居民生活质量。

【领导名录】

党工委书记	向顺忠
党工委副书记、办事处主任	杨支胜
人大联工委主任	晏敬龙
党工委副书记	王文娟
组织委员	赵志红
纪工委书记	向春屏
武装部长	胡安成
办事处副主任	米仁刚　李振刚（2017 年 4 月任）　田义和　杨　帆
人大联工委副主任	张本跃
纪工委副书记	彭学佳

【白羊坪村】 白羊坪村位于民安街道西南部，东面以山为界，与新林村相邻，南面以山为界，与车革村相邻，西以酉水河为界，与湖北来凤绿水乡相邻，北面以山为界，与大堰坪社区相邻。村所辖面积 4.6 万平方千米，12 个村民小组，分为 2 个网格。2017 年，全村居民 309 户，常住人口 1305 人，外出务工 480 人，流入人口 85 人，人均纯收入 3850 元。党员 17 人，流动党员 2 人。耕地面积 800 亩，旱地 500 亩，林地 2000 亩，种植业以水稻、玉米、油菜、百合为主。在建县级扶贫项目一个（落水洞电站）。4G 网络信号实现全覆盖，村委会秉承“资源共享、事务共办、责任共担、文明共建、和谐共创”的宗旨，突击开展综治信访维稳及矛盾纠纷排查化解工作。2017 年度被评为美丽乡村建设示范村。

村党支部书记：向发英，土家族；村委会主任：罗兵，土家族。

【宝塔社区】 宝塔社区位于民安街道西北部，东面与康家坝社区相邻，南面以果利河为界，与城郊社区相邻，西以果利河为界，与红星村相邻，北面唯一社区为界，与皇仓相邻。辖区共6个小组分为2个网格，社区所辖面积931741.55平方米。居民总户数286户，常住人口2246人。社区党支部和居委会成员共有8人，其中党支委会5人，居委会3人。社区下设有会议室、图书室、党员活动室。建档立卡户15户，低保户21户，党员35人。外出务工281人，流入人口22人。道路50%硬化，自来水、电网、4G信号全覆盖。

党支部书记：向金双，居委会主任：贾开友。

【茶亭社区】 茶亭社区位于民安街道西北部，西北以渡槽为界，与华塘街道接壤；北至卫校，东南方向接书院坪社区与五爱社区，西与南台堡接壤。2017年，所辖面积449790.41平方米，分为7个网格。所辖学校、医院等单位13个。社区居民总户数1283户，常住人口4733人，流动人口856户，2626人，外出务工101人，流入43人。党支部现共有中共党员16人。公共设施齐全，辖区有九年义务教育学校1所，幼儿园2所；基础设施完善，道路全硬化，自来水、电网、天然气、4G信号实现全覆盖，互联网入户。设有公安警务、劳动保障、计划生育、综合治理、党建活动等办公室。

社区第一书记，王金翠，女，土家族；书记，李文；主任，李胜召，苗族。

【城郊社区】 城郊社区位于县城南端，南起果利河，北至竹园社区，东起老城社区，2017年，辖区总面积7.5平方千米。办公楼位于龙山县城湘鄂路3号，距民安街道办事处0.5千米，下辖五个网格。耕地面积700亩，林地1050亩，总户数1065户，总人口3666人、党员29人，建档立卡户54户176人，低保户50户104人，新农保参保人数1024人，农作物以蔬菜、柑橘、玉米、莲藕为主。公路全硬化，自来水、电网全覆盖、4G信号全覆盖、互联网入户。设会议室、图书室、厨房、人力资源和社会保障服务中心。成立治安联防巡逻队不定时巡逻。书记：汤群芳，主任：丁晓平。

【春景社区】 春景社区位于民安街道东部，春景村改居民委员会而得名。东有果利河与兴隆街道办为界；南与凤阳社区依长沙路相隔；西北部有城东路将蔬菜社区和书院坪社区间隔。总面积468999平方米。辖3个网格(原9个村民小组)，3个自然寨(东门桥、中秋坝、甘家院子)，共1352户，4852人，其中农业户453户，1562人，中共党员20人。耕种的田、土因城东开发全部征收。社区居民主要靠外出务工谋生。通自来水，电网全覆盖，互联网入户。4G信号全覆盖。设有办公室，社区服务中心，农家书屋，存有图书2000余册。主道硬化2.5千米。经商，务工850人，总收入2050万元，人均4225元。

第一书记：甘荣；党支部书记：甘秀春；社区主任：向业春。

【大堰坪社区】 大堰坪社区于2016年成立。位于民安街道西部东面与新林村接界；南邻白坪村；西与湖北省来凤县隔酉水河相望；北部与三湾塘村相邻。总面积4.2平方千米，分3个网格，居民小组19个，自然寨14个，有户籍人口705户，3078人，其中劳动力1165人，党员55人，耕地1765亩，其中稻田1450亩，旱地315亩，林地2300亩，种植业以玉米、红薯、百合、西瓜为主。50%以上劳动力外出务工，人均年收入5500元，2017年，西瓜种植30亩以上农户30户，产值840万元。社区公共设施齐全，集镇繁荣，有医院一所，六年制义务教育小学1所，幼儿园1所；设农家书屋，存有图书1000余册。道路全硬化，自来水、电网、天然气、4G信号实现全覆盖，互联网入户。社区开展综治信访维稳及矛盾纠纷排查化解工作。

社区书记：张炳清，苗族；社区主任：王清运。

【凤阳社区】 凤阳社区位于民安街道东南部，东面以果利河大桥为界,与春景社区相邻,南面以南门一桥为界,与康家坝社区相邻,西以新建路为界,与回龙社区相邻,北面以长沙路为界,与蔬菜社区相邻。2017 年,所辖面积 494341.08 平方米,分为 12 个网格。社区内所辖幼儿园、单位、医院等 8 个,社区居民总户数 6000 户,常住人口 20000 人,外出务工 325 人,流入 55 人。党员 19 人。公共设施齐全,基础设施完善,道路全硬化,自来水、电网、天然气、4G 信号实现全覆盖,互联网入户。设有公安警务、劳动保障、综合治理、党建活动等办公室。

社区书记:冯亮,汉族;社区主任:陈文,土家族。

【红星村】 红星村位于龙山县西南部,距离县城 2 千米,东面与城郊社区相邻,北面以果利河为界,与宝塔社区及华塘街道皇仓社区相邻,西面与三湾塘村相邻,南面与新林村相邻;2017 年,辖 13 个村民小组,总户数 557 户,总人口 2018 人,有劳动力 998 人,中共党员 38 人,总面积 510 公顷,耕地面积 1349 亩,其中田 862 亩,旱土 487 亩,林地 3150 亩;种植业以大棚蔬菜、柑橘、百合、玉米为主要产业;种植大棚蔬菜 20 亩,玉米年种植 420 亩,水稻 50 亩,百合 107 亩;畜牧业以生猪家禽为主;通自来水、电网全覆盖,4G 信号全覆盖;有全县的工业园区,县水泥厂、小厂房、公墓山、殡仪馆都坐落在红星村。

第一书记:董祖树,土家族;村党支部书记:莫开金,村委会主任:杨万林。

【回龙社区】 回龙社区前身为回龙村,于 2015 年变更转为社区。位于民安街道东南部,东以新建路为界,与凤阳社区相邻;南面以回龙路为界,与康家坝社区相邻;西以团结路为界,与康家坝社区相邻;北以长沙路为界,与五爱社区、南台堡社区相邻。2017 年,总面积 0.8 平方千米,分为 12 个网格,大街小巷 12 条,居民小区 18 个,有户籍 4428 户 15158 人,党员 345 人。配备党小组组长 4 名。外出务工 317 人,流入 157 人。2017 年,社区公共设施齐全,辖区有九年义务教育学校 1 所,幼儿园 12 所;社区内设娱乐室:农家书屋,存有图书 1000 余册。基础设施完善,道路全硬化,自来水、电网、天然气、4G 信号实现全覆盖。

第一书记:侯定贵;村党支部书记:张泽英,土家族;村委会主任:田志松,土家族。

【康家坝社区】 康家坝社区位于民安街道西南方向,东面以新建路为界,与凤阳社区、回龙社区相邻;南面以果立河为界,与老城社区相邻;西面靠山,以山为界,与宝塔社区相邻;北面以长沙路为界,与南台堡社区相邻。2017 年,社区所辖面积 0.88 平方千米,分为 12 个网格。社区居民总户数 4418 户,常住人口 16562 人。世纪新村、亿利广场入住后总户数 5665 户,总人口数达 19828 人,党员 17 人,外出务工 375 人,流入 256 人,低保 356 户,社区内所辖单位 19 个,商住小区 48 个,大小街路巷有 48 条,公厕 2 座。社区无耕地,无农产品,以服务业和经商为主。人均收入 6000 元,总收入 9900 万元。社区道路全硬化,通自来水、电网全覆盖,互联网入户,4G 信号全覆盖。

社区党支部书记:严政,女,土家族;社区主任:白菊芬,女,土家族。

【老城社区】 位于民安街道东南部,与兴隆街道望城社区接界,南临 209 国道,西至湘鄂路,北以果利河为界。2017 年,总面积 1.1 平方千米,辖 8 个网格,有九年制义务教育小学一所,幼儿园 5 所,居民 3254 户,12197 人,劳动力 4065 人,党员 235 人。外出务工 350 人,总收入 380 万元;住宿餐饮业收入 90 万元;服务业收入 15 万元。整个社区基础设施完善,道路全硬化,通自来水,电网全覆盖,互联网入户,4G 信号全覆盖.有办公楼 1 栋,便民服务大厅、综治中心、戒毒康复工作站、日间照料中心及图书室,存有图书 300 余册。

社区书记龚笑梅,女,苗族。社区主任晏群慧,女,土家族。

【民爱村】 民爱村位于龙山县西南部，距离县城12千米，东与青山堡相邻，北以洗洛为界，与青山堡及蒲家河相邻，西与新林相邻，南与花鹿溪相邻；2017年，全村辖18个村民小组，总户数475户，总人口2159人，有劳动力1100人，中共党员37人，总面积3平方千米，耕地面积2240亩，其中田1200亩，旱土1040亩，林地1500亩；种植业百合、玉米为主要产业；玉米年种植100亩，百合2400亩；畜牧业以生猪家禽为主；全村通自来水、电网全覆盖，4G信号全覆盖。

村党支部书记：黄通干；村委会主任：彭玉琴，女。

【南台堡社区】 南台堡社区于2002年成立。位于民安街道西北部，东以民族路和团结南路为界，与五爱社区相邻；南以长沙路为界，与回龙社区相邻；西以湘鄂路为界，与康家坝社区相邻；北以团结路为界，与茶亭社区相邻。社区总面积约0.8平方千米，分10个网格，居民小区13个，有户籍人口5283户，16295人，其中常住人口2964户，10502人，流动人口2319户，5793人；党员180人；外出务工155人。公共设施齐全，九年义务教育学校1所，高中1所，幼儿园5所；社区内设娱乐室，农家书屋，存有图书1000余册。基础设施完善，道路全硬化，自来水、电网、天然气、4G信号实现全覆盖，互联网入户。设有公安警务、民政低保、劳动保障、计划生育、综合治理、党建活动、居民小组长等办公室。

社区党支部书记：李洪珍，女，苗族；社区主任：彭艳，女、土家族。

【蒲家河村】 蒲家河村东至洗洛镇联丰村，西至民安街道白羊坪村、北至新林村，东至民爱村，南至洗洛镇高寨村。总人口1583人，全村408户，辖11个村民小组（自然寨）。外出务工265人，建档立卡贫困户88户326人。中共党员26人。距民安街道办事处15千米。总面积5.483平方千米。全村耕地864亩，其中稻田752亩，旱土112亩，非耕地2000余亩。16.5千米，硬化4.4千米，村级主线公路6.5千米正在扩宽。粮食产量480吨，生产总值474.9万元，人均收入3000元，属深度贫困村。集中供水已竣工6个组。新型农网改造已竣工。4G信号全覆盖，互联网通3个组。农作物以时令蔬菜、西瓜、稻米、玉米、百合。

第一书记符家学，苗族，村党支部书记张安顺，苗族，村委会主任田禄儒，土家族。

【三湾塘村】 三湾塘村东与红星村交界，南与新林村毗邻，西与大堰坪接界，北与湖北省来凤县翔凤镇红花村隔河相望。2017年，全村有11个村民小组，409户1678人，村干部4人，有党员20人，入党积极分子1名，耕地面积892亩，其中稻田762亩，旱土130亩；有荒山山林890亩；村民以种植大棚蔬菜、脐橙、百合以及大理石开采及劳务输出为主要创收经济来源，其中蔬菜50亩、脐橙180亩、百合30亩；实施二次农网升级改造，实现电网全覆盖，开通三组一组便民公路1500米；加快美丽乡村建设，修造垃圾分类处理池12个，解决了农村垃圾及时有效处理问题。全村4G信号，通讯信息覆盖全村。

村党支部第一书记：高绪春；党支部书记：钟柏林；村委会主任：钟献昌，苗族。

【书院坪社区】 书院坪社区地处县城东北部，东北面与新隆街道交界，西邻南台堡社区，南接凤阳社区，由书院坪、东门垅、南门坡、城中4个小组和蔬菜村构成，境内有县直机关，企事业单位，幼儿园等73家。2017年，全社区辖18个网格，4848户，16880人，党员16人，外出务工208人，流动人口226人。公路全硬化，自来水、电网、天然气全覆盖，4G信号全覆盖，互联网入户。社区设有公安警务、民政低保、劳动保障、计划生育、综合治理、党建活动、居民小组长等办公室。

社区党支部书记李杰；社区主任朱勇。

【蔬菜社区】 蔬菜社区前身蔬菜村，于2015年变更转为社区。位于县城中心，东以城东路为界，与春景社区相邻；南以长沙路为界，与凤阳社区相邻；西以新建路为界，与五爱社区相邻；北以朝阳路为界，与书院坪社区相邻。社区所辖面积1.2平方千米，分为6个网格，大街小巷15条，居民小区25个，总户数2100余户，常住人口8196人，商门面1000多间。有中共党员22人，其中男党员15人，女党员7人。外出务工116人，流入572人，流出160人。2017年社区公共设施齐全，幼儿园1所，社区道路全硬化，通自来水、电网全覆盖，互联网入户，4G信号全覆盖。设办公室、图书室，存有图书2000余册。

社区党支部第一书记：李季，女，土家族；社区党支部书记：王卫波，土家族；主任：杨碧娥，女，土家族。

【五爱社区】 五爱社区位于县城中心地段，五爱村改居民委员会而得名。东有蔬菜社区、书院坪依新建路相隔；南与回龙社区依长沙路为界；西与南台堡社区依民族路相隔，北与茶亭社区以红泥路相隔，总面积400520平方米。2017年，全社区辖10个网格（原4个村民小组），共5192户，15566人，其中农业户257户，938人，中共党员22人。耕种的田、土因民族路开发全部征收。社区居民主要靠外出务工谋生。社区卫生室1个，1名社区医生。有建档立卡贫困户36户99人，其中缺资金10户，缺劳力6户，缺技术12户，因学致贫8户。全社区通自来水，电网全覆盖，互联网入户。4G信号全覆盖。社区在原村部办公，设有办公室，服务中心，农家书屋，存有图书2000余册。主道硬化3.8千米。

社区第一书记：袁家松，土家族；社区党支部书记、社区主任：陈相林，土家族。

【新林村】 新林村位于民安街道东南部，东与红星村相邻，南毗蒲家河村，西与白羊坪村为界，北靠三湾塘村。2017年，全辖区10个小组分为2个网格，所辖面积4.4平方千米。村民总户数282户，户籍人口1280人，常住人口340人。主要经济作物以百合、西瓜、为主。村党支部和村委会共有5人，其中支委会3人，村委会3人，其中支委委员与村委会主任为同一人。设有值班室、会议室、图书室、党员活动室等。全村建档立卡户58户，低保户30户，党员26人。村道路30%硬化，自来水、电网、移动通信、4G信号全覆盖。农村服务综合平台正在修建中。

村党支部书记：李诗光；村委会主任：余官水。

【竹园社区】 竹园社区位于民安街道南端2.5千米，南与洗洛镇青艾村交界。东与兴隆街道明星村望城社区交界，西边毗邻红星村，北边与城郊社区接壤。2017年，社区有4个自然寨，189户，1054人，劳动力389人，党员13人，耕地面积381亩，其中稻田200亩，旱地181亩，林地2504亩，种植业以水稻、百合、玉米、油菜为主。水稻200亩，百合300亩，玉米120亩，油菜100亩。社区通水45户、241人，电网全覆盖。互联网入户，4G信号全覆盖，社区公路硬化7千米，是年粮食总产量191吨，社区办公大楼1栋，设办公室、农家书屋（存有1000余册），实现生产总值130万元，人均收入5500元，外出务工128人，总收入376万元。

村党支部书记：黄光龙；村委会主任：岳世树。

华塘街道

【概况】 华塘街道位于县城西面，东、南与民安街道相连，西与湖北省来凤县城隔酉水河相望，北与石羔街道十字村接壤，于2005年行政区划调整，改华塘乡为华塘街道，街道东西最大距离为4.45千米，南北最大距离7.37千米，总面积18.28平方千米，下辖8个社区，98个居民小组，7020户20340人，其中土家族6665人，苗族4598人，回族72人，侗族44人，白族13人，壮族14人，少数民族共11406人，地势东高西低，呈三台阶地形，最高峰留芳堡（留繁社区）海拔531.5米，最低水井槽红岩寺

(皇仓社区),海拔483.3米。地属中亚热带山地湿润气候,雨量充沛,年降水量1378.5毫米,年平均气温15.8℃,无霜期275～280天。有耕地面积9329亩,其中水田8681亩,旱地648亩,有林地4197亩,草地383亩,园地3736亩,水域及水利设施用地1840亩,农作物以水稻和蔬菜为主,2017年稻谷种植面积7138亩,产量3199.2吨,蔬菜种植面积5296.6亩,产量8850.4吨,境内有水库两个,其中龙颈坳小Ⅱ型库容量103万立方米。街道内209国道与岳麓大道并行穿境而过,随着城镇化建设步伐的加快,2010年华塘街道列入国家龙凤经济协作示范区范围,并快速发展成为龙山县城新城区。

【基层党建】 2017年,华塘街道有党员401人,其中女党员100人,预备党员3人,流动党员46人,下辖基层党总支2个,党支部14个,全年主持召开专题党建工作研究班子会议8次,全体党员大会1次,在留繁社区建立党建联系点,讲党课4次,调研党建工作14次,聘请州委党校、县委党校老师及县委宣讲团进行专题授课6次,主持中心组学习6次,全年累计下支部讲党课8次。完成社区"两委"换届工作,选举产生新一届社区"两委"班子,选优配强社区干部。发展新党员3人,预备党员转正6人,参加农村党员冬春训334人次,298名党员关注"红星云"、"湘西党建",利用微信平台进行党员学习教育,落实社区干部"坐班电子签到"制度、"为民服务全程代办"制度。

【经济发展】 2017年,华塘街道党工委率领全街道干部职工和广大村民走城乡经济一体化,改过去的传统季节种植为常年的大棚种植,有大棚2000个,大棚种植面积1100亩,总产值达2000多万元,仅皇仓社区以西红柿为主的大棚经济作物400多亩,10亩以上的有15户,其中张孝松大棚西红柿年产值达20多万元,红岩寺大棚蔬菜经国家农业部和省、州县蔬菜部门多次检测达标,被农业部确定为"绿色无公害蔬菜生产基地",被湖南省评为"放心蔬菜生产基地"。农业生产正由过去一家一户经营向技术能人集约化经营发展,如官渡社区杨秀松近年大力研究葡萄种植技术,2017年发展到种植面积60多亩,拥有40个棚架,年收入达40多万元。华塘、华新、螺蛳滩和官渡社区的村民利用209国道和岳麓大道来往游客多的优势,大力发展餐饮业,华塘麻鸭馆名扬湘、鄂、渝边区,商贸、餐饮收入达400多万元,创税30多万元。

【精准扶贫】 2017年,为打好精准脱贫攻坚战,街道党工委建立"街道负总责,社区抓落实,扶贫到村,精准到户"的脱贫攻坚工作机制,建档立卡户301户,1096人,按照"七个不准"采取"五评法"扎实开展建档立卡回头看工作,剔除不合条件的68户224人,新纳入符合条件的10户38人。以"一超过、两不愁、三保障"为目标,2017年脱贫52户、216人。

【综治维稳】 2017年,推进安全生产"大排查、大管控、大整治"三大活动,实行党政负责,一岗双责,失职追责"的工作制度,逐级延伸,逐级落实,坚持以"打非治违"为重点,从而有效遏制了各类事故的发生。共排查安全隐患114起,整改落实到位108起;完善社区管理,发动辖区内66名网格长队伍进村入户进行"民调"工作,发放宣传资料到人到户,创造性地聘用社会志愿者,成立100人的街道治安巡防队,遏制违法犯罪活动,化解社会矛盾,全年共调处各类大小矛盾纠纷178起,党的十九大等重要时段实现零上访。

【同建同治】 2017年,街道办事处围绕"美丽华塘"建设,从治理"脏、乱、差"抓起,严格治理在主要道路两侧乱堆、乱放、乱搭、乱建、乱写、乱画的现象,整治养殖区村容村貌12次,发放宣传资料5000余份,制作横幅标语60条,配备保洁员25人,建立垃圾池98个,同时对社区垃圾清运实行外包,垃圾清运及时,受县美丽办通报表扬3次,获得奖金10万余元。

【国土两违】 2017 年,街道办事处高压治理“两违”,严格管控城乡建设规划,成立 6 人组成的“两违”专职巡察处置队伍,并配备专用车、摄影机、电脑等执法设备,全年依法制止“两违”现象 314 处,拆除“两违”设施 70 多处,确保辖区建设严格按规划执行。

【基础设施建设】 2017 年,抽调街道办事处干部 21 人,社区干部 18 人,配合各项目部征拆工作,全年共完成征地 1500 多亩,拆迁房屋 200 多栋;已硬化 24.6 千米,实现组组通车,进出方便;投资 101 万元,安装路灯 326 盏,电视信号覆盖率 100%。

【思想文化建设】 2017 年,街道办事处继续推进“两学一做”学习教育常态化、制度化,开展丰富多彩的健康文体活动。利用“五一”“七一”“国庆”和“九九”重阳节等重要节日,开展形式多样,内容丰富多彩的球类、棋类、诗歌朗诵等活动,营造健康和谐、积极向上的新氛围,开展“送温暖、献爱心”活动,累计捐款 3 万余元帮助老孺病残,狠抓廉政建设,坚持厉行节约,反对铺张浪费,对公务接待、经费管理、干部生活待遇、职务消费、公务支出严格审理,坚持对干部工作和思想作风评审。

【社会民生】 2017 年,街道有幼儿园 2 所,在园幼儿 270 人,专职教师 13 人,有小学 4 所,在校学生 812 人,在职教师 48 人,有初中 1 所,在校学生 161 人,在职教师 49 人,有卫生院 1 所,有社区卫生室 10 所,有专职卫生人员 65 人,街道文化站配有专职文化员 5 人,全街道有喜乐文艺队 3 个,三棒鼓队 1 个,农村卫生厕所覆盖率 100%,安全用水普及率 100%,新型农村养老保险参保人数 6618 人,参保率32.5%,新型农村合作医疗参保人数 19215 人,参合率 94.47%。

【计划生育】 2017 年,街道新出生人口 323 人,出生率 15.99‰,政策内生育率 94.43%,死亡 133 人,死亡率 6.59‰。

【特色地情】 华塘素有龙山、来凤“两城夹一乡”之称,地处华新、象鼻、留繁、螺蛳滩、官渡社区的龙颈坳水库,有水上休闲度假村,夏天不少外地游客到此休闲避暑,此处现列入湿地公园发展。

【领导名录】

党工委书记	江　林
党工委副书记、办事处主任	向　刚
党工委副书记	彭　军
人大联工委主任	黄先林
纪工委书记	张安林
武装部长、党工委委员	徐湘军
组织委员	丁晓艳
办事处副主任	谭锦艳　廖生文 田鹏程

【皇仓社区】 皇仓社区原称皇仓村,2016 年与红岩村合并为皇仓社区居委会。位于华塘街道南端,东与县高级中学和民安街道宝塔社区相接,南与民安街道红星村隔果利河相望,西与湖北来凤县河水乡隔西水河相望,北与唯一社区相连,距华塘街道办事处 3000 米。2017 年,下辖 18 个小组,964 户,3010 人,其中男性 1447 人,女性 1563 人。劳动力 1894 人,其中男劳动力 989 人,女劳动力 905 人。从事建筑业的 113 人,交通运输的 39 人,商贸的 54 人,餐饮服务的 40 人。有耕地面积 1681 亩,其中水田 1544 亩,旱地 137 亩。有园地 641 亩,林地 758 亩,有部分被列入皇仓森林公园。2017 年,农作物总播种面积 4027 亩,其中粮食播种面积 1678 亩,粮食总产量 677 吨。蔬菜种植面积 1658 亩,总产量 4627 吨。蔬菜主要以西红柿为主,大棚西红柿 300 多亩,10 亩以上的大户就有 15 户。

社区党支部书记:蒋绍林;居委会主任:张孝华。

【唯一社区】 唯一社区位于华塘街道南部,东靠民安街道和县高级中学，南与皇仓社区接壤，西与螺蛳滩社区相接，北与华塘社区相连，距华塘街道办事处2000米。2017年，下辖7个小组，599户，1871人。其中男894人，女977人。现有劳动力1121人，其中男劳动力585人，女劳动力536人。从事农业的466人，工业的78人，建筑业的59人，交通运输业的20人，商贸业的28人，餐饮服务的21人。有耕地面积784亩，其中水田755亩，旱地29亩。有园地360亩，林地384亩，有部分被列入皇仓森林公园。农作物总播种面积1899亩，其中粮食作物405亩，粮食总产量360吨。蔬菜总播种面积407亩，总产量310吨。种植西瓜50亩，总产量75吨。

社区党支部书记：杨光润；社区主任：刘亮。

【华塘社区】 华塘社区位于华塘街道所在地，东与民安街道茶亭社区相接，南与唯一社区相邻，西与华新社区接壤，北与留繁社区相连，距华塘街道办事处500米。2017年，下辖8个小组，646户，1776人，其中男872人，女904人。现有劳动力1072人，其中男劳动力560人，女劳动力512人。从业人数671人，其中从事农业的427人，工业的71人，建筑业的54人，交通运输业的18人，商贸业的26人，餐饮服务业的15人。有耕地面积438亩，其中水田412亩，旱地26亩。有园地274亩，林地223亩，有水库一座，库容量为10万立方米，水利设施用地49亩。2017年总播种面积为1486亩，其中粮食作物945亩，粮食总产量389.4吨。蔬菜播种面积348亩，总产量309.9吨。

社区党支部书记：钟发光；社区主任：杜文杰。

【官渡社区】 官渡社区位于华塘街道西部，东与螺蛳滩社区相接，南与螺蛳滩社区相邻，西与来凤县城隔西水河相望，北与象鼻社区接壤，距华塘街道3000米。2017年，下辖11个小组，有卫生室1个。共948户，2597人，其中男1214人，女1383人。现有劳动力1603人，其中男劳动力832人，女771人。从业人数为980人，其中男523人，女457人。从事农业的612人，工业的102人，建筑的78人，交通运输业的26人，商贸业的37人，餐饮服务业的27人。共有耕地面积1210亩，其中水田1036亩，旱地174亩。有园地150亩，林地75亩，草地17亩，水域及水利设施用地371亩。2017年农作物总播种面积2035亩，其中粮食作物829亩，粮食总产量349吨，蔬菜播种面积589亩，总产量707吨。种植西瓜34亩，产量45吨。

社区党支部书记：朱德全；社区主任：郭良。

【螺蛳滩社区】 位于华塘街道西面，东与华新社区和唯一社区相连，南与皇仓社区相接，西与来凤县城隔西水河相望，北与象鼻社区和官渡社区相邻，距华塘街道办事处2500米。2017年，下辖14个小组，有卫生室1个。社区共1175户，3330人，其中男1601人，女1729人。现有劳动力1987人，其中男劳动力1035人，女劳动力有952人。从业人员1392人，其中男743人，女649人。从事农业的861人，工业的145人，建筑业的110人，交通运输业的37人，商贸业的52人，餐饮服务业的39人。有耕地面积1579亩，其中水田1521亩，旱地58亩。有园地451亩，林地131亩，草地17亩，水域及水利设施用地347亩。2017年，农作物总播种面积2551亩，其中粮食作物1353亩，粮食总产量564吨。蔬菜种植面积509亩，总产量586吨。西瓜种植面积18亩，总产量25吨。在湘鄂情大桥东端的麻鸭馆闻名湘、鄂、渝边区。仅“三分地麻鸭馆”年营业额达200余万元。

社区党支部书记：余官顺；社区主任：张莉。

【华新社区】 位于华塘街道西部。东与华塘社区相接，南与螺蛳滩社区和唯一社区相邻，西与螺蛳滩社区相连，北与象鼻社区和留繁社区接壤，距华塘街道办事处1000米。209国道和岳麓大道从该社区穿行，2017年，社区下辖12个小组，有卫生室1个。共1162户，2909人，其中男1441人，女1468人。现有劳动力1744人，其中男916人，女828人。从业人员1058人，其中男565人，女493

人。从事农业661人,工业110人,建筑业84人,交通运输业28人,商贸业40人,餐饮业30人。有耕地面积717亩,其中水田681亩,旱地36亩。有园地358亩,林地156亩,草地48亩,水域及水利设施用地110亩。2017年农作物总播种面积1387亩,其中粮食作物734亩,粮食总产量312吨。蔬菜播种322亩,总产量362吨。

社区党支部书记:雷双龙;社区主任:邓凯。

【象鼻社区】 位于街道西北部。东与留繁社区相连,南与官渡社区和华新社区相接,西与湖北来凤县飞机场隔酉水河相望,北与来凤县白羊坡隔酉水河相望,距华塘街道办事处3300米。2017年,下辖7个小组,有卫生室一个。全社区539户,1571人,其中男762人,女809人。现有劳动力964人,其中男劳动力505人,女劳动力459人。从业人员728人,其中男389人,女339人。从事农业455人,工业76人,建筑业58人,交通运输业20人,商贸业27人,餐饮业20人。有耕地面积665亩,其中水田569亩,旱地96亩。有园地617亩,林地248亩,草地12亩,水域及水利设施用地192亩。2017年,农作物播种面积2226亩,其中粮食作物1136亩,粮食总产量455吨。蔬菜播种面积707亩,总产量778吨。西瓜29亩,总产量41吨。

社区党支部书记:胡国军;社区主任:张宪伟。

【留繁社区】 留繁社区原系留芳村和繁荣村,于2016年合并而成,位于华塘街道北部。东与兴隆街道白坪社区和油菜坪社区相接,南与华新社区和华塘社区相连,西与来凤县沙砣乡隔酉水河相望,北与石羔街道十字村相邻,距华塘街道办事处2000米。是县法院、县教体中心、县教师进修学校和第三自来水厂所在地。地势优越,它将是县直机关和湿地公园、森林公园的中心地带。下辖21个小组,有卫生室2个。2017年,社区现有987户,3276人,其中男1581人,女1695人。现有劳动力2010人,其中男1048人,女962人。从业人员1551人,其中男832人,女719人。从事农业961人,工业161人,建筑业123人,交通运输业41人,商贸业58人,餐饮业43人。有耕地面积2255亩,其中水田2163亩,旱地92亩。有园地885亩,林地2222亩,草地63亩,水域及水利设施用地152亩。2017年农作物播种面积4235亩,其中粮食作物1968亩,粮食总产量750吨。蔬菜播种面积755亩,总产量1132吨。

社区党支部书记:穆代华;社区主任:段成勇。

兴隆街道

【概况】 兴隆街道位于县城东部果利河畔,2015年12月,行政区划调整,原新城乡、兴隆街乡和原桶车乡的堰坝、新桥、茶园、花棚、太平5个村合并成兴隆街道。街道东邻茨岩镇,南接茅坪乡、洗洛镇,西连民安街道、石羔街道,北与石牌镇交界,最高海拔1456.2米,平均海拔601.1米,地属中亚热带山地湿润气候,雨量充沛,年降水量1378.5毫米,平均气温15.8℃,无霜期275～280天,全街道地域面积121.9平方千米,有耕地2429.41公顷,其中水田1237.61公顷,旱土1191.79公顷,林地面积7278.3公顷,街道下辖13个建制村、9个社区,有195个村民小组9447户39095人,其中汉族19661人,占总人口的50.29%;土家族9289人,占总人口的23.76%;苗族8898人,占总人口的22.76%;回族1247人,占总人口的3.19%。兴隆街道交通便利,国道209、省道305、吉恩高速、省道231、黔张常铁路贯穿全境,是全县的交通中心。2017年,实现社会生产总值2.5亿元,其中农业产值4500万元,比上年增长12.5%;人平纯收入3500元,比上年增长13%。

【基层党建】 2017年,村支两委换届选举工作全部完成,调整村(社区)支部书记12人,重点整顿白坪、双龙桥、尖岩3个相对较弱的村(社区)党支部班子,选派22名党员干部下村(社区)担任党支部第一书记。村(社区)活动场所办公面积达8800平方米,全街道有党支部28个,党员762名,2017年党员预备转正7名,发展新党员9名,培养入党积极分子38名,有农村党员远程教育点7个,远程教育点管理员7名。

【基础设施建设】 2017年,街道建设中的重大项目有太平山国家森林公园,果利河沿河绿荫大道、入城口道路改建、红星美凯龙物流中心、城东汽车总站、机动车检测站及二级维护中心、高速下线、民俗展示中心、新城中学和村民易地安置区。新修桥梁3座,整修古凉亭桥1座,新修硬化村组级公路8千米,整修渠道6千米,砌河堤6千米,整修新城社区、兴隆街社区街道3千米,安装排水管3.5千米。完成所有村(社区)的农网改造,实现同网同价,整修革命文物"贺龙桥",国家级文物保护单位"湘鄂川黔边区省革命委员会"旧址正在整修中。

【产业发展】 2017年,对街道14家无硫百合干加工厂、13个百合联产合作社进行建厂、生产、加工、营销扶持,发放微息贷款500万元,支持百合大户到桑植、保靖、湖北来凤、宣恩、恩施等县租地栽种,百合栽种面积540公顷,大棚蔬菜、大棚西瓜、园林花圃面积也得到扩展,重点村(社区)形成"一村一品"的特色产业模式。

【乡村旅游】 2017年,佛教圣地太平山、雷音寺和集旅游、休闲、避暑于一体的响水洞、三十六湾、苗沟得到开发和利用,果利河沿岸、普口车河沿岸、油菜坪村新建农家乐28处,年创收500余万元。

【民生事业】 2017年,全街道精准扶贫"回头看"重新评审农村低保809户1286人;完成农村五保户登记147人,集中供养84人,分散托保供养63人;发放危房改建资金180万元,村民易地搬迁费267.94万元;发放退耕还林款109.59万元,生态效益林补贴款37.02万元,生态公益林补贴款35.78万元,粮食直补226.72万元,农机补贴46.93万元,新增保安、保洁、护林等公益性岗位64个,农合参保36100人,参保率93%。完成村民养老保险9092人,投保率72%。

【综治维稳】 街道成立领导坐班接访室,实行党政领导排班坐班接访制度,村(社区)办公室村主干轮流值班,及时梳理村民诉求。2017年,排查解决矛盾纠纷175起,其中疑难纠纷18起,重大纠纷4起,涉及131人,办理信访件74件,办结回复率100%,成功排解长达十年之久的双龙桥村民集体上访积案。

【安全生产】 2017年,街道开展安全生产宣传教育活动,悬挂宣传横幅8幅,设置安全警示标志60处,办宣传栏23个,发放宣传资料2000份,召开专题会议2次;出动150人次检查烟花爆竹厂、加油站、氧气厂、学校等30家单位和企业,消除安全隐患;分别与单位领导人、企业业主签订安全生产责任状;取缔非法经营烟花爆竹点60个、非法采石场5处;摸底排查辖区学校、幼儿园安全工作,与各幼儿园校车和食堂业主分别签订交通安全及食品安全责任状;开展周边环境集中整治,落实整改措施,实现源头防范和长效管理。

【美丽湘西建设】 2017年,街道建立"美丽湘西"建设长效机制,加强各村(社区)保洁员队伍建设,宣传美丽湘西建设相关知识和垃圾分类处理要求,提倡文明新风,树立公共卫生意识,以美丽乡村示范社区油菜坪为样板,以点带面,落实宣传教化,集中整洁、督查考评、定期褒奖等制度,在街道营造人人理解、人人参与的氛围。

【文化建设】 全街道有17支舞蹈健身队,11支三棒鼓演唱队,3支文艺宣传队,常年开展社会有偿服务。2017年,落实教育两项督导制度,义务教育期间适龄学生入学率100%,初中升高中辍学率控制在3%以内,完成两所卫生院和22个村(社区)卫生室的提质改造。

【精准扶贫】 全街道精准扶贫做到"六个精准",对象识别精准、项目安排精准、资金使用精准、措施到户精准、因村派人精准、脱贫成效精准。建立贫困家庭"一户一档"制,落实结对帮扶工作责任,街道、村(社区)和扶贫工作队干部与建档立卡贫困户结成对子,一帮一确保帮扶措施落实到位。2017年,发放扶贫资金261万元,其中产业扶持181万元,交通稳岗补贴80万元,全年识别建档立卡贫困户1457户5489人,实现减贫目标3621人。全街道享受教育补贴贫困学生510人。

【领导名录】

党工委书记　黎定国

党工委副书记、办事处主任　田序金（2017年1月—6月）

党工委副书记、办事处主任　段海春（2017年7月—）

人大联工委主任　段海春（2017年1月—6月）

晏友明(2017年7月—)

党工委副书记　刘卫平　(2017年1月—10月)

郑成义　(2017年11月—)

党工委武装、宣传委员　郑成义（2017年1月—）

党工委纪工委书记　尚红英(女)（2017年1月—10月）

田清达（2017年11月—）

党工委组织委员　向金波

党工委委员、办事处副主任　田邦昌

办事处副主任　张飞彪　向　玲(女)

人大联工委副主任　向后胜

【新城社区】 位于兴隆街道西部,地势平缓,属平坝区。居街道办事处驻地。东与狮子社区交界,南与望城社区相连,西与民安街道隔河相望,北与油菜坪社区、白坪社区、兴隆桥社区毗邻。区域面积3.81平方千米。耕地面积138.16公顷,其中稻田73.07公顷,旱土65.09公顷。有林地55.06公顷。辖12个村民小组,有1330户5320人,劳动力1920人,中共党员56人。以进城务工、经商、种植、养殖、运输业为主要经济来源。2017年,人均纯收入3812元。社区内有红二军团司令部旧址。随着县城东扩,社区大部融入城建范围。

社区党支部书记王声学(土家族);社区主任:孙乾宇。

【望城社区】 位于兴隆街道西南部。距县城二千米,属丘陵区。东邻雷音社区,南接明星社区,西与民安街道交界,北与新城社区相连。区域面积2.57平方千米。耕地面积78.45公顷,其中稻田46.43公顷,旱土32.02公顷。林地59.51公顷。辖7个村民小组。有489户1789人,劳动力720人,中共党员37人。以进城务工、种植业、养殖业为主要经济来源。2017年,人均纯收入3716元。

社区党支部书记:田金菊(女,土家族),社区主任:罗运江(土家族)。

【油菜坪社区】 位于兴隆街道西北部,距县城2千米,地势平缓属平坝区。东、南与新城社区交界,西与民安街道接壤,北与白坪社区毗邻。区域面积1.31平方千米。有耕地65.19公顷,其中稻田42.14公顷,旱土23.05公顷。有林地22.4公顷。辖3个村民小组.有238户1169人,劳动力702人,中共党员28人。该社区以进城务工、经商、种植业、养殖业为主要经济来源。2017年,人均纯收入3900元,被评为湘西州"小康示范社区"和"民族团结先进单位"。

社区党支部书记:田帮昌(土家族);社区主任:唐学知(女,土家族)。

【狮子社区】 位于兴隆街道中部,距县城3500米,属丘陵区。东与黄土村交界,南邻雷音社区,西与新城社区接壤,北与兴隆桥社区毗邻。区域面积6.19平方千米,有耕地117.81公顷,其中稻田

80.81公顷，旱土37公顷。辖7个村民小组。有380户1580人，劳动力800人，中共党员31人。以进城务工，种植业、养殖业为主要经营来源。2017年，人均纯收入3512元。

社区党支部书记：谭贤富；社区主任：陈文龙。

【明星社区】 位于兴隆街道南部，距县城三千米，属丘陵区。东连三塘村，南接洗洛镇，西邻望城社区，北界雷音社区。区域面积3.91平方千米。有耕地72.8公顷，其中稻田43.3公顷，旱土29.4公顷。有林地214.21公顷。辖7个村民小组。有437户1778人，劳动力750人，中共党员23人。以劳务输出、种植业、养殖业为主要经济来源。2017年，人均纯收入3450元。

社区党支部书记：吉清平；社区主任：晏敬斌（土家族）。

【雷音社区】 位于兴隆街道中南部，距县城3500米，属丘陵区。东连张家坡村、尖岩村，南接明星社区，西邻望城社区，北界狮子社区、黄土村。区域面积4.93平方千米。有耕地67.78公顷，其中稻田13.55公顷，旱土54.23公顷。有林地326.69公顷。辖5个村民小组，有275户1094人，劳动力492人，中共党员20人。以劳务输出、种植业、养殖业为主要经济来源，2017年，人均纯收入3482元。

社区党支部书记：王尚武（土家族），社区主任：石胜文（苗族）。

【兴隆桥社区】 位于兴隆街社区北部，距县城3500米，属丘陵区。东连太平村，南接狮子社区，西邻新城社区，北界白坪社区、石羔街道。区域面积3.02平方千米。有耕地87.1公顷，其中稻田59.37公顷，旱土27.74公顷。林地133.42公顷。辖7个村民小组。有365户1400人，劳动力780人，中共党员23人。以劳务输出、种植业、养殖业为主要经济来源。2017年，人均纯收入3500元。

社区党支部书记：颜晓玲（女，土家族）；社区主任：蔡斌（土家族）。

【白坪社区】 位于兴隆街道西北部，距县城三千米，地势平缓，属平坝区。东连兴隆桥社区，南接新城社区，西邻华塘街道，北界石羔街道。区域面积3.96平方千米。有耕地156.6公顷，其中稻田75.73公顷，旱土80.87公顷。有林地144.74公顷。辖6个村民小组。有467户2176人，劳动力1070人，中共党员28人。以种植业、养殖业、劳务输出为主要经济来源。2017年，人均纯收入3480元。

社区党支部书记：刘先春（土家族）；社区主任：覃继华（土家族）。

【兴隆街社区】 位于兴隆街道中东部，离县城10千米。国家级文物保护单位“湘鄂川黔边区省革命委员会”旧址位于该社区。2005年新寨坪村并入兴隆街村，2015年苗沟村、西洛坪村并入，成立兴隆街社区。东部属中山区，平均海拔1000米左右。西部属丘陵区。东连响水洞村、茨岩塘镇、南接双龙桥村、张家坡村、三塘村、茅坪乡，西邻尖岩村、黄土村、燕山村，北界白岩洞村。区域面积28.14平方千米。有耕地236.6公顷，其中稻田82.3公顷，旱土154.3公顷。有林地2280.22公顷。辖27个村民小组。有840户3280人，劳动力2000人，中共党员57人。以劳务输出、养殖业、种植百合、烤烟为主要经济来源。2017年，人均纯收入3580元。

社区党支部书记：张学军（苗族）；社区主任：蒋后林。

【双龙桥村】 位于兴隆街道中部，距县城10千米。地势东高西低，平均海拔650米左右。东、北与兴隆街社区交界，南与张家坡村接壤，西与尖岩村相邻。村域面积5.48平方千米。有耕地79.02公顷，其中稻田40.81公顷，旱土38.21公顷。有林地396.62公顷。辖9个村民小组。有375户1470人，劳动力570人，中共党员29人。以劳务输出、养殖业、种植百合、烤烟为主要经济来源。2017 年,人均纯收入 3490 元。

村党支部书记:彭成洋(土家族);村委会主任:刘杰(苗族)。

【三塘村】 位于兴隆街道南部,距县城 10 千米。地势东高西低,平均海拔 650 米左右。黔张常铁路水沙坪隧洞出口位于该村。东连兴隆街社区,南接洗洛镇,西邻明星社区,北界张家坡村。村域面积 6.56 平方千米。有耕地 85.76 公顷,其中稻田 62.87公顷,旱土 22.89 公顷。有林地 477.56 公顷。辖 12 个村民小组。有 374 户 1495 人,劳动力 750 人,中共党员 32 人。以劳务输出、养殖业、百合、烤烟种植为主要经济来源。2017 年,人均纯收入 3495 元。

村党支部书记:陈运生,村委会主任:陈俊(苗族)。

【张家坡村】 位于兴隆街道中南部,距县城 12 千米。地势东高西低,平均海拔 650 米。东连兴隆街社区,南接三塘村,西邻雷音社区,北界双龙桥村。村域面积 7.61 平方千米。有耕地 111.33 公顷,其中稻田 24.11 公顷,旱土 87.22 公顷。有林地 577.07 公顷。辖 11 个村民小组。有 385 户 1560 人,劳动力 700 人,中共党员 29 人。以劳务输出、养殖业、百合、烤烟种植为主要经济来源。2017 年,人均纯收入 3488 元。

村党支部书记:谭士勇(苗族);村委会主任:田安友(土家族)。

【白岩洞村】 位于兴隆街道东北部,距县城 13 千米。地势东高西低,平均海拔 650 米。白岩洞长官司遗址位于此村。2005 年烟棚村、老林村并入该村。东、南连兴隆街社区,西邻堰坝村,北接石牌镇。村域面积 8.87 平方千米。有耕地 279.55 公顷,其中稻田 193.14 公顷,旱土 86.41 公顷。有林地 443.74 公顷。辖 22 个村民小组。有 698 户,3194 人,劳动力 1597 人,中共党员 40 人。以劳务输出、养殖业、百合、烤烟种植为主要经济来源。2017 年,人均纯收入 3500 元。

村党支部书记:阳清贵(苗族);村委会主任:陈延政。

2017 年 3 月 11 日,兴隆街道组织机关干部在响水洞开展义务植树

【黄土坡村】 位于兴隆街道中部,距县城七千米。平均海拔 600 米,属丘陵区。2017 年 4 月,桐木村并入该村。东连燕山村,南邻雷音社区,西接狮子社区、太平村、花棚村,北界白岩洞村。村域面积 4.47 平方千米。有耕地 115.89 公顷,其中稻田 85.34 公顷,旱土 30.55 公顷。有林地 237.16 公顷。辖 12 个村民小组。有 349 户,1615 人,劳动力 610 人,中共党员 21 人。以劳务输出、种植业、养殖业为主要经济来源。2017 年,人均纯收入 3510 元。

村党支部书记：彭志全（土家族）；村委会主任：杨宗和。

【燕山村】 位于兴隆街道中部，距县城八千米。平均海拔600米，属丘陵区。东连兴隆街社区，南接尖岩村，西、北邻黄土村。村域面积2.06平方千米。有耕地45.32公顷，其中稻田18.3公顷，旱土27.02公顷。有林地77.11公顷。辖7个村民小组。有242户，1052人，劳动力451人，中共党员21人。以劳务输出、养殖业、种植业为主要经济来源。2017年，人平纯收入3498元。

村党支部书记：刘胜林；村委会主任：刘代勇。

【响水洞村】 位于兴隆街道东部，距县城15千米。四周群山环绕，属中山区。东与茨岩塘镇相连，南、西、北三方与兴隆街社区接界。村域面积7.75平方千米。有耕地42.7公顷，其中稻田11.87公顷，旱土30.8公顷。有林地655.8公顷。辖6个村民小组。有257户，1237人，劳动力620人，中共党员19人。以劳务输出、养殖业、百合、烤烟、三木药材生产为主要经济来源。2017年，人均纯收入3492元。

村党支部书记：田洪发（土家族）；村委会主任：彭小兵（土家族）。

【尖岩村】 位于兴隆街道中部，距县城八千米。平均海拔600米，属丘陵区。东与兴隆街社区、双龙桥村相连，南与张家坡村接壤，西与雷音社区、黄土坡村交界，北与燕山村毗邻。村域面积2.11平方千米。耕地面积79.52公顷，其中稻田40.84公顷，旱土38.68公顷。林地面积52.7公顷。辖10个村民小组。有367户，1479人，劳动力910人，中共党员30人。以劳务输出、养殖业、百合、林果生产为主要经济来源。2017年，人均纯收入3520元。

村党支部书记：李乾勇；村委会主任：汪尚龙。

【堰坝村】 位于兴隆街道北部，距县城15千米，平均海拔600米，属丘陵区。东、北与石牌镇交界，南与白岩洞村接壤，西与茶园村、新桥村相邻。村域面积3.17平方千米。有耕地119.81公顷，其中稻田60.01公顷，旱土58.8公顷。有林地131.26公顷。辖12个村民小组。有393户，1529人，劳动力508人，中共党员18人。以劳务输出、养殖业、种植百合、粮食为主要经济来源。2017年，人均纯收入3475元。

村党支部书记：康金秀（女）；村委会主任：杨宇州。

【新桥村】 位于兴隆街道北部，距县城13千米。平均海拔600米，属丘陵区。东与堰坝村交界，南与茶元村接壤，西与石羔街道相连，北与石牌镇毗邻。村域面积3.95平方千米。有耕地143.32公顷，其中稻田39.97公顷，旱土103.35公顷。有林地159.88公顷。辖5个村民小组。有375户，1488人，劳动力690人，中共党员15人。以劳务输出、养殖业、百合、粮食生产为主要经济来源，2017年人均纯收入3481人。

村党支部书记：向玉春（土家族）；村委会主任：陈万治。

【茶园村】 位于兴隆街道北部，距县城12千米。平均海拔600米左右，属丘陵区。东与堰坝村交界，南与花棚村接壤，西与石羔街道相连，北与新桥村毗邻。村域面积3.2平方千米。有耕地102.96公顷，其中稻田25.81公顷，旱土77.15公顷。有林地178.59公顷。辖5个村民小组。有241户，1054人，劳动力501人，中共党员20人。以劳务输出、养殖业、种植百合、粮食为主要经济来源。2017年，人均纯收入3485元。

村党支部书记：邓胜春；村委会主任：李代祥。

【花棚村】 位于兴隆街道北部，距县城10千米。平均海拔600米，属丘陵区。东与黄土村交界，南与太平村接壤，西、北与茶园村毗邻。村域面积3.2平方千米。有耕地83.42公顷，其中稻田55.87公顷,旱土 27.55 公顷。有林地 199.61 公顷。辖 4 个村民小组。有 257 户,1068 人,劳动力 628 人,中共党员 20 人。以劳务输出、养殖业、种植粮食、百合为主要经济来源。2017 年,人均纯收入 3496 元。

村党支部书记:田礼发(土家族);村委会主任:彭志学(土家族)。

【太平村】 位于兴隆街道北部,距县城八千米。平均海拔 600 米,属丘陵区。正在建设中的太平山国家森林公园位于该村。东与黄土村交界,南与兴隆桥社区接壤,西与石羔街道隔河相望,北与花棚村毗邻。村域面积 4.28 平方千米。有耕地 120.32 公顷,其中稻田 60.84 公顷,旱土 59.48 公顷。有林地 140.13 公顷。辖 5 个村民小组。有 322 户,1268 人,劳动力 518 人,中共党员 24 人。以劳务输出、养殖业、种植业为主要经济来源。2017 年,人均纯收入 3502 元。

村党支部书记:蒋迎春(土家族);村委会主任:吴振湘(苗族)。

石羔街道

【概况】 石羔街道位于县城北部近郊,由原三元乡与原石羔镇合并组建,距县城和湖北省来凤县城均为七千米,东与石牌镇接壤,南与兴隆街道、华塘街道相连,西北与湖北来凤县、宣恩县隔酉水河相望,境内地势东北高、西南低,东部为丘陵台地,西部为丘陵平地,最高海拔 856 米,最低海拔 440 米,气候四季分明,雨水充沛,属亚热带大陆性湿润季风气候区,年平均气温 15.8℃,无霜期年平均 280 天,年平均降雨量 1400 毫米。2017 年,石羔街道地域面积 88 平方千米,实有耕地 35292 亩,水田 31602 亩,旱土 3690 亩,非耕地 5760 亩,园地 12310 亩,林地 60672 亩,是湘西自治州商品粮生产基地和龙山县蔬菜基地。下辖 12 个社区和 11 个村,10049 户 43971 人,主要民族有土家族、苗族、汉族、回族等,其中少数民族人口约占总人口的 75.5%。石羔街道境域矿石资源丰富,已探明的有石英石、石膏等,其中石英石储量为 2 亿万吨,其二氧化硅含量高达 96%以上,石膏矿区面积 3.6 平方千米,其小型开采已有 300 多年历史,因地质滑坡 2017 年禁止开采。

【工业农业】 2017 年,全街道粮食总产量 17460 吨,其中水稻 11192 吨,玉米 2627 吨,两薯 3435 吨,百合种植面积 5325 亩,产量 5985 吨,油料作物种植面积 6915 亩,产量 656 吨,西瓜种植 2925 亩,产量 3709 吨,蔬菜种植面积 22410 亩,产量 47894 吨,柑橘种植面积 8780 亩,总产量 7250 吨。畜牧养殖以生猪、鸡、鸭、牛、羊为主,特色养殖有黑豚、蜜蜂、肉鸽、獭兔等,全年生猪出栏 24558 头,山羊出栏 1720 只,上市家禽 132960 羽,肉类总产量 1954 吨,禽蛋产量 424 吨,蛋鸡养殖总量达 23 万余羽,水产养殖面积 1884 亩,水产品总产量 886 吨,渔业总产值 886 万元,全街道农业总产值达到 27980 万元,农民人均纯收入 3594 元,比上年增加 280 元,增长 8.44%。石羔街道小型企业众多,民营企业有土家巧手、元宝硅业、大岩堡电站、羽丰养鸡合作社等,国有企业有三元电站、英雄电站、梨园水厂,全街道有企业 52 家,企业总产值 11240 万元,纳税 77 万元,年增长率在 8%以上。社会消费品零售总额 17200 万元,财政总收入 3254 万元,金融实现增加值 6770 万元,比上年增加 920 万元,农村商业银行和邮政储蓄银行各类存款余额 31510 万元,比上年增长 8.4%,贷款余额 4350 万元,当年新增贷款 1600 万元,同比增长 36.7%。

【基础设施】 2017 年,23 个村(社区)公路总里程 347.4 千米,其中水泥硬化路 189.6 千米,是年,加宽、改造、硬化村组公路 17.86 千米,已实现村村通水泥路,境内有大小公路桥梁 37 座,其中横跨酉水河的中南龙凤铁索桥实施危桥改造,原有的石拱桥大部分已经改造成钢筋水泥桥,是年实施危桥改造

7座，成立具有营运执照的农村公交客运公司，每天有9辆40个班次的公交车往返营运，方便群众出行。

【民生事业】 2017年，辖区有小学4所，初级中学1所，九年制学校1所，公办幼儿园5所，民办幼儿园6所，幼师77人，在编教师351人，辖区三元片、石羔片各设社区卫生服务中心一个，共有医、护人员35人，设病床49张，居民健康档案建档率达到95%以上，婴幼儿疾病预防接种各种疫苗达100%，全街道村村有卫生室，总投入1200万元的石羔街道中心医院选址新建在白泥社区，2017年正在建设之中，建成后将新增床位100张。街道还设有教育文体广电服务站1个，万册图书馆1个，藏书11200册，电子图书室一个，有电脑5台，多功能活动室1间，辖区23个村(社区)均建有"农家书屋"和村村响广播室、远程教育站点，有14个村(社区)新建了文化广场和舞台，有群众文化团队24个，各团队全年巡回各村寨义务演出240余场次。

邮政通信：2017年，境内建有11座地面接收基站，实现有线、无线电话村村通，移动、联通、电信4G信号全覆盖，宽带网络全境通，农村现代远程教育站村村有，文化资源共享工程、三农网络书屋村村通，政府网上办公、电子政务、会议视频等现代化信息技术稳步推进。供电供水：实施农村电网提质升级改造工程7个村(社区)，新增变压器16台，至此辖区23个村(社区)全部完成农网改造，实现城乡供电同质同价。先后有十字、永兴、白泥、正南、中南、桃红、苦竹等社区大部分居民接通了梨园水厂的自来水，辖区自来水使用人数达13450人，占总人口的30.6%。水利建设：有小一型水库(电站酉水河拦河大坝)3座，小二型水库7座，卧龙水库主渠道贯穿石羔境内9个村(社区)，全年新修或整修水渠4580米，农田灌溉面积增至22300亩，启动河长制工作，组建河长制办公室，辖区河道、水库等水资源得到有效保护。墟场建设：石羔片区墟场无农贸市场，以民三公路为市，逢集有临街商铺84家，流动摊位160个，牲畜市场一个，年交易总额达4600万元，为保证墟场整洁卫生，配备固定保洁员3名，定时打扫，改善墟场卫生面貌，三元片区逢集有固定摊位170个，流动摊位30个，临街商铺71家，年交易总额4650万元，民三公路升级改造工程项目率先对三元片区墟场街市进行了路面整修，安装太阳能路灯60盏，配备保洁员3名，墟场生产生活垃圾实行集中清运处理，墟场容貌焕然一新。

石羔街道领导班子召开2017年精准扶贫工作会议

【乡村旅游】 2017年，街道旅游观光景点有泗坪村望佛园、兴堡村花之都、旧寨村武陵龙凤示范园、青岗村农民公园、三元烈士陵园等，年接待游客5000人次，比上年增长12.8%。

【计划生育】 2017年，全街道出生人口577人，其中男婴297人，女婴280人，死亡人口346人，控制出生率12.3‰，人口自然增长率7.31‰,死亡率5.1‰。有农村独生子女户、两女结扎户等计划生育优抚、奖扶对象332人,落实奖扶对象子女大学新生入学扶助7人。

【社会保障】 2017年,全街道发放耕地补贴9415户299.9562万元,每亩105元,农机购置补贴44户62.64万元,新型农村养老保险参保人数12683人,参保率69.97%;农村合作医疗参合34446人,参合率98.5%。设有民政救助服务站,对辖区内重大灾情及时排查统计上报,特困家庭给予救助,有农村低保救助对象561户1365人,残疾补助对象262人,年内发放各类救助物资157.51万元。有五保对象152人,三元片、石羔片各设敬老院1座,集中供养五保老人、孤儿74人,散养78人。

【基层党建】 2017年,石羔街道有党员767人,设党工委1个,下辖基层党支部28个,其中农村党支部11个,社区党支部14个,机关党支部2个,老干支部1个,全年开展远程教育学习2159小时,年内发展新党员8人,预备党员转正10人,修建村级综合服务平台13个,新增"一村一大"学员4人,各支部开展主题党日活动6次,全年党费收缴3.7万元,救助贫困老党员7人,开展党风廉政建设,落实党风廉政责任制,年内处分党员干部3人。

【综治维稳】 2017年,以创建"平安石羔"活动为载体,以"网格化"管理为手段,落实"组织、制度、责任制、督查、典型示范"5个保障机制,配备综治(信访、禁毒)专干23名,设立161个网格,有村级网格长33名,社工7名,办理信访案件117件,息访结案91件,排查调处各类矛盾纠纷413起,调处成功率89.25%,有社区矫正对象19人,严格按有关法律法规管制,无重新犯罪现象发生,有涉毒人员190人,社区戒毒对象91人,年内铲除3处种植罂粟点,处罚毒品种植人员3人,开展治安环境综合整治4次,校园周边环境专项整治2次,摸排安全隐患22处,制止违法建设16起。

【环境整治】 2017年,以美丽湘西建设为契机,实施农村环境综合整治,新建垃圾池71个、垃圾中转站1个,配备保洁员77名,购置三轮垃圾清运车23辆,新建垃圾焚烧炉1个、整修3个,县环保局配备压缩式垃圾清运车1辆,投入环境整治资金120万元,辖区实现生产生活垃圾清扫、清运及时,8月,在旧寨村实施美丽湘西示范村建设,投入158万元,实施改水改厕、美化亮化、环境整治等工程。

【精准扶贫】 2017年,全街道规范精准识别建档立卡贫困户1519户5789人,根据辖区8个贫困村、15个非贫困村的实际情况,推行领导干部包村联片负责制,驻村干部包村责任制,结对帮扶干部联户责任制,推进"十大工程"建设,年内发放产业扶持资金526.8475万元,转移就业脱贫扶持资金14.885万元,医疗救助资金115.245万元,生态扶贫补偿资金35万元,发放小额贴息扶贫贷款281万元,落实贫困家庭子女免费教育312人,实施"雨露计划"助学170人,实施农村扶贫建房和危房改造280栋,其中易地扶贫搬迁88栋,危房改造192栋,脱贫摘帽贫困村3个,精准脱贫1476人。

【荣誉表彰】 2017年,石羔街道获评湘西州委、州政府社会治安综合治理工作、信访工作优秀街道;翟扬华、张生龙获湘西州委、州政府社会治安综合治理工作先进工作者;胡斌被湖南省人民政府授予"湖南省见义勇为先进个人"称号。

【领导名录】

党工委书记	翟扬华
党工委副书记、办事处主任	向多龙
党工委委员、人大联工委主任	张永胜
党工委副书记	谭小龙
党工委委员、武装部长	杜忠华
党工委委员、纪工委书记	张秀英
党工委委员、组织委员、工会主席	符晓晖
党工委委员、办事处副主任	王本科
办事处副主任	向长春　陈发强

人大联工委副主任　　　　鲁　军

【石羔社区】 位于街道所在地，辖4个居民小组，2017年有586户1945人，其中建档立卡贫困户18户65人。有党员35名，其中女性11名，流动党员6名。社区总面积1.8平方千米，其中耕地面积784.9亩，旱土110亩。粮食作物以水稻、玉米、两薯种植为主，其中水稻种植420亩，玉米210亩，经济作物以柑橘、蔬菜、百合为主。社区已户户通自来水和宽带网络，实施农网改造，卧龙水渠、民三公路穿社区中心而过，居民小组公路全部硬化。是年，社区办公楼新加一层，内设政务服务中心、办公室、农家书屋，有图书2500多册，新建成的5800多平方米的社区文化广场天天都有近百人跳广场舞。社区墟场逢农历五、十赶场，至今已有二百多年历史，40%以上的居民从事经商活动。社区居民主动融于龙山、来凤城市经济圈，基本实现农民向市民的转变。

社区书记：蔡平贵，主任：马洪进。

【正南社区】 位于石羔街道西部，毗邻湖北省来凤县城，距街道办事处3500米，下辖20个村民小组，社区面积3.6平方千米，其中耕地1807亩，非耕地128亩，林地105亩；共899户4431人，其中建档立卡贫困户101户415人；社区党支部共有53名党员，其中女性党员5人，流动党员15人。

社区地势平坦，交通方便，与来凤县城酉水之隔，一座龙凤大桥和在建的酉水特大铁路桥把来凤县城和正南社区连为一体。种植业主要有水稻、两薯、蔬菜、柑橘、大棚西瓜等，其中大棚西瓜种植面积在600亩以上，蔬菜播种1200余亩，柑橘种植1000余亩；养殖业主要是养鸡、鸭、猪等，2017年正南羽丰养鸡专业合作社养殖蛋鸡超过23万羽，总产值1950万元；外出务工1100余人，年务工收入3960万元，人均收入达5410元，农户全部接通自来水和天然气，完成农网改造，是县小康建设示范村。社区农家餐馆、农家乐已发展到7家，其中酉水农家、香水人家、李屠夫泡汤店初具规模，年营业收入400多万元。

社区书记：向运双；主任：胡桃香。

【干比社区】 位于石羔街道北部，距办事处3800米，东接尧坪村、冲天社区，北临泗坪村，南接石羔社区，西与湖北来凤翔凤镇马家园村隔酉水河相望，龙(山)永(顺)高速公路穿社区中心而过。社区有劳动力980人，70%外出务工或经商，主要分布在浙江、福建及珠三角等地，年务工收入达2500多万元。社区总面积1.7平方千米，辖5个居民小组，411户2019人，其中建档立卡贫困户28户103人，有党员30人。有耕地1219亩，有水库1座(位于冲天社区境内)。2017年，社区主要发展粮食及蔬菜产业，兼种百合、柑橘等，在祥胜农机和治祥蔬菜两个农民专业合作社的带动下，水稻种植1000余亩、蔬菜播种800多亩。

社区新建办公楼一栋，内有办公室、农家书屋、会议室、广播室等设施，农家书屋有图书2200余册。新建文化活动广场一个，面积600余平方米，配有音响、健身器材。社区内主干道、组级路已全部硬化，水泥路已通各家各户。

社区党支部书记：滕召安；社区主任：张友军。

【英家社区】 原为三元乡英家村，2016年4月区划调整改为英家社区，位于石羔街道北部，距街道办事处7500米，与湖北省宣恩县李家河镇相邻，有"一脚踏两省"之称，属于少数民族地区，有7个居民小组，面积2.9平方千米，其中耕地面积2702亩，山林面积1374亩。2017年年末，共447户1867人，其中建档立卡贫困户有77户297人，有10户实行异地搬迁，9户实施危房改造。

社区交通方便，县城至马鞍山公路途径社区5个居民小组，地势东高西低，属于丘陵地区，酉水河将社区一分为二，水源条件好，三元电站建在境内。农业产业以种植为主、畜牧为辅，农作物主要有水稻、玉米、油菜、蔬菜、百合、柑橘，百合种植310亩，蔬菜种植500亩，2017年人均收入3100元，农业收入共1970万元，外出务工650人，劳务收入

2100万元。

社区党支部书记:郑和平;社区主任:黄维。

【元堡社区】 位于石羔街道中北部,与湖北省宣恩县李家河镇相邻,由原元堡村、大岩村、中台村合并而成,社区总面积6.4平方千米,13个居民小组,2017年有745户3350人,其中建档立卡贫困户131户434人。属岩溶干旱地区,以小丘陵地形为主,耕地面积3761亩,林地面积1700亩。交通便利,地处原三元乡政府驻地,有农村商业银行、邮政所、卫生院、敬老院、九年制学校等机关单位,农历逢二、七赶场,农贸市场年销售总额达8600多万元。有姚家垅水库和中台水库,农田灌溉条件方便。以种养业为主,是年水稻种植2600多亩,大棚西瓜、蔬菜种植1000余亩,有农村专业合作社两家,一家养殖土鸡1万余羽,一家发展大棚蔬菜;主要经济收入以外出务工为主,劳务收入占总收入的70%以上,外出务工人口占总人口50%以上。农民人均纯收入3248元,脱贫摘帽49户196人。

社区党支部书记:包春茂;社区主任:李光才。

【永兴社区】 位于街道南部,距石羔街道办事处1200米,东与苦竹社区、兴隆街道北平社区相接,南接十字社区,西连中南社区,北与白泥社区相临,在建的黔张常铁路火车站坐落在辖区,计划2019年通车试运行。辖4个居民小组,2017年年末,共344户1612人,其中建档立卡贫困户33户122人,土家族、苗族占总人口的80%。有铁路安置小区1个,居住157户移迁居民。总面积1.7平方千米,实有耕地979.8亩,其余均为林地与聚居地。主要农作物有百合、水稻、玉米、油菜、蔬菜等,其中百合种植210亩,水稻种植818亩,蔬菜种植500多亩。农业总产值585万元,农民人均纯收入3638元。

社区党支部书记:吴国炼;社区主任:翟小军。

【冲天社区】 位于石羔街道东北部,东与桃红社区、包家垅村相接,南与石羔社区交界,西与干比社区相连,北与尧坪村、兴堡村结邻。共辖5个居民小组,总面积为2.3平方千米,耕地面积702亩,林地面积2466亩,生态公益林面积810亩。2017年末有280户1267人,其中精准扶贫建档立卡贫困户43户168人,外出务工人员376人,有党员27人,其中女性党员2人。社区地处吉恩高速湘北第一服务区,吉恩高速、民三公路穿境交叉而过,卧龙水库灌溉渠道途径全境。农业以种植、养殖为主,2017年种植水稻648亩,玉米220亩,薯类435亩,莲藕、百合100多亩;养殖耕牛6头,山羊143只,生猪192头,鸭267羽,鸡1423羽。粮食总产量486吨,出栏生猪210头;经济作物收入162万元,外出务工收入1600多万元,农民人均纯收入达3690元。

实施农村综合服务平台建设项目,村部、文化广场、舞台正在建设之中,农网改造全面实施,村村响广播,移动、联通通信实现全覆盖。

社区党支部书记:张艳芳;社区主任:田科俊。

【猛洞村】 位于石羔街道办事处东部,距离办事处所在地6500米,东与兴隆街道花棚村相连,南与兴隆街道太平村相邻,西与桃红社区、包家垅村相接,北邻兴隆街道新桥村,是县卫生和计划生育局的扶贫联系村,有建档立卡贫困户71户270人。辖区总面积3.9平方千米,有5个村民小组,10个自然村寨,共379户1174人,其中劳动力520人,党员17人,实有耕地783亩(水田689亩,旱地94亩),林地3400亩,虽土地肥沃,但山大人稀,农田分布零散,因是卧龙水库水渠的直贯区域,水利条件优越。农业种植主要以水稻、玉米、两薯、油菜、百合等为主。2017年,实施村级服务综合平台建设项目,建有村部、文化广场、舞台,户户接通自来水,通信网络全覆盖,通组公路全硬化。村民经济收入主要来源是外出务工收入,2017年外出务工320人,劳务收入达1220余万元。

村党支部第一书记:姚辉;党支部书记:黄刚;村委会主任:杨仁斌。

【白泥社区】 位于石羔街道办事处所南部近郊，东与苦竹社区相连，南与永兴社区毗邻，西与中南、正南社区交界，北与石羔社区接壤。辖区总面积1.6平方米，有8个居民小组，共245户1146人，其中建档立卡贫困户51户176人。在建的黔张常铁路从社区中心而过，是龙凤火车站的出入口。辖区内有石羔中学一所，小精灵幼儿园一所，石羔中心医院正在建设之中。2017年年末，实有耕地853亩，其中水田739，旱地114亩，主要农作物有水稻、玉米、两薯、油菜、百合、蔬菜等，畜牧养殖有生猪、山羊、鸡鸭。2017年水稻种植710亩，玉米种植191亩，两薯324亩，粮食总产量达473吨，出栏生猪226头，外出务工290多人，劳务收入980万元，农民人均纯收入达4582元。

社区党支部书记：张廷亮；社区主任：黄翔宇。

【中南社区】 位于石羔街道西南部，距石羔街道2300米，总面积3.2平方千米，2017年年末，实有耕地1379亩，辖13个村民小组，共565户2513人，其中建档立卡贫困户64户238人，年末脱贫9户37人。共有592人外出务工，劳务收入1780万元；有党员32人，其中女党员6人。

社区地势平坦，主要农作物有水稻、玉米、油菜、薯类、西瓜、蔬菜、莲藕，其中水稻种植是袁隆平院士主持的超级稻攻九实验示范生产基地，水稻种植1000多亩，西瓜、大棚蔬菜面积有700余亩，有科技农业示范园一个，农机专业合作社两家，农业机械化及科学种田水平较高。社区公路全部硬化，自来水接通到户，农网改造完成，通往来凤县城的龙凤铁索桥危桥改造重建，方便村民南来北往。

社区党支部书记：符兴春；社区主任：张卫东

【苦竹社区】 位于石羔街道办事处东南部1500米处，东临新城街道太平山，南与新城街道北坪村毗邻，西与白泥、永兴社区相连，北与桃红社区接壤。共8个居民小组，8个自然寨（易家院子、彭家堡、上下田家院子、老室厂、岔溪河、刘家院子、肖家院子），310户1298人，其中劳动力701人，建档立卡贫困户53户220人，有党员26名。总面积4.4平方千米，2017年末实有耕地989.6亩，森林面积3880亩，森林覆盖率75%以上，是一个土家族、苗族、汉族杂居村，省定贫困村，县人大是扶贫联系单位。社区以水稻、玉米、西香瓜、大头菜为主要产业，大头菜种植300亩，西香瓜种植210亩。畜牧业主要以养猪为主，年出栏生猪280头，鸡鸭养殖3200羽。龙永高速途径社区3个居民小组，社区居民全部接通自来水，并实施农网改造，互联网移动、联通、电信4G信号全覆盖，新建社区办公大楼1栋，社区文化广场、舞台同步建成，内设电商平台、卫生室、农家书屋，有图书2000余册，有高标准篮球场1个，乒乓球桌2台，健身器材2套，通村公路8950米、入户路2900米水泥硬化。有大头菜专业合作社一个，合作社成员有120多户，外出务工人员236人，劳务收入720万元，居民人均收入达4130元，是年底，贫困村脱贫摘帽，贫困户脱贫142人。

社区党支部第一书记：刘国刚；党支部书记：黄德志；社区主任：田云成。

【尧坪村】 位于石羔街道西部，距离街道办事处4800米，东与兴堡村相邻，南与冲天社区交界，西与干比、泗坪相连，北临酉水河与湖北宣恩李家河金陵寨村隔河相望。2017年，辖区总面积3.6平方千米，下辖13个村民小组，共686户3318人，其中有建档立卡贫困户75户269人；有劳动力1760人，外出务工1230人，主要在浙江、福建及珠三角一带务工或经商。有党员32人，其中女性党员7人，流动党员9人。是年末，有耕地2194.7亩，其中水田1919.4亩，旱地275.3亩，卧龙水渠支渠道途径辖区9个小组，有小二型水库1座，农田灌溉条件较好；有林地1173亩，森林覆盖率偏低。辖区有完全小学1所，在校师生423人；大岩堡电站建在村内酉水河岸，已完成农网改造；移动、电信、联通宽带4G网络实现全覆盖，村组公路全部硬化，农业产业化初具规模，共有百合、蔬菜、养殖等农民专业合作社5个，带动农户种植百合800亩，大棚蔬菜350亩;有生猪养殖场1个,年出栏生猪1300多头;粮食总产量居全街道之首,达1209吨,农民人均纯收入达4820元。

村党支部书记:陈明清;村委会主任:李明乾。

【十字社区】 位于石羔街道南部,东与兴隆街道白坪村相邻,南与兴隆街道油菜坪社区交界,西与华塘街道留芳村接壤,北与石羔街道永兴社区相邻。2017年,社区总面积2.6平方千米,辖5个居民小组,共392户1913人,以小丘陵地形为主,耕地面积1246.3亩,林地面积占1114亩。有21名党员,其中女性党员5名,流动党员6名。

社区交通便利,民三公路穿社区中心而过,境内公路已全部硬化;卧龙水库主水渠贯穿全社区,农田灌溉条件优越。居民经济收入来源以外出务工为主,以种、养业为辅,外出务工310多人,劳务收入占全社区总收入的60%以上,外出务工人口占社区劳动力的40%以上;农作物种植主要有水稻、玉米、红薯、马铃薯、油菜、百合、蔬菜等,畜牧水产养殖主要有生猪、鸡鸭、鱼等,粮食能够自给自足,商品蔬菜是社区的主导产业。2017年,社区有建档立卡贫困户28户90人,其中兜底2户5人,是年脱贫8户31人,粮食产量达711吨,农民人均纯收入4762元。

社区党支部书记:谭洪凯;社区主任:周凤丽。

【桃红社区】 位于石羔街道东部近郊,距街道办事处1800米,东与猛洞村相邻,南与苦竹社区相接,西临石羔社区,北与冲天社区、包家垅村交界。2017年,总面积3.4平方千米,辖9个居民小组,共296户1289人,其中建档立卡户36户120人,有劳动力资源524人,有党员17人,其中女党员6人。

社区无工业企业系典型的纯农业村,自然条件差,水源短缺,居民主要收入来源于种、养业及外出务工。2017年,外出务工284人,劳务收入850万元;种植水稻908亩,玉米230亩,薯类459亩,粮食总产量615吨,自给有余;畜牧养殖主要有生猪、山羊、鸡鸭等,年出栏生猪940头;农民人均纯收入4530元。

龙(山)永(顺)高速公路从社区穿境而过,主公路及组级公路全部水泥硬化,并实施农网改造,组组接通互联网宽带,移动、联通、电信4G信号全覆盖。建有社区文化广场,有篮球场1个、乒乓球台2个、健身器材6套,村村响广播1套,音响设施1套,农家书屋有藏书2540册。

社区党支部书记:王本学;社区主任:王东贵。

【泗坪村】 位于石羔街道西北部,与湖北来凤县仙佛寺、宣恩县金陵寨西水河之隔,自古有“一脚踏两省三县”之称,距街道办事处4000米。2017年,辖区总面积1.8平方千米,有耕地1270.9亩,辖10个村民小组,共407户1884人,有建档立卡贫困户56户215人;有劳动力1070人,426人外出务工;有党员30人,女党员6人。

村民主要经济收入靠务工经商,劳务收入达1450万元;其次是农业种植业和养殖业。2017年,种植水稻830,玉米280亩,两薯528亩,种植莲藕210亩,大棚西瓜240亩,在本村浩文农机专业合作社的带动下,农机化程度提升,农民种田水平得以提高;畜牧水产养殖主要有生猪、鸡鸭、鱼等,干鲜水果种植有柑橘、橙柚。粮食总产量758吨,柑橘产量146吨,西香瓜461吨,出栏生猪1100头,农民人均纯收入4870元,是年脱贫12户45人。

2017年,实施农村综合服务平台建设项目,新建村部、文化广场、舞台,配套建设有篮球场、乒乓球台、健身器材等;全村主干道实施亮化工程,安装太阳能路灯30盏;通村公路加宽、硬化工程,组级路已全部硬化;农村电网已改造,宽带网络实现户户通,因洗衣河渡口渡船破旧,县海事局为其配备一艘大型渡轮。

村党支部书记:黄立志;村委会主任:马继富。

【川洞村】 位于石羔街道北部,距街道办事处7500米,东与双龙村接界,南与兴堡村相邻,西与元堡社区接壤,北与湖北宣恩县沙道镇相连。2017年,总面积5.1平方千米,辖7个村民小组,276

户,总人口 1168 人,其中有建档立卡贫困户 67 户 285 人,有劳动力 709 人,有 480 多人外出务工经商。有党员 26 名,其中 60 岁以上占 52%。

2017 年,实有耕地 968 亩,林地 6160 亩,粮食作物主要有水稻、玉米、两薯,经济作物主要有百合、蔬菜、西瓜,畜牧养殖有生猪、山羊、蜜蜂等,村民主要经济来源靠农业生产与外出务工。村集体经济收入无项目支撑,农民人均纯收入 2560 元,是省定贫困村,县党校为扶贫联系单位。通过对贫困户进行产业扶持、劳动力转移就业和异地搬迁等帮扶,至是年年底,脱贫 43 户 104 人。

2017 年,实施农村综合服务平台建设项目,新建村部、文化广场、舞台,通村主公路硬化 1 条,其他到组到户的道路是损毁不堪的沙石泥巴路。村民饮水是农户从山上埋管子引来的山泉水,没有实现集中供水。农网改造完成,生产生活用电有保障。村村响广播开通,移动、联通、电信 4G 信号全覆盖,但宽带、有线电视安装到户率较低。

村党支部第一书记:刘发万;党支部书记:王勇;村委会主任:王焕权。

【旧寨村】 位于石羔街道北部,距街道办事处八千米,由原旧寨、花果两村合并组建为新的旧寨村。全村共 11 个村民小组,分聚 11 个自然寨(凉风洞、筧槽沟、李家堡、旧寨坪、岩脚、石家堡、百果洞、大路边、花果洞、向家坝、后坡),有 420 户 1911 人,其中建档立卡贫困户 115 户 450 人,有劳动力 1081 人,有党员 34 人。是省定贫困村,县信息中心为扶贫联系责任单位。

2017 年,全村总面积 8 平方千米,有耕地 1891 亩,其中稻田 1581 亩,旱土 310 亩,林地 8035 亩。农业种植以水稻、油菜、玉米、百合、薯类、蔬菜等为主,其中水稻 1100 亩,油菜 200 亩,玉米 750 亩,百合 510 亩。畜牧业以养猪为主,鸡鸭、山羊为辅,有养羊大户 1 户 120 只。2017 年粮食总产量 963 吨,外出务工 692 人,劳务收入 2420 万元,农民人均纯收入达 4390 万元,贫困户脱贫摘帽 56 户 184 人。

2017 年,新建村办公楼 1 栋,配套建设了文化广场、舞台,内设农家书屋,有图书 2800 余册;争取美丽湘西示范村建设,实施改水改厕、美化亮化工程,修建公共厕所、绿化带、乡间走廊。全村各自然寨已通水泥路,家家户户已接通自来水,农网改造已经完成,互联网宽带、移动联通电信 4G 信号全覆盖。

村党支部第一书记:姚源泉;党支部书记:闵兴海;村委会主任:杨正平。

【包家垅村】 位于石羔街道东北部,距街道办事处 4500 米,东与双龙村、猛洞村相邻,南与桃红社区接壤,西与冲天社区交界,北与兴堡村毗邻。2017 年,下辖 5 个村民小组,共 318 户 1315 人,其中有建档立卡贫困户 71 户 294 人,是省级贫困村,县卫计局是扶贫联系责任单位;有劳动力 770 人,其中有 398 人外出务工或经商;有 60 岁以上老人 132 人,80 岁以上老人 18 人。有党员 23 名,60 岁以上党员占 60%。

2017 年,全村总面积 3.6 平方千米,有耕地 958.8 亩,林地 3354 亩,粮食作物主要有水稻、玉米、两薯,经济作物主要有蔬菜、柑橘,养殖有鸡、鸭、猪等,经济收入来源主要有农业产业和外出务工。2017 年粮食总产量 568 吨,劳务收入 1350 万元,农民人均纯收入 2790 元。

2017 年,新建村部办公楼 1 栋,配套建设文化广场、舞台。有村卫生室 1 个,1 名村医;有电视机 290 台,农户安装固定电话 120 部,有 32 家农户接通宽带网络;移动、联通、电信 4G 手机信号全覆盖;已经实施农网改造;通村主路实施加宽改造工程,5 个组还有 1 个组未通水泥路;安装卧龙水渠引水管 4800 米,解决村民饮水困难问题。有农村低保救助对象 19 户 42 人,五保对象 5 人。农村养老保险参保率 68.3%,新农合参合率 100%,至是年底,贫困户脱贫摘帽 37 户 127 人。

村党支部第一书记:李方龙;党支部书记:张兴祥;村委会主任:李友全。

【西洛村】 位于石羔街道北部,与湖北省宣恩县李家河镇毗邻,距龙山县城24千米,距石羔街道办事处17千米,由原石马村、西洛村合并组建,辖9个村民小组,共408户、1751人,其中有建档立卡贫困户75户314人,是省定贫困村,石羔街道办事处是扶贫联系责任单位。该村以山地为主,属亚热带大陆性湿润季风气候,四季分明,春多寒潮,秋多连绵阴雨,冬多风、严寒冰冻。年平均温度为16.5度,最高温度39.5度,最低—2度。

2017年,全村总面积6.7平方千米,其中耕地1956亩、林地5352亩,经济作物主要有百合、蔬菜,农作物多为玉米、大豆、稻谷,家庭养殖以生猪为主,村民经济来源主要依靠百合种植和外出务工。是年,百合种植650亩,蔬菜种植450亩,粮食总产量952吨,外出务工470人,实现劳务收入1450万元,农民人均纯收入达4568元,实现贫困村脱贫摘帽。

村党支部有党员23名,其中女性党员2名,争取实施了农村综合服务平台建设项目,改造村部办公楼1栋,配套修建了文化广场、舞台。2017年,全村有独生子女15户,两女节育19户;实施农村危房改造3户,异地搬迁8户,其中非贫困户1户。有学前班、小学、初中贫困户学生共40户52人,高中、中职、高职贫困户学生9户9人;有农村低保20户69人,五保2人。全村新农合参合率100%,新农保参保率70.2%以上。是年年底,所有贫困户除4户兜底户外,全部脱贫,贫困村脱贫摘帽。

村党支部第一书记:田辉;党支部书记:刘泽胜;村委会主任:李芝维。

【南北村】 位于石羔街道办事处北部,距办事处25.5千米,东与石牌镇接界,南与旧寨村毗邻,西与青岗村接壤,北与湖北省宣恩县沙道镇交界。全村14个村民小组,分聚14个自然寨,共435户1855人,其中劳动力1116人;有建档立卡贫困户94户358人,是省定贫困村,县检察院是扶贫联系责任单位。有党员37人,女党员3人。

2017年,全村总面积9平方千米,耕地面积2797亩,其中稻田2670亩,旱地127亩,林地面积8489亩。农作物以水稻、玉米、百合、蔬菜、两薯为主,是年,水稻种植1340亩,百合种植640亩,蔬菜播种1150亩,粮食总产量达985吨;项目养殖以生猪、鸡鸭、山羊为主,年出栏生猪1120头;外出务工583人,劳务收入2040万元,农民人均纯收入达2984元。

2017年,实施了农村饮水工程,解决原大堡村和夏家堡5个自然寨的饮水困难问题,硬化村组公路5400米,新修拱桥1座,易地搬迁39户,新修村部办公楼1栋,配套新建了文化广场和舞台,注册农民专业合作社1个,开发油茶基地100亩,通过产业扶持、转移就业帮扶等工程,贫困户脱贫摘帽58户140人。

村党支部第一书记:舒珍权;党支部书记:李万成;村委会主任:付吉佑。

【青岗村】 位于石羔街道北部,东临西水河,与南北、旧寨村隔河相望,南与英家社区毗邻,西北与湖北宣恩县李家河镇烂泥沟村、燕子溪村、麻阳村交界。村内人口居住分散,辖9个村民小组,共514户2144人,其中建档立卡贫困户110户434人,是省定贫困村,县委政法委是扶贫联系责任单位;有劳动力1113人,其中外出务工或经商540人。

2017年,辖区总面积4.6平方千米,有耕地2887亩,其中稻田2676亩,旱地211亩,主要农作物有水稻、玉米、百合、蔬菜、两薯、大豆;2017年,种植水稻1280亩,百合310亩,蔬菜1130亩,粮食总产量943吨;养殖生猪1215头、牛22头,鸡鸭鹅等家禽均有养殖,务工收入达1890万元,农民人均纯收入3546元。

2017年,实施农村综合服务平台建设项目,新建村部办公楼1栋,配套修建文化广场、舞台。实施村级主路安保工程和农村电网改造工程,硬化村组公路2100米,新修水渠1250米,县英雄水电站建在境内,移动、联通、电信4G手机信号全覆盖;是年底,贫困村脱贫摘帽,贫困户脱贫102户313人。村委会设在四组青岗坪。

村党支部第一书记:黄光兵;党支部书记:向家义;村委会主任:向益成。

【兴堡村】 位于石羔街道东北部,距离办事处六千米,东与双龙村相邻,南与包家垅村毗邻,西与尧坪村接壤,北与元堡社区相连。下辖11个村民小组,共447户1728人,其中建档立卡贫困户78户298人,有劳动力956人,其中456人外出务工或经商。有党员26名,其中60岁以上13名,女性党员2名。

2017年,全村总面积3.8万平方千米,其中耕地1273.7亩,林地2702亩。农作物以水稻、玉米、油菜、蔬菜、百合、两薯、西瓜、柑橘为主。2017年种植水稻910亩,玉米214亩,油菜240亩,蔬菜680亩,粮食总产量达759吨,柑橘种植520亩产量429吨。在八戒土黑猪养殖专业合作社的带动下,年出栏生猪1450头,养鸡2500羽,养牛16头。外出务工收入1540万元,农民人均纯收入达4852元。是年,新建村部办公楼一栋,配套新建文化广场和舞台,农家书屋藏书1900多册,村村响广播实现全覆盖。全村80%的农户接通自来水,村组道路硬化50%,整修组级路3.2千米,有线电视安装入户3个组150多户,互联网宽带及移动、联通、电信4G信号全覆盖。

村党支部书记:彭鹏;村委会主任:郭书尚。

【双龙村】 位于石羔街道东北部四千米处,东接石牌镇梁山村,南连猛洞村,西与包家垅村交界,北临川洞村。2017年,辖7个村民小组,7个自然村寨,分别为桃树垭,杜鲁坪,徐家坡,包家学堂,牛洞坪,雷家槽,石门坎。共242户1073人,有建档立卡贫困户44户154人;有劳动力612人,其中外出务工320人;有党员20人,其中女党员5人。

2017年,辖区总面积3.1平方千米,有耕地858亩,旱地156亩,林地2412多亩,主要种植水稻、玉米、红薯、百合、蔬菜等农作物,畜牧养殖有生猪、鸡鸭,村民收入来源主要为外出务工和经商。是年,水稻种植680亩,百合种植240亩,粮食总产量为590吨,劳务收入1100万元,农民人均纯收入4562元。享受农村最低生活保障15户53人,实施危房改造4户。有村小1所,有教师1人,在校学生仅7人。新建村部办公楼1栋,配套建设文化广场和舞台,有村卫生室,农家书屋(藏书2100多册),新建老年活动中心1个,设有餐饮室,休息室(4张床),阅览室,棋牌室。全村90%的农户接通自来水,村级道路实现全部硬化,农村电网改造实施完成,村主干道新安装太阳能路灯38盏,新修百合产业路1000米,村级主干道加宽工程尚在施工中。引入太阳能发电公司,在雷家槽新建一座光伏发电站,200多家农户受益,助力双龙村精准脱贫。成立双龙村百合种植专业合作社及散养土鸡场,惠及所有建档立卡贫困户,当年脱贫6户22人。

村党支部书记:包太坤;村委会主任:田军。

洗洛镇

【概况】 清咸丰年间新任知县途经该地,见一口水井,周围丈余凉风飒爽,井水清澈见底,入口清凉甘洌。该官见井中一对螺丝相戏,深感怪异,即召土人相问,此地何名,答无名。县官戏说本官将此地取名"喜螺"四方井,洗洛由此而得名。后人认为螺字带虫不祥,后逐渐演变为洗洛。清代为洗洛里。民国时期为洗洛乡,新中国成立初期,洗洛仍为乡。1959年改为洗洛人民公社。1984年改为洗洛乡人民政府,2015年洗洛乡与湾塘乡合并为洗洛乡,2016年洗洛乡人民政府改为洗洛镇人民政府。

洗洛镇乃龙山县城南大门,进出龙山之咽喉要道。距县7千米,东与兴隆街道、茅坪乡交界,南与召市接壤,西与桂塘相连,北与湖北省来凤县绿水镇相邻。镇政府所在地洗洛三组。2017年,全镇辖洗洛社区、湾塘社区、牌楼、联盟、青艾、花鹿、欧溪、高寨、芭蕉、坪中、大井、小井、车格、大塘、切碧、红石、小河、小坪、青龙、坡脚、大元村共2个社区19个村、222个村民小组。是年末有7773户,

30946人。多民族杂居,以土家、苗、汉族为主,土家族占总人口的43%。辖区面积136.82平方千米,耕地面积1666公顷。地势北高南低,地形呈盆状形。主要山脉沙子坡、困里屋、青龙山、可立坡。最高海拔1333.5米,最低海拔450米,平均海拔520米。属亚热带大陆性湿润季风气候区,四季分明,雨水充沛,年平均气温13℃。平均降雨量1512.4毫米,森林覆盖率达70%。植物种类3800多种。可食用野生植物有104种,其中有很多的还具有相当高的药用和保健价值。野生动物近百种,珍贵野生动物有锦鸡、果子狸、獐、鹿、鹰鹞、穿山甲、娃娃鱼等,野生菌类近百种,阳雀菌、枞树菌、茯苓、灵芝乃菌中珍品。

龙(山)永(顺)高速公路、209国道、石洗二级路穿镇而过,龙里二级路贯穿全镇。通村公路全部硬化,组级公路通路95%,硬化40%,全镇境内公路全长485千米,通信塔站9座。百合、烤烟、畜牧、务工是农民增收的四大支柱产业。农作物以稻谷、玉米、薯类、蔬菜为主。

【基层党建】 2017年,全镇有党员559人,其中女党员100人,预备党员8人,流动党员67人,党员平均年龄55岁。机关支部19人,联合支部1个,医院支部1个,总支1个。召开党建工作专题会10次,调研党建工作13次。全年集中培训党员2次,村主干每季度培训1次,结合"三会一课"和"主题党日"活动深入推进"两学一做"学习教育活动的开展。充分发挥党员干部的先锋模范带头作用,不断提高基层党组织的战斗力和凝聚力。

党员干部不得操办或参与违规人情宴请,财政供养人员及其家属和父母不得享受低保、移民解困、建档立卡户、危房改造等国家优惠政策。村干部严格实行坐班制,镇干部严格实行驻村制。2017年,查处党员干部违纪6起。

如期完成社区两委和村党支部两委的换届选举工作,培养基层干部发展新党员8人,预备转正党员6人,入党积极分子20人。

2017年,全镇所有的村新修了村部和文化广场。改善农村基层组织的办公条件和活动场所。

【经济发展】 2017年,全镇稻谷播种面积779公顷,产量4765吨,玉米播种面积508公顷,产量2245吨,两薯播种面积848公顷,产量3580吨,蔬菜播种面积540公顷,产量7540吨。百合种植面积821公顷,鲜百合产量2462万千克,产值8600万元。20亩以上的百合种植户417户,其中30亩以上的种植户197户,50亩以上的种植户63户。现有无硫百合干加工厂11家、百合粉厂1家,百合专业合作社9个,百合营销75人,年鲜百合销售量3000万千克,干百合销售量957万千克。村有百亩百合标准化种植示范片,镇有千亩百合标准化种植示范片。种植烤烟面积1.69万亩,产值675万元。种植户79户,经营模式公司+合作社+农户。统

龙山县万亩百合产业化基地——洗洛镇大井村桃花寨良种繁育基地

一种植标准,统一配方施肥,统一集中育苗,统一防病治虫,统一培育管理。(有标准化集中育苗大鹏2个),技术指导到户,生产优质产品,严格收购环节,实现双赢模式。畜牧水产总产值250万元。生猪养殖3298头,牛559头,山羊3484只,鸡、鸭、鹅17205只,库区网箱养鱼260口,山塘水库养鱼15口,稻田养鱼30亩,黄牛养殖合作社2个,鹅业养殖场1个,黄牛家庭养殖场1个,渔业养殖合作社2个人。山羊养殖大户21户,鸡养殖大户25户,鸭养殖大户10户。外出务工人员3857人,对务工人员进行转岗就业培训853人次。有客运车辆27辆,货运车辆43辆。个体工商户215户。2017年,全镇人均纯收入4900元。

【精准扶贫】 2017年,洗洛镇党委、政府成立专门的扶贫工作领导班子和专门的工作机构(镇扶贫办)。书记、镇长负总责,班子成员专门抓,干部驻村,结对帮扶,扶贫到村,精准到户。省扶贫村1个,州扶贫村2户,县扶贫村6个,易地搬迁74户303人,危房改造321户1339人,贫困户财政贴息小额贷127户478万元。新纳入符合条件的42户164人。按国家标准脱贫350户1485人,兜底户13户324人,共有建档立卡户1048户4114人。

【生态文明】 2017年,洗洛镇成立以镇长为组长的生态文明领导小组,人大主席专门抓。社区和村相应成立领导小组,确定专抓人员。与镇政府签订生态文明建设责任状。建立镇村河长制。生态林建设1373公顷,造林113公顷,公路绿化10千米,庭院绿化1500平方米。2个社区和19个村都与所有农户及养殖大户签订环境治理承诺书。洗洛社区和湾塘社区各有垃圾专用车一辆,街道环卫工2人,各村有保洁员1人,共建垃圾池15个,中型垃圾焚烧炉两座,小型垃圾焚烧炉21个,全年投入资金230万元。

【安全生产】 2017年,洗洛镇推进安全“大排查、大管控、大整治”活动。实行“党政负责、一岗双责、失职追责”的工作机制延伸。坚持以“打非治违”为重点,对烟花爆竹、矿山、码头、渡口、车辆、滑坡地段重点排查,共排查安全隐患75起,整改落实到位73起,有效遏制各类安全事故发生。

【社会治安】 2017年,全镇实行社会治安网格化管理,共有网格长33名,各村(社区)配备1名辅警。加强治安巡防。对12名刑满释放人员和45名吸毒人员定期上门询问。实行对口帮教,镇、村两级干部及网格长进村入户开展社会治安综合治理民意调查。听取和征求群众意见。宣传资料发放到户到人。每名干部联系3户农户作为民调对象。及时化解社会矛盾,全年调处各类大小矛盾纠纷57起,有效降低违法犯罪发生率。

【社会事业】 2017年,全镇有幼儿园7所,在园幼儿575人,专职教师57名。小学5所,学生959人,教职员工95人,初级中学两所,在校学生214人,教职员工284人。镇里文化站有专职文化员5人,专管体育、文化和广播电视,社区和村部配有图书室,有文化体育娱乐活动场所,有有线电视用户1157户,宽带用512户,家家有电视,社区老年活动中心一所。社区开展春节联欢晚会。镇有卫生院两所,医护人员36人,村级卫生室24所,赤脚医生24名。安全饮水普及率90%,卫生厕所覆盖率70%。住房安全保障率100%,医疗卫生保障率100%,农合参保人数29398人,参合率95%,九年义务教育入学率100%.新型农村养老保险参保人数8188人,参保率70%,享有新农保人数4903人。有养老院两所,集中供养66人。分散供养五保户43人,有低保户339户682人。享受财政生活补贴残疾人605人。共有育龄妇女7533人,节育户168户,独生子女248户,政策奖扶对象1601人,投入资金85万元。

【洗洛百合】 2009年,龙山百合荣获国家地理性标志产品,2010年上海世博会配送世博世博园的百合产品。90%的是龙山百合,确切的说是洗洛百合。2011 年,龙山百合在第九届中国国际农产品交易会和中国中部国际农博会上荣获金奖。

洗洛是龙山百合的发源地,历史悠久,自明清时代起,药匠们(医生)就将野生百合(即卷丹百合,又称药百合)植入园中,以备药用,一直如此。直至 20 世纪 80 年代初,百合才开始较大面积的种植,种植农户和种植面积逐年增加。

2017 年,全镇百合种植农户 1270 户,面积 12314 亩,鲜百合产量 2462 万千克,产值 8600 万元。无硫百合加工厂 11 家,百合粉厂 1 家,百合专业合作社 9 个,百合营销队 75 人。洗洛百合交易市场是湘鄂渝黔四省市边区最大的百合交易中心。百合产业从业人员 2000 人。洗洛——中国卷丹百合第一镇。

【领导名录】

党委书记	游先明(2013.9—2017.7)
	向青松(2017.7—)
党委副书记、镇长	向青松(2015.12—2017.7)
	张明祥(2017.7—)
人大主席	田　凯(2017.1—12)
	彭　健(2017.12—)
党委副书记	孟祥文
组织委员	兰　宁
副镇长	刘春艳　田　云
	罗　春　向　前
武装部长	杨　烨
纪委书记	张建宇

【洗洛社区】 洗洛社区距县城七千米,辖区面积 4.4 平方千米,18 个村民小组,725 户,3285 人,一个党总支,二个党支部,党员 30 人,村干部 5 人。耕地面积 94 公顷。2007 年粮食播种面积 16514 公顷。蔬菜播种面积 21 公顷,百合种植面积 85 公顷,烤烟 8 公顷。2017 年,全社区有个体工商户 82 户,客运车 17 辆,货运车 32 辆。百合加工厂 11 家,百合粉厂 1 家,百合专业合作社 9 户,百合营销队伍 27 支,百合交易市场是湘、鄂、渝、黔四省市边区百合交易中心。有建档立卡户 76 户 320 人,脱贫户 14 户 66 人,低保户 6 户,10 人,保障兜底户 3 户 11 人,参加新农合 3120 人,农保参保 884 人。

社区党支部第一书记:程攀峰;党支部书记:吴运超;社区主任:刘阶秀。

【湾塘社区】 湾塘社区距洗洛镇政府 15 千米,所辖面积 6.8 平方千米,13 个村民小组 432 户,1823 人。耕地面积 105 公顷,粮食播种面积 55 公顷,蔬菜播种面积 5 公顷,百合播种面积 45 公顷,2017 年建档立卡贫困户 69 户 260 人,脱贫 25 户 108 人,低保 12 户 15 人,兜底户 6 户 21 人,异地搬迁 7 户 31 人,危房改造 28 户 114 人。移民避险解困建房 21 户 115 人。参加新农合 1731 人,新农保 330 人。有集贸市场,每“三、八”逢场,有集中供水的基础设施和公共设施配置有个体工商户 21 户。有客运车 10 辆,货运车 15 辆。外出务工人员 250 人,年人均纯收入 5120 元。

社区党支部第一书记:彭仕敏;社区党支部书记:杨胜万;社区主任:张正午。

【牌楼村】 全村土地面积 5.8 平方千米,有 9 个村民小组,463 户 2048 人,耕地面积 86.4 公顷,粮食播种面积 144 公顷,蔬菜播种面积 18.3 公顷,百合种植面积68.7公顷。2017 年,建档立卡贫困户 39 户 121 人,脱贫 12 户 46 人;低保 23 户 37 人,兜低 8 户 14 人;参加新农合 1945 人,新农保 676 人;异地搬迁 3 户 9 人,危房改造 10 户 45 人。

村党支部第一书记:童金菊;村党支部书记:向全玉;村委会主任:翟玉兰。

【联盟村】 总面积 1.9 平方千米,有 3 个村民小组,248 户 1123 人。耕地面积 37.4 公顷,粮食播种面积 67 公顷,蔬菜播种面积 205 公顷。百合播种面积 38 公顷。2017 年,建档立卡贫困户 23 户 74 人,脱贫 15 户 51 人,低保 2 户 2 人;参加新农合 418 人,保障兜低 1 户 2 人,危房改造 8 户 33 人。共有党员 12 人。

村党支部第一书记：幸永松；村党支部书记：何竹云；村委会主任：张杰。

【青艾村】 面积5平方千米，有15个村民小组，401户1720人，耕地面积72.6公顷，粮食播种面积150公顷，蔬菜播面积18.2公顷。百合种植面积54.6公顷。2017年，建档立卡贫困62户18236人，脱贫19户69人；低保17户23人，兜低3户11人；异地搬迁9户32人，危房改造21户79人。有党员32人。

村党支部第一书记：张勇；村党支部书记：彭召龙；村委会主任：田小平。

【花鹿村】 面积5.5平方千米，有15个村民小组，369户1859人。耕地面积50公顷，粮食播种面积112公顷，蔬菜播种面积18.7公顷，粮食播种面积112公顷。2017年，建档立卡贫困户24户80人，低保19户25人，保障兜低9户26人，参加新农合1509人，新农保419人，危房改造5户21人。有党员15人。

村党支部第一书记：胡浩；村党支部书记：金全双；村委会主任：桃胜利。

【欧溪村】 面积7.6平方千米，有13个村民小组，523户2140人。耕地面积79.4公顷，粮食播种面积48.3公顷。2010年，建档立卡贫困户25户81人，社会保障兜低8户23人，参加新农合2033人，新农保625人，危房改造17户66人。有党员20人。

村党支部第一书记：刘春艳；村党支部书记：欧安顺；村委会主任：向永翠。

【高寨村】 土地面积4平方千米，有8个村民小组，235户987人。耕地面积45公顷，粮食播种面积75.3公顷，蔬菜播种面积18.4公顷，百合种植面积37.2公顷，蔬菜播种面积18.4公顷，百合种植面积37.2公顷。2017年，建档立卡贫困户35户128人，脱贫5户19人，社会保障兜底3户6人；异地搬迁2户7人。参加新农合937人，新农保247人，危房改造13户44人。有党员16人。

村党支部第一书记：李承业；村党支部书记：李玉平；村委会主任：向东。

【坪中村】 面积11.5平方千米，10个村民小组，278户1160人，耕地面积66.7公顷，粮食播种面积67公顷，蔬菜播种面积18.2公顷。百合种植面积40.2公顷，烤烟种植面积30.8公顷。2017年，建档立卡贫困户20户77人，脱贫4户20人，社会保障兜底7户23人，低保1户2人；参加新农合1102人，新农保338人；危房改造13户41人。有党员18人。

村党支部第一书记：田轩吉；村党支部书记：黄龙笑；村委会主任：尚应国。

【大井村】 面积5.3平方千米，有7个村民小组，257户1091人。耕地面积404公顷，粮食播种面积66.7公顷，蔬菜播种面积23.5公顷，百合种植面积63.6公顷。2017年，建档立卡贫困户35户128人。脱贫10户43人，保障兜底5户17人，低保13户20人；参加新农合1036人，新农保307人；异地搬迁、危房改造20户74人。有党员18人。

村党支部第一书记：田家禄；村党支部书记：林泽松；村委会主任：田帮水

【小井村】 土地面积12.3平方千米，有11个村民小组，326户1303人。耕地面积30.7公顷，粮食播种面积57.2公顷，蔬菜播种面积20.7公顷，百合种植面积61.4公顷。2017年，建档立卡户40户145人，脱贫16户13人，保障兜底3户6人，低保15户15人，异地搬迁9户35人，危房改造9户38人。

村党支部第一书记：秦启福；村党支部书记：杨文艺；村委会主任：舒庆辉。

【车格村】 面积4平方千米，有7个村民小组，228

户826人。耕地面积73公顷,粮食播种面积70公顷,蔬菜播种面积16.3公顷,百合种植面积16公顷。2017年,建档立卡贫困户47户173人,脱贫25户89人,保障兜底2户9人,低保户10户22人。参加新农合784人,新农保225人;危房改造8户33人,移民避险解困建房6户28人。有党员12人。

村党支部第一书记:李杰;村党支部书记:向世青;村委会主任:向才茂。

【大塘口村】 面积4.1平方千米,有9个村民小组,270户1250人。耕地面积81公顷,粮食播种面积98.1公顷,蔬菜播种面积30公顷,百合种植面积22公顷。2017年,建档立卡贫困户76户303人,脱贫12户49人,兜底8户24人,低保户9户14人。参加新农合1187人,新农保346人;易地搬迁2户8人,危房改造20户93人。移民避险解困建房11户47人;硬化组级公路1.7千米,新修组级公路700米,村部维修等共投入118万元。有党员26人。

村党支部第一书记:杨慧;村党支部书记:侯德岸;村委会主任:曾金桂。

【切碧村】 面积4.5平方千米,有6个村民小组,201户864人。耕地面积83公顷,是年,粮食播种面积61.7公顷,蔬菜播种面积36公顷,百合种植面积16.7公顷。2017年建档立卡贫困户52户205人,脱贫20户85人,兜底8户31人,低保户7户12人。参加新农合803人,新农保166人;易地搬迁7户30人,危房改造26户90人。组级公路硬化1400米,新修组级路900米,新修农田灌溉水渠200米,总投资150万元。有党员19人。

村党支部第一书记:田井红;村党支部书记:田大超;村委会主任:向才珍。

【红石村】 面积7.4平方千米,有12个村民小组,326户1373人。耕地面积142.3公顷,龙里三级公路穿村而过。2017年,粮食播种面积103.2公顷,蔬菜播种面积28.6公顷,百合种植面积30公顷。烤烟种植面积16.7公顷。建档立卡贫困户65户282人,脱贫33户163人,保障兜底1户3人,低保户18户27人。参加新农合1304人,新农保284人;危房改造42户186人。有党员23人。

村党支部第一书记:姚元贵;村党支部书记:夏以海;村委会主任:罗兴旺。

【小河村】 面积9.6平方千米,有14个村民小组,405户1558人。耕地面积166公顷,2017年,粮食播种面积114.5公顷,蔬菜播种面28.7公顷,百合种植面积36公顷。烤烟种植面积50公顷。建档立卡贫困户58户235人,脱贫33户163人,保障兜底10户31人,参加新农合1480人,新农保368人,有低保户20户30人。危房改造25户105人,移民避险解困建房12户。有党员23人。

村党支部第一书记:田云;村党支部书记:向兴光;村委会主任:杨彪。

【小坪村】 面积5.9平方千米,有10个村民小组,168户1105人。耕地面积69公顷。2017年,粮食播种面积93.3公顷,蔬菜播种面24.7公顷,百合种植面积22公顷。建档立卡贫困户34户147人,脱贫4户18人,保障兜底11户37人,低保8户10人,参加新农合1049人,新农保242人,易地搬迁7户35人,危房改造14户56人,移民避险解困建房23户。有党员20人。

村党支部第一书记:胡军;村党支部书记:向秀英;村委会主任:田昌勇。

【坡脚村】 土地面积7.1平方千米,有10个村民小组,282户1296人,耕地面积82公顷,粮食播种面积98.4公顷,蔬菜播种面积25公顷,百合种植面22.7公顷。2017年建档立卡贫困户66户301人,脱贫41户201人,保障兜底11户37人,低保8户10人。参加新农合1231人,新农保294人,易地搬迁8户35人,危房改造8户37人。有党员19人。

村党支部第一书记：向宏财；村党支部书记：田祥海；村委会主任：曾凡左。

【大元村】 土地面积 6.1 平方千米，有 10 个村民小组，301 户 1150 人。耕地面积 72 公顷。2017 年，粮食播种面积 93.3 公顷，蔬菜播种面积 20 公顷，百合种面积 23.3 公顷。建档立卡贫困户 60 户 230 人，脱贫 42 户 167 人，保障兜底 4 户 9 人，低保 6 户 12 人。参加新农合 1092 人，新农保 174 人。易地搬迁 3 户 10 人，危房改造 23 户 81 人，移民避险解困建房 4 户。有党员 11 人。

村党支部第一书记：向冲；村党支部书记：吴远明；村委会主任：向艳兰。

【芭蕉村】 土地面积 6.7 平方千米，有 7 个村民小组，295 户 1335 人，耕地面积 90 公顷。粮食播种面积40.5公顷，蔬菜播种面积 15 公顷，百合种面积 57 公顷。2017 年，全村建档立卡贫困户 49 户 204 人，脱贫 15 户 64 人，保障兜底 4 户 11 人，低保 10 户 22 人。易地搬迁 3 户 14 人。危房改造 14 户 59 人，参加新农合 1268 人，新农保 346 人。有党员 13 人。

2017 年，芭蕉村纳入美丽乡村建设，财政投入 80 万元，进行村道户路、道路绿化、庭院绿化、生态环境、村风民俗、整体规划建设方面主要是对芭蕉坨木房石板路古街、龙潭河古石桥的保护及庙湾墨宝、龙潭河、将军岩、十八罗汉、龙头岩、老翁坐禅、和尚塔、红军桥、天书岩及人文自然景观的发掘。

村党支部第一书记：王小勇；村党支部书记：李衍权；村委会主任：韦文成。

【青龙村】 面积 12 平方千米，有 16 个村民小组，456 户 1668 人。耕地面积 83.5 公顷。以水稻、玉米、百合、生姜、蔬菜种植为主。农民的经济收入来源主要有务工和农业生产。2017 年，全村建档立卡贫困户 92 户 379 人，脱贫 24 户 92 人，保障兜底 6 户 18 人，低保 19 户 45 人。参加新农合 1584 人。新农保 468 人。易地搬迁 5 户 15 人，危房改造 21 户 77 人。有党员 29 人。中年，青龙村被纳入美丽乡村建设，财政投入 80 万元，实施村道户路、公路绿化、生态环境、村风民俗、整体规划等建设。

村党支部第一书记：彭祥；村党支部书记：姚茂文；村委会主任：田启友。

石牌镇

【概况】 石牌镇地处龙山县西北部，2015 年，由原石牌镇与桶车乡成建制，距县城及湖北来凤县城均为 16 千米。东与大安乡接壤，西与石羔街道毗邻，南与兴隆街道相连，北与湖北宣恩沙道沟镇相交。西有茶园梁，东有大灵山，中间为河谷平坝，发源于桃源村的猛洞河由北向南贯穿全境，镇域内的地势总体东西两侧高、山势总体较缓，局部较陡，周边以侵蚀，溶蚀地貌为主。境内属亚热带季风湿润性气候，气候温和，四季分明，冬暖夏凉，年均气温 15.5℃，1 月平均气温 4℃，7 月 26.3℃，无霜期 277 天，年均降水量 1347.8 毫米。2017 年，全镇总面积 117.5 平方千米，下辖 14 个村和 4 个社区，系民族聚居区，其中尤以汉族、苗族人口居多，总人口 2.86 万人。境内交通发达，基础设施完善，实现村组硬化道路，2017 年，石牌至洗洛二级公路全面贯通，镇内交通全面改善。完成镇域内地名第二次普查统计。借长沙市雨花区对口帮扶机遇，完成三个村村综合服务平台建设、石牌镇敬老院建设、集镇桥梁提质改造、桶车九年制学校提质改造。是年镇内 631 户 2775 人实现脱贫，社会保障兜底 82 户 194 人。全镇有两所医院（镇中心医院和桶车医院），两所敬老院，13 所中小学校（中学 1 所，九年制学校 1 所，中心小学 1 所，片小 2 所，村小 8 所），学生 2129 人。主要种植百合、猕猴桃、药材，尤以百合种植为主。有供应县城 20 万人饮用水的卧龙水库，可谓高山好水，风光旖旎，气候宜人，如同天然氧吧。石牌是文化重镇,自恢复高考以来,全镇走出14位清华、北大的学子和1000多名重点本科生,素有“清华北大摇篮”之称。农民作家刘大印创办闻名遐迩的《农民文学》杂志,先后被《农民日报》、中央电视台4套中文国际频道宣传推介。是年全镇脱贫374户、1614人。

【基础设施】 2017年,投资310万元,新修组级路1500米,硬化组级路共计8500米;投资1100余万元,实施10个村农网改造全面竣工;投资80万元完成集镇人饮工程后续工程,解决困扰集镇居民三年之久的饮水安全问题;投资144万元新修河堤4800米;投资680万元完成桶车集镇和石牌集镇街道下水管道清淤重建以及路面“白改黑”工程;投资150万元完成集镇文化广场建设;全镇村(社区)级综合服务平台建设全面竣工。

【百合产业】 百合是石牌的主导产业。种植百合3万亩,其中镇内1.6万亩,在外租种1.4万亩,素有“中国百合之乡”的美誉,2011年获全国“一村一品(百合)示范镇”。2017年,镇党委、政府引导鼓励百合绿色无公害加工,在全县自主率先开展无硫百合监管,全镇建成百合气调库7座,烘烤机43台,烤房6座,小烤房250多间,无硫百合加工形成主流。实现产值3亿元,单项产业人均增收8000元以上。石牌百合基本形成“种植+营销+市场服务”的一体化网络格局,雄踞湘鄂边区百合产业龙头地位。

【民生事业】 2017年,全镇参加新农合参合人数2.78万人,参合率达97%以上,保证群众病有所医。参加新型农村养老保险人数达75%以上。推行“两免一补”政策,适龄儿童入学率达100%,筹措资金320余万元,改善教育教学设施。

【精准扶贫】 2017年,全镇完成对口帮扶项目6个,完成投资987万元。其中,桃源村村级综合服务平台工程投资134万元、大塘社区村级综合服务平台工程投资122万元、城堡村村级综合服务平台工程投资254万元、石牌镇敬老院提质改造工程投资198万元、集镇桥梁提质改造工程投资105万元、桶车九年制学校提质改造工程投资174万元。雨花区同升街道、黎托街道等单位分别到镇开展系列爱心公益活动,湖南农业大学专家专程到镇指导百合生产,雨花区工商联(总商会)开展“温暖包”捐赠活动、雨花区文创协会开展“书送希望”—“在一起”文化扶贫活动(第一季),雨花区教育局开展长郡雨花外国语学校等3所学校对镇属的3所学校开展一对一帮扶活动、雨花区人社局开展劳动力就业技能培训与就业推荐等帮扶工作。

【基层党建】 2017年,发展新党员7名,预备党员转正7名。为全镇320余名无职党员量身定制岗位,使他们在全镇经济社会全面发展的进程中找到自己的位置,树起先锋模范的旗帜。

【领导名录】

党委书记	聂仁军
党委副书记、镇长	田良平
党委副书记	向春雷
人大主席	田　晖
纪委书记	欧光华
组织委员	杨秀菊
武装部长	汪泽勇
副镇长	周长炎　田方胜　向　怡　晏永昌
工会主席	王林生

【城堡村】 城堡村位于镇政府西北部,距集镇约四千米。全村主要以山地为主,大部分坡势较陡,平缓地较少,海拔750米。共7个村民小组,334户1526人,民族主要以汉族、土家族、苗族及回族居多。总面积5.73平方千米,耕地占157.79公顷,水田为120.09公顷,旱地为37.7公顷。村民主要种植百合、水稻、玉米、魔芋,其中以百合为主。

2017年，全村种植百合2000余亩(外地种植1200亩)，养殖黑山羊300余只，共收益1000余万元，人均纯增收入6553元，先后成立3家农民专业合作社。全村脱贫22户86人，社会保障兜底4户5人，完成危房改造8户36人，异地搬迁1户2人，移民避险解困2户13人。在长沙市雨花区的帮扶下，投资254万元新修一座村级综合服务平台，包括村部、卫生室、学校、老年活动中心及村级文化广场。全村接受学前教育幼儿77人，在籍学生235人，其中，小学108人，初中40人，高中37人，高职35人，大学15人。村风文明，违规人情宴请得到有效遏制。全村人畜安全饮水存在一定隐患，大力发展新型产业缺乏资金和技术。村党支部获得石牌镇先进党支部称号。

村党支部第一书记：廖华；村党支部书记：田斌；村委会主任：兰长明。

【大塘社区】 大塘社区位于石牌镇正南端，距集镇八千米，与兴隆街道白岩洞村接壤，社区内地势总体东西两侧高。全村有9个村民小组，437户1847人，主要以汉族、土家族、苗族及回族人口居多。土地总面积0.01平方千米，耕地1328亩，水田900亩，旱地428亩，种植产业有百合、水稻、玉米、烤烟、猕猴桃，2017年，全村种植百合2840亩(外地种植1200亩)，收益710万元，人均纯收入3844元，成立农民专业合作社两家。农网改造完成，除第6组村组道路尚未硬化外，其他均硬化。全社区脱贫22户86人，社会保障兜底5户17人，危房改造13户，异地搬迁12户。教育扶持48户65人。产业扶持90户310人。劳动力交通(住宿)及稳定就业岗位补贴28人。建档立卡贫困户农村合作医疗免交全覆盖。投资149万新修村级综合服务平台一座，包括村部、卫生室、学校、老年活动中心及村级文化广场。

社区党支部第一书记：邓波；村党支部书记：马本伍；社区主任：张正辉。

【梁山村】 梁山村位于石牌镇西部，距集镇五千米，与石羔街道接壤。全村以山地为主，总面积3.34平方千米，耕地面积1118亩，其中旱地658亩，水田460亩，以种植百合产业为主，种植农田庄稼为辅，是年，百合种植1000亩，人均纯收入达4000元。全村下辖10个村民小组，总人口970人，以土家族、汉族人口居多。有8个组通公路，其中7个组完成硬化工程，还有两个组部分公路硬化工程尚未完成。农田水利设施正在建设中，人蓄饮水正在施工。2017年脱贫人数7户36人，危房改造16户85人，社会保障兜底5户17人。全村在校学生26人，其中学前4名，小学12人，初中7人，高中、中专3人。是年在长沙市雨花区的帮扶下，投入资金93万元完成新村部建设，村部总面积370平方米。2017年村委会获石牌镇2017年度镇对村目标管理考核三等奖，村党支部荣获石牌镇先进党支部称号。

村党支部第一书记：晏永昌；村党支部书记：吴延碧(女)；村委会主任：杨祖万。

【上母村】 上母村位于石牌镇北部，距离集镇三千米。东接湖北二平村，西连卧龙村，南至桂英村，北邻桃源村。南部为河谷冲击小盆地，海拔550米。气候温和，四季分明。全村总面积8.23平方千米，耕地2180亩，其中水田1100余亩，旱地1000余亩。辖14个村民小组，总人口2138人，以汉族人口居多。通村公路基本硬化，太阳能路灯安装81盏，农网改造完成。辖区内通村公路里程5230米，硬化4750米。农田灌溉设施(引水渠)形成网格化。建成千亩百合示范基地，2017年全村百合种植面积3000亩(包括在外租地种植)，年收入达900余万元，成立百合专业合作社4家，产销网络基本形成。脱贫17户，危房改造12户，异地搬迁18户，社会兜底3户，教育扶持53人，产业帮扶96户。在长沙市雨花区对口帮扶下，投入资金130余万元，启动村级综合平台建设，主体工程完成。

村党支部第一书记：汪泽勇；村党支部书记：李建；村委会主任：张光电。

【石牌洞社区】 石牌洞社区是石牌镇集镇所在地，东与大安乡接壤。共11个村民小组，393户，1732人。以汉族、土家族人口居多。总面积2.2平方千米，其中耕地面积1785亩，山林面积2880亩。社区特色产业为百合种植及百合加工，2017年，百合种植3000多亩，收益1070万元，人均纯收入6200元，先后成立隆亿百合专业合作社、佳湘源百合专业合作社、鑫尧源百合专业合作社、小苏百合专业合作社等8个合作社。是年脱贫24户，危房改造11户，异地搬迁1户，社会保障兜底2户，教育扶持33人，产业扶持100人。社区村组公路覆盖率达95%，街道各个巷口路面硬化覆盖率90%。电网改造全部完善，饮水工程正在逐步完善，石洗公路石牌洞社区路段建成通车。村级综合服务平台、社区文化休闲广场建设完成。2017年度社区获石牌镇镇对村目标考核一等奖。

社区党支部第一书记：方海蓉(女)；党支部书记：黄光武；社区主任：杨刁祥。

【桃兴村】桃兴村位于石牌镇南部，距集镇约1500米。全村共15个村民小组，总人数2255人，村民以汉族、土家族为主。总面积8.464平方千米，耕地面积311.59亩，其中旱地122.12亩，水田189.47亩，种植产业以百合为主，2017年种植百合900余亩，共收益600万元，人均增收2660元，成立百合专业合作社1家。石洗二级公路自北向南贯穿而过，村道硬化6千米，未硬化道路3千米，兴修水渠3.5千米。是年38户152人成功实现脱贫，产业扶持222人，危房改造23户90人，异地搬迁9户36人，“雨露计划”教育助学61人，社会保障兜底10户25人，低保60人。新修村级综合服务平台一个，安装公路路灯40余盏。全村大学专科及以上在读学生31人，中职在读57人，高中在读36人，初中在读42人，小学在读115人。农民作家刘大印创办《农民文学》，先后在州以上杂志上发表多篇文章。通过移风易俗整治，村风民风不断纯化，违规人情宴请得到有效遏制。

村党支部第一书记：周长炎；村党支部书记：余海波；村委会主任：张学福。

【桃源村】 桃源村位于石牌镇北端，北与湖北省宣恩县沙道沟镇毗邻，东靠“湘西屋脊”大灵山。境内鱼泉沟洞穴水为卧龙水库的主要水源，是龙山县“一级水源功能区”。石洗二级公路自北而南贯穿全村。源自境内的果利河自北而南穿流全村。全村有8个村民小组，256户1118人，民族以土家族、苗族为主。总面积2.729平方千米，其中耕地1446亩，林地535亩，粮食作物主要有水稻、玉米等，经济作物主要有百合、白术等，特色养殖有山羊、土鸡等，经济收入来源主要有农业产业和外出务工。村组公路基本硬化，交通便利，农田水利设施基本完善。2017年脱贫12户48人，低保扶助3户11人，社会保障兜底4户13人，危房改造17户69人、易地搬迁4户20人。是年秋季教育扶持20人，其中学前5人、小学6人、初中3人、高中(中职)1人、省外5人。是年8月，在长沙市雨花区对口帮扶下，投入资金140万元新建村级综合服务平台。

村党支部第一书记：李世选；村党支部书记：吴守学；村委会主任：王志高。

【桶车社区】 桶车社区位于石牌镇西南部，距集镇5千米。社区内东南两侧地势较陡，局部较缓，多为丘陵地带。树蓝溪(河名)由南到北，缓缓流进社区，把社区划为东、西两块。土地总面积34.632平方千米，耕地1180亩，其中旱地148亩，水田960亩，特色产业为猕猴桃，种植2350亩，收益450万元，人均增收3466元。社区共7个村民小组，388户1356人，民族以汉、苗、土家族为主，汉族人口居多。新建二组河家坝大湾道路，三组方家院子大垭口道路，道路硬化7.6千米。新修张家湾、树蓝溪保坎54米。截至2017年37户172人实现脱贫，产业发展扶持192人。整修大湾天眼堡水池一座，解决400人的生活、生产用水难题。修复大湾排灌渠，解决300亩农田的排灌问题。提质改造桶车街道和校园道路，总面积1200平方米。有学前幼儿

64 人、在籍学生 278 人，其中：小学 147 人、中学 83 人、中职 34 人、大学 14 人。2017 年社区获石牌镇镇对村目标管理考核三等奖，社区支部获石牌镇村(社区)先进基层党组织称号。革命烈士夏次叔感人事迹口耳相传。

社区党支部第一书记：钟荣星；村党支部书记：李成香(女)；社区主任：方清南。

【卧龙村】 卧龙村位于石牌镇西北部，距镇政府驻地三千米，北部与湖北省接壤。全村耕地 74.46 公顷，其中旱地 17.55 公顷，水田 56.91 公顷。共 4 个村民小组，总人口 1314 人，民族以汉族人口居多。主要生产百合、白术、玉米。2017 年，百合规模种植 3000 亩，其中：村内 1000 亩，村外 2000 亩，年人均纯收入 5000 元；成立专业合作社 2 个。脱贫人数 21 户 89 人，危房改造 7 户 26 人，异地搬迁 3 户 12 人，社会保障兜底 8 户 23 人，教育扶持 44 人，产业扶持 148 人。投入资金 100 万元新修村级综合服务平台，面积 1200 平方米。村内有一张特色名片——卧龙水库，始建于 20 世纪 70 年代，是一座以灌溉为主，兼有防洪、发电、养鱼、城镇供水等综合效益的中型水库，是龙山县城居民生活饮水源之地。2004 年 12 月，国家、地方投资 1780 万元，对水库实施除险加固，水库大坝防洪标准提高到 100 年一遇，并成为当地一道亮丽的风景线。卧龙村人才辈出，军政名人有原广州军区坦克团政委李泽禹；文化名人有原湘西州政协文史委主任李万隆；著名学子有宋心茹，于 1998 年考入北京大学。

村党支部第一书记：王岳军；村党支部书记：肖昌华；村委会主任：李万炎。

【下池村】 下池村位于石牌镇西南部，距镇政府驻地 7500 米。四面环山，东是高峰白岩墙，西有摩天岭大山。整个地势东西较高，南北地势较缓，果利河从北到南潺潺而过。全村总面积62平方千米，耕地面积 3160.8 亩，其中水田 1814.4 亩，旱地面积 1346.4 亩。2017 年，全村种植百合 3000 亩，百合产量达 125.5 千克，年产百合干片 100 多万千克，产值达 900 万元，人均纯收入 4151 元，先后成立两家百合专业合作社。全村辖 12 个村民小组，有 537 户 2153 人，村民以土家族、汉族人口居多。村组道路全部硬化，安装太阳能路灯 45 盏。是年投入资金 100 万元，建设村级文化活动广场，全村脱贫 33 户 161 人，危房改造 44 户，异地搬迁 1 户。是年，全村在籍学生 300 多人，有 8 名学子考取重点大学，村级图书阅览室配套完备。村党支部荣获 2017 年石牌镇优秀村党支部称号。

村党支部第一书记：田晖；村党支部书记：侯安波；村委会主任：杨启胜。

【香井村】 香井村位于石牌镇西南部，距镇政府驻地二千米，平均海拔 850 米。总面积 4.31 平方千米，其中耕地 1965 亩，旱地 1287 亩，水田 678 亩，全村产业有百合、猕猴桃、玉米、水稻，其中以百合为主，2017 年，全村种植百合 1145 余亩，收入 343.5 万元，人均纯收 3687 元，先后成立专业合作社 3 家。下辖五个村民小组，总人口 1278，村民以汉族、土家族人口居多。全村 5 个村民小组全部通公路，仅有第三组公路部分尚未硬化。是年，全村脱贫 44 户 175 人，危房改造 15 户 68 人，社会保障兜底 2 户 4 人，教育扶持 13 户 17 人。新修村级综合服务平台 1890 平方米。村委会获石牌镇 2017 年度镇对村目标管理二等奖。

村党支部第一书记：贾金香；村党支部书记：夏生军；村委会主任：田俊。

【义比村】 义比村位于石牌镇西南部，距镇政府驻地六千米，与兴隆街道接壤。村内地形地貌主要为山地，地势总体较缓，境内山丘连绵，周地以侵蚀、溶蚀地貌为主。全村 6 个村民小组 300 户，1228 人，人口以汉族、土家族人口居多。总面积 2.65 平方千米，耕地占 1899 亩，其中水田为 1152.3 亩，旱地为 746.7 亩。2017 年，全村种植百合 1200 余亩，共收益 4 千余万元，人均纯增收入为 3257 元，成立百合专业合作社 1 个。农网改造完成，实现城乡同网同价。新修生产道路 700 米，安装太阳能路灯52盏,整修组级公路1300多米,硬化组及公路101千米。是年脱贫18户70人,社会保障兜底8户3人,完成危房改造15户62人,教育扶持9人,产业扶持32户,103人,劳动力稳定就业岗位补贴81人,建档立卡贫困户农村合作医疗免交实现全覆盖。2017年,全村在籍学生371人,其中学前教育幼儿16人;小学190人,初中129人,高职38人,大学14人;考取重点大学2人。

村党支部第一书记:王林生(女);村党支部书记:田家远;村委会主任:曾祥兆。

【中池村】 中池村位于石牌镇西南部,距镇镇驻地2.7千米。山势总体较缓,局部较陡,以山丘为主,果利河穿村而过。全村10个村民小组,总人口1728人,以汉族、苗族、土家族人口居多。土地面积418.67平方千米,耕地118.66亩,其中旱地22.75亩,水田95.91亩。村民种植产业有百合、水稻、玉米,其中以百合为主。2017年,全村共种植百合2000余亩,收益400余万元,成立百合专业合作社1个。全村农网改造已完成,公路实现村村通组组通。仅有6、7组公路还没有硬化。安装太阳能路灯37盏,村民安全出行更便利。是年脱贫21户99人,完成危房改造10户39人,兜底户5户6人,秋季教育补助71人,产业发展扶持180人,劳动力交通(住宿)及稳定就业岗位补贴36人,建档立卡贫困户农村合作医疗免交实现全覆盖。8月,村级综合服务平台新修开工。村级名人周福安,毕业于北京大学。

村党支部第一书记:向顺军;村党支部书记:周福权;村委会主任:张明炎。

【桂英村】 桂英村位于石牌镇集镇入口处,村内地势总体东西两侧高,山势总体较缓,局部较陡。共15个村民小组,607户2352人,以汉族、土家族人口居多。总面积16.8平方千米,其中耕地面积3033亩,山林面积7561亩,村民主要种植百合、玉米、水稻等农作物,其中特色产业为百合种植及百合加工,2017年,百合种植1500多亩,收益900余万元,年人均纯增收9567元。先后成立合作社3家。村组通公路完成98%,修河堤220米,村街道各个巷口路面硬化100%,路灯安装188盏。农网改造完成,居民用电城乡同网同价。村级综合服务平台、文化休闲广场正在建设中。是年,59户贫困户实现脱贫,危房改造完成13户,异地搬迁完成14户,社会保障兜底3户,教育扶持69人,产业扶持148人,稳岗就业补贴97人,所有建档立卡户农村合作医疗免交实现全覆盖。2017年,学前教育幼儿59人,在籍学生229人,其中:小学98人,初中93人,高职25人,大学13人。

村党支部第一书记:黄立规(2017年1—10月)、龙发兴(2017年10月—);村党支部书记:刘大跃;村委会主任:黄学林。

【玉河村】 玉河村位于石牌镇北部,距镇政府驻地三千米,北与湖北省宣恩县交界。全村共8个村民小组,343户1617人。总面积77.7平方千米,耕地占1484.7亩,水田723.1亩,旱地761.6亩。以汉族、土家族、苗族人口居多。村民种植作物有百合、水稻、玉米,其中以百合为主,2017年,全村种植百合2000余亩,收益6000余万元,人均纯收入4019元,先后成立百合专业合作社两家。农网改造全部完成,村组公路实现全覆盖,硬化道路6.1千米,安装太阳能路灯37盏。是年,脱贫5户18人,社会保障兜底4户9人,完成危房改造11户48人,教育扶持32人,产业扶持57户167人,劳动力交通(住宿)及稳定就业岗位补贴66人,建档立卡贫困户农村合作医疗免交全覆盖。全村学前教育26人;在籍学生230人,其中:小学84人,初中97人,高职32人,大学17人;考取重点大学2人。

村党支部第一书记:田方胜;村党支部书记:唐长友;村委会主任:吴江。

【竹坪社区】 竹坪社区位于石牌镇集镇入口处,西与中池村相连,北与石牌洞社区毗邻,南与桃兴村相邻。社区共9个村民小组,329户1308人,以汉族、土家族人口居多。总面积0.37平方千米,其中耕地面积1200亩。村民主要种植百合、玉米、水稻等农作物，其中特色产业为百合种植及百合加工，2017年，社区内外百合种植1200多亩，收益800余万元，年人均纯收6116元，先后成立百合专业合作社4个。社区电网全部完善，饮水工程正在建设之中，石洗公路竹坪社区路段全面通车，街道路面全部硬化，安装路灯37盏，河堤完成70%。村级综合服务平台建设启动。社区保障脱贫户到37户，危房改造11户，异地搬迁19户，社会兜底6户，建档立卡贫困户农村合作医疗免交全覆盖。社区学前教育幼儿13人；在籍学生39人，其中：小学25人，初中8人，高职5人，大学1人；考取重点大学1人，雨露工程2人。

社区党支部第一书记：董金昌；村党支部书记：杨学明；社区主任：赵水香(女)。

【龙洞村】 龙洞村位于石牌镇南方，距镇政府驻地4千米，南与桃兴村相邻，北与香井村接壤。龙洞村地势崎岖，多以山峰与河流洼地为主。全村总面积10.15平方千米，耕地130.81公顷，其中旱地52.71公顷，水田78.10公顷。特色产业为百合种植。全村有6个村民小组，总人口1589人，以汉族、土家族人口居多。村组公路修通。2017年，全村脱贫人数92人，危房改造29户，异地搬迁14户，社会保障兜底14户，教育扶持22人，产业扶持61户。2017年新建村部、文化休闲场地、烈必桥桥头公路、油坊沟公路，路灯覆盖全村、电网、人畜饮水覆盖。全村在籍学生人数258人，小学、中学居多；考取重点大学人数占6%。

村党支部第一书记：田斌；村党支部书记：黄剑波；村委会主任：叶明伟。

【苦溪村】 苦溪村原属桶车乡，2015年划归石牌镇管辖。位于石牌西南部，东南与下池村接壤，西与石羔西洛村交界，北与中池村毗邻，属边远落后村之一。距镇政府所在地7500米。有耕地1973亩，其中水田823亩，旱土1150亩。山林面积4163亩，俗有“七山半水一分田”之称，土壤结构多为版页岩土质。全村有3个村民小组，253户，1056人。通村硬化公路3条、10.7千米，新修公路2千米，安装太阳能路灯66盏。新的农村综合服务平台正在建设之中。2017年，全村42户191人实现脱贫，146名外出务工人员获得稳岗就业补助，189人获得产业帮扶，49名县内、11名县外就读学生获得教育助学帮扶，22户农村危房得到改造，15户51人特困人口获得低保。

村党支部第一书记：陈庆元；村党支部书记：罗善祥；村委会主任：唐洪法。

茨岩塘镇

【概况】 茨岩塘镇位于龙山县东北部，距县城22千米，东邻水田坝镇，南与红岩溪镇相接，西界茅坪乡，北抵桶车镇。2017年，全镇面积139.32平方千米，耕地1187公顷，林地9510.5公顷，下辖16个村和2个社区，189个村民小组。年末有5235户、22084人，其中建档立卡贫困户876户、3349人。镇域四周高山耸立，平均海拔886米，最高海拔1456.21米，主要河流为茄佗河，年平均气温13.4℃，年均降水量1591.9毫米，系典型的温带大陆性季风气候。农业生产主要以烤烟、蔬菜、百合、玉米、水稻、马铃薯为主。镇区距吉(首)恩(施)高速公路互通处18千米，桑(植)龙(山)、龙(山)永(顺)公路交汇于此，交通便利。茨岩塘镇是红色革命老区，1935年，任弼时、贺龙、关向应、肖克、王震等老一辈无产阶级革命家带领红二、六军团驻扎在茨岩塘，设立湘鄂川黔苏维埃革命委员会，时间长达233天，其省委、省革命委员会、省军区、兵工厂、红军医院、供给部、红校等革命旧址犹存。茨岩塘先后获“全国文明乡镇”“全国先进基层组织示范点”“全国人口与计划生育依法行政示范单位”“湖南省安全生产示范单位”“湖南省诗词乡镇”“湘西十大魅力乡镇”等称号。

【农业生产】 2017年,全镇有烤烟专业村14个,职业烟农439户,高标准种植烤烟10000亩,收烟119千克,产值3400万元,创税660万元。种植蔬菜5000亩、百合5000亩,产值分别达到1500万元、2500万元。引进油菜、秋葵、中药材等新型经济作物,农产品经济效益稳步提升。新成立10个农业专业合作社,凉水、包谷、兴溪3个村与长沙知名企业成功对接农业产业帮扶项目,为农产品改良、农业转型开拓新路。购买农机15台,发放农机购置补贴29.5万元。猪、牛、羊、土鸡、蜜蜂等养殖户和养殖数较2016年都有增加,镇畜牧站新添置1.2万元的检验检疫设备,有两家电商平台开始在网上销售农产品。

【基础设施】 2017年,在长沙市工商联和金霞经济开发区的对口帮扶下,投资1039万元修建集镇和坪坝区的自来水工程。投资639万元,修建小学多功能报告厅;投资714万元,修建中学简式体育馆;投资870万元,改造镇敬老院。同时,改造街道电网和排水系统。是年,全镇新修16个高标准村级综合服务平台,利用烟基建设工程、农村基础设施配套工程等项目新硬化道路28千米,安装公路安保设施22千米,新修水池8000平方米,铺设水管150千米,新修水渠4千米,整修河堤3千米。新安装农村太阳能路灯300盏,新接通宽带两个村,完成农网改造3个村。

【精准扶贫】 2017年,全镇精准识贫"回头看"共剔除199户672人。找准工作着力点,努力在"五个一批"上下功夫:引导800余贫困户种植烤烟、水稻、玉米等农作物,发展生产脱贫一批;为全镇289户535人实施扶贫助学;对智障、患大病、无劳动能力的贫困家庭102户308人实行社会保障兜底;为778户贫困户给予生态补偿;易地扶贫搬迁对象40户154人,其中分散自建25户106人、购买商品房1户4人。全镇建档立卡贫困户876户3349人,2017年脱贫195户793人,是年,获湘西州、龙山县精准脱贫攻坚工作优秀乡镇。

【基层党建】 2017年,茨岩塘镇落实党建工作专项经费10万元,全年研究部署党建工作25次,深入党建联系点现场办公6次,解决基层党建难题8个。通过换届选举,选优配强村级党组织班子,加强对支部书记的业务培训,18个农村党支部书记全部参加省、州、县党校轮训。举办镇党务骨干培训班,结合党员冬春训,共培训党员371人次。执行发展党员"五项制度",严把党员发展"入口关",预备党员转正8人,党员9人,举办新党员培训班一期,发展对象、积极分子培训班一期,共培训45人。对整顿软弱涣散村党组织,实现两个软弱涣散村党组织转化升级。鼓励党员带头创办致富、抓扶贫帮困,党代表结对帮扶贫困户,共组织帮困慰问活动两次,发放帮困资金20000多元。2017年度获

2017年8月,茨岩塘镇兴溪村烟农在烤烟工厂进行烟叶分级

龙山县基层党建工作优秀单位。

【红色旅游】 2017年，茨岩塘镇有序开展红色文物保护工作。完成红军兵工厂文物布展，全面维修湘鄂川黔革命根据地旧址围墙并绿化，红军医院、供给部、县委旧址等文物同时整修。红色文化氛围初见成效。红色歌曲传唱更加广泛，茨岩塘镇创作的三首红色歌曲《茨岩塘的瀑布美》《红色茨岩塘》《望乡台恋歌》在龙山县电台、电视台经常播放，《丰碑·茨岩塘》红二、六路军团战地巡礼纪录片进入中央组织部远程教育影片库，协助龙山县委牵头举办的龙山红色歌曲创作大赛和红色故事微演比赛。是年，湘鄂川黔革命根据地省政府纪念馆共计接待旅客5000人次，除党政机关干部以外，越来越多地社会群众自发前来茨岩塘镇旅游。

【安全生产】 2017年，茨岩塘镇配合龙山县创建省级安全生产示范县，开展安全生产宣传教育培训、警示视频宣传教育七进活动，建立健全安全生产监管体制机制、加强安全监管网络的建设、明确安全生产各项责任制及职责。制定应急预案组织并开展应急演练，落实领导带队检查安全生产工作、打非治违、安全生产全方位大检查大管控大整治等工作，同时对非煤矿山、危险化学品、人员密集场所、烟花爆竹、道路交通、消防、建筑施工、电力安全、食品药品安全、校园安全等安全生产重要领域开展专项整治行动。与镇交警中队、派出所、县相关部门开展安全生产联合执法，开展安全生产大检查9次，出动执法人员140人，车辆30台次，强制报废黄标车9台，切割非法改装车辆33台，整顿非煤矿山7个次、加油站5个次、烟花爆竹零售店15个次(没收超规格烟花爆竹产品20余件)，下达执法文书35份。在赶场天开展道路交通执法，打击农用车非法载人60车次，警告教育214人。

【综治维稳】 2017年，茨岩塘镇组建以镇长为队长的镇治安巡逻队、村(社区)成立以综治专干为队长的治安巡逻队，每月排查不稳定因素，全年治安巡逻队共处理各类事件359起，有效预防重特大刑事案件的发生，杜绝民转刑案件、重新犯罪，成功处理突发事件3起。形成每月进行禁种铲毒、吸毒窝点、制毒窝点全面排查的长效机制，与全镇5000余户农户签订禁毒承诺书，共张贴禁毒标语100余幅、宣传海报500余张、横幅30余条，发放宣传资料1000份，并在镇内显眼位置制作大型禁毒广告牌两块，宣传毒品危害做到家喻户晓，形成浓厚的拒毒氛围。将领导干部接访安排到日程，推行“一线工作法”，杜绝群体性上访，遏制个体上访，逐步解决历史信访积案，打击无理缠访，全年办结信访案件43件，依法打击缠访闹访人员1名，成功化解信访积案1件，社会大局持续平稳。做好矛盾纠纷调处，人民调解委员会共受理各类民间纠纷174件，其中婚姻家庭纠纷44件，邻里纠纷62件，房屋宅基地纠纷27件，生产经营纠纷16件，损害赔偿纠纷12件，征地拆迁纠纷1件，调解成功173件，调解成功率达到99%，最大限度地化解基层的矛盾纠纷，将问题解决在萌芽阶段。是年，茨岩塘镇连续保持州平安乡镇。

【同建同治】 2017年，茨岩塘镇统筹同建同治资金70万元，新购垃圾桶1400个，新修高标准垃圾围13个，设立垃圾分类试点3个，落实各村保洁经费22.8万元，聘请42名村卫生保洁员，全年清理垃圾2500吨，彻底清理街道乱张贴以及牛皮癣1000处，清除道路和居民区内杂草、生活垃圾、清理暴露垃圾及卫生死角300多处，整治主街道两条。印发宣传卡片1000份，树立公告牌36块、温馨提示牌80块，悬挂横幅18条，张贴标语36条。每月考核全镇各村及社区美丽湘西建设情况，实行“以奖代补”“以奖代促”等补助办法，发挥财政资金的引导作用。打造两个美丽湘西示范村和1个精品村，茨岩塘镇连续获评全国文明乡镇。镇人民政府获2017年度龙山县美丽湘西工作优秀单位。

【国土两违】 2017年，茨岩塘镇村民原宅基地倒修共134户，倒修面积共17098.46平方米，新占地建房户共160户,新占地面积20123平方米。由县不动产登记中心牵头,在该镇举办集体土地不动产权登记试点,具体在岩板社区和包谷村试点两户,效果良好,为办理不动产权证积累经验。积极查处村民建房形成的"两违"问题,成立20人组成的行政综合执法大队,不定时开展对各村(社区)巡察,及早制止"两违"的形成,并在赶场日进行"两违"政策的宣传,发放宣传手册500余份,让村民知晓相关知识。

【计划生育】 2017年,全镇共出生327人,政策生育率88.38%,人口出生率14.56%,完成各类手术102例。全年免费手术102例,投入4.08万元,开展计生宣传教育活动4次,为独生子女及农村纯两女节育户购买意外伤害保险1450人次,发放奖扶金135880元。是年,被县人民政府授予人口与计划生育优秀单位称号。

【民生事业】 2017年,全镇有中学1所,中心小学1所,片小2所,幼儿园1所,在编在岗教师107人,教学班级32个,义务阶段学生765人,幼儿136人,出资15万元,奖励师生45人。有卫生院1所,床位45床,医护人员32人,全年接待病人1900人。敬老院1所,老人57人,工作人员5人。全年发放低保金140万元,助学金20万元,完成农村危房改造330户,发放危房改造资金1274.4万元。加大社会保险工作力度,新农合参合率达95%以上,新农保参保率80%以上。

【领导名录】

党委书记	魏福生
党委副书记、镇　长	田纪奎
人大主席	张启涛
党委副书记	吴志萍(女)
武装部长	梁　俊
组织委员	徐　娟(女)
纪委书记	彭　波
副镇长	张为楚　唐洪蛟
	石胜全　向海燕(女)

【茨岩社区】 茨岩社区位于茨岩塘镇政府所在地,与兴隆街道接壤。辖16个村民小组,1个居民小组,共598户3254人,其中有独生子女52户,两女户20户,党员34名,建档立卡户45户156人,贫困户脱贫13户55人。全社区总面积10.2平方千米,耕地面积1560亩,林地面积1937亩,粮食作物主要有玉米、马铃薯,经济作物主要有烤烟、辣椒、蔬菜,养殖业以猪、牛、羊为主。2017年,粮食总产量150吨,烤烟62.5吨,百合60吨,猪、山羊、牛等出栏350只/头,全村总产值650万元,外出务工900人,收入680万元,全村人均纯收入5659元。辖区内有小型水库一座,建有村卫生室。完成村间道路硬化3.2千米,交通便利。贺龙、任弼时等老一辈无产阶级革命家率领红二、六军团所创建的湘鄂川黔省革命委员会就坐落在茨岩社区龙家湾,革命遗址保存完好,方汉英烈士墓亦坐落于该社区。是年茨岩社区创建为湘西州美丽乡村示范村。

社区党支部书记:张海波;社区主任:蒙凤玲。

【岩板社区】 岩板社区位于镇政府驻地东部,紧靠茨岩社区。2017年,社区辖15个村民小组,有7个自然寨,521户1890人,其中农业人口1669人,非农业人口221人,独生子女户11户,两女节育26户,贫困户46户,兜底户3户,党员23人。村民以土家族为主,有少部分汉族、苗族。耕地面积1800亩,林地面积3900亩,主要经济来源是种植百合和烤烟及外出务工。全村外出务工600多人,主要分布在广东、福建和浙江等地,2017年,人均纯收入6000元。通村公路硬化,农网改造全部完成,新修村级综合服务平台完工。

社区党支部书记:董贤杰;社区主任:贵仁豪。

【包谷村】 包谷村位于茨岩塘镇东南部,距镇政府驻地二千米,辖区面积6.3平方千米,全村17个村民小组,598户2188人,低保户12户30人,单个低保人数47人，建档立卡户71户264人，党员35名。全村有耕地面积2100亩，林地面积11800亩。主要经济来源以种植烤烟、外出务工为主，以种植玉米、百合为辅。2017年，种植烤烟517亩，产值190万元。农业部农业司在包谷村开展党建扶贫，向包谷村捐赠6台农业机械，包谷村由此成立兴泰现代农机专业合作社，共有11户入社，种植水稻400亩。硬化道路2千米，农网改造完成。是年，长沙市工商联和金霞经济开发区对口帮扶，投资130万元新修村级综合服务平台。

村党支部书记：张宏林；村委会主任：王先明。

【半寨村】 半寨村位于茨岩塘镇东北部，距县城23.5千米，距离镇政府4千米。2017年，全村下辖9个村民小组，245户1013人，贫困户19户77人，两女节育户13户41人，独生子女户6户14人。有党员18名，其中女性党员5名。居民以土家族为主，汉族、苗族等各民族同胞和谐相处。面积5.35平方千米，有稻田550亩，旱土121亩，主要产业有百合、烤烟，是年种植烤烟384亩，种植百合300亩。整修村级综合服务平台，硬化道路380米，装太阳能路灯69盏。业余娱乐生活丰富，村民自发跳起广场舞，每年春节村举办文艺会演，创编“除了苦海见青天”“县长来到咱们村”“半寨是个好地方”等一些群众喜闻乐见的小戏。2012年被评为“湖南省农村能源用户（联户）沼气建设示范村”。2017年创建湘西州美丽乡村示范村。

村党支部书记：张必桃；村委会主任：张以海。

【甘露村】 甘露村位于茨岩塘镇东南部，距离镇政府所在地四千米，平均海拔910米，属于典型的高寒山区。有林地2478亩，耕地面积1434亩，其中旱地720亩，水田714亩。辖10个村民小组，297户1293人，其中劳动力780人，党员22名。全村硬化道路15千米，实现入户道路硬化，硬化水沟3000米，农网改造完成。2016年甘露村全村脱贫，获“全州脱贫示范村”称号，有建档立卡户28户106人，兜底户3户10人，未脱贫户3户8人。主要产业是烤烟，2017年，种植烤烟1180亩，收入301万元，其他农作物以玉米、稻谷、马铃薯为主，蔬菜以大头菜为主。是年，新修村文化广场、村级综合服务平台及老年活动中心。村内的红军兵工厂是红色文化教育基地，年底完成布展工作，创建湘西州美丽乡村精品村。

村党支部书记：姚善早；村委会主任：康士宏。

【凉水村】 凉水村位于茨岩塘镇东北部，距镇政府驻地3500米，辖区面积5.1平方千米，耕地面积700余亩。2017年，全村有10个村民小组，345户1213人，党员21人，其中女性党员5人，低保户26户31人，两女户、独生子女户33户90人。全村有建档立卡贫困户30户116人，是年脱贫11户45人。经济来源以种植烤烟、外出务工为主，种植烤烟418亩，收入112万元，外出务工285人，收入750万元。在长沙市工商联和金霞经开区对口帮扶，投资130万元，新修村级综合服务平台，人饮工程完成，全村组级路硬化。红二、六军团红军医院旧址在凉水村二组，正在整修中。

村党支部书记：彭继干；村委会主任：杨士军。

【大田村】 大田村位于茨岩塘镇东部，距镇政府所在地五千米，平均海拔810米，下辖6个村民小组，5个自然寨，185户755人。全村建档立卡户28户95人，包含兜底3户7人，2017年脱贫8户24人。党员17名，其中流动党员9名，60岁以上党员占52%。辖区面积4平方千米，其中耕地780亩，包括水田350亩，旱地430亩。粮食作物以水稻、玉米为主，养殖有牛、鸡等。外出务工人员350人，主要分布在福建、浙江、广东等地。全村经济收入来源主要有农业和外出务工。新建村级综合服务平台一个。

村党支部书记：彭继来；村委会主任：向志业。

【小米村】 小米村位于茨岩塘镇东北部，距镇政府驻地7500米，平均海拔740米。2017年，全村辖5个村民小组，230户831人，其中外出务工人员350

人。村党支部共有党员14人,其中60岁以上占50%。全村有两女节育户12户,独生子女3户,低保户42人,建档立卡户44户175人,脱贫14户63人,未脱贫30户112人,其中社会保障兜底2户8人。全村总面积6.7平方千米,有稻田467亩,旱土403亩,山林面积7800亩,种植业以玉米、稻谷和烤烟为主,养殖业以牛、羊为主,成立养牛专业合作社。是年硬化组级公路2500米,新修蓄水池5个共140立方米,新修村级综合服务平台竣工。

村党支部书记:彭良坤;村委会主任:赵科岳。

【兴溪村】 兴溪村位于茨岩塘镇东北部,距镇政府驻地四千米,距县城24千米,2016年6月与原套虎村合并而成。下辖11个村民小组,有人口468户1719人,两女节育户16户,独生子女户24户,五保户14人,低保人数28人。有党员34名,女党员5名。桑(植)龙(山)公路穿村而过,村内组级路硬化,平均海拔850米,属于中高海拔地区,光照充足,雨量充沛,土壤多呈酸性和碱反应。全村总面积13平方千米,其中耕地面积1315亩,主要经济作物是烤烟,成立有同蕊烟草专业合作社,2017年种植烤烟1200亩;农作物以土豆、玉米为主,蔬菜、油菜为辅,部分村民种植玄参、黄柏等中药材、养殖湘西黄牛、土鸡等,特色养殖中蜂,成立有套虎蜂业农民专业合作社。全村外出务工500多人,主要分布在广东和浙江等地。全年村人均纯收入5800元。2017年,建档立卡贫困户43户168人,脱贫26户104人,未脱贫17户64人,含兜底户3户10人。村累计危房改造18户;低保救助64人,整户低保户9户;学前至高中阶段教育扶持39人,雨露计划扶持3人;产业扶持110人;转移劳动力就业和稳岗扶持44人;生态转岗护林员4人。至是年底,村人饮工程竣工,农网改造全部完成,村级综合服务平台、村文化休闲广场建设完工。

村党支部书记:田翠美;村委会主任:黄广龙。

【兴场坳村】 兴场坳村位于茨岩塘镇东南部,距集镇7500米,2016年由原兴场村和原兴湖村合并而成。2017年,辖13个村民小组,6个自然寨,总人口346户1579人。建档立卡贫困户84户,贫困人口347人,全年脱贫11户52人,危房改造7户,未脱贫44户184人。全村平均海拔820米,面积5.6平方千米,耕地面积1680亩,主要经济来源以种植烤烟、蔬菜为主,2017年种植烤烟1180亩,大头菜300亩,玉米、土豆、油菜各200余亩。新修道路2000米,通村公路加宽硬化2200米,安装太阳能路灯60盏,新修蓄水池4口,新建村级综合服务平台,在村内鸭湖沟新建镇自来水厂,完成工程量的75%。

村党支部书记:田万瑞;村委会主任:周功成。

【兴华村】 兴华村北邻大安,东交水田,位于茨岩塘镇东北部,距镇政府13千米,平均海拔1000米,是一个偏僻高寒山区村。2017年,辖9个村民小组14个自然寨,214户806人,其中有劳动力412人,建档立卡户43户163人,低保整户纳入2户6人,单个纳入45人,两女节育户14户,独生子女户10户,五保3人,优扶对象3人,中共党员16名。兴华村林地面积9102亩,耕地面积557亩,开荒地1100亩,经济来源以种植烤烟为主,少部分人员外出务工。成立兴华博创养殖专业合作社,主要种植黄牛,冷竹坪蔬菜种植专业合作社,主要种植秋葵、辣椒树等反季蔬菜。基础设施较差,人畜饮水困难,干旱期间,全村60%户在外地运水。是年,修建新的村级综合服务平台。

村党支部书记:龙熙权;村委会主任:徐双英。

【面山村】 面山村位于茨岩塘镇西北部,东北与大安相邻,西北与兴隆街、桶车交界。距集镇23千米,最高海拔1354米,属茨岩塘镇最边远的高山地区,总面积9.1平方千米,耕地面积1984亩,林地荒山13100亩。2017年,全村6个自然寨,9个村民小组,168户635人。有党员19人,独生子女户11户,两女节育户5户,建档立卡户24户75人,脱贫19户58人,低保户29户35人,五保户1人,外出务工200余人。村民主要经济来源以烟叶产业和外出务工为主，少数种植蔬菜、玉米、杂粮等，全年在家烟农56户，种植烤烟1634亩，总收入283万元，人均收入4459元。基础设施方面，2017年，木鱼坪至面山坪的通村公路加宽项目完工，人饮工程正在实施，农田基础设施有待改善，亮化工程没有实施，村级综合服务平台建成。面山村2017年被评为镇对村精准扶贫工作目标管理第二名。

村党支部书记：游绍群；村委会主任：游先副。

【比溪村】 比溪村位于茨岩塘镇东南部，距镇政府驻地15千米，平均海拔785米。2017年，全村辖7个村民小组，203户803人，有劳动力人口285人，贫困户58户218人，低保户52户91人，育龄妇女341人，独生子女5户，两女节育户3户，外出务工人员480人，主要分布在福建、浙江、河北等地区。有党员21名，其中60岁以上15人，占71.4%。全村总面积6.6平方千米，耕地795亩，其中水田487亩、旱地308亩，林地10245亩，粮食作物主要有水稻、玉米、土豆，经济作物主要有辣椒，养殖有山羊、土鸡、牛、猪等，经济收入来源主要有农业产业和外出务工。比溪村硬化道路6000米，待硬化10千米。全村有建档立卡贫困户56户246人，已脱贫27户42人，兜底户3人，危房改造14户27人。新修村级综合服务平台，街道装修太阳能路灯33盏，农网改造完成。

村党支部书记：袁昌岐；村委会主任：袁昌武。

【中山村】 中山村位于茨岩塘镇东部，距镇政府驻地18千米。2016年6月由原中山村和原银山村合并而成。2017年，全村下辖12个自然寨，14个村民小组，367户1466人。总面积20平方千米，其中山林10626亩，耕地面积707亩，包括520亩稻田和187亩旱地。现有党员37人，70岁以上14人，60岁以上6人。独生子女11户，两女节育户14户，五保户3户3人，低保户54户56人，残疾人45人。建档立卡户74户288人，未脱贫6户13人，是年，中山村脱贫摘帽。产业主要以油茶为主，成立油茶种植合作社，种植面积1700亩，处于发展阶段暂无收入，主要收入来源外出务工、种植业和养殖业，有大棚种植户1户，养羊50只以上养殖大户3户。村组级道路已全部硬化，户间道硬化完成4个组，电网改造基本完成，全村实现安全用水，但农田未改造，无水利设施。2017年获镇对村目标管理考核排列第二名。

村党支部书记：田素娥；村委会主任：李永龙。

【双新村】 双新村位于茨岩塘镇东部，距镇政府驻地九千米，2017年，全村254户966人，其中建档立卡贫困户70户269人，未脱贫户39户163人，包含兜底户6户15人。村民的主要经济来源以农业种植和外出务工为主，成立1个村级合作社——核桃专业合作社。村内有200多亩的红石林旅游景观，当年新修红石林游道5千米。修建村级综合服务平台，实施农村自来水改造工程，农村电网改造工程完工。

村党支部书记：童俊铖；村委会主任：童方向。

【细车村】 细车村位于茨岩塘镇东南部，距镇政府驻地12千米，距龙山县城34千米，有细湖沟、细车河、矿洞山、武家堡、矿洞坪、唐家寨、岩板塘7个自然寨，全村面积9平方千米。辖12个村民小组，287户1112人，有党员40人，预备党员1人，低保户48户64人，五保10人，残疾41人，独生子女户21户，两女节育户8户，劳动力480人，外出务工375人。全村有建档立卡贫困户75户298人，2016年脱贫22户84人，2017年脱贫12户53人，未脱贫39户165人，其中兜底户1户3人，细车村油茶资源丰富，成立有油茶种植专业合作社。有多个养殖大户，其中养牛大户3户，养猪大户1户，养羊大户3户，养鱼大户1户。是年，新修村级综合服务平台，全村组级路硬化5.5千米，农网改造、人饮工程完成，农田水利设施还有待完善。2017年度考核，获龙山县村（社区）一类班子、镇对村目标管理第一名。

村党支部书记：江国宝；村委会主任：何涛。

【树溪村】 树溪村位于茨岩塘镇东南部，距镇政府驻地10千米，平均海拔750米。辖9个村民小组，3个自然寨，分别为树溪科、童子庄、拉洞坡片区，总人口209户705人。村党员共14名，其中60岁以上党员占57%。总面积4.6平方千米，山林面积7112亩，耕地面积654亩，其中水田占474亩，旱地180亩。村民的经济来源主要靠务工和种植，全村外出务工人数289人，主要分布在广东和浙江等地。粮食经济作物主要有烤烟、百合、玉米；养殖业有山羊、黄牛、竹鼠，成立1个养殖专业合作社。人均年纯收入5000元。2017年全村建档立卡户31户100人，其中兜底户4户10人，低保户24户31人，完成危房改造14户。2016年脱贫3户14人，2017年脱贫6户19人。基础设施方面，通村公路全部硬化，村民饮水工程完善三分之二，农网改造全部完成。新修的村级综合服务平台，村部和村部附近农户网络接通。2014年至2017年，荣获茨岩塘镇镇对村目标先进单位，2017年度考核，获龙山县村（社区）一类班子。

村党支部书记：姚水香；村委会主任：李支富。

【茄佗村】 茄佗村位于茨岩塘镇东南部，距镇政府所在地26千米，是茨岩塘镇边远贫困村。全村总面积9.6平方千米，森林覆盖率95%，耕地面积345亩。辖10个村民小组，8个自然寨，其中唐家寨、向家寨、罗家湾、装璜湾、田坳属三不通两不通地带。2017年，全村总人口603人，建档立卡贫困户44户168人，其中社会保障兜底6户14人，五保户6户6人，独生子女10户，两女节育户4户。全村没有一条硬化道路。主要经济收入以外出务工为主，以玉米、水稻等传统农作物为主，2017年全村总收入238万元。截至是年底，茄佗村人饮工程和低压改造完工。茄佗河是茨岩塘最大最长的河流，远近闻名。

村党支部书记：向列胜；村委会主任：张本凡。

水田坝镇

【概况】 水田坝镇位于龙山县东北部，东临张家界市桑植县上河溪乡，南交永顺县，西连茨岩塘镇，北邻大安乡，距县城东39千米，素称龙山“东大门”。2017年，辖区面积192.5平方千米，辖水田坝社区、猛必社区、下比、岩洞、枫坪、中湾、西湖、仁和、澧源、飞翔、兴塔、双联、车塔、车拉坪、红旗15个建制村，133个村民小组，5337户19449人。民族以土家族、苗族、汉族为主。土家族、苗族占总人口的80%。

全镇地势东高西低，北俯南仰，境内群山起伏，东西部各有一高界横亘于边境，地貌类型多样，落差悬殊，生态环境千差万别，民间有“一山有三季、五里不同天”的描述。全镇平均海拔625米，最低点位于仁和村第一组420米，最高点位于西湖村老鸦尖1361.7米。境内主要山脉为猛必界，主要河流是缺台河，气候四季分明，春夏多雨炎热，秋冬干燥低温，属亚热带湿润气候区，年平均气温17.5℃，最高气温36℃，最低气温—9.3℃。年均降水量1512.4毫米，无霜期250天左右，适宜春季作物种植。

境内矿产资源丰富，有烟煤、铅锌矿、铅土矿、硫铁矿、褐铁矿、硫磺矿、石煤矿、石灰石、方解石等。其中以烟煤资源最为突出，其储量达200万吨以上，主要分布在猛必社区、车拉坪村等地。

境内交通较为便捷，省道305（桑龙公路）穿境而过，是水田坝镇的主要交通干道。全镇15个村（社区）公路总里程达258.55千米。

辖区内共有1所中学、两所中心小学、3所片小和1所民办幼儿园。2017年在校中小学生1100余人，在园幼儿130余人，中小学在职教师123人；设卫生院2个，医护人员32人，拥有床位76张，村级卫生室15个；有敬老院两所，集中供养五保老人、孤儿57人。

有耕地1076公顷，其中稻田面积511公顷，旱土565公顷，山林面积17934公顷，土壤以红壤为主。全镇居民主要经济收益来源于外出务工、种养殖业。工业发展滞后，原乡镇企业改制后，均已倒闭。

【精准扶贫】 全镇有建档立卡贫困户1497户5818人。贫困发生率29.91%。2017年，通过基础设施配套建设、医疗救助、转移就业、生态补偿、公共服务保障、产业发展、易地搬迁、社会保障、教育发展等11项工程的同步推进，减贫527户2154人。是年，尚未脱贫人口390户1332人，未脱贫村12个。低保85户176人，社会兜底保障65户184人。完成易地搬迁14户63人，危房改造167户686人。

【党建工作】 2017年，全镇有21个党支部，有党员505人，流动党员118人，高中以上学历占70%，59岁以下占68%。全年召开党员大会3次；实行村务公开、财务公开、政务公开，坚持民主决策、民主管理、民主监督，密切党群、干群关系，努力调动村民参与政务、事务的积极性。召开镇专题民主生活会、村组织生活会40余场次。

【产业发展】 全镇居民主要以种养殖业为主。支柱产业为烤烟和畜牧业，种烤烟3700亩，2017年收购烟叶41万千克，收益1300多万元。养殖业以鸡、鸭、猪、牛、羊为主，其中黑山羊养殖初具规模，成立1个黑山羊养殖农民专业合作社，带动养殖户100余户，养殖总量达1万余只，建钢构标准化示范养殖场3个，年出栏山羊5000只。粮食作物主要有稻谷、玉米、薯类等。2017年经济作物中，辣椒种植面积1000亩，甜玉米种植面积120亩，中湾村观音山油茶基地一期计划种植1000亩，完成400亩。引进宁乡科鸿蔬菜专业合作社，建立大棚蔬菜基地1个，冷库1个。

【基础设施】 公路及网络路建设。全镇有农村公路346.03千米，其中省道15千米，县、镇道路108.88千米，村、组道路222.15千米，实现建制村通达率100%，村小组通达率90%。至2017年底完成县、镇道路建设67.58千米，硬化率98%。基层阵地建设。全镇15个建制村（社区）村务服务中心建设有序推进，主体工程全部完成。美丽乡村建设。投入39万元，开展城乡同建同治，在公路沿线、居民点全部建立垃圾围和垃圾处理点，实现组、村、镇的垃圾处理无缝对接，保证垃圾回收，农村环境卫生面貌改观。电网建设。15个建制村（社区）电网改造完成，同时，水田社区光伏发电站一期工程已经完工。人饮工程。15个村（社区）的自来水工程，水源选址、管道铺设等有序开展，其中中湾村419户农户的自来水改造工程率先完成。小城镇建设方面，政府大楼开工建设；公租房完成基础工程，进入主体施工；公共汽车站正在建设中；农贸市场完成征地拆迁工作。

水田坝镇召开2017年对口帮扶工作会议

【对口帮扶】 2017年,长沙县委、县政府制定《长沙县对口帮扶龙山县水田坝镇方案》,方案涉及14个项目,总计2000万元。至是年底,竣工项目6个,正在施工的项目4个,计划调整的项目4个。

【社会事业】 2017年,全镇为贫困家庭发放临时救助款6.2万元;为特困户、火灾户发放棉被、米、油等,冬春救助人员650余人,发放冬令资金12万元;粮食直补、良种补贴、退耕还林补助和“两项制度”等各种政策性涉农补贴补助全部按政策要求发放到位;完成精准扶贫户及农村低保户家庭在校学生的认定工作,共资助各类贫困学生835名;完成重度残疾人两项补贴申报140人次;完成491户残疾人家庭就业服务需求的入户调查。

【综合治理】 2017年,共受理调处112件矛盾纠纷,调解成功110件,调解成功率98.2%,特别是成功调解多年未解的郭某某事件。水田坝镇司法所在册社区矫正人员15人。接收社区矫正对象4名,解除矫正对象1名。开展法制宣传活动8场次,受教育人数3000人次,发放宣传资料900份。

【领导名录】

党委书记	田　鹏
党委副书记、镇长	余宇航
党委副书记	肖　平
人大主席	彭官学
纪委书记	彭　勇
组织委员	李志国
武装部长	邓　军
副镇长	张　根
	向　朗(2017年8月—)
	田习文(2017年8月—)

【水田社区】 水田社区是水田坝镇政府所在地,是水田坝镇政治、经济、文化中心,该区地域辽阔,居住分散。2017年,社区辖13个自然小组,总户数1047户,人口3280人,总劳动力1358人,建档立卡贫困户197户803人。有中共党员54人,县扶贫队员2人,村干部5人。总面积106.66平方千米,耕地面积4472亩,其中稻田1431亩,旱土3041亩,农作物以水稻、玉米、马铃薯、红薯、大豆为主,辣椒、苗木、生猪、山羊、蔬菜等是主要的经济收入来源。水田社区是县林业局的扶贫联系村,是年,长沙县对口帮扶,村务服务中心和公共车站竣工,建有20亩的光伏发电站一座。脱贫农户62户285人,低保24户65人,保障兜底12户32人,完成危房改造31户142人,有建档立卡户106户395人。

社区党支部第一书记:田军;社区党支部书记:李代胜。

【猛必社区】 猛必社区位于水田坝镇的东北部,距镇政府所在地46千米,距县城79千米,东交张家界市桑植县,南邻车塔村,西接车拉坪村。社区内经济收入来源主要靠农业和外出务工。2017年,辖15个村民小组;616户2115人。有耕地1520亩,林地面积2.4万余亩。系湖南省深度贫困村,全村有贫困户172户641人,贫困发生率30.41%。村庄传统农业以玉米种植为主,玉米种植面积400余亩,养殖以黑山羊为主,达到1000余头。县环卫所为驻点联系贫困村。是年,49户165人脱贫,尚有未脱贫85户323人,社会保障兜底8户14人,低保8户26人,完成危房改造11户40人,易地搬迁1户6人。

社区党支部第一书记:汪泽军;社区党支部书记:彭辉;社区主任:张庭芳。

【中湾村】 中湾村地处水田坝镇东北部,与张家界市桑植县上河溪乡接壤,距镇政府10千米,全村以山地为主,山势陡峭。2017年,全村有486户1635人,9个村民小组,民族主要以汉族、土家族居多。全村有耕地面积1980亩,其中稻田1120亩,旱地860亩,人均土地面积少,自然条件差;村民主要以油茶、辣椒与特色养殖为主导产业。2017年该村脱贫55户206人,有五保户5户5人,低保户5户

13人，兜底户9户22人，危房改造户5户23人，易地扶贫搬迁户5户21人，有建档立卡户115户405人。通过“党建+产业”探索出“合作社+公司+农户”的油茶产业模式，成立“中湾观音山油茶专业合作社”，先期1000亩实际种植油茶300亩，5年后收益；生态养殖业方面成立“中湾龙凤吉祥养殖合作社”，带动群众养殖黄牛121头、山羊590只、山鸡1800羽，实现创收200余万元；蔬菜产业方面，引进宁乡县科鸿蔬菜专业合作社，同时成立“中湾飞腾果蔬专业合作社”，采用“合作社+基地+农户”模式，新建蔬菜大棚14个，发展辣椒250亩、茄子50亩，带动村民408人，建档立卡户196人，解决当地劳动力就业56人，人均增收2000元。县财政局为该村扶贫联系单位。

村党支部第一书记：李龙；村党支部书记：代鹏飞；村委会主任：李光华。

【兴塔村】 兴塔村位于水田坝镇中心位置，距镇政府所在地三千米，距县城34千米，主要通过村道联接省道305，村庄北邻水田社区，南接下比村。经济收入来源主要有农业和外出务工。2017年，辖8个村民小组，共382户1425人。有耕地10444亩，林地面积2680亩。系湖南省深度贫困村，全村有贫困户98户380人，贫困发生率26.67%。县司法局为该村扶贫联系单位。通过“十一项”工程实施，减贫28户124人，是年尚有未脱贫人口48户169人。村庄传统农业以玉米、水稻种植为主，玉米种植面积220亩，水稻270亩，特色农业以生姜种植为主，种植面积300亩，农业年总产值436万元，效益相对较差。该村有社会保障兜底5户11人，低保户7户7人，完成危房改造12户50人。

村党支部第一书记：向光树；村党支部书记：龙世政；村委会主任：彭英。

【下比村】 下比村位于水田坝镇东北部，距镇政府所在地16千米，距县城56千米，北接兴塔村，东北接枫坪村，西南抵岩洞村。2017年，全村有419户1480人，建档立卡贫困户131户497人，属于深度贫困村。全村有村小一所，有教师6名，学生76人，党员24人，党小组3个，村组织活动中心一栋。长沙县对口援建村务服务中心一栋，主体工程竣工。全村总面积35平方千米，其中耕地1360亩，林地面积26800亩，粮食作物主要有水稻和玉米，经济作物有烤烟，养殖业有山羊、黄牛、蜜蜂，经济收入来源主要有农业和外出务工。是年，通村组道路硬化4条共8500米。未硬化的组级道路有15条，全长9150米。脱贫农户38户174人，尚未脱贫60户201人。社会保障兜底2户，低保户5户，完成危房改造18户。乌龙山风景名胜管理处为该村扶贫联系单位。

村党支部第一书记：徐虎；村党支部书记：肖斐；村委会主任：肖林。

【岩洞村】 岩洞村位于水田坝镇西南部，距镇政府23千米，距龙山县城58千米。2017年，全村有5个村民小组1149户781人；其中300多人外出务工，主要分布在广东、浙江、长沙等地区；全村有党员17人，其中女党员5人。总面积23平方千米，其中耕地面积1060亩，林地面积5500亩。农作物主要有水稻、苞谷，经济作物主要有烤烟和百合，养殖业主要有家禽、山羊、黄牛、生猪、娃娃鱼（大鲵）等。是年，烤烟种植150亩，百合种植100多亩，娃娃鱼养殖有5000尾。全村组级路硬化全部完成，有旧村部1栋，文化广场、卫生室、图书室各1个，是年，长沙县对口援建村务服务中心一栋，主体工程竣工，全村农网改造完工，安全供水全部解决。有建档立卡贫困户64户272人，脱贫15户69人，还有31户126人未脱贫，社会兜底4户15人，低保户6户10人，危房改造7户29人，易地扶贫搬迁3户13人。2017年县人社局为该村的扶贫联系单位。

村党支部第一书记：彭科；村党支部书记：印龙；村委会主任：陈小娇。

【澧源村】 澧源村属于水田坝镇边远村，系省深度贫困村，山大人稀，与张家界市桑植上河溪接壤。

距镇政府所在地15千米,距县城60千米,人口主要以农业人口为主,经济收入来源主要有农业和外出务工。2017年,全村辖9个村民小组,共302户1151人。有党员19人,其中男性党员17人,女性党员2人。有旱土1600多亩,水田700多亩。林地面积2680亩。有93户386人的贫困群众,全村除6组外,其余8个组实现集中供水。农网改造、网络信息化建设全部完成。村道硬化16千米。有老村部1栋。在建新村部1栋和文化广场1个,为长沙县对口援建项目。是年成立油茶合作社1个,并完成种油茶300亩。新修烤房6栋,种植烤烟380亩。养殖胡蜂1000包,带动建档立卡户就业4人,蜜蜂养殖由扶贫办提供每桶600元扶持资金,支助100桶。脱贫农户40户185人,社会保障兜底1户5人,低保6户14人,完成危房改造14户57人,异地搬迁2户8人,有建档立卡户43户159人。

村党支部第一书记:杨凯;村党支部书记、村委会主任:肖文才。

【仁和村】 仁和村位于水田坝镇东北,距镇政府所在地约九千米,距离县城45千米,主要通过村道联接省道305。村庄南邻水田社区,西接飞翔村,东与澧源交界。经济收入来源主要有农业和外出务工。2017年,全村辖7个村民小组,共245户1059人。有耕地1170亩,林地面积3200亩。系湖南省深度贫困村,全村有贫困户91户355人,贫困发生率33.52%。以传统农业玉米、水稻种植为主,玉米种植面积200亩,水稻250亩,特色农业以中药材种植为主,种植面积250亩,百合种植120亩,另外养殖业发展较好,以养殖黑山羊为主,农业年总产值约538万元,效益相对较差。全村脱贫农户35户136人,社会保障兜底1户4人,低保4户6人,完成危房改造13户43人,有建档立卡户41户158人。县就业局驻点联系贫困村。

村党支部第一书记:潘远江;村党支部书记:陈延超;村委会主任:姜良文。

【飞翔村】 飞翔村位于水田坝镇正北部,距镇政府所在地四千米,距县城34千米,主要通过村道联接省道305。村庄北邻双联村,南接仁和、水田社区。经济收入来源主要有农业和外出务工,2017年,全村辖9个村民小组,共262户1042人。有耕地1084亩,林地面积6600亩。系湖南省深度贫困村,全村有贫困户91户365人,贫困发生率35.03%。传统农业以烤烟、百合种植为主,烤烟种植面积962亩,百合80亩,另外养殖业发展较好,以养殖鸡为主,农业年总产值336万元。道路建设:2014年至2017年,硬化道路3条15千米,拓宽新修产业路与网络路13条12千米。农网改造完成9个组14个自然寨,人饮工程修建5口水池,受益306人。新村部建设投入104万元,主体工程完工,正在装修中。是年,全村脱贫农户15户72人,社会保障兜底2户6人,低保3户7人,完成危房改造10户42人,有建档立卡户58户224人。县社保中心驻点联系贫困村。

村党支部第一书记:符家勇;村党支部书记:陈玉枝;村委会主任:曾凡泉。

【双联村】 双联村地处水田坝镇西部,距镇政府六千米,距县城34千米,东接水田社区,西毗茨岩塘镇,全村以山地为主,大部分分布在省道305公路沿线上。2017年,该村有332户1136人,6个村民小组,民族主要以汉族、土家族居多。全村有耕地面积1900亩,其中稻田600亩,旱地1300亩,主要以烤烟、特色养殖为主导产业,其中烤烟种植700亩,产值315万元,生猪养殖800头、黄牛100头、山羊400只、土鸡年收入达20多万元。辖区有铅锌矿一座,采石场一处。至是年全村道路硬化率达到80%以上,饮水和农网改造全部完成。有贫困户108户407人,脱贫68户252人,社会保障兜底4户6人,无低保户,完成危房改造11户38人,有建档立卡户27户97人。

村党支部第一书记:向万友;村党支部书记:向碧娥;村委会主任:贺大双。

【枫坪村】 枫坪村位于水田坝镇东南部，距镇政府所在地9600米，距县城49千米，主要通过村道联接省道305，村庄北邻中湾村，南接下比村。经济收入来源主要有外出务工，2017年，全村辖7个村民小组，共232户848人。有耕地700余亩，林地面积1680亩。系湖南省深度贫困村，全村有贫困户79户333人，贫困发生率39.41%。特色农业以黄桃、油茶种植为主，黄桃面积种植50余亩，油茶种植483亩。养殖业发展以中蜂为主，当年养蜂280余桶。全村村级路硬化全部完成，有旧村部一栋，图书室一个，村农网改造完工；全村安全供水全部解决。新村部修建主体完工。是年，该村脱贫农户27户115人，社会保障兜底1户4人，低保2户2人，完成危房改造7户33人，有建档立卡户36户139人。县机关事务管理局为该村扶贫联系单位。

村党支部第一书记：何平；村党支部书记：李文波；村委会主任：李学达。

【西湖村】 西湖村地处水田坝镇东北部，东与张家界市桑植县上河溪乡接壤，西邻中湾村，距镇政府驻地11千米，全村以山地为主，山势陡峭。2017年，该村有224户951人，5个村民小组，有耕地面积1134亩，其中稻田420亩，旱地714亩。经济收入来源主要有农业产业和外出务工。村民主要以种植和养殖业为主导产业，其中种植业主要有水稻、玉米、大豆、花生、油菜等；养殖业有山羊500只，黄牛100头、中锋300桶、鸡鸭1000余羽、兔100余只。全村有建档立卡户99户358人，2017年，脱贫48户188人，社会保障兜底5户13人，低保8户11人，完成危房改造3户，建档立卡35户114人。

村党支部第一书记：吴冰；村党支部书记：毕蓉；村委会主任：薛清林。

【车塔村】 车塔村位于水田坝镇东部，距镇政府42千米，东北与猛必、车拉坪接壤，西北连接农车镇塔泥村，下辖7个村民小组，181户，762人，其中345人外出务工人员，主要分布在广东、浙江、江苏等地区。有党员11名，其中60岁以上占45%。全村总面积19平方千米，其中耕地616亩，林地17600亩，粮食作物主要有玉米，经济作物主要有辣椒，养殖有猪、牛、羊等，传统农业以玉米、马铃薯为主，种植面积150亩，经济收入来源主要有农业产业和外出务工。全村有建档立卡贫困户59户228人，因病因残因学缺资金是致贫主要原因，系湖南省深度贫困村。2017年，该村脱贫23户87人，社会保障兜底8户23人，低保2户2人，完成危房改造11户49人，有建档立卡户24户94人。县国税局为该村扶贫联系单位。

村党支部第一书记：彭峰；村党支部书记：刘云德；村委会主任：晏世年。

【红旗村】 红旗村位于水田坝镇的东南部，距镇政府所在地40千米，距县城80千米，最高海拔1300米，最低海拔455米，地处偏远，交通条件差，环境恶劣，是典型的贫困山区。2017年，全村辖7个村民小组，共141户625人，其中党员20名。有耕地550余亩，林地面积4680亩。特色传统农业以玉米、马铃薯等为主。水稻种植20余亩，养殖业以养牛、养羊、养猪及养蜂较多，经济收入来源主要有外出务工，系湖南省深度贫困村，全村有贫困户42户191人，贫困发生率30.56%。是年该村脱贫12户61人，社会保障兜底1户2人，低保1户1人，完成危房改造2户7人，尚有未脱贫人口24户107人。

村党支部第一书记：颜家胜；村党支部书记：彭志高；村委会主任：瞿宏双。

【车拉坪村】 车拉坪村地处水田坝镇东南部，东接猛必社区，西连岩洞村，距镇政府驻地32千米，距县城72千米，全村以高山为主，平均海拔1000余米。境内有跑马坪林场1个，顶天水库1座。2017年，全村有309户1159人，11个村民小组。有耕地面积841亩，其中稻田400亩，旱地441亩，经济收入来源以外出务工为主,村民主要以烤烟、稻谷、玉米为主导产业,有专业合作社一个,称为世杰农机服务专业合作社,主要经营有烤烟100亩,稻田100亩。有建档立卡户59户204人,脱户12户35人,社会保障兜底5户9人,低保4户10人,完成危房改造3户,有建档立卡31户106人。

村党支部第一书记:钟昌兵;村党支部书记:张贻英;村委会主任:陈功达。

红岩溪镇

【概况】 红岩溪镇位于龙山县东南部,北与茅坪乡、茨岩塘镇为邻,东南与农车镇接壤,西接洛塔乡,南临洗车河镇。镇政府驻地距县城42千米,总面积181.6平方千米,森林面积28557亩,耕地面积12581亩,其中水田面积8569亩,旱土面积4013亩。地处武陵山余脉,地势北高南低,境内地势起伏,谷岭纵横,呈犬牙交错形。境内有天门山、云台山、天堰大堡、小洛塔等主要山脉,主要河流为红岩溪河。气候冬寒夏凉,1月平均气温2.7℃,7月平均气温24.1℃,年平均气温15.6℃。年均降雨量1574.6毫米,全镇主要物产有玉米、土豆、红薯、油茶、烤烟等。260省道、209国道、龙永高速公路、黔张常铁路穿境而过,县道红洗公路全长25千米,通村公路138千米,实现村村通。是龙山县东南部的交通要道、商贸重镇、人口大镇。

2017年,全镇下辖2个社区、20个村委会。2017年,共7594户26319人。总人口中,男性13887人,占52.76%;女性12431人,占47.24%。主要有土家、苗、回、汉等民族,其中土家族16341人,占总人口的62.1%,苗族3327人,占总人口的12.64%。

镇内矿产资源丰富,境内已探明地下矿藏有铅锌矿、硫铁矿和煤矿等,其中煤炭地质储量639万吨,可开采储量446万吨。向阳煤矿(已依法关闭)地质储量554万吨,可开采储量385万吨;木龙湾煤矿(2017年已依法关闭)地质储量85万吨,可开采储量56万吨。

境内河流属长江流域、洞庭湖水系,共13条,河流总长度80千米。最大河流为洗车河(红岩溪段),河流长度20千米,流域面积133.3平方千米,镇级河长向大龙。境内大小水库6座,最大水库为五洞电站水库,兴建于1975年10月,库容270万立方米,坐落在红岩溪镇栈行村境内,水源地为洗车河红岩溪段。

【经济发展】 岩溪镇地形复杂,自然资源丰富,居民以种植油茶、脐橙,养殖藏香猪等产业为主,辖区内还有特色养蛇场、占地4亩,羊肚菌培育基地30亩,2017年,养蜂1000桶,脐橙总产量250吨;养殖藏香猪15头,经济收入45万元;种植油茶2000亩,经济收入1600万元。木龙湾、打溪、卜纳洞等村成立黑猪养殖、油茶种植等专业种养合作社2个。2017年,全镇国民经济总产值4700万元,其中农业总产值2900万元,工业总产值1800万元,农业总产值中种植业1250万元,养殖业1650万元。

【精准扶贫】 2017年,把握“四个切实,六个精准,五个一批”的工作总要求,科学制定帮扶方案。到年底,易地搬迁项目完成166户,共614人;危房改造项目到2017年底完成541户。全镇脱贫640户2764人。

【基础设施】 2017年,红岩溪镇基础建设的“十百千项目”有序开展。全年项目数40个,总投资额度400.664万元。其中,白果村产业路新修3条,修建总长达2600米;红岩村、卸甲村、古丈村和比洞村村组道路新修总计3246米;白果村、肖家村、比洞村、卸甲村、梭堡村、马失村及红岩社区道路硬化总计7000米;比洞村和肖家村新增太阳能路灯总计55盏;马失村农村户厕卫生改造总计50户;古丈村新增四处人饮工程,新修自来水管道16千米;古丈村新修80米河堤,肖家村新增45米长河堤,卸甲寨新修河堤600立方米，新修水渠总长550米。

2017年，投资600余万元，完成撮箕、栈行、毛坝、坎西、统西、比沙、打溪、尧城、田家、苗兴、头车、木龙湾、凉风和卜纳洞共14个扶贫村的饮水安全工程，打石湖水库涵卧管重新整修，五洞电站投资400余万元完成扩容，水利工程实施项目完成工作总量。21个村民服务中心建设工作。

2017年，对口帮扶红岩溪镇的长沙市宁乡经开区，实施镇农贸市场、敬老院、中小学校整修改造、停车场和文化广场等市政工程，同时帮扶打溪、木龙湾、卜纳洞三个村发展产业，帮扶资金达1000万元。

【安全维稳】 2017年，红岩溪镇镇坚持“安全第一，预防为主，综合治理”的方针，始终把安全生产工作摆在首位，全年无安全生产责任发生，获得“2017年度省级安全示范乡镇”荣誉，镇党委书记张召学获“全州安全生产工作先进个人”称号。2017年12月25日，国家减灾委、民政部发文命名红岩溪镇红岩溪社区为2017年全国综合减灾社区”。2017年，红岩溪镇全年信访案件总计46件，包括来信12件，投诉24件，来访10件，全部得到妥善处理。全镇调解案件42件，涉及当事人103人，其中调解成功案件40件，实现社会总体和谐稳定。

【美丽乡村建设】 2017年，红岩溪镇镇围绕州委“542”发展思路，开展美丽乡村建设。全镇每月开展各村环境卫生督查工作，对环境散乱卫生情况不佳的场所及时整改，且采取奖惩制度，各村人居环境得到改善，城乡同建同治工作落到实处。肖家、木龙湾、凉风和马失完成示范村建设，头车完成精品村建设，各村平均完成户间路修建二千平方米，平均完成新增绿化面积10亩，平均新修栅栏1500米。在每月县级美丽乡村建设督查中红岩溪镇获评一类乡镇8次，二类乡镇3次；在州级美丽乡村建设督查中，红岩溪镇获评一类乡镇1次。红岩溪镇环保部门联合各相关部门展开综合执法，打击处理比沙社区人为毁坏国家重金属污染治理项目区的违法事件；排查各村养殖场污染情况，处理凉风村中一起养殖场的污水排放问题。

【民生事业】 2017年，红岩溪镇人口出生258人，落实措施110例，严格落实计划生育“奖优免补”政策，全年发放计划生育奖扶资金2.93万元。

严格落实低保政策，完成低保清理工作，经科学调查和正确清理后，从原先的2650人调整到1542人。保障兜底户205户，共计538人；保障五保户120人，孤儿20多个；登记录入留守儿童1000多人，残疾人审核上报700多人；民政救灾发放资金25万多元；养老保险全镇缴纳比例超80%。

【基层组织】 2017年3月起，全面启动“两委”换届工作。4月，红岩溪镇全面完成村党支部换届，全镇22个村(社区)共有农村党员491人，参加换届投票的党员数351人，参选率达71.4%；选出新一届党组织班子成员总数84人，其中，男性66人，占78%，女性18人，占22%；45岁以下31人，占37%，高中以上文化程度的38人，占45%。6月，全面完成村委会换届，全镇22个村(居)委会全部采用直接选举的方式选举，全镇总选民15347人，共登记选民6165人，正式选举时，参选选民4181人，参选率79%；产生新一届村(居)委会成员90人，其中：男性58人，占64%，女性32人，占36%；党员33人，占37%；30岁以下的有7人，占8%，50岁以上的24人，占27%；高中以上学历有32人，占36%，其中大专学历9人，占10%。

【名人名事】 红岩镇籍老红军陈利财于2017年10月5日下午14时52分，因病医治无效，不幸与世长辞，享年97岁。10月6日晚，在县委老干部局大院内举行陈利财遗体送别仪式。州委书记叶红专，州人民政府副州长、州公安局局长王学武，省委老干部局办公室副主任郭建军，州委秘书长向邦

龙山县红岩溪镇籍离休老红军陈利财遗像

伟，县委副书记陈忠耀等人参加悼唁。

陈利财，男，1921年农历5月25日出生于龙山县红岩溪镇冒洞村，1933年5月在洞口县参加中国工农红军。1946年2月在与阎锡山匪部作战时不幸右手负伤，在武安和平医院治疗，鉴定为二等甲级伤残。1948年10月离开部队，在山西祁县夏家堡任乡党委书记。1959年8月调入祁县军烈属工厂任副厂长。1964年10月回湖南省湘西州龙山县，任龙山县福利厂厂长。1967年8月退休，1980年10月改为离休。1994年7月享受副厅级待遇。2009年享受副部级医疗待遇。2015年9月，荣获中共中央、国务院、中央军委颁发的“中国人民抗日战争胜利70周年纪念章”。2016年10月，荣获由中共中央中央军委颁发的“中国工农红军长征胜利80周年纪念章”。

奥运冠军龙清泉：龙清泉，1990年12月3日出生于龙山县红岩溪镇，为中国男子举重国家队队员。龙清泉自幼活泼好动，爱好体育，少年就被选入龙山县体校进行学习，1999年被湘西州体校教练甘智悦看中，走进湘西自治州体校的举重馆。2002年湖南省第九届运动会上，龙清泉获男子丙组38公斤级冠军；2006年全省第十届运动会上，他夺得了男子乙组52公斤级冠军。2006年，16岁的龙清泉顺利进入湖南省队。2008年，龙清泉进入国家队。2008年北京第29届奥运会56公斤级比赛中，龙清泉以抓举132公斤，挺举160公斤，总成绩292公斤夺得冠军。2009年全运会男子举重56公斤级冠军，2009年举重世锦赛龙清泉以292公斤获得56公斤级冠军，完成大满贯。2013年全运会龙清泉蝉联冠军。2016年8月8日，在里约奥运会男子举重56公斤级赛事中，龙清泉以总成绩307公斤破世界纪录的成绩获得金牌。2016年12月15日，获2016中国十佳劳伦斯冠军奖最佳

北京时间8月7日，在2016里约奥运会举重男子56公斤级决赛中，中国红岩溪镇选手龙清泉以307公斤的总成绩夺冠，并打破世界纪录

突破奖。同日，获得2016CCTV体坛风云人物年度最佳男运动员奖提名奖。

【特色路桥】 红岩溪镇地质条件复杂，交通开发难度大。在龙永高速和黔张常铁路红岩溪段的规划建设中，数架大桥、特大桥被建设完成，发挥了翻越高山，跨越沟壑的重要作用，也成为红岩溪镇一道亮丽风景线。

红岩溪特大桥：全长1099.12米，高117米，是龙永高速控制性工程之一，于2016年1月16日主体完工。红岩溪特大桥的投入使用，正式宣告拦住龙山出行的“两座大山”之一——铁路坡被征服。

尧城村大桥：位于红岩溪镇尧城村境内，属于黔张常铁路红岩溪段，总投资3353万元。全长417.88米，共有9个桥墩，2个桥台。2017年8月7日，首跨连续梁合龙。

车树村1号特大桥：位于红岩溪镇比沙村境内，属于黔张常铁路红岩溪段，总投资3863万元。全长623.44米，共17个桥墩，最高的达65米。2017年7月24日，边跨先行合龙；2017年8月10日，中跨合龙。

西湖冲特大桥：是黔张常铁路的重难点控制性工程，为湖南段全线最高桥梁。总投资6076.2万元，全长526.6米，最高桥墩81米，梁面高88.9米，是黔张常铁路湖南段最高墩。2017年7月19日合龙，合龙场景被形象地称为“云中之吻”。

【领导名录】

党委书记	张召学
党委副书记、镇长	向大龙
党委副书记	秦世国
人大主席、统战委员	陈宏杰
政法委员、副镇长	周开江
宣传委员、副镇长	向　凯
政协联络员、人武部部长	田永林
组织委员	石　竹
副镇长	尚光菊(女)
	欧阳敏(女)

【比沙社区】 比沙社区位于红岩溪镇中北部，距县城38千米，总面积17.66平方千米，全社区14个居民小组，689户，3096人，其中建档立卡贫困户272户，1175人，2017年脱贫55户233人。有劳动能力人数1812人，60岁以上老龄人口413人，男性1613人，女性1483人。全村少数民族1184人。耕地面积2859亩，林地面积2546亩，人均耕地面积0.92亩。交通便利，有209国道穿境而过。是年，成立比沙社区农民专业合作社，发展烤烟种植面积200亩，大棚蔬菜100亩，葡萄种植面积40亩，柑橘种植面积21亩，药材种植20亩。

实施宋家寨地质灾害隐患区治理工程。地质灾害滑坡治理专项资金共600万元，由永州市水土环地质工程有限公司施工，至2017年12月31日工程进度过半，无一起事故发生。是年8月开始实施村级交通道路硬化工程项目共计7.5千米，总投资600万元，至年底全面完成前期基础工作。9月开始实施社区公共服务平台建设项目，年底前主体全面完工。

社区党总支书记：汪洋；社区主任：张清维。

【红岩溪社区】 红岩社区地处红岩溪镇中部，距县城15千米。2017年，共有5个村民小组，3个自然寨，总人口3422人，贫困户145户总人口498人。其中，2016年脱贫41户163人，2017年脱贫23户106人。农村危房改造22户，低保户58户105人，贫困学前学生83人。其中学前教育15人，义务教育48人，高中8人、中职等6人、大学6人。

4月，村综合服务平台建设启动，新修产业路和组及路500米：总投资20万元。

社区党总支书记：向德生；社区主任：卢礼华。

【白果村】白果村位于红岩溪镇镇北部，距镇政府驻地12千米，距龙山县城27千米，是一个以土家族为主的少数民族村。辖区面积5平方千米，共10个村民小组，5个自然寨，225户1023人，其中男523人，女500人，有劳动力660人，其中男劳动力336人，女劳动力324人，从事农业的有88人，建筑业的有108人,工业的有186人,交通运输的有38人,商贸业的有31人,餐饮服务的有8人。有贫困人口129人(其中,2014年脱贫6户29人,2015年脱贫0户0人,2016年脱贫15户67人,2017年脱贫2户11人)。农村危房改造5户,二级以上的残疾人18人,低保户21户97人,贫困学生学前21人(其中学前教育4人,义务教育15人,高中、中职2人)。耕地面积780亩,其中稻田540亩,旱地240亩,山林地5238亩。农作物总播种面积500亩,其中粮食作物480亩,粮食总产量150吨,百合20亩,产量20吨。2017年9月村综合服务平台建设动工,总投资100万元。

村党支部书记:张安定;村委会主任:张自刚。

【撮箕村】 撮箕村位于红岩溪镇西部,距镇政府驻地六千米,下辖4个村民小组,全村205户,805人。其中常年外出务工(转移就业)230人,主要就业于广东、福建、浙江等省。2017年,有建档立卡贫困户65户,302人。其中,2016年脱贫12户66人,2017年脱贫7户38人,兜底户7户25人;建档立卡户140户503人。全村总面积11600亩,其中稻田288亩,旱土(丈量地)297亩,粮食作物以水稻、玉米为主。其他经济作物有马铃薯、红薯、生姜、柑橘、油茶等。养殖业有羊、牛、猪、鸡、鸭等。有种植大户1户,种八月瓜20亩,养殖大户3户,魏德万养羊70只,彭官文养羊60只,向山雄养羊80只。完成1至4组人饮工程建设,通村公路硬化。村级服务平台建设正稳步推进。

村党支部书记:谭桂莲;村委会主任:文辉涌。

【马失村】 马失村地处红岩溪镇北部,距镇政府驻地14千米,距县城26千米,西接茨岩塘镇,总面积7.8平方千米。全村有974人,少数民族815人,占83.6%,其中男性490人,女性484人,劳动力414人,主要经济来源外出务工。贫困总人口470人(其中2017年脱贫38户181人)。易地搬迁2户8人。农村危房改造38户,二级以上的残疾人13人,低保户42户56人,贫困学生学前43人(其中学前教育9人,义务教育10人,高中、中职等19人、大学5人)。是年,新修组级道路3条共计1100米。全村耕地面积共800亩,分为500亩水田,300亩旱土。实施美丽乡村建设,成立油茶种植合作社,种植油茶300余亩。

村党支部书记:彭周英;村委会主任:彭英林。

【毛坝村】 毛坝村位于红岩溪镇西北部,距镇政府驻地20千米,辖7个村民小组,4个自然寨,户籍人口276户1266人,少数民族主要为土家族,占全村人口的75%,有中共党员27人。全村有建档立卡贫困户123户547人(其中兜底户4户6人),2017脱贫14户74人,常年外出务工310人,占总人口的23%。耕地1350亩,其中水田700亩,旱地面积650亩,山林面积13456亩。是年农民人均纯收入2800元。主要经济收入以传统种植、养殖和劳务输出为主。人饮工程全覆盖,完成全村水泥路硬化、2组排洪渠工程、产业路新修工程。村级服务平台开始施工。

村党支部书记:刘应科;村委会主任:刘龙举。

【苗兴村】 苗兴村位于红岩溪镇西北部,总面积9.6平方千米,辖5个村民小组,7个自然寨。295户1068人。少数民族主要为土家族,占全村人口80%,其中男性人口604人,女性人口564人,劳动力数485人,2017年,建档立卡户110户、贫困人数470人;脱贫53户246人;有兜底户4户、6人,低保户61户、83人。有养殖大户6户,养羊930只,牛47头;转移就业82人;危房改造37户166人、易地搬迁25户91人;72名学生享受教育扶贫资助;建档立卡470人及83个低保获医疗救助,完成7000米村级路硬化;投资28万元修建2000米产业路;村级公共服务平台建设主体工程完工。

村党支部书记:刘文雄;村委会主任:向龙

【木龙湾村】 木龙湾村地处龙山县红岩溪镇西北部,距镇政府12千米,县城70千米,西接洛塔乡,总面积7.8平方千米,为全县美丽乡村建设示范村。全村有6个村民小组,6个自然寨,共238户,782人,少数民族占85%,主要以土家族、苗族为主。劳动力423人,常年外出务工284人。有党员24人,其中女党员4人。木龙湾村属深度贫困村,贫困总人口279人(2017年脱贫15户66人)。耕地330亩,其中水田271亩,旱地59亩,林地5800亩。粮食作物主要有水稻、玉米。经济收入主要来源是种植养殖业收入和外出务工收入。实施基础设施建设,村综合服务平台建设9月动工。养殖场地建设7月动工,8月底完工,投入资金为20万元。新修产业路900米,8月动工,投入资金17万元。

村党支部书记:向百化;村委会主任:胡玉孝。

【梭堡村】 梭堡村位于红岩溪镇西部,距镇政府驻地12千米,2017年,调整为4个小组,有128户总人数629人,全部为土家族。其中男性329人,女性300人。是年,全村有建档立卡贫困户69户285人,其中兜底4户7人。有274外出务工人员,建档立卡户50户150人,主要在福建、浙江、广东等地区务工。

有耕地333.3亩,林地12580.4亩,其中退耕还林665.4亩,粮食作物主要有水稻、玉米284.2亩,养殖有蜜蜂、山羊、牛、鸡等,另外还有野生茶叶出产。经济收入来源主要有农业、畜牧业和外出务工。梭堡村地理环境特殊,古树参天,环境宜人。大小溶洞众多,还有自生桥、暗河、天梯等。村内有一名新中国成立前入党的老共产党员彭祖英,出生于1923年11月,1937年参军,1949年加入中国共产党。

村党支部书记:向祖艾;村委会主任:彭清正。

【头车村】 头车村位于红岩溪镇西南部,交通便捷,山清水秀,距红岩溪镇政府3500米。全村总面积42平方千米,辖6个村民小组,共341户1438人。其中247名外出务工人员,主要在福建、浙江、广东等地区务工,全村建档立卡153户559人。2017年脱贫16户77人。全村党员25人,其中60岁以上老党员5人,女党员3人。

头车村人多地少,沟深谷长,耕地面积515亩,林地14321亩,粮食作物主要有玉米、水稻,基本能自给自足;特种养殖主要是中蜂,由于蜜源(花源)减少,近年来,中蜂养殖规模呈下降趋势;无支柱产业、无集体经济;家庭收入来源主要依靠外出打工,是一个典型的"劳务输出村"。

2017年,完成通村公路建设4.5千米,太阳能路灯60盏,改造厕所40户。硬化两千米村级新修公路,进行村级道路加宽改造,新建安全饮水工程。

村党支部书记:邓世龙;村委会主任:张显吉。

【肖家坪村】 肖家坪村位于红岩溪镇北部,距离红岩溪镇政府6500米,距县城22.5千米,209国道贯穿南北,交通便利。是美丽乡村建设示范村,全村总面积2.4平方千米,下辖5个村民小组,135户581人,有劳动力235人。贫困总人口209人。

有旱地85亩,水田308亩,人均面积2.5亩,是一个以农作物生产为主的建制村。全村种植优质水稻281亩,有特色产业白皮柚,2017年上半年30亩,下半年增加白皮柚5亩。9月,村综合服务平台建设工程动工。

村党支部书记:舒克忠;村委会主任:肖明生。

【卸甲村】 卸甲村位于红岩溪镇东北部,东临塔泥湖,南与凉风村相邻,西与凉风村相邻,北与尧城村相交,全村总面积8平方千米。辖5个村民小组5个自然寨,共393户1487人,其中男性800人,女性687人,其中,有劳动人口600人;党员人数20人。贫困人口124户,542人,其中,五保户1户1人,低保户27户59人,脱贫69户296人,未脱贫55户246人。常年在外务工人员500人,占总人口的33.6%,2017年人均收入2800元。耕地面积944亩,其中水田面积630亩,旱地面积314亩;林地面积8560亩。村产业以农业种植、养殖为主,其中玉米种植170亩、百合200亩、水稻100亩;养殖山羊400只、湘西黄牛90头。

村党支部书记:舒克忠;村委会主任:肖明生。

【尧城村】 尧城村位于红岩溪镇镇东北部,东靠农车镇铅厂村,北靠茨岩塘镇细车村,西邻白果村,南靠坎西村,村委会所在地距红岩溪镇6200米,距龙山县城34千米。2017年,下辖5个村民小组,323户1325人,其中男709人,女616人;有劳动力603人,其中男性398人,女性205人。外出务工558人,主要分布在珠三角、江浙沪地区。有耕地面积1974亩,其中水田774亩,旱地1194亩,林地1630亩。农作物播种面积1380亩,其中粮食作物789亩,粮食总产量280吨;百合30亩,产量32吨。畜牧方面,有养殖大户5户,共养殖山羊500余头、竹鼠200余只、黄牛40余头;经济收入来源主要有种养和外出务工。

尧城村是县深度贫困村。2017年,全村有建档立卡贫困户142户576人,其中兜底3户10人,全村脱贫53户210人,未脱贫89户366人。综合贫困发生率27.7%。低保36户47人,建档立卡贫困户在校就读学生139人,低保户学生5人。

村党支部书记:姚心亮;村委会主任:向子文。

【打溪村】 打溪村位于红岩溪镇南部,距镇政府7000米,平均海拔300米,全村有耕地面积300多亩,其中有水田134亩,旱土200余亩,退耕还林面积961亩。辖4个村民小组,227户832人,有劳动力330人。异地搬迁29户104人,危房改造户8户36人。外出务工230余人。打溪村是深度贫困村,基础设施落后,产业发展薄弱,脱贫难度大、2017年脱贫23户89人。经当年"回头看"有建档立卡户95户356人,全村尚有47户162人未脱贫。低保户48户55人(其中建档立卡户34户41人),贫困学生学前52户81人(其中学前教育7人,义务教育56人,高中3人,职校9人,大学6人),

村党支部书记:彭伟村;村委会主任:彭武明。

【古丈村】 古丈村位于红岩溪镇中部,交通便捷,距离红岩溪镇政府1500米,距离龙山县城38千米,全村总户数442户、总人数1557人;建档立卡户户数155户、人数552人;已脱贫户数65户、266人;2017年脱贫31户127人;有兜底户2户6人,低保户50户81人。新修组级路1500米;建设村级综合服务平台,转移就业177人;危房改造12户,易地搬迁完成31户121人;所有建档立卡552人及81个低保者实现医疗救助。

村党支部书记:彭南刚;村委会主任:向永红。

【坎西湖村】 坎西湖村属贫困村,位于红岩溪镇东部,总面积5.9平方千米。全村234户,总人口1034人,共7个村民小组。有建档立卡贫困户89户,共366人,其中:2017年脱贫26户115人,脱贫44户188人,未脱贫45户176人。耕地1500余亩,林地6020余亩,粮食作物主要有水稻、玉米,经济作物主要有百合,无特种养殖,经济收入来源主要有农业产业和外出务工。是年,全村有村级活动组织中心1栋、通村组道路及户间道路7.5千米、全村有路灯30盏,生活用电农网改造已实施,通信覆盖。实施人饮工程建设;组级道路硬化960米,其中一组梁家湾一段300米,二组岩塘湾210米,饶家坝250米,七组坡脚下200米;新修组级公路1380米,其中马朝平300米,向家河250米,马力湖350米,学堂湾150米,庙湾180米,李家寨150米;新建向家河,凉亭桥,磨上梁三座桥梁。

村党支部书记:潘其兴;村委会主任:彭兴忠。

【凉风村】 凉风村位于红岩溪镇中部,209国道穿境而过,距镇政府三千米,全村有6个自然寨,5个村民小组,353户,1524人,其中300人在外务工,主要分布在广东、深圳、福建、浙江等地区,有党员34人。2017年,全村有建档立卡贫困户166户684人。脱贫115户473人,未脱贫7户18人,兜底户3户7人。

2017年,总面积10.6平方千米,耕地面积486亩,林地面积1339亩,粮食作物主要有水稻、玉米、马铃薯、红薯,经济作物主要有柑橘128亩、蔬菜大棚19个、百合种植78亩,特种养殖有黄牛、山羊、蜜蜂、土鸡等,经济收入来源主要有农业产业和外出务工。种植玉米、水稻609亩,养殖山羊745只,中蜂156箱,生猪269头,禽类养殖4500多羽,蔬菜大棚30个;成立润露山羊专业养殖合作社,油茶产业规划种植面积462亩。

新修杀西湖童家寨村组道路,全长900米。村部扩建整修,文化广场建设完成,完善村卫生室、便民服务中心、会议室等各项设施的建设。饮水工程完成,惠及全村6个自然寨,农户353户。

村党支部书记:石昌兴;村委会主任:潘远珍。

【卜纳洞村】 卜纳洞村为深度贫困村,位于红岩溪镇西北部,东临比沙社区,南与苗兴村相连,西与茅坪乡光荣村交界,北临茅坪村老杨村,距红岩溪镇政府驻地17.8千米,距县城31千米。总面积9.6平方千米。4个村民小组,371户1532人,有党员31名,劳动力788人,6个山寨顺山而建,距高速红岩溪镇出口六千米,209国道穿村而过。有建档立卡户150户,贫困人口594人,其中:五保户3户4人,低保户96户112人;2017年脱贫56户233人,未脱贫93户356人。异地搬迁扶贫户14户45人,危房改造48户197人,建档立卡转移就业213人。林地面积8698亩,耕地面积732亩,该村产业以农业种植为主,是年,种植玉米220亩、烤烟400亩、水稻150亩、白合30亩。长沙市宁乡经济开发区扶贫工作队入驻该村。有中蜂养殖、烤烟种植、杨梅种植等特色产业。

村党支部书记:周光军;村委会主任:米远固。

【田家沟村】 田家沟村位于红岩溪镇东南部,距离镇政府三千米,2017年,辖5个村民小组,共230户,904人,146人外出务工,主要分布在福建、浙江、广东等地区。有党员12名。

全村有耕地508亩,林地7951.68亩,退耕还林647亩,粮食作物主要有水稻、玉米,产业主要以核桃为主,面积450亩,成立田家寨核桃产业专业合作社1个,电商平台1个,养殖有竹鼠、蜜蜂、山羊、牛、鸡等,全村有养殖大户8户。经济收入来源主要有农业、畜牧产业和外出务工。建档立卡贫困户77户324人,其中兜底5户9人,2017年全村脱贫37户175人,未脱贫40户149人。低保40人,建档立卡贫困户在校就读学生66人,低保户学生2人。对村主干道实施路基改造,村主道两侧种植桂花树并开始建设村级服务平台。

村党支部书记:贾绍文;村委会主任:田明武。

【栈行村】 栈行村位于红岩溪镇南端,交通闭塞,村中心位置距离镇政府九千米。下辖9个村民小组,227户800人,326人外出务工人,主要分布在广州、福建、浙江等地区。有党员19名。全村总面积11.3平方千米,有耕地391亩,水田194亩,旱土197亩,林地16000多亩,粮食作物主要有水稻、玉米等,经济收入主要来源种养殖和外出务工。有村级组织活动中心1栋。2017年,贫困户整户剔除14户27人,自然减少7户8人,合并4户,脱贫30户119人。

村党支部书记:秦庆华;村委会主任:彭丽萍。

【比洞村】 比洞村为非贫困村,位于红岩溪镇西部,东临打溪村,南与栈行村相连,西与梭堡村相邻,北与洛塔乡阿亏村交界,总面积8.1平方千米,距镇政府驻地10.4千米,距县城52千米。有198户652人,有党员16名,4个村民小组,劳动力385人。林地11000亩,耕地面积330亩。2017年全村有建档立卡户71户,贫困人口273人,其中,五保户1户1人,低保户45户58人;脱贫46户149人,未脱贫25户124人。危房改造13户46人,建档立卡转移就业274人。产业以农业种植、养殖为主。2017年,种植玉米110亩、百合30亩、蓝莓50亩、养殖山羊260只。

村党支部书记:沈世友;村委会主任:张艳琴。

【统西村】 统西村位于红岩溪镇西部,距镇政府驻地1000米,辖5个村民小组,有280户1161人,其中有387人外出务工,建档立卡户132人,务工人员主要分布在广东,浙江等地区。有党员20名。

全村有耕地603亩,林地7683.84亩,退耕还林1232亩,2017年,成立统西村油茶产业合作社一个、电商平台一个;养殖有蜜蜂、鸡、牛、猪等。经济收入来源主要有农业、畜牧产业和外出务工。有建档立卡贫困户104户484人,其中兜底17户47人,低保户107户141人;2017年,脱贫13户79人,未脱贫35户187人,建档立卡贫困户在校就读学生188人,低保户学生46人,参加新型农村合作医疗1080人。新修通村公路5000米。

村党支部书记:向庭青;村委会主任:周明义。

农 车 镇

【概况】 农车镇位于县城东南69千米,总面积207.4平方千米,辖23个建制村(社区),总人口2.4万人。2015年乡镇行政区划调整,由原农车乡、原塔泥乡和原他砂乡的高坪、合力、高桥、合心、天桥5个村合并而成。

镇域平均海拔614.6米,源于境内中部的正河向南流入他砂,流经13千米。镇内气候冬寒夏凉,1月平均气温2.7℃,7月平均气温24.1℃。年均降水量1567.9毫米,无霜期280天左右。原塔泥乡,现塔泥地区,最高海拔1068.1米,平均海拔597米,境内夏季炎热多雨,冬季寒冷干燥。年平均气温15.8℃,1月平均气温4.4℃,7月平均气温26.5℃,年均降水量1567.9毫米,境内蕴藏丰富的水力、矿产和森林资源。原他砂地区平均海拔610.3米,境内夏凉冬寒,冬季高山地区常有冰冻。年平均气温14.8℃,最高气温39.5℃,最低气温—6℃,年平均降水量1417.4毫米。

2017年,全镇外出务工人员8600人,主要分布在东南沿海地区,主要从事建筑业、制造业、服务业等工种。土地总面积207.4平方千米,其中耕地17548.27亩,林地247633.5亩。粮食作物主要有水稻、玉米,经济作物主要有烤烟、百合,经济收入来源主要有农业产业和外出务工。

农车区位独特,交通便利。是龙山县的南大门,龙永高速公路、龙永二级公路穿境而过。龙永高速在境内有红岩溪、农车两个出入口互通。农车山川秀美,物产丰富。境内有印家界省级自然保护区,素有天然氧吧之称。水利、森林等资源丰富。

农车是土家族聚居区,土家民族文化厚重。土家族等少数民族人口占80%以上。是全国著名的土家族摆手舞之乡。土家族打溜子、三棒鼓、山歌等世代传承,深受群众喜爱。

农车区域发展不平衡,特别是塔泥片区地广人稀,基础设施薄弱,贫困人口仍然较多,7个深度贫困村有5个在塔泥片区。至2017年底,全镇共有贫困村14个,建档立卡贫困户1662户6715人,其中兜底户84户211人。

农车镇刘家大屋

【农业经济】 2017年，全镇共有百合种植面积3000余亩，烤烟种植面积1900余亩，中药材种植面积300余亩，辣椒种植面积500余亩，水稻种植面积3000余亩，玉米种植面积5000余亩，养殖山羊7000余只，养牛1000余头，养猪3000余头，家禽10000余羽。粮食以稻谷、玉米、红薯为主，经济作物烤烟，林以松、杉为主。主产稻谷、玉米、红薯。经济作物有烤烟。

【基层党建】 2017年，农车镇有党员657人，设党委1个，下辖基层党支部28个，其中村党支部21个，社区党支部2个，政府机关党支部1个，退休人员党支部1个，林场党支部1个，镇直机关党支部1个，塔泥片区党支部1个。全镇各级党组织认真学习习近平新时代中国特色社会主义思想，深入贯彻党的十九大精神，年内发展新党员9人，预备党员转正6人。全镇修建村级综合服务平台18个，配套建设村文化广场和舞台，新增"一村一大"学员3人，共有学员11人，各支部开展主题党日活动6次，救助贫困党员15人，开展党风廉政建设，落实党风廉政责任制，年内纪律处分党员干部1人。

【社会环境】 2017年，以创建"平安农车"活动为载体，以"网格化"管理为手段，落实"组织、制度、责任制、督查、典型示范"5个保障机制，配备综治专干23名，辅警23名，设立183个网格，有村级网格长32名，社工2名。排查调解各类矛盾纠纷150起，调处成功率90%。有社区矫正对象9个，严格按照有关法律法规管制，无重新犯罪人员发生。有涉毒人员130人，其中社区戒毒对象30人。开展治安环境综合整治4次，校园周边环境专项整治两次。摸排安全隐患5次，全部落实整改措施。

【基础设施】 2017年，新修组级路17.5千米，硬化组级路20.4千米，加宽7700米。投资150万元完成集镇文化广场建设。18个村(社区)村级综合服务平台建设竣工。

【精准扶贫】 2017年，全镇有贫困村14个，驻村扶贫的省、州、县扶贫工作队11支(省直:省信访局，中国移动湖南分公司；州直:州委宣传部，州银监局及信用联社、州建行，州民族中医院；县直:县人大、县法院、县教体局、县环保局、县司法局、县食品药品工商质监局)。2016年新寨村脱贫，2017年艾溪村脱贫。至2017年年底，全镇实现脱贫790户3657人。安排部署"三核实"相关工作，危房改造、异地搬迁问题整改有序推进。启动产业对接、转移就业、危房改造等工作，共发展烤烟1400亩，吴茱萸等中药材1000余亩，转移就业1535人。18个村(社区)综合服务平台于6月全部投入使用。

【对口帮扶】 根据长沙市委、市政府安排，望城经开区对口帮扶我镇，连续四年年均安排1000万元助力脱贫攻坚。至2017年底，马蹄、富坪、花桥三个村投资400万元的村级综合服务平台完成主体建设。投入20余万元为镇卫生院配备救护车。投资150余万元的休闲文化广场建设完工。投资80余万元的中药材产业路投入使用。九年制学校教职工宿舍楼完成招标相关工作。建立吴茱萸等中药材育苗基地，烘烤房等配套设施在建设中。

【非物质文化】 地方民族民间特色艺术有:土家打溜子、咚咚喹，被列为国家非物质文化遗产保护项目。哭嫁歌、小摆手、挖土锣鼓、摆手舞是农车镇的代表性文化。农车镇是土家族祭祖最盛行的地区之一，土家族人民祭祖摆手舞活动有一固定时间，即每年农历正月初九开始，集会3天，每年如期举行，以村轮流，2017年在农车村，次年到马蹄村，如此循环。两地都有固定场地，即摆手堂，堂内供着先祖神像——"八部大神"。农车的庙堂在小农车下坡的沟边209国道与通往艾溪村公路的交岔处，摆手庙堂都修建得宏伟壮观，周围古木参天，绿树成荫，空气新鲜，门前有几株大杉树。堂内有"八部大神”塑象。

【领导名录】

党委书记　　　　　　徐克文
党委副书记、镇长　　刘　戈
党委副书记　　　　　聂　明
人大主席　　　　　　全必红
纪委书记　　　　　　彭　刚
组织委员　　　　　　吴媛媛
武装部长　　　　　　彭海波
副镇长　张天兵　彭永金　彭　渌　张　浩

【农车村】 农车村位于农车镇东南部,距镇政府驻地四千米,下辖12个村民小组,341户,1228人,有劳动力647人,其中外出务工人员513人,主要在东南沿海区域,从事建筑业、制造业、、服务业等行业工种。有基层党支部1个,党员40名。全村总面积9.5平方千米,其中耕地1335亩,林地8733亩,粮食作物主要有水稻、玉米等经济作物主要有烤烟、百合等,经济收入来源主要有农业产业和外出务工。有建档立卡贫困户90户360人,脱贫62户251人,当年脱贫29户133人。

村党支部书记:向顺章;村委会主任:秦泽辉。

【合力村】 合力村位于农车镇东部,距镇政府驻地25千米,下辖4个村民小组,254户,1080人,有劳动力446人,其中外出务工人员294人,主要在东南沿海区域,从事建筑业、制造业、服务业等行业内工种。有基层党支部1个,党员18名。全村总面积8.7平方千米,其中耕地1155亩,林地6050亩,粮食作物主要有水稻、玉米等,经济作物主要有烤烟、百合等,经济收入来源主要有农业产业和外出务工。有建档立卡贫困户79户365人,至2017年,脱贫48户230人,其中当年脱贫15户75人。

村党支部书记:严忠;村委会主任:郑波。

【合心村】 合心村位于农车镇东南部,距镇政府驻地23千米,下辖3个村民小组,107户,475人,有劳动力名,其中外出务工人员216名,主要分布在东南沿海区域,从事建筑业、制造业、服务业等行业内工种。有基层党支部1个,党员16名。全村总面积6.2平方千米,其中耕地944.55亩,林地7710亩,粮食作物主要有水稻、玉米等,经济作物主要有烤烟、百合等,经济收入来源主要有农业产业和外出务工。有建档立卡贫困户45户185人,至2017年脱贫71人,其中当年脱贫8户33人。

村党支部书记:向发明;村委会主任:刘勇。

【塔泥村】 塔泥村位于农车镇西北部,距镇政府32千米,下辖9个村民小组,332户,1264人,有劳动力750名,其中外出务工人员443名,主要分布在东南沿海区域,从事行业有建筑业、制造业、服务业等。有基层党支部1个,党员29名。全村总面

农车镇农车村土家大摆手堂

积12平方千米，其中耕地亩，林地18700亩，粮食作物主要有水稻、玉米等，经济作物主要有烤烟、百合等，经济收入来源主要有农业产业和外出务工。有建档立卡贫困户95户399人，至2017年，脱贫55户222人，其中当年脱贫35户149人。

村党支部书记：张和清；村委会主任：李蛟。

【天桥村】 天桥村位于农车镇南部，距镇政府驻地15千米，下辖5个村民小组，185户，782人，有劳动力418名，其中外出务工人员212名，主要分布在东南沿海区域，从事的行业有建筑业、制造业、服务业等工种。有基层党支部1个，党员17名。全村总面积5.45平方千米，其中耕地800亩，林地9000亩，粮食作物主要有水稻、玉米等，经济作物主要有烤烟、百合等，经济收入来源主要有农业产业和外出务工。有建档立卡贫困户74户296人，至2017年，脱贫44户187人，其中当年脱贫20户96人。

村党支部书记：刘艳青；村委会主任：殷水吉。

【正河村】 正河村位于农车镇南部，距镇政府驻地七千米，下辖12个村民小组，330户，1304人，有劳动力780名，其中外出务工人员422名，主要分布在广东、福建、浙江、上海等地，进入的行业有建筑业、制造业、服务业等。有基层党支部1个，党员33名。全村总面积15平方千米，其中耕地1170亩，粮食作物主要有水稻、玉米等，经济作物主要有烤烟、百合等，经济收入来源主要有农业产业和外出务工。有建档立卡贫困户113户463人，精准识别集中整改后，剔除41户93人，自然增加2人，自然减少3人，2017年脱贫24户120人。

村党支部书记：彭军；村委会主任：彭飞南。

【王家棚村】 王家棚村位于农车镇东北部，距镇政府15千米，地方偏僻，交通不通畅。2017年，下辖8个村民小组，14个自然寨，267户，1192人，有劳动力450人，其中外出务工人员250人，主要分布在东南沿海区域，进入的行业有建筑业、制造业、服务业等。有基层党支部1个，党员32名。全村总面积15平方千米，其中耕地750亩，林地23000亩，粮食作物主要有水稻、玉米，经济收入来源主要有种植、养殖业和外出务工。有建档立卡贫困户94户396人，至2017年，脱贫54户227人，其中当年脱贫28户120人。

村党支部书记：潘久才；村委会主任：王盾。

【田家村】 田家村位于农车镇东北部，距镇政府35千米，下辖6个村民小组，225户，1051人，有劳动力580名，其中外出务工人员310名，主要分布在东南沿海区域，进入的行业有建筑业、制造业、服务业等工种。有基层党支部1个，党员24名。全村总面积9.5平方千米，其中耕地938亩，林地10030亩，粮食作物主要有水稻、玉米等，经济作物主要有烤烟、百合等，经济收入来源主要有农业产业和外出务工。有建档立卡贫困户90户372人，至2017年，脱贫46户190人，其中当年脱贫33户，129人。

村党支部书记：彭吉武；村委会主任：田友本。

【纸厂村】 纸厂村位于农车镇西部，距镇政府七千米，下辖6个村民小组，127户，532人，有劳动力260人，其中外出务工人员223人，主要分布在广东、福建、浙江、上海等地，进入的行业主要有建筑业、制造业、服务业等。有基层党支部1个，党员19名。全村总面积7.8平方千米，其中耕地400亩，粮食作物主要有水稻、玉米等，经济作物主要有烤烟、百合等，经济收入来源主要有农业产业和外出务工。有建档立卡贫困户45户178人，精准识别集中整改后，剔除12户28人，自然增加9人，自然减少2人，2017年脱贫9户31人。

村党支部书记：徐克全；村委会主任：严许正。

【舍龙村】 舍龙村位于农车镇西南部，距镇政府12千米，下辖3个村民小组，67户，263人，有劳动力110名，其中外出务工人员83名，主要分布在广东地区，进入的行业有制造、纺织等。有基层党支部1个,党员11名。全村总面积7平方千米,其中耕地272亩,林地4100亩,粮食作物主要有水稻、玉米等,经济作物主要有烤烟、黄柏、玉米等,养殖业主要是养蜂。经济收入来源主要有农业产业和外出务工。有建档立卡贫困户28户121人,精准识别集中整改后,剔除7户24人,自然增加1人,自然减少5人。

村党支部书记:向桃香;村委会主任:田凯。

【艾溪村】 艾溪村位于农车镇南部,距镇政府10千米,下辖7个村民小组,141户,610人,有劳动力380名,其中外出务工人员350名,主要分布在浙江区域,从事手工业,电子行业、服务业等工种。有基层党支部1个,党员19名。全村总面积4平方千米,其中耕地450亩,林地4500亩,粮食作物主要有水稻、玉米等,经济作物主要有烤烟、百合等,经济收入来源主要有农业产业和外出务工。有建档立卡贫困户35户134人,2017年,脱贫32户127人,其中当年脱贫18户,70人。

村党支部书记:梁安南;村委会主任:田卫红。

【花桥村】 花桥村地处农车镇中心地段,209国道、龙永高速公路纵贯全村,距农车、红岩溪两个高速互通均3500米,区位交通优势明显。全村面积17.1平方千米,有耕地面积3030亩,其中水田1780亩,旱地1250亩,所辖23个村民小组,777户2580人,有劳动力935人。原高山村于2016年6月合并至花桥村。有建档立卡贫困户110户401人,其中社会保障兜底户8户18人;2016年实现脱贫34户115人,2017年实现脱贫16户57人,还剩下21户87人没有脱贫。涉及建档立卡贫困户危房改造45户140人(2016年22户75人,2017年23户65人),异地搬迁2户9人。

村党支部书记:田邦其;村委会主任:田邦成。

【铅厂村】 铅厂村位于农车镇西北部,距镇政府29千米,下辖7个村民小组,总户数263户,总人口1042人,其中外出务工人员270人,主要分布在福建、浙江、广东等地区。有党员15人,其中60岁以上的占66.7%。全村土地总面积9平方千米,其中耕地500多亩,林地10000多亩,粮食作物主要有水稻、玉米等经济作物主要有辣椒、百合等,特种养殖有竹鼠、蜜蜂等,经济主要来源于外出务工和农业生产。村无小学,村级组织活动中心1栋,没有村卫生室。村级主干道为4.5米砂泥路,有3个组没有通公路,户间道为泥路。20%的村民饮水有困难,100%村民通生活用电,40%的村民有移动电话,60%的农户能收到卫星电视。有建档立卡贫困户94户,380人。2017年,脱贫39户167人;其中当年脱贫21户101人。精准脱贫集中整改剔除17户,75人,因住房d级危房返贫1户,3人。

村党支部书记:全明旭;村委会主任:彭祖刚。

【马蹄社区】 马蹄社区位于农车镇,是镇政府所在地,下辖17个村民小组,535户,2071人,有劳动力950名,其中外出务工人员353名,主要分布在东南沿海地区,从事建筑业、制造业、、服务业等行业工种。有基层党支部1个,党员47名。全村总面积12.5平方千米,其中耕地1300亩,林地5300亩,粮食作物主要有水稻、玉米等,经济作物主要有烤烟、百合等,经济收入来源主要有农业产业和外出务工。有建档立卡贫困户58户218人,2017年,脱贫11户38人,2017年脱贫16户,63人。

社区支部书记:张成华;主任:涂孝堂。

【高坪村】 高坪村位于农车镇西南部,距镇政府八千米,下辖6个自然村寨,6个村民小组,227户,1108人,其中外出务工人员378人,主要分布在东南沿海区域,从事建筑业、制造业、服务业等行业工种。有基层党组织1个,党员16名。全村总面积9平方千米,其中耕地3100亩,林地8500亩,作物主要有水稻、玉米等,经济作物主要有烤烟、百合等,经济收入来源主要有农业产业和外出务工。有建档立卡贫户93户314人,至2016年,脱贫38户131人,2017年脱贫14户50人。

村党支部书记:田忠捷;村委会主任:向鸿波。

【高桥村】 高桥村位于农车镇东南部，距镇政府1300米，下辖5个村民小组，137户，569人，有劳动力280名，其中外出务工人员165名，主要分布在广东，福建，浙江，上海，从事建筑业、制造业、服务业等行业工种。有基层党支部1个，党员11名。全村总面积5.3平方千米，其中耕地875亩，林地4100亩，粮食作物主要有水稻、玉米等，经济作物主要有烤烟、百合等，经济收入来源主要有农业产业和外出务工。有建档立卡贫困户77户295人，精准识别集中整改后，剔除30户127人，自然增加2人，自然减少3人，2017年脱贫14户52人。

村党支部书记：王俊；村委会主任：彭杰。

【富坪村】 富坪村位于农车镇西部，距镇政府两千米，下辖13个村民小组，376户，1409人，其中625外出务工人员，主要分布在江浙区域，从事制造、纺织等行业工种。全村面积5.9平方千米，其中耕地886亩，林地4100亩，粮食作物主要有水稻、玉米等，经济作物主要有烤烟、百合等，经济收入来源主要有农业产业和外出务工。有基层党支部1个，党员35名，其中女党员6名，村党支部两委共9人，现任村干部5人；有建档立卡贫困户84户，310人，至2017年，脱贫50户，195人，2017年脱贫14户，57人。

村党支部书记：鲁邦君；村委会主任：王成学。

【哪咱村】 哪咱村位于农车镇东部，距镇政府14千米，下辖8个村民小组，341户，1274人，大部分人员外出务工，主要分布在珠三角区域，从事搬运、建筑工种。全村总面积6.3平方千米，其中耕地912亩，林地4700亩，粮食作物主要有水稻、玉米等，经济作物主要有烤烟、百合等，经济收入来源主要有农业产业和外出务工。有基层党支部1个，党员35名，其中女党员3名，现任村干部5人；有建档立卡贫困户120户，512人，至2016年脱贫48户，199人。2017年脱贫28户，123人。

村党支部书记：彭温桴；村委会主任：彭友志。

【尧场村】 尧场村位于农车镇东南部，距镇政府24千米，下辖5个村民小组，250户，902人，有劳动力516名，其中外出务工人员356名，主要分布在广东、福建、浙江，从事制造业、服务业、电子产业等行业工种。全村面积4.7平方千米，其中耕地738亩，林地3400亩，粮食作物主要有水稻、玉米等，经济作物主要有百合等，经济收入来源主要有农业产业和外出务工。有基层党支部1个，党员21名，其中女党员3名，村支“两委”共7人，现任村干部4人；全村有建档立卡贫困户77户，317人，至2016年，脱贫30户，119人，2017年脱贫23户，84人。

村党支部书记：彭吉鑫；村委会主任：袁吉要。

【汝池社区】 汝池社区位于农车镇东南部，距镇政府16千米，下辖4个村民小组，211户，738人，其中290外出务工人员，主要分布在珠三角区域，从事搬运、建筑工种。全村总面积7.3平方千米，其中耕地968亩，林地4900亩，粮食作物主要有水稻、玉米等，经济作物主要有百合、烤烟等，经济收入来源主要有农业产业和外出务工。有基层党支部1个，党员21名，其中女党员4名，村支“两委”共6人，现任村干部5人；全村有建档立卡贫困户44户，182人，至2016年，脱贫8户，35人，2017年脱贫9户，31人。

社区党支部书记：张世洪；社区主任：李红波。

【新寨村】 新寨村位于农车镇东南部，距离镇政府7000米，下辖12个村民小组，356户1280人，其中600多外出务工人员，主要分布在江浙区域，从事制造、纺织等行业工种。全村总面积11.3平方千米，其中耕地956亩，林地7000亩，粮食作物主要有水稻、玉米等，经济作物主要有烤烟等，经济收入来源主要有农业产业和外出务工。有基层党支部1个，党员42名，其中女党员7名，村支两委共9人，现任村干部5人；全村有建档立卡贫困户60户，259人，至2017年，脱贫52户246人。其中当年脱贫4户18人。

村党支部书记:彭武富;村委会主任:彭爱民。

【舍竹村】 舍竹村位于农车镇南部,距镇政府10.5千米,下辖19个村民小组,157户,577人,有劳动力262名,其中外出务工人员165名,主要分布在广东、福建,从事制造业、服务业等行业工种。全村面积4.6平方千米,其中耕地756亩,林地3500亩,粮食作物主要有水稻、玉米等,经济作物主要有百合等,经济收入来源主要有农业产业和外出务工。有基层党支部1个,党员11名,其中女党员2名,村支"两委"共5人,现任村干部4人;全村有建档立卡贫困户39户,172人,至2016年,脱贫14户,68人。2017年脱贫9户,43人。

村党支部书记:彭南国;村委会主任:彭吉武。

【兰家村】 兰家村位于农车镇南部,距镇政府3500米,下辖6个村民小组,275户,864人,有劳动力358名,其中外出务工人员219名,主要分布在广东、浙江、福建等地,从事制造业、服务业、电子产业等工种。全村总面积5.3平方千米,其中耕地800亩,林地4000亩。粮食作物主要有水稻、玉米等,经济作物主要有百合、杨梅等,经济收入来源主要有农业产业和外出务工。有基层党支部1个,党员19名,其中女党员6名,村支两委共5人,现任村干部4人;全村有建档立卡贫困户65户,259人,至2016年,脱贫22户,97人。2017年脱贫13户,61人。

村党支部书记:田鸿;村委会主任:田龙彪。

靛房镇

【概况】 靛房镇位于龙山县南部,距龙山县城77千米,东连永顺县西岐乡、对山乡,南与保靖县普戎镇、碗米坡镇接壤,西交苗儿滩镇,北邻农车镇,境内土家族居多,是土家族聚居中心,70%的人们能使用土家族语言,土家族民族文化在靛房镇积淀深厚,保存完好,咚咚喹、打溜子、毛古斯等民俗文化被列入国家级、省级非物质文化遗产名录。

镇域面积185平方千米,下辖20个建制村(社区),总人口2.3万人,其中土家族占总人口的95%。靛房镇地处武陵山腹地,地势南高北低,沟壑呈"川"字形排列,中间台地,境内最高峰为灵格山,海拔1192米,最低点位于燎原村,海拔291米。属亚热带季风气候,年平均气温16.8℃,四季分明,雨量充沛,森林覆盖率达80%以上,先锋河、儿车河、敖泽河三河穿镇而过,形成"三山印三水"的独有镇区景观。

【土家文化】 靛房镇有着丰富的旅游文化资源,民俗风情浓郁,自然景观秀丽,土家摆手堂、古村落民俗建筑群保存完好,1993年被评定为省级文化艺术之乡,1995年被评定为国家级文化艺术之乡,土家族毛古斯、打溜子、咚咚喹等国家非物质文化遗产保护完好,哭嫁歌、小摆手、挖土锣鼓等在民间流传久远,并列入省级非物质遗产保护项目,2009年,靛房镇百型村彭武根、永明村彭万姣、石堤村彭南金分别被定为《挖土锣鼓》《哭嫁歌》《毛古斯》的省级、国家级传承人,2010年,靛房镇百型村严三秀被定为咚咚喹国家级传承人。

靛房镇九年制学校自2005年起就开始启动双语双文教学,使用土家族语言,把土家文化艺术引入课堂,把咚咚喹、打溜子、土号、野喇叭及土家山歌等与音乐教学结合,把摆手舞、土家游戏与体育教学结合,把土家织锦与美术教学相结合,在靛房九年制学校的校园中,80%的学生会演奏土家族咚咚喹,400多名同学熟练掌握打溜子中的部分曲牌,在校所有老师和学生会跳土家族摆手舞,民族语言与文化在该校得到有效保护与传承,靛房镇正以其独特的民族风情,吸引着世人关注。

【农业生产】 2017年,靛房镇致力于打造"边贸重镇",狠抓粮食、烤烟、养殖、劳务四大特色产业,年生产总值达7000万元,农民人均纯收入达1720

元。全镇拥有耕地面积1790公顷，其中稻田951公顷，旱土838公顷，粮油种植面积达17000亩，粮食总产量达9456吨，涌现出83户种粮大户，种粮面积达4200亩，高标准种植烤烟4100亩，产量突破50万千克，产值突破1500多万元，并先后在万龙村、先锋村、信地村投入140万元种植300亩羊肚菌和蓝莓，在吾拉村、云丰村投入近500万元，建立七叶一枝花、玉竹等药材基地，种植面积达2000亩，全镇规模以上养殖户已达50户以上，蔬菜产量1411吨。

【基础设施】 2017年，靛房镇多渠道筹措项目资金，大力改善乡村基础设施，投入615.4万元新修、加宽、硬化15个村的村、组和户间路，累计施工里程75千米；投入1082万元，建设半南、云丰等10个村村级公路安全防护措施；投资510万元，实施19个村（社区）安全饮水工程，实现所有村饮水安全；投入400万元，实现与县城同网同价；投资1600万元，新建17个村的综合服务平台；在长沙扶贫队对口帮扶下，新建镇九年制学校宿舍楼1栋。

俯瞰靛房镇政府概貌

【精准扶贫】 2017年，全镇脱贫250户1043人，贫困发生率从38%降到28%。共发放产业帮扶资金425万元，鼓励引导1431户种植水稻、玉米、烤烟等农作物脱贫，开展农村劳动力创业培训、“雨露计划”扶贫培训，帮助300余名建档立卡户实现转移就业，发放交通稳岗补贴43万元，完成易地搬迁集中安置区一期40户141人入住，完成二期集中安置区62户258人建设任务，实施335户住房条件差的贫困户农村危房改造，对1328名建档立卡贫困户学生发放了265万元，为6547名建档立卡贫困人口代缴合作医疗基金118万元。

【基层党建】 全镇有22个党支部，共有党员587人，其中农村党员532人，流动党员135人，下设党建工作站，建立镇党员领导干部联系点制度，实行“一岗双责”，确定两名组织干部为成员，专职专岗协助落实基层党建工作，全年召开党政班子专题会议研究部署党建工作6次，结合主题党日、党员冬春训、远程教育等方式，利用“红星云”“湘西党建”等微信平台，加强党员教育培训，采取一村一策”的针对性措施，加强软弱涣散村党组织整顿，2015年至2017年，共发展新党员15名，培养入党积极分子23名，积极动员部署储备党员后备力量，引导有意愿入党的同志向党组织靠拢。

【计划生育】 2017年，加大计育工作投入，共投入15万元认真落实“奖优免补”政策，实行村干部计划生育工作包村制度，并采取“一季一考核，一季一通报”等措施，将计育工作纳入绩效考核。全年完成各类手术92例，新出生286人，政策内249人，政策内生育率88%，出生率12.3‰，通过加强队伍建设，提高依法行政水平，群

土家咚咚喹表演

众对计生政策知晓率、计生管理和服务满意率均达96%以上。

【同建同治】 以“五化四清三基”为工作目标，成立同建同治领导小组，制定工作方案，明确工作责任，将同建同治工作实效与年度绩效考核奖优评先相挂钩，对镇区卫生状况定期“大评小奖”发文公告，2017年，镇区街道门面实行“门前三包”，安排保洁人员5人，配备垃圾车1辆，垃圾箱46个，征用垃圾场3个，各建制村(社区)落实保洁人员3名，定期开展环境卫生综合治理，居民良好卫生习惯逐渐养成，城乡卫生状况改善，实现镇容村貌整洁、人居环境优美。

【美丽乡村】 以改善农村人居环境为重点，开展垃圾处理、卫生改厕、房前屋后环境整治、村庄绿化、亮化等项目建设，总投资300万元，实地选址建立垃圾处理厂，清理乱张贴以及牛皮癣1200多处，历时12天，清除道路和村民区垃圾及卫生死角200多处，清运生活垃圾200吨，村容村貌全面改善。

【综治维稳】 2017年，全镇开展各类安全生产执法行动150余次，与单位、企业、农户等签订各类安全生产责任状6000多份，播放安全生产警示教育片100余场次，落实信访维稳“村为主”和“行业归口调处”机制，坚持党政主要领导开门接访、带案下访，及时疏导和化解各类社会矛盾。镇内信访态势总体平稳，在中央、省、州“两会”和国家重大活动及节假日期间，实现社会矛盾零上访。

【民生事业】 2017年，全镇有文化站1个，公共图书室13个，九年制学校1所，完全小学1所，村小1所，在校中学生1282人，在校教职工82人，有卫生院两所，医护人员18人，建有他砂、靛房两所敬老院，集中供养五保老人100余人，全年通过惠农“一折通”方式发放各项惠农补助资金3645万元，在长沙市芙蓉区的帮扶下，募集款物计人民币60多万元，累计资助贫困学生63人，低保惠及1703人，发放低保资金240万元。

【领导名录】

党委书记	张明仁	
党委副书记、镇长	田海平	
人大主席	田　伟	2017.9—
党委副书记	王维胜	2017.12—
统战委员	谢　丰	
政法委员、副镇长	颜　涛	
组织委员	钟　鑫	2017.12—
纪委书记	龚秀菊(女)	
副镇长	刘皆志	

【他砂社区】 距县城84千米(二级路)，距镇政府13千米，是镇北大门，且是州政府定为农里旅游绿

化风光带地区，农车到里耶二级路必经之地。境内多高山丘陵，平均海拔600米左右，总面积5.2平方千米，水田532亩，旱地618亩，农作物以玉米、水稻为主。总户数330户，总人口1345人，全社区有9个村民小组，外出务工人员615人，在家务工133人。有党员21名，退伍军人9人，低保人数53人，残疾人17名，建档立卡户66户，278人。2017年脱贫24户113人。兜底户7户21人。

村党支部书记：向祖云；村委会主任：彭心平。

【信地村】 位于镇域北端，土地面积8.54平方千米，全村有6个村民小组，248户1106人，有耕地1902.75亩，其中水田608.25亩，旱地1294.5亩，林地9834.45亩，水域面积96.6亩，以玉米、水稻、黄豆、红薯为主要农作物。属于深度贫困村，全村有建档立卡户70户318人，五保户3人，低保户79人，兜底户7户26人，建档立卡劳动力102人，县外务工人61人，县内务工22人，有劳动力453人，妇女271人，农业产业以传统农业为主，2017年种植玉米820亩，水稻430亩，有牛羊养殖合作社两个，共养殖黄牛88头，山羊412只，养殖中蜂150桶。是年种植蓝莓100亩。村集体经济占30%，其余为大户和贫困户入股。

村党支部书记：田家生；村委会主任：刘应正。

【齐心村】 位于镇域西北部，距集镇八千米，西临洗车河镇，地势平坦，自然环境优越。辖4个村民小组，4个自然寨。有189户、816人，其中：农业人口810人，占总人口99.9%；少数民族人口为720人，占总人口88.2%，主要以土家族居多。村内组组通公路，家家通电视，电网、互联网、人畜饮水全覆盖。烤烟、水稻为该村的主导产业，全村种植水稻200多亩，烤烟种植38亩，种养大户10余户。村有土家摆手舞队，文化娱乐活跃。是湖南省人民政府授予的“美丽乡村”示范村。党员35名（其中预备党员一名，女性党员8名）。

村党支部书记：鲁隆文；村委会主任：鲁胜。

【冉家寨村】 位于镇北部，距镇政府10千米，距县城90千米，下辖8个村民小组，446户1608人，其中595外出务工人员，主要分布在广东、浙江、北京、福建等地区。有党员23名，其中60岁以上16名占70%。

全村总面积25平方千米，其中耕地1651亩，林地10285亩，粮食作物主要有水稻、玉米，经济作物主要有烤烟，养殖有山羊、猪、牛、蜜蜂等，经济收入来源主要有传统农业产业和外出务工。村集体经济有合股农场1个，收入每年5000元。村内建有村活动中心1栋。

2016年脱贫14户58人。2017年脱贫31户117人。是年，全村有建档立卡贫困户99户359人。兜底户10户，26人，低保户37户，63人。易地搬迁贫困户1户，5人（2017年未完成户）。危房改造12户34

土家打溜子

人(初审)。

村党支部书记:向玉亮;村委会主任:向江。

【半南村】 位于永龙界山脉西侧,距镇政府4800米,平均海拔650米,属于中高海拔地区,全村多天坑、缺水源、多旱土、少水田,下辖7个村民小组,398户,1462人,其中外出务工653人,主要分布在广东和浙江等地。低保户53人,就学82人,社会保障兜底23人,有党员31名,女党员3名,其中60岁以上的占50%。全村总面积34平方千米,粮食作物主要有玉米、马铃薯等,经济作物主要有百合、油菜等,主要养殖以土鸡、黄牛、山羊为主,建档立卡户共有120户405人。

村党支部书记:鲁大维;村委会主任:魏芳高。

【云丰村】 距离镇政府12千米,全村面积2.67平方千米,距龙山县城80千米,离龙永高速红岩溪出口18千米。辖区以山坡旱地为主,多山林、坡地、岩山。林业资源十分丰富,有细叶楠木、红豆杉等各类名贵植物,属亚热带大陆性湿润季风气候区,四季分明,全村耕地面积1600余亩,为沙质土壤,林地2400余亩。以种植玉米、水稻、中药材为主,种植面积1600亩,其中贫困户、种植面积523亩。下辖6个村民小组,总户数239户,总人口1080人。建档立卡贫困户84户、357人,兜底户5户、15人。其中2017年脱贫50户、222人,全村党员22名,青壮年劳动力普遍已外出务工,主要分布在广东、浙江、福建省等区域,从事纺织、木工、电工、包装工、船工等工种。适龄人员入学率达100%,新农合参合率100%,新农保参保率100%。

村党支部书记:张光明;村委会主任:田发义。

【比寨村】 比寨村位于靛房镇北部,距靛房镇人民政府七千米,距县城82千米。属亚热带大陆性湿润季风气候区,四季分明,春多寒潮,秋多连绵阴雨,冬多风、严寒冰冻。辖区以山坡旱地为主,多山林、坡地、岩山。林业资源丰富。全村总面积5.8平方千米,其中耕地850亩(水田560亩、旱地290亩)、林地5000亩,粮食作物主要有水稻和玉米,经济作物主要有油茶、辣椒、油菜,饲养业主要有牛、羊、生猪、家禽。村自然环境较差,三个自然组均无河流沟渠,靠两处地势低的小天坑排(漏)水,洪水季节,天坑附近20多亩水田常被淹没。距县城较远,农产品外销难,无支柱产业和集体产业。下辖3个自然寨,3个村民小组,137户、615人,劳动力人数265人,其中188人外出务工创业,主要分布在浙江、广州、福建、上海等区域,从事建筑、维修、加工、五金等工种或打零工。有党员25名,其中有女性党员5人,60岁及以上党员15名,占60%。全村有建档立卡贫困户35户、137人,低保户15户、25人,兜底户5户、11人。至2017年脱贫22户95人。

村党支部书记:彭超;村委会主任:向菊。

【燎原村】 是镇政府所在地,也是靛房镇政治、经济、经贸、文化和交通中心,距县城100千米。下辖8个村民小组,545户,2176人。有耕地亩1200,人多地少,以个体经营为主,建有村部1栋,自来水、有线电视、互联网、移动、电信、和联通信号全覆盖。主要经济收入烤烟,稻谷,油菜及外出务工,外出务工人员546人,2017年,人均纯收入5000元。

村党支部书:覃金华;村委会主任:彭召发。

【联合村】 位于靛房镇北部,与靛房镇政府驻地燎原社区相毗邻,距离县城85千米。辖区以山坡旱地为主,多山林、坡地、岩山。林业资源丰富,属亚热带大陆性湿润季风气候区,四季分明。全村总面积15.6平方千米,耕地495亩(其中有效灌溉面积40亩)、林地4700亩,属于典型的山多地少村落。全村以种植玉米、水稻,养殖鸡、生猪为主。有4个自然寨,4个村民小组,共165户715人,劳动力人数538人,其中332人外出务工创业,主要分布在浙江、广东等经济发达区域,从事建筑业,到工厂上班等,家庭收入来源以外出务工为主。有党员23人,其中女党员3人,60岁以上党员13人。

全村建档立卡贫困户38户142人,低保户25

户37人，兜底户3户8人，至2017年脱贫21户85人。

村党支部书记：彭德华；村委会主任：田芳芳。

【先锋村】 位于镇东部，距集镇三千米。辖5个村民小组，共328户1428人，其中劳动力728人。有耕地1800亩，其中水田960亩，旱地840亩。主要产业以传统种养殖业为主，种植业主要包括水稻、油菜，养殖业主要以养殖小黄牛、水牛、山羊为主，常年存栏黄牛100头、水牛70头、山羊950只以上。建有村级组织服务中心1栋，村小1所，农家书屋1个。全村98%以上农户通自来水、有线电视、互联网，移动信号全覆盖。2017年，全村人均纯收入为3120元，外出务工50人，外出务工收入500万元。

村党支部书记：田昌茂；村委会主任：严其山。

【永明村】 位于靛房镇东北部，与永顺县西岐乡接壤。总面积11.5平方千米，全村辖5个自然小组(寨)，共198户，853人，其中劳动力417人，有耕地970亩，其中水田430亩，旱地540亩。农业产业主要以种植养殖为主，种植以水稻、玉米为主，烤烟为主导产业，养殖以湘西黄牛、水牛、山羊为主，常年存栏黄牛75头、水牛70头、山羊1400只，有村级服务平台1栋，村卫生室1间，乡村医生1名，农家书屋1间，健身器材1套。全村98%以上农户通水通电，户户通电视。2017年全村人均收入2900元，农副产品收入38万元，外出务工人员178人，务工收入120元。

村党支部书记：王承忠；村委会主任：黄纯递。

【山峰村】 距靛房镇政府11.5千米、县城108.5千米。辖区以山坡旱地为主，多山林、坡地、岩山。林业资源丰富，属亚热带大陆性湿润季风气候区，四季分明。全村总面积9平方千米，其中耕地1478亩(水田621亩、旱地857亩)、林地4989亩，粮食作物主要有水稻、玉米，经济作物主要有烤烟、百合，饲养业主要有牛、羊、生猪、家禽。下辖6个自然寨，6个村民小组，157户、657人，劳动力人数337人，其中112人外出务工创业，主要分布在长三角区域，从事建筑、维修、加工等行业工种，收入主要来源于农业产业和外出务工。有党员24名，其中60岁以上占59%，女性党员共有3人。全村建档立卡贫困户59户、219人，低保43户、60人，兜底户4户、12人。2017年脱贫18户、77人。

村党支部书记：彭南森；村委会主任：田复跃。

【百型村】 位于靛房镇南部，地广人稀，距镇政府四千米、县城103千米。辖区以山坡旱地为主，多山林、坡地、岩山。林业资源丰富，属亚热带大陆性湿润季风气候区，四季分明。全村总面积6.8平方千米，其中耕地986亩(水田422亩、旱地564亩)、林地13014亩，粮食作物主要有玉米，经济作物主要有烤烟、油茶，饲养业主要有牛、羊、牲猪、家禽。百型村是土家族聚居区，土家族民族民间文化在百型积淀深厚，保留完好，人们朴实，勤劳，能歌善舞，空气清新，生态协调，环境优美。辖6个自然寨，5个村民小组，242户、919人，劳动力人数510人，其中460人外出务工创业，主要分布在长三角区域，从事建筑、维修、加工等工种，收入主要来源于农业产业和外出务工。有党员21名，其中60岁以上占60%，女性党员共有4人。

全村建档立卡贫困户97户、345人，低保45户、78人，兜底户6户、15人。2017年脱贫69户、249人。

村党支部书记：彭南召；村委会主任：彭继莲。

【中心村】 位于镇西南部，距镇政府2500米，是一个土家族传统古村落。辖4个村民小组，有6个自然寨，268户917人，有耕地661亩，其中水田193亩，旱地468亩。有17个党员。以柚子为主要产业，建有村部两栋，村卫生室1间，全村自来水尚未接通，有线电视、互联网尚未开通，移动通信全覆盖。境内有1座铁索桥，有熬泽河从中穿过，以山地为主，种植以水稻、玉米、金银花为主。村间道路硬化三千米，交通方便。外出务工300余人。

村党支部书记:田华;村委会主任:彭英国。

【报格村】 坐落在靛房镇东南部的大山中,距镇政府10千米,共4个村民小组,6个自然寨,305户,1182人。五保户9户,9人,低保对象161人。全村总面积1.42万亩,耕地面积1595亩,稻田640亩,旱土955亩,非耕地105亩,山、林地面积1.25万亩(其中退耕还林1400亩)。村民日常交流语言为纯土家语,属原生态土家族人集聚村寨。主要经济来源为外出务工和种、养殖业,粮食作物主要有水稻、玉米,经济作物主要有烤烟、油茶,特种养殖蜜蜂等。全村有村小1所,1名教帅,2个学生。村级活动中心1栋。通村公路4.5米*5千米的水泥路面一条,通组道路硬化2500米,户间道路硬化完成六千米,新建蓄水池两个,太阳能路灯65盏,整修山塘1口,通信及广播电视到户。

村党支部书记:彭春嫦;村委会主任:王先阳。

【万龙村】 位于靛房镇南部,是原坡脚乡政府所在地,距镇政府11千米、县城107千米。辖区以山坡旱地为主,多山林、坡地、岩山。林业资源丰富,属亚热带大陆性湿润季风气候区,四季分明。全村总面积9平方千米,其中耕地1735亩(水田714亩、旱地1021亩)、林地4932亩,粮食作物主要有水稻、玉米等,经济作物主要有烤烟、百合等,饲养业主要有牛、羊、生猪、家禽。是土家族聚居区,土家族民族民间文化在万龙积淀深厚,保留完好。2013年被住房和城乡建设部、文化部确定为中国传统村落。下辖两个自然寨,4个村民小组,386户、1463人,劳动力人数625人,其中460人外出务工,主要分布在长三角区域,从事建筑、维修、加工等工种,收入主要来源于农业产业和外出务工。有党员32名,其中60岁以上占53%,女性党员共有6人。全村建档立卡贫困户114户456人,低保107户148人,兜底户6户21人。2017年脱贫69户298人。

村党支部书记:田德宝;村委会主任:田清桂。

【联星村】 位于靛房镇南部,是原坡脚乡政府所在地,东与保靖县普戎镇接界,南与苏竹村相连,西与石堤村毗邻,北与万龙村相邻,距靛房镇政府13千米、县城107千米,下辖4个村民小组,有455户、1531人,10个自然寨,劳动力人数780人,其中560人外出务工创业,主要分布在长三角区域,从事建筑、维修、加工等行业工种,有党员40名,其中60岁以上占60%。全村有低保贫困户91户、156人(第一批31户、82人,第二批60户、74人)总面积13平方千米,其中耕地1680亩(水田780亩、旱地900亩)、林地11649亩,粮食作物主要有水稻、玉米等,经济作物主要有烤烟、百合筹等,饲养业主要有牛、羊、生猪、家禽。经济收入来源主要有农业产业和外出务工。全村有建档立卡贫困户94户436人,其中低保户35户156人,一般贫困户59户280人,有五保户11户,2017年脱贫18户94人。合计脱贫48户234人,未脱贫25户105人(兜底户12户52人,低保户11户44人,老年户1户2人,2015年返贫1户7人)。是年危房改造33户139人,资金1352680元(新建24户,修缮加固8户,不足13平米1户);易地搬迁2户6人。

村党支部书记:田名和;村委会主任:田安林。

【苏竹村】 位于靛房镇南部,距离龙山县城105千米,离镇政府所在地17千米,东接保靖县,西接苗儿滩镇,总面积19平方千米。境内最高峰海拔595米。耕地1103亩,其中水田442亩,旱地660亩;林地15836亩,退耕还林1552.9亩。粮食产业以种植稻谷.玉米为主。全村有5个自然寨,以土家族为主,是土家族聚居地,民风淳朴。全村有277户,总人口964人,其中男性485人,女性479人,劳动力540人。其中建档立卡户75户292人,兜底户8户45人,低保84人。

村党支部书记:彭琛;村委会主任:田泽和。

【石堤村】 距镇政府17千米、县城113千米。辖区以山坡旱地为主。林业资源丰富,属亚热带大陆性湿润季风气候区,四季分明。全村总面积8.7平方千米，其中耕地1545亩(水田414亩、旱地1131亩)、林地4632亩，粮食作物主要有水稻、玉米等，经济作物主要有烤烟等。饲养业主要有牛、羊、生猪、家禽。石堤村是土家族聚居区，土家族民族民间文化在石堤积淀深厚，土家族民族语言保留完好。下辖6个村民小组，分布于5个自然寨，有298户、1247人，劳动力615人，其中547人外出务工创业，主要分布在浙江、海南、北京等区域，从事建筑、维修、加工等行业工种，收入主要来源于农业产业和外出务工。建档立卡贫困户94户376人，低保35户69人，兜底户4户11人。2017年脱贫65户288人。

村党支部书记：彭万国；村委会主任：向官燕。

【吾拉村】 吾拉村位于农车镇东南部，距镇政府11千米，距龙山县城130千米，离龙永红岩溪高速出口31千米。辖区以山坡旱地为主。村内山清水秀，林业资源丰富，有细叶楠木、红豆杉等各类名贵树木，属亚热带大陆性湿润季风气候区，四季分明。全村主要种植玉米、水稻、中药材等，其他产业主要有养猪、养鸡、养羊等养殖产业。下辖6个村民小组，256户1162人。建档立卡贫困户86户362人，兜底户6户15人。2017年脱贫56户248人。全村青壮年劳动力外出务工，主要分布在广东、浙江、福建等地区，从事纺织、木工、电工、包装工、船工等。适龄入学率达100%，新农合参合率100%，新农保参保率100%。

村党支部书记：付成金；村委会主任：严文远。

洗车河镇

【概况】 洗车河镇位于龙山县中南部，东接靛房镇，南连苗儿滩镇，西北与洛塔乡毗邻，距县城65千米，由原洗车河镇和原干溪乡合并而成，镇域面积175平方千米，林地7707公顷，耕地561.3公顷，其中水田398公顷，旱地163.3公顷。平均海拔505.6米，气候温和，山清水秀，森林茂密，植被丰富，年平均气温15.8℃，1月平均气温4.4℃，7月平均气温26.5℃，年均降水量1417.4毫米。

全镇辖15个建制村和两个社区，有85个村民小组，共3904户14378人，有贫困户981户4050人，低保兜底户81户232人。辖区有1所九年制学校、1所中心幼儿园，有学生675人，教师72人，有中心卫生院、派出所、交警中队。洗车河至里耶二级路全面完工，龙永高速连接线工程投入使用。完成易地搬迁第一期集中安置点建设，投入资金达1122万元，50户贫困户全部入住，第二期安置点也在建设中。抢抓长沙市望城区对口帮扶机遇，完成三个村村级综合服务平台建设、九年制学校综合楼建设、中心医院提质改造工程等。

洗车河水质清纯，富含矿物质，以此磨制的洗车河豆腐以韧柔嫩白而久负盛名，全镇年加工黄豆700多吨，实现豆制品生产总产值3000余万元，洗车河霉豆腐荣获“中国·湖南第九届(国际)农博会金奖”等多项荣誉，产品远销长沙、湖北、重庆及东南沿海广东等地。洗车河菜刀因其外形美观，质地优良，轻便、锋利、耐用，不卷不崩而闻名遐迩，以纯手工锻造为主，从选材到制作都注重质量，其制作技艺有师传和家传两种，近百年来，洗车河菜刀制作技艺在传承中一直没有中断。

这里是土家族主要聚居区，是土家文化发源地之一，土家原生态文化活跃，传承的非物质文化遗产有土家摆手舞、梯玛、毛古斯、咚咚喹、山歌、织锦等，每年举办湘西·龙山土家族舍巴日活动，端午节开展龙舟赛，被龙山县确定为龙舟基地。作为湘西州历史文化名镇，于2003年编入《中国古镇羊皮书》，被评为省级“文明村镇”“最美少数民族特色村镇”等。2017年洗车河镇被州文明办、政府办评为全州社会治安综治管理优秀镇、全州美丽乡村示范创建工作优秀乡镇。彭昌兵被评为全州美丽乡村示范乡镇创建工作先进个人。

【基础设施建设】 2017年，洗车河镇争取项目资金9000多万元用于基础设施建设，生产生活交通条件得到明显改善。其中:十百千工程建设投入资金 414.5 万元;村部建设投入资金 1223.01 万元;危房改造对象 230 户,投入资金达 792 万元;通村公路加宽投入资金 1415.08 万元;长沙市望城区对口帮扶基础设施、民生事业、产业发展等资金投入超过 1000 万元;村级道路新修及硬化投入资金 3826.15 万元;道路安保工作投入资金 404.90 万元,组级道路维修投入资金 320 万元。

【豆制品加工】 坚持大户带动,培育豆制品加工大户,优化市场环境,着力打造豆制品加工原料供给、生产、销售一条龙服务模式。全镇豆制品加工大小作坊达 150 多家,获 SC 证 3 家,从业人员 1000 多人,生产霉豆腐、干豆腐、水豆腐、豆豉等豆制品,年产值达 3000 余万元。

【农业产业】 2017 年,烤烟种植 1500 亩,依托地域宽广、畜草资源丰富的优势,引导培育养殖大户 120 余户,全镇生猪出栏 7850 头、山羊出栏 1.3 万只,水产养殖 200 余亩。

【文化旅游】 洗车河镇是土家族主要聚居区,全镇 80%人口为土家族,是龙山县土家族原生态文化保护区核心乡镇,传承在这里的非物质文化遗产有摆手舞、梯玛、毛古斯、咚咚喹、山歌等,土家原生态文化活跃。2012 年 9 月 10 日,在第三届中国民族节庆峰会上,湘西州申报的"土家族舍巴日"成为"中国最具特色民族节庆"之一,每年成功举办湘西·龙山土家族舍巴日活动,"舍巴日"是以缅怀祖德、庆丰祈福为愿景的一种风格独特的民间节庆活动,其历史悠久,风情浓郁、内容丰富。主要内容有《祭祖祈福——水上迎神》《歌舞闹春》等,每年端午节开展龙舟邀请赛,仅舍巴日活动和龙舟赛往来游客就达 4 万余人,通过民族文化活动拉动区域经济发展。

【对口帮扶】 长沙市望城区对口帮扶基础设施、民生事业、产业发展等资金投入达 1250 万元,并为 12 名贫困大学生发放奖学金 3.8 万元,解决部分贫困户因学致贫的问题,开展贫困劳动力转移就业专场招聘活动,组织望城区内 10 家规模企业赴洗车河镇专场招聘,达成就业意向 86 人次,设立 50 万元特困救助基金,防止因灾因病致贫返贫。

洗车河霉豆腐

【民生事业】 完成新型农村合作医疗收缴任务,参合率达到 99%。2017 年出生人口 187 人,符合政策生育 167 人,占 89.3%,全镇符合农村计划生育奖励扶助家庭 76 人,计划生育特别扶助 10 人,发放资金 86780 元,计划生育手术并发症 2 人,发放补助资金 21200 元,享受独生子女保健费 28 人,发放补助资金 6720 元。

【社会环境】 以"平安创建"为主线,开展"平安家庭""平安校园""平安社区"等系列活动,

洗车河古镇全景

全镇划分成73个网格，推选产生网格长73名、中心户长183名，镇区安装监控摄像头30余个，实现全覆盖，社会大局稳定，2017年未发生重大伤亡的安全生产事故和群体事件。

【基层党建】 坚持党建引领，落实党建工作目标管理责任制和“一岗双责”制，做好村(居)“两委”换届工作，选举产生党支部委员67名、村(居)委会委员61名，其中，新当选的党组织书记8名，新当选的村主任8名，村(居)书记、主任平均年龄47周岁，高中以上学历29人，35岁以下5人。新建14个村级综合服务平台，改扩建3个村级综合服务平台。发展新党员5名。

【领导名录】

党委书记	张明栋
党委副书记、镇长	贾美亮
统战委员、人大主席	田梦龙
党委副书记	田　启
纪委书记	卢业辉
组织委员	张胜洋
宣传委员、副镇长	陈明朝
政法委员、副镇长	覃占波
副镇长	杨时银　杨　娇(女)

【洗车社区】 洗车社区位于洗车河镇镇区河东街，是洗车河镇政府所在地。辖区内有洗车九年制学校、中心幼儿园、中心医院、敬老院、烟草站等机构。总面积11平方千米，辖8个居民小组，共600户1756人，男女人口分别为906人与850人。劳动力700人，社区88%为少数民族人口，有建档立卡贫困户69户300人，低保兜底户6户8人。有耕地325亩，林地16000亩，粮食作物主要有水稻、玉米等，经济作物主要有中药材等，经济收入来源主要有豆制品生产、农业生产和外出务工。有豆制品加工作坊20余户，其中湘盛食品和武哥豆制品厂两家企业均通过国家食品安全认证、CS认证。2017年加工豆制品800余吨，加工黄豆350吨，创产值2000余万元。政府投资300多万元，整修村部、新修旅游厕所、实施绿化亮化等工程。是年脱贫16户73人。洗车社区入选第二批“中国少数民族特色村寨”并挂牌。

社区党支部第一书记：彭珍艳；社区党支部书记：彭昌兵；社区主任：杨德华。

【新建社区】 新建社区位于洗车河镇区河西街，总面积15平方千米，辖5个居民小组，共321户1345人，较上年增加2人，男女人口分别为701人和644人。劳动力620人，社区87%为以土家族为主体的少数民族，全社区建档立卡贫困户共55户236人，低保兜底户6户24人。有耕地526亩，林地5743亩，主导产业为豆制品加工，粮食作物主要有水稻、玉米等，经济作物主要有柚子、烤烟等，主要经济来源是农业生产和外出务工。2017年，在县人民检察院的帮扶下，投资400多万元，新修村级综合服务平台，包括村部、卫生室、村级文化广场等,实施人饮工程,硬化组级公路等,人民生产生活条件得到大改善。

社区党支部第一书记:鲁洲武;党支部书记:李代华;社区主任:陈长兵。

【老木村】 老木村位于洗车河镇西南部,距镇区九千米,总面积18平方千米,辖3个村民小组,共126户467人,男女人口分别为253人与214人。劳动力215人,全村89%为少数民族,有建档立卡贫困户29户104人。耕地1300亩,主导产业为烤烟。粮食作物主要有玉米、水稻等,经济作物主要有烤烟,养殖有牛、羊、猪等,主要经济来源是农业生产和外出务工。2017年,在县公路局的帮扶下,投资500多万元,新修村级综合服务平台,包括村部、卫生室、村级文化广场等,实施人饮工程,加宽通村公路等,硬化及新修组级公路,人民生产生活条件得到改善。是年脱贫6户22人。

村党支部第一书记:彭绍奎;党支部书记:黎玉清;村委会主任:袁贞林。

【西吴村】 西吴村位于洗车河镇西南部,距镇区八千米,总面积9.8平方千米,辖4个村民小组,共182户825人,男女人口分别为437人与388人,劳动力305人,共有建档立卡贫困户65户326人,低保兜底户4户16人。有耕地1100亩,主导产业为烤烟。粮食作物主要有玉米、水稻等,经济作物主要有烤烟等,特种养殖有稻花鱼、羊、湘西黑猪等,经济收入来源主要有农业产业和外出务工,村集体收入4万多元。西吴村具有丰富的历史文化与旅游资源。村落存有清代传统建筑民居多处,民居(向顺和、向顺炳、向顺庙)等保存完好的清代民居8栋,建筑面积1200平方米,全部传统建筑占村庄建筑总面积的80%。古井4口,古树60棵,清代单拱桥1座,古庙遗址1处,古遗址吴王堡1座。村落承载的非物质文化遗产有摆手舞、咚咚喹、土家织锦、“梯玛”祭祀,成为村庄的一大特色。2017年,在龙山县委组织部的帮扶下,投资400多万元,整修村级综合服务平台,实施人饮工程,加宽通村公路等,硬化及新修组级公路,人民生产生活条件得到改善,是年贫困村顺利摘帽。

村党支部第一书记:肖潇;党支部书记:向东;村委会主任:向顺胜。

【克洞村】 克洞村位于洗车河镇西南部,距镇区17千米,总面积18平方千米,辖6个村民小组,共186户802人,男女人口分别为419人与383人。劳动力380人,全村95%为少数民族,共有建档立卡贫困户71户300人。有耕地1500亩,粮食作物主要有玉米、水稻等,经济作物主要有烤烟等,养殖有牛、羊、猪等,经济收入来源主要有农业生产和外出务工。2017年,争取项目资金200多万元,新修村级综合服务平台,实施人饮工程,加宽通村公路等,硬化及新修组级公路。是年脱贫6户28人。

土家传统节日——舍巴日活动、锣鼓喧天迎接“八部大王”

村党支部第一书记：严华；党支部书记：彭清东；村委会主任：彭红兵。

【天井村】 天井村位于洗车河镇西部，距镇区15千米，总面积16平方千米，辖7个村民小组，共254户964人，男女人口分别为503人与461人。劳动力403人，全村93%为少数民族。共有建档立卡贫困户73户300人。有耕地1193亩，粮食作物主要有玉米、水稻等，经济作物主要有烤烟、百合等，养殖有牛、羊、猪等，经济收入来源主要有农业生产和外出务工。2017年，在县农机局的帮扶下，投资300多万元，新修村级综合服务平台，包括村部、卫生室、村级文化广场等，实施人饮工程，加宽通村公路等，人民生产生活条件得到改善。是年脱贫7户31人。

村党支部第一书记：唐洪国；党支部书记：穆建；村委会主任：鲁承林。

【咱木村】 咱木村位于洗车河镇西部，距镇区10千米，总面积7平方千米，辖3个村民小组，共142户608人，较上年增加4人，男女人口分别为350人与258人。劳动力299人，全村91%为少数民族。有建档立卡贫困户39户152人，低保兜底户2户8人。有耕地493亩，粮食作物主要有玉米、水稻等，经济作物主要有黄豆等，养殖有羊、猪、蜜蜂等，经济收入来源主要有农业生产和外出务工。2017年，在长沙望城区及县电信、邮政、联通等单位的帮扶下，投资500多万元，新修村级综合服务平台，包括村部、卫生室、村级文化广场等，实施人饮工程，加宽通村公路等，大力发展水稻、黄桃等产业，是年脱贫4户18人。

村党支部第一书记：钟灿；党支部书记：王青；村委会主任：彭小琴。

【水桶村】 水桶村位于洗车河镇西北部，距镇区9600米，总面积6平方千米，辖3个村民小组，共72户302人，较上年减少1人，男女人口分别为170人与142人。劳动力142人，全村91%为少数民族。有建档立卡贫困户25户106人，低保兜底户1户4人。有耕地632亩，粮食作物主要有玉米、水稻等，养殖有羊、蜜蜂等，经济收入来源主要有农业生产和外出务工。2017年，投资400多万元，新修村级综合服务平台，包括村部、卫生室、村级文化广场等，实施人饮工程，加宽通村公路，硬化新修组级公路。

村党支部第一书记：严涛；党支部书记：刘金仁；村委会主任：田芳忠。

【三个堡村】 三个堡村位于洗车河镇南部，距镇区二千米，总面积11平方千米，辖5个村民小组，共167户749人，男女人口分别为402人与347人。劳动力382人，全村93%为少数民族。全村有建档立卡贫困户25户83人，低保兜底户9户18人。耕地875亩，三个堡村具有良好的经济基础，水稻和油菜种植业已成为主导产业，豆制品加工成上升趋势。经济收入来源主要有农业生产、豆制品加工和外出务工。2017年，在县档案局的帮扶下，投资300多万元，新修村级综合服务平台，包括村部、卫生室、村级文化广场等，同时，实施人饮工程，新修户间道路。

村党支部第一书记：符亚萍；党支部书记：罗平；村委会主任：尚本祥。

【老洞村】 老洞村位于洗车河镇北部，距镇区2500米，总面积14平方千米，辖7个村民小组，共298户1069人，男女人口分别为588人与481人。劳动力480人，全村92%为少数民族。有建档立卡贫困户85户352人，低保兜底户5户11人。有耕地865亩，粮食作物主要有玉米、水稻，经济作物主要有油菜、黄豆，养殖有牛、羊、猪、鸡等，经济收入来源主要有农业生产和外出务工。老洞村具有浓厚的传统文化气息，这里有三月塘传统摆手堂遗址，有保存完好的转角楼、吊脚楼、青瓦木板房，气派大方，古色古香，融合如画风景的谢家寨，让人流连忘返，乐不思蜀。2014年2月25日被国家民委公布为“全国少数民族特色村寨”，2016年被评为

"中国传统村落"。2017年,在县农业局的帮扶下,投资400多万元,新修村级综合服务平台,包括村部、卫生室、村级文化广场等。同时实施人饮工程,加宽硬化通村公路。

村党支部第一书记:雷平;党支部书记:田柱祥;村委会主任:谢海涛。

【草果村】 草果村位于洗车河镇西北部,距镇区10千米,总面积15平方千米,辖5个村民小组,共204户806人,较上年减少2人,男女人口分别为420人与386人。劳动力370人,全村94%为少数民族。有建档立卡贫困户46户179人,低保兜底户3户7人。有耕地1100亩,粮食作物主要有玉米、水稻等,经济作物主要有烤烟等,养殖有牛、羊、猪等,经济收入来源主要有农业生产和外出务工。在长沙市望城区、县畜牧局等单位的帮扶下,投资500多万元,新修村级综合服务平台,包括村部、卫生室、村级文化广场等。同时实施人饮工程,加宽通村公路等,大力发展水稻、黄桃等产业。2017年,顺利脱贫7户28人。

村党支部第一书记:田礼珠;村支部书记:向建交;村委会主任:向昌富。

【木友村】 木友村位于洗车河镇北部,距镇区九千米,总面积4.6平方千米,辖4个村民小组,共137户566人,较上年减少1人,男女人口分别为319人与247人。劳动力202人,全村93%为少数民族。有建档立卡贫困户47户234人,低保兜底户3户17人。有耕地261亩,粮食作物主要有玉米、水稻、马铃薯等,经济作物主要有烤烟、油菜等,养殖有鸡、羊、猪等,经济收入来源主要有农业生产和外出务工。2017年,投资200多万元,新修村级综合服务平台,包括村部、卫生室、村级文化广场等,同时实施人饮工程等。2017年,脱贫5户29人。

村党支部第一书记:刘秋平;党支部书记:吴顺久;村委会主任:王正维。

【砂坪村】 砂坪村位于洗车河镇北部,距镇区10千米,总面积16平方千米,辖3个村民小组,共331户1170人,较上年减少3人,男女人口分别为608人与562人。劳动力518人,全村93%为少数民族。有建档立卡贫困户80户339人,低保兜底户9户28人。有耕地1650亩,粮食作物主要有玉米、水稻、马铃薯等,经济作物主要有油茶、百合等,养殖有鸡、鸭、羊、猪等。砂坪历史文化浓厚,村内传统民居保存较为完好,而且拥有省级文物田家大屋、四方庙、将军庙、砂坪生态农家乐等具有鲜明特色的传统建筑。2017年,投资300多万元,新修村级综合服务平台,包括村部、卫生室、村级文化广场等,同时,实施人饮工程、新修组级公路等。是年,顺利脱贫19户86人。

村党支部第一书记:刘平;村支部书记:伍先贵;村委会主任:田昌军。

【耳洞村】 耳洞村位于洗车河镇东北部,距镇区14千米,总面积9平方千米,辖3个村民小组,共147户532人,男女人口分别为280人与252人。劳动力210人,全村90%为少数民族。有建档立卡贫困户66户249人,低保兜底户6户14人。有耕地228亩,粮食作物主要有玉米、水稻等,经济作物主要有黄柏、桔橙等,养殖有牛、羊、猪等,经济收入来源主要有农业生产和外出务工。在县发改局的帮扶下,投资500多万元,新修村级综合服务平台,包括村部、卫生室、村级文化广场等,同时实施人饮工程,加宽通村公路等并新修大桥一座。2017年,脱贫12户51人。

村党支部第一书记:段天术;村支部书记:彭光武;村委会主任:王彪。

【支家村】 支家村位于洗车河镇镇西北部,距镇区13千米,总面积11平方千米,辖4个村民小组,共202户867人,较上年增加1人,男女人口分别为405人与462人。劳动力400人,全村90%为少数民族。有建档立卡贫困户74户284人,低保兜底户2户3人。有耕地725亩,粮食作物主要有玉米、水稻等,经济作物主要有烤烟、蔬菜等,养殖有牛、羊、猪等，经济收入来源主要有农业生产和外出务工。2017 年，在县农业局的帮扶下，投资 300 多万元，新修村级综合服务平台，包括村部、卫生室、村级文化广场等。同时，实施人饮工程，加宽通村公路等。是年，顺利脱贫 21 户 99 人。

村党支部第一书记：王刚；村委会主任：邹今松。

【干溪村】 干溪村位于洗车河镇东北部，距镇区 17 千米，总面积 15 平方千米，辖 6 个村民小组，共 249 户 1078 人，较上年增长 5 人，男女人口分别为 550 人与 528 人。劳动力 420 人，全村 91%为少数民族。有建档立卡贫困户 71 户 276 人，低保兜底户 7 户 17 人。有耕地 729 亩，粮食作物主要有玉米、水稻、黄豆等，经济作物主要有烤烟等，养殖有牛、羊、蜜蜂等，经济收入来源主要有农业生产和外出务工。在县农业局的帮扶下，投资 300 多万元，新修村级综合服务平台，包括村部、卫生室、村级文化广场等。同时实施人饮工程。2017 年，顺利脱贫 6 户 28 人。

村党支部第一书记：胡建华；村支部书记：穆阳；村委会主任：向正虹。

【牙龙村】 牙龙村位于洗车河镇东北部，距镇区 21 千米，总面积 7.2 平方千米，辖 7 个村民小组，共 223 户 763 人，较上年增加 1 人，男女人口分别为 401 人与 362 人。劳动力 352 人，全村 95%为少数民族。有建档立卡贫困户 61 户 230 人，低保兜底户 5 户 17 人。有耕地 306 亩，粮食作物主要有玉米、水稻等，经济作物主要有板栗、柑橘等，养殖有牛、羊等。牙龙村风景秀丽，古木成林，森林覆盖率高达 95%，犹如一个天然氧吧。2016 年，开始发展乡村旅游，种植花卉 10 余亩，修建旅游道 5 条，总投资 30 余万元。两年间接待游客 2 万余人，为农民增长增收 10 万余元。当前经济收入来源主要有农业生产、旅游发展和外出务工。2017 年，投资 200 多万元，整修村级综合服务平台。同时，实施人饮工程、对村寨进行绿化、美化等。是年脱贫 11 户 38 人。

村党支部第一书记：田其双；村支部书记：田邦文；村委会主任：向艳菊。

苗儿滩镇

【概况】 苗儿滩镇位于龙山县南部，距县城 82 千米。2005 年，行政区划调整，由凤溪乡、苗儿滩镇合置为苗儿滩镇。2015 年 12 月，行政区划再次调整，将原隆头镇的喇叭口社区、捞田、水坝、隆头、大溪、光明、联合 7 个村(社区)成建制划归苗儿滩镇。镇政府驻苗儿滩，下辖 16 个建制村、2 个社区。有两所学校、两所卫生院，总人口 3 万余人。

全镇面积 290 平方千米，地形呈“7”字形。境内为山地，东有笔寨坪界、多湖克留大山、吾拉山、

苗儿滩镇镇区图

大旱坡等山峰绵亘边境,海拔均在900米以上。西北部为脉龙界延伸部分,最高海拔1029米。中北部山梁凸起,有那且山、双且苦、大天水等山脉由北蜿蜒南下,最高海拔1047.01米。北部与洗车河交界的山头均为海拔800米以上。西南部有交椅山、火烧山、人眠山、你屋山、尖山、万佛山,最高尖山海拔1002米,最低处隆头村龙嘴河滩,海拔218.2米,亦为县境最低。镇域平均海拔420米。

境内最大河流捞车河由北至南与流经庆口桥的贾市河在捞田交汇,穿越南部山地,于隆头注入酉水。河两岸为平坝和丘陵地带,千亩良田成片。镇域的土车河由北往南注入贾市河,沿河多峡谷和小平坝,地势东西两侧高,中北部凸起,南半部皆为峡谷山地。“龙永高速”连接线、即洗(车)里(耶)二级公路穿境而过。

地域属亚热带大陆性湿润季风气候区,四季分明,气候宜人,雨水充沛,年均气温16℃,最高气温39.5℃,最低气温零下6℃。年降水量1370毫米,全年无霜期270～280天。

苗儿滩镇是土家族人口聚集区,土家族人口占92%以上,50%的人口仍然使用土家语。境内民族风情浓郁,有土家山歌、摆手舞、毛古斯、梯玛等民族歌舞,特色鲜明,世代传承。

苗儿滩镇土家织锦历史悠久,源远流长。早在明代(1368—1644年),苗儿滩捞车河两岸就出现"男耕女织、户多机声"的繁荣景象。在800余年的土司统治时期(始于五代,止于清雍正年间),苗儿滩镇土家织锦,成为中国"四大名锦"(即广西壮锦、云南云锦、四川蜀锦、湘西土家织锦)之一,享誉中外。1987年、2012年分别由文化部、湖南省民委授予“中国土家织锦之乡”和“民族民间文化艺术之乡”荣誉称号。苗儿滩镇作为土家织锦发源地,涌现出以叶玉翠为代表的一批土家织锦传承人。

叶玉翠(1911—1992),女,土家族,中国工艺美术大师。经她在镇内及花垣、张家界等地口传心授或指导生产的土家织锦青年艺徒达100多人。其代表作有《开发山区》《老鼠嫁女》《迎亲图》等,作品《张家界》《岳阳楼》等大型壁挂现陈列于人民大会堂。还有部分作品被贵州省民委、湖北省民委和湖北民族学院作珍品收藏。

镇内另一位国家级土家织锦传承人刘代娥,她出生于1955年12月,土家族。2007年被国务院认定为首批国家级非物质文化遗产项目代表性传承人。她的作品《椅子花》等5件作品被中央民族民间工艺美术研究所收藏。刘氏一家三姐妹以土家织锦闻名于湘鄂黔渝边区,1981年至1985年刘代娥应聘在湘西州花垣县民族织锦厂带徒授艺,先后授艺徒20多人。1987年3月应聘在张家界市担任工艺技术指导,传授艺徒10余人。2010年,刘代娥在捞车河村建立土家织锦传习所。2011年,该所被文化部命名为“首批国家级非物质文化遗产生产性保护示范基地”。2017年是湘西土家族苗族自治州成立60周年,刘代娥及其徒弟三班倒24

捞车河古码头(曾祥辉　摄)

小时不停歇，历时10个月完成州庆献礼作品“甲子顺锦图”。

境内生态人文旅游资源丰富，其中惹巴拉景区以“土家族原生态建筑博物馆”而著称。核心景区捞车村因其秀美的山水田园风光以及厚重的历史文化，先后被评为“首批国家级非物质文化遗产生产性保护示范基地”“中国传统村落”“中国历史文化名村”“全国民族团结进步示范村”“中国美丽休闲乡村”。

酉水河与捞车河交汇处的隆头古镇，古称“两江口”。这里风景优美，水运交通发达，经济繁荣。明代就曾设“大喇巡检司”于此。境内水坝的万佛山是龙山县南部著名的佛教圣地。

【精准扶贫】 全镇贫困村13个，非贫困村5个，共有贫困户2179户9227人，2016年贫困村退出3个（六合村、东风村、庆口桥村），2017年贫困村退出5个（树比村、黎明村、红光村、民族村、苗市社区），2014—2017年共脱贫1584户6962人，镇内仍有5个贫困村未退出（隆头社区、西坪村、官坪村、凤溪村、民主村），其中深度贫困村2个（凤溪村、民主村），有贫困人口595户2265人，其中兜底户136户379人，贫困发生率由30.45%下降至7.476%。

2017年，精准识贫“回头看”共剔除462户1649人。拨付到户产业扶持资金265万元，引导2000余贫困户种植水稻、玉米、柑橘、油茶、黄桃等作物；为全镇2862户1845人实行扶贫助学；对智障、患大病、无劳动能力的贫困家庭331户505人实行社会保障兜底；为2000户贫困户给予生态补偿。是年，镇域易地扶贫搬迁42户178人，完成危房改造301户。

【基层党建】 2017年，镇党委每月坚持召开党建工作例会，各党支部每月开展主题党日活动，并以此为契机，为群众办实事11件次，带队整治庆口桥、西坪两个组织软弱涣散村的整顿转化工作，4次深入联系点溪口村听取党员群众意见。

2017年吸收积极分子18名，发展新党员11名，预备党员转正7名。举办农村劳动力技能SYB培训两期460人次，处置不合格党员2人，选拔任用大学生返乡扶贫志愿者11人。健全基层组织，一次性完成16个建制村、两个社区居委会的“两委”换届选举工作，共选举产生新一届村（社区）“两委”成员106人。

全镇范围内实现党员干部与贫困户“结对帮扶”全覆盖，开展新一轮村级后备干部培训，“农民大学生培养计划”全部落实，每个村动态保持2至3名后备干部。建立带富党员和带富情况台账。大力发展合作经济，组建以民族村送母溪黄桃种植为代表的各类型农村专业合作社31个，带动合作社2000人脱贫，确保脱贫村集体经济年收入超4万元目标实现。

【党风廉政】 镇党委年初制定印发《2017年党风

苗儿滩镇隆头古码头

廉政建设责任制和反腐败工作实施方案》。全镇18个村(居)委会配备村级纪检监察员、村民理财小组、红白理事会监督小组,签订《党风廉政建设责任书》,将责任落实到位,做到反腐监督有人主抓、政策有人宣传、问题有人报告、矛盾纠纷有人化解。协助群众工作站做好信访工作,信访报表及时报送,年内镇纪委办结10件群众来信,立案查处六合村的"双百案",捞车村和补州村的扶贫领域案,戒免谈话干部3人,约谈干部10余人,对群众所反映的情况开展调查,并将调查结果反馈给举报人,给群众一个明白,给党员、干部一个清白。

【农业生产】 苗儿滩镇主要产业以畜牧业和种植业为主。粮食作物主要有水稻等,经济作物主要有柑橘、油菜等,经济收入来源主要有农业产业和外出务工。2107年,全镇种植大户有25户,其中200亩以上的有5户。全镇种植柑橘6000余亩,产生经济效益1800万元。种植烤烟600亩,获经济效益221万元。另外新种植油茶600亩、种植水稻4000余亩,玉米6000余亩。其中邦富合作社生产的凤溪大米,贤林合作社生产的土车河大米,鹏程合作社生产的魏家湾大米,均已投放市场,价每千克价6~10元不等,产生经济效益350余万元。六合村大军蔬菜专业合作社,专门制种,面积200余亩,年收益60余万元。民族村开发黄桃300亩。

养殖产业主要以山羊、鱼、牛为主,红光村共同富裕畜牧农民专业合作社养殖生猪1000余头,年收入200余万元。隆头片区有3个养殖基地,年效益为100万元。

惹巴拉蓝莓示范园位于镇域捞车河村,规划总面积1000亩;一期工程占地650亩,主要包括蓝莓采摘园、观赏游步道、围墙、蓝莓广场、游客接待中心、景观亭及配套建设等,总投资1000万元。总体规划和建筑规划全部完成。

【安全生产】 2017年,全镇有各类机动车辆680多台,上型水库(小二型)9座,码头(渡口)10个,客渡船42艘,养殖(捕捞)自用船150余艘;辖区重点企业及高危险行业9家,其中,非煤矿山企业3家,烟花爆竹零售经营户6家;重点旅游景区1处(惹巴拉);镇属中小学两所,幼儿园两所;辖区已探明的地质灾害点9处,稳定性各不相同,分布在9个村。

苗儿滩镇以创建省级安全生产示范乡镇为主线,深入开展安全生产"打非治违百日行动",联合县海事部门加强对渡口码头、船员渡工的安全管理。2017年,联合洗车河交警中队、派出所等开展道路交通安全检查8次,出动执法人员80余人,检查车辆120台次,处置制止非法违法行为25人次,强制报废黄标车4台;整顿非煤矿山、烟花爆竹零售7家次,处罚生产经营单位负责人主体责任不落实行为2家次,收缴、销毁烟花爆竹"三无"产品16.5箱,教育主要责任人及从业人员7人次。

【基础设施】 2017年,苗儿滩镇依托浏阳市经济开发区的对口帮扶,投资500万元兴建隆头集镇自来水工程,2018年9月完工,10月投入使用,镇内隆头片区用水困难得到解决。投资360万元,修建隆头小学和苗儿滩九年制学校教师宿舍楼。投资10万元改造镇敬老院。稳步促进新农村建设,全镇每个村投资90余万元,新修14个高标准农村综合服务平台,改建3个村综合服务平台;利用县千工程、农村基础设施配套工程等项目新扩宽硬化村级道路40.1千米,新修通组路9900米,硬化村组公路7400米;安装公路安保设施22.2千米,新修水池981立方米,铺设水管132.5千米,新修水渠4200米。投入122万元,新安装农村太阳能路灯408盏。

【旅游开发】 实施惹巴拉景区开发,龙山县委县政府决定成立龙山县惹巴拉旅游投资有限公司,与捞车河、黎明、六合和树比等4个村签订旅游资源开发协议,按照"政府主导、公司经营、集体协管、村民参与"的模式运作建设。充分发挥惹巴拉良好的生态环境与资源优势,整合自然山地、河流、历史人文等资源、秉承保护中开发的原则,打造最原始土家村寨，最真土家文化工艺体验中心、最精美休闲农业三位一体的“中国土家第一村”。建设全国知名的国家AAAAA级休闲度假旅游目的地，力争实现年游客量达到180万人次的目标。

景区整体形成“一带二馆三寨四园五中心”的结构，一带：沿河风光带；二馆：土家织锦博物馆与土家文化博物馆；三寨：捞车、六合与树比土家古村寨；四园：千亩桃园、千亩梅园、千亩荷园与千亩粮园；五心：土家工艺作坊展示体验中心、土家文化展演中心、土家游乐竞技中心、土家神庙中心与游客服务中心，形成“惹巴拉十八景”。

【计划生育】 2017年，全镇已婚育龄妇女5184人，出生人数362人，符合政策生育率88.12%，人口出生率为12.33‰，落实长效避孕节育手术100例，其中：节育手术22例，上环78例。落实综合措施率79.09%。为农村独生子女户、两女节育户、“两扶”对象代缴农合1369人，发放奖扶资金26.848万元；为计划生育家庭购买意外保险1617人；为农村独生子女、两女节育户子女义务教育及高中学习期间发放生活补助4.12万元；为农村独生子女发放保费费1.632万元；为5个农村独生子女考起全日制普通高等院校发放助学金3万元；为3个学生申请湖南省计划生育困难家庭金秋助学金1.5万元；为3个学生申请龙山县计划生育困难家庭助学金1.3万元；为5个手术并发症对象发放补助5.75万元。

【综治维稳】 全镇完成7个村级综治中心，18个网格站建设，聘请辅警18人，在交通要道、治安盲区和矛盾隐患多发地均安置摄像头，共安装摄像头30个。镇级实现四网合一，苗市社区、凤溪村、东风村、树比村实现三网合一。全镇排查各类矛盾纠纷162件，调处率100%，调处成功率99.5%以上；接待、受理、办理各类人民来信来访80人次，办结率100%。2017年，全镇无一起刑事案件发生，无一起民转刑和重新犯罪案件、无重大火灾和安全生产事故，无一起群体性事件。被县委、县政府授予“全县社会治安综合治理先进单位”荣誉称号。

【领导名录】

党委书记	向　熊
党委副书记、镇长	田　鹏
人大主席、统战委员	瞿开政
党委副书记	杜慎仁
党委委员	甘永怀
纪委书记	肖海军
组织委员	刘　琴
武装部长	卢胜杰
宣传委员、副镇长	李　昊
政法委员、副镇长	包云峰
副镇长	王安军　彭绍勇
纪委副书记	彭昌华
综治办主任	彭清勇
工会主席	符家成

【苗市社区】 苗市社区为苗儿滩镇政府所在地，距龙山县城82千米，辖区面积20平方千米。共有19个村民小组，4个自然寨，人口有856户3630人，贫困总人口169户720人（其中，2014年脱贫19户85人，2015年脱贫52户216人，2016年脱贫38户168人，2017年脱贫43户190人，兜底户12户33人）。农村危房改造17户，二级以上的残疾人6人，低保户130户210人，贫困学生203人。

苗市社区特色产业有蔬菜等。蔬菜基地建成240亩，承包给县惹巴拉旅游公司经营，租金为12万元/年，收益按贫困人口30%，土地入股人口30%，其他人口30%，村集体10%的比例进行分红。2017年9月开工修建苗市九年制学校教师宿舍楼，2018年4月竣工。同时实施集镇街道提质改造。

社区党支部书记：姚元富；社区主任：姚元双。

【隆头社区】 隆头社区位于苗儿滩镇西南部，距镇政府驻地苗儿滩八千米，总面积26.77平方千米。

13个村民小组,11个自然寨,1144户4118人。贫困人口有289户1176人,其中,2014年脱贫58户231人,2015年脱贫114户484人,2016年脱贫134户523人;至2017年,未脱贫的有59户278人,兜底户23户66人。异地扶贫搬迁25户,农村危房改造28户,二级以上的残疾人28人,低保户95户126人,贫困学生252人。

隆头社区特色产业主要有柑橘和养殖。全社区种植柑橘面积1000亩,年效益300余万元,养殖产业有山羊、鱼、牛等,全社区有3个养殖基地,年效益为100万元。网箱养鱼500口,年蓄存鱼400吨,产值800万元。2017年9月开工建设自来水厂,2018年5月完工,该项目覆盖全社区13个村民小组,解决1144户4118人的安全饮水问题。

社区党支记书记:向顺友;社区主任:向钒灵。

【捞车村】 捞车河村位于龙山县中南部的苗儿滩镇境内,为洗车河和靛房河的交汇区。北距龙山县城75千米,南距中国历史文化名镇里耶镇35千米。捞车河在土家语里面是“太阳河流域”的意思,惹巴拉是“土家族王走过的地方、漂亮的地方”。

捞车村面积29.23平方千米,有耕地1350亩,辖7个村民小组。有6个自然寨,477户1908人。其中土家族占95%,苗族占3%,汉族等其他民族占2%,以彭、向、田三大姓为主,是典型的土家族村落。

捞车村最具民族特色的建筑为明清古建筑群,为武陵山区内少见。村内民居坐北面南,依山而建,整齐有序,景象壮观。保存完好的传统建筑有97栋,其中明代5栋、清代58栋、民国时期34栋。这些建筑均为木质结构,地方民族鲜明,古色古香。村内自然风景秀美,民族历史文化底蕴深厚。至2017年,捞车村先后获得全国少数民族团结进步示范村、中国传统村落、中国历史文化名村、中国美丽休闲乡村、全国文物保护单位、湖南省少数民族特色村寨、省级生态建设示范村等荣誉称号。村内建有土家织锦技艺传习所,主要旅游景点有凉亭桥、土家摆手堂、冲天楼、拉拉度等。

村党支部书记:向世忠;村委会主任:向福孝。

捞车村全景(曾祥辉 摄)

【黎明村】 黎明村又名梁家寨,位于镇域东北部,距镇政府驻地苗儿滩五千米。全村4个村民小组280户1289人,分为4个自然村月铺、上方、东格湾、下方、庵堂堡。全村林地面积4205亩,旱地面积70亩,水田面积643亩。村民中70%姓梁,25%姓向,部分70岁以上老人会说土家话,土家族人口占总人口98%。

村内交通便利,全村有4条进村公路,7条通组公路,道路基本通达各组,户间道连通各户。过境的苗靛公路可以通达周边地区。大部分房屋沿公路两侧修建,总体布局坐南朝北。有村部楼一栋,文艺表演舞台一处,篮球场一个。种植业以玉米、水稻、油菜、红薯、马铃薯为主,养殖以山羊为主。全村经济收入以务工收入为主，占全村收入的80%以上，外出务工人员占全村总人口的60%以上。村民大部分爱好山歌、花鼓、秧歌舞、九子编、咚咚喹等民族传统曲艺和舞蹈。还有一座清代古墓和古碑，至今保持原貌。

村党支部书记：梁华；村委会主任：梁明果。

【星火村】 星火村位于苗儿滩镇北部2千米，距龙山县城85千米，是中国工艺美术大师叶玉翠的故乡。全村总面积4300亩，其中稻田750亩，旱土230亩。全村分为五个村民小组，有349户1558人，其中男758人，女800人。有劳动力790人。该村是以土家族为主的少数民族聚居区，是湘西州新农村建设和美丽乡村建设的示范村。

2017年，全村有党员23人，其中女党员3人，预备党员1人。有入党积极分子3人。村党支部和村委会换届选举"两委"班子配齐。农业产业项目主要以脐橙和百合为主，脐橙面积308亩，百合种植258亩。

大部分青壮年外出务工，2017年全村有精准扶贫建档立卡户61户243人。其中完成危房改造户7户33人，教育帮扶87人。医疗帮扶全覆盖。退岗护林员2人，兜底户5户14人，五保户6人。有残疾人18人，文艺表演队一支。洗里省道259二级公路穿村而过。2017年，安装太阳能路灯150盏，新修通村公路1350米，村间户间道路硬化6320米，新修旅游公厕一栋，搭建文化戏台一个，村部维修改造竣工。

村党支部书记：叶立美；村委会主任：叶德吉。

【红光村】 2017年，全村3个自然寨，11个村民小组，438户1820人，32名党员。建档立卡贫困户97户427人。是年脱贫35户171人；兜底8户27人。全村低保对象120户124人，其中建档立卡户46户47人。全年发放低保金299520元。兜底8户25人（330元/人/月，全年发放兜底保障资金99000元）。

全村有劳动力956人（转移就业343人），其中贫困户107人（基本到省外务工，发放转移就业交通补贴资金42800元）。2017年，全村危房改造27户，其中无房户4户，C级整修5户，D级11户，人均不足13平方米房屋扩建7户。在教育扶贫方面，建档立卡户子女就学94人，其中县外就学12人，学前教育17人，小学48人，初中21人，高中8人，发放教育助学金127750元。在产业帮扶方面，320人建档立卡户发放产业帮扶资金128000元。全村种植稻谷320亩、玉米208亩、柑橘189亩（彭大成80亩）、枇杷110亩（向清华一户），饲养生猪2200头（其中向清波藏香猪1080头、9组王安玉黑猪110头），养牛128头（其中向光学45头、向光佑24头、向光显9头、向光庄12头），养鸡1500只、养鸭280只、养蜂224桶。

2017年村级综合服务平台建设完工，硬化产业路二千米、户间道2800米，将宽3.5米、长1200米的通组路硬化，通村公路硬化2200米，安装太阳能路灯131盏，完成基础建设投资280余万元。还有3500米通村公路尚未硬化。由华菱集团投资建设的生态农庄在该村落地，计划投资380万元。

村党支部书记：向光根；村委会主任：向青常。

【凤溪村】 凤溪村位于龙山县西北部，距县城92千米，距苗儿滩镇政府15千米。辖6个村民小组，有217户1019人。其中，建档立卡户112户478人。总面积12500亩，稻田475亩，旱土190亩，主要种植产业以水稻、玉米为主，部分养殖业以山羊、猪、牛、鸡等为主。经济来源以外出务工为主，主要集中在广东、浙江、上海、北京等地。村内有合作社3个（帮富农机合作社、老油坊油茶合作社、土车河合作社）。居民以土家族、苗族为主。

2017年，脱贫25户108人。低保57人；保障兜底6户17人；残疾26人；五保户3户3人；异地搬迁9户46人；危房改造7户，危房整修5户，人均住房不足13平方米的1户，还有55人未脱贫。

村党支部书记：向万龙；村委会主任：向斌。

【官坪村】 官坪村地处苗儿滩镇西部，距镇政府驻地17千米。下辖自然寨有张家坡、吕家寨、庙河、刘家河、田家河、李家河、周家坡、彭家寨、覃家寨、王家沟、大屋场11个寨，总面积10.4平方千米。有7个村民小组，243户1018人。建档立卡贫困户84户385人，其中2014年脱贫9户42人；2015年脱贫27户135人；2016年脱贫9户33人；2017年无脱贫户。全村低保对象38户41人，兜底户4户13人。165户660人外出务工，其中，省外务工115户327人，省外务工中有贫困户63户117人；省内务工(包括县城内)50户216人，贫困户有38户159人。2017年危房改造17户其中D级10户，C级7户。

村党支部书记：李平；村委会主任：田正华。

【溪口村】 溪口村位于苗儿滩镇西部，距苗儿滩镇政府16千米，地处酉水河沿革，2015年由原联合、大溪两村合并而成。辖区共有6个村民小组有356户1365人，分布于13个自然寨，有农村劳动力495人，其中转移就业384人。村内建有村级活动组织中心楼1栋，村卫生所有村医2人。总面积15.5平方千米，其中耕地面积1270亩，山林面积17850亩；粮食作物以水稻、玉米为主，养殖业有猪、鸡、鱼、牛、羊等，外出务工为村民经济收入主要来源。通村公路连接各组，公路全长13.5千米。

村党支部书记：彭万进；村委会主任：姚茂江。

【庆口桥村】 庆口桥村位于苗儿滩镇西南部，辖8个村民小组，全村面积13.39平方千米。耕地面积819亩，山林面积17280亩。有庆口桥、交椅山、高峰、鸡颗4个自然寨，共282户1185人，农村劳动力618人，其中转移就业493人。建档立卡贫困劳动力259人，其中转移建档立卡贫困劳动力148人。中共党员15人。全村危房改造18户，其中扶贫建房有12户，危房改造的有4户，异地搬迁有2户。村部楼、篮球场、舞台正在建设中，长270米、宽4.5米的庆口桥到安置房二级公路以及社区内村级道路公路硬化施工完成。

村党支部书记：向光文；村委会主任：李心军。

【民族村】 民族村地处苗儿滩镇东部，距镇政府三千米，总面积9.2平方千米。全村有5个村民小组，分布于5个自然寨，总人口325户1447人，贫困人口有127户531人，其中，2014年脱贫20户72人，2015年脱贫38户182人，2016年脱贫11户47人，2017年脱贫51户207人，兜底户7户23人。全村危房改造19户，二级以上的残疾人6人，低保户51户83人，贫困学生79人。对口帮扶后盾单位是浏阳市经开区，全村发展黄桃产业面积300亩，2017年挂果50亩，生长期控制在1600斤/亩，市场最低价16元/千克，收益64万元。

村党支部书记：杜修文；村委会主任：张娇。

【树比村】 树比村位于苗儿滩镇东部，距镇政府10千米，与靛房镇交界，下辖9个村民小组，共285户1301人，其中男659人，女642人。有劳动人口505人，其中外出务工403人，主要分布在福建、浙江、上海等地，有党员19人，预备党员1人，积极分子3人，其中60岁以上党员占50%以上。全村总面积12平方千米。有耕地1317亩、稻田748亩、林地3950亩。粮食作物主要有水稻、玉米，经济作物有百合、辣椒等。有建档立卡户91户406人。其中，缺资金19户，占20%左右，危房改造24户，已全部入住，兜底户3户共8人，低保户26户28人，五保户8户9人。

村党支部书记：彭辉；村委会主任：王建华。

【东风村】 东风村位于苗儿滩镇西北部，距镇政府18千米。全村5个村民小组，363户1456人；有党员28人，其中女党员5人；在家党员19人，流动党员9人。建档立卡贫困户171户701人，低保80人。建档立卡户中，2014年脱贫33户110人，2015年脱贫56户240人，2016年脱贫72户319人，返贫户5户，返贫率1.89%。2017年脱贫7户20人，新增贫困户2户。是年集中整改剔除27户109人。未脱贫10户33人。

全村耕地面积1127.5亩，其中可灌溉面积728亩，主要种植水稻、玉米等。经济作物有茶叶、油茶、油菜、黄柏等，养殖业主要有猪、牛、羊、中蜂等。经济收入来源主要有外出务工。大多数集中在广东、福建、浙江、北京等地务工，从事建筑、服装、装修、打鱼、运输、环卫等职业。全村建档立卡劳动力148人。

2016年，东风村危房改造28户，2017年14户。易地搬迁集中安置18户、县城安置4户。教育扶贫学生120人，农合参保率97%。

州直扶贫队由州移动公司牵头，州邮政公司、州邮储银行组成联合工作组，驻村队员6人，2015年1月入驻东风村。

村党支部书记：张兰平；村委会主任：张达法。

【民主村】 民主村位于苗儿滩镇东北部，由原农坪、民主、新民3个村合并而成，总面积10.25平方千米，有耕地1670亩，山林面积19858.5亩。全村地形主要以山地为主，四周群山环绕，通村公路纵贯原3个自然村，距镇政府10千米，全村335户1508人。有中共党员33人。到2017年年底，全村建档立卡贫困户116户475人，其中脱贫53户235人，未脱贫58户226人，返贫5户14人，贫困发生率31.49%，是湖南省深度贫困村之一。

村党支部书记：向东；村委会主任：向红明。

【西坪村】 西坪村是2016年由西沙湖村、砖火坪村合并的建制村，位于苗儿滩镇原凤溪片区，与原贾市乡、咱果乡交界，距镇政府20多千米，下辖砖火坪、涂家沟、包家坪、中寨、老寨、岩屋等7个自然村。全村面积16500余亩，有289户1285人。常年外出务工人员470多人，主要分布在浙江，福建等沿海地区。

西坪村位置偏远，交通不便，是苗儿滩镇偏远贫困村之一。全村建档立卡贫困户131户546人，低保户88户96人，五保户8户8人，兜底户3户12人。2014年脱贫22户90人，2015年脱贫37户169人，2016年脱贫9户46人，2017年脱贫10户47人，累计脱贫78户352人。村内贫困户致贫主要原因是缺资金、缺技术、因学、因病。

西坪村0～20周岁的大约有300人。在校学生有161人，其中学前40人，小学61人，初中33人，高中5人，中专及以上22人。在0～20的青少年中，有残疾孤儿3人，109人享受国家建档立卡户政策，10人为非国办系统农村低保户。

村党支部书记：涂绍进；村委会主任：鲁先荣。

【金星村】 金星村总面积10平方千米，总人口1035人，劳动力400余人。其中，贫困户96户376人；低保户36户49人；兜底户6户21人；贫困务工人员130余人；贫困学生100余人。8户实施危房改造。2014年脱贫11户；2015年脱贫33户；2016年脱贫3户；2017年脱贫21户，未脱贫25户112人，村主要产业有养殖和水稻玉米种植等。

村党支部书记：尚顺清；村委会主任：田小晖。

苗儿滩镇金星村吊桥风景

【八吉村】 八吉村位于苗儿滩镇东南部,距镇政府八千米,下辖11个村民小组,5个自然寨。全村面积11.2平方千米,有耕地面积814亩,山林面积14125.5亩。

全村457户1726人,建档立卡贫困户164户717人;有党员27人,其中外出流动党员9人。至2017年,共脱贫105户441人。有低保61户共64人;兜底6户共52人。五保户入住敬老院10人,散居五保9人。有劳动力866人,其中转移就业626人。建档立卡贫困劳动力357人,其中转移就业177人。建档立卡就学167人,其中学前班26人,小学62人,初中35人,高中17人,大专10人,雨露计划17人。是年全村危房改造17户,其中无房3户、C级4户、D级10户。移民避险解困18户共72人。种植稻谷320亩,玉米300亩,柑橘89亩,饲养生猪2000头,牛200头,鸡2000羽,鸭2000羽,羊1000只。

在基础设施建设方面,村级综合服务平台建设完工。安装太阳能路灯96盏。3500米产业路项目正在实施,3500米通组公路列入计划。

村党支部书记:田仁付;村委会主任:尚光龙。

【六合村】 六合村位于苗儿滩镇东北部,距镇政府三千米,下辖7个村民小组,405户1591人。有427人外出务工,主要从事环卫、建筑等工种。有党员35名,其中60岁以上占57%。

全村面积8平方千米,有耕地856亩,林地7586亩,粮食作物主要有水稻、玉米等。经济作物有百合、柑橘等,经济收入来源主要有农业产业和外出务工。有建档立卡贫困户103户463人,其中缺资金369户,占76%;缺劳力198户,占41%;缺技术398户,占82%;因病129户,占27%;因灾15户,占3%;因学256户,占53%。

村党支部书记:朱德齐;村委会主任:陈国华。

里耶镇

【概况】 里耶镇位于龙山县南端,距县城124千米。2005年12月,乡镇行政区划调整,原贾市乡和内溪乡的双坪村,以及原隆头镇的新双、杉树两个建制村并入里耶镇,镇域面积168平方千米,东与苗市镇相连,南与保靖县清水坪镇隔酉水河相望,西与重庆市秀山、酉阳县交界,中北部与内溪乡咱果毗邻,地形成典型深凹马蹄形,地势西北高,东南低,西部有孤山兀立,八面山纵贯南北36千米,最高海拔1414.5米,平均海拔393.5米,年均气温15.8℃,最高39.5℃,最低-6℃,年降水量1400毫米,无霜期270至280天。境内水资源丰富,酉水河由西向东流经南端边境,境内流程10千米,镇内有吉里、龙里、里农二级公路三条,公路交通网络体系基本形成,农作物以水稻、玉米为主,油菜、薯类、花生、豆类次之,主要经济作物有烤烟、茶叶等,经济林有油桐、油茶等,水果有柑橘等。2017年,镇区加快文化旅游产业发展步伐,调优产业结构,创新特色产业,实现生产总值4417万元,同比增长9.5%;全社会固定资产投资14.2亿元,同比增长30%;招商引资到位资金4000万元,同比增长21.01%;全年旅游产业收入725万元,同比增长76%;实现城镇居民人均可支配收入17554元,同比增长18.9%。里耶历史悠久,文化多样、底蕴深厚,民族风情浓郁,是湘西"四大名镇"之一,据《龙山县志》记载,清康熙年间,里耶就建有街道、码头,境内木器、铁器、蔑器、雨具等制造业发达,集市繁荣,商贾云集,素有"小南京"之称,是湖南省境内唯一既传承秦汉文化,又融合巴蜀文化和土家文化的历史文化古镇。是年,里耶镇荣获全州"社会治安治理"工作优秀乡镇。

【农业生产】 2017年,全镇水稻种植面积436公顷,总产量2714吨;玉米285公顷,总产量1198吨;薯类441公顷,总产量1712吨;柑橘面积3015

公顷，总产值32001吨；烤烟种植面积83.1公顷，总产量265吨；油料作物种植面积632公顷，产量965吨，其中油菜667吨；蔬菜种植面积852公顷，产量17823吨。生猪出栏7204万头，羊出栏7898只，牛出栏1725头，家禽出笼5.14万羽，渔业以草鱼、鲤鱼、鲢鱼为主，淡水养殖面积31公顷，水产品总量416吨。境内林地面积11733.3公顷。是年，投入资金500多万元，实施石漠化治理414公顷，巩固退耕还林成果，封山育林194公顷，造林220公顷，境内现有金弹子、桐木、楠木、枫香等古树名木128棵。

【工业发展】 明清时，境内有生产铁器、木器、纸伞等手工作坊多家；民国时，有铁器、木器、纸伞、酱油、榨油、酿酒、粗布纺织、印染等作坊120余家。20世纪50年代中期，始兴农村集体副业。50年代末，人民公社组建多种经营专业队，发展社队企业。镇成立有铁木社、砖瓦厂、茶叶场、林场、装卸队、小型水电站、采石场等。涉及机械、化工、建材、食品、造纸、造船和建筑等行业，从业人员1800人。2017年，镇内有规模工业企业9家，实现工业产值129000万元，同比增长8.7%。

【商贸服务】 2017年，里耶新建(改造)街道12条，新建集贸市场2个、居民小区5个，商业门面达1200多家，常住人口达18000人，外来客商与游人逐年增多。其中投资2000万元建成的四省市边区最大农贸市场，占地30亩，内设摊位500多个，门面200多家，可容纳3万人在场内交易，至2017年年底，全镇有临街个体工商户600余家。

【基础设施】 2017年，里耶镇交通网络形成，西至重庆市秀山县(60千米)，东至永顺县通张家界，北至县城通武汉，南至花垣二级油路(40千米)可上长(沙)渝(重庆)高速公路。境内有省道14千米，县道114千米，通村公路144千米。花(垣)里(耶)高等级公路、里(耶)龙(山)、洗(车)里(耶)二级公路改扩建工程竣工。年内420套公租房项目完成主体工程建设；总投资3180万元，新建和改建村综合服务平台38个，其中新建30个、改建8个；投资505万元，建设村组道路；投资283万元，实施27个水利工程建设，包括部分村的人畜饮水工程、河堤新修及加固、灌溉渠道改造等项目。

2017年，镇区14条街道提质改造竣工，秦简博物馆升级改造、麦茶墓葬保护展示工程完成，后山漫游道系统建设项目及配套设施工程有序推进。里耶古城国家考古遗址公园第一期(麦茶溪口片区)遗址本体保护展示工程、国家历史文化名镇里耶三朝三城基础设施建设项目、里耶古城污水处理工程、里耶古城南游客中心及配套服务设施工程、张花高速等大型项目工程建设相继开工建设。

【美丽乡村建设】 2017年，里耶镇完成贾市社区和杨家寨、岩冲、巴沙、比耳等村美丽湘西示范村建设，各村(社区)均聘保洁员，拨付2万余元，用于定期维护村(社区)卫生工作，每月开展一次大型清理行动，辖区环境卫生治理采取“一月一督查”办法，将督查结果与村(社区)同建同治工作经费相挂钩，确保环境优美。

【基层党建】 全镇有党支部49个，党员1400余人。2017年全力推进比耳村、杨家村党建示范点建设，树立标杆，以点带面，对全镇38个党支部实行分类定级，重点整顿巴沙、恒咱、麦子坪软弱涣散的村党支部。制定年度党建工作计划，明确党建工作责任，细化、量化党建目标任务，先后召开党建工作专题会议6次，明确党委专职副书记分管，组织委员专职专岗专抓，下设党建工作办公室。是年，全镇发展新党员27人，其中农村党员25人，35岁以下13人，大专及大专以上学历8人。

【精准扶贫】 2017年，里耶镇坚持把脱贫攻坚作为头等大事，紧盯“两不愁、三保障”目标，压紧压实责任，按照精准识别动态调整的原则，以产业扶贫为根本，拨付到户产业扶持资金516万元，落实健康扶贫“351”“180”政策，财政兜底补助143户372

人。年内脱贫384户1578人,社会保障兜底143户372人,农村最低生活保障799户1196人,完成易地搬迁245户928人,危房改造772户2006人。在湖南湘江新区对口帮扶下,对里耶镇籍所有大学生及湘江新区对口帮扶的巴沙、东桃、裴家堡3个村贫困家庭学子实施教育资助,全年发放教育补贴208万元,共资助贫困学子1341人。

【民生事业】 2017年,里耶镇发放农村居民最低生活保障金520.7万元,农村兜底救助资金117.8万元,残疾人护理及生活补贴9.54万元,发放90岁以上高龄老人补贴9.68万元。实现全镇城乡居民医疗保险参保4.41万人,参保率100%,城乡居民基本养老保险缴费3.375万人,参保率85%。举办"里耶秦郡杯"篮球赛、春节晚会、元宵晚会等文化体育活动。

【文化旅游】 里耶镇旅游资源丰富,集历史文化与生态旅游于一体,是全国景观旅游名镇,AAA景区,国家土家族文化生态保护试验区,境内里耶古城遗址、博物馆、明清古街、酉水河及八面山闻名遐迩,2002年6月,里耶古城遗址发现37400余枚秦简,该批秦简牍数量远远超过历次出土秦简的总和,以文字的形式"复活"秦朝历史,里耶古城遗址出土、青铜器、陶器等珍贵文物共400余件,都陈列在里耶博物馆中,里耶博物馆自2010年对外开放,占地面积3.6万平方米,总建筑面积7200平方米,里耶还有溪口新石器时期遗址、麦茶战国古墓群、魏家寨东汉古城遗址、清水坪东汉古墓群、大板西汉古城遗址等多处历史遗迹,号称"三朝三城""三址三墓"。里耶明清古街区风貌独特,呈"七街六巷"布局,长3500多米,有民居910栋,建筑面积达31940平方米,走街串巷可以触摸历史痕迹,聆听远古天籁。里耶民俗文化多样,毛古斯、摆手舞、打溜子、咚咚喹、三棒鼓、哭嫁歌、土家山歌在镇域内保护完整,在这里,还可以见识人们用梯码法事沟通人神,驱赶鬼魅。里耶八面山被称作"土家族人圣山",相传远古时代天降七天暴雨,引发齐天大水,人类遭到灭顶之灾,只有雍尼、补所两兄妹藏身葫芦船中,漂浮水面七七四十九天,后洪水消退,神为让人类延续,便要兄妹俩成亲,土家人才得以繁衍,从此那座船形大山被土家人称作"树母补",即"先祖船",里耶人说那是祖先雍尼婆婆化身仰卧成石,因此八面山被视为圣山,至今里耶土家族人逢年过节仍要向八面山朝拜,祈福求平安。

【名人轶事】 里耶人文荟萃,人才辈出,有前清进士瞿之璋参与编纂《四库全书》,被乾隆皇帝赐予"作赋名家";有首批留洋学者、同盟会先驱、《中华民国临时约法》主要起草人之一瞿方书;有曾任吉林省政务厅长、旧民主主义革命先驱宋教仁之师瞿方梅;有民族资本家、爱国绅士李瑞林(抗美援朝捐飞机一架);有原中共湖南省委书记、省人大常委会原主任杨正午;有里耶籍台湾著名作家胡楚卿;有现任湖南师范大学文学院教授,湖南省重点学科中国现当代文学学科带头人、博士生导师凌宇;有诗人、学者、中国百杰书画家宿通等。

【土家语言】 土家族只有语言,没有文字,作为土家民族特征的土家语在绝大部分地区已经失传,仅有5%的土家族人以土家语为日常用语,里耶镇共计人口44000余人,其中30%的人能讲土家语,仍有20%的人以土家语为日常用语,至2017年,镇内土家族语言保留较好的村有岩冲村、树木村、长春村、杨家寨村、桥上村,北京大学、中央民族大学、中南民族大学、吉首大学和国家民委的有关专家经常到镇考察研究土家语及原生态土家民族民间文化。

【领导名录】

党委书记	田大治
党委副书记、镇长	夏海涛
人大主席	向　军
党委副书记	孙本键
纪委书记	杨章军

组织委员	彭宾芬
武装部长	姜长浪
宣传委员、副镇长	瞿　凯
副镇长	彭南觉(2017.07)
	吴金华　曾庆炎

【巴沙村】 位于里耶镇西部，东交苗儿滩镇，西邻东桃村，南靠街上村，北接咱果乡。该村土地肥沃、雨量充沛、气候宜人，属丘陵中的小河谷冲击平原地形，海拔在 240～400 米之间，年平均气温 16.4℃，最高气温 39℃，最低气温－2℃。全村有 4 个自然寨。2017 年，有 360 户 1357 人，其中土家族人口占 85%；总面积 12 平方千米，有水田 32 公顷，旱地 50 多公顷。主要经济来源为柑橘、林业、畜牧及劳务收入。旧时的巴沙湖有《水浒传》中的“祝家庄”之美称。村内房屋一律为木石结构的明清建筑，排列井然有序。仅封火大院就有 18 栋，这些大院四周有高大的封火院墙，院内有青石板铺成的大院坝，院墙上画有各种精美的图案。如：双龙夺珠、双凤朝阳、喜鹊闹梅及花草山水等。每座大院的朝门均为八字形，一律是用经过石匠精打细磨而成的青石砌成，墙身四角鳌鱼高翘，门外一对石雕雄狮或大象护门，院内有造型精美的土家吊脚楼，门窗和栏杆都是通过能工巧匠们精心雕刻装饰而成。每座庭院占地不下 300 平方米。村内广植桃李果木，还有千年古树，每到春天桃李争妍，鸟语花香，有似世外桃源。在文化大革命期间古建筑遭到严重破坏，现保存基本完好的封火大院只有 3 栋。

村党支部书记：向帮武；村委会主任：向春敏。

【长春村】 位于里耶镇北部，坐落在风景秀丽的八面山脚下，是里耶镇的后花园。2005 年由原长春村、清江村、凤寨村合并而成，总面积 1.8 平方千米。2017 年，辖 10 个村民小组，共 312 户 1450 人。土家族占总人口 80%以上，全村有土家族、苗族特色民居 285 栋。以种植脐橙、椪柑、南丰蜜橘 1800 余亩为主要支柱产业和经济收入来源。长春村为典型的土家特色历史文化名村，历史悠久，民族文化丰富灿烂。村落形成于宋元时期，暨传承明清建筑风格，又融合土家族民居特色，与里耶古镇明清建筑一脉相承。青石板街东西长 100 多米，宽 3 米。村间民居建筑多为晚清、民国乡土民居，多取南北朝向，不同群组地塑造成姿态各异的空间形象和聚落景观，彰显着朴实真情、独特技法、生机盎然的个性和情感精神。吊脚楼单檐悬挑，屋面反翘，栏杆悬柱，各呈其趣。此类建筑通风向阳，冬暖夏凉，干爽清新，掩映于茂林修竹之间，一派和谐生趣的土家族田园风光美景。

村党支部书记：吴顺成，村主任：王文祥。

【贾市社区】 位于龙山县东南部，距县城 98 千米，距里耶古城 29 千米。社区总面积 17.8 平方千米，村庄建设用地面积 23.8 公顷，其中古建筑占地面积占村庄建设用地面积的 68%。主要有明清古街一条，该古街始建于明万历年间(1573—1620)，原总长 1144 米、宽 3 米，总占地面积 115566 平方米，街面一律用青石板铺就，街两边的古民居系清一色木石结构建筑。后来因上街一段失火，烧掉 100 米、修公路占用 120 米，现存 924 米；封火院墙古建筑 10 栋、木瓦结构乡土建筑 108 栋、土家吊脚楼 30 栋。2017 年，社区有户籍人口 3055 人，其中常住人口有 1580 人。主要民族构成为：土家族、苗族和汉族，分别占 80%、10%和 10%。

社区党支部书记：郑丁友，社区主任：敖小军。

【比耳村】 比耳村位于里耶镇东北端，距镇政府 10 千米，平均海拔 450 米，属于典型山区。2017 年下辖 7 个村民小组，有 5 个自然寨 291 户 1246 人，共有党员 43 人。

全村面积 5.4 平方千米。有耕地面积 1080 亩，林地面积 5500 亩。经济收入来源主要有农业产业和脐橙产业；经济作物以柑橘为主。2017 年，柑橘面积 380 亩，产量 750 万千克，收入 3000 万元。全村有建档立卡贫困户 47 户 177 人，其中 2016 年脱贫 3 户 16 人，2017 年脱贫 9 户 35 人。

社会保障兜底3户10人。

村党支部书记:石勇,村主任:石宗兵。

【里耶社区】 位于里耶镇镇政府所在地。2017年,下辖14个村民小组,有584户1568人。有党员31人。

社区面积2.4平方千米,经济收入来源主要有农业产业和外出务工,以及经商。农作物以柑橘为主,全社区种植柑橘1500余亩。有建档立卡贫困户49户138人,其中2014年脱贫16户46人,2015年脱贫18户58人,2016年脱贫1户2人,2017年脱贫5户15人,社会保障兜底3户5人。

社区党支部书记:彭长顺,社区主任:余文彪。

【中孚社区】 位于里耶镇镇区,下辖9个村民小组,有1820户5200人。有24名党员。全社区主要经济收入来源靠外出务工以及经商。该社区无建档立卡户。

社区党支部书记:袁海 ,主任:刘和平。

【麦茶社区】 位于里耶镇西北部,距镇政府2500米,平均海拔280米,属于依山盆地。2017年,下辖10个村民小组,集中于两个自然寨,有410户1309人。有党员33人。

社区总面积10.23平方千米,其中仅有稻田80亩(人均不到1分田)、旱地410亩(人均3分地)、山林6200亩(可种耕种的林地1500亩,人均1.2亩)。经济收入来源主要有农业产业和外出务工。粮食作物主要有玉米、马铃薯等,经济作物以柑橘为主。有建档立卡贫困户26户92人,其中2014年脱贫7户24人,2015年脱贫8户29人,2016年脱贫6户21人,社会保障兜底1户2人。

社区党支部书记:李祖贵;社区主任:吴绍辉。

【大板社区】 位于里耶镇西北端,距镇政府三千米,平均海拔350米,属于典型山区。2017年,下辖21个村民小组,集中于6个自然寨,有627户2232人。有党员49人。

社区总面积23.8平方千米,其中耕地面积3450亩,林地面积13330亩。经济收入来源主要有农业产业和外出务工;粮食作物主要玉米、马铃薯等,经济作物以柑橘、梨子为主。全村有建档立卡贫困户133户507人,其中2014年脱贫14户58人,2016年脱贫11户40人,2017年脱贫4户15人,社会保障兜底6户22人。

社区党支部书记:吴华周,社区主任:洪明万。

【猫儿溪社区】 位于里耶镇西北端,距镇政府一千米,平均海拔331米,属于典型山地地形。2017年,下辖8个社区民小组,有8个自然寨325户1242人。有党员38人。

全社区面积9.7平方千米,其中耕地面积2750亩,林地面积2480亩。经济收入来源主要有农业产业和外出务工;粮食作物主要有玉米、马铃薯等;经济作物以种植柑橘为主,有椪柑、南丰蜜橘4000余亩。有建档立卡贫困户32户132人,其中2014年脱贫6户22人,2015年脱贫6户25人,2016年脱贫19户75人,社会保障兜底1户1人。

社区党支部书记:彭官贵;社区主任:田小兰(女)。

【柳坪村】 位于里耶镇南端,距镇政府1500米,平均海拔231米,属于典型山地地形。2017年,下辖5个村民小组,有198户801人。有党员24人。

全村面积5.5平方千米,其中耕地面积1725亩,林地面积620亩。经济收入来源主要有柑橘产业和外出务工;粮食作物主要有玉米、红薯等,经济作物以蔬菜、柑橘为主,种植蔬菜、柑橘1200余亩。有建档立卡贫困户36户117人,其中2014年脱贫6户18人,2015年脱贫10户35人,2016年脱贫6户18人,2017年脱贫6户23人,社会保障兜底4户11人。

村党支部书记:张开钫;村委会主任:张祖斌。

【太平村】 位于里耶镇西南部,距镇政府三千米。下辖9个村民小组。2017年有298户1021人,其中533人外出务工人员，主要分布在福建、浙江、河北、广东等地区。有党员18人，其中60岁以上占30%。

全村面积9平方千米。有耕地1200亩，林地1600亩，其中生态公益林2400亩，柑橘1400亩。粮食作物主要有水稻、玉米等，经济作物主要有柑橘，村民经济收入来源主要有农业产业和外出务工。有建档立卡贫困户71户243人。2014年，全村脱贫7户31人；2015年，全村脱贫共28户111人，2016年全村脱贫6户17人，2017年全村脱贫6户19人，尚未脱贫有24户，65人。养殖业合计438头(只、尾、羽)。劳务输出56人。

村党支部书记：吴绍辉；村委会主任：吴绍周。

【杨家溪村】 位于里耶镇西端，距镇政府三千米，平均海拔300米，背靠八面山，有“五坡两溪一沟”之称。下辖9个村民小组，9个自然寨。2017年有220户1052人。有党员21人。

全村面积9平方千米，有耕地面积300亩，林地面积3800亩，柑橘面积1800亩。经济收入来源主要有农业产业和外出务工；粮食作物主要稻谷、玉米、马铃薯等，经济作物以柑橘为主。有建档立卡贫困户53户224人。其中2014年脱贫6户27人；2015年脱贫13户58人，2016年脱贫28户119人，2017年无脱贫户。社会保障兜底2户7人。

村党支部书记：杨翠娥(女)，主任：朱能文。

【半坡村】 位于里耶镇中北部，距镇政府五千米，由原半坡村和洛子坪村合并而成，全村居民沿半山腰分散居住，共8个小组。2017年，有318户1233人，有党员31人，贫困户有86户365人。2014年脱贫人口6户32人，2015年脱贫人口17户76人，2016年脱贫人口21户91人，2017年脱贫人口21户79人，未脱贫21户87人。低保户数19户26人，兜底1户2人。全村退耕还林面积1230亩，生态林1038亩，耕地面积1625亩(其中水田面积565亩、旱地1060亩)。经济收入来源主要有柑橘产业和养殖业，种植椪柑、南丰蜜橘350余亩，养牛150余头、羊1500余只。

村党支部书记：彭高平；村委会主任：徐昌茂。

【新双村】 位于里耶镇北部，距镇政府15千米，距龙吉高速52千米，省道259穿村而过。2017年，全村总面积15.2平方千米，有耕地面积1400亩(其中田地480亩，旱地920亩)，林地8500亩。下辖5个村民小组，279户987人，有党员19人。

村民经济收入来源主要有外出务工和柑橘销售，个别农户有山羊和禽类养殖收入，另为稻谷、玉米、油茶、红薯等农作物，以自食为主。全村种植蔬菜、椪柑、南丰蜜橘100余亩，饲养生猪500余头、牛100余头、羊300余只。有建档立卡贫困户72户305人，其中2014年脱贫10户46人，2015年脱贫20户94人，2016年脱贫7户28人，2017年脱贫16户67人，社会保障兜底2户6人，尚未脱贫17户64人。

村党支部书记：向珍(女)；村委会主任：彭安菊(女)。

【杉树村】 位于里耶镇北端，距镇政府17千米，平均海拔486米。2017年，下辖3个村民小组，集中于两个自然寨，有197户755人。有党员16人，预备党员2人。

全村面积6.9平方千米，有水田1100亩，旱土面积1420亩，林地面积3200亩。村民经济收入来源主要有柑橘产业和外出务工；粮食作物主要有玉米、水稻等，经济作物以柑橘为主。全村种植椪柑、南丰蜜橘500余亩，养殖生猪500余头、羊100余只。有建档立卡贫困户69户293人，其中2014年脱贫17户85人，2015年脱贫17户81人，2016年脱贫23户89人，2017年脱贫9户29人，社会保障兜底3户9人。

村党支部书记：彭清吉；村委会主任：田心维。

【双坪村】 位于里耶镇北部，距政府六千米。2017年，有4个村民小组，287户，1300余人，其中常住人口有1200余人。党员22人。主要民族有土家族、苗族和汉族。以蔬菜、椪柑、南丰蜜橘为主要支柱产业和经济收入来源,其中有南丰蜜橘2000亩。

村党支部书记:吴官富;村委会主任:杨光大。

【梓木村】 位于里耶镇北部,八面山下,是一个土家族聚居的村寨,总面积12平方千米,东与杨家寨村相邻,南与长春村接壤,西与八面山相接,北与桥上村交界,距镇政府八千米,距龙山县城120千米。该村以山地为主,总体地势表现为四周高中间低,属山间盆地。北部主要以林地和耕地为主,其中稻田485亩,旱土611亩,山林6649亩。属亚热带大陆性湿润季风气候区,四季分明,春多寒潮,秋多连绵阴雨,冬多风、严寒冰冻。年平均气温为16.5℃,最高气温39.5℃,最低－2℃,年无霜期275天。年均降水量1420.5毫米,年均日照时间1608.5小时。2017年,全村有4个村民小组,总户数321户,总人口1329人。18岁至60岁人口占总人口比重为60%,60岁以上人口占总人口比重为15%,18岁以下人口占总人口比重为25%。全村贫困人口总数448人。五保户5人,两女节育15户。党员31人。义务教育阶段学生120人、高中学生25人(其中高三学生9人)、在校大学生35人。全村新新型农村参合率95%,新农保参保率90%以上。村内因地制宜发展柑橘产业,其中以椪柑、脐橙为主要产业。共有劳动力710人,其中外出务工430人。有142个外出务工人员为其中建档立卡贫困户。柑橘1200亩,蔬菜40亩,生猪80头,牛50头,羊800只,鸡1400羽。有建档立卡贫困户105户、贫困人口448人。其中2014年脱贫12户43人,2015年脱贫29户132人,2016年脱贫7户24人,2017年脱贫22户99人,兜底8户28人。

村党支部书记:向应东;村委会主任:张昭。

【杨家寨村】 位于里耶镇东端,距镇政府14千米,平均海拔500米。2017年,该村辖2个村民小组,4个自然寨195户708人。有党员21人。

全村面积4.5平方千米,有耕地面积800亩,林地面积2800亩。种植椪柑、南丰蜜橘400余亩。经济收入来源主要有农业产业和外出务工;农作物主要柑橘、猕猴桃、玉米、马铃薯为主。有建档立卡贫困户69户261人,其中2014至2015年脱贫32户126人,2016年脱贫8户24人,2017年脱贫8户28人,尚未脱贫21户83人。

村党支部书记:杨正佑;村委会主任:杨正维。

【桥上村】 位于里耶镇西部,距镇政府13千米,平均海拔420米。2017年,辖10个村民小组,有4个自然寨408户1570人。有党员45人。

全村面积18平方千米,有耕地面积1060亩,林地面积16900亩。经济收入来源主要有农业产业和外出务工;粮食作物主要玉米、马铃薯,经济作物以猕猴桃、柑橘为主。有建档立卡贫困户141户510人,其中2014年脱贫28户89人,2015年脱贫36户139人,2016年脱贫9户36人,2017年脱贫29户107人,尚未脱贫的有39户139人。

村党支部书记:彭恩;村委会主任:彭泽华。

【自生桥村】 位于里耶镇西北部,距镇政府10.5千米,平均海拔1231米。2017年,辖6个村民小组,有7个自然寨180户726人。村党支部共有党员27人。

全村面积12.5平方千米,有耕地面积2614亩,林地面积1200亩。经济收入来源主要有农业产业和外出务工;粮食作物主要有玉米、马铃薯等,经济作物以烤烟、药材为主。有建档立卡贫困户79户337人,其中2014年脱贫8户29人,2015年脱贫19户96人,2016年脱贫21户89人,尚未脱贫的有31户123人。

村党支部书记:朱能文;村委会主任:谢永安。

【云顶村】 位于里耶镇八面山高原台地,距镇政府26千米,平均海拔1320米。2017年,辖5个村民小组,有196户837人。有党员34人。

全村面积7.33平方千米,有耕地面积1350

亩，林地面积5000亩。经济收入来源主要有农业产业和外出务工；粮食作物主要有玉米、马铃薯等，经济作物以烟叶、辣椒为主。有建档立卡贫困户83户326人，其中2014年脱贫9户32人，2016年脱贫15户62人，2017年脱贫10户38人，社会保障兜底1户3人，尚未脱贫的有37户127人。

村支部书记：张小权；村委会主任：陈娇。

【真仙村】 位于里耶镇西北部，距镇政府34千米，平均海拔1320米。2017年，辖4个村民小组，有8个自然寨209户784人，有党员24人。

全村面积12平方千米，有耕地面积3820亩，林地面积1970亩。经济收入来源主要有农业产业和外出务工；粮食作物主要有玉米、马铃薯等，经济作物以烤烟、药材为主。有建档立卡贫困户102户368人，其中2014年脱贫2户5人，2015年脱贫18户46人，2016年脱贫4户16人，2017年脱贫4户22人，社会保障兜底5户15人，尚未脱贫的有75户281人。

村支部书记：吴世宇；村委会主任：吴晓燕。

【天堂村】 位于里耶镇西北部，距镇政府40千米，平均海拔1200米。2017年，该村辖11个村民小组，13个自然寨199户789人，有党员24人。

全村面积15.6平方千米，有耕地面积995亩，林地面积12310亩。经济收入来源主要有畜牧养殖业和外出务工；养殖黑猪280余头、牛240余头、羊300余只。粮食作物主要有玉米、马铃薯等。有建档立卡贫困户107户401人，其中2014年脱贫3户9人，2015年脱贫18户56人，2016年脱贫2户7人，2017年脱贫4户17人，社会保障兜底3户4人，尚未脱贫的有29户102人。

村党支部书记：张安洪；村委会主任：刘能文。

【树木村】 位于里耶镇北部，龙山里耶、洗车河里耶二级公路穿村而过，距镇政府六千米，2006年由原甲湖、向家和树木三个村合并为现在的树木村。2017年，全村10个村民小组，劳动力有820人。有7个自然寨411户1771人。有党员43人。

全村耕地面积2422亩，其中稻田面积342亩，旱地面积1880亩，橘园面积2080亩。经济收入来源主要有农业产业和外出务工；粮食作物主要有水稻、玉米等，经济作物以柑橘为主。有建档立卡贫困户91户361人，其中2014年脱贫6户29人，2015年脱贫21户97人，2016年脱贫7户30人，2017年脱贫51户192人，社会保障兜底6户11人，是年，全村贫困人口全部脱贫，贫困村摘帽。

村党支部书记：向昌元；村委会主任：向发绪。

【岩冲村】 位于里耶镇北部两千米处。2017年，该村辖8个村民小组，有307户1261人，其中常住人口1250人。党员28人。种植蔬菜、椪柑、南丰蜜橘1600余亩，养殖生猪250余头、牛12头及鸡2000余羽为主要支柱产业和经济收入来源。

村支部书记：彭贤利；村委会主任：彭志义。

【大丰村】 位于里耶镇西端部，距离政府10.5千米，平均海拔300米。2017年，该村辖5个村民组，有5个自然寨168户226人。有党员10人。

全村面积7.8平方千米，有耕地面积380亩，林地面积2300亩，主要经济收入来源于农业生产和外出务工等，经济作物以柑橘为主，全村种植椪柑、南丰蜜橘2500余亩。有建档立卡贫困户59户224人，其中2014年脱贫4户13人，2015年14户54人，2016年脱贫15户45人2017年脱贫59户23人，社会保障兜底2户8人，尚未脱贫的有19户79人。

村党支部书记：邹小菊（女）；村委会主任：刘忠。

【跃进村】 位于镇南八千米处。2017年，该村辖10个村民小组，有212户892人，其中常住人口880余人。有党员17人。主要民族构成为：土家族、苗族和汉族。以种植蔬菜、椪柑、南丰蜜橘600余亩，养殖生猪、牛及羊100余只为主要支柱产业和经济收入来源。

村支部书记：李发平；村委会主任：杨通明。

【农林村】 位于里耶镇北部约10千米处，全村总面积约8平方千米，有耕地1185亩，林地3850亩，粮食作物主要有玉米、红薯等，经济作物主要有柑橘、油菜等，经济收入来源主要有农业产业和外出务工。全村种植蔬菜、椪柑、南丰蜜橘共400余亩，养殖猪100余头、牛100余头及羊150余只。2017年，全村下辖8个村民小组，有197户824人，其中358人外出务工。有党员20人，其中60岁以上占比54%。有建档立卡贫困户94户336人，其中缺资金68户，占比72.3%；缺劳动力20户，占比21.3%；缺技术49户，占比52.1%；因病20户，占比21.3%；因学14户，占比14.8%。2014年脱贫12户50人，2015年脱贫30户109人，2016年脱贫9户42人，2017年脱贫9户34人，累计脱贫60户235人。清查剔除12户贫困户，是年底，有建档立卡户63户242人。

村党支部书记：石茂丁；村委会主任：彭坤民。

【麦子坪村】 位于镇北10千米处，共有8个村民小组，全村共350户，总人口1230余人。有常住人口有1221余人，其中党员22人。主要民族构成为：土家族、苗族和汉族。以种植蔬菜、椪柑、南丰蜜橘900余亩和养殖生猪100余头、牛30余头及羊200余只为主要支柱产业和经济收入来源。

村党支部书记：彭民胜；村委会主任：彭志斌。

【东桃村】 位于里耶镇西北部，距镇政府20.5千米，平均海拔258米。2017年，该村辖4个村民小组，有4个自然寨292户1032人，有党员15人。

全村面积6.8平方千米，有耕地面积1250亩，林地面积2500亩。经济收入来源主要有农业产业和外出务工等；粮食作物主要有水稻、玉米、马铃薯、红薯等，经济作物以百合、油菜为主。有建档立卡贫困户83户317人，其中2014年脱贫2户11人，2015年脱贫24户107人，2016年脱贫28户94人，2017年脱贫28户108人，社会保障兜底1户3人。尚未脱贫的有18户73人。

村支部书记：彭林；村委会主任：彭承明。

【恒咱村】 位于里耶镇西北端，距镇政府10千米，平均海拔358米。2017年，该村辖5个村民小组，有5个自然寨314户1142人。有党员24人。

全村面积5平方千米，有耕地面积1800亩，林地面积2600亩。经济收入来源主要有农业产业和外出务工党；粮食作物主要有水稻、玉米、马铃薯等，经济作物以柑橘为主，种植柑橘1400余亩。有建档立卡贫困户72户289人，其中2014年脱贫8户34人，2015年脱贫22户103人，2016年脱贫36户135人，2017年，脱贫63户266人。社会保障兜底6户17人。

村党支部书记：肖华富；村委会主任：姚小兵。

【锁湖村】 位于里耶镇东北部，距镇政府25千米，平均海拔300米。2017年，该村辖2个村民小组，有2个自然寨180户758人。有党员18人。

全村面积18平方千米，有耕地面积1518亩，林地面积3580亩。经济收入来源主要有农业产业和外出务工等；粮食作物主要有水稻、玉米、马铃薯等，经济作物以柑橘为主。有建档立卡贫困户62户273人，其中2014年脱贫9户42人，2015年脱贫17户63人，2016年脱贫2户9人，2017年脱贫7户39人，社会保障兜底1户4人。至是年底，尚未脱贫的有27户120人。

村党支部书记：梁必武；村委会主任：彭大彪。

【普车村】 位于里耶镇东北部，距镇政府30千米，平均海拔220米。2017年，该村辖5个村民小组，有4个自然寨388户1375人。有党员28人。

全村面积14平方千米，有耕地面积736亩，林地面积2550亩。经济收入来源主要有农业产业和外出务工等；粮食作物主要有水稻、玉米等，经济作物以柑橘为主。种植蔬菜、椪柑、南丰蜜橘共500余亩，养生猪500余头、牛50余头及羊300余只。全村有建档立卡贫困户103户405人，其中2014

年脱贫10户51人，2015年脱贫24户106人，2016年脱贫17户48人，2017年脱贫45户188人，含社会保障兜底3户4人。尚未脱贫的有7户12人。

村党支部书记：张敏；村委会主任：黄大权。

【西拉村】 位于镇西12千米处。2017年，该村辖有4个村民小组，有149户714人，其中常住人口有700余人。有党员23人。主要民族构成为：土家族、苗族和汉族。以种植蔬菜、椪柑、南丰蜜橘200余亩和养殖生猪20余头、牛10余头及羊150余只为主要支柱产业和经济收入来源。

村党支部书记：田明礼；村委会主任：贾智美。

【兔吐村】 位于里耶镇西北端，距镇政府52.5千米，平均海拔568.6米。2017年，该村辖4个村民小组，有两个自然寨217户802人，有党员15人。

全村面积7.8公顷，有耕地面积840亩，林地面积8517亩。经济收入来源主要有家禽养殖和外出务工等；粮食作物主要有玉米、水稻、马铃薯等。有建档立卡贫困户82户346人，其中2014年脱贫7户28人，2015年脱贫21户92人，2016年脱贫4户16人，2017年脱贫10户52人，社会保障兜底5户12人。尚未脱贫的有35户173人。

村党支部书记：游开富；村委会主任：彭成贵。

【银河村】 位于里耶镇东北部，距镇政府29千米。2017年，该村辖5个村民小组，5个自然寨212户795人，有党员18人。

全村面积6.8平方千米，有耕地面积920亩，林地面积1982亩。全村种植椪柑、南丰蜜橘900余亩，养殖猪50余头、牛30余头及羊70余只。经济收入来源主要有农业产业和外出务工等；粮食作物主要有玉米、马铃薯等，经济作物以柑橘为主。有建档立卡贫困户60户243人，其中2014年脱贫7户29人，2015年脱贫19户73人，2016年脱贫3户18人，2017年脱贫7户29人，社会保障兜底3户9人。尚未脱贫的有24户94人。

村党支部书记：向东；村委会主任：向英林。

【新寨村】 位于里耶镇东北部，距镇政府30千米。2017年，该村辖4个村民小组，两个自然寨174户635人。有党员13人。

全村面积5.6平方千米，有耕地面积1500亩，林地面积7000亩。经济收入来源主要有农业产业和外出务工等；粮食作物主要有玉米、马铃薯等，全村有建档立卡贫困户46户206人，其中2014年脱贫3户15人，2015年脱贫15户66人，2016年脱贫13户54人，2017年脱贫4户20人，社会保障兜底2户8人。尚未脱贫的有9户42人。

村党支部书记：师孝梅；村委会主任：贾绍江。

【裴家堡村】 位于镇东25千米处。2017年，该村辖4个村民小组，有145户722人，其中常住人口有706人，村党支部有党员26人。主要民族构成为：土家族、苗族和汉族。种植蔬菜、椪柑、南丰蜜橘共380余亩，养殖生猪60余头、牛3头及羊450余只主要以种植和养殖为支柱产业和经济收入来源。

村支部书记：向光翠（女）；村委会主任：彭继洲。

龙山县民政局

党组书记、局长　彭法

2017年，龙山县民政局在县委、县政府的坚强领导下，牢固树立“民政为民、民政爱民”的新理念。不断完善社会救助体系，加快养老服务事业发展，全力做好优抚安置工作，实施基层社会治理创新和提升防灾减灾救灾综合能力，落实精准扶贫工作，紧紧兜牢民生网底，全面提升困难群众的获得感、幸福感，各项工作取得显著成效。先后被授予“全省民政新闻宣传先进单位”“州级文明单位”“社会治安综合治理”先进单位等荣誉。“基层党建、民族团结进步创建、信访、安全生产、重点民生实事项目、政务公开、依法行政、党风廉政”等20余项工作得到龙山县委、县政府表彰。

省民政厅副厅长孙中喜（左一）及州民政局负责人一行到龙山县华塘街道走访慰问优抚对象一级伤残军人田清富

县长办公会议专题研究民政工作

积极发挥民政作用，扎实推进精准扶贫工作

县民政局组织党员在烈士陵园开展学习党的十九大精神、重温入党誓词活动

龙山县农村经营服务站

内溪乡五官村成立土地股份经济合作社挂牌

局领导与工作人员在世纪广场宣传农民专业合作社法规修订知识

龙山县农村集体产权制度改革工作培训会

2017年6月，龙山县被农业部确定为全国农村集体产权制度改革试点县，县财政安排专项资金576万元。

专业合作社与家庭农场队伍壮大。完成两个省级农民专业合作社示范社和两个州级示范社建设申报。同时，新发展家庭农场152家，总数333家。

土地确权逐渐完善。建立县、乡、村三级土地流转服务体系，完善县乡两级流转服务体系建设22个及土地流转平台建设。

村集体经济典型频频涌出。397个行政村（社区）村集体经济收入总额为4909万元，村级集体经济收入10万元以上村68个。

维权减负成绩斐然。开展全县中、小学春季入学收费情况专项检查。同时开展涉农保险专项理整治，规范涉农保险，减轻农民负担。按月发放8类55项惠农补贴金额30206万元，惠及农户家庭12.8万个。

龙山县 文物管理局

2017年，龙山县文物管理局团结务实，抢抓机遇、负重奋进，全县文物保护利用工作取得显著成效。

加强规划编制。编制《龙山县湘鄂川黔革命根据地旧址文物保护规划》及该旧址保护勘察设计方案，争取到位专项保护资金2795万元。同时，编制《龙山县湘鄂川黔革命根据地红色旅游专项规划》，两项规划分别由省人民政府、县人民政府公布实施。

加快实施文物保护修缮工程。启动实施红二、六军团红军医院、树比冲天楼、钟英塔等9处文物保护单位修缮工程。

抓实革命旧址展示利用工作。投入40余万元征集文物、实物400余件（套），完成红二、六军团兵工厂旧址陈列布展。同时，完成湘鄂川黔革命根据地陈列展馆建设项目申报工作，力争纳入省建设计划。

扎实推进文物安全工作。落实文物保护、安全经费40万元，强化县、乡、村三级文物安全管理机制，层层签订了“责任书”，聘请各级文物保护单位管护员。

州、县领导检查红军医院维修情况

茨岩塘湘鄂川黔革命根据地省委、省革委会和省军区旧址

红二、六军团兵工厂陈列布展（红炉车间）

红二、六军团兵工厂旧址

维修后的洛塔精神陈列馆

里耶镇

里耶秦简

丰收的喜悦

土家族梯玛神歌之跳神

2017年，里耶镇以打造“全国景观旅游名镇”“武陵山区文化旅游核心景区”等工作为重点。全年接待游客40多万人次，旅游产业产值达725万元；培植脐橙及柑橘4万余亩，年产量6万多吨；实现生产总值24000万元，固定资产投资14200万元，招商引资到位资金4000万元，全年脱贫384户1578人。镇内拥有“全国重点文物保护单位”“中国历史文化名镇”“全国特色景观旅游名镇”“全国重点镇”“全国文明村镇”“国家级非物质文化遗产名录”“中国传统村落”“宜居小镇示范”“国家级风景名胜区”“全国特色小镇”十大国字号品牌。

瑞雪映古镇

（胡荣春　拍摄）

茨岩塘镇

红二、六军团纪念碑

修建中的自来水厂

望乡台瀑布

2017年，茨岩塘镇以精准脱贫、基层党建、烤烟生产和红色旅游为重点工作，努力建设“县域经济强镇”“红色旅游名镇”“交通枢纽重镇”“生态宜居靓镇”。全年脱贫205户815人，收烟238万千克，创税660万元。开工建设镇自来水厂等民生工程，不断完善基础设施，湘鄂川黔苏维埃革命委员会旧址修缮竣工，红色旅游快速推进。茨岩塘镇在全县脱贫攻坚、基层党建、党风廉政建设责任制、安全生产、两违整治、人口和计划生育等工作年度考核中被评为优秀乡镇。

村民在烤烟基地劳作

石牌镇

党委书记 聂仁军

镇长 田良平

石牌镇下辖18个村(社区)，总人口2.86万人，素有中国百合之乡和生态美镇之称。坐落于号称湘西屋脊的大灵山下，境内有供应县城20万人饮用水的卧龙水库，四面环山，如同天然氧吧。

石牌还是文化重镇，自1997年恢复高考以来，全镇走出14位清华、北大学子和1000多名重点本科生，有“清华北大摇篮”之美誉。农民作家刘大印创办闻名遐迩的《农民文学》杂志，先后被《农民日报》、中央电视台4频道宣传推介。

2017年，种植百合3万余亩，产鲜、干百合9000吨，销售额近2亿元，拓展了农民增收致富之路。在长沙市雨花区的对口帮扶下，镇党委、政府多方筹集，投入资金3100多万元，新建村级综合服务平台3个、新修桥梁1座、提质改造学校、卫生院和敬老院，大力完善村级道路、人畜饮水等基础设施。全镇经济社会民生事业快速发展，群众脱贫致富步伐加快，社会环境安定和谐。镇政府荣获龙山县政府2017年度目标管理工作一等奖，五个文明、计生工作、综治工作被评为先进单位，多次受到县委县政府通报表扬。

勤劳淳朴的石牌农民

全国一村一品——百合重镇

湘西州
成美建材有限公司

董事长　林玉茂

湘西自治州成美建材有限公司成立于2009年，是湖南省十二五期间在湘西州布点的三条新型干法水泥生产企业之一，系龙山县重点招商引资企业。公司位于龙山县民安街道红星村，总投资3.5亿元，拥有一条2500t/d新型干法水泥生产线，年产优质水泥100万吨。2017年，公司完成工业总产值1.7亿元，上缴税费1500万元；

为积极响应龙山县委、政府提出的“百企帮百村、千商扶千户”的号召，配合龙山打好扶贫攻坚战，公司为贫困村和贫困户累计捐款捐物折合人民币93万元。

为坚决贯彻习近平总书记关于“金山银山，就是绿水青山”的重要指示精神，公司在2017年继续加强环保设施建设，累计投入500多万元实施窑头电收尘及在线监测系统技改和升级，并治理厂内设备带来的噪声。

成美公司水泥生产线

公司领导春节走访困难职工

龙 山 县
惹巴妹手工织品有限公司

董事长 谭艳林

龙山县惹巴妹手工织品有限公司成立于2011年，主要生产民间手工编织产品及研发。2017年实现总产值2136万元。

2017年，被湖南省评为“全国就业扶贫基地”“省就业扶贫基地”“省残疾人就业扶贫基地”和“巾帼巧手创业基地”。董事长谭艳林被评为“湖南省先进助残个人”及“最美苗乡姑娘”。

截至2017年年底，在红岩溪、里耶镇等兴办扶贫车间7个，吸纳农村剩余劳动力就业406人，其中建档立卡贫困户151人。

职工学习针织技术

惹巴妹在米兰 （曾朝辉 摄）

召市镇

【概况】 召市镇,位于龙山县中部,距县城 42 千米。东与洛塔山脉相连,南与咱果毗邻,西与桂塘、洗洛接壤,北与洗洛、茅坪交界。总面积 314、67 平方千米。召市镇中心呈 Y 形平坝,四面环山,地形复杂。东有洛塔界余脉倾向,西有可立坡大界遮视。四面有凹凸不均的山堡,四条溪河汇流,分别从方坡村境内院落坪的汨水洞、新园村境内铁中坝的落水洞潜入乌龙山人峡谷河流。境内最高峰梯子岩海拔 1430 米,最低点院落坪海拔 516.6 米。北部系石灰岩为主的黄土壤,适应农作物生长,其余均为砂壤,土壤为中性偏酸反应。植被以枞树、杉树和灌木树为主。境内属中亚热带山地、季风湿润气侯,其特点气候温和、夏凉冬寒,光照充足、雨量充沛,年平均气温 15.8℃,最高气温 36℃,最低气温−8.7℃。年降水量 1345.2 毫米,无霜期为 250 天左右。耕地面积 48722 亩,其中,稻田面积 19728.66 亩,旱土面积 8010.85 亩,其他土地 7959 亩;山林面积 253755 亩,其中有生态公益林面积 35007.87 亩、退耕还林面积 62588.2 亩。召市通镇公路两条:一条为 20 世纪 50 年代末修筑的茅坪—里耶公路途经召市,境内(岩门坡至万家棚)里程为 25 千米;一条为 1985 年修筑的火召公路(火岩叉路口至召市),里程 10 千米;通村公路 42 条,总里程为 195.1 千米;通组公路 224 条,总里程 264.4 千米。全镇有大货车 45 辆、农用车 680 辆、三轮车 795 台、两轮摩托车 2470 部、校车 4 辆、乡村公交车 4 辆、赶集客运专用中巴车 2 辆。乡村公交线路 4 条,水库渡口 3 个、渡船 3 艘。全镇水域面积 4542 亩:有小(二)型水库 8 座、山塘 56 口。有中型水库 1 座——贾坝水库。水库位于贾坝社区上端、喳啦坪村旁边、万家棚村下面,是 1 座以灌溉为主、兼有防洪、发电等综合效率的中型水利水电枢纽工程。水库控制集雨量面积 20、7 平方千米,坝型为粘心土堆石坝,坝高程为 700 米,最大坝高为 32 米。校核洪水位 698.22 米,总库容量为 1371 万立方米,正常蓄水位为 696.35 米,正常库容量为 1110 万立方米。设计灌溉面积为 24100 亩。灌区共有[贾坝 1 条、召市(左右)各 1 条、老兴 1 条]4 条干渠,总长度 4 万多米。

全镇辖 28 个建制村、4 个社区、232 个村(居)民小组、13100 多户、52100 多人,人口密度:163 人/Km^2。总人口中男性 29700 人、女性 22400 多人;少数民族人口 48300 人,占总人口 92.0%多;其中土家族 33000 多人,占总人口 63.0%,苗族 15300 多人,占总人口 29.0%。集镇常住人口 27800 多人。

2017 年,全镇生产总值(GDP)4.5 亿元;财政收入 880 万元;人均可支配收入 7600 多元。2015—2017 年间,常年农作物种植面积 46000 多亩,常年粮食总产量 15000 多吨。烤烟、劳务输出为两大支柱项目:218 户种植烤烟 10700 亩、收购烟叶 112.5 万公斤、实现产值 3000 多万元;外出务工人员 12000 多人、劳务收入达 2 亿多元。在集镇建设上,经多方争取,2017 年下半年召市集镇自来水工程正式启动。另外,投资 60 多万元,美化亮化集镇。

镇辖设立党委 1 个、基层党支部 41 个、852 名党员,2017 年发展新党员 10 人。

【工业发展】 2017 年,召市镇有 18 家粉丝加工户、16 家打糖加工户、3 家酿酒厂、3 家木材加工厂、5 家季节性辣椒酱加工厂,7 处制砖厂、6 处石材加工场、2 个采石场、1 家编织袋加工厂。大都是家庭手工作坊和半机械操作。

【农业生产】 召市镇是一个农业大镇,粮食作物以稻谷、玉米、红薯、马铃薯为主,召市坪坝地区过来曾传颂过"一把泥巴、一碗饭"俗语,盛产稻谷。2017 年粮食产量 15000 多吨。经济作物以烤烟、百合、辣椒、油菜、油茶为主。蔬菜以白菜、萝卜、瓜类、豆类为主。省人大代表、双进社区种粮大户杨梅香,是年科学种植水稻 800 亩、油菜 500 亩、玉米

100 亩;大小机械 49(台、架、辆);固定资产总额达 600 多万元。

【脱贫攻坚】 全镇有 18 个扶贫村,其中深度贫困村 5 个、贫困村 13 个。建档立卡户有 2506 户 10624 人。2017 年,脱贫 587 户 2535 人。

【基础设施】 2017 年 3 月,长沙经开区驻召市镇帮扶工作队入驻后,实施贾坝社区、岩门口、青坪等村(社区)级综合服务平台、河堤整修和贾坝社区、岩门口村电排供水站建设等项目;安塘、桃花源、大兴等村村寨路灯安装工程;大兴、连台、辽叶、龙头车、神州社区等村(社区)村组道路硬化工程先后完工;贾坝社区、旧寨沟村、连台村、青坪村、三堡村进行农网改造;修建红卫、贾坝、旧寨沟、青坪、排沙坪、双溪等村(社区)自来水池;完成大兴村排水沟、兴合村整修山塘等水利工程;完成贾坝、可立、排沙坪、青坪、双溪、桃花源、桐堡、瓦房沟等村(社区)道路安保工程;新修神州社区垃圾焚烧炉 1 个,桐堡村垃圾焚烧池 1 个,岩门坡村垃圾池一个;双溪村道路加宽、召市至惹迷洞路段道路加宽工程全面施工。

【产业建设】 长沙经开区投资 100 万元开发青坪村 380 亩葡萄产业基地;突出烤烟、百合、辣椒、养殖、劳务五大产业发展。重点建设“双进—青坪—岩门口”三个村的烤烟科技示范样板,全镇种植烤烟 1.07 万亩,收购烟叶 112.7 万公斤,实现生产总值 3000 万元。同时,大力推动百合、辣椒、粮食、油菜、中药材、畜牧养殖等产业的快速发展。劳务工通过扶贫开发劳务培训,劳动技能培训,着力提高劳务经济输出质量,全年劳务输出收入突破 2 亿元。

【科技文化】 科技:年初组织安排印发防病治虫资料 20000 多份;引导指导农民引进优良品种、推广高效低毒农药;在县农业局的具体指导下,分别下到 18 个贫困村、16 个非贫困村开展职能技术、优质稻高产栽培技术培训,参训人数 5000 余人次;各驻村干部现场指导贫困户适用技术操作规程 1000 人次;利用赶集日开展农业适用技术咨询服务 16 场次;利用“村干部群、村权监督群、脱贫攻坚群”信息平台,适时发布农业适用技术知识。

文化:全镇有业余管(民)乐队 15 个 130 多人;治丧队 8 个 60 人,网吧 8 个、农村图书室 32 个。2017 年 2 月,大兴村成功举办首届民间文化活动演唱会。9 月,“召市镇第二届振兴杯”暨“爱我召市”大型文艺活动成功举办。投资 100 多万元、占地面积 3000 多平方米的文化广场建设正式开放,为集镇居民提供休闲娱乐活动场所。2017 年 5 月 10 日,召市初中举行“团结拼搏,超越自我”为主题的第三套广播体操比赛。体育:9 月 22 日至 25 日成功举办召市镇第二届“振兴杯”运动会,组织男子篮球联队 12 个、女子篮球联队 3 个、拔河队 37 个,比赛为期 4 天,参赛人 600 多人。

【特色名片】 *召市苏维埃政府旧址*:1935 年 5 月招头寨建立苏维埃政权,机关征用招头寨老街陈岳生私人祠堂、房屋为木质结构,一栋八间。1962 年列为县级文物保护单位。

革命烈士纪念碑:1935 年红六军团部队,在召市征给粮食,与国民党残匪陶广部队发起一次惨烈的战斗。红六军团师长苏杰、团长黄林、团政委方正生光荣牺牲。战役结束后,招头寨人民就地安埋牺牲的战士,将三位军团首长安埋在双进村龙头凹上(现双进村九组)。1988 年,召市镇人民政府树碑立传,供后人缅怀。

召市粉丝:始造于民国时期,采用稻谷、玉米、食用豆、红薯粉原料,实行家庭手工作坊制作,纯天然绿色产品,畅销龙山境内,闻名龙山周边县市。

打糖:用稻谷、玉米、红薯作原料熬制而成,产品坚硬酥脆,用铁锤扁钻敲碎方可食用,后来人仍又称之为敲敲糖。味道纯真、香甜可口。

【领导名录】

党委书记　　　　张鸿鸣

党委副书记、镇长	田　洋
党委副书记	马英杰
人大主席	向远茂
纪委书记	罗久福
组织委员	白　成
武装委员	陈光裕
副镇长	杨　帆(女)　陈乃斌
	向发连　罗士章
工会主席	李　钦

【岩门坡村】 岩门坡村位于召市镇东北部,距镇政府11千米。全村面积为9平方千米。村委会设在岩门坡,辖5个村民小组。2017年,村内有236户976人;其中:男496人、女480人;少数民族898人、占总人口的92.1%;劳动力558人。

主要农作物有玉米、稻谷、杂豆、红薯、马铃薯等。主要经济来源为劳务、烤烟、百合三大产业。2017年,粮食总产量470多吨;农民人均可支配收入7000多元。

村党支部书记:甘银付;村委会主任:姚善富。

【坪溪村】 坪溪村位于召市镇东北部,距镇政府10千米。全村面积9.01平方千米。村委会设在上姚家寨,辖5个村民小组。2017年,村内有387户1577人;其中:男801人、女776人;少数民族1400人、占总人口的89%;劳动力866人。

主要农作物有稻谷、稻谷、杂豆、红薯、马铃薯等。经济来源以劳务、百合两大产业为主。2017年,粮食总产量500余吨;农民人均可支配收入7100多元。2017年,投资600多万元,实施贫困户异地搬迁工程,搬迁25户、110人。

村党支部第一书记:向开祥;村支部书记:姚成阳;村委会主任:张瑞喜。

【神州社区】 神州社区位于召市镇东北部,距镇镇政府7500米。社区面积13.78平方千米。居委会驻辰州寨,辖10个村民小组。2017年,村内有761户3070人;其中:男1558人、女1512人;少数民族2726人、占总人口的88.8%;劳动力1752人。

主要农作物有稻谷、玉米、杂豆、红薯、马铃薯等。经济来源主要依靠劳务和百合两大产业。2017年,粮食总产量900多吨;农民人均可支配收入7300多元。2017年,投资1200多万元,实施贫困户异地搬迁工程,搬迁51户、212人。

村党支部书记:张文虎;村委会主任:罗安民。

【瓦房沟村】 瓦房沟村位于召市镇东北部,距镇政府6500米。全村面积9.1平方千米。村委会设在瓦房沟,辖6个村民小组。2017年,村内有499户2082人;其中:男1060人、女1022人;少数民族1917人、占总人口的92.1%;劳动力1191人。

主要农作物有稻谷、玉米、杂豆、红薯、马铃薯等。经济来源主要依靠劳务、烤烟、百合三大产业。2017年,粮食总产量770多吨;农民人均可支配收入7800多元。

村党支部第一书记:王富;党支部书记:常光军;村委会主任:张建华。

【托利湖村】 托利湖村位于召市镇东北部。距镇政府二千米。全村面积7.3平方千米。村委会设在向家院子,辖7个村民小组。2017年,村内有478户2249人;其中:男1109人、女1140人;少数民族1905人、占总人口的92.1%;劳动力1247人。

主要农作物有稻谷、玉米、杂豆、红薯、马铃薯等。经济来源主要依靠劳务、烤烟、百合三大产业。2017年,粮食总产量750多吨;农民人均可支配收入7880多元。

村党支部书记:李俊萍(女);村委会主任:胡爱琼(女)。

【桃花源村】 桃花源村位于召市镇东南部,距镇政府四千米。全村面积8.4平方千米。村委会设在桃花源,辖12个村民小组。2017年,村内有340户1586人;其中:男814人、女772人;少数民族1492人、占总人口的94.1%;劳动力915人。

主要农作物有玉米、稻谷、杂豆、红薯、马铃薯等。经济来源主要依靠劳务、百合、养殖三大产业。2017年，粮食总产量520多吨；农民人均可支配收入7180多元。

村党支部第一书记：吴顺钊；党支部书记：张德辉；村委会主任：吴顺。

【大兴村】 大兴村位于召市镇东南部，距镇政府两千米。全村面积为9、4平方千米。村委会设在罗家寨，辖12个村民小组。2017年，村内有642户2854人；其中：男1422人、女1432人；少数民族2599人、占总人口的91.1%；劳动力1599人。

主要农作物有稻谷、玉米、杂豆、红薯、马铃薯等。经济来源主要依靠劳务、烤烟、百合、养殖四大产业。2017年，粮食总产量710多吨；农民人均可支配收入8180多元。

村党支部书记：黄春森；村委会主任：彭仲远。

【红卫村】 红卫村位于召市镇东南部，距镇政府1500米。全村面积为8、87平方千米。村委会驻第四村民小组，辖14个村民小组。2017年，村内有547户2294人；其中：男1120人、女1174人；少数民族2043人、占总人口的89.1%；劳动力1259人。

主要农作物有稻谷、玉米、杂豆、红薯、马铃薯等。经济来源主要依靠劳务、烤烟、百合、三大产业。2017年，粮食总产量640多吨；农民人均可支配收入9180多元。

村党支部第一书记：杨明祥；党支部书记：欧光清；村委会主任：陈支忠。

【召市社区】 召市社区位于召市集镇中心，为召市镇人民政府所在地，社区面积6。8平方千米。居委会驻集镇中心（原召市影剧院），辖13个居民小组。2017年，村内有1024户3680人；其中：男1898人、女1782人；少数民族3058人、占总人口的83.1%；劳动力2133人。集镇常住人口28000多人。

主要农作物有稻谷、玉米等。经济来源主要依靠经商、劳务、加工、蔬菜种植四大产业。2017年，粮食总产量510多吨；农民人均可支配收入13000多元。

社区党支部书记：唐辉波；社区主任：瞿开文。

【双进社区】 双进社区位于召市镇北部，距镇政府1500米。社区面积9.4平方千米。居委会驻第七居民小组境内（原双进小学旧址），辖13个居民小组。2017年，村内有570户2347人；其中：男1214人、女1133人；少数民族2016人、占总人口的85.9%；劳动力1365人。

主要农作物有稻谷、玉米、杂豆、红薯、马铃薯等。经济来源主要依靠劳务、烤烟、加工、经商、蔬菜种植五大产业。2017年，粮食总产量570多吨；农民人均可支配收入11000多元。

社区党支部第一书记：瞿大凯；党支部书记：李文江；社区主任：黄远伟。

【兴合村】 兴合村位于召市镇北部，距镇政府两千米。全村面积5.3平方千米。村委会设在第三、第四、第五村民小组交叉处的曾家庙。辖7个村民小组。2017年，村内有203户873人；其中：男449人、女424人；少数民族804人、占总人口92、1%；劳动力505人。

主要农作物有玉米、稻谷、杂豆、红薯、马铃薯等。经济主要依靠劳务、烤烟、百合、三大产业。2017年，粮食总产量270多吨；农民人均可支配收入8980多元。

村党支部第一书记：陈朝辉，党支部书记：陈支祥；村委会主任：杜代顺。

【前卫村】 前卫村位于召市镇西部，距镇政府1500米。全村面积5.6平方千米。村委会设在第二村民小组境内，小地名为刘家寨子上。辖13个村民小组。2017年，村内有578户2547人；其中：男1194人、女1353人；少数民族2290人、占总人口的89.9%；劳动力1342人。

主要农作物有稻谷、玉米、杂豆、红薯、马铃薯等,由于此地土地肥沃,阳光充实,稻谷产量较高,从前,俗有“一碗泥巴,一碗饭”之称。经济来源主要依靠劳务、烤烟、百合、加工四大产业。2017年,粮食总产量600多吨;农民人均可支配收入10100多元。

村党支部第一书记:彭英宁,党支部书记:向崇方;村委会主任:张家军。

【湘龙村】 湘龙村位于召市镇西南部,距镇政府1500米。全村面积4.5平方千米。村委会设在第一村民小组境内,名为瓦上台上。辖5个村民小组。2017年,村内有196户883人;其中:男452人、女431人;少数民族790人、占总人口的89.4%;劳动力508人。

主要农作物有稻谷、玉米、杂豆、红薯、马铃薯等。经济来源主要依靠劳务、烤烟、百合、加工四大产业。2017年,粮食总产量350多吨;农民人均可支配收入10000多元。

村党支部书记:梁光沛;村委会主任:梁波。

【新园村】 新园村位于召市镇西南部,距镇政府四千米。全村面积8.89平方千米。村委会设在康家台上,辖6个村民小组。2017年,村内有516户2268人;其中:男1168人、女1100人;少数民族2163人、占总人口的95.4%;劳动力1313人。

主要农作物有稻谷、玉米、杂豆、红薯、马铃薯等。经济来源主要依靠劳务、烤烟、百合、三大产业。2017年,粮食总产量710多吨;农民人均可支配收入7800多元。

村党支部书记:杨成华;村委会主任:杨宏军。

【双溪村】 双溪村位于召市镇西南部,距镇政府七千米。全村面积8.8平方千米。村委会设在第四组板桥寨。辖6个村民小组。2017年,村内有133户618人;其中:男317人、女301人;少数民族612人、占总人口的99.1%;劳动力357人。

主要农作物有玉米、杂豆、红薯、马铃薯等。经济来源主要依靠劳务、烤烟、草烟三大产业。2017年,粮食总产量200多吨;农民人均可支配收入7100多元。

村党支部第一书记:彭良周,党支部书记:黄超;村委会主任:彭绍英。

【方坡村】 方坡村位于召市镇西部,距镇政府2500米。全村面积6.4平方千米。村委会设在院落坪,辖4个村民小组。2017年,村内有324户1427人;其中:男663人、女764人;少数民族1375人、占总人口的96.4%;劳动力746人。

主要农作物有稻谷、玉米、杂豆、红薯、马铃薯等。经济来源主要依靠劳务和加工两大产业。2017年,粮食总产量500多吨;农民人均可支配收入8900多元。

村党支部书记:李世元;村委会主任:李泽。

【兴平村】 兴平村位于召市镇西北部,距镇政府五千米。全村面积5.2平方千米。村委会设在第二村民小组境内,小地名为岩干。辖3个村民小组。2017年,村内有205户837人;其中:男430人、女407人;少数民族765人、占总人口91、4%;劳动力483人。

主要农作物有玉米、稻谷、杂豆、红薯、马铃薯等。经济来源主要依靠劳务、烤烟两大产业。2017年,粮食总产量480多吨;农民人均可支配收入9900多元。

村党支部第一书记:钟军,党支部书记:彭南金;村委会主任:何邦艳。

【安塘村】 安塘村位于召市镇北部。距镇政府七千米。全村面积9.79平方千米。村委会设在第四村民小组的何家寨,辖8个村民小组。2017年,村内有309户、1201人;其中:男644人、女557人;少数民族1083人、占总人口的90.2%;劳动力723人。

主要农作物有玉米、稻谷、杂豆、红薯、马铃薯等。经济来源主要依靠劳务、烤烟两大产业。2017

年，粮食总产量440多吨；农民人均可支配收入9800多元。

村党支部书记：何应保；村委会主任：张武松。

【辽叶村】 辽叶村位于召市镇北部，距镇政府10千米。全村面积8.89平方千米。村委会所在地半坪，辖4个村民小组。2017年，村内有229户932人；其中：男483人、女449人；少数民族1083人、占总人口的90.2%；劳动力543人。

主要农作物有玉米、杂豆、红薯、马铃薯等。经济来源主要依靠劳务、烤烟两大产业。2017年，粮食总产量300多吨；农民人均可支配收入7800多元。

村党支部书记：彭英雄；村委会主任：黄福仲。

【可立村】 可立村位于召市镇西北部，距镇政府12千米。全村面积42.7平方千米。村委会所在地李家湾，辖9个村民小组。2017年，村内有318户1167人；其中：男608人、女559人；少数民族1024人、占总人口的87.8%；劳动力683人。

主要农作物有玉米、杂豆、红薯、马铃薯等。经济来源主要依靠劳务、烤烟两大产业。2017年，粮食总产量490多吨；农民人均可支配收入6500多元。

村党支部第一书记：卢业军，党支部书记：舒庆敏；村委会主任：李兵。

【银岭村】 银岭村位于召市镇西南部，距镇政府11千米。全村面积11.6平方千米。村委会所在地写科岭，辖10个村民小组。2017年，村内有305户1305人；其中：男652人、女653人；少数民族1199人、占总人口的95、8%；劳动力673人。

主要农作物有玉米、稻谷、杂豆、红薯、马铃薯等。经济来源主要依靠劳务、烤烟两大产业。2017年，粮食总产量420多吨；农民人均可支配收入7500多元。

村党支部第一书记：田鑫，党支部书记：向友才；村委会主任：向远科。

【龙头车村】 龙头车村位于召市镇西南部，距镇政府10千米。全村面积17.8平方千米。村委会所在地车里沟，辖10个村民小组。2017年，村内有467户1776人；其中：男921人、女855人；少数民族1619人、占总人口的91.2%；劳动力1036人。

主要农作物有稻谷、玉米、杂豆、红薯、马铃薯等。经济来源主要依靠劳务、烤烟两大产业。2017年，粮食总产量600多吨；农民人均可支配收入8600多元。

村党支部书记：向仁海；村委会主任：余江友。

【万家棚村】 万家棚村位于召市镇东南部，贾坝水库上游，距镇政府22千米。全村面积12、3平方千米。村委会所在地周家湾，辖5个村民小组。2017年，村内有236户1126人；其中：男565人、女561人；少数民族1019人、占总人口的90.5%；劳动力635人。

主要农作物有稻谷、玉米、杂豆、红薯、马铃薯等。经济来源主要依靠劳务、养殖两大产业。2017年，粮食总产量310多吨；农民人均可支配收入7600多元。

村党支部书记：王家银；村委会主任：康培贵。

【喳啦坪村】 喳啦坪村位于召市镇东南部，贾坝水库中段西旁，距镇政府20千米。全村面积9、45平方千米。村委会所在地中寨，辖4个村民小组。2017年，村内有179户767人；其中：男378人、女389人；少数民族694人、占总人口的90.5%；劳动力425人。

主要农作物有稻谷、玉米、杂豆、红薯、马铃薯等。经济来源主要依靠劳务、辣椒种殖两大产业。2017年，粮食总产量250多吨；农民人均可支配收入8600多元。

村党支部书记：向恒举；村委会主任：彭吉安。

【贾坝社区】 贾坝社区位于召市镇东南部，贾坝水库下游，距镇政府13千米。社区面积13、4平方千米。居委会所在地原贾坝乡政府旧址,辖 11 个村民小组。2017 年,村内有 545 户 2479 人;其中:男 1255 人、女 1224 人;少数民族 2270 人、占总人口的 91.6%;劳动力 1410 人。

主要农作物有稻谷、玉米、杂豆、红薯、马铃薯等。经济来源主要依靠劳务、商业两大产业。2017 年,粮食总产量 650 多吨;农民人均可支配收入 9600 多元。

社区党支部第一书记:李先龙,党支部书记:王兆明;社区主任:向小菊。

【排沙坪村】 排沙坪村位于召市镇东南部,距镇政府八千米。全村面积 6.3 平方千米。村委会所在地第一组拱桥边,辖 4 个村民小组。2017 年,村内有 150 户 811 人;其中:男 423 人、女 388 人;少数民族 750 人、占总人口的 92、6%;劳动力 476 人。

主要农作物有稻谷、玉米、杂豆、红薯、马铃薯等。经济来源主要依靠劳务、烤烟两大产业。2017 年,粮食总产量 300 多吨;农民人均可支配收入 9200 多元。

村党支部第一书记:何炜,党支部书记:余丕洪;村委会主任:张利富。

【桐堡村】 桐堡村位于召市镇东南部,距镇政府 11.5 千米。全村面积 8、5 平方千米。村委会设在桐堡湖,辖 4 个村民小组。2017 年,村内有 280 户 1395 人;其中:男 696 人、女 699 人;少数民族 1300 人、占总人口的 93.3%;劳动力 783 人。

主要农作物有稻谷、玉米、杂豆、红薯、马铃薯等。经济来源主要依靠劳务、烤烟两大产业。2017 年,粮食总产量 440 多吨;农民人均可支配收入 8900 多元。

村党支部第一书记:田济玮,村党支部书记:彭永利,村委会主任:吕崇福。

【岩门口村】 岩门口村位于召市镇东南部,距镇政府 7500 米。全村面积 6、2 平方千米。村委会所在地刀头寨,辖 5 个村民小组。2017 年,村内有 300 户 1490 人;其中:男 797 人、女 762 人;少数民族 1300 人、占总人口的 95、8%;劳动力 895 人。

主要农作物有稻谷、玉米、杂豆、红薯、马铃薯等。经济来源主要依靠劳务、烤烟两大产业。2017 年,粮食总产量 470 多吨;农民人均可支配收入 9900 多元。

村党支部第一书记:周东征,党支部书记:张露;村委会主任:张德彪。

【连台村】 连台村位于召市镇南部,距镇政府八千米。全村面积 8.9 平方千米。村委会所在地罗家沟,辖 3 个村民小组。2017 年,村内有 150 户 642 人;其中:男 324 人、女 318 人;少数民族 610 人、占总人口的 94.9%;劳动力 364 人。

主要农作物有稻谷、玉米、杂豆、红薯、马铃薯等。经济来源主要依靠劳务、烤烟、辣椒三大产业。2017 年,粮食总产量 300 多吨;农民人均可支配收入 7800 多元。

村党支部书记:彭继仲;村委会主任:田芳泽。

【青坪村】 青坪村位于召市镇南部,距镇政府六千米。全村面积 6.7 平方千米。村委会所在地文家坪,辖 4 个村民小组。2017 年,村内有 245 户 993 人;其中:男 495 人、女 498 人;少数民族 956 人、占总人口的 96.3%;劳动力 557 人。

主要农作物有稻谷、玉米、杂豆、红薯、马铃薯等。经济来源主要依靠劳务、烤烟两大产业。2017 年,粮食总产量 350 多吨;农民人均可支配收入 8700 多元。

村党支部第一书记:余海,党支部书记:张人彪;村委会主任:邹以福。

【旧寨沟村】 旧寨沟村位于召市镇东南部,距镇政府 6500 米。全村面积 8.2 平方千米。村委会所在地红沙堡,辖 4 个村民小组。2017 年,村内有 178 户 1132 人;其中:男 560 人、女 572 人;少数民族 1074 人、占总人口的 94.9%;劳动力 630 人。

主要农作物有稻谷、玉米、杂豆、红薯、马铃薯等。经济来源主要依靠劳务、烤烟两大产业。2017年，粮食总产量300多吨；农民人均可支配收入8900多元。

村党支部第一书记：吴运刚，党支部书记：黄福春；村委会主任：瞿菊红。

【三堡村】 三堡村位于召市镇东南部，距镇政府6500米。全村面积5方千米。村委会所在地火烧桥，辖7个村民小组。2017年，村内有295户1602人；其中：男813人、女789人；少数民族1300人、占总人口的94.5%；劳动力914人。

主要农作物有稻谷、玉米、杂豆、红薯、马铃薯等。经济来源主要依靠劳务、烤烟两大产业。2017年，粮食总产量400多吨；农民人均可支配收入10000多元。

村党支部书记：颜建旺；村委会主任：瞿开元。

桂 塘 镇

【概况】 桂塘镇位于龙山县西南部，距县城53千米。西南与重庆市酉阳县大溪镇、可达乡接壤，西北与湖北省来凤县百福司镇、漫水乡比邻，龙（山）里（耶）、龙（山）酉（阳）公路在此交汇，交通便利，是湘鄂渝三省市边区咽喉之地，素有“一脚踏三省”之称。全镇地域面积209.4平方千米，下辖16个建制村，3个社区。2017年，全镇有7485户32146人，有建档立卡贫困户2236户9652人，其中脱贫1609户7072人，未脱贫627户2580人。2017年，全镇实现生产总值3亿元，油茶种植面积1.2万亩，烤烟种植3700余亩，年产值1800万元以上；百合种植2000亩，年产值达2000万元，农民人均纯收入达到1480元，比上年同期增加150元，整个经济呈现健康稳定快速发展态势。2017年，获湖南省第三届最美少数民族特色村寨称号。

【基础设施】 2017年，全镇上下抓住长沙高新区对口帮扶桂塘机遇，推进诸多民生项目建设，全年完成镇区老街街道黑化硬化亮化4900米，整修贾田村至友谊村道路1900米，整修硬化桃子坪村道路5100米，改造老寨通村公路1100米；新建及扩建19个建制村（社区）村级综合服务平台，至年底，有7个村完工，其中明溪村村级综合服务平台交付使用，另有10个村的主体工程完工。完成旅游景区灯光、游道、森林绿道和停车场建设，改造景区公共厕所，景区标识标牌全面完善。

【精准扶贫】 2017年，桂塘镇共有贫困户2236户9652人，其中脱贫1609户7072人，未脱贫627户2580人。同时完成异地扶贫搬迁56户210人，退出两个贫困村（王道溪村、核桃村），镇政府通过主办精准扶贫文艺晚会等文化宣传形式，宣传扶贫政策和措施，以加深群众对扶贫工作的了解和支持，引导群众快速脱贫。是年9

桂塘镇保存完好的神秘湘西遗迹

月，桂塘镇联合县林业局、县就业局从建档立卡贫困的对象中摸底遴选 90 名护林员，拟通过培训上岗转岗的形式，带动上岗村民脱贫致富。

【乡村旅游】 桂塘镇旅游资源丰富，境内有明溪、小溪、王道溪、皮渡河等酉水支流穿镇而过，沿途风光旖旎，古寨深藏，国家级地质公园乌龙山大峡谷景区有国家一级景点 7 处、二级景点 7 处、三级景点 19 处，峡谷内群峰竞秀，林郁篁密，峡谷两岸溶洞横陈，已发现的大小溶洞有 200 多个，较大的溶洞有惹迷洞、飞虎洞、乌龙洞、鲢鱼洞、风洞、石花洞、盘龙洞等，其成因各异，景观有别，洞内宏伟壮观、奇险奇美，空间巨大，让人叹为观止！桂塘社区内特色民居林立，土家族吊脚楼依山就势，临空飞渡，其二梯岩古寨土家特色民居有 56 栋，占整个村寨民居的 95%，其中彭家大屋，始建于清康熙年间(1662—1722)，至 2017 年，仍保留有朝门壁画，石门浮雕，题字老匾等清代文化遗迹。

【基层党建】 2017 年 4 月 18 日，桂塘镇圆满完成 19 个村党支部换届选举工作，镇、村党支部委为确保“两学一做”立足实际，每月 25 日定期开展主题党日活动，镇党委书记、各村党支部书记、驻村第一书记在主题党日上党课，展开专题讨论，查找问题，细化任期工作任务，将工作责任明确落实到村，落实到人，确保承诺目标逐年实现，并从互动培训、反馈成绩、实践锻炼等三方面改进入党积极分子培养方式，开展远程教育，督促各村完成红星云订阅、红星视频学习。

【同建同治】 2017 年，桂塘镇以美丽湘西建设为主线，全力推进农村环境治理，建制村(社区)安排专人定期对村内公共区域开展保洁，镇村环境面貌改善，开展全民植树活动，做好公路沿线、河道两旁绿化，新增林地面积达 55 亩，将镇域内 8 座水库、6 条镇级河流、15 条小溪沟分别设立库长、河长，责任到人，定期开展巡查活动，发现污染及时整改，推动河流治理常态化，实现山青水绿目标。农村垃圾“户集、组收、村运、镇处理”机制，实行“定人定岗定责”责任制，将全镇 20 余名环卫工人合理分配到每个村、每个路段、每个中转站，明确每名环卫工人职责范围，全镇清扫保洁率达 95%，获评湖南省民族团结进步行动组委会公示的第三届“湖南最美少数民族特色村镇”。

【综治维稳】 2017 年，桂塘镇开展法制宣传活动，共计发放《法制宣传资料》、法律援助联系卡等资料 1000 余份，接受群众现场咨询 20 余人次，实现社会和谐稳定、经济发展、环境优化。桂塘镇是典型的地质灾害大镇，镇内有 8 座水库，雨季水位较高，防汛任务艰巨，是年，全镇扎实做好防汛各项准备工作，针对山地灾害危险区突出问题，制定预案，加大检查力度，落实应急措施，开展应急演练，抓好防汛物质储备，严格执行 24 小时防汛值班制度，汛期

土家小摆手舞

内，无人员伤亡和重大安全事故发生。

【安全生产】 2017年，全镇开展安全生产活动，悬挂宣传横幅10条，设置警示标识牌54块，发放宣传资料2000余份，召开“烟花爆竹标准化零售网点现场会”等专题会议4次，出动120人次，检查全镇烟花爆竹、非煤矿山、学校、医院等行业单位安全生产情况，取缔10家非法烟花爆竹零售店，开展周边环境集中整治，消除隐患，实现源头防范和长效管理，并与幼儿园的校车、食堂业主分别签订交通安全及食品安全责任状。

【民生事业】 2017年，全镇致力于改善民生，发放低保金142.106元，发放兜底金230.58万元，发放五保户生活费2万元，发放自然灾害救助金149户20万元。全镇有序推进教育事业发展，改善各村（社区）医疗卫生条件，义务教育适龄学生入学率100％，初中升高中辍学率控制在3％以内，农村合作医疗参合率99％。2017年5月18日，“湘鄂渝边区第六届教育研讨会”在龙山县桂塘镇九年制学校举行，湘鄂渝边区38所学校和酉阳县、来凤县、龙山县有关部门代表共300余人参加研讨会，通过研讨课展示等形式，交流教育经验，提高农村教育质量，2017年12月8日，桂塘镇九年制学校举行“厉害了，我的国——纪念‘一二·九’运动”爱国主题演讲活动，以展示新时代青少年爱国奋进的风采。

【领导名录】

党委书记	黎　明
党委副书记、镇长	谭宏贵
党委副书记	彭江帆
人大主席	刘志华
纪委书记	彭　彪
组织委员	涂灵芝
武装部长	田志圭
副镇长	朱明龙
	向正纲
	符生彪
	田　军

【桂塘社区】 位于桂塘镇北部，距离镇政府500米，下辖15个村民小组。2017年，社区有812户2739人，其中1124外出务工人员，主要分布在广东、福建、浙江等地区。有党员33人，其中60岁以上占20％。全村总面积7.06平方千米，有耕地2250亩，林地1750亩，粮食作物主要有水稻、玉米等；经济作物主要有烤烟、百合等；养殖业有羊、牛、鸡、等。经济收入来源主要有农业产业和外出务工等。其中外出务工收入2800万元、农业产业收入1600万元。社区有村级活动中心1栋，村卫生室1个，1名村医，农家书屋有图书1000多册，互联

湘渝名家

网移动信号全覆盖。村组路完成硬化、交通便利。

社区党支部书记:向光波;社区居委会主任:黄光月。

【四坝社区】 位于桂塘镇西南部,与湖北省来凤县交界,下辖17个村民小组。2017年,社区有660户2719人,劳动力1980人,农村党员27人。该社区是一个农业大社区,社区面积9平方千米,有基本农田1275亩。地理位置优越,土地肥沃,209国道从社区经过,交通便利。有利于大规模发展养殖业。建有村卫生室、农家书屋,有线电视、互联网、移动信号全覆盖。

社区党支部书记:张中跃;社区居委会主任:雷诗学。

【古道溪村】 位于桂塘镇西南部,距镇政府两千米,东临明溪村,西接桂塘社区,南与重庆可大乡接壤,全村面积8.2平方千米,有耕地面积、山林面积7596亩。11个组,13个自然寨。2017年,村内总人口1744人。古道溪村有桂塘社区至10组的公路3800米、宽6米,阴里沟至梁空寨宽4.5米的公路1700米,直接连接重庆的大可乡,哈巴城至小溪沟3.5米宽的公路2500米,上寨都通2.5米的水泥路。该村山青水秀、风光绮丽、空气清新,村道直通牛标尿水库,水库可垂钓、游船,水质清澈、空气清新,是野炊、烧烤的好地方。村境内基本农田保护完好,莲藕成为村内主要支柱产业。梁家寨有书法文化墙150米,聚集全国知名书法家的墨宝,村内人士梁厚能是国家级书法家,王仕辉是国家级工艺美术大师。

村党支部书记:梁明胜;村委会主任:杜诗军。

【兴坝村】 位于桂塘镇东北部,辖10个村民小组。2017年,村内有445户1690人。全村总面积7.8平方千米,有耕地面积750亩、林地面积5400亩,其中退耕还林面积1400亩。有党员23人,其中发展新党员4人,流动党员4人,高中文化程度党员6人,担任村组干部党员4人。建档立卡贫困户有133户,贫困人口618人,是年底,脱贫87户338人,兜底户4户8人。全村有劳动力750人,外出务工619人,在家劳动力131人,在校学生207人,低保户98户,168人,登记在册残疾人57人。

村党支部书记:向大国;村委会主任:张久君。

【王道溪村】 位于桂塘镇镇东北部,距镇政府12千米,下辖24个村民小组。2017年,村内有876户2876人,其中1769名外出务工人员,主要分布在长三角一带。有党员43人,其中60岁以上占54%。村域总面积16平方千米,有耕地1795亩,林地2874亩。粮食作物主要有水稻、玉米等,经济作物主要有辣椒、柑橘、百合等,经济收入来源主要有农业产业和外出务工。境内有村小1所,教职工3人,学生67人。村级活动中心1栋。村卫生室2个,有村医2人。是年,村内有建档立卡贫困户193户788人。

村党支部书记:向宏飞;村委会主任:符家友。

【友谊村】 位于桂塘镇西北部,距镇政府约4500米,辖18个村民小组。2017年,村内有585户,2684人。其中,少数民族人口2173人,妇女人口1115人,劳动力人数1267人,外出务工人员981人,主要分布在福建、浙江、广东、上海等地区。有党员41人,其中60岁以上占66%。全村总面积3800平方千米,有耕地1265亩,林地13860亩,原始次森林750亩,粮食作物主要有水稻、玉米、马铃薯等,商品蔬菜主要有辣椒、茄子、西红柿等,特种种植、养殖,有韩国晚秀梨、养殖有黑猪、山羊等,经济收入来源主要有农业产业和外出务工。全村有村小1所,教师2人,学生18人。新的村部楼正在建设之中,村组道路通达95%,自来水、生活用电、通信及广播电视通达100%。全村有建档立卡贫困户145户577人,至2017年脱贫104户422人。

村党支部书记:向继;村委会主任:彭春光。

【明溪村】 位于桂塘镇东南方向,距镇政府四千米,有29个村民小组,辖9个自然寨。2017年全村有712户3448人,劳动力1509人,农村党员44人。有耕地面积1981亩,其中水田面积1177亩。有山林面积2890亩,经济林果面积61亩,水面20亩。有贫困户231户、贫困人口1003人。粮食作物主要有水稻、玉米、油菜、马铃薯。由于山林面积宽,主要产业为养殖业(牛、羊、鸡),特色产业是养殖蜜蜂。建有村卫生室、农家书屋,有图书2000册,有线电视、互联网、移动信号全覆盖。完成村间道路硬化,交通便利。2014年,粮食总产量719吨,人均可支配收入2400元。外出务工885人,收入1650万元。

村党支部第一书记:谭士海;党支部书记:符家进;村委会主任:符建波。

【桃子坪村】 桃子坪村与湖北省来凤县交界,辖10个村民小组,15个自然寨。2017年,全村有225户、1034人。有劳动力798人,农村党员27人,外出务工391人,300多人在家从事养殖业。村域生态林面积1.9万多亩,有耕地面积1870亩,其中:水田面积780亩。经济林面积500亩,村内自然风光优美,山青水秀,板栗土特产曾经引来许多外商。是年。村级服务平台建成使用,有村卫生室、图书室、便民服务窗口、文化、体育学习锻炼场所等。

村党支部书记:杨青松;村委会主任:向学文。

【张家槽村】 位于桂塘镇北部,距镇政府14千米,下辖3个村民小组。2017年,村内有201户、864人。有党员21人。全村总面积10平方千米,有耕地501.3亩,林地12829.5亩,粮食作物主要有水稻、玉米,经济作物主要有辣椒、蜜蜂、药材等,经济收入来源主要有农业种植和劳务输出。全村有村级活动中心两栋(包含新的)、村文化广场1个。是年,全村有建档立卡贫困户55户232人;有低保户31户41人,其中整户低保4户14人;有五保户4户4人;有孤儿户1户1人。村内有精准扶贫异地扶贫搬迁9户。实施危房改造9户、同步搬迁户5户。有转岗护林员3人。

村党支部书记:张群军;村委会主任:田先锋。

【双景村】 位于桂塘镇西北部,距镇政府21千米,下辖8个村民小组,有21个自然寨,总面积10平方千米,耕地面积1250亩,林地面积5960亩。2017年,全村有285户、1296人,有劳动人口519人。辖区森林资源丰富,有金丝楠木、野紫薇、红豆杉等珍稀名木;自然景观独特优美,有大鼓、小鼓、天坑鼓等十三鼓坑;人文历史资源丰富,民风淳朴。村级活动中心1栋,村卫生室1个,村医1名,图书室1个,藏书1800余册,互联网,移动通信实现全覆盖,通村、通组公路全部水泥硬化,户间道硬化率70%。全村经济收入主要来源于农业生产和转移就业两大方面,粮食作物以玉米为主,经济作物以烤烟为主,养殖业有蜂蜜、鸡、山羊、黄牛等。转移就业350人,主要分布在广东,浙江,江苏等地区。村内建档立卡贫困户有124户515人。

村党支部书记:向泽伍;村委会主任:田义富。

【乌龙山村】 位于桂塘镇东北部,距镇政府26千米,下辖13个村民小组。2017年,村内有391户1462人,其中外出务工人员586人,主要分布在福建、浙江、广东等地区。有党员29人,其中女党员4人、大专2人。散居五保7户8人,孤儿5人,低保71户114人。村域总面积15平方千米,有耕地1670亩,林地23000亩。粮食作物主要有玉米和土豆,经济作物主要有烤烟和辣椒,养殖业主要有山羊、蜜蜂等,经济收入来源主要有农业产业和外出务工。有村级活动中心1栋,村卫生室2个,村医2人。通村道路是省道二级油砂路。13个村民小组全部通电,广播、有线电视覆盖率89%。该村有建档立卡贫困户152户591人。有易地搬迁户11户,其中实施9户,尚未实施2户。全村危房改造实施17户。教育帮扶,其中县内帮扶就读学生117人,县外就读学生27人。参加农村合作医疗621人。村内新修道路400米,硬化道路22457米,户间道8000米,新修桥梁1座。其中五组新修道路400米;二组天坑丫口至卡拉科硬化道路3778米;三组张家屋硬化道路400米;四组野鸡洞至上寨、下寨,上寨至大潮硬化道路1389米;六组轿子岩至天坑硬化道路510米,天坑丫口至小堡硬化道路1580米,大雪洞至五马洞、胡家堡硬化道路14800米;火烧桥新建桥梁1座;2～13组户间道8000米。建成人畜饮水池8口。

村党支部书记:向卯玉;村委会主任:田松科。

【前丰村】 位于桂塘镇北部,辖4个村民小组。2017年,村内有233户,1110人,农村党员20人,劳动力700人,其中80%的劳动力外出务工,大部分分布在广东、浙江一带。全村有耕地面积1800亩,其中水田面积50亩,生态公益林2500亩,有贫困户66户,贫困人口298人,建有村级活动中心,村卫生室,村医1名,农家书屋,现有图书200余册,卫星直播电视、互联网、移动信号基本覆盖。通村公路通达硬化率达100%,组级公路通达率95%。全村100%农户实现安全用电。村内主要种植玉米、烤烟、两薯等农作物,粮食、蔬菜基本实现自给。

村党支部书记:向礼凤;村委会主任:王永定。

【老兴社区】 位于桂塘镇东北部,辖8个村民小组,有12个自然寨。2017年,村内有329户1839人,有劳动人口854人,外出务工624人,有党员41人。耕地面积1339.5亩,其中旱土859.5亩,水田480亩,社区东高南低、以山地为主,平均海拔450米,年降水量1400毫米,适宜种养业发展,有小学1所,村卫生室1个,农家书屋有图书1000余册,有线电视覆盖率50%,互联网移动信号全覆盖,完成村间道路硬化,交通便利。是年,粮食总产量190吨,人均可支配收入2540元,外出务工收入935万元。

社区党支部书记:田礼进;社区主任:冉启香。

【老寨村】 位于桂塘镇北部,距镇政府驻地16.5千米,下辖4个村民小组。2017年,全村共196户,计963人,其中劳动力428人。有党员24人。村域总面积666.9亩,其中水田498亩,旱土168.9亩,林地2400亩。村级活动中心1栋,有图书室1个,藏书300余册。卫星直播电视、互联网、移动通信完全覆盖。通村公路硬化率100%,组级公路通达率100%。粮食作物主要以水稻、玉米为主,经济作物有烤烟等,特种养殖有蜜蜂、土鸡、土鸭、黄牛等。转移就业人口458人,主要分布在浙江、福建、广东等地区。有建档立卡贫困户73户、287人。全村粮食产量15吨,人均可支配收入2400元。

村党支部书记:候贤贵;村委会主任:田义权。

【上锁村】 位于桂塘镇北部,距镇政府所在地30余千米,距龙山县城70余千米。境内以山地为主,属亚热带大陆性湿润季风气候,四季分明。全村耕地面积1060亩,其中水田780亩,旱土280亩。经济收入主要来源是外出务工。村内产业以传统种植业粮作经作为主,兼有养殖猪、牛、羊、鸡等。因村内基础设施建设滞后,农民缺技术、缺资金等多种原因,严重制约脱贫致富。2017年,该村共7个村民小组,有13个自然寨,总户数325户,总人口1826人,其中劳动力712人。有党员25人,其中女党员4人,60岁以上老党员6人。全村有建档立卡贫困户117户,贫困人口536人,社会保障兜底5户13人;享有最低生活保障户14户30人。新农合参合率100%,新农保参保率100%。

村党支部书记:田礼洁;村委会主任:冉孟铁。

【核桃村】 位于桂塘镇北部,距镇政府15千米,下辖6个村民小组。2017年,村内有188户932人,其中268人外出务工,主要在浙江、广东、福建等地区。有党员13人,其中60岁以上占62%。全村总面积4平方千米,有耕地790亩,林地5800亩,粮食作物主要有稻谷、玉米等,养殖业有山羊、黄牛、土鸡等,经济收入来源主要有农业产业和外出务工。是年,全村有建档立卡户89户388人。

村党支部书记:向仁江,村主任:陈常芬。

【贾田村】 位于桂塘镇北部,距镇政府驻地10千米,下辖10个村民小组。2017年,全村有328户1603人,劳动力870人;有党员20人。村域总面积12平方千米;有耕地1000亩,其中水田920亩、旱土80亩;林地8200亩。境内属喀什特地貌断层带,自然景观独特优美、空气清新,历史文化资源丰富,主要有峻秀的天马山、柔美的林场瀑布等。有村小1所,有教师1人,学生12人,村级活动中心1栋。村卫生室1个,村医1人,农家书屋一个,有图书200余册,卫星直播电视、互联网、移动通信全覆盖。村级公路硬化率100%,组级公路通达率90%。经济收入来源主要有农业生产和转移就业;粮食作物以稻谷、玉米为主,特种养殖有蜂蜜。其他养殖业有土鸡土鸭、山羊、黄牛等,转移就业650人,主要分布在浙江、广东、安徽等地区。有建档立卡贫困户133户603人。2017年全村粮食产量30吨,人均可支配收入2400元。

村党支部书记:田金翠;村委会主任:张万成。

【下锁村】 位于桂塘镇东部,距镇政府驻地25千米,下辖6个村民小组。2017年,全村有212户1005人,其中外出务工458人;主要分布在广东、福建、浙江等地区。有党员19人,其中60岁以上占80%。村域总面积7平方千米;有耕地774.5亩,林地9268亩,粮食作物主要有稻谷、玉米等,经济作物主要有烤烟、油菜、辣椒等,特种养殖有蜜蜂,其他养殖有山羊、土鸡等。村内传统产业为中药材种植,品种主要有白术、黄柏、杜仲等。经济收入来源主要有农业生产和外出务工。村内有村级活动中心1栋,村卫生室1个。通组道路9000米,户间道路7500米,6个村民小组全部实现安全饮水,农网升级改造全面竣工,广播电视覆盖5个组。全村有建档立卡贫困户74户315人,低保42户80人。

村党支部书记:向德福;村委会主任:向前。

大安乡

【概况】 大安乡地处龙山县东北端,距县城41千米。2015年年底,行政区划调整,乌鸦乡并入大安乡。该乡东与水田坝镇接界,南与茨岩塘镇毗邻,西连石牌镇,北与湖北宣恩接壤,“兴乌”公路自南而北穿境而过。境域为石灰岩高山地貌,群山起伏,沟壑纵横,黄泥土壤,土层浅薄。最高点为万宝村亮垭子,海拔1746米,最低处为大湾村谌家河,海拔228米。大安气候四季分明,春多雨水,夏少酷暑,冬季漫长,全年无霜期210天左右,年平均气温10.4℃,年均降水量1677毫米。土地总面积181.54平方千米,辖大红、大湾、桃子、五星、龙口、木鱼坪、马脚坪、五马坪、翻身、万宝、龙堰、西堰、花园、光辉、铁树15个建制村,下设136个村民小组。2017年,全乡有2869户、12207人。其中土家族8862人,占总人口的72.6%;苗族1245人,占总人口的10.2%。耕地面积24435亩,其中平地面积11860亩,坡土面积12575亩。乡直单位15个,即社会事务服务站、农技和农村合作经济服务站、规划建设环保和水利服务站、扶贫与民政事务服务站、教育文体广电服务站、安全生产服务站、财政所、国土所、林业站、万宝山林场、大安农村信用社、乌鸦河农村信用社、大安中心完小、乌鸦河九年制学校、烟组。

境内万宝山主峰海拔1746米,素有“湘西屋脊”之称,是湘西之巅。湖南四大水系之一的澧水发源地可追溯到大安黄连坪,故又是“澧水之源”。境内生漆资源丰富,1958年,国务院总理周恩来亲自授予“黑色金子林之乡”匾牌。境内有黄莲、玄参、天麻等50多种名贵药材,是远近闻名的“药材之乡”;烤烟质地优良,被长沙烟厂定为调香型主料烟生产基地,遂得“金叶之乡”美誉。全乡森林覆盖率72.5%,万宝山万亩林场,莽莽苍苍,横无际涯,是龙山县“生态建设示范乡”。

县委书记周云(前排左一)深入大安乡查看烤烟灾情、指导救灾工作

值达1100万元。境内有4万余亩天然生态箬叶林,经箬叶采摘及深加工,每年可为农户创收400多万元。全乡外出务工3500余人,创收1亿余元。

【脱贫攻坚】 2017年,大安乡有690户、2574人建档立卡户脱贫,龙口、西堰两个村脱贫摘帽,完成异地搬迁17户,实施危房改造155户,开展生产技能培训及岗位培训900余人次、其中贫困户400余人次,新增转移就业230余人、其中贫困户90余人,教育促学450人,生态脱贫转岗就业59人,全年发放产业发展资金和稳定岗位补贴200余万元。

2017年,乡人民政府被州委、州政府评为人口计划生育、安全生产、建设美丽乡村和信访工作先进单位。

【基层组织】 2017年,全乡村支"两委"换届选举工作如期完成,新任党支部书记9人,新任村干部22人,选优配强村级领导班子。乡内18个党支部,发展新党员10人,党员人数366人。新修村级综合服务平台11个,整修4个,村级组织活动场所建设达标。严格执行《村干部绩效管理制度》《村干部轮流坐(值)班制度》"三会一课""四议两公开"等各项规章制度。推进"两学一做"常态化制度化,全乡党员积极参与主题党日活动,深入学习宣传党的十九大精神,全体党员干部精神风貌和工作作风全面改观。

【经济发展】 烤烟是大安支柱产业。2017年,乡境烤烟种植农户有624户,种植面积15550亩,收购总量36846.97担,实现经济价值5500余万元。药材是大安特色产业,全乡种植天麻、玄参、黄莲、黄柏、杜仲、厚柏等药材面积突破万亩大关,药材产

【基础设施】 2017年,实施马脚坪村等11个村的人饮改造工程,新修蓄水池74口,铺设水管60余千米。同时,自筹资金50万元实施龙堰等4个村的河堤、公路保坎加固。在电力设施建设上,完成光辉、龙堰、花园、大红等村农网升级改造;安装五星等9个村太阳能路灯399盏。在道路建设上,加宽改造龙口、大红、翻身、五星、铁树、龙堰至内口河等村级道路51.4千米。整修大安集镇街道及乌鸦河边贸市场街道,完成大安集镇下水道建设及管网入地工程。投入资金380余万元硬化烟基路20条共12.9千米;在民生建设上,投入资金307万元,实施"千件民生"项目工程,完成涉及民生项目31个。投入资金900万元,为大红、龙口、龙堰、西堰、大湾、五星、翻身等村的危险路段实施安保工程。新建大红、大湾、龙口、木鱼坪、马脚坪、翻身、万宝、西堰、铁树、光辉、花园11个村综合服务平台,改建龙堰、五星、桃子、五马4个村综合服务平台,全乡15个村的文化广场建设基础完工。修建大安、乌鸦河两个高规格农贸市场。

【社会民生】 2017年，新型农村合作医疗覆盖面扩大，村民参加农村合作医疗11196人，参合率100%。新型农村养老保险参保人数4477人，参保率78.9%，为2013名年满60岁老人发放养老保险金。农村低保397户677人，五保对象89人，其中集中供养五保户45人。发放残疾人补贴资金74人。

【安全生产】 2017年，重点加强采石场、烟花爆竹、道路交通等方面安全生产工作。开展安全警示教育"七进"活动，在村、企业、学校、机关等播放安全警示教育片30余场，观众达800余人次。在"打非治违"中，责令停产整顿企业一家，处罚违规企业5次，联合交警中队执法整治非客运车非法载客80余起，扣留非法载人三轮车22辆，打击并切割非法改装车辆20台次。发放安全宣传资料700余份，发放宣传单15000份，张贴警示标语横幅19幅，组织人员培训30余人次。在辖区内全面排查安全隐患，结合每月村上报的安全隐患和问题，建立台帐，逐一落实责任单位、责任人员，限期整改到位，并开展复查抽查，确保工作落实。是年，大安乡荣获全州安全生产工作优秀乡镇称号。

【计划生育】 2017年，全乡已婚育龄妇女2544人，出生人口158人，其中男孩88人，女孩76人。人口出生率12.01‰，死亡率6.39‰，人口自然增长率5.62‰。"两癌"免费检查225人，群众享有计划生育优惠政策落实率100%。是年，该乡被评为全州人口和计划生育工作优秀单位。

【综治维稳】 2017年，开展法制宣传活动6次，群众参与2000余人次。加大矛盾纠纷的排查和调处工作，共排查出矛盾纠纷53件，化解48起，形成调解卷宗27件。加强综治中心建设，建成乡综治中心1处，村综治中心5处，受理各类事件18件，均及时办结。积极稳妥做好信访维稳工作，接待群众来访80余次，处理上级转办信访案件3起，自办信访案件60起，结案率100%。无非正常上访事件发生，无重大群体性事件发生。做好综治民调工作，2017年走访群众875户，向微信群朋友圈发放宣传信息100余条，发放宣传资料1000余份。强化基层平安创建，以平安家庭创建为基础，开展平安村、平安单位、平安医院、平安两新组织等系列基层创建活动，形成全方位创建"平安大安"格局，评选出平安家庭示范户289户。扎实推进网格化工作，共建成15个网格站，配齐20名网格长，顺利完成"三实"信息采集维护任务，全年上报事件791件，完成772件，上传民情日志1272件。安装治安摄像头35个，实现联网23个，安排专人实行24小时监控管理。是年，该乡被评为全州信访工作优秀乡镇。

大安乡烤烟集中育苗暖棚之一

【美丽乡村建设】 2017年，投入资金12万元，聘请保洁员30

人负责15个村主干道和公共区域日常保洁工作。聘请生态转岗员59名为农村环境卫生劝导员，提高全民环保意识。消除垃圾乱丢乱扔现象。开展卫生评比活动。实行大评小奖，巩固同建同治成果，推进同建同治常态化。投入13万元对街道环境卫生实行外包，按时清扫，按时清运，实行垃圾分类减量焚烧。投入262万元，实施马脚坪村、五星村、翻身村、光辉村美丽乡村示范创建。完成4个村的村庄规划。新建户间道1800米，新建卫生厕所80座。安装太阳能路灯120盏。绿化村庄道路5000米，设立4个村庄出入口标识牌。安装村庄道路指示牌19块。推广省材灶14口。新建文化墙500平方米，为农户购买垃圾桶800个，安装垃圾分类箱13个，拆除破旧房屋10栋，整治农户房前屋后环境卫生，消除农户房前屋后杂物乱堆乱放现象。是年，该乡被评为全州建设美丽乡村工作优秀乡镇。

【乡村旅游】 2017年，结合农村产业、新农村建设，编制乡境高山旅游发展规划，重点打造“湘西之巅”“澧水之源”两个旅游景点。万宝山停车场、民宿客栈、登山小道修建完成，“湘西之巅”登山旅游点初见雏形，“澧水之源”探索达300余人次。蜂蜜、生漆、马铃薯等土特产成为乡村旅游热销品，年产值达60万元。

大安乡龙口村药材(元胡)采收场面

【林业保护】 大红村、大湾村、桃子村、龙口村、五星村、马脚坪村、五马坪村、翻身村、万宝村、龙堰村、光辉村、铁树村等13个村纳入天然林保护工程，总面积9万亩，年补贴资金200万元。

【领导名录】

乡党委书记	瞿宏文
党委副书记、乡长	向继红(女)
人大主席	潘齐波
党委副书记	李作勇
纪委书记	王昕昱(女)
武装部长	张博文
组织委员	周庆梅(女)
宣传委员、副乡长	郭　亮
政法委员、副乡长	肖　嘉
党委委员、副乡长	曾凡宇
副乡长：	杨　明

【大红村】 位于大安乡政府所在地，平均海拔1041米，分别与大湾村、木鱼坪村、桃子村、万宝村交界。下辖12个村民小组，有12个自然寨。2017年，全村342户、1451人，有劳动力700余人；有党员28人。村域总面积18.7平方千米，有耕地面积4155亩，林地面积22900亩。粮食作物主要有玉米、马铃薯、红薯等，经济作物以烤烟、药材为主。全村经济收入来源主要有农业产业和外出务工。是年，种植烤烟3712亩，实现年产值1224.9万元。利用地理环境优势大力发展高山土鸡、高山黑山羊、高山蜂蜜等特色产业，助力全村精准脱贫工作。村内有建档立卡贫困

户66户,261人,其中兜底户8户19人。2016年脱贫9户37人,2017年脱贫15户65人。

村党支部第一书记:符家义;村党支部书记:王先群;村委会主任:杨多德。

【大湾村】 位于大安乡东南部,距乡政府2千米,平均海拔940米,分别与大红村、桃子村、铁树村交界。下辖8个村民小组,有8个自然寨。2017年,该村有217户879人,有劳动力490人,其中转移就业475人。有党员18人。全村面积12.3平方千米,有耕地面积2413亩,林地面积10300亩,其中烤烟种植908亩。粮食作物主要有玉米、马铃薯、红薯等,经济作物以烤烟、药材为主。全村经济收入来源主要有农业产业和外出务工。利用地理环境优势发展高山土鸡、高山黑山羊、高山蜂蜜等特色产业,助力全村精准脱贫工作。全村有建档立卡贫困户66户,229人,其中兜底户5户,18人。2016年脱贫9户37人,2017年脱贫15户65人。

村党支部第一书记:肖家军;村党支部书记:葛志文;村委会主任:杜丕凤。

【翻身村】 位于大安乡西北端,距乡政府10.5千米,平均海拔1231米。该村分别与五马坪村、大红村及石牌镇交界。下辖9个村民小组,有9个自然寨。2017年,该村有220户886人,有劳动力588人,其中转移就业567人。有党员14人。村域面积12.5平方千米,有耕地面积2614亩,林地面积16900亩,其中烤烟种植1888亩。主导产业为烤烟,粮食作物主要有玉米、马铃薯、红薯等。经济收入来源主要有烤烟等农业产业和外出务工。利用地理环境优势大力发展高山黑猪、高山黑山羊、高山蜂蜜等特色产业,助力全村精准脱贫工作。建档立卡贫困户有43户144人,其中兜底户5户8人。2016年实现4户16人稳定脱贫,2017年实现4户14人稳定脱贫。

村党支部第一书记:沈卓;村党支部书记:钟凯;村委会主任:李章胜。

【光辉村】 位于大安乡北部,距乡政府7500米,平均海拔750米,分别与龙堰村、西堰村、花园村、万宝村交界,下辖6个村民小组,有6个自然寨。2017年,该村有128户603人,有劳动力375人,其中转移就业368人。有党员15人。村域面积8.09平方千米,有耕地面积285亩,林地面积12013亩。粮食作物主要有玉米、马铃薯、红薯等,经济作物以药材、箬叶为主。经济收入来源主要有农业产业和外出务工,村内有建档立卡贫困户28户113人,其中兜底户3户7人。2016年实现5户18人稳定脱贫,2017年实现11户47人稳定脱贫。

村党支部第一书记:尹文平;党支部书记、村委会主任:苏明勇。

大安乡药材(玄参)收购市场

【花园村】 位于大安乡东部,距乡政府22.5千米,由原青坪村和花园村合并而成。平均海拔850米,分别与龙堰村、光辉村、铁树村以及张家界市桑植县八大公山镇交界。下辖14个村民小组。2017年,该村有293户1220人,有劳动力519人,其中转移就业503人。有党员30人。村域面积21.5平方千米,有耕地面积1200亩,林地面积26342亩,其中种植烤烟200亩。花园村地广人稀,森林覆盖率较高,药材种类丰富,经济作物以药材、箬叶为主,粮食作物主要是玉米、马铃薯、红薯。经济收入来源主要有农业产业和外出务工,村内有建档立卡贫困户81户312人,其中兜底户8户25人。2016年实现13户50人稳定脱贫,2017年实现15户58人稳定脱贫。

村党支部第一书记:李文仕;村党支部书记:颜学柏;村委会主任:朱玉文。

【龙口村】 位于大安乡西南部,距乡政府7500米,平均海拔930米,分别与五星村、桃子村和茨岩塘镇交界。下辖5个村民小组,有5个自然寨。2017年,该村有106户578人,有劳动力372人,其中转移就业360人。有党员19人。村域面积8.9平方千米,有耕地面积1221亩,林地面积7400亩,其中烤烟种植560亩。粮食作物主要有玉米、马铃薯、红薯等,经济作物以烤烟、药材为主。利用地理环境优势大力发展高山土鸡、高山黑山羊、高山蜂蜜等特色产业,助力全村精准脱贫工作。经济收入来源主要有农业产业和外出务工,村内有建档立卡贫困户25户88人,其中兜底户2户5人。2016年实现1户6人稳定脱贫,2017年实现21户74人稳定脱贫。

村党支部第一书记:田安君;村党支部书记:颜典茂;村委会主任:黄安平。

【龙堰村】 位于大安乡东北部,是原乌鸦乡政府所在地,距离大安乡政府3500米,平均海拔750米,分别与西堰村、光辉村、花园村、铁树村、湖北省沙道沟镇交界。下辖15个村民小组,有15个自然寨。2017年,该村有326户1482人,有劳动力789人,其中转移就业772人。有党员26人。村域面积10.2平方千米,有耕地面积870亩,林地面积10493亩。粮食作物主要有玉米、马铃薯、红薯等,经济作物以药材、箬叶为主。经济收入来源主要有农业产业和外出务工。村内有建档立卡贫困户74户317人,其中兜底户6户,18人。2016年脱贫14户68人,2017年脱贫41户161人。

村党支部第一书记:陈胜良;党支部书记:颜贵文;村委会主任:颜学兵。

【马脚坪村】 位于大安乡西南部,距乡政府11千米,平均海拔1200米,分别与木鱼坪村、五马坪村、茨岩塘镇交界,下辖5个村民小组,有5个自然寨。2017年,该村有94户422人,有劳动力268人,其中转移就业251人。有党员16人。村域面积7.5平方千米,有耕地面积1350亩,林地面积5300亩,其中烤烟种植912亩。粮食作物主要有玉米、马铃薯、红薯等,经济作物以烤烟、药材为主。经济收入来源主要有农业产业和外出务工,利用地理环境优势大力发展高山土鸡、高山蜂蜜等特色产业,助力全村精准脱贫工作。村内有建档立卡贫困户29户110人,其中兜底户2户7人。2016年脱贫10户35人,2017年脱贫6户26人。

村党支部第一书记:邓国政;村党支部书记:罗宗元;村委会主任:蔡长礼。

【木鱼坪村】 位于大安乡东南部,距乡政府9000米,平均海拔840米,分别与马脚坪村、五星村、龙口村、大红村、茨岩塘镇交界。下辖5个村民小组,有5个自然寨。2017年,该村有137户,508人,有劳动力310人,其中转移就业296人。有党员16人。村域面积6.8平方千米,有耕地面积1216亩,林地面积8100亩,其中种植烤烟800亩,并设有百亩烤烟示范园基地。粮食作物主要有玉米、马铃薯、红薯等,经济作物以烤烟、药材为主。经济收入来源主要有农业产业和外出务工,村内有建档立卡贫困户18户62人,其中兜底户2户,7人。2016年脱贫3户9人,2017年脱贫6户23人。

村党支部第一书记：彭宇杰；村党支部书记：彭英明；村委会主任：易中华。

【桃子村】 位于大安乡东南部，距乡政府3000米，平均海拔840米，分别与五星村、龙口村、大湾村、水田坝镇交界。下辖9个村民小组，有9个自然寨。2017年，该村有159户761人，有劳动力441人，其中转移就业426人。有党员14人。村域面积14.3平方千米，有耕地面积1726亩，林地面积18800亩，其中种植烤烟1162亩。粮食作物主要有玉米、马铃薯、红薯等，经济作物以烤烟、药材为主。经济收入来源主要有农业产业和外出务工，利用地理环境优势发展高山土鸡、高山蜂蜜等特色产业，助力全村精准脱贫工作。村内有建档立卡贫困户44户146人，其中兜底户5户7人。2017年脱贫14户50人。

村党支部第一书记：吴胜权；党支部书记：肖南林；村委会主任：车丕家。

【铁树村】 位于大安乡东部，距乡政府12千米，平均海拔700米，分别与花园村、西堰村、龙堰村、大湾村桑植县交界。下辖8个村民小组，有8个自然寨。2017年，该村有172户729人，有劳动力437人，其中转移就业412人。有党员118人。村域面积9.95平方千米，有耕地面积795亩，林地面积13764亩，其中种植烤烟200亩。粮食作物主要有玉米、马铃薯、红薯等，经济作物以烤烟、药材、箬叶为主。经济收入来源主要有农业产业和外出务工，利用地理环境优势发展高山土鸡、高山蜂蜜等特色产业，助力全村精准脱贫工作。村内有建档立卡贫困户46户166人，其中兜底户1户4人。2016年脱贫14户44人，2017年脱贫9户30人。

村党支部第一书记：彭贤胜；党支部书记：刘大刚；村委会主任：赵雪梅。

【万宝村】 位于大安乡中北部，距乡政府四千米，平均海拔1131米，其最高峰海拔1730余米，有“湘西之巅”美誉。该村分别与翻身村、大红村、光辉村、西堰村、石牌镇交界，下辖11个村民小组，有11个自然寨。2017年，该村有171户715人，有劳动力496人，其中转移就业482人。有党员27人。村域面积14.1平方千米，有耕地面积1831亩，林地面积12500亩，其中种植烤烟580亩。粮食作物主要有玉米、马铃薯、红薯等，经济作物以烤烟、药材为主。经济收入来源主要有农业产业和外出务工。利用地理环境优势发展高山土鸡、高山黑山羊、高山蜂蜜等特色产业，助力全村精准脱贫工作。村内有建档立卡贫困户46户166人，其中兜底户1户4人。2017年脱贫16户73人。

村党支部第一书记：张泰源；党支部书记：贺海斌；村委会主任：蔡益军。

【五马坪村】 位于大安乡南部，距乡政府八千米，平均海拔1146米，分别与翻身村、马脚坪村、石牌镇交界，下辖5个村民小组，有5个自然寨。2017年，该村有98户397人，有劳动力230人，其中转移就业211人。有党员11人。村域面积8.4平方千米，有耕地面积1178亩，林地面积10700亩，其中种植烤烟840亩。粮食作物主要有玉米、马铃薯、红薯等，经济作物以烤烟、药材为主。经济收入来源主要有农业产业和外出务工，利用地理环境优势发展高山土鸡、高山蜂蜜等特色产业，助力全村精准脱贫工作。村内有建档立卡贫困户21户81人，其中兜底户3户8人。2016年脱贫7户29人，2017年脱贫3户11人。

村党支部第一书记：向道法；党支部书记：钟斌；村委会主任：杨正文。

【五星村】 位于大安乡南部，距乡政府四千米，平均海拔830米，分别与大红村、桃子村、龙口村交界。下辖6个村民小组，有6个自然寨。2017年，该村有193户928人，有劳动力324人，其中转移就业313人。有党员24人。村域面积8.4平方千米，有耕地面积1517亩，林地面积5900亩，其中种植烤烟2708亩。粮食作物主要有玉米、马铃薯、红薯等，经济作物以烤烟、药材为主。经济收入来源主要有农业产业和外出务工,村内有建档立卡贫困户 32 户 124 人,其中兜底户 6 户 15 人。2016 年脱贫 1 户 5 人,2017 年脱贫 6 户 29 人。

村党支部第一书记:周君友;党支部书记:康心林;村委会主任:黎杰。

【西堰村】 位于大安乡东北部,距乡政府 6000 米,平均海拔 750 米,分别与龙堰村、光辉村、铁树村、万宝村交界,下辖 11 个村民小组,有 11 个自然寨。2017 年,该村有 312 户 1338 人,有劳动力 764 人,其中转移就业 677 人。有党员 25 人。村域面积 11.9 平方千米,有耕地面积 1290 亩,林地面积 10974 亩,其中种植烤烟 206 亩。粮食作物主要有玉米、马铃薯、红薯等,经济作物以药材、箬叶为主。经济收入来源主要有农业产业和外出务工,村内有建档立卡贫困户 44 户 153 人,其中兜底户 6 户 12 人。2016 年脱贫 6 户 27 人,2017 年脱贫 29 户 105 人。

村党支部第一书记:汪九龙;党支部书记:彭吉松;村委会主任:苏兴云。

茅坪乡

【概况】 茅坪乡位于龙山县城东南 22 千米,总面积 95 平方千米,东接红岩溪镇,西连洗洛镇、召市镇,南交洛塔乡,北抵茨岩塘镇和兴隆街道。乡境平均海拔 800 米,以高山台地为主要地形,峰峦之间烟雾缭绕,环境优美,溶洞繁多,为典型的喀斯特地貌。境内气候属亚热带大陆性湿润季风气候区。全年四季分明。夏受夏季风影响,降水较丰沛,气候温暖湿润。冬受冬季风控制,气温较低,降水较少,气候较寒冷。年平均气温 15.8℃,极端最高气温为 39℃,极端最低气温—6.9℃,无霜期 281 天。年均降水天数为 160 天,降水主要集中在 4～9 月,年均降水 1376.2 毫米。年均相对湿度 81%。年平均日照 1261 小时。文化方面主要有土家花鼓、山歌、摆手舞、花灯舞等,自然风光主要有水沙坪将军岩、三仙醉酒等。下辖 12 个建制村,有乡直企事业单位 13 个。2017 年,全乡有居民 3799 户 15865 人,其中常住人口 14582 人,流动人口 1283 人。乡内有土家族等 9 个少数民族 11338 人,占总人口的 71.47%,人数较多的几个民族呈大杂居、小聚居特点,人口最多的是土家族,有 10036 人,占全乡总人口的 63.26%;汉族 4526 人,占总人口的 28.53%,苗族 1076 人,回族 207 人,侗、壮等 6 个少数民族 20 人。乡内共有田、彭、向、张、王、李等90多个姓氏,其中人口较多的有田、彭、向、张、李、刘 6 姓。

茅坪乡交通便利,公路网络辐射全乡各村。有 209 国道横穿域内庆口坳、龙冠、竹柯、金沙、光荣 5 个村,村级公路贯通全乡 12 个村,并全部硬化,实现组组通公路。龙永高速、黔张常铁路贯穿水沙坪片区。2016 年,龙(山)永(顺)高速公路建成通车;2017 年,铁路建设主体工程竣工。

乡境多绿林覆盖,林木资源丰富,沙子坡林场以松、杉为主。有稻田 485 公顷,旱土 402.4 公顷。粮食作物以水稻、玉米、高粱为主。水沙坪生产的大米,香糯享誉湘西。粮油作物有红薯、马铃薯、油菜等。经济作物有烤烟、百合、魔芋、药材等。该乡是龙山县百合和烤烟生产大乡之一,2017 年全乡百合面积播种面积 7000 余亩,烤烟种植面积 3600 亩,收购烟叶 40 万千克。水果主要有梨、蓝莓、桃、猕猴桃、板栗、薄壳核桃等。茅坪乡为土家族聚居地,土家文化底蕴厚重,保留有比较完整的土家风俗,如祭祖、哭嫁等。全乡国民生产总值 6760 万元,人均纯收入 2950 元,家电入户率达到99%,居民存款余额达到 9957 万元,乡内70%以上农户新建住房。

辖区内有九年制中心学校、沙坪片小、老场村小各 1 所,有 4 所幼儿园,教师有 82 人,在校中小学生 700 余人,在园幼儿 200 多人,初中适龄人口入学率 93.4%,小学升初中升学率 97%,九年义务教育覆盖率 98%;设卫生院两所,村卫生室 12 个,有村医 12 人,拥有床位 26 个;设敬老院一所,集中供养五保老人 31 人。

2017年11月，茅坪乡干部抢抓逢场天机会、宣传党的十九大精神

合作医疗，农合缴纳率达到95%以上，就医报销比例达到85%以上。在农村住房保障工程领域，全乡实施危房改造共254户1057人，其中建档立卡户数156户，共补助资金665.12万元，非建档立卡户21户，共补助资金31万元。在基础设施配套工程领域，实施饮水、道路、河道、游道等各项工程及配套设施投资总额达3000余万元，12个村民服务中心总投资1200余万元，部分投入使用。

【扶贫工作】 2017年，全乡有贫困村7个(其中深度贫困村4个)，非贫困村5个，共有建档立卡贫困户959户4022人。已脱贫457户2004人，2017年脱贫人口304户1370人，是年年底，未脱贫人口502户2018人，贫困发生率5.64%。有低保户510户735人，兜底户68户217人。危房改造254户，入住人口1057人。易地搬迁39户162人，转岗护林员36人。

在实施整村推进扶贫工作过程中，成立以党委书记为组长的扶贫工作领导小组，采取有效措施，加大工作力度，积极稳妥地推进社会事业的全面发展，促进精准脱贫工作扎实推进。在发展生产脱贫工程领域，2017年，享受产业扶持3712人，发放产业扶持资金294.61万元。在易地搬迁脱贫工程领域，全乡“十三五”期间共有39户搬迁户，162人，其中2017分散自建17户67人。在教育发展脱贫工程领域，共资助学前到中职贫困学生1000多人。在转移就业脱贫工程领域，发放转移就业1350人，转移就业资金共667725元。在社会保障兜底工程领域，纳入社会保障兜底217人。在乡村旅游脱贫工程领域，发展长兴传统村落农家乐。退耕还林及生态公益林补偿资金全部落实到位。在医疗救助帮扶工程领域，为政策内建档立卡户全部购买农村

【基础设施】 按照龙山县“十百千”工程要求，从2016年开始连续三年每年投入300余万元用于道路、饮水、农网改造建设工程，大力改善茅坪的基础设施。加强村、组交通网建设。投入资金2100万元，改造加宽村道14.8千米、硬化村道9700米、新修组级路16.2千米、实施道路安保工程7500米。实施安全饮水工程。利用县基础设施配套工程一期项目，投入资金116万元。投入70万元新修干坝村河堤3段，投入20万元实施庆口坳村5组安全饮水工程、投入26万元实施老场村6组安全饮水工程。推进农村综合服务平台建设。投入资金970万元，推进11个村新建和1个村改扩建村级综合服务平台。

【重点项目】 以浏阳市对口帮扶和济南市市中区十六里街道东西部协作为契机推进茅坪核心区建设。投入2500万元在水沙坪片区建设浏阳街、浏阳广场、浏阳大道、河道整治和沿河风光带建设。投入185万元完成长兴村游步道建设。投入128万元，实施水沙坪街道下水道整修工程。投入100万元整修机关大院办公楼，于2018年全面完工。完成黔张常铁路水沙坪安置区84户拆迁户宅基地分配，签订建房协议83户，2017年主体基本完工。

有序推进龙潭河水库建设项目,进场施工前期工作全部完成。

【换届工作】 严格按照"两推一选"的方式和上级关于换届选举的纪律,2017年顺利完成全乡12个村党支部、村委会换届选举工作。选举产生党支部委员54名,选举产生第十届村民委员会主任12人,其中女性2人,全乡村支"两委"干部共计105人,有18名致富带富能力强的年轻后备干部通过换届选举顺利进入村"两委"班子。

【安全生产】 2017年,乡党委、政府始终将安全生产工作摆在重要议事日程,定期和不定期的组织力量对道路交通、危化品、烟花爆竹等重点领域进行安全大检查,全年开展执法行动80余次,高标准做好学校周边环境整治工作。针对高速道路交通安全,联合高速公路交警在水沙坪片区进行安全知识入户宣传。制定和完善各类公共突发事件应急预案,预防和妥善处置各类突发公共事件,扎实推进"平安茅坪"建设。加强法制宣传教育,定期对机动车辆驾驶员进行安全教育与培训,对青少年开展法治讲座。

【农业发展】 2017年,全乡烤烟种植面积3800亩,完成烤烟收购39万公斤。百合种植3000亩,优质水稻种植5000亩,反季节蔬菜种植1200亩。全乡专业养殖户58户,其中养羊专业户42户,养殖山羊6500余只,比上年同期增2000多只;养牛专业户14户养牛700余头,比上年同期增300多头;养猪专业户2户,饲养生猪300余头;种植专业户40户,种植玉米955亩、马铃薯477亩。重点推进粮油、百合、烤烟等传统产业和中药材、中蜂、蓝莓、油菜等新兴产业建设。粮油产业:大力推广水稻、油菜全程机械化生产,持续实施超级稻高产攻关项目,确保粮油面积稳定在1万亩以上,建设粮油千亩示范园1个。百合产业:乡农技站联合县百合办加强和理顺百合产业的管理体制,全面加强对百合产业的管理和服务,安排精干力量加强对百合产业的产业规划和管理,重点打造老场吴坝百合示范基地。烤烟产业:加快现代烟草农业建设步伐,重点建设沙坪、庆口两个县级示范点,确保种植面积3550亩,产量8260担。中药材产业:重点打造竹柯、龙冠中药材示范基地。中蜂养殖产业:创建养殖示范村1个,新发展中蜂100桶。蓝莓产业:种植蓝莓200亩,创建蓝莓示范园1个。

浏阳市党政领导到茅坪乡调研对口帮扶工作

【计划生育】 2017年年底,全乡已婚育龄妇女2755人,出生人口72人,其中政策内62人,政策外10人,符合政策生育率86%,政策外多孩率为14%,男孩37人,女孩35人,性别比105;死亡人口45人;女性初婚人数38人;人口出生率4.7‰。长效避孕节育情况:2017年度县分手术任务80例,选用措施人数2260人,其中上环15例,结扎5例,完成县分任务的31%,综措比81.87%。其他指标完成情况(以自然年度计算）：孕前优生健康检查县分任务140例，完成46例。产前筛查县分任务84例，完成15例。

【领导名录】

党委书记	王从强
党委副书记、乡长	侯　琼（女）
党委副书记	田　健
人大主席	夏　军
纪委书记	彭　江
组织委员	宁晓华
武装部长	梁　辉
副乡长	向　瑶　肖桂芳（女） 包辉洲　田　茜

【老场村】 位于茅坪乡东部，是典型的土家族聚集区，2017年辖8个村民小组13个自然寨，有404户1824人，其中男性954人，女性870人；有劳动力人口1091人，其中常年在外务工438人。是年农民人均纯收入2900元。全村耕地面积1574亩，其中水田面积1400亩，旱地面积514亩；山林面积1839亩。烤烟种植面积150亩，百合种植面积1100亩；果园面积450亩，其中梨园面积350亩，弥猴桃面积100亩。全村有党员25人，其中女党员6人。村内有建档立卡贫困户85户353人，其中：兜底户7户28人，低保户45户55人；至是年底，脱贫23户108人，未脱贫62户250人。

村党支部书记：王生贵；村委会主任：向先齐。

【金沙村】 位于茅坪乡中部，东与光荣村相邻，南与竹柯接壤，西毗邻龙冠村与庆口坳村，北与干坝村隔山相望，村域面积6平方千米，距离茅坪乡中心地带约一千米，距龙山县城23.5千米，基本地势北高南低，周围都是高山，村域中部为平地，地势较平坦。海拔高度一般为580～1600米。村内有多条水渠经过，农田灌溉水源充足。金沙村现辖刘家塆、上王家车、下王家车、上光荣、铁铲沟5个村民小组。有168户762人。村内有建档立卡贫困户55户266人，常住人口280人，耕地1180.5亩，林地7468.5亩，经济收入主要为外出务工和农业种植，外出务工人口主要分布在浙江、广州、深圳沿海区域。是年，全村总产值100多万元，人均纯收入2400元；有党员21人，其中60岁以上占66%，女党员2人。有耕地648亩，林地3000亩，粮食作物主要有水稻、玉米等，经济作物主要有百合、烤烟。全村烤烟种植面积150亩，百合种植面积200亩；玉米种植面积500亩，水稻种植面积100亩。

村党支部书记：徐代富；村委会主任：龙勇。

【兴旺村】 位于茅坪乡南部，东与长兴村相邻，南与召市坪溪村接壤，西毗邻召市岩门坡村，北与龙冠村相望，村域面积6平方千米，辖7个村民小组，有15个自然寨。2017年全村有258户1048人，其中男性554人，女性494人。有劳动力459人；常年在外务工人员429人，占总人口的40.94%。全村建档立卡贫困户72户303人。人均纯收入2765元。全村党员17人，其中女党员4人。有耕地面积650亩，其中水田面积550亩，旱地面积90亩；山林面积10374亩，全村烤烟种植面积300亩；种植百合200亩，种植油菜300亩，水稻玉米各100亩。养殖山羊1200只，养鸡500多羽，养牛大户1户，养牛20多头；养猪大户1户，养猪50多头。

村党支部书记：沈慧颖；村委会主任：田兴祥。

【光荣村】 位于茅坪乡东部，东与红岩溪卡纳洞村相邻，南与竹柯村接壤，西部毗邻竹柯村，北与干坝村和老场村相交。辖区7个村民小组有7个自然寨。2017年全村有179户808人，男性430人，女性378人；有劳动力341人，常年在外务工人员88人，占总人口的11%。全村耕地面积831亩，其中水田面积328亩，旱地面积503亩。有山林面积5476亩，其中退耕面积610亩。农业产业以烤烟、百合为主；传统农业有水稻、玉米等。党员人数23人，其中女党员4人。建档立卡贫困户有45户182人。2016年脱贫4户14人，2017年脱贫21

户93人,还有13户45人未脱贫。其中社会保障兜底5户17人。占总人口的2.1%,是年农民人均纯收入2898元。

村党支部书记:彭星全;村委会主任:田秋维。

【庆口坳村】 位于茅坪乡西北部,209国道穿境而过,高海拔、多山地,村域面积10平方千米,辖5个村民小组、5个自然寨。2017年,全村有186户803人,其中男性477人,女性326人。有劳动力420人,建档立卡贫困户有71户346人;常年在外务工人员242人,占总人口的30.14%,人均纯收入2300元;有耕地面积520亩,其中水田面积150亩,旱地面积370亩;山林面积2800亩,该村产业以农业种植为主,其中:玉米200亩、烤烟530亩、白合100亩。党员人数18人,其中女党员3人,党员平均年龄为66岁。兜底户3户15人,低保户22户38人;已脱贫40户195人,未脱贫31户151人。有易地扶贫搬迁户2户13人,危房改造16户入住村民82人。有贫困学生50人,特贫烈军属1户5人。

村党支部书记;向大国;村委会主任:向明亮。

【沙坪村】 位于茅坪乡东北部,距乡政府10千米,村域面积12平方千米。2017年辖8个村民小组、有6个自然寨,310户1375人,劳动力639人,常年在外务工551人,占总劳力的86.22%,主要分布在浙江和广东等地从事运输、建筑工、裁缝等。全村耕地面积1648亩,其中水田面积1120亩,旱地面积528亩;山林面积4186亩,全村烤烟种植面积为860亩;百合种植60亩。党员人数26人,其中60岁以上11人,占56.7%。建档立卡贫困户有89户336人,已脱贫43户170人,未脱贫64户256人;家庭经济收入来源主要依靠外出务工的有40户,占总贫困户的56.78%。危房改造22户87人,有贫困学生47人。全村所有农户通电,并用上自来水。通组公路硬化59%。

村党支部书记:张文;村委会主任:彭吉安。

【龙冠村】 位于茅坪乡中部,属乡政府所在地,距龙山县城21千米,总面积12平方千米。该村是一个以土家族、汉族杂居的村落,辖11个村民小组,有9个自然寨。2017年,全村有387户1511人,外出务工人员465人,占总人口的30.77%,主要分布在广东、浙江、福建等地区。有党员党员34人,其中女性党员5人。有耕地面积2017多亩,其中水田面积623亩,旱地面积1394亩;山林面积1165亩,粮食作物主要有玉米等,经济作物主要有百合、烤烟等,经济收入来源主要有农业产业和外出务工。该村有村级活动服务中心楼一栋,有配套的文化广场,村卫生室,有村医2人。烤烟种植面积420亩,百合120亩,基本形成烤烟、百合为主的支柱产业;有养蜂、魔芋种植2个专业合作社。

村党支部书记:田景刚;村委会主任:卢胜美。

【干坝村】 位于茅坪乡东北部,东临老场村,南靠新场村,北至光荣村,三面环山,植被覆盖率达80%以上,中间坐落小山丘,四周多泉,自然环境优美,生态文化丰富多样;距县城12千米,吉恩高速公路、011乡道贯穿全境,并设有吉(首)恩(施)高速公路茅坪收费站,209国道、黔张常铁路绕经寨麓;2017年,辖7个村民小组,有9个自然寨,497户1603人,其中男性849人,女性754人;有劳动力887人;贫困人口97户417人;常年在外务工人员721人,占总人口的44.98%。有党员31人,其中女党员6人。该村是以传统农业、养殖业为主的的农业村。全村耕地面积2423亩,其中水田面积1214亩,旱地面积400亩;山林面积18324亩。养殖业以鸡、猪、牛、羊为主,种植业以水稻、玉米、油菜为主;烤烟种植面积20亩;百合60亩。特色产业有蓝莓、罗汉果、草莓、马蜂、石蛙、藏香猪;种植大户6户,养殖大户有18户,合作社3个。2017年,农民人均纯收入3200元。在浏阳市对口帮扶和县政府办驻村扶持下,重点建设浏阳大道、浏阳广场、浏阳街、蓝莓广场、水沙坪片区行政服务中心等项目。

村党支部书记:张德斌;村委会主任:刘龙孝。

【竹柯村】 位于茅坪乡南部,辖13个村民小组,11个自然寨。2017年,全村有368户1875人,其中男性891人,女性984人;有劳动力人口1215人;常年在外务工人员394人,占总人口的21.01%。村域耕地面积1057亩,其中水田面积912亩,旱地面积145亩;山林面积9955亩,全村烤烟种植面积为350亩、百合种植500亩。人均纯收入2500元;党员人数30人,有女党员7人。村内有建档立卡贫困户99户413人;兜底户5户19人,低保户22户38人;已脱贫41户175人,未脱贫58户238人。有易地扶贫搬迁户3户11人,危房改造27户117人。

村党支部书记:彭万利;村委会主任:田香桃。

【茶园坪村】 位于茅坪乡东部,全村总面积12.12平方千米,距乡政府10千米,辖9个村民小组,有9个自然寨。2017年,全村有286户1097人,其中男性546人,女性551人,有农业人口1097人,劳动力649人;常年在外务工人员552人,占总人口的50.36%,主要分布在浙江、广东等地区,从事泥工、手工艺、运输等职业。耕地面积1548亩,其中水田面积750亩,旱地面积798亩;山林面积5100亩。烤烟种植面积为80亩。有党员19名,其中女党员3人,60岁以上11人。粮食作物主要有水稻、玉米,经济作物主要有烤烟、百合,经济收入来源主要有农业产业和外出务工。2017年农民人均纯收入2415元;有建档立卡贫困户57户232人,分别占全村总户数的19.93%和总人口的21.14%。全村低保人员31户35人,低保兜底户7户15人,2016年已脱贫6户30人,2017年预脱贫21户98人。全村所有农户通电,通组入户道路硬化58%。

村党支部书记:彭全军;村委会主任:杨安龙。

【新场村】 位于茅坪乡东北部,总面积23.64平方千米,辖9个村民小组,有12个自然寨。2017年,全村有415户1598人,有劳动力1011人,主要在福建、浙江、广东等地区务工。有党员32人,其中女性8人。耕地面积2174亩,其中水田面积2010亩,旱地面积64亩;山林面积2800亩。粮食作物主要有水稻、玉米等,经济作物主要有百合、烤烟,林果业以梨园、猕猴桃为主,养殖有养鱼、蜜蜂等,经济收入来源主要有农业产业和外出务工。全村烤烟种植面积为240亩,水稻种植130亩,玉米种植120亩,人均纯收入2320元。有一个黑猪养殖合作社。兜底户3户8人,低保户22户38人;有贫困户87户348人,其中脱贫29户117人,未脱贫58户231人,危房改造20户72人。

村党支部书记:吴光友;村委会主任:陈静波。

【长兴村】 位于茅坪乡东南部,总面积14平方千米,辖9个村民小组,有12个自然寨。2017年,全村有348户1561人。粮食作物主要有水稻、玉米等,农民人均纯收入2600元;耕地面积有1100亩,其中水田面积700亩,旱地面积400亩;山林面积9800亩。是年大力发展乡村旅游,投资200万元实施长兴沿河风光带游道建设,已竣工投入使用。该村是远近闻名的“状元村”,70%以上家庭有大学生,有留美博士后1人,硕士研究生5人。当年,长兴村考取“985”和“211”院校10人,升入清华大学1人;其中女硕士研究生2人;恢复高考后累计毕业200多名大学生。

村党支部书记:向邦凤;村委会主任:刘金文。

洛塔乡

【概况】 洛塔乡位于龙山县中部,距龙山县城45千米,东邻洗车河镇,西接召市镇,南毗咱果乡,北界茅坪乡、红岩溪镇,乡域面积167平方千米,下辖14个建制村。2017年,全乡有4468户17685人,其中建档立卡贫困户1249户5302人,为土家族聚居乡。该乡为岩溶喀斯特地质地貌,地形四周高,中间低,境内乌龙山国家地质公园洛塔园区被誉为岩溶地质“百科全书”。乡境最高海拔1430米,年平均气温13.4℃,年平均降水量1417毫米。气候温和,四季分明。农业主要有蔬菜、百合、油茶、烤烟等;养殖有生猪、石蛙及山羊等。洛塔旅游资源丰富,有五代时期土家族首领吴著冲宫殿城堡遗址,有第四纪冰川遗留的植物“活化石”千年古水杉3株,有洛塔精神纪念馆和灵洞水渠、荆家寨天坑堵水工程等。

【经济发展】 2017年,全乡有高山有机蔬菜基地1个,高山百合良种繁育基地1个,油茶基地1个,建有农业专业合作社6个,烤烟种植面积2150亩,烟叶产量25.5吨,产值420万元,百合种植面积120公顷,产量612吨,产值380万元,油茶种植面积54.1公顷,产值512万元,农业经济总收入6819万元,人均纯收入4825元。乡境有千头、百头猪场各1个,养羊100多只的专业户108户,200只以上专业户的25户,养禽场5个,特种养殖场2个,其中,“珠珠湖石蛙养殖场”初具规模,并成立农民专业合作社,场地面积1.47公顷,配套有石蛙成蛙池、产卵池、蝌蚪池、幼蛙池、科技实验池100余个,产值3500万元。

【基础设施】 2017年10月15日,洛塔乡猛西片区“网络路”硬化工程启动,该公路全长38千米,其中猛西片区22千米,完工后将解决猛西、烈坝、陈庄三个贫困村5000余人出行难问题,并拉通洗车河古镇经洛塔乡猛西到乌龙山大峡谷惹迷洞的旅游交通线路。在长沙市天心区对口帮扶下,于9月21日完成光伏电站并网及运行工作。该电站坐落在梭洛、枹木、泽果3个村,装机总容量300千瓦,总投资230万元,预计每年产生经济效益约23万元。洛塔乡大力推进水利工程建设,投资260万元,新修水利工程6处,并完成泽果村山塘水库建设和楠竹坪水库建设,已完成800万元的工程量。

【精准扶贫】 2017年,洛塔乡完成危房改造96户,全乡有建档立卡贫困户1249户5302人,其中脱贫880户3901人,重新精准确定兜底户52户149人,低保户525户765人,所有相关建档立卡户人员均获得对应的产业扶持金、转移脱贫就业资金和教育帮扶资金,并在长沙市天心区对口帮扶工作队支持下,新建泽果村、梭洛村、枹木村三村联系点410平方米的综合楼和700平方米的文体活动广场,投资230万元,完成贫困村光伏发电站项目的择址建设及并网运行,投资50万元,完成枹木村古水杉保护科普示范园项目,投资50万元完成泽果村人饮和山塘建设项目。

【计划生育】 2017年,洛塔乡建立乡计划生育协会1个,村计划生育协会14个,坚持每月定期召开计划生育例会,及时兑现计生奖励政策,共帮扶49户计生困难户,开展会议宣传15次,参加人员384人次,投放各类资料5500余份,标语11条,投入宣传经费2万元,通过宣传,群众知晓率达到95%以上,通过扎实开展计划生育工作,全乡按要求完成性别比、宣传教育普及率、优质服务到位率等各项计生指标。

【安全生产】 开展各种排查治理行动,2017年深入各村、各部门、各企业开展安全生产大检查12次,排查对象共127个,排查出隐患152条,完成整改140条,全面开展农村消防工作大检查,重点对50户以上村寨的生产生活用电及用火情况加以监管,加强消防池、消防泵等消防设施的使用和管理;开展道路交通安全专题整治工作,从1月起查处非法违法农用车载客行为12起,规劝非法违法载客行为80余次,定期对企事业单位实施安全生产监管,安监站共下企业学校检查10余次,查出安全隐患3条,落实整改3条,定期开展烟花爆竹、易燃易爆物品排查整治,在辖区内检查烟花爆竹经营点5个,液化气经营点2个,民爆公司1个,查出隐患6条,查封非法固定加油点2家,取缔非法散装加油点4处。

【综治维稳】 2017年,全乡推进“网格化”建设,将

"网格化"建设延伸到自然村,将 92 个村民小组的农户全部纳入"网格化"管理,在治安盲区和矛盾隐患多发地全部设置"观察站"和"瞭望哨"。同时,开展专项整治行动,排查各类矛盾纠纷 30 起,免费解答法律咨询 30 多人次,开展专项整治 58 次,全年全乡无一起民转刑和重新犯罪案件发生,没有出现一起交通、火灾和安全生产事故,没有出现群体性事件,乡内无治安混乱区,无明显突出治安问题,人民群众的满意度大幅提升,安全感普遍增强。

【民生事业】 2017 年,全乡享受农村最低生活保障人数 465 人,农村五保户 67 人,共支出资金 142.79 万元;兜底户 481 人,支出资金 116.40 万元;临时救助 50 人次,支出 2.5 万元。联系各扶贫单位开展项目建设,各利民惠民项目相继开展,村容村貌普遍发生变化。

【科教文卫】 2017 年,全乡投入教育经费 454 万元,通过捐资助学,帮扶结对、"雨露计划"等形式,保证贫困生顺利完成学业。同时开展"平安校园"创建活动,校园安全得到保障。利用文化站和农家书屋免费开放资源,引导群众学习科技文化知识。是年,全乡电视综合覆盖率 97%,并成功申报文化村、民俗村各一个,全年完成医疗卫生诊疗 2.3 万人次,疫苗接种率达到 90%以上,居民医疗卫生服务需求满足程度提高,公平性增强。

【同建同治】 2017 年,全乡贯彻落实上级城乡同建同治工作精神,开展"大走访、大宣传、大规劝"的教育教化活动,以上门单独规劝和现场集体规劝的方式进行宣传发动,群众保洁意识增强,投入垃圾桶 7000 余个,修建垃圾转运池 35 个,垃圾焚烧炉 400 个,大型垃圾焚烧炉 1 个,有效解决集镇及周边村寨垃圾的归宿问题。

【领导名录】

党委书记	李晓辉
党委副书记、乡长	田小波(2017.03—)
党委副书记	湛　果(挂职、2017 年 3 月任,原长沙市天心区裕南街街道工委副书记)
党委副书记	覃麟敬(女)
人大主席	田清和
党委委员、长沙市天心区审计局副局长	陈志刚(挂职,2017.3—)
纪委书记	刘　俊
组织委员	阳　光
武装部长	符　晓
宣传委员、副乡长	李家元
政法委员、副乡长	周友德
副乡长	向　群(女)　刘运彪

【阿亏村】 位于洛塔乡北部,距乡政府驻地八千米,全村总面积 26.3 平方千米,有耕地 900 亩,林地 18230 亩。粮食作物主要有水稻、玉米、马铃薯等,经济作物主要有烤烟、百合、中药材等。2017 年,该村下辖 4 个村民小组,有 9 个自然寨,有 210 户 851 人。

村党支部第一书记:周友德;党支部书记:刘进旺;村委会主任:向德志。

【满湖村】 位于洛塔乡北部,距乡政府驻地五千米,平均海拔 800 多米,属于中高海拔地区。2017 年,该村下辖 3 个村民小组,有 185 户 755 人。全村域面积 6.5 平方千米,耕地面积 990 亩,林地面积 4000 亩。种植业主要以玉米、水稻为主,养殖业主要以山羊、黄牛为主。

村党支部第一书记:黄大顺;党支部书记:张胜忠;村委会主任:向富平。

【砂桥村】 位于洛塔乡西北部,距乡政府驻地三千米,东接洗车河镇,西接召市镇,南接洛塔村,北接梭洛村。全村总面积 6 平方千米,有耕地 2367 亩,林地 5240 亩。村内建有百亩蔬菜基地,2017 年,蔬菜成批量销往县城,村民经济收入不断增加。全村下辖 4 个村民小组,共 242 户 1018 人。

村党支部第一书记:戴富仲;党支部书记:彭家茂;村委会主任:向爱。

【洛塔村】 位于洛塔乡政府所在地,距龙山县城46千米,全村总面积11.56平方千米,有耕地1148亩,林地6800亩。2017年,该村下辖4个村民小组,共301户1264人。粮食作物主要有水稻、玉米等,经济作物主要有烤烟、百合等。

村党支部第一书记:符晓;党支部书记:刘光勇;村委会主任:向其文。

【五台村】 位于洛塔乡西南部,距乡政府驻地三千米,距离县城48千米,东接洗车河镇,西接楠竹村,南接瑞士村,北接枹木村。全村总面积11.23平方千米,有耕地1800亩,林地2万亩。2017年,该村下辖4个村民小组,共365户1573人。

村党支部第一书记:陈支堂;党支部书记:谢秀权;村委会主任:谢园。

【梭洛村】 位于洛塔乡西北部,距乡政府驻地九千米,距县城45千米,东接砂桥村,西接召市镇,南接热家村,北接满湖村,面积9.46平方千米,有耕地2450亩,林地12000亩。2017年,该村下辖5个村民小组,共189户864人。

村党支部第一书记:徐杨;党支部书记:向国龙;村委会主任:向国林。

【热家村】 位于洛塔乡西部,距乡政府驻地三千米,东接洛塔村,西接召市镇,南接枹木村,北接砂桥村,总面积15.64平方千米,有耕地3250亩,山林2.2万亩。2017年,该村下辖12个村民小组,共438户2018人。

村党支部第一书记:向明星;党支部书记:向东;村委会主任:彭清友。

【枹木村】 位于洛塔乡西南部,距洛塔乡政府三千米,距离县城48千米,东接五台村,西接召市镇,南接楠竹村,北接热家村。全村9.8平方千米,有耕地1479亩,林地面积9657亩。2017年,该村下辖8个村民小组,287户1387人。该村有一棵树龄1100年左右的古水杉,高41米,树干粗壮(需要5个成年合抱才能围拢_)。

村党支部第一书记(挂职)、长沙市天心区委宣传部副主任科员:谢昌友,村党支部第一书记:王东;党支部书记:邹联久;村委会主任:邹联明。

【楠竹村】 位于洛塔乡西南部,东接五台村,西接召市镇,南接瑞士村,北接枹木村。全村耕地面积3100余亩,有洛塔乡最大的石林地质公园,洛塔乡的自然景观80%都集中在这个美丽的村落。2017年,该村下辖4个村民小组,共249户1050人。

村党支部第一书记:杨习祥;党支部书记:向世斌;村委会主任:邹军。

【瑞士村】 位于洛塔乡西南方向,距离洛塔乡政府12千米,东接洗车河镇,西接召市镇,南接猛西村,北接楠竹村。全村旱地面积1351亩,水田面积608亩。2017年,该村下辖7个村民小组,共317户1506人。

村党支部第一书记:陈立培;党支部书记:彭映萍;村委会主任:向华忠。

【猛西村】 猛西村位于洛塔乡西南方向,距乡政府15千米,东接洗车河镇,西接烈坝村,南接泽果村,北接瑞士村。全村总面积19.86平方千米,耕地面积2961亩,林地2700亩。2017年,该村下辖9个村民小组,共435户1817人。属于猛西乡,2005年并入洛塔乡。

村党支部第一书记:廖超;党支部书记:雷小卫;村委会主任:向明友。

【烈坝村】 位于洛塔乡西南部,东接猛西村,西接召市镇,南接泽果村,北接瑞士村。全村总面积6.5平方千米,有耕地面积1120亩。2017年,该村下辖10个村民小组,共237户897人。该村有一棵670年树龄的猴栗树。产业以粮食、烤烟、百合为主。

村党支部第一书记:彭晓东;党支部书记:莫柏成;村委会主任:彭华南。

【陈庄村】 位于洛塔乡西南部,东接泽果村,西接召市镇,北接烈坝村。全村总面积15平方千米,有耕地1500亩,林地1.1万亩。2017年,该村下辖10个村民小组,共266户1059人。

村党支部第一书记:贾阳照;党支部书记:陈生凯;村委会主任:陈庭考。

【泽果村】 位于洛塔乡西南部,距乡政府25千米,距县城70千米,东接洗车河镇,西接陈庄村,南接洗车河镇,北接猛西村,全村总面积11平方千米,有耕地1556亩,林地12000亩。2017年,该村下辖9个村民小组,386户1527人。

村党支部第一书记:向云勇;党支部书记:雷晓燕;村委会主任:雷书艾。

咱 果 乡

【概况】 咱果乡位于龙山县中南部,东与苗儿滩接壤,南与贾市毗邻,西与重庆市酉阳县可大乡黎家沟村相抵,北与桂塘镇相连。境内有畜牧养殖、林果、油桐等支柱产业。2017年,乡域总面积108.54平方千米,有耕地面积6745亩,非耕地1530亩,林地204万亩。全乡辖卡撮、金线、脉龙、石堤、咱果、黄河、克寨、三分、王家、连界、土车、哪寨12个建制村。2016年上半年,咱果村与黄河村合并为咱果村,脉龙村与石堤村合并为脉龙村。合并后共有10个建制村、66个村民小组,总户数3110户,总人口12334人。经筛选识别,全乡贫困村7个,即卡撮、脉龙、咱果、连界、三分、哪寨和克寨村;经济薄弱村3个,即金线、土车和王家村;贫困户识别1217户、4899人。

乡境地貌以丘陵山地为主,脉络清晰,走势明显,气候温和,四季分明。最高海拔1197米,年均降水量在1400毫米左右,年均气温15℃。一条咱果坪大河贯穿全乡,流域22千米,至贾市境内,为咱果乡主要水源。有脉龙界和狮子山两座地标大山,山脉连绵起伏,风景秀美。土壤以沙性土壤为主,植被以桐子树、杉树、枞树及各种灌木为主。

【项目建设】 2017年,全乡实施的主要项目有:投资120万元修建的脉龙村村级综合服务平台;投资120万元修建的连界村村级综合服务平台;投资100万元修建的哪寨村村级综合服务平台;投资50万元,实施集镇新区建设;投资160万元开展集镇提质改造;投资100万元用于乡内绿化设施建设;投资150万元建设集镇停车场项目;投资30万元用于基层党建阵地建设;投资40万元用于敬老院升级改造;投资130万元用于乡产业扶持。2017年底,连界村第一、第二组进村路扩宽至4.5米并硬化。

【美丽乡村建设】 2017年,咱果乡推进6个县级美丽乡村建设。成立以乡党委书记为组长,乡长和分管副乡长为副组长的美丽乡村建设领导小组。制定《咱果乡美丽乡村建设实施方案》,建立乡领导包片,机关干部包村,村干部包组,党员代表村民代表包户包街道的四级包保机制,包宣传动员,包调解纠纷,保工程进度。高标准打造美丽乡村,制定规划方案,着力打造特色村、精品村。选好施工单位和监理公司,严把工程质量关。经过一年的努力,全乡7个贫困村(卡撮村、脉龙村、咱果村、连界村、哪寨村、三分田村、克寨村)和3个非贫困村(金线村、王家村、土车沟村)实现道路水泥混泥土硬化。全年完成安全饮水1000余户,乡集镇街道路面全部硬化。“亮化”工程配套推进,农村通信设施及农村用电实现网络化;厕所改造有序推进;建设村民活动中心10处,新建文化广场及乡农贸市场各1处,全乡10个村建有村庄标识。乡村绿化1500平方米,种植紫荆600余株,硬化街道1500米,街道安装路灯30余盏。

【民生事业】 关心弱势群体，建立贫困人群档案，2017年，为全乡348户609人累计发放低保金94.46万元；全乡有集中供养五保户25人，每人每月发放700元补助资金，有散居五保户17人，每人每月发放400元补助资金；为211人每季度发放残疾人补贴11.27万元；做好孤儿摸底工作，对掌握的情况及时造册上报，管理并发放好孤儿生活费，保障基本生活；调查摸底90周岁及以上老年人情况，全乡24名高龄老人，为其每人每年发放高龄补贴1200元。全年新型农村社会养老保险缴费人数占全乡总人口95%以上；为15人发放独生子女保健费3600元；为独生子女和两女节育户55人发放入学补助6500元；奖励扶助33户，发放奖扶金38280元。

【“两违”治理】 全年悬挂宣传横幅112条、发放宣传手册4000余份、乡及各村主干每月进村入户宣传不少于1人次。对存量“两违”依法依规处罚到位。清理出2011—2017年间，修建的“两违”房屋188户，其中老屋倒修112户，应当处置的188户全部处置，处置率100%。全年全乡完成D级危房验收178户、C级危房验收1户。

【综治维稳】 2017年，发挥村级调解作用，明确村支两委为矛盾纠纷调解的第一责任人，做到小事不出村，大事不出乡，将矛盾化解在萌芽状态。特护期间，工作人员加班加点，以防矛盾纠纷的发生，全年调处各类矛盾纠纷50余起。坚持赶集天领导班子坐班制度，实行涉访涉诉问题领导包案责任制，每件涉访涉诉问题都明确责任人、化解和稳控小组，妥善处理出租车司机稳控工作。截至2017年年底，全乡3110户数据信息的摸底工作全部完成，综合治理“网格化”管理初步形成。

【基层党建】 2017年，定期召开党建工作会议和民主生活会，全乡党员干部上党课12次。组织村干部47人在乡政府进行3天的业务培训，组织10多名村干部到宁乡市学习党建工作经验。通过理论学习、业务培训，开阔党员干部的视野，提高党员干部任职履责的能力。建立后进村整治工作台账，包片、包村干部深入开展工作。严格按照“三制一化”要求，发展预备党员5名，预备党员转为正式党员7名，完成农村“三支队伍”建设预定目标。

【桐花节】 从2016年开始，每年4月桐花盛开之际，在咱果乡脉龙村桐花寨举办桐花节，来自乡内外各地的游客到此赏花。节日当天会有篝火晚会、歌舞表演等，村民也会在桐花节期间销售本地特产。桐花节提高了咱果知名度，拉动经济增长。

【领导名录】

党委书记	向宝凤(女)
党委副书记、乡长	马　涛
人大主席	吴星华
党委副书记	王学燕
组织委员	冉景祥
纪委书记	刘　勇
武装部长	符家宽
副乡长	黄　明　黄　亮

【咱果村】 位于咱果乡中部，是乡政府所在地。村域总面积12平方千米，有水田569亩，旱地430亩，林地7268亩。辖9个村民小组，有13个自然寨。2017年，全村有559户2559人。建有村部楼1栋，内设农家书屋、有九年制学校1所、幼儿园2所、卫生院1所。通自来水、有线电视、互联网，移动、联通、电信信号全覆盖。2016年贫困村脱贫摘帽。产业有种植、养殖和加工，有种植大户3户，规模50亩；养殖大户4户，规模100余只(头)。全年全村外出务工714人，主要分布在福建、浙江等沿海地区。农民人均纯收入3550元。

村党支部书记：彭心超；村委会主任：鲁勇。

【克寨村】 位于咱果乡东部脉龙界腹地，距乡政府2100米。是一个典型的深度贫困村。村域总面积

17 平方千米，有耕地面积 575 亩，其中水田 284 亩、旱地 291 亩，为咱果乡行政地域面积最大的村。辖 8 个村民小组，有 12 个自然寨。2017 年，全村有 245 户 1206 人。建有村部楼一栋，内设村办公室、便民服务室、农家书屋和村卫生室。通自来水、有线电视、互联网，移动、联通、电信信号覆盖 99%。以种植养殖为主要经济来源，有山羊养殖大户 10 户、养牛大户 3 户、养猪大户 1 户、百合大户 1 户、脐橙种植大户 10 户。大面积种植柑橘、百合、药材，养殖以山羊、黄牛、蜜蜂、土鸡为主。是年脱贫 43 户 185 人，未脱贫 56 户 258 人。全村外出务工 446 人，主要分布在福建、浙江等沿海地区。农民人均纯收入 2880 元。

村党支部书记：贾高平；村委会主任：田太生。

【脉龙村】 位于咱果乡的北部，距乡政府 3500 米，也是桐花寨景区所在地，每年的桐花节在此举办。村域总面积 14 平方千米。有耕地面积 678.4 亩，其中稻田 497.2 亩、旱地 181.2 亩，非耕地 1799 亩，林地 8010 亩。辖 8 个村民小组，有 8 个自然寨。2017 年，全村有 417 户 1769 人。建有村部楼 1 栋，内设村办公室、便民服务室、农家书屋和村卫生室。通自来水、有线电视、互联网，移动、联通、电信信号全覆盖。2016 年实现脱贫摘帽。经济来源主要依靠种植业、养殖业和外出务工。劳动力有 1326 人，其中常年在外务工 1022 人，主要分布在福建、浙江、宁波等地区。是年农民人均收入 3450 元。

村党支部书记：邬世烈；村委会主任：向南山。

【王家村】 位于咱果乡中部，为非贫困村，距乡政府 3600 米。村域总面积 5.95 平方千米。有耕地面积 443 亩，其中稻田 283 亩、旱土 160 亩，林地 8300 亩，辖 4 个村民小组，有 4 个自然寨。2017 年，全村有 186 户 798 人。建有村部楼一栋内设村办公室、便民服务室、农家书屋和村卫生室。通自来水、有线电视、互联网，移动、联通、电信信号全覆盖。经济来源主要依靠种植业和养殖业，柑橘为村内主要产业，是咱果乡最大的柑橘种植基地。养殖业主要有鸡、鸭、山羊等。村内有银、黄玉、铝、锰、长石等矿产资源，尚未进行开采。是年，全村外出务工 260 人，主要分布在福建、浙江等沿海地区。农民人均纯收入 3800 元。

村党支部书记：刘克权；村委会主任：刘彪。

【连界村】 位于咱果乡西部，距乡政府所在地 4300 米。村域总面积 12 平方千米。有耕地面积 678.4 亩，其中稻田 497.2 亩、旱土 181.2 亩。有林地 8010 亩，荒山 4000 亩。辖 5 个村民小组，有 8 个自然寨。2017 年，全村有 291 户 1310 人。建有村部楼 1 栋，内设村办公室、便民服务室、农家书屋和村卫生室。通自来水、有线电视、互联网，移动、联通、电信信号全覆盖。经济来源主要依靠种植业、养殖业和外出务工。产业项目有：一组种植脐橙 100 亩，二组山羊养殖 1000 只、土鸡 1500 只、刺猬 300 只、蜜蜂 100 桶、蛇 2000 条，三组罗汉果种植 120 亩、白芨 20 亩、黄精 10 亩、山羊养殖 80 只，五组山羊养殖 200 只。是年年底。贫困村脱贫摘帽，全村外出务工 645 人，主要分布在福建、浙江等沿海地区。农民人均纯收入 3300 元。

村党支部书记：覃家生；村委会主任：戴富斌。

【三分村】 位于咱果乡南部，为深度贫困村，距乡政府 4400 米。村域总面积 9 平方千米。有耕地面积 530 亩，其中稻田 350 亩、旱土 180 亩，林地 7100 亩，是咱果乡行政地域面积最小的村。辖 4 个村民小组，有 6 个自然寨。2017 年，全村有 155 户 688 人。建有村部楼 1 栋，内设村办公室、便民服务室、农家书屋和村卫生室。通自来水、有线电视、互联网，移动、联通、电信信号覆盖 99%。经济来源主要依靠养殖业和种植业，全村养殖山羊 800 只、鸡 5000 羽、蜜蜂 200 桶。脐橙是该村主要产业，面积 400 亩，其中已挂果成林 200 亩，年产量 40 万公斤。2017 年脱贫 27 户 120 人，未脱贫 29 户 130 人。全村外出务工 340 人，主要分布在福建、浙江等沿海地区。农民人均纯收入 2900 元。

村党支部书记:彭富永;村委会主任:彭岸英。

【土车村】 位于咱果乡西部,为非贫困村,距乡政府4900米。村域总面积12平方千米,有耕地总面积560亩,其中稻田360亩、旱土200亩。有林地1423亩。辖7个村民小组,有7个自然寨。2017年,全村有256户1385人。建有村部楼一栋,内设村办公室、便民服务室、农家书屋和村卫生室。通自来水、有线电视、互联网,移动、联通、电信信号全覆盖。经济来源主要依靠务农和外出务工。由于近年来大部分青壮年外出务工导致土地撂荒,该村人均耕地不足0.6亩,农作物主要有水稻、玉米等。是年全村外出务工788人,主要分布在福建、浙江等沿海地区。农民人均纯收入3650元。

村党支部书记:李开华;村委会主任:鲁承顺。

【哪寨村】 位于咱果乡南部,为深度贫困村,距乡政府5400米。村域总面积13平方千米。有耕地面积1071亩,其中稻田708亩、旱土363亩。有林地面积16500亩。辖11个村民小组,有11个自然寨。2017年,全村有386户1680人。建有村部楼一栋,内设村办公室、便民服务室、农家书屋和村卫生室。通自来水、有线电视、互联网,移动、联通、电信信号覆盖99%。主要经济来源为种植、养殖和外出务工。特色产业为柑橘。是年脱贫50户228人,未脱贫72户293人。全村有劳动力1105人,其中外出务工810人,主要分布在福建、浙江等沿海地区。农民人均纯收入2950元。

村党支部书记:彭大学;村委会主任:贾高仲。

【卡撮村】 位于咱果乡北部,距乡政府4900米。村域总面积14平方千米。有耕地面积421亩,其中稻田271亩、旱土150亩。有林地8000亩。辖4个村民小组,有4个自然寨。2017年,全村有151户638人。建有村部楼1栋,内设村办公室、便民服务室、农家书屋和村卫生室。全村45盏太阳能路灯安装完毕投入使用。通自来水、有线电视、互联网,移动、联通、电信信号全覆盖。主要经济来源为种植、养殖和外出务工。主要产物为桐油、木材,粮食生产主要为稻谷、玉米。是年年底,贫困村脱贫摘帽。全村外出务工241人,主要分布在福建、浙江等沿海地区。农民人均纯收入3510元。

村党支部书记:陈小凤;村委会主任:刘让友。

【金线村】 位于咱果乡北部,为非贫困村,距乡政府6300米。村域总面积11.2平方千米。有耕地面积1270亩,其中水田512亩、旱土758亩。有林地15530亩。辖7个村民小组,有7个自然寨。2017年,全村有292户1326人。建有村部楼1栋,内设村级活中心、农家书屋和村卫生室。通自来水、有线电视、互联网,移动、联通、电信信号全覆盖。主要经济来源为种植、养殖和外出务工,粮食作物有水稻、玉米、黄豆,特种养殖有蜜蜂、野猪等。全村外出务工452人,主要分布在福建、浙江等沿海地区。农民人均纯收入3780元。

村党支部书记:彭英明;村委会主任:彭英胜。

内溪乡

【概况】 内溪乡位于龙山县南部,距县城92千米,南接里耶,北依咱果,西靠里耶镇八面山,东毗里耶镇贾市社区,里(耶)龙(山)公路穿乡而过,地形东西两侧高,中间低,南部最高点海拔1318.8米,中部最低处海拔300米,全乡平均海拔492.2米,长潭河由北向南贯穿,全乡总面积83平方千米,有稻田面积192公顷,旱土面积389公顷,2017年,全乡辖12个建制村,下设51个村民小组4105户15023人。地貌以丘陵山地为主,脉络清晰,南北走势明显,气候温和,四季分明,年平均降水量在1400毫米左右,年均气温15℃,土壤以沙性为主,树木以杉树、枞树及各种灌木常见。境内以土家族等少数民族聚居,民族文化底蕴非常深厚,梯玛文化正逐渐受到外界关注。种植柑橘面积1万余亩,橘、橙、柚品种齐全、品质优良，发展成为全乡传统优势产业。在培育壮大油桐等林业产业的同时，发展烤烟等新兴产业，建筑、加工产业发展迅速，复合产业发展模式逐渐形成。

【农业生产】 2017 年，全乡推广农村经济作物种植，全年种植蔬菜 1000 余亩、柑橘 8000 余亩，产值分别达 300 万元和 3000 万元。引进油茶、罗汉果等中药材新型品种，塘口村种植罗汉果 300 余亩，灭贼村种植羊肚菌 100 余亩，新成立 3 个农业专业合作社，五官、双树、岩力 3 个村与长沙市开福区对接产业帮扶项目，五官村种植迷迭香 300 亩，吴茱萸 235 亩，全乡猪、牛、羊、鸡、蜜蜂等养殖业较 2016 年均有发展。

【基础设施】 2017 年，内溪乡依托长沙市开福区的对口帮扶，投资 57 万元实施集镇自来水升级改造，年底完工并投入使用；投资 120 万元修建集镇凉亭桥；投资 161 万元修建集镇垃圾场；投资 180 万元改造乡敬老院。并对街道排水系统实施升级改造。是年，全乡新修 11 个高标准农村综合服务平台，新修村、组道路 23 千米，新修、整修桥梁 5 座，安装公路安保设施 12 千米，户间道硬化 12 千米，新修高质量 290 立方米的水池，铺设水管 100 千米，新修水渠 5000 米，整修河堤 2000 米。新安装农村太阳能路灯 718 盏，改造 1 个村所有厕所。

【精准扶贫】 2017 年，全乡扎实推进精准扶贫，引导 700 余贫困户种植水稻、玉米等粮食作物，同时发展柑橘等水果业。对全乡 689 户 1050 人实行扶贫助学，对智障、患大病、无劳动能力的贫困家庭 95 户 222 人实行社会保障兜底。全乡建档立卡贫困户 1289 户 5412 人，脱贫 197 户 811 人。乡内易地扶贫搬迁对象 22 户 81 人，至是年底，分散自建 17 户 60 人、购买商品房 5 户 21 人。

【党建工作】 2017 年，全乡投入党建工作专项经费 5 万元，全年部署党建工作 36 次，深入党建联系点现场办公 4 次，解决基层党建难题 4 个。通过换届选举，选优配强村级党组织班子，并培训 12 个村村支书，举办乡党务骨干培训班，结合党员冬春训，共培训党员 153 人次。年内预备党员转正 5 人，发展新党员 6 人，举办入党积极分子、新党员培训班一期，共培训 26 人，加强软弱涣散党组织整顿，鼓励党代表结对帮扶贫困户，共组织走访慰问活动两次，发放慰问资金 1.92 万元。

【安全生产】 2017 年，全乡重点开展对非煤矿山、危险化学品、人员密集场所、烟花爆竹、道路交通、消防、建筑施工、电力安全、食品药品安全、校园安全等领域专项整治行动，联合里耶交警中队、里耶派出所、县直相关部门开展安全生产联合执法，开展安全生产大检查 12 次，出动执法 80 人次，强制报废黄标车两台，切割非法改装车辆 20 台，整顿非煤矿山 4 座、烟花爆竹零售店 12 家，下达执法文书 20 份，打击农用车非法载人 40 辆次，警告教育 185 人。

【综治维稳】 2017 年，内溪乡组建以乡长、村党支部书记为队长的治安巡逻队，每月开展不稳定因素排查，全年治安巡逻队共处理各类事件 217 起，有效预防重特大刑事案件的发生；成功处理突发事件 4 起，每月进行种毒、吸毒、制毒全面排查，与全乡 3000 余户农户签订禁毒承诺书，共张贴禁毒标语 60 余幅、张贴海报 300 余张、悬挂横幅 10 余条，发放宣传资料 1000 份，形成浓厚的拒毒氛围；全乡对重点信访人员实行各级干部及派出所联保制度，责任到人，全年办结信访案件 54 件，成功化解信访积案 1 件，调解各类民间纠纷 177 件，其中婚姻家庭纠纷 25 件，邻里纠纷 46 件，房屋宅基地纠纷 33 件，生产经营纠纷 14 件，损害赔偿纠纷 16 件，征地拆迁纠纷 43 件，调解成功率达到 100%，最大限度地化解基层矛盾纠纷。

【同建同治】 2017 年，全乡统筹“同建同治”资金 80 余万元，新购垃圾桶 1100 个，新修高标准垃圾处理场30个,落实各村保洁经费20万元,聘请村卫生保洁员25人,全年清理垃圾1700吨,清除街道乱张乱贴牛皮癣800处,清理道路和居民区内生活垃圾及卫生死角200多处,整治脏乱差街道1条。印发宣传卡片2000份,竖立公告牌12块、温馨提示牌30块,悬挂横幅14条,张贴标语56条,每月考核一次各村美丽湘西建设工作,实行"以奖代补"办法,是年,打造塘口、五官两个美丽湘西示范村,美丽湘西建设成效显著,获州、县表彰。

【"两违"整治】 2017年,乡镇府成立一支15人组成的行政综合执法大队,不定期对各村开展巡查,将"两违"行为遏制在萌芽状态,并利用赶集日开展"两违"政策宣传,发放宣传资料1000余份,把整治违章建房工作的意义和法律法规宣传到每家每户。是年,全乡原宅基地倒修49户,倒修面积5056平方米,新建房户85户,新占地面积8578平方米,无一违章建筑。

【计划生育】 2017年,全乡出生人口177人,政策内生育率89.27%,人口出生率11.93‰,完成各类手术62例,全年免费手术62例,投入3.8万元,开展计生宣传教育活动6次,为独生子女及两女节育户购买意外伤害保险360人次,发放奖扶金11.23万元,全乡计划生育免交新农合基金415人,补贴两女户、独生子女户学生118人,发放独生子女保健费15人,独生子女考取全日制专科以上高等院校一次性奖励1人,奖励金额5000元。

【民生事业】 2017年,全乡有九年制学校1所,幼儿园2所,在编在岗教师58人,义务教育阶段学生836人,入园幼儿203人;有卫生院1所,有床位18张,医护人员10人,全年接诊7000人次;有敬老院1所,入住老人41人,工作人员4人。全年发放低保金142万元,助学金20多万元,完成农村危房改造188户,易地扶贫搬迁16户,新农合参合率96%,新农保参保率80%以上。是年,上海蓉达公司为乡内九年制学校捐资50万元,改善学校办学条件。6月1日,乡九年制学校举办第六届校园文化艺术节,教师节学校开展篮球、拔河等比赛。

【领导名录】

党委书记	杨　甜(女)
党委副书记、乡长	田家让
人大主席	张明祥(2017.1—6)
	何启甲(2017.8—12)
党委副书记	吴　明(2017.8—12)
纪委书记	杨晓周(2017.10—12)
武装部长	彭民尧
组织委员	田　雄
副乡长	张珍荣　高文前
	田　松(2017.7—12)

【塘口村】 位于内溪乡北部,东与贾市乡相连,南与伴住村接壤,西与八面山相邻,北与咱果乡交界,里龙公路及龙贾公路贯穿村境,交通便利。村总面积7平方千米,有林地636亩,田土总面积615亩,其中稻田148亩,旱土467亩。村内最高海拔550米,年均气温16℃,年降水量1650毫米。辖3个村民小组,由3个自然寨组成。2017年,全村有255户1089人,居住土家族、汉族、苗族等民族,有劳动力532人,外出务工人员256人,以外出务工收入为主。是年,该村成功创建美丽乡村州级示范村。

村党支部书记:贾红辉;村委会主任:贾美芳。

【伴住村】 位于内溪乡北端,北邻塘口村,东依坡松村,南靠内溪乡灭贼村,西与西眉村接壤,村总面积6平方千米。2017年,全村有265户1039口人,有耕地面积531.1亩,果树面积364亩。有党员21人,其中女党员3人。是年,该村先后被州、县、乡评为"文明村""新农村建设示范村",村党支部被县、乡评为"创先争优先进党组织""优秀党支部"等。

村党支部书记:贾珍玉;村委会主任:贾美春。

【吴家村】 位于龙山县内溪乡中部，距县城90千米，里龙公路穿境而过，交通便利，村呈三角形状，北与本乡灭贼村相邻、东与坡松村接壤，南与内溪村相依，西与八面山相靠。村总面积10平方千米，有耕地面积1165亩，水田472亩，旱土724亩，辖4个村民小组，有三个自然寨。全村以柑橘产业为支柱，实施基础设施带动战略，调整产业结构，是年，全村社会各项事业成效显著，被党委，政府授于“综治先进单位”“文明村”“先进基层党组织称号”。

村党支部书记：吴进培；村委会主任：游开仁。

【洞坎村】 位于内溪乡西南部，地处里龙公路、内长公路交汇处，交通便利，地理优势明显。村总面积5平方千米，下辖6个村民小组。2017年，全村有294户1220人。田土总面积438亩，其中水田165亩，旱土273亩。种植业以柑橘为主，全村人均纯收入3540元。

村党支部书记：姚丁坤，村委会主任：田克勤。

【五官村】 位于内溪乡东部，东与贾市乡恒咱相隔，南与双坪村相望，西与内溪村相托，北与坡松村相依。总面积8平方千米，田土总面积697亩，其中稻田331亩，旱地366亩。村内最高海拔为500米。2017年，辖4个村民小组，有256户1119人。该村为全乡柑橘示范村，共有柑橘1503亩，占全乡45%，是年全村柑橘总收入131.7万元。村内现有小(二)型水库一座，即咱作湖水库；农业灌溉水渠两条，坝堤1处。该村是土家族特色民居聚集中区，年底成功创建美丽乡村州级示范村。

村党支部书记：田清武；村委会主任：彭大忠。

【灭贼村】 位于内溪乡北部，东与坡松村相连，南与吴家村接壤，西与八面山相邻，北与伴住村临界，里龙公路贯穿村境，交通便利。村总面积8平方千米，有林地450亩，田土总面积733亩，其中稻田276亩，旱土457亩，村内最高海拔为450米，年均气温16℃，年均降水量1650毫米，辖4个村民小组，4个自然寨。2017年，全村有342户1400人口，居住土家族、汉族、苗族等民族；有劳动力986人，其中外出务工335人，主导产业有柑橘等。是年村支“两委”多方筹措资金，加大村内公益设施建设，人畜饮水困难得到解决，村间道路实现硬化，并新修村部楼。本村也是土家族非物质文化“打溜子”活动的衍繁地，民族特色的非物质文化得到传承和保护。

村党支部书记：李成发；村委会主任：王和兵。

【西眉村】 位于内溪乡西北部，东与伴住村相连，南与灭贼村接壤，西与八面山相邻，北与塘口村交界。村总面积7平方千米，有林地303亩，田土总面积622亩，其中稻田123亩，旱土499亩。村内最高海拔为500米，年均气温16℃，年均降水量1650毫米，辖5个村民小组，4个自然寨。2017年，全村有260户1139人口，有劳动力679人，其中外出务工425人。随着精准扶贫的深入推进，村内基础设施建设力度不断加大，人畜饮水、村间道路硬化等项目全部完成。

村党支部书记：杨昌茂；村委会主任：田宗瑶。

【岩力村】 位于内溪乡南部，东与里耶镇双坪村接壤，南与里耶镇相接，西与双科村相交，北与五官村相邻，距乡政府3500米。2017年，全村辖3个村民小组，有243户1123人。有耕地面积690亩，其中水田面积150亩，旱土面积540亩。有退耕还林716亩，主导产业有柑橘等。该村以山地为主，村内最高海拔为600米，四季分明，气候温和，雨量充沛。

村党支部书记：姚卫国；村委会主任：田清禹。

【坡松村】 位于内溪乡北端，北邻塘口村，东依里耶镇西拉村，南靠灭贼村，西与西眉村接壤，村总面积6平方千米。2017年，全村有265户1106人，有耕地面积560亩，果树面积54亩，生态绿化面积268亩，全年粮食总产量达到33.3万公斤，农业总收入128万元。有党员19人，其中女党员5人。

是年,村内基础设施全面改善,村民收入增加,生活水平提升。

村党支部书记:贾美鑫;村委会主任:贾高近。

【双树村】 位于内溪乡南端,北邻洞坎村,东依岩力村,南靠里耶镇桥上村,西与八面山接壤,土地面积11平方千米。2017年,全村有286户1164人,有耕地面积665亩,果树面积156亩。有党员30人,其中女党员5人。是年,村内基础设施全面改善,村民收入增加,生活水平提升。年底,被州、县、乡授予"文明村""新农村建设示范村""创先争优先进党组织""优秀党支部"等荣誉称号。

村党支部书记:彭继勇;村委会主任:彭贤虎。

【沙湖村】 位于内溪乡南端,北邻内溪村,东依岩力村,南靠洞坎村,西与八面山接壤,村域面积8平方千米。2017年,全村有276户1176人,有耕地面积577亩,主导产业有柑橘等,柑橘种植面积315亩。有党员29人,其中女党员5人。是年,村内基础设施全面改善,村民收入增加,生活水平提升。

村党支部书记:张世建;村委会主任:张世树。

【内溪村】 位于内溪乡政府所在地,北邻吴家村,东依五官村,南靠沙湖村,西与八面山接壤,村域面积10平方千米。2017年,全村有558户2186人,有耕地面积832亩,果树面积421亩。有党员30人,其中女党员3名。是年,村内基础设施全面改善,村民收入增加,生活水平提升。

村党支部书记:师明胜;村委会主任:师友文。

附　　录

《地方志工作条例》

（中华人民共和国国务院令第 467 号，自 2006 年 5 月 18 日施行）

第一条　为了继承和发扬中华民族优秀文化传统，全面、客观、系统地编纂地方志，科学、合理地开发利用地方志，发挥地方志在促进经济社会发展中的作用，制定本条例。

第二条　中华人民共和国境内地方志的组织编纂、管理、开发利用工作，适用本条例。

第三条　本条例所称地方志，包括地方志书、地方综合年鉴。

地方志书，是指全面系统地记述本行政区域自然、政治、经济、文化和社会的历史与现状的资料性文献。

地方综合年鉴，是指系统记述本行政区域自然、政治、经济、文化、社会等方面情况的年度资料性文献。

地方志分为：省（自治区、直辖市）编纂的地方志，设区的市（自治州）编纂的地方志，县（自治县、不设区的市、市辖区）编纂的地方志。

第四条　县级以上地方人民政府应当加强对本行政区域地方志工作的领导。地方志工作所需经费列入本级财政预算。

第五条　国家地方志工作指导机构统筹规划、组织协调、督促指导全国地方志工作。

县级以上地方人民政府负责地方志工作的机构主管本行政区域的地方志工作，履行下列职责：

（一）组织、指导、督促和检查地方志工作；

（二）拟定地方志工作规划和编纂方案；

（三）组织编纂地方志书、地方综合年鉴；

（四）搜集、保存地方志文献和资料，组织整理旧志，推动方志理论研究；

（五）组织开发利用地方志资源。

第六条　编纂地方志应当做到存真求实，确保质量，全面、客观地记述本行政区域自然、政治、经济、文化和社会的历史与现状。

第七条　省、自治区、直辖市人民政府制定本行政区域地方志编纂的总体工作规划（以下简称规划），并报国家地方志工作指导机构备案。

第八条　以县级以上行政区域名称冠名的地方志书、地方综合年鉴，分别由本级人民政府负责地方志工作的机构按照规划组织编纂，其他组织和个人不得编纂。

第九条　编纂地方志应当吸收有关方面的专

家、学者参加。地方志编纂人员实行专兼职相结合，专职编纂人员应当具备相应的专业知识。

第十条　地方志书每20年左右编修一次。每一轮地方志书编修工作完成后，负责地方志工作的机构在编纂地方综合年鉴、搜集资料以及向社会提供咨询服务的同时，启动新一轮地方志书的续修工作。

第十一条　县级以上地方人民政府负责地方志工作的机构可以向机关、社会团体、企业事业单位、其他组织以及个人征集有关地方志资料，有关单位和个人应当提供支持。负责地方志工作的机构可以对有关资料进行查阅、摘抄、复制，但涉及国家秘密、商业秘密和个人隐私以及不符合档案开放条件的除外。

地方志资料所有人或者持有人提供有关资料，可以获得适当报酬。地方志资料所有人或者持有人不得故意提供虚假资料。

第十二条　以县级以上行政区域名称冠名、列入规划的地方志书经审查验收，方可以公开出版。

对地方志书进行审查验收，应当组织有关保密、档案、历史、法律、经济、军事等方面的专家参加，重点审查地方志书的内容是否符合宪法和保密、档案等法律、法规的规定，是否全面、客观地反映本行政区域自然、政治、经济、文化和社会的历史与现状。

对地方志书进行审查验收的主体、程序等由省、自治区、直辖市人民政府规定。

第十三条　以县级以上行政区域名称冠名的地方综合年鉴，经本级人民政府或者其确定的部门批准，方可以公开出版。

第十四条　地方志应当在出版后3个月内报送上级人民政府负责地方志工作的机构备案。

在地方志编纂过程中收集到的文字资料、图表、照片、音像资料、实物等以及形成的地方志文稿，由本级人民政府负责地方志工作的机构指定专职人员集中统一管理，妥善保存，不得损毁；修志工作完成后，应当依法移交本级国家档案馆或者方志馆保存、管理，个人不得据为己有或者出租、出让、转借。

第十五条　以县级以上行政区域名称冠名的地方志书、地方综合年鉴为职务作品，依照《中华人民共和国著作权法》第十六条第二款的规定，其著作权由组织编纂的负责地方志工作的机构享有，参与编纂的人员享有署名权。

第十六条　地方志工作应当为地方经济社会的全面发展服务。县级以上地方人民政府负责地方志工作的机构应当积极开拓社会用志途径，可以通过建设资料库、网站等方式，加强地方志工作的信息化建设。公民、法人和其他组织可以利用上述资料库、网站查阅、摘抄地方志。

第十七条　县级以上地方人民政府对在地方志工作中作出突出成绩和贡献的单位、个人，给予表彰和奖励。

第十八条　违反本条例规定，擅自编纂出版以县级以上行政区域名称冠名的地方志书、地方综合年鉴的，由县级以上地方人民政府负责地方志工作的机构提请本级人民政府出版行政部门依法查处。

第十九条　违反本条例规定，未经审查验收、批准将地方志文稿交付出版，或者地方志存在违反宪法、法律、法规规定内容的，由上级人民政府或者本级人民政府责令采取相应措施予以纠正，并视情节追究有关单位和个人的责任；构成犯罪的，依法追究刑事责任。

第二十条　负责地方志工作的机构的工作人员违反本条例第十四条第二款规定的，由其所在单位责令改正，依法给予处分。

第二十一条　编纂地方志涉及军事内容的，还应当遵守中央军委关于军事志编纂的有关规定。

国务院部门志书的编纂，参照本条例的相关规定执行。

第二十二条　本条例自公布之日起施行。

《湘西土家族苗族自治州里耶历史文化名镇保护条例》

（2011年4月15日，湘西土家族苗族自治州第十二届人民代表大会常务委员会公告第4号公布，自2011年5月1日起施行）

第一章　总　则

第一条　为加强里耶历史文化名镇的保护，根据国家有关法律、法规，结合本地实际，制定本条例。

第二条　里耶历史文化名镇保护范围为：北至里耶镇北界，东至里耶镇东界（酉水），南至里耶镇南界（酉水），西至龙岩村、米行沟、太平村、杨家村、上猫儿溪。保护对象为：古遗址、秦简牍、古墓葬群、历史文化街区和自然环境以及民族传统文化等。

第三条　里耶历史文化名镇的保护，应当遵循保护为主、统筹规划、科学管理、合理利用的原则。

第四条　龙山县人民政府（以下简称县人民政府）全面负责里耶历史文化名镇的保护和管理工作。

里耶管理区管理委员会具体负责里耶历史文化名镇的保护和管理工作。具体办法由县人民政府制定。

第五条　县人民政府应当组织编制《里耶历史文化名镇保护规划》（以下简称保护规划）及其他专项规划。

第六条　湘西土家族苗族自治州人民政府（以下简称州人民政府）、县人民政府应当将里耶历史文化名镇保护纳入国民经济和社会发展规划，并将保护和管理经费列入本级财政预算。

第二章　文物的保护

第七条　县人民政府应当加强对里耶历史文化名镇范围内的古城遗址、东汉城址、溪口遗址、大板汉墓群、麦茶战国墓群等文物保护单位的保护，对各级文物保护单位的保护范围和建设控制区作出标志说明，建立记录档案。

州人民政府、县人民政府应当组织专业人员对古城遗址、秦简和其他地下遗存的文物进行研究，实行重点保护，确保其历史文化信息遗存。

州人民政府、县人民政府应当按照《保护规划》的要求，兴建秦简博物馆，加强对秦简牍及出土文物的保护与管理、以及战国秦汉文化的发掘与整理。

第八条　县人民政府应当加强对《保护规划》所确定的历史建筑物的保护。对尚未列入文物保护单位，但具有历史文化价值的建筑物、构筑物，县人民政府文物行政部门予以登记、公布，并参照文物保护单位的保护方式进行保护。

第九条　各级文物保护单位的保护范围内不得进行其他工程建设或者爆破、钻探、挖掘等作业。因特殊情况需要在文物保护单位的保护范围内进行其他工程建设或者爆破、钻探、挖掘等作业，须经核定公布该文物保护单位的人民政府的批准，在批准前应当征得上一级人民政府文物行政部门同意；在里耶古城遗址等国家级文物保护单位的保护范围内进行其他工程建设或者爆破、钻探、挖掘等作业的，须经省人民政府批准，在批准前应当征得国务院文物行政部门同意。在从事以上施工作业时，必须保证文物保护单位的安全。

第十条　在文物保护单位的建设控制区内进行工程建设，不得破坏文物保护单位的历史风貌；工程设计方案应当根据文物保护单位的级别经相应文物行政部门同意后，报城乡建设规划部门批准。

第十一条　在文物保护单位的保护范围和建设控制区内，不得建设污染文物保护单位及其环境的设施，不得进行可能影响文物保护单位安全及其环境的活动，不得损坏文物保护单位的遗存环境、自然环境及其历史风貌。

第十二条　国有不可移动文物由使用人负责修缮、保养；非国有不可移动文物由所有人负责修缮、保养。对文物保护单位进行修缮，必须遵守不改变文物原状的原则，并应当根据文物保护单位的级别报相应的文物行政部门批准；对未核定为文物保护单位的不可移动文物进行修缮，应当报县人民政府文物行政部门批准。

第十三条　在里耶历史文化名镇区域内和依据《保护规划》划定的地下遗址范围内挖掘地下埋藏的文物，应当由具有文物考古发掘资质的单位依法进行，其他任何单位和个人都不得私自挖掘。

在里耶历史文化名镇保护范围内进行工程建设，建设单位应当依照国家有关规定事先报请文物行政部门组织进行考古调查、勘探，并会同文物行政部门共同商定保护措施。

第十四条　在进行工程建设或农业生产活动中，任何单位和个人发现文物，应当保护现场，并立即报告县文物行政部门。文物行政部门接到报告后，应当及时提出处理意见，对发现的重要文物，应当立即上报上一级文物行政部门。

依照前款规定发现的文物属于国家所有，任何单位或者个人不得哄抢、私分、藏匿。

第三章　历史文化街区的保护

第十五条　历史文化街区是指夹街、万寿街、河街、南街、中街、北街。在该区域外划定建设控制区和风貌协调区。

建设控制区外围边界线东起酉水河堤，西沿猫儿溪老河道接长青路；向东穿北街经长沙街连后坪路，至建设街以西到压龙庵；南沿杨家溪老河道达酉水河堤。

风貌协调区为建设控制区外围的其余规划建设区。

县人民政府应当对划定的历史文化街区、建设控制区和风貌协调区的范围向社会公告。

第十六条　在历史文化街区内禁止新建建筑物、构筑物；与历史文化街区保护不相适应的建筑物、构筑物，应当限期调整或者外迁。

第十七条　对历史文化街区的建筑物、构筑物进行修缮、迁移和重建，其造型、体量、色彩必须保持历史风貌。建筑以一至二层为主，一层檐口高度小于三米，二层檐口高度小于六米。在外观造型上保持小青瓦坡屋顶、封火山墙、吊脚楼等民族建筑风格。色彩为灰褐色、原木色。建筑物外墙材料为土制火砖或天然木材。

第十八条　历史文化街区的街道、巷道应当保持原有的视线走廊及空间尺度，并按照“修旧如旧”的原则恢复石板路。

第十九条　在建设控制区新建、改建建筑物、构筑物，屋顶形式采用青瓦坡屋顶，建筑色彩以灰色为主调，建筑高度不超过三层，檐口高度小于八点六米。外墙装饰禁止使用现代陶瓷面砖和玻璃幕墙。

第二十条　风貌协调区新建或者改建建筑物、构筑物，应当严格控制高度，新建建筑物不得超过四层，檐口高度限制在十二米以下；建筑屋顶形式采用青瓦坡屋顶，颜色以灰色为主调。

第二十一条　县人民政府应当加强历史文化街区的市政公用设施的配套建设，市政工程管线应当下埋，垃圾站点、公共厕所等环卫设施应当合理布局。

在历史文化街区内禁止乱倒垃圾、占道摆设摊点、乱放杂物、乱写乱画乱贴、放养牲畜，禁止设置与历史文化街区风貌不协调的广告、招牌。

第二十二条 县人民政府应当完善消防设施，加强消防安全管理。在历史文化街区内禁止存放、销售易燃易爆物品，禁止燃放烟花爆竹。

第四章 自然环境和民族传统文化的保护

第二十三条 加强里耶历史文化名镇周边的北碉堡、黄碉堡、码头山、压龙庵、吴家溪后山等山体及酉水河、长潭河、猫儿溪、杨家溪水体等自然环境和防洪大堤的保护。

根据各山体景物特点和自然条件搞好水土保持，有计划地退耕还林，植树造林，封山育林，防止水土流失；未经批准不得修建建筑物、构筑物和采石、取土、葬坟。

在各水体不得新建有污染的企业，对已经建成的有污染的企业，有关部门应当责令限期治理或者搬迁；禁止向河道倾倒土、石、渣、生活垃圾及超标排放污染物；禁止在河道管理范围内建设妨碍行洪的建筑物、构筑物；禁止在堤防和护堤地从事建房、开渠、挖窖、打井、采石、取土等危及堤防安全的活动。

在流经里耶历史文化名镇的酉水河、长潭河河道段上，禁止经营水上餐饮业。

第二十四条 州人民政府、县人民政府应当加强民族民间文化的保护、发掘、收集、整理和研究工作。

第二十五条 县人民政府文化行政部门和其他有关部门应当编制摆手舞、毛古斯、梯玛神歌、咚咚喹、打溜子、灯儿戏、西兰卡普、挑花、蜡染、石刻、木雕、泥塑、银饰加工等土家族传统文化和民间工艺的发掘、收集、整理的规划，报县人民政府批准后组织实施；鼓励民间艺人收徒授艺，培养专门人才。

第二十六条 州人民政府、县人民政府鼓励各类组织和个人通过兴办传统手工作坊，开发民间工艺及旅游产品，开展传统娱乐、民间艺术表演及民间工艺品收藏、交易、展示活动，举办民族传统节日等方式，充分利用民族民间文化资源发展旅游业及相关产业。

第五章法律责任

第二十七条 违反本条例第九条、第十条、第十一条、第十二条、第十三条、第十四条规定的，由县人民政府文物行政部门依照《中华人民共和国文物保护法》的规定进行查处。

第二十八条 违反本条例第十六条、第十七条、第十八条、第十九条、第二十条规定的，由县人民政府建设行政部门责令停止建设、限期改正，拒不改正的，依法强制执行，并处建设工程造价的百分之五以上百分之十以下的罚款。

第二十九条 违反本条例第二十一条规定，在里耶历史文化街区内乱倒垃圾、占道摆设摊点、乱放杂物、乱写乱画乱贴、放养牲畜的，由县人民政府城市行政管理部门责令改正，可处五元以上五十元以下的罚款；设置与历史文化街区风貌不协调的广告、招牌的，由县人民政府城市行政管理部门责令改正，可处五十元以上五百元以下的罚款。

违反本条例第二十二条规定，在历史文化街区存放、销售易燃易爆物品、燃放烟花爆竹的，由县人民政府公安机关责令改正，可处一百元以上一千元以下的罚款。

第三十条 违反本条例第二十三条规定的，由县人民政府相关行政管理部门责令改正，拒不改正的，依法给予处罚。

第三十一条 行政执法单位及其工作人员玩忽职守，徇私舞弊的，依法给予行政处分；构成犯罪的，依法追究刑事责任。

第六章附则

第三十二条 本条例经湖南省人民代表大会常务委员会批准后，由湘西土家族苗族自治州人民代表大会常务委员会公布实施。[1]

修改决定

湘西土家族苗族自治州人民代表大会关于修改《湘西土家族苗族自治州里耶历史文化名镇保护条例》的决定

（2011 年 2 月 25 日湘西土家族苗族自治州第十二届人民代表大会常务委员会第 4 次会议通过，2011 年 3 月 30 日湖南省第十一届人民代表大会常务委员会第 21 次会议批准，2011 年 4 月 15 日湘西土家族苗族自治州第十二届人民代表大会常务委员会公告第 4 号公布，自 2011 年 5 月 1 日起施行）

湘西土家族苗族自治州第十二届人民代表大会第四次会议，认真审议了州人大常委会关于修改《湘西土家族苗族自治州里耶历史文化名镇保护条例》的议案，决定《湘西土家族苗族自治州里耶历史文化名镇保护条例》第二十八条修改为：“违反本条例第十六条、第十七条、第十八条、第十九条、第二十条规定的，由县人民政府建设行政部门责令停止建设、限期改正，拒不改正的，依法强制执行，并处建设工程造价的百分之五以上百分之十以下的罚款”。

长沙市对口帮扶龙山县精准脱贫攻坚专项行动计划(2017—2020年)

为贯彻落实国家和省扶贫工作战略部署,更好发挥长沙市在武陵山片区扶贫攻坚中的辐射服务作用,强化扶贫攻坚的科学性、针对性和有效性,继续深化长沙市对口帮扶龙山县工作,助推龙山县打赢精准脱贫攻坚战、实现与全省同步全面建成小康社会目标,现结合我市和龙山县实际,制定如下专项行动计划。

一、重要意义

(一)帮扶龙山县脱贫攻坚是重要政治任务。扶贫开发事关巩固党的执政基础,事关国家长治久安,事关社会主义现代化大局,事关“两个一百年”目标和中华民族伟大复兴中国梦的实现。对口扶贫是中央、省委的重大决策部署,对口帮扶龙山县是省委、省政府赋予长沙市的重要政治任务。

(二)帮扶龙山县脱贫攻坚是省会责任担当。共同富裕是社会主义的本质要求。长沙市是湖南的省会,是全省发展的龙头。先富带后富,对口帮扶龙山县精准脱贫攻坚是应尽之责,分内之事。发挥长沙市对口帮扶龙山县精准脱贫工作的示范引领作用,既展示了省会长沙的气度、风采、担当和作为,又是全省共建共享全面小康的重要体现。

(三)帮扶龙山县脱贫攻坚是龙山人民所盼。龙山县是相对贫困地区,加大脱贫攻坚力度、决战全面小康建设是龙山经济社会发展的首要任务。长沙市对口帮扶龙山县22年,结下了深厚情谊,取得了丰硕成果。当前龙山县脱贫攻坚工作已进入啃硬骨头、攻坚拔寨的冲刺阶段,长沙市对口帮扶龙山县,助推龙山经济社会发展,是龙山人民的热切期盼。

二、指导思想

高举中国特色社会主义伟大旗帜,以马克思列宁主义、毛泽东思想、邓小平理论、“三个代表”重要思想、科学发展观为指导,深入贯彻落实党的十八大和十八届三中、四中、五中、六中全会精神以及习近平总书记系列重要讲话精神,在省委、省政府的正确领导下,以脱贫攻坚为总揽,以提升龙山县自我发展能力为核心,以保障和改善民生为根本,配合湘西州委、州政府,发挥龙山县主体作用,实现龙山县贫困县摘帽和全面建成小康社会目标,助推龙山县建成国内外知名生态旅游目的地、湘鄂渝边区商贸物流重要集散地和武陵山区重要城市。

三、基本原则

(一)整体推进与精准帮扶相结合。在经济发展、城市建设、基础设施、民生保障等多个领域进行全面系统的帮扶。聚焦精准扶贫,加强驻乡驻村帮扶,项目资金向贫困村和贫困人口倾斜,着力精准,一地一策,一户一计,扶到点上、扶到根上、扶到群众的心坎上。

(二)输血扶贫与造血帮扶相结合。建立动态投入增长机制,加大对口扶贫支持力度,加大援建项目推进力度,带动龙山县发展。以龙山县为主,着力内源扶贫,因地制宜推动龙山特色产业发展,提升龙山县群众自主发展的能力,增强“造血”功能。

（三）机制创新与重点帮扶相结合。支持"龙凤示范区"先行先试，推动各领域的重大改革，帮助龙山县建立更加协调、更有效率、更可持续的体制机制。支持龙山县产业转型升级、城镇提质扩容、全民素质提升"三大板块"，重点支持龙山县统筹抓好发展生产、公共服务、教育扶贫"三件大事"。

（四）政府主导和市场运作相结合。在对口帮扶中，加强政府引导，用好市场机制。依靠长沙市在政策、资金、人才等多方面的大力支持，充分发挥市场在资源配置中的决定性作用，积极引导长沙国有资本、社会资金进入龙山，通过市场机制实现对口帮扶效应的最大化。

四、目标任务

（一）主要目标：帮扶龙山县在2020年与全国、全省同步实现全面建成小康社会。

（二）首要目标：帮扶10万人脱贫，实现227个贫困村退出，贫困县摘帽。

（三）具体目标：投入资金重点支持龙山县培育一批产业，帮扶一批企业，建成一批项目，使龙山县面貌明显改观，发展明显加快，收入明显提高。互派挂职干部（数量待与湘西州委、龙山县委系乡镇全面实施中小学生营养餐计划。在专项行动计划实施阶段（2017—2020年），帮扶单位对每个帮扶的乡镇投入帮扶资金总额不低于4000万元；4年合计投入帮扶资金总额不低于6.8亿元。[牵头单位：市委办公厅、市委组织部；责任单位：湘江新区、长沙高新区、长沙经开区、宁乡经开区、浏阳经开区、望城经开区、长沙学院、市工商联、金霞经开区、雨花，经开区，多区县（市）]

五、重点工作

（一）实施产业帮扶工程

支持全域旅游。支持龙山县实施"生态文化旅游兴县"战略，按照"全景式打造、全方位服务、全社会参与、全季节体验、全产业发展、全区域管理"思路发展全域旅游。重点支持乌龙山大峡谷景区、惹巴拉景区和里耶古城4A景区创建工作。协调长沙市各旅行社将龙山旅游线路整体纳入长沙一张家界一凤凰旅游精品线路，支持"土家探源之旅""秦文化之旅""红色文化之旅"等旅游线路的开发打造。发挥省会媒体优势，宣传旅游品牌，拓展旅游市场。（牵头单位：市旅游局；责任单位：市委宣传部、长沙晚报报业集团、市广播电视台）

支持工业园区。实现长沙市各省级以上园区与龙山工业集中区管理机构的深度合作，以长沙市各园区为依托，充分利用龙山县原材料、劳动力、市场等优势，将龙山工业园区作为长沙市大中型企业的重要生产基地，打造"飞地经济"。支持举办工业集中区专项招商活动，利用长沙市工业企业资源，努力帮助龙山县引进生物制药、特色食品、土家旅游文化产品、农产品生产加工销售一体化等方面的战略投资者入园或设立分公司、生产基地。（牵头单位：市经信委；责任单位：各相关园区）

支持农业升级。支持发展特色农业，推动产业升级，重点帮助引进1—2家辐射带动能力强、脱贫增收效果好的农业企业（合作社）开展农业产业扶贫工作。通过投入产业扶贫专项资金，铺排3—5个"四跟四走"产业扶贫项目，重点支持和打造3—5家省州农业龙头企业，利用当地土地、劳动力等资源，带动贫困户发展生产或就业增收，帮助贫困户脱贫。（牵头单位：市农业委；责任单位：市林业局）

（二）实施劳务协作工程

每年在龙山举办1—2次专场招聘活动，同时通过多样化就业服务手段，力争每年转移劳动力就业500人左右。依托长沙职业技术教育资源优势，由市财政补助，长沙定点培训机构对龙山县有就业技能需求的建档立卡农村劳动力进行技能培训，对符合相关政策的人员给予培训补贴，力争 4 年免费为龙山县培训劳动技能型人才 1000 人左右。对已在龙山县建档立卡的农村贫困劳动力并在长沙市务工的人员，在就医方面享受长沙地区精准扶贫对象相关优惠政策；在住房保障及子女就学等方面，出台相关优惠政策，确保稳定就业。（牵头单位：市人社局；责任单位：市经信委、市教育局、市卫计委、市住房保障局，各园区和企业）

（三）实施智力人才帮扶工程

每年在长沙市委党校（行政学院、社会主义学院）培训龙山党政人才、村（社区）主干和民营企业家 100 人；每年由市教育、卫生行政主管部门培训龙山教师、医务人员 100 人；推动双向人才交流，4 年在商贸旅游、招商引资、金融、投资、园区建设、教育卫生、规划建设等领域互派干部交流挂职。（牵头单位：市委组织部；责任单位：市委党校、市经信委、市教育局、市科技局、市住建委、市人社局、市商务局、市卫计委、市规划局、市旅游局、市金融办、市工商联）

（四）实施民生改善工程

重点做好助学工作。继续做好思源学校、龙山一中的对口支持工作，加大教学交流、资源共享和资金支持力度，支持龙山县“十三五”教育布局调整；支持龙山县委党校配套设施与实训基地建设；加大社会救助，发动社会爱心人士对龙山贫困家庭、贫困儿童进行捐赠和救助，力争每年定向资助 400 名贫困学子完成高中学业。（牵头单位：市教育局；责任单位：市民政局、市委党校、市红十字会、长沙慈善会）

重点支持医疗卫生事业。着重在公共卫生医疗服务体系、卫生院建设、专家远程会诊、医技人员选派等领域开展对口支援。重点支持里耶医院（龙山县第二人民医院）和水田坝镇边区医院建设；支持乡镇卫生院和村级卫生室远程诊疗网络建设；每年选送一批医疗人员支援龙山提升医疗服务水平。（牵头单位：市卫计委；责任单位：市住建委、市人社局、市规划局）

（五）实施基础设施帮扶工程

支持龙凤示范区开发建设。支持推进龙山来凤经济协作示范区建设，在区域规划编制、重大项目引进、基础设施布局、跨省合作交流等方面加强顶层设计。重点支持城市新区规划中岳麓大道至行政中心、高铁新区两个片区修建性详规和城市交通专项规划编制，支持长沙路西拓路网建设。（牵头单位：市发改委；责任单位：市经信委、市住建委、市人社局、市交通局、市规划局）

支持皇仓坪公园改造建设。支持龙山县加快皇仓坪森林公园建设，建成以休闲观光、农业体验和森林康养为目标，以健康生活为主题的生态休闲公园，2017 年开工建设，2018 年全面建成。其中第一期建设山体休闲区，主要完成 6400 米休闲绿道（包括人行步栈道和电瓶车道）；第二期实施森林康养区开发；第三期建成农业体验区，实现公园全面开放。（牵头单位：市林业局；责任单位：市住建委、市农业委、市规划局）

支持朝阳路延伸工程建设。支持龙山县朝阳路延伸，助推城东新区开发，重点支持朝阳东路延伸控制性工程，即跨果利河桥梁建设，拉开城市骨架，提升城市承载功能。（牵头单位：市住建委；责任单位：市交通局、市规划局）

支持一批公共服务项目建设。继续支持石羔梨园水厂、教体新区中心广场、里耶麦茶大桥、水田坝小城镇等在建项目建设。重点支持村级公共服务平台（村部、文体广场、附属设施）的新建、改建和扩建。支持美丽乡村建设，重点支持农村垃圾收集、分类、资源化设施体系和环保智能网络体系建设。（牵头单位：市委组织部；责任单位：市住建委、市水务局、市环保局、市体育局）

（六）实施农产品市场对接工程

重点推进“三个一批”：发布一批产品信息，即借助长沙媒体平台发布龙山特色农产品信息，包括龙山百合、里耶脐橙、中药材等；打造一批直销窗口，即在长沙黄兴海吉星国际农产品物流园、长沙大河西农产品物流中心、长沙红星农副产品大市场等免费建立龙山农产品直销窗口，协助搭建多种农产品销售对接平台，拓展外销渠道；培育一批经营主体，即指导培育壮大农产品生产经营主体，协助加快建设“农超对接”“农网对接”“农市对接”等新兴流通模式。采取“传、帮、带”等多种方式，培养一批农产品销售经纪人。［牵头单位：市商务局、市农业委；责任单位：各相关区县（市）］

（七）实施招商引资帮扶工程

着力实施“三个对接”：“信息对接”，即利用长沙市各类招商引资平台，发布龙山县基本县情、特色资源、包装项目、优惠政策等方面信息，大力推介龙山。“项目对接”，即指导支持项目包装、策划，与长沙企业和外地企业对接，在园区建设、商贸物流、现代农业、特色工业等领域引进投资商。“管理对接”，即协助龙山企业来长沙优秀企业考察企业管理模式，促进企业间建立合作机制，帮助龙山企业在长沙学习智能制造、现代管理等方面经验。（牵头单位：市商务局；责任单位：市经信委、市农业委、长沙晚报报业集团、市广播电视台、市工商联，各相关园区）

六、组织保障

（一）加强组织领导。市对口帮扶龙山县工作领导小组负责帮扶龙山县精准脱贫攻坚工作的领导、组织、管理和协调。湘江新区、市委办公厅、市政府办公厅、市委组织部、市委宣传部、市发改委、市经信委、市教育局、市科技局、市住建委、市民政局、市财政局、市人社局、市交通局、市农业委、市水务局、市林业局、市商务局、市卫计委、市审计局、市规划局、市环保局、市体育局、市旅游局、市金融办、市国资委、市委党校、市工商联、长沙晚报报业集团、市广播电视台、市红十字会、长沙慈善会、长沙学院，各园区，各区县（市）为领导小组成员单位，领导小组办公室设在市委组织部。领导小组定期召开办公会议，完善相关政策措施，解决突出问题，推动帮扶工作落实。对口帮扶龙山县各乡镇的园区和区县（市）应成立相关领导机构，组建专门工作班子。

（二）加强协调推动。建立协调推进机制，各牵头单位为专项组长单位，负责该项工作的统筹协调、调度推进。建立定期报告工作机制，各责任单位每年向牵头单位报告工作，各牵头单位每年向领导小组报告工作，领导小组每年定期向市委常委会报告工作，推动各项工作落到实处。成员单位要充分发挥职能作用，切实形成工作合力。市委派驻龙山工作组要加强与龙山县的沟通、协调和配合，充分掌握援建项目实施情况，及时掌握工作进度，定期向领导小组办公室报告工作情况，确保各援建任务如期完成。

（三）加强督查评估。每年对长沙市帮扶龙山县精准脱贫攻坚情况进行实事求是、全面准确的评估，评估效果，评估问题，评估对策，并严格执行向对口帮扶领导小组报告制度。市委督查室、市政府督查室定期对各部门对口帮扶工作落实情况进行专项检查，及时掌握和定期通报进展情况，对工作不力、进展缓慢的单位进行跟踪督办，确保对口帮扶工作有序推进、落到实处。

附件：有关单位对口帮扶龙山县乡镇一览表

附件

有关单位对口帮扶龙山县乡镇一览表

序号	单位	帮扶乡镇	联系村（社区）	乡镇人口数（万人）	贫困人口数（万人）
1	湘江新区	里耶镇	东桃村、裴家堡村、巴沙村	4.33	1.6117
2	长沙高新区	桂塘镇	明溪村、古道溪村、老兴社区	2.97	1.1145
3	长沙经开区	召市镇	青坪村、贾坝社区、岩门口村	5.09	1.265
4	宁乡经开区	红岩溪镇	木龙湾村、打溪村、卜纳洞村	2.67	1.0255
5	浏阳经开区	苗儿滩镇	苗市社区、隆头社区、民族村	2.95	1.0035
6	望城经开区	农车镇	花桥村、马蹄社区、富坪村	2.28	0.9121
7	芙蓉区	靛房镇	信地村、先锋村、万龙村	2.22	0.9041
8	天心区	洛塔乡	枹木村、梭洛村、泽果村	1.71	0.7085
9	岳麓区	洗洛镇	青龙村、高寨村、大塘口村	3.02	0.6425
10	开福区	内溪乡	岩力村、双树村、五官村	1.45	0.557
11	雨花区	石牌镇	桃源村、大塘社区、城堡村	2.81	0.5154
12	望城区	洗车河镇	支家村、草果村、咱木村	1.41	0.5133
13	长沙县	水田坝镇	中湾村、下比村、枫坪村	1.88	0.7188
14	浏阳市	茅坪乡	庆口坳村、龙冠村、金沙村	1.5	0.4669
15	宁乡县	咱果乡	脉龙村、连界村、哪寨村	1.25	0.4546
16	长沙学院雨花经开区	大安乡	翻身村、马脚坪村、大红村	1.27	0.3465
17	市工商联金霞经开区	茨岩塘镇	包谷村、凉水村、兴溪村	2.13	0.344

龙山县国民经济和社会发展总量指标(一)

指　　标	单位	2012年	2013年	2014年	2015年	2016年	2017年
一、人口和土地							
1.年末总户数	万户	16.737	16.87	17.11	17.43	17.81	17.95
2.年末总人口	万人	58.63	59.38	59.44	60.36	60.89	60.53
常住人口	万人	50.83	51.33	51.46	49.29	49.60	49.28
#城镇人口	万人	16.25	17.15	17.56	18.38	19.03	19.73
3.城镇化率	%	31.97	33.41	34.12	37.29	38.37	40.04
3.土地面积	平方公里	3131	3131	3131	3131	3131	3131
二、综合经济							
1.地区生产总值(当年价格)	万元	493358	551216	615634	674082	728542	786620
第一产业	万元	137640	149301	163497	177154	193342	179380
第二产业	万元	116133	130472	143707	137001	147314	164625
第三产业	万元	239585	271443	308430	359927	387886	442615
2.人均地区生产总值	元	9754	10791	11980	13383	14736	15910
三、农　业							
1.年末实有耕地面积	千公顷	34.2	34.19	34.18	34.74	34.98	34.98
田	千公顷	21.31	21.31	21.3	19.87	19.84	19.75
土	千公顷	12.89	12.88	12.88	14.87	15.14	15.23
2.农林牧渔业总产值(当年价格)	万元	224871	244024	268067	291017.5	319440.2	323215.6
#农业产值	万元	167836	186293	208964	228486.5	248105.6	250611.1
林业产值	万元	13470	12497	12279	11329.4	10217.4	10905.9
牧业产值	万元	40073	41428	42882	47187.9	56879.7	57260.9
渔业产值	万元	2570	2836	2922	2929	3029.1	3117.6
农林牧渔服务业产值	万元	922	970	1020	1107.7	1208.5	1320
3.主要农产品产量							
粮　食	吨	179458	176689	179327	180975.28	177455.36	181199

龙山县国民经济和社会发展总量指标(二)

指　　标	单位	2012年	2013年	2014年	2015年	2016年	2017年
油　料	吨	14822	14971	15054	15203.8	15589.91	15699.15
烤　烟	吨	9102	8754	7613	9213.75	8705.03	8750.52
水　果	吨	78094	82945	83758	83758	84525	84752
4.肉类总产量	吨	18472	18534	19129	18413	18111.5	18412.9
5.肉猪出栏数	万头	22.61	22.66	23.43	22.64	22.10	22.64
生猪存栏数	万头	23.43	22.66	24.39	22.84	22.20	22.84
牛存栏数	万头	4.23	4.26	4.91	4.81	4.68	4.81
羊存栏数	万头	4.38	4.58	5.11	5.48	5.55	5.48
6.水产品产量	吨	3310	3458	3563	3572	3694	3802
四、工　业							
1.全部工业总产值(当年价格)	万元	200532	223267	—	—	—	—
规模以上工业总产值(当年价)	万元	89345	114719	123510	143446	162000	189530
♯国有企业	万元	26556	30752	34956	36245	40916	31020
股份制企业	万元	56046	58681	81938	102809	116159	154237
轻工业	万元	47072	45111	59369	68205	75537	100058
重工业	万元	49173	59450	64141	75241	86464	89472
2.规模上工业企业单位个数	个	20	18	20	29	29	30
3.工业增加值	万元	65447	74171	81161	74603	83212	94066
规模以上工业增加值	万元	32477	37091	45910	46365	44995	57431
4.规模以上工业主要经济指标							
主营业务收入	万元	90709	93976	109724	130471	139800	178689
利润总额	万元	3478	3145	3491	6626	9100	4791
五、建筑业							
1.资质内等级建筑业企业单位数	个	8	8	8	7	7	8
2.建筑业企业从业人员	人	2045	2248	2380	2342	1883	2111

龙山县国民经济和社会发展总量指标(三)

指　　标	单位	2012年	2013年	2014年	2015年	2016年	2017年
3.建筑业总产值	万元	28650	36626	46451	45600	39947	48649.4
4.建筑业增加值	万元	50686	56301	62578	62631	64363	70849
5.房屋建筑施工面积	万平方米	32.19	29.84	28.68	58.89	13.53	14.05
房屋建筑竣工面积	万平方米	12.92	10.85	21.20	11.24	7.86	6.01
6.房地产开发经营企业单位数	个	19	18	15	15	14	17
7.商品房销售面积	万平方米	6.13	6.63	20.84	20.30	21.28	23.16
商品房销售额	万元	12854	17804	54889	65556	73670	90118
商品房销售价格	元/平方米	2097	2685	2634	3222	3462	3891
六、固定资产投资							
1.固定资产投资总额	万元	281003	493060	592847	692533	631418	666128
＃项目投资	万元	270595	473021	557896	549740	509697	529787
本级项目投资	万元	222995	229864	321693	390821	457604	523001
州管跨地区项目投资	万元	47600	243157	236203	158919	52093	6786
房地产开发投资	万元	10408	19377	34951	60599	22533	42072
省管跨地区投资	万元	0	662	0	82194	99188	94269
＃城镇投资	万元	250063	468011	557896	549740	532230	127052
国有经济	万元	210254	416573	462379	163589	370360	444699
七、商业贸易							
1.社会消费品零售总额	万元	231633.8	269100	309354.4	344930.2	384931.6	426656.5
批发业	万元	11069.4	13318.1	14899.4	16850.7	18835.4	20611.6
零售业	万元	187644.9	216032.9	247836.5	279269.3	306637.7	340131.4
住宿业	万元	4184.4	5121.7	5507.2	7699.1	8561.4	9483.6
餐饮业	万元	28735.1	34627.3	41111.3	45111.1	50897.1	56429.9
2.限额以上批发零售企业数	个	13	16	15	14	14	14
限额以上住宿餐饮企业数	个	2	2	2	3	3	4

龙山县国民经济和社会发展总量指标(四)

指　　标	单位	2012年	2013年	2014年	2015年	2016年	2017年
八、交通运输、邮电通信及能源							
1.公路通车里程	公里	2476	2547.58	2554	2580.89	2563.13	2521.69
2.全社会货运量	万吨	374.9	440.8	294	293	222.67	175.85
全社会客运量	万人	809.2	823.1	970	947	811.92	851.15
3.货运周转量	万吨公里	60200	71846.1	44894	43553	38824.41	32744.07
客运周转量	万人公里	55985	58210.6	62691	61321	51090.06	53329.99
4.邮电业务总量	万元	22370.41	26206	36285.22	44369	74448.6	60279.40
＃邮政业务总量	万元	1778.88	2158	2390.63	2770	2935.4	3525.85
电信业务总量	万元	20591.53	24048	33894.59	41599	71513.2	56753.55
5.年末固定电话用户	户	33400	33000	27300	19863	15400	15452
年末移动电话用户	万户	15.57	21.47	21.66	21.76	30.52	34.28
互联网宽带用户	万户	2.79	3.47	3.43	3.18	5.00	4.70
6.全社会用电量	万千瓦时	34067.59	38429.48	40178.83	43176	52997.1	55316.6
＃居民生活用电量	万千瓦时	8509.98	9682.34	13884.09	16295.45	15521.5	17281.39
7.规模以上服务业企业数	个	3	3	5	6	7	7
九、财政、金融、保险							
1.财政总收入	万元	33493	39597	49630	61131	70441	81155
＃一般预算收入		21853	25174	32059	43745	47459	51961
2.财政支出	万元	205235	235965	263300	333590	369539	409389
3.年末金融机构存款余额	万元	755207	910405	1029826	1233258	1363416	1576101
＃城乡居民储蓄存款	万元	555723	668071	772799	883498	1014340	1156785
年末金融机构贷款余额	万元	212815	260683	345166	546746	736496	880039
4.保费收入	万元	15575	12663	14296	16781	22428	26675
赔　付	万元	2758	3087	3479	3917	6674	6915

龙山县国民经济和社会发展总量指标(五)

指　　　标	单 位	2012 年	2013 年	2014 年	2015 年	2016 年	2017 年
十、教　育							
(一)基础教育							
1.基础教育校(园)数	所	176	181	178	199	209	213
其中：普通中学	所	29	29	30	30	30	30
普通小学	所	62	53	48	47	47	40
幼儿园	所	84	98	99	121	131	142
2.基础教育在校学生数	人	89661	89424	89073	91337	93443	94970
其中：普通中学	人	30946	29998	29594	28598	28256	27595
普通小学	人	42189	40015	39592	41124	43379	45435
幼儿园	人	16478	19372	19814	21526	21714	21846
3.基础教育学校专任教师数	人	4952	4998	5214	5327	5595	5630
其中：普通中学	人	2462	2455	2594	2608	2699	1486
九年一贯制学校	人						1507
普通小学	人	2050	2003	2041	2091	2056	1799
幼儿园	人	430	537	566	615	823	816
(二)中等职业教育							
1.中等职业学校数	所	6	4	4	4	4	4
2.中等职业学校在校学生数	人	4028	2352	2581	2107	2392	2954
3.中等职业学校专任教师数	人	174	118	110	93	99	112
十一、卫　生							
1.医疗卫生机构数	个	57	58	53	55	53	53
#医院、卫生院	个	51	51	47	47	47	47
2.卫生机构床位数	张	1940	2131	2186	2178	2265	2307
3.卫生技术人员数	人	1680	1453	1704	1864	1800	1804
十二、人民生活							
1.城镇居民人均可支配收入	元	13129	14324	15600	16864	18297	20054
农村居民人均可支配收入	元	4164	5466	6095	6869	7632	8494
2.在岗职工人均工资	元/年	34243	34672	38850	46341	59369	62150

2017年湘西州各

县市 \ 指标	生产总值(GDP)		财政总收入		固定资产投资	
	万元	增速%	万元	增速%	万元	增速%
全州合计	**5755514**	**7.6**	**1076430**	**22.3**	**4667312**	**12**
吉首市	1534070	10.1	130399	18.3	1547497	27
泸溪县	562760	3.7	52215	12.2	319270	15.6
凤凰县	777396	4.7	120552	20.1	713260	21
花垣县	673730	10.4	121502	53.5	332072	23.8
保靖县	520926	8.1	43473	2.1	263986	－28.6
古丈县	250190	4	32710	6.2	323480	2.1
永顺县	649822	6.1	64776	22.6	501619	－14.8
龙山县	786620	8.5	81155	15.2	666128	7.4
湘西经济开发区	464398	14.2	68868	36.7	806890	32.9

县市区主要经济指标

规模工业增加值		社会消费品零售总额		城镇居民人均可支配收入		农村居民人均可支配收入	
万元	增速%	万元	增速%	元	增速%	元	增速%
911895	**6.5**	**2801103**	**10.7**	**22728**	**9.2**	**8273**	**11.6**
300097	11.1	971908	11	27881	9.2	9720	11.1
128843	1	155477	10.9	21461	9.6	7518	11.8
32831	−28.6	494896	10.6	22698	9.5	9142	11.3
177524	14.5	163712	11	22586	9.7	7859	11.4
127747	11.3	133871	10.3	20256	9.5	8658	11.4
34098	−3	62968	10.2	19555	9	6932	15.9
53326	1.1	391614	10.1	19852	9.1	7168	14
57431	13.6	426656	10.8	20054	9.6	8494	11.3
199700	24.7	——		——			

武陵山片区 71 个县(市、

省 (市)	地 (市、州)	县 (市、区)	土地面积 (平方公里)	总人口(万人)	
				2017 年	增长(%)
湖北省(11 个)	宜昌市(3 个)	秭归县	2427		
		长阳县	3430	39.3	−1
		五峰县	2347	19.8	−0.7
	恩施州(8 个)	恩施市	3976	80.6	−0.2
		利川市	4606	91.4	−0.7
		建始县	2665	51.2	−0.5
		巴东县	3352	49	−0.6
		宣恩县	2737	35.8	−0.8
		咸丰县	2523	38.4	−0.9
		来凤县	1342	33.3	−0.1
		鹤峰县	2868	21.7	−2.7
湖南省(37 个)	邵阳市(8 个)	新邵县	1762	83	−0.8
		邵阳县	2001	106	−0.6
		隆回县	2868	128.4	−0.1
		洞口县	2179	89.7	−0.4
		绥宁县	2917	38.5	−0.3
		新宁县	2756	65.2	−0.4
		城步县		29.2	5
		武冈市	1539	83.8	−8.4
	常德市	石门县	3970	66.7	−0.6
	张家界市(4 个)	慈利县	3480	70	−0.9
		桑植县	3474	46.8	−1.2
		武陵源区	398	5.6	−1.6
		永定区	2174	47.4	
	益阳市	安化县	4945	102	−0.9
	怀化市(12 个)	鹤城区	723	39.9	
		中方县	1461	29.3	
		沅陵县	5852		0.7
		辰溪县	1990	53.4	0.2
		溆浦县	3438	94.2	0.5
		会同县	2258	36.8	0.8
		麻阳县	1568	39.8	0.6
		新晃县	1508	25.9	−0.5
		芷江县	2099	38.3	
		靖州县	2210	27.5	0.2
		通道县	2234	24	−0.1
		洪江市	2174	43.3	−0.5

区）主要经济指标（一）

常住人口（万人）		生产总值（亿元）		第一产业（亿元）		第二产业（亿元）		其中：工业增加值（亿元）	
2017 年	增长（%）	2017 年	增长（%）	2017 年	增长（%）	2017 年	增长（%）	2017 年	增长（%）
		135.3	3.7	41.3	3.7	38.6	6.7		
19.2	1.1	65.5	3.4	22.4	3.7	20.5	1.5	19	2.2
77.7	0.5	211.2	7.9	28.9	4.1	84.5	7.8	69.4	8.1
66.9	0.5	117.9	7	33.9	4.3	33.1	7.1	26.3	6.6
42	0.4	92.6	4	19.9	3.9	30.3	-1.5	24.1	4.6
42.9	0.4	105.6	5.3	19.2	4.2	43.3	2.7	38.1	4.8
30.6	0.5	66.2	6.8	16.1	4.3	19.1	5.8	14.6	5.3
30.8	0.4	79.2	4.5	17.7	4.1	23.9	-1.1	18.8	2.1
24.8	0.4	68.6	6	13.6	4.5	19.9	2.8	16.3	6.5
20.4	0.4	56.8	6.1	10.9	4.3	23.7	4.6	20.1	3.9
78.2	0.9	138	6.9	32.3	4.3	48.7	3.4	41.4	2.9
93.7	-1.3	143.7	7.5	33.6	4	49.7	6.9	39.4	5.8
114.5	1.8	171.9	8.5	39.2	4.5	44.5	6.5	52.3	8.5
80.7	1.3	168.2	7.4	54.8	4.2	54.7	7.1	39.6	5.9
36.5	1.6	89.7	7.4	21.2	4.4	38.2	6	35.7	7.2
58.7	1.8	101.9	8.7	25.9	4.4	24.6	4.8	18.2	6.3
27.3	2.2	39.7	7.9	10.5	4.6	13.5	6.5	8.4	10.4
77.6	1.2	143.3	8.4	46.9	4.7	27.3	6.1	22.3	5.7
60.1	-0.2	270.1	9.7	42.8	4.3	108.7	8.5	99	9
61.5	0.2	183.2	8.5	28	4	54.2	4.6	46.3	4
39	0.2	90.9	8.5	10.6	3.9	18.1	5.5	14.8	6.2
		56.1	8.7	1.8	3.8	0.7	2.9	0.2	5.9
46.6	0.7	224.1	8.8	18.3	3.9	43.2	5.9	33.4	4.8
86.3	-5.6	221.3	8.4	45.4	3.7	76.9	5.7	73.2	5.6
61.5		355.1	8.1	10.7	3.6	76.7	2.1	36.6	
25.2	3.3	107.7	7.4	13.7	4.3	59.6	6.5	55.7	6.6
61.1	1.3	185.4	8.2	22.2	4.6	112.6	7.5	102.1	7.4
47	1.5	118	7.3	17.9	4.5	44	6.1	36	6.2
76.2	0.1	152.2	7.4	34.3	4.5	46.9	8.3	23.6	7.2
33.6	1.1	74	7.6	13.9	3.5	15	5.9	13.5	6.1
35.5	1.4	78	7.6	17.6	4	27.7	5.8	19.8	7.4
		57.7	7.4	7.8	3	26.5	6.2	24.6	7.1
35.2	0.9	107.6	6.1	24	4.6	42.9	5.9	41.4	5.8
26	2	83	8.6	15.5	5.3	28.4	6.5	25.9	6.7
21.1	-1.2	41.7	8.7	8.1	3.4	12.7	6.8	11.7	
41.5	-3.4	115.6	8.3	21.1	4	35.6	6.6	32	6.2

武陵山片区 71 个县(市、

省 (市)	地 (市、州)	县 (市、区)	土地面积 (平方公里)	总人口(万人)	
				2017 年	增长(%)
湖南省 (37 个)	娄底市(3 个)	新化县	3642	150.9	0.5
		涟源市	439	37.1	−0.5
		冷水江市	2144	114.4	−3.7
	湘西州(8 个)	吉首市	1077	31	2
		泸溪县	1566	31.7	−0.1
		凤凰县	1738	43.2	−0.2
		花垣县	1108	31.3	−0.6
		保靖县	1746	31.6	0.4
		古丈县	1286	14.5	0.5
		永顺县	3810	55.5	0.9
		龙山县	3131	60.5	−0.6
重庆市 (7 个)		丰都县	2896		
		石柱县	3013	54.8	−0.1
		秀山县	2450	66.6	−0.2
		酉阳县	5173	85.3	−0.1
		彭水县	3903	70	−0.4
		黔江区	2402	55.5	0.1
		武隆县	2872	41.3	−0.4
贵州省 (16 个)	遵义市(6 个)	正安县	2595	65.7	
		道真县	2156	35.1	
		务川县	2778	47.6	1.2
		凤冈县	1885	44.5	0.3
		湄潭县	1864	50.7	0.1
		余庆县	1630	30.8	0.4
	铜仁市(10 个)	碧江区	1012		
		万山区	842		
		江口县	1869	24.7	0.1
		玉屏县	517	15.9	1.6
		石阡县	2173		
		思南县	2231	68.1	−0.4
		印江县	1969	45.1	0.2
		德江县	2072	55	−0.03
		沿河县	2469	68.6	0.4
		松桃县	3409	72.7	−0.01

区)主要经济指标(续一)

常住人口(万人)		生产总值(亿元)		第一产业(亿元)		第二产业(亿元)		其中:工业增加值(亿元)	
2017 年	增长(%)	2017 年	增长(%)	2017 年	增长(%)	2017 年	增长(%)	2017 年	增长(%)
114.4	0.5	245.3	8.2	61.9	4.1	76.3	6.8	55.6	7.2
34.8	0.9	301.6	7.6	11.1	4.2	189	5.9	178	5.9
98.3	−3.4	286.3	8.3	53.8	4	123.7	7	86.2	7.5
34.8	3.2	153.5	10.1	7.6	4	45.2	8.8	30	11.1
29.3	0.7	56.5	3.6	8.7	3.5	26.6	1.7	12.9	1
33	0.7	81	6.3	9.4	3.6	12.7	−8.6	3.3	−28.6
29.8	−3.3	68.1	10.4	7.1	3.5	36.6	12.7	17.8	14.5
29.7	0.4	52.3	8	8.9	3.9	18	8.3	12.8	11.3
13.4	1.4	25.3	4	5.3	4.1	6.9	−1	3.4	−3
44.6	−0.6	65.9	5.8	17.1	3.7	15.9	1.2	5.3	1.1
49.3	−0.6	80.1	8.5	19.6	3.8	16.3	8.2	5.7	13.6
59.6									
37.9	−1.1	162.3	11.6	25	4.9	82.9	10.3	58.7	10.8
49.1	1	162.6	7.9	21.9	5	77.8	7.3	59.9	6.7
55.7	0.9	140.3	8.4	28.7	4.7	60.1	6.5	38.4	5.2
49.1	−1.5	140.8	9.4	26.6	4.6	58.6	5.4	33	2.4
46.2	−0.8	231.9	6	22.8	4.5	124.2	7.1	100.1	6.4
34.7	0.3	160.5	10.2	22.7	5	65.3	9.9	28.8	10.6
38.8	0.3	100.6	15.5	28.6	6.8	22.2	15.9		
24.7		65.2	12.1	22.2	6.9	13.3	14.6	6.3	12.6
32.3	0.2	69.1	11.9	22.9	7	15.4	16.3	5.9	13.2
31.4	0.2	77.4	11.6	24.9	6.7	19.4	9.9		
38.2		104.6	12	30	6.8	27.4	11.4	28.7	13.6
23.9	0.3	80.9	9.3	19.8	6.5	23.9	−0.8	14.9	9.5
		162	13						
17.5	0.5	56.1	11.4	14.9	6.9	14.1	11.8		
12.8	5.2	78.6	11.7	9.6	6.8	42.7	10.9	38.3	10.5
		79.1	12.1	26.2	6.5	11.6	13.4		
50.3	0.1	130.1	11.9	35	6.6	30.9	12.5		
28.7	0.5	95.4	12.1	26.5	6.5	17.8	12.8		
37.2	0.2	107.2	12.2	26.8	6.5	21.7	12.9		
45.3	0	103.2	12.2	28.7	6.5	19.8	13.8	10.4	12
49.3	0.1	127.5	12	28.3	6.6	42.4	12.3	34.7	11.8

武陵山片区71个县(市、

省（市）	地（市、州）	县（市、区）	第三产业（亿元）2017年	第三产业（亿元）增长（%）	人均GDP（元）2017年	人均GDP（元）增长（%）
湖北省	宜昌市（3个）	秭归县				
		长阳县	55.4	1.2	34882	1.2
		五峰县	22.5	4.6	34037	2.6
	恩施州（8个）	恩施市	97.8	9.3	25880	7.4
		利川市	50.9	9	16987	6.5
		建始县	42.4	8.5	20850	3.5
		巴东县	43.1	8.5	23370	4.8
		宣恩县	30.9	8.9	20820	6.3
		咸丰县	37.7	8.5	24416	3.9
		来凤县	35.1	8.6	26407	5.5
		鹤峰县	22.2	8.9	26828	5.6
湖南省（37个）	邵阳市（8个）	新邵县	57	11.7	17644	7.6
		邵阳县	60.5	10.3	15244	8.9
		隆回县	88.3	11.4	15016	8.1
		洞口县	58.8	10.8	20855	9
		绥宁县	30.4	11.5	24798	9.1
		新宁县	51.5	1.3	17621	9.2
		城步县	15.7	11.5	14551	7.5
		武冈市	69.2	12.1	18575	7.5
	常德市	石门县	119.7	13.1	45064	13.9
	张家界市（4个）	慈利县	101	12.1	29812	9.2
		桑植县	62.3	10.2	23341	10.5
		武陵源区	53.6	8.9	21726	8.9
		永定区	162.6	10.1		
	益阳市	安化县	99	12.8	25650	19.3
	怀化市（12个）	鹤城区	267.6	10.3	58012	
		中方县	34.5	10.4		
		沅陵县	50.7	11.6	30516	102.1
		辰溪县	56.1	9.4	25291	6.3
		溆浦县	71	8.2	20060	
		会同县	45.1	9.7	22183	8.5
		麻阳县	36.7	10.6	22101	6.8
		新晃县	23.4	10.5	22825	5.4
		芷江县	40.8	7.3	30743	7.2
		靖州县	39.1	11.5	31956	8.8
		通道县	21	12.3	19784	12.9
		洪江市	58.9	11.2	27383	9.5

区）主要经济指标（二）

粮食总产量（万吨）		固定资产投资（亿元）		社会消费品零售总额（亿元）		财政总收入（亿元）		一般预算收入（亿元）	
2017年	增长（%）	2017年	增长（%）	2017年	增长（%）	2017年	增长（%）	2017年	增长（%）
		102	−0.3	48	8.5	19.4	46.6	7.4	6.9
10.4	1.2	92.3	−1.9	52.9	7.6	9.5	2.1	7.1	1.5
8.2	1.5	49.8	−13.8	23.5	7	4.6	5.8	3.3	4.6
22.3	2.6	205.9	18.2	173.9	11.5	31.7	12.8	21.1	3.1
34.2	2.8	134.2	18.2	98.1	10.9	19	14.9	10.2	3.5
21.7	2.7	103.8	17.1	62.1	11.7	10.7	15.9	5.8	4.9
21.1	2.5	117.6	17.6	62.9	19.9	9.7	13.9	6.4	8
12.3	1.5	53.1	18.8	42.4	11.3	5.4	14	3.6	8
21.6	2.7	74.5	18.4	45.3	11.1	7.6	14.7	4.3	8.7
11.7	0.9	45.3	−33.1	39.7	10.7	8.7	15.2	3.9	1
8.8	5.2	58.1	18.5	32.1	10.6	4.9	8	3.4	0.7
32.3	2.1	168	10.5	70.5	10.9	11.9	9.1	8.4	2.4
45.3	0.5	229.2	12.1	94.5	11.1	9.7	10.2		
46.5	0.8	176.1	14.1	97.2	10.6	12.1	9.7	7.7	3.5
45.9	1.7	218.4	12.9	81.5	11	9.3	0.4	6.5	−9.3
14.2	−0.8	84.7	11.3	38.6	10.5	5.5	10.6	3.6	−0.8
30.5	0.4	95.2	10.9	50.6	10.3	8.2	10.8		
7.9	1.3	52.2	12.4	27.3	10.7	4.7	9.9	3.1	2.8
47.5	2.1	223.4	13.5	83.6	10.1	10.3	8.2	7.3	−1.8
27.8	3.5	120.7	−10.6	120.9	11.9	13.7	10.6	7.8	2.3
30.8	4	93.5	21.4	61.9	10.6	12.4	12	8.1	11.2
		48.7	1.7	35.7	10.7	6.1	12.3	3.4	3.4
1.5	1.7	36.5	18.4	15.2	10.8	5.9	12.6	4.2	11.2
15	2.7	166.5	21.9	106.4	10.7	12.2	20.7	5.9	16.4
24	0.7	169.2	15.3	110.9	10.4	13.8	12.3	6.9	2.1
5.2		182.4	5.2	214.7	10.5	11.6	14.5	6.2	−2.2
11.6	1.6	155.3	2.6	20.7	9.8	13.6	13	9.2	13.4
23	3.8	135.9	18.5	59.5	10	13.2	11.2	7.5	5.1
18.7	−0.1	118	18.5	50.2	9.9	8.4	13.1	5.1	9.2
33.7	0.4	126.4	18.5	67.8	11.1	7.7	11.5	4.3	0.3
12.4	4.9	61.5	17.2	20.7	10.8	5.4	11	3.2	3.1
11.4	4	67.3	18.4	31	10.6	5	11.3	2.9	−2.8
8.2	2.9	61.1	19.3	17.3	11.2	4.6	12.5	2.8	2.9
20.7	−1.3	71	19.6	42.1	11	6.5	−10.2	4.2	−18.1
		55.4	18.4	31.6	10.1	4.7	11	2.7	1.3
8.4	3.7	45.9	19.5	14.8	10.9	4	11	2.3	10
16.6	1.6	116.9	18.5	34.2	10.3	7.9	11	4.6	5.2

武陵山片区 71 个县(市、

省 (市)	地 (市、州)	县 (市、区)	第三产业(亿元) 2017 年	第三产业(亿元) 增长(%)	人均 GDP(元) 2017 年	人均 GDP(元) 增长(%)
湖南省(37 个)	娄底市(3 个)	新化县	107.1	11.6	86592	
		涟源市	1015	11.6	21440	
		冷水江市	108.8	12.3	29125	
	湘西州(8 个)	吉首市	100.7	11.1	45009	5
		泸溪县	21.1	6.4	19506	3.1
		凤凰县	59	10.4	23894	11.1
		花垣县	24.3	9.1	22468	11.1
		保靖县	25.3	9.4	17854	7.5
		古丈县	13	6.9	19154	2.6
		永顺县	32.9	9.5	14830	6.3
		龙山县	44.3	10.9	16239	8.5
重庆市(7 个)		丰都县				
		石柱县	54.3	8.9	42564	12.7
		秀山县	62.9	7.9	34126	10.2
		酉阳县	51.6	6.1	25499	6.7
		彭水县	55.6	7.3	28475	7.7
		黔江区	84.8	4.7	48463	27.1
		武隆县	72.5	6.5	46305	7.7
贵州省(16 个)	遵义市(6 个)	正安县	49.8	21.1	25958	16.1
		道真县	29.7	15.1	26378	14.1
		务川县	30.8	13.6	21400	13.7
		凤冈县	33.1	16.6	24706	11.3
		湄潭县	47.3	15.6		
		余庆县	37.1	18.7		
	铜仁市(10 个)	碧江区				
		万山区				
		江口县	27.1	14	32077	
		玉屏县	26.3	14.2	63131	8.4
		石阡县	41.3	15.3		
		思南县	64.2	13.9	25879	11.9
		印江县	51.1	15.1	33288	4.7
		德江县	58.8	14.5	28800	
		沿河县	54.8	14.6	22783	12.1
		松桃县	56.8	14.7	25867	10.6

区）主要经济指标（续二）

粮食总产量（万吨）		固定资产投资（亿元）		社会消费品零售总额（亿元）		财政总收入（亿元）		一般预算收入（亿元）	
2017年	增长（%）	2017年	增长（%）	2017年	增长（%）	2017年	增长（%）	2017年	增长（%）
48.9	2.1	173.7	16	104	10.8	12.7	9.3	7.8	4.3
4.5		236.3	8	103.4	10.7	17.6	397		
45.2	2.1	233.3	11.9	124.3	10.7	12.1	1.1		
4.9	2.4	154.7	27	97.2	11	13	18.3	8.3	9.4
7.4	1.2	31.9	15.6	15.5	10.9	5.2	12.2	3.2	-6.2
12.2	1.3	71.3	21	49.5	10.6	12.1	20.1	8.1	4.3
9	-0.3	33.2	23.8	16.4	11	12.2	53.5	7.2	37.4
8.8	0.6	26.4	-28.6	13.4	10.3	4.3	2.1	2.7	-3
3.3	-0.6	32.3	2.1	6.3	10.2	3.3	6.2	2.1	-0.7
21.1	1	50.2	-14.8	39.2	10.1	6.5	22.6	3.8	14.8
18.1	2.1	66.6	7.4	42..7	10.8	8.1	15.2	5.2	9.5
26.5	0.2	142.4	16	62.9	13.6	22.4	-13	13.4	3
31.8	0.3	166.9	16.1	75.8	14.1	12.6		12.6	9.9
38.7	0.5	140	13.6	59.4	13.5	21.3	-9.7	12.1	-7.3
		178.7	13.5	67.5	13.7	29.1	0.3	14	3.7
25.3		262.7	4	103.2	11.6			23	7.8
18.3	0.3	144.3	10	58.8	11.9	28.3	5.1	21.8	2.9
23.4	0.4	89.22	23.9	24.2	10.4	20.1	94.4	8.1	59.1
14.1	-5.4	63.8	23.3	16.1	16.6	8.9	8.8	4.5	11.8
16.7	-4.1	74.4	23.7	15.6	22.2	11.1	16.6	5.1	25.6
20.7	-1.2	54.5	8.1	21	10.4	6.8	12.5	2.9	4.8
23.2	0.7	116.9	8.2	34	16.8	10.6	8.4	4.6	6.6
18.7	-0.1	106	5.4	19.4	7.1	8.8	-4.5	4.3	-0.7
		177	23	52.5	130			12.9	15
6.7	-0.1	86.9	10.6	10.6	12.7	4	7.1	1.9	3.6
3.9	-4.7	91.8	22	11.3	12.4	9.6	16.4	5	12.9
		70.5	22.8	12.1	12.8			3.8	14.7
23.2	-0.2	140.5	22.8	28.5	12.5	11.1	11.8	5.1	3.9
14.2	-1.8	95.9	22.9	15.3	12.7	5.7	5.1	2.8	11.8
17.3	-2.7	82.2	22.3	20.1	12.9	11.2	12.4	5.6	12.1
18.6	-2	135	23.1	21.3	12.6	9.6	14.4	4.7	15.7
24	-1	118.5	22.3	27.2	12.6	12.7	8.9	6.8	3.7

武陵山片区 71 个县(市、

省 (市)	地 (市、州)	县 (市、区)	财政总支出(亿元) 2017 年	财政总支出(亿元) 增长(%)	城镇居民人均可支配收入(元) 2017 年	城镇居民人均可支配收入(元) 增长(%)
湖北省	宜昌市(3 个)	秭归县	46.6	30.9		
		长阳县	34.3	5.6	26532	8.3
		五峰县	33.8	23.9	24428	9.2
	恩施州(8 个)	恩施市	61.7	4.2	29138	9.7
		利川市	63.8	25.8	26711	9.4
		建始县	39.4	18.3	25138	9.9
		巴东县	37.3	1.8	25496	9.8
		宣恩县	29.9	8	24954	9.5
		咸丰县	30.1	−14.7	24999	9.4
		来凤县	25.4	0.2	25690	9.7
		鹤峰县	27.1	5	25351	9.6
湖南省 (37 个)	邵阳市(8 个)	新邵县	46.3	11.5	24449	8.7
		邵阳县	48.8	3.9	24398	8.8
		隆回县	56.5	10.3	23217	8.5
		洞口县	52.7	10.5	24803	8.6
		绥宁县	32.8	−8.4	22871	10.9
		新宁县	42.3	20.4	23599	10.7
		城步县	2.5	6	21988	10.4
		武冈市	47.2	7.5	24395	8.9
	常德市	石门县	45.5	10.5	22923	8.1
	张家界市(4 个)	慈利县	42.6	2	22092	9
		桑植县	33.3	7.8	15653	10.9
		武陵源区	11.8	2	27571	8.7
		永定区	32.3	11.8	25845	9.3
	益阳市	安化县	56.4	8.9	17030	8.5
	怀化市(12 个)	鹤城区	23.3	14.3	19992	8.4
		中方县	19.8	9	25536	9
		沅陵县	37.5	8.6	20916	8.5
		辰溪县	33.8	23.3	21235	8.6
		溆浦县	52.1	−2.9	21631	8.6
		会同县	25.5	5.7	20185	8.2
		麻阳县	27.8	14.9	21342	9.4
		新晃县	28.6	3.1	18882	9.1
		芷江县	25.4	0.5	22131	9.5
		靖州县	22.7	8.2	20151	8.8
		通道县	21.3	3.5	19276	9.3
		洪江市	27.4	12.9	21978	8.3

区）主要经济指标（三）

农村居民人均可支配收入（元）		金融机构存款余额（亿元）		居民存款储蓄（亿元）		金融机构贷款余额（亿元）		城市化率（%）	
2017年	增长（%）	2017年	增长（%）	2017年	增长（%）	2017年	增长（%）	2017年	增减（百分点）
		169.7				108.2			
9687	9.6	156	16.6	112		124.2	34.1		
9498	9.9	87.6	2			44.4	17.4		
9931	9.9	472.1	12.4	221.3	14.2	405.6	12.2	54.8	1.5
9473	10.1	240.8	14.8	161.7	16.1	147.6	25.3	43.1	1.6
9523	9.6	126.8	11.5	79	16.4	752.7	20.9	40.1	1.8
9476	9.8	151.1	7.9	87.8	16.7	65.3	18.5	37.6	1.6
9408	10	96	12.4	55	16.6	51	30.7	36.7	1.6
9475	10	109	17.7	72.5	13	57.3	34.5	41.4	1.5
9362	9.6	98.3	13.6	66.5	17.7	68.6	16.2	41.8	1.5
10043	9.7	87.1	2.8	49.9	14.1	35.5	−1.9	36.4	1.8
10020	10.5	193.2	16.2	141	15.1	84.8	11.6	0.4	2
9907	12.3	206.3	10.1	163.7	13.5	66.3	5.7	0.4	2
9174	13.3	322.4	12.1	242	13.2	95.9	−5.1	0.4	2
9709	11.8	244.6	12.6	189.9	14.3	86	8.9	0.4	1.9
9211	12	109.3	8.5	82.6		38.4	17.9	0.4	2.3
9109	12.4	165.9	17.8	122.4	15.6	71.8	29.1	0.4	2.1
7160	15.9	78.6	7.8	52.5	10.3	41.6	30.2		
10779	125.3	226.5	10.7	171.5	14.5	85.1	16.3	0.4	1.9
10561	10.1	230.3	8.4			99.1	23.1	45	2.8
9734	11.5	223.2	12.8	161.5	10.5	129	27.8	45.9	5.1
7210	15.1	119.3	10.8	79.3	143.9	63.3	21.3	42.9	4.6
12029	9.5	46.3	21.7			48.7	19.8	64	10.3
9099	11.3	400.8	25.8			316.4	8.7	53.5	3.2
8138	9.6	329.2	15.5			110.2	24.7	35.1	13.3
9924	10	676.9	9.8	338.6		438.6	10.2	92.3	
10165	9.6	60.1	25.2			41.5	12.8	38.1	2.4
8583	10.1	168.5	12.5	126.7	10.3	64	18	38.4	2.8
9030	10.3	114.9	5.4	92.2	11.8	59.25	17.7	37.7	2.1
10202	9.7	222.6	15	180.4	12.1	96.2	17		
9015	10.2	103.4	8.3	82.7	10.8	34.3	15.3	38.2	3.2
7650	13.1	97.7	20.1	68.7	21	56.2	20.7	37.4	2.3
7663	13.8	61.1	4.8	46.7	10.3	22.1		37.2	
8086	11.1	111.1	8.3	87.8	14	44.9	9.2	36.9	2.6
8769	10.8	92	4.2	66.9		41.9	12.7	47	2.3
6887	16.6	68.8	15.8	44.1	10.7	27.9	45.5	37.5	3.3
10100	10.4	128.9	9.6	100.9	12.4	82.6	2.8	42.7	2.2

武陵山片区 71 个县(市、

省 (市)	地 (市、州)	县 (市、区)	财政总支出(亿元)		城镇居民人均可支配收入(元)	
			2017 年	增长(%)	2017 年	增长(%)
湖南省(37 个)	娄底市(3 个)	新化县	72.1	9.8	19266	8
		涟源市	29	−5.7	31729	7.7
		冷水江市			20322	8.7
	湘西州(8 个)	吉首市	34	15	27881	9.2
		泸溪县	26.7	5.9	21461	9.6
		凤凰县	35.8	11.9	22698	9.5
		花垣县	28.5	11.1	22586	9.7
		保靖县	24	5.1	20256	9.5
		古丈县	16.1	−8.2	19555	9
		永顺县	39.6	13.8	19852	9.1
		龙山县	40.9	9.9	20054	9.6
重庆市(7 个)		丰都县				
		石柱县	54.8	11.3	30087	9.3
		秀山县	49.1	4	29956	11
		酉阳县	65.4	2.9	24585	9.4
		彭水县	70.5	2.7	26808	9.5
		黔江区			29812	9.7
		武隆县	57.6	−0.9	32495	9.4
贵州省(16 个)	遵义市(6 个)	正安县	49.5	29.8	26659	10
		道真县	28.3	3	26645	9.9
		务川县	31.3	18.9	26594	9.7
		凤冈县	29.6	12.3	26639	9.5
		湄潭县	33.6	14.8	29536	8.1
		余庆县	20.4	13.5	10631	9.6
	铜仁市(10 个)	碧江区			29054	9.1
		万山区				
		江口县	21.1	3.7	26727	9.1
		玉屏县	26.6	−37.5	27849	9
		石阡县			25986	9.2
		思南县	49.4	17.6	26212	9.6
		印江县			26031	9.1
		德江县			26298	9.7
		沿河县	47.7	18.9	25833	9.5
		松桃县	42.7	13.7	26171	9.8

区)主要经济指标(续三)

农村居民人均可支配收入(元)		金融机构存款余额(亿元)		居民存款储蓄(亿元)		金融机构贷款余额(亿元)		城市化率(%)	
2017 年	增长(%)	2017 年	增长(%)	2017 年	增长(%)	2017 年	增长(%)	2017 年	增减(百分点)
7920	10.4	650.9	15	276.4	15.2	148.1	19.2	36.2	
21184	8	188.3	8.2	139.1	10.8	139.8	0	77.1	
9096	11.2	252.3	11.7					40.8	
9720	11.1	389.1	11.9	179.7	13.5	210.6	24.2	73.9	0.4
7518	11.8	85	8.4	66	17.5	40.5	23.1	43.1	1.1
9142	11.3	138.6	8.2			75.6	6.8	38.2	0.9
7859	11.4	112.9	13.1			58.1	12.4	43.5	5.8
8658	11.4	72.2	4.2	51.6		39.7	14.7	40.5	1
6932	15.9	54.25	12.9	31.1	15.9	34.5	21.3	38.6	0.4
7168	14	144.3	16.5	93.4	14.9	84.8	27.5	39.9	2.2
8494	11.3	157.6	15.6	115.7	14	88	19.5	40	1.6
11752	10.1	216.5	9.6	145.5	9.1	129.2	38.3	42.2	5.9
10189	10	207.4	4.9		13.8	172.2	30.5	40.3	4.2
8852	9.7	236.2	21.4	147	14.1	140.5	40.1	33.5	4.2
10196	9.7	186.6	2.1	134.9	4.3	179.6	8.3		
10792	9.9	226.4	−7.1	137.8	8.6	238.4	15.4	49.1	3.4
11744	10.4	215.2	8.9			405.8	9.5	42.7	3.8
9189	10.8	166.3	23	91.8	16.5	123.6	35.3	52.1	
9178	10.7	104.6	0.4	74.6		58	30.1	34.2	
9124	10.1	137.1	24.6	72.6	17.8	83.1	28	43.9	
10198	10	108	17.2	68.3	14.1	77.9	24.4	34.6	
12137	9.8	163.9	7	105.6	13	137.8	25.5		
26721	9.1	98.9	3.7	65.6	12.4	87.2	12.8		
11400	10	373.8				262			
8285	10.5	74.8	19.4	38.2	17.8	60.6	16.2		
10534	10.9	79.5	−5.7	37.5	22.3	63.2	10.8	43.7	
8197	10	124.6	39.6			80.1	28.9		
8090	10.4	137.8	12.9	89.8	13.5	114.2	17.6		
8058	10.1	126.7	23.3	66.4	20.9	98	23.3		
8048	10.5	138.1	30.1	66.8	30.1	93.7	35.5		
8016	10.2	144	12.9	78.4	16	79.8	18.1		
8068	10.7	165	24.1			108.7	17.9	20.5	